독일 제2제국

울리히 벨러 지음 / 이대헌 옮김

도서출판 신서원

옮긴이 이대헌
　경남 남해 출생
　고려대학교 사학과 졸업
　고려대학교 대학원 사학과 졸업(독일근대사 전공)
　고려대학교 대학원 사학과 박사과정 수료
　빌레펠트대학 수학

독일 제2제국

- 1996년 7월 15일 초판1쇄 발행
- 2005년 5월 20일 초판2쇄 발행

- 지은이 ■ 울리히 벨러(Hans-Ulrich Wehler)
- 옮긴이 ■ 이대헌
- 펴낸이 ■ 임성렬
- 펴낸곳 ■ 도서출판 신서원
　　서울시 종로구 교남동 47-2 협신빌딩 209호
　　전 화 : (02)739-0222·3　팩스 : (02)739-0224
　　등 록 : 제1-1805(1994. 11.9)
- ISBN ■ 89-7940-697-5　93920

신서원은 부모의 서가에서 자녀의 책꽂이로
'대물림'할 수 있기를 바라며 책을 만들고 있습니다.
잘못된 책은 연락주세요.

한국어판 서문

이 책은 1960년대 말 쾰른대학에서 행한 강의안을 토대로 하여 1972년 가을에 서술되었다. 한스 헤르츠펠트(Hans Herzfeld)의 교과서, 골로 만(Golo Mann)의 보다 더 에세이적인 설명 그리고 참고서들에 있는 여러 논문들을 제외한다면, 당시에는 예전의 많은 연구들만이 1871년의 독일 제2제국의 역사에 이용될 수 있었다. 학문적이고 정치적인 퍼스펙티브를 포함하면서도 여러 세미나와 수업에서 이용될 수 있을 정도로 간결한 새로운 연구는 없었다. 신기하게도 지난 10년 동안에 일어났던 독일 제2제국의 역사에 관한 집중적인 논의에도 불구하고 우리는 1984년에 이 점에서 훨씬 더 나은 입장에 있지도 않다.

나의 강의들은 서독에서 소위 대학생들과 젊은 교수들의 반란이라는 일반적인 배경에 의존하여 서술되었다. 그리고 이러한 지적인 분위기는 예리하게 공식화된 가설의 제시를 유리하게 하였다. 사실 상당히 평온한 쾰른에서조차도 활발한 논쟁과 호기심에 가득찬 분위기는 비정치적이었던 1950년대나 혹은 무기력과 수동성이 지배하는 1990년대 중반의 전반적인 분위기와는 대조적으로 즐거웠다. 학문적인 교육은 비판적인 문제들을 회피하거나 여러가지 문제들에 대한 보다 더 비판적인 반성을 자극하려고 하지 않았다. 이전에 많은 관심을 끌지 못했던 영역들을 완전히 무시하기보다는 오히려 세밀하게 구체화되지 못한 가설들을 발전시키는 것이 더 나은 듯하였다. 모든 것들은 논의와 여러가지 날카로운 주장들의 교환 그리고 낡은 해석들에 대한 문제제기를 통해서 적절히 조정되었다. 나는 본문을 약 240쪽에 한정시켜야 했기 때문에, 이 책의 일차적인 초점을 정치사에 두었다. 이 점에서도 이 책은 대부분의 다른 연구들과 마찬가지로 구상되었던 시기의 특징들을 포함하고 있다.

나의 본문은 독일 제2제국의 역사에 관하여 주제별 접근법을 취하고자 한다. 그러나 주제별로 이 책을 구성한 배후에는 교육적인 고려들도 있었다. 각 부분들은 학습을 명백히 이해할 수 있는 대상들과 단계들을 확인할 수 있도록 기획되었다. 또한 나는 각 장이나 절이 세미나나 수업을 준비하는 데 이용될 수 있기를 기대한다. 이로 인하여 약간의 반복이 불가피하기는 했지만, 이 부분들이 상당히 독립적인 것은 바로 이러한 이유 때문이다.

나의 분석에서 상당한 결함들을 발견하는 것은 어렵지 않으며, 논평자들은 이러한 것들에 관하여 매우 명백히 하였다. 따라서 초점이 프로이센에 매우 집중되어 있다. 독일의 다른 국가들과 지역들 - 루르지방·오버슐레지엔·니더바이에른 - 의 다양한 역사와 전통이 독일 제2제국의 제도적·정치적·문화적 다양성을 더 잘 이해할 수 있도록 하는 데 도움을 주기는 하지만, 그것들은 단순히 주변부에서만 드러나고 있다. 그러나 이들 지역들에 대한 우리의 지식이 보다 더 제한적이라는 사실은 그렇다손치더라도, 공간적인 약점과 프로이센이라는 '제국국가'의 중심적인 역할은 중부유럽의 헤게모니 세력이 분석의 중심에 있어야 한다고 요구하는 듯하였다. 이것은 어느 정도 인정해야만 할 불균형을 초래하였다.

문화생활의 모든 영역 - 다시 말해서 '고위'문화보다는 근대의 사회인류학이라는 넓은 의미에서의 문화 - 도 제외되어 있다. 나는 그 당시에 내가 이러한 측면들에 대한 개요를 제공할 수 있는 입장에 있다고 생각했다. 그러나 내가 보기에 가장 중대한 약점은 내가 '사회구조와 전체사회의 발전'에 관한 장을 본래 구상한 대로 포함시키지 못했다는 점이다. 나는, 연구상태가 결코 만족스럽지 못한 많은 문제들을 고려해 볼 때, 이 장에 관한 나의 초고가 너무도 문제가 된다는 것을 발견하였다. 이것은 한편으로는 19세기와 20세기 초의 사회계층과 계급구조에 관한 분석이 직면하고 있는 어려움들 때문이기도 했고, 다른 한편으로는 이 문제들에 관한 경험적인 작업이 극히 부적절했다는 점 때문이기도 했다. 또한 나는 사회적·경제적 문제들이 현실역사적인 맥락에 맞게 밀접히 연관되어야 한다고 생각했다. 이것은 어느 정도는 시도되었다. 그렇지만 그것은 독일사회에 관한 바람직하고 상세한 분석에 대한 대용물은 아니다.

많은 문장들과 판단들이 의도적으로 매우 신랄하게 표현되었다는 점은 아무리 강조해도 지나치지 않다. 그것들은 독자들에게 기운을 내게 하고 반성을 자극하며, 특히 반대를 유발시키기 위해서였지, 이미 받아들여진 견해들을 확신시킨다거나 혹은 심지어 그것들을 정통설로 만들 생각은 전혀 없다! 이것은 몇몇 판단들이 확고한 기초를 결여하고 있음을 의미한다. 그것들은 향후의 연구가 입증하거나 반박해야만 할 가설들이다. 보다 더 일반적으로는 여러 문제점들에 대한 담론적인 검토가 사실적인 정보의 제공보다 우선시되었다. 이러한 접근법에는 여러가지 이점들이 있지만, 내가 너무도 잘 의식하고 있을 뿐인 약점들도 있다. 이 긍정적인 측면에 관해서 나는, 부적절한 점이 있기도 하지만, 전체로서의 독일 제2제국과 그것의 정치가 경제 및 사회와 갖는 상호연관성들에 관한 하나의 인상을 제공해 주었으면 한다. 그럼에도 불구하고, 또 그것이 지니고 있는 많은 결함에도 불구하고, 나의 분석은 경제성장, 계급의 양극화, 교육체제의 불일치들, 군대의 특수한 지위, 정치적 결정과정들 등이 얼마나 불규칙하게 맞물려 있었는가에 관한 보다 더 명료한 하나의 상을 제공해 주어야만 하며, 이를 통하여 동시에 우리는 하나의 패러다임적인 형식 속에 있는 이 시기의 독일사로부터 뭔가를 배울 수 있는 기회를 향상시켜야만 한다.

내가 특별한 관심을 기울이고 싶은 측면이 두 가지 더 있다. 이 책을 기초하고 있는 첫번째 문제는 군주정이 종식된 지 약 12년 후에 왜 히틀러의 국가사회주의 정권이 집권하였는가, 이 정권은 왜 전례 없는 테러와 야만적인 대중절멸체제를 수립하는 데 성공하였는가, 그리고 이 정권이 왜 두번째의 총력전을 수행할 수 있었는가 등을 고찰하려는 것이었다. 이 문제들은 내가 속해 있는 세대의 육체 속에 영원히 날카로운 가시로 남아 있게 될 것이다. 이 책을 관통하여 흐르고 있는 하나의 실마리는 우리가 1871년 독일 제2제국의 역사에 의존하지 않고서는 제3제국의 역사를 제대로 파악할 수 없다는 것을 기본적으로 가정하고 있다는 점이다.

두번째 점은 내가 이 책에서 따르고 있는 신념, 몇몇 가설들이 확정될 것이고, 다른 일부 가설들을 논의를 진전시킬 자극제로 받아들여질 것이며, 다른 일부는 비생산적인 것으로서 결국에는 거부되는 과정에서 우리 모두가 역사가로서 장기적인 담론의 참여자들이라는 나의 신념과 관련되어 있다. 이러한 의미에서 이 책은 중간단계의 상태를 나타내고 있으며, 오늘날 나는 물론 많은 것들을 다르게 표현하고, 또 다르게 바라보고자 한다. 나의 분석은 최근 몇 년 사이에 활발한 논쟁을 야기시켰다. 나는 비판들 가운데 일부를 인정하였으며, 동시에 중심적인 논점들을 계속 옹호하였다. 독일어 판이 8번이나 읽혀졌다는 사실은 이 책이 흥미롭다고 생각하는 독자들이 여전히 있다는 것과 비슷한 분량의 유력한 경쟁자들이 아직 이 책을 대신하지 못하였다는 사실에 길드의 승리로 끝났다. 결국 이것은 반세기 동안이나 독일 내의 역사에 대한 지표로 간주될 수 있다. 나는 요즘『독일사회사(Deutsche Gesellschaftsgeschichte)』를 집필중에 있으며, 이러한 맥락에서 나는 독일 제

2제국의 역사와 관련된 새로운 문제들뿐만 아니라 예전의 문제들로도 돌아가고 있다. 이것은 또한 나에게 이 책의 논평자들이 행한 많은 건설적인 비판들을 받아들일 수 있는 기회를 제공해 주고 있다. 또 그것은 여러 신보수주의적이고 교조적인 공격들을 논박할 수 있는 기회이기도 하다.

참고문헌은 한국어판을 위하여 최신의 것으로 고쳤다. 가능한 한 독자들이 개별적인 요점들과 논쟁들에 관해서 스스로 더 많이 그리고 더 쉽게 알아볼 수 있도록 하기 위하여 가장 최근의 문헌들도 포함시켰다.

한스-울리히 벨러

소개의 글

　이 책은 요아힘 로이쉬너(J. Reuschner)가 편집을 맡은 10권의 '독일사(Deutsche Geschichte)' 시리즈중 제9권인 『독일 제2제국(Das deutsche Kaiserreich 1871~1918)』(Göttingen 1973·1988⁶)을 우리말로 옮긴 것이다. 저자 한스-울리히 벨러(Hans-Ulrich Wehler:1931~)는 독일의 대표적인 사회사가들 중의 한 사람으로 쾰른·본·아덴스[미국 오하이오] 등지에서 역사학과 사회학을 공부하였고, 테오도어 쉬더(Th.Schieder) 교수의 지도하에 쾰른대학에서 1960년에 박사학위, 1969년에 교수자격을 획득하였다. 그는 1968년에서 1970년까지 쾰른대학의 강사를, 1970·71년에는 베를린 자유대학의 교수를 지냈으며, 1971년 이후부터 현재까지 빌레펠트대학 교수로 있다.
　벨러는 1995년 말 현재 대략 총 15종, 18권의 단행본과 130여 편에 달하는 일반논문 및 전공논문들—이들은 대부분 단행본에 수록되어 있다—을 집필하였고, 수많은 잡지와 신문에 기고하였다. 또한 그는 50여 권에 달하는 단행본을 책임편집하였으며, 현재에도 7종에 달하는 역사학 잡지 및 기획시리즈의 책임편집자 혹은 공동편집자로서 활동하고 있다.

I

　제2차 세계대전 이후 독일 역사학에서 가장 중요한 과제는 나찌독일의 과거를 어떻게 청산할 것인가에 관한 것이었다. 이 과제는 종전 이후 1949년까지의 혼란기에는 방향이 제대로 정립되지 못하였으나, 1949년 이후 '서독'과 '동독' 두 정권이 성립되면서 각기 다른 방식으로 진행되었다. 먼저 동독의 역사학에서는 영웅적인 반파시즘 투쟁의 정통계승자인 '독일 민주공화국〔동독〕'의 창건이 곧 나찌와의 단절과 그 극복(?)을 의미하였다.1) 그러나 '독일연방공화국〔서독〕'의 역사학에서는 적어도 1990년에 통일이 이루어질 때까지, 아니 현재의 통일독일에서도 나찌의 과거에 대한 청산작업은 계속되고 있다. 이러한 상황은 1980년대에 광범위하게 논의되었던 '역사가논쟁'에서 그 일단을 찾아볼 수 있다.2)

초기에 나찌문제와 관련하여 역사가들이 관심을 기울였던 분야는 기원에 관한 문제였다. 나찌의 기원을 어떤 사람들은 히틀러 개인의 탓이나 혹은 경제공황에 대한 공화국 정부의 대안부재에 돌렸고, 또 어떤 사람들은 독일인들의 정신적인 측면이라는 보다 장기적인 기원을 연구하려고 하였다. 그러나 이 견해들은 1960년대에 등장한 비판적 역사가들에 의해서 부분적으로만 그 정당성을 인정받았다. 비판적 역사가들은 나찌의 기원을 보다 구체적으로 독일제국에서 구하려고 하였다. 한스-울리히 벨러의 『독일 제2제국』은 이러한 관심에서 출발한 대표적인 저술들 가운데 하나이며, 제1차 세계대전에 관한 피셔(F. Fischer)의 저서 『세계강대국화의 시도』3)가 출간된 이후 독일 근대사 분야의 연구풍토와 주요 관심사에 관한 입문서라고 할 수 있다.

나찌의 과거에 관한 문제가 지극히 현실적인 역사학의 과제로 등장한 것은 독일이 제2차 세계대전에서 패망한 이후였으나, 이 문제를 본격

---

1) 안병직, 「독일의 통일과 구동독의 역사학」, 『역사학보』 139, 1993, 262~63쪽.
2) '역사가 논쟁'에 관한 국내의 소개로는 구승회, 『논쟁. 나치즘의 역사화? 독일 현대사 논쟁의 중간결산과 비판』(온누리, 1993)이 있다.
3) F.Fischer, Griff nach der Weltmacht, Düsseldorf, 1961. 이 책을 둘러싸고 벌어졌던 소위 '피셔논쟁'에 관해서는 이상신, 『서양사학사』(신서원.1993²), 773~74쪽을 참조하라. 또 이 논쟁에 관한 상세한 내용은 벨러의 '참고문헌'에 있는 관련 글들을 참조하라.

적으로 제기한 것은 1960년대에 있었던 소위 '피셔논쟁(Fischer-Kontroverse)'에 힘입은 바 크다. 피셔가 제기한 문제점들은 독일사에서의 연속성의 역할, 사회적·경제적 요소들이 1914년 이전의 시기에 독일 정치가들의 정치적 결정에 미친 영향과 관련되어 있었다. 피셔는 독일 팽창주의의 원천을 랑케(L. Ranke)처럼 열강들의 역할, 즉 국제관계에서 독일이 차지하는 지위에서 구한 것이 아니라, 독일의 정치적·사회적·경제적 구조 속에서 구하였다. 그 결과 피셔의 책은 20세기에 독일이 파멸적인 길로 나아갔던 원인들에 관한 문제들, 즉 이야기식의 전통적인 역사학을 통해서는 설명할 수 없는 문제들을 제기하였다. 그리하여 소장파 역사가들은 정치적 결정의 배후에 자리잡고 있는 사회·경제적 과정들을 제대로 설명해 줄 수 있는 적절한 이론적 틀의 개발과 더불어 최근의 독일사에 대한 보다 더 체계적인 재해석을 요구하였다. 이것은 피셔의 방법론—그는 여전히 외교사라는 전통적인 연구방식에 의존하였다—으로는 해결될 수 없는 것이었다. 이제 젊은 역사가들은 피셔의 방법론이 이러한 문제들의 보다 더 깊은 부분을 해결하는 데 제한적인 가치만 있다는 사실을 명백히 인식하게 되었다.

피셔의 방법론에 대한 젊은 역사가들의 불만은 점차 고조되어 갔다. 이러한 불만은 그들로 하여금 랑케에서 마이네케에 이르는 과거의 위대한 역사가들이 발전시켰던 것과 같은 독일 역사학의 전통들과의 급진적인 단절로 나아가게 하였다. 특히 1960년대 중반 이후 등장한 비판적 사회이론과 학생운동의 요구, 신좌파의 등장으로 상징되는 사회적 상황, 그리고 사회민주당(SPD)의 집권 등은 나찌의 문제를 역사학의 중요한 과제로 설정하도록 하는 데 결정적인 기여를 하였다. 이 시기 독일 역사학에서 진정으로 혁명적인 변화는 '피셔논쟁' 자체라기보다는 오히려 바로 이러한 시대적 상황과 학문적 업적들이었다.4)

본래 독일의 전통적인 역사학은 국가를 역사무대의 중심에 위치시켰고, 민족국가들의 세계에서 자신의 국가가 차지하는 지위에 의해서 그 주요정책들이 결정된다고 주장하였다. 이러한 역사주의적인 여러 假定들의 영향력은 1945년 독일 민족국가의 붕괴 이후까지도 비교적 파괴되지 않은 채로 지속되었다.5) 그 결과 독일에서는 이미 다른 나라에서 진행되고 있던 소위 '사회사적'인 연구경향들과는 달리 여전히 민족사, 기본적으로는 비스마르크에 의해서 창건된 프로이센-독일 민족국가의 정치사에 집중되어 있었다. 왜냐하면 독일 역사가들의 일차적인 관심은 20세기 독일사의 숙명적인 발전과정을 설명하는 데 있었기 때문이다. 그러나 젊은 세대의 역사가들은 전쟁과 평화의 문제를 결정하는 데서 소위 '대외정책의 우위'라는 기존의 테제를 뒤집어서 그 대신에 '국내정책의 우위'를 주장하였다. 그들은 '피셔논쟁'을 따라서 비스마르크와 빌헬름 시기의 독일의 국내정책들로 관심을 돌리게 되었으며, 예전의 역사가들보다 훨씬 더 비판적인 입장을 취하기 시작하였다. 젊은 역사가들은 그동안 소홀히 취급되었으나 비판적인 견해를 취하였던 급진적 선조들-특히 에카르트 케어와 한스 로젠베르크-에 관심을 돌리기 시작하였다.

---

4) G.A.Ritter, Die neuere Sozialgeschichte in der Bundesrepublik Deutschland, in:J.Kocka(Hg), Sozialgeschichte im internationalen Überblick:Ergebnisse und Tendenzen der Forschung, Darmstadt 1989, 36-37쪽 ; J.Kocka, Sozialgeschichte-gestern und heute, in : I.-S.Kowalczuk(Hg), Paradigmen deutscher Geschichtswissenschaft, Berlin 1994, 22-25쪽 ; R.Fletcher, Recent Developments in West German Historiography ; The Bielefeld School and Its Critics, in : German Studies Review 7. 1984, 464쪽 등을 참조하라. 여기서 역사학계의 변화와 관련하여 리터가 특히 중요시한 것은 새로운 사료의 발굴, 독창적인 방법론의 이용, 새로운 문제설정, 그리고 이제까지 소홀히 다루어졌던 영역들에 대한 연구 등으로 인한 역사학 자체의 발전이다.
5) 여기에 관해서는 Wehler, Historiography in Germany Today, in : J.Habermas(ed.), Observations on 'The Spiritual Situation of the Age'(Cambridge, Mass. 1984), 221~59쪽 : G.G.Iggers, Introdutction, in : ders.(ed.), The Social History of Politics, Reamington Spa 1985, 1~49쪽 등을 참조.

한편 젊은 세대의 역사가들은 자신이 발견한 새로운 과거를 해명해 줄 수 있는 새로운 개념들과 방법론들을 찾아서 사회과학에 접근하기 시작하였다. 그들은 프랑스의 아날학파로부터 '구조'개념을 출발점으로 받아들였고, 경제주기 이론을 활용하기 시작하였으며, 미국에서 풍미하던 베버사회학의 전통을 재도입하였다. 이들은 모두가 일반적인 개념과 모델을 사용하고, 역사주체의 행위를 지배하는 비인격적인 힘의 역할을 검토하는 데 강조점을 두었다. 벨러는 이러한 접근방식의 옹호자들 중의 한 사람이다. 그는 특히 이론적인 분석과 경험적인 연구의 통합을 요구하는 한편, 기존에 유행하던 몰가치적이고 객관적·실증주의적인 연구를 명백히 거부했다. 그는 장차 사회가 보다 더 합리적으로 지향될 수 있는 기회를 증대시키기 위하여 명백히 발전된 이론을 이용하고, 이를 통하여 과거를 이해하고 비판적 사회과학의 임무를 수행하는 것을 새로운 역사학의 역할이라고 보았다.

II

벨러의 관심영역은 극히 광범위하다. 그의 학문활동은 크게 저술활동과 수많은 책과 잡지의 편집으로 요약될 수 있다. 초기에 그는 『사회민주주의와 민족국가』[6]를 통하여 민족국가의 발전과정에 주로 관심을 기울였다. 그는 이어 교수자격논문을 제출하기까지 독일 제국주의의 발전과정을 연구하여 독보적인 영역을 개척했다. 그의 『비스마르크와 제국주의』[7]는 '사회적 제국주의(Sozialimperialismus)'라는 자신의 이론을 테제화하여 서술한 역작이다. 그의 '사회적 제국주의'론은 로빈슨(R.Robinson)과 갤러거(J.Gallagher)가 영국의 제국주의를 설명하면서

---

[6] Sozialdemokratie und Nationalstaat, Würzburg 1962/Göttingen 1971².
[7] Bismarck und der Imperialismus, Cologne 1969/Frankfurt 1985⁵.

제시한 '비공식적 제국주의(Informal Imperialism)'에서 유추한 것이다. '비공식적 제국주의'론은 공식적인 식민지 지배 대신 '비통치적 성격'을 강조하였다. 벨러의 '사회적 제국주의'론은 제국주의적 팽창의 원인들을 일차적으로 객관적인 경제적 사실에서가 아니라 경제적·사회적·정치적 요인의 상호작용에서 구하는 한편, 비스마르크의 제국주의를 장기적 근대화과정의 결과로 이해하였다. 그는 여기서 독일의 발전을 항상 주변의 프랑스·영국·러시아 그리고 미국과의 비교 속에서 고찰하고 있으며, 이를 통하여 그의 제국주의론은 더욱 구체성을 얻었다. 그가 이 연구에서 주로 관심을 기울인 부분은 '국내정책의 우위(Primat der Innenpolitik)'였다. 독일의 발전이 기본적으로 대외정책보다는 국내정책에 의해서 규정되었다는 이 견해는 독일 제국주의의 발전과정, 특히 비스마르크의 정책에서 매우 인상적으로 분석되었다.

벨러의 주요한 관심사는 소위 '사회사'에 있다. 그의 사회사는 크게 다음과 같은 세 가지 차원에서 이해될 수 있다. 그 하나는 과거화한 실제의 한 부분영역인 좁은 의미의 사회사, 즉 사회적 구조와 과정 및 행동들과 경험들을 다루는 사회사이다. 두번째는 '정치의 사회사'로 첫번째와는 달리 그 관심영역을 정치에 두면서 사회사와 정치사를 연결시키는 것이다. 그렇지만 여기서 여러 정치적 현상들은 사건중심적인 서술에 그치지 않고 사회사적으로 설명되고 정리된다. 세번째는 소위 '〔전체〕사회사'이다. 이것은 사회사적인 관점에서 본 '보편사'이다.

벨러가 지금까지 해왔던 모든 작업은 바로 '〔전체〕사회사' 작업을 위한 일련의 과정들 중 일부로 이해될 수 있을 정도이며, 그의 목표는 『독일사회사』8)에 표현되어 있다. 『독일 제2제국』을 출간한 이후 오랜 기간

---

8) Deutsche Gesellschaftsgeschichte. Bd. Ⅰ ; Vom Feudalismus des Alten Reiches bis zur defensiven Modernisierung der Reformära, 1700~1815, München 1987 ; Bd. Ⅱ : Von der Reformära bis zur industriellen und politischen "Deutschen Doppel-

동안 그가 심혈을 기울였던 이 연구는 그 제목에서 드러나듯이 1700년 이후부터 제2차 세계대전이 종식되고 서독정권이 성립된 1949년, 그리고 나아가서는 서독에 의하여 동독이 흡수통일된 1990년까지의 근대독일의 [전체]사회사에 관한 서술이다. 그는 여기서 다른 어느 역사서술들보다도 강력한 이론적 지향성을 보여주고 있으며, 독일사의 서술에서 이미 수용되어 있는 해석들에 관해서 비판적인 문제제기를 하고 있다.

　　벨러의 궁극적인 목적은 하나의 진테제(Synthese)를 만들어내는 것이었다. 이를 위하여 그는 기존에 주로 정치사와 동일시되었거나 혹은 그것을 중요하게 취급하였던 모든 '일반사'가 아니라 근대독일의 [전체]사회사를 그 대상으로 하여 연구를 수행하려고 하였다. 그는 베버가 서구적 사회유형의 속성을 파악하기 위하여 구분하였던 세 가지 차원들인 지배·경제·문화—이는 하버마스의 지배·노동·언어와 동일하다—를 분석적으로 구분하면서[제1권:7, 10~11쪽]9), 이들을 이용하여 '[전체]사회사'를 달성하려고 하였다. 그에 의하면 이들 영역은 각각 상대적으로 자율적인 영향력과 작용력을 지니며, 다른 영역으로부터 유추될 수 없는 것이었다. 나아가서 그는 어느 사회에서건 매우 중요한 것으로 나타나는 '사회적 불평등체계'를 제4의 중심축으로 설정했다. 사회의 구조를 관통하는 중심적인 차원들 혹은 '중심축들'—복잡하게 짜여져 있는 역사적 현실의 작용연관관계이자, 보다 더 정밀하고 역사적 체계적인 연구를 용이하게 해주는 발견적인 보조수단[10쪽]—에 의

---

　　revolution", 1815~1845/49, München 1987 ; Bd.Ⅲ : Von der "Deutschen Revolution" bis zum Beginn des Ersten Weltkriegs 1849~1914, München 1995 : Bd.Ⅳ : Vom Beginn des Ersten Weltkriegs bis zur zweiten deutschen Republik 1914~1990(미간). 이하 DGG.
9) Wehler, Was ist Gesellschaftsgeschichte?, in : ders., Aus der Geschichte lernen. Essays, München 1988, 115~29쪽 ; Wehler, Max Webers Klassentheorie und die neuere Sozialgeschichte, in : J. Kocka(Hg.), Max Weber, der Historiker, Göttingen 1986, 193~203쪽 등도 참조하라.

거하여 서술된 그의 '[전체]사회사'는 구조를 각인하면서 시대를 전형화시켜 주는 기본적인 특징들을 통해서 가능한 한 많은 것을 하나의 진테제 속에 포함시키는 것이다. '[전체]사회사'가 목표로 하는 것은 프랑스의 '전체사(Totalgeschichte)'나 혹은 예전의 정치사보다 더 범위가 넓은 사회 전체의 '일반사(allgemeine Geschichte)'와 동일한 것이다. 그렇지만 그의 사회사는 여전히 '장래의 보다 더 다양한 관점들을 위한 예비작업'[11쪽]이고, '잠정적인 것'[12쪽]이다.

그는 18세기 말에 서구에서는 그 유례가 없는 보편사적인 전환이 시작되었다는 사실을 기본적으로 가정하고, 특히 자신의 인식을 주도하는 관심으로서 독일의 현재가 지난 200년 사이에 어떻게 형성되었는가를 위에서 언급한 여러 차원들의 상호작용 과정에 관한 분석을 통하여 드러내고자 하였다. 그의 인식을 주도하는 관심은 자본주의의 불균등한 발전, 사회적 불평등의 지속 그리고 정치적 지배의 구조와 영향 및 기능방식과 작용 등이었다. 그러나 오늘날 진테제를 강조하는 몇 가지 접근법들—기존의 정치사·법제사·경제학·사회학 등—은 일면적이고 방법론 면에서나 경험적인 면에서 단점이 많다고 보면서, 자신의 사회사가 진테제에 가장 접근한 것이라고 보았다. 그리하여 그는 이 문제들을 해결할 수 있는 새로운 진테제를 위하여 다른 영역에서 이용된 여러 이론들을 결합시키려 하였다.

그는 자신의 접근법을 통하여 서술된 [전체]사회사를 하나의 패러다임—독일사에서의 '대외정책 우위'나 미국사에서의 '프론티어' 등과 같이 '몇몇 중심점을 둘러싸고 있는 특정영역의 지식을 분명하게 조직하고 해명할 만한 가치가 있는 것으로 보이는 문제들을 충분히 설명하는 하나의 예시적인 문제해결' 방식—으로 간주한다[28쪽]. 이 패러다임은 '여러 학문분과의 협력영역으로서, 특히 역사의 통일성을 유지시켜 주는 하나의 가능성있는 진테제에 대한 구상으로서 그리고 하나의 장기적 목표로서 옹호'되어야 한다고 강조하였다. 또한 그는 역사학을 '역사적 사회과학'10)으로 간주한다. 그는 인접 사회과학의 '이론들·방법론들·문제설정들'을 역사가의 작업에 도입하여 '고유하고 비판적으로 반영되는 개념과 이론형성'에 기여하도록 해야 하고, 이를 통하여 개인이나 집단들, 즉 인간들 사이의 상호작용이 보다 더 잘 파악될 수 있도록 해야 하며, 또 [전체]사회사를 더 잘 이해할 수 있어야 한다고 주장하였다. 그는 『독일사회사』에서 매우 복잡한 연관관계들과 엄청난 양의 사료들을 결합시키는 방대한 작업을 통하여 독일사회에 관한 하나의 전체상을 엮어내고 있다.

다음으로 벨러가 관심을 기울인, 부분적이지만 하나의 전체로서 통합될 수 있는, 따라서 그의 작업목표와 분리되지 않은 작업은 수많은 이론적 작업과 논의의 장을 마련하기 위한 시리즈물의 기획과 잡지의 편집 등에서도 찾을 수 있다. 그는 이미 교수자격을 취득하기 전부터 '[전체]사회사'에 대한 구상을 읽을 수가 있는 더 많은 이론과 방법론을 요구하였으며, 특히 1965년에 재간행된 에카르트 케어(Eckart Kehr)의 『국내정책의 우위』라는 책의 '서문'에서 자신의 중요한 지적 선구자로서 케어에 대하여 지대한 관심을 표명하였다.11) 이것은 새로운 역사상을 정립하기 위한 기초작업의 일환으로서 잊혀진 역사가들에 대한 재

---

10) J.Kocka, Historisch-anthropologische Fragestellung–ein Defizit der Historischen Sozialwissenschaft.Thesen zur Diskussion,in : H.Süthmuth(Hg.), Historische Anthropologie, Göttingen 1984, 73~83쪽. 벨러가 말하는 '역사적 사회과학'은 "일차적으로는 사건들·인물들·의도들·행위들을 연구하는 것이 아니라, 무엇보다도 사건들, 결정들, 행위들의 조건들과 결과들로서의 구조들과 과정들, 그리고 중요한 행위를 하는 사람들에게 의식되지는 못했지만, 그들에 의해서 혹은 부분적으로 왜곡되어 경험된 구조들과 과정들, 사건들, 행위들, 경험들을 실제로 규정하고 영향을 미치지만 이들에 동화되지 않는 구조들과 과정들을 연구한다."[73쪽]
11) Wehler, Einleitung, Primat der Innenpolitik(Eckart Kehr), Berlin 1965/1976³, 1~29쪽.

평가작업이었다. 그의 책임편집하에 총 9권으로 발간된 『독일 역사가들』12)은 기존의 정통적인 독일 역사가들뿐만 아니라 전통적인 역사가 길드인 '쭌프트(Zunft)'로부터 배제되었으나 사학사적으로는 매우 중요한, 그리고 자신의 선조로 간주될 수가 있는 역사가들도 포함하였다.

벨러는 주로 베버적인 그러나 한편으로는 마르크스적이기도 한 방법론, 다른 한편으로는 하버마스를 중심으로 한 독일의 비판철학, 서구특히 미국의 근대화이론과 사회갈등이론 등을 두루 포용하여 독일사회의 역사를 분석하고 있다. 또한 그의 관심영역은 역사학과 사회학·역사학과 경제학·역사학과 심리분석·사회학과 심리분석 등의 관계에 관한 연구도 포함한다.13) 그는 다른 학문분과의 이론들과 방법론들을 역사학 연구에 이용함으로써 궁극적으로는 사회사를 더욱 풍부하게 하려고 하였다. 그 결과 그는 한편으로는 마르크스주의적이라는 비난을, 혹은 일각으로부터는 구조기능주의적이라는 상표를, 또다른 일각으부터는 '근대화론자'라는 경멸적인 별칭을 얻기도 하였으며,14) '절충주의자'라는 비난을 받기도 하였다. 그럼에도 불구하고 그는 '[전체]사회사'를 위해서 다양한 이론들과 방법론들을 고려하고 종합하고 이용하여 이론적 분석과 경험적 연구의 통합을 요구하고 있다.

---

12) Deutsche Historiker, 9 Bde, Göttingen 1971~82.
13) Wehler, Historische Sozialwissenschaft und Geschichtsschreibung. Studien zu Aufgaben und Traditionen deutscher Geschichtswissenschaft, Göttingen 1980.
14) 그의 근대화이론은 경제적인, 다시 말해서 경제성장 측면에 국한된 것이 아니라, 사회적·정치적 근대화를 더 중시한다. 그는 경제적 성장을 기본적인 과정의 하나로서 충분히 고려하면서도 동시에 그것을 사회적 정치적인 것과 구분한다. 그는 이를 통하여 단일한 원인에 의한 근대화의 설명보다는 여러 비판적인 변수들을 동시에 고려하면서 경제적 발전과정을 설명하려고 한다. 왜냐하면 경제적 근대화와 정치적·사회적 근대화가 병행되었던 것으로 파악하고 있는 기존의 서구적인 근대화 이론을 통해서는 독일의 근대화 과정이 제대로 설명될 수 없다고 보고 있기 때문이다. 그의 근대화이론에 관해서는 Modernisierungstheorie und Geschichte(Göttingen 1975)를 참조하라. 이 책은 이민호, 「근대화론과 역사」, 『현대사회와 역사이론』(문학과 지성사, 1984), 171~91쪽에 요약되어 있다.

III

『독일 제2제국』은 이 책이 서술되기 전까지 —1973년까지— 15년 동안 저자가 이 시기와 관련하여 연구한 주요테마들을 종합하고 공식화하여 하나의 전체 속에 포함시켰다. 그의 서술은 이야기 식의 설명이 아니라 '문제지향적인 구조분석'이다. 그의 이 시도에서는 두 가지의 '인식관심'이 가장 중요한 역할을 하였다. 그 하나는 '독일사의 숙명적인 특수한 길(deutscher Sonderweg)'과 관련된 것이고, 다른 하나는 '비판적 사회과학으로서의 역사학'이라는 개념이다. 그는 '독일의 특수한 길'에 찬성하고 있지만, 그것이 예전처럼 서유럽이나 북미의 발전과 비교하여 지나치게 긍정적으로 설명될 것이 아니라 오히려 파시즘이라는 파탄의 길로 나아가게 된 역사적 부담을 해명할 수 있어야 한다고 본다. 또 그에 의하면 "비판적 사회과학은 역사학의 여러가지 '시간구조'를 충분히 고려하면서도 의식적으로 보다 자유롭고 비판적인 사회의식의 심화에 기여하고자 하는 과학"이다.

또한 그는 산업의 불균등한 성장, 여러가지 사회적 변화, 그리고 이로 인한 체제의 변화를 하나의 삼각형으로 설정하고, 사회과학적인 범주나 모델을 이용하여 설명해 나간다. 물론 그는 이러한 범주들 중 어느 하나의 우위를 인정하지는 않지만, 궁극적으로 다음의 세 가지의 문제, 즉 제국창건기의 문제, 1871년에서 1945년까지의 시기의 연속성문제, 그리고 역사의 진행을 평가하는 가치기준으로서의 모델인 근대화의 문제를 설명하고자 하였다. 그가 이 책에서 가장 중요시한 것은 다음과 같은 것이었다.

우리가 관계하고 있는 곳에서 중심문제는 새로운 세력의 돌격에 맞서 前산업적 엘리트가 지배적 지위를 방어하는 것—특권화된 지배층의 경제적 기초가 침식되면서 더 거세어질 뿐만 아니라 장기적으로는 그들이 지향한 바를 이룸으로써 점점더 위험한 긴장관계를 낳고 해악한 유산을 쌓아올린 방어전—이다.

그에 의하면 독일제국의 산업사회를 규정한 것은 1866·1871년 이후 독일의 중요한 경제적·사회적·정치적 결정들이었으며, 이들을 좌우한 것은 농업사회 지배엘리트의 이해관계였다. "국내외적으로 전쟁정책을 취했던 독일파시즘 문제는 분명히 서구사회의 보편적인 문제가 아니라 1933년 이전 독일사회의 특수한 조건들 중의 하나"이며, "이러한 조건들의 대부분은 독일제국에서 찾을 수 있거나 혹은 이 시기의 정책의 결과로서 파악될 수 있다"는 것이다.

벨러는 먼저 '창건기의 상황'[Ⅰ]과 '산업국가로의 발전'[Ⅱ]과정에서 나타나는 여러가지 기본적인 현상들을 분석한 다음, '지배체제와 정치'를 분석[Ⅲ]하고 있다. 벨러는 '제국창건기'에 각별한 주의를 기울이고 있다. 즉 그는 융커의 경제적 토대를 보장해 준 농업혁명, 불균등하지만 지속적인 성장을 보여준 산업혁명, 그리고 대프로이센적인 '군국주의적 팽창주의적인 국가의 창건'이 서로 결합되었다는 점, 비스마르크가 지배체제를 안정시키고 정당화시키기 위한 도구로서 전쟁을 이용하였다는 점, 그리고 헌법투쟁에서 그가 승리하고 부르주아지(Bürgertum)가 굴복하였다는 점 등에 주목하면서, 이 모든 상황을 지배체제와 관련시켜 설명한다. 이러한 상황하에서 등장한 "비스마르크의 프로이센 정책은 사회경제적 정치적 압력에 대응하여 국가를 안정시키고 정당화시키기 위하여 '앞으로의 도주(Flucht nach vorn)'를 시작하였다." 결국 그는 제국창건기의 상황을 이후에 더욱 심화된 위기의 시작으로 보았다.

'산업국가로의 발전'[Ⅱ]도 이러한 맥락에서 고찰된다. 독일은 '후진성의 이점'을 충분히 활용하면서 1870년대에 이르러 자본주의의 결정적인 비약을 이룩하였다. 산업혁명에 이어 독일경제는 고도의 산업화단계에 진입하였다. 산업화는 1873년에서 1895년까지의 대불황기를 거쳐 1913년까지 독일경제의 본질적인 특징이긴 하지만, 여기서 주목해야 할 것은 산업과 농업의 성장이 지속적으로 방해를 받았다는 점이었다. 특히 1895년에서 1913년까지의 시기에 독일경제의 특징적인 모습은 '조직자본주의'라는 새로운 체제의 출현과 국가간섭주의의 강화이다. 이들은 산업의 불균등한 성장이 끼친 영향들을 반영한 것이었다. 특히 벨러는 국가간섭주의를 "체제 외부에서 이식된 어떤 것이 아니라, 체제에 내재하는 자기옹호적인 것들의 총체"라고 규정하였다. 또 독일제국의 산업화에서 국가간섭은 결정적이긴 했지만, 그것이 행한 정치적 기능은 부정적인 것, 다시 말해서 지배체제를 정당화시켜 준 것으로 평가한다.

> … 前産業的 엘리트와 특히 권위주의적 국가의 지도자들은 …국가의 개입으로부터 가장 많은 이익을 얻었다. … 국가간섭주의는 … 안정을 달성하였으나, 그 결과는 극히 보수적인 것이었다. 또 그 결과는 … 경제적 이해관계자들 … 민주주의에 적대감을 품고 있는 사회의 담지자들에게 항상 이익이 되었다.

'지배체제와 정치'[Ⅲ]는 이 책의 3분의 2 정도를 차지한다. 여기서 벨러는 1890년 이전의 독일제국을 비스마르크에 의한 '보나파르트 독재체제'로, 그 이후의 시기를 '협력없는 권위주의적 합의체제'로 규정하였다. 그에 의하면 본래 비스마르크정권은 전통적인 엘리트를 후원하였으나, 동시에 급속한 산업화와 부분적인 근대화에 종속되었다. 여기서 비스마르크는 비공식적인 권력 피라미드의 최상위에 있었고, 따라서 사회적으로 보나빠르뜨 지배체제의 보수주의적 기능을 계속 유지시킬 수 있었다. 1890년 비스마르크가 은퇴한 이후 프로이센-독일의 권력 피라미드에는 그 정점이 사라지고 표면상의 권력공백 상태가 나타나게 되는데, 이는 권력중심부가 서로 경쟁하는 체제인 합의체제이다. 이 시기의 제국정책을 표현한 것은 빌헬름 2세가 아니라 권위주의적인 합의체제의 이름모를 세력들과 결탁한 전통적인 소수독재체제였다. 관료제는 이 체제의 근간을 이루었을 뿐만 아니라, 사회생활의 전반적인 관료화과정에도 깊은 영향을 끼쳤다. 그런데 여기서 우리가 주목할 것은 매우 일찍 시작된 독일제국의 관료화과정이 고도로 전문화된 행정의 필요성이라는 소위 '물리적 강제'보다는 관리계층의 전산업적 전통에 의해서 더 많이 결정되었다는 사실이다.

벨러는 이러한 정치체제하에서 중심적인 문제들로서 먼저 정당-자유주의자들·중앙당·보수주의자들·사회민주주의자들-의 무능력을 언급한다. 독일의 정당들은 1860년대부터 1929년까지 매우 오랜 기간 동안 그들의 고유한 이념공동체와 초기의 갈등에 속박되어 있었다는 점, 또 그들이 권력으로부터 배제되어 있었고, 따라서 타협이 필요했기 때문에 의식적(儀式的)인 논의에 빠졌다는 점, 그리고 이 두 가지 요인이 사회 전체의 민주화과정을 방해하였다는 점 등의 특징들을 지니고 있었다. 이로 인하여 각 정당들은 제대로 기능을 발휘하지 못하였다.

다원주의(多元主義)는 현대사회에서 흔히 민주주의의 한 요소로 간주된다. 그러나 벨러는 이 시기의 다원주의를 反민주적인 것으로 규정한다. 경제적 이익을 대표하는 단체들은 권위주의적인 정책을 후원하였고, 反민주적 다원주의로 지칭되는 정치체제를 지지하였다. 나아가서 여러 이익단체들은 산업의 집중과정, 조직자본주의로의 이행, 경제의 성장과정 등에 대한 어느 정도의 통제의 필요성을 표현한 것이었다. 이 단체들은 실질적인 영향력을 갖고 있었고, 정책결정 과정에 사실상 참여할 수 있었기 때문에 국가에 비공식적으로 통합되어 갔다. 또 여러 우파 선동단체들도 반사회주의·민족주의·제국주의 그리고 반유대인주의 등을 내세우며 정치권력과 접근하였다. 그들과 반대자인 노동자들의 조직 또한 강력하였다.

비스마르크가 자신의 정책을 실행하는 데서 가장 효과적으로 통합점을 찾아낸 것은 '부정적 통합'이라는 정치적 지배기술이었다. 그는 '제국에 충실한 다수파'와 '제국에 적대적인 소수파'를 대립시키고, 정치적 카톨릭주의, 의회적 자유주의, 사회민주주의, 자유주의적 유대인 등을 '제국의 적'으로 규정하였다. 비스마르크가 의도했던 '부정적 통합'방식은 '적과 동지'라는 흑백논리를 조장하는 터전이었다. '생산신분 카르텔 내에서의 결집정책(Sammlungspolitik)'은 비스마르크가 시행한 국내정책의 보수적인 유산들 중에서 가장 주목할 만한 점이다. 결집정책은 '1870년 이후 독일을 지배한 대자본과 대토지소유 사이의 동맹관계'로 反진보적·反자유주의적인 정책과 탈자유화정책을 실현하였으며, 이어서는 反사회주의적인 요소가 점차 명백하게 표면에 등장하였다. '생산신분의 카르텔'은 어떠한 해방적 경향에도 반대하였다. 결집정책은 각 시기마다 서로 대립하는 주요이익에 균형을 잡아줌으로써 지속적으로 유지될 수 있었다.

사회의 모든 질서가 가능한 한 오랫동안 지배계급의 목적에 봉사할 수 있게 해준 것은 위에서 열거한 여러 요소들을 밀접하게 결합시켜 주는 여러 부가적인 통합장치들이 있었기 때문이다. 벨러는 그러한 통합장치로서 '국가이데올로기와 예외법'·'민족주의와 상투적인 적대성'·'반유대인주의와 소수민족정책'·'당화 이데올로기와 종교'·'권위주의적 사회의 토대로서의 사회화 과정[가족·국민학교·김나지움·대학·대학생단체와 예비역장교제도]'·'갈등의 조정[계급재판과 신민심성]'·'충성을 보장받기 위한 보상급부[사회보험과 위신정책]' 등을 제시한다. 여기서 특징적인 것은 이데올로기적 요소들과 더불어 지배체제의 내면화를 보장해 준 제도들에 대한 언급이다.

조세정책과 재정정책의 분석에서는 분배메커니즘의 불평등을, '군비정책'에서는 군사적 고려의 우위와 군국주의적 가치관을 확산시킨 '사회적 군국주의'를 통하여 지배체제가 지닌 문제점을 분석하였다. 특히 그는 독일사회 전체에 1945년까지 군국주의의 가치를 확산시킨 것은 이러한 군사적 사고의 우위보다는 '사회적 군국주의'라고 보았다. 사회적 군국주의는 독일사회 전체에 군대의 가치관과 명예관, 사고방식과 행동방식을 침투시킬 수 있었으며, 이러한 현상은 제국독일에 이르러 전사회적으로 확산되었다. 또 군사정책의 중요 부분인 '해군정책'도 사회적 군국주의와 밀접히 관련되어 있었다. 해군정책은 대외적으로는 공격적인 역할을 부여받았으며, 대내적으로는 '사회적 제국주의'라는 의미에서 국내정책을 달성하기 위한 투쟁수단이었다. 즉 그 주도자들은 부르주아지와 프롤레타리아의 정치적 요구를 약화시키고, 전통적인 권력구조를 안정시키려 하였다. 벨러는 이를 통하여 기존의 '대외정책 우위'에 대하여 명백히 '국내정책의 우위'를 보여주려고 하였다. 그는 제국주의를 '산업국가가 자신의 사회경제적·기술적·군사적 우위를 바탕으로 하여 저발전 지역을 직접적·공식적 혹은 간접적·비공식적인 형태로 영향력을 행사하는 지배체제'로 정의한다. 그는 제국주의적 팽창의 원인들을 일차적으로 경제적 사실에서 구한 것이 아니라 경제적·사회적·정치적 요인의 상호작용에서 구하였다. 그리하여 그는 제국주의를 체제의 방어적인 안정화 전략이자 수단으로서, 국내의 정치적 목적에 철저하고 냉정하게 계산된 도구로서 이용되었다고 보았다. 즉 제국주의 정책은 '사회민주주의에 대항할 수 있는 진정한 수단'으로 기능하였으며, 현상옹호를 지속시키려는 정책이었다. 사회적 다윈주의와 범게르만주의는 이러한 제국주의 정책을 정당화시키는 데 극히 적합한 이데올로기였다.

  초기 독일제국의 대외정책은 기본적으로 극히 방어적인 것이었다. 그러나 이 전략은 1870년대 말 이후 위기에 처하게 되었다. 이 위기는 독일제국 내의 사회경제적 문제 및 이와 관련된 가장 중요한 이익영역들을 권력엘리트가 재조정하려는 데에서 생겨난 논리적 결과였다. 제1

차 세계대전에 관한 논의에서 벨러는 우선 피셔의 '연속성 테제', 즉 독일제국이 의도적으로 전쟁정책을 추구했다는 테제에 동의하지 않는다. 벨러는 독일의 전쟁목적을 이해하기 위해서는 "사회구조적이고, 본질적으로는 제도적·정치적 측면들을 고려"해야 한다고 강조한다. 그는 '군부와 지배계급이 위기에 처한 자신의 지위를 유지하기 위해서, 국내 문제를 대외로 돌리기 위해서 전방으로의 도주를 시작했다'고 보았다. 전쟁의 목적은 "국내의 개혁에 대한 요구를 외부로 돌리고 특권적인 권력엘리트의 전통적인 지배관계를 정당화"시킴으로써 귀족적 군주제적인 전통을 지닌 낡은 세계를 안정시키고 현상을 옹호하려는 것, 즉 통합의 수단이었다.

전쟁기간 동안에 독일사회와 정치는 극단적으로 양극화되었다. 사회민주당은 분열 – MSPD와 USPD – 되었고, 루덴도르프의 군부독재정권이 출현하였다. 군부독재정권은 전쟁에서 패색이 짙어지자 "아래로부터의 혁명을 예방할 수 있는 유일한 조치"로서 의회의 영향력 강화를 승인하였다. 그리고 1918년 10월 28일에는 의회주의적 군주정에 관한 법률을 도입하는 일련의 개혁이 단행되었다. 이는 곧 '최후의 위로부터의 혁명'으로 세계사에 그 선례가 없는 것이었다. 그러나 이 개혁은 3일 만에 끝나고 키일(Kiel)항에서 시작된 해군병사들의 봉기는 혁명으로 발전되었으며, 사회민주주의자인 필립 샤이데만(P.Scheidemann)은 공화국을 선포하였다. 11월 10일에는 혁명적인 '인민대표자 위원회'가 정부 운영을 책임지게 되었다. 이로써 1871년에 시작된 독일제국은 48년도 제대로 채우지 못한 채 끝나고 말았다. 독일혁명은 기아·패배·병사들의 봉기뿐만 아니라, 오랜 기간에 걸쳐 누적된 사회경제적 긴장관계와 변화의 욕구가 초래한 정치적 위기로 인하여 폭발한 것이었다. 그러나 독일혁명은 국가·관료제·사회제도·경제제도 등의 근본적인 개혁과 민주화라는 과제를 수행하는 데 실패하였다. 독일 최초의 공화국은 대담한 개혁노선을 배제함으로써 질식할 듯한 어려움을 짊어진 채로 시작되었다.

> … 전통주의와 부분적인 근대화가 서로 결합됨으로써, 놀라울 정도로 오래 남아서 역사적으로 이미 낡아버린 권력구조의 안정성을 유지시켜 주었으며 … 정치·경제·사회면에서 전통적인 권력관계를 옹호하는 데 성공한 것은 후에 훨씬 더 장기적이고 엄청난 대가를 강요하였다. … 실제로 근대의 사회적·정치적 관계로의 이행이 필요했을 때, 권력엘리트는 이를 시작할 의사도 능력도 없었다. … 혁명적 파괴와 몰락 … 이러한 단절기는 … 독일제국이 생산적인 상황에 적응하지 못함으로써 치러야만 할 대가였다.

IV

독일에서 이 책이 처음 출간된 지도 어언 20여년 이상이 지났고, 그 동안 이 책은 독일에서만 7판(1994)을 거듭했을 정도로 화제작이 되었다. 출판 이후 본문은 바뀌지 않았고, 참고문헌만 보충되었다[15]. 따라서 이 책에 반영된 문제의식이나 연구수준은 출판된 당시의 것이다. 이 책의 초판이 발간된 이후 독일 역사학은 엄청난 발전을 이룩하였고, 벨러가 제기한 문제들은 수많은 학문적 질문들과 논쟁들에 도움을 주었으며, 그가 행한 해석들은 거의 모든 측면에서 공격을 받았다. 이러한 상황에 상응하여 벨러가 애초에 제기했던 해석들 중 일부는 그 스스로에 의해서 수정되기에 이르렀다.

'독일 제2제국'과 관련된 벨러의 새로운 견해는 최근에 출간된 『독일사회사』 제3권 – 1848년에서 1914년까지의 시기를 다룬 1,500쪽 이

---

[15] 이 책의 후미에 실려 있는 참고문헌은 그가 1988년에 출판된 제6판을 위하여 새로 작성한 것이다. 독일 '사회사'에 관한 더 상세한 문헌은 Wehler, Bibliographie zur neueren deutschen Sozialgeschichte(München 1993)을 참조하라.

상에 달하는 방대한 책이다-에 잘 반영되어 있다. 여기서는 『독일 제2제국』과 비교하여 명확히 구별되는 몇몇 개념들과 '특수한 길'에 관해서만 약간 더 언급하기로 하자.

첫째, 벨러는 본래 1873년에서 1895년까지의 경제상황을 '대불황'이라는 개념으로 설명하였다. 이 개념은 흔히 경제가 극히 침체되어 그 성장이 중단되었다는 의미로 혹은-콘트라티예프(Kontratieff)의 용어로는-'장기파동'의 침체국면으로 이해된다. 그런데 이 개념으로 1873년에서 1895년까지의 경제를 설명하게 되면 이 시기에 심각한 '불황'이 있었다는 사실은 드러나지만, 산업자본주의의 연속적인 성장은 드러나지 않는다. 주지하다시피 이 시기 독일경제의 특징은 가격이 계속 하락하였음에도 불구하고 생산은 계속 증가하였다는 점이다. 또한 벨러가 보기에 19세기 경제의 장기적인 경향은 디플레이션, 다시 말해서 가격하락으로 특징지울 수 있으며, 1873~95년에 와서는 이러한 경향이 더욱 심화되었다. 이 시기 경기침체의 가장 결정적인 요인은 가격하락이었고, 그 결과는 이윤과 이자율의 현저한 감소였다. 벨러는 이러한 사실로부터 기존의 '대불황'은 오히려 현실에 더 근접한 개념인 '대디플레이션(Große Depression)'으로 대체되는 것이 더 타당하다고 결론짓고 있다〔DGG, 제3권:100~5, 547~95쪽〕[16]. '대디플레이션'은 '대불황'보다 그 의미가 훨씬 축소된 것이며, 우리는 이를 통하여 벨러가 예전보다 자신의 견해를 완화시켰다고 말할 수 있다.

둘째, 벨러는 독일제국 후반기의 자본주의를 설명하면서 '조직자

---

[16] '대불황'은 본래 1873~95년의 영국경제사에 사용된 개념이었으나, 로젠베르크(H. Rosenberg)가 같은 시기의 독일경제사를 설명하기 위해 도입했다. 그러나 이 개념은 특히 불황의 원인을 설명하지 못한다는 비판을 받았다. 그 결과 그는 이 개념을 현재의 벨러처럼 '대디플레이션'으로 대체하려고 했다(J.Kocka, Sozialgeschichte : Begriff-Entwicklung-Problem, Göttingen 1986², 104쪽 ; G.A.Ritter, Neuere Sozialgeschichte〔앞의 주4)〕, 37~38쪽).

본주의'이라는 개념을 사용하였다. 그러나 그에 의하면 이 개념은 여러 면에서 불만족스럽고, 잘못된 것으로 확인되었다. 왜냐하면 이 개념을 사용할 경우 다음과 같은 문제점들이 발생하기 때문이다. 먼저 이 개념을 고집할 경우 자본주의가 그 이전에는 조직되어 있지 않았다는 주장을 이끌어낼 수도 있다. 다음으로 이 개념으로는 경제 내에서 시대를 규정하는 여러가지 변화들을 동시에 파악할 수 없다. 마지막으로 이 개념으로는 정치적인 면에서의 여러가지 발전이 제대로 고찰될 수 없다. 이러한 문제점들을 시정하기 위해 벨러는 새로이 '조합주의(Korporativismus)'라는 개념을 사용하고 있다(같은 책 : 662~80, 1038~66쪽). '조합주의'라는 개념은 경제적 이익단체들의 국가에 대한 영향력이 점차 커져 갔다는 점, 또 국가가 경제에 간섭할 가능성이 점차 커졌다는 보여줄 뿐인, 전자보다 의미가 약한 개념이다.

셋째, 벨러가 기존의 독일 역사학에서 가장 문제시하였던 것들 가운데 하나는 '대외정책우위'라는 개념이었다. 그가 보기에 이 개념으로는 독일이 20세기에 파탄의 길로 나아가게 된 원인들이 설명될 수 없었기 때문이다. 이러한 문제점들을 시정하기 위하여 그는 -앞에서 언급했듯이- '대외정책우위' 대신에 '국내정책우위'를 주장하였다. 결국 그의 '국내정책우위'론은 '대외정책우위'론에 대한 안티테제였던 셈이다. 그러나 그의 이러한 주장은 많은 비판을 받았고, 후에 그는 '국내정책우위'라는 자신의 테제가 지닌 문제점의 일부를 인정했다.[17] 그리고 최근에 와서 그는 자신의 견해를 완화하여, '국내정책'과 '대외정책'의 상호작용을 통해 당시의 상황을 설명했다(같은 책, 222~24, 965~90쪽). 그에 의하면 두 정책의 상호작용이 수용되기 시작한 것은 최근의 일이며, 따라서 여전히 구체적이고 경험적인 연구가 부족하다(같은 책, 965,

---

[17] Wehler, Kritik und kritische Antikritik, in : Historische Zeitschrift 225(1977), 347~84쪽.

1345~46쪽의 주 7)〕.

넷째, 벨러가 비스마르크 체제와 관련하여 언급한 부분은 매우 주목할 만하다. 본래 그는 『독일 제2제국』에서 비스마르크 체제를 자본주의적 발전의 특정단계에 상응하는 '보나빠르뜨 독재체제'로 특징지었다. 그러나 최근에 와서 그는 이 체제를 '카리스마(Charisma)'라는 베버의 개념을 사용하여 설명하고 있다〔같은 책, 355~76쪽, 특히 368~76, 849~54쪽〕. 여기서 그는 비스마르크가 베버적인 의미에서 카리스마적 지도자의 전형적인 예로 간주할 수 있다고 본다. 그는 비스마르크의 지배체제가 몇 가지 점에서 '이념형(Idealtypus)'에서 벗어났다는 점을 인정하면서도 카리스마적인 요소가 지배적이었다고 주장하였다. 그러면 왜 벨러는 비스마르크 체제를 '카리스마적 지배체제'로 보려고 하였는가? 그에 의하면 기존의 '보나빠르뜨독재'론으로는 이 체제의 핵심인물인 비스마르크 개인의 역할을 올바르게 평가할 수 없고, 또 카리스마적 지도자의 최후-모든 카리스마적 지도자는 그 최후가 설명될 수 있어야 한다-를 설명할 수도 없기 때문이라는 것이다. 이는 기존에 그의 역사서술에서 약점으로 지적되었고, 또 그 스스로도 인정하지 않을 수 없었던 비스마르크 개인에 관한 서술을 보완하려는 시도로 간주될 수 있다.

다섯째, 벨러는 1871년 이후의 독일제국 사회에서는 '부르주아적인 성격이 결여(Defizit an Bürgerlichkeit)'되어 있었고, 또 대다수의 부르주아지가 귀족의 행위규범이나 생활양식을 모방하려는 경향-부르주아지의 '봉건화' 내지 '귀족화'-이 강했다고 보았다. '독일의 특수한 길'의 핵심적인 테제인 이 견해의 연원은 19세기 중엽까지로 소급된다. 일찍이 마르크스와 엥겔스는 독일의 자본주의가 영국이나 프랑스의 그것에 비해 상대적으로 후진적이고 부르주아지도 상대적으로 취약하다고 언급한 바 있다. 또 베버는 독일에서 '부르주아적인 성격'이 제대로 성숙되어 있지 않고, 대부르주아지가 봉건화되고 있다고 신랄히 비판하였다. 이 견해들은 이후 일부 학자들에 의해서 계승되었으며, 1933년 이후 나찌 체제를 미국이나 영국의 체제와 비교하는 데 매우 중요한 요소로 활용되었다. 특히 벨러는 이 견해를 받아들여 '독일의 특수한 길'을 설명하였다. 그러나 1980년대에 들어서 독일 역사학계에서는 'Bürgertum'에 관한 근본적인 재검토가 시작되었다. 19세기 '독일 Bürgertum'에 관한 대규모 연구 프로젝트에서는 우리가 주목할 만한 다음의 두 가지 사실이 확인되었다. 그 하나는 국제적인 비교연구 결과 19세기 독일사회에서도 '부르주아적인 성격의 결여'가 없었다는 점이고, 다른 하나는 대부르주아지의 '봉건화' 내지 '귀족화'는 소수에 불과했고 독일에만 국한된 것이 아니라 전유럽적인 현상이었다는 점이다〔같은 책, 717~30, 765~71쪽〕. 벨러는 특히 아우구스틴(D.Augustine)과 캘블레(H.Kaelble)가 행한 부르주아지의 '배우자 선택'·'아들의 직업'·'사위의 직업'에 관한 경험적 연구결과를 통하여 이들이 봉건적인 성격을 지닌 것이 아니라 명백히 부르주아적인 성격이 강했다고 언급하였다〔같은 책, 719~23쪽〕. 결국 그는 19세기 독일사회에서 '부르주아적인 성격이 결여'되었다거나 혹은 부르주아지의 '봉건화' 내지 '귀족화'라는 기존의 견해를 철회하였다.

여섯째, 벨러는 위에서 언급한 새로운 견해에 기초하여 자신의 '독일의 특수한 길' 테제를 부분적으로 수정하였다. 본래 '독일의 특수한 길'은 19세기 중반 이후 독일의 정치적·사회적·경제적·문화적 측면들의 발전이 서유럽의 그것들보다 더 우월하다는 주장에서 비롯되었으며, 1919년 이후에는 의회민주주의적인 바이마르공화국을 서구적이고 비독일적이라고 비판하는 데서 이데올로기의 역할을 하였다. 또 이 이데올로기는 1933년 이후에 국가사회주의의 이념 속에 유입되어 1945년까지 독일의 우월감을 극단적으로 조장하는 데 일조하였다. 결국 1945년까지의 '독일의 특수한 길'은 독일의 우월감을 고취시키는 '긍정적인 상'으로 이해되었다. 이와는 반대로 벨러는 독일이 20세기에 파탄의 길로

나아가게 된 원인을 설명하려는 '비판적이고 부정적인 상'으로서의 '특수한 길'을 제시하였다.18)

벨러는 『독일 제2제국』에서 근대독일의 역사적 과정이 서유럽의 그 것과 명백히 구별되는 특수한 것이라고 보았다. 특히 그는 전산업적 엘리트와 관료들, 그리고 구지주들의 권력이 강력히 잔존하여 부분적인 근대화만을 이룸으로써 독일이 20세기에 파탄의 길로 나아가게 되었다고 보았다. 벨러는 전통적 요소들이 구조적으로 연속될 수 있었던 원인을 독일사회의 '부르주아적인 성격결여'와 부르주아지의 '봉건화' 내지 '귀족화'로 설명하였다. 그러나 이러한 견해들이 부정되고 있는 지금 그의 '특수한 길'은 어떻게 설명되고 있는가? 그는 최근의 연구를 수용하여 이 시기에 부르주아지가 문화적으로 엄청난 영향을 미쳤으며, 전반적으로 부르주아 사회가 성취되었다고 보았다. 또한 그는 독일의 부르주아지가 입헌군주정, 귀족의 공적인 역할 그리고 '군국주의 국가'를 인정하였다는 점과 국가 지향적이었다는 점에 주목했다〔같은 책, 461~86, 771, 806, 1250~95쪽〕. 그런데 1945년 이전의 독일사에서 문제가 되는 것은 사회경제적 부문의 가속적인 발전과 정치구조의 경직성 사이에서 야기된 근대화의 딜레마였다. 그러므로 벨러의 '독일의 특수한 길'에서는 정치체제와 그것을 담지하는 사회적 역학관계가 극히 중요했다. 그리하여 벨러는 '독일의 특수한 길'을 예전처럼 '구조'를 통해서가 아니라 부르주아지의 정치적 경향 및

---

18) 독일의 특수한 길에 관한 글은 매우 많다. 앞서 인용한 Iggers, Introduction ; Wehler, Historiography 외에 J.Kocka, Der "deutsche Sonderweg" in der Diskussion, in : German Studies Review 5(1982), 365~78쪽 ; ders., Deutsche Geschichte vor Hitler. Zur Diskussion über den "Deutschen Sonderweg", in : ders., Geschichte und Aufklärung. Aufsätze, Göttingen 1989, 101~13, 187~90쪽 ; ders., Ende des Deutschen Sonderwegs, in : W. Ruppert(Hg.), "Deutschland, bleiche Mutter" - oder eine neue Lust an der nationalen Identität? Texte des Karl-Hofer-Symposions, Berlin 1992, 9~37쪽 등을 참조하라. 또 보다 상세한 문헌은 벨러의 DGG, Bd.3, 1381-84쪽을 참조하라.

정치적 지배체제를 통해서 설명하고 있다. 이것은 기존의 테제가 동요된 결과였다. 이제 그것은 예전보다 매우 약화되었으며, 심지어 '독일의 특수성들(deutsche Besonderheiten)'19)을 언급하는 데로까지 후퇴하였다. 그럼에도 불구하고 '독일의 특수한 길'은 벨러의 독일사에 관한 해석과 서술에서 여전히 가장 핵심적인 위치를 차지하고 있다.

V

벨러가 최근에 이르러 독일 제2제국 시기에 관한 자신의 견해를 상당히 수정하기는 하였지만, 그렇다고 『독일 제2제국』이 지니고 있는 본래의 의미가 삭감되지는 않는다. 이 책은 여러가지 면에서 매우 특징적이다. 첫째 이 책은 인접학과의 이론과 방법론을 다양하게 수용하였으며, 또 매우 문제지향적이고 분석적으로 서술되었다. 기존의 역사서술에서 중심적인 위치를 차지했던 '이야기식의 서술'은 찾아볼 수 없다. 둘째, 독일사를 매우 비판적인 입장에서 서술하였다. 이 책은 독일의 과거, 특히 나찌의 원인이 어디에 있는가를 찾으려는 시도의 하나로서, 그리고 그것이 가져온 대가는 어느 정도인가를 평가해 보려는 의도에서 출발하였다. 경제·정치·소수민족·교육·전쟁·관료제·이데올로기 등을 비판적인 관점에서 봄으로써, 과거로 인하여 독일인들이 치러야만 했던 대가를 밝히고자 하였다. 셋째, 이 책은 여전히 '정치사'에 집중되어 있다. 그러나 앞에서 언급한 바와 같이, 이 책은 단순한 사건이나 인물중심의 역사가 아니라, 사건이나 인물을 구조와 과정 속에서 조명하려는 '정치의 사회사'이다. 넷째, 이 책은 저자가 언급하고 있듯이 완

---

19) W.Hardtwig, Der deutsche Weg in die Moderne. Die Gleichzeitigkeit des Ungleichzeitigen als Grundproblem der deutschen Geschichte 1789~1871, in : ders./H.-H.Brandt(Hg.), München 1993, 9-31쪽.

결된 어떤 것을 목표로 한 것이 아니라, 하나의 문제제기를 포함하고 있다. 그래서 일부에서는 미완성된 하나의 의사일정이라고 비판하기도 한다. 다섯째, 이 책은 계몽과 교육을 중요시하였다. 역사학이 이러한 기능을 수행해야 할 것인가의 문제는 많은 논란의 대상이 될 수 있다. 그러나 그는 역사학이 이러한 기능을 수행함으로써 독일인들이 건전한 민주사회의 시민으로 성장하는 데 기여할 수 있기를 기대한다.

　이러한 특징들로 인하여 『독일 제2제국』은 출판된 이후 지금까지 많은 사람들에게서 논란의 대상이 되었다. 이 책은 '정치사'로부터 비판을 받았고, 독일사의 '연속성'과 '독일사의 특수한 길'에 관한 논쟁을 야기시켰으며, '아래로부터의 역사'를 주장하는 사람들과의 논쟁에서 집중적인 표적들 중의 하나가 되기도 하였다. 또한 이 책은 시대적 상황이나 연구수준으로 인하여, 그리고 때로는 저자의 강한 입장으로 인하여 상당한 한계를 지니고 있다. 먼저 언급되어야 할 것은 인간행위의 주관적 측면들이 고찰되지 못하고, 그리하여 역사의 주체인 인간이 자리할 여지가 없는 역사서술이 되고 말았다는 점이다. 이것은 구조사적인 입장에서 서술된 역사학이 지닌 공통적인 문제이기도 하다. 일부의 역사가들은 이 문제를 해결하기 위하여 '이야기식의 역사서술'을 주장하기도 한다. 그러나 엄밀히 말하면 양자-개인과 구조-중 어느 하나를 선택해야 할 것이 아니라, 두 방식의 적절한 종합이 필요할 것이다. 다음으로 언급되어야 할 것은 이 책이 그 제목과는 어울리지 않게 프로이센에 집중되어 있다는 점이다. 그것은 저자가 '한국어판 서문'에서 고백한 바도 있다. 또한 이 책은 1933년이라는 시간에 거의 모든 것을 집중시키고 있다. 이것은 '독일사의 특수한 길'과 '독일사의 연속성'에 관한 논쟁에서 확인된 바와 같이 장점과 더불어 많은 한계를 노정시켰고, 많은 부분이 현재에도 논의의 여지를 남겨놓고 있다. 니퍼다이(Th.Nipperdey)의 주장처럼 독일사에는 '많은' 연속성들이 있기 때문이다.[20]

파버(K.-G.Faber)는 1세기 전에 있었던 역사학에서의 '방법론논쟁'21)을 다음과 같이 평가하였다. "… 그 전투는 몇 년 후에 [역사가] 길드의 승리로 끝났다. 결국 이것은 반세기 동안이나 독일 내에서 역사학의 일부로서 혹은 통합적 분야로서의 사회사의 유용성에 대한 거의 모든 논의를 지연시킨 피루스의 승리(Pyrric victory : 보람없는 승리)임이 확인되었다 …"22) 또 야라우쉬(K.Jarausch)는 "1970년대 초에는 이른바 '벨러현상'이 독일 역사가들 사이에서 주요한 대화의 주제로서 피셔논쟁을 대신하였다"23)는 말로서 이 책에 대한 서평을 시작하였다. 이것은 벨러의 방법론이 1세기 전의 방법론 논쟁과는 달리 새로운 반향을 얻고 있었음을 확인해 주는 것일 뿐만 아니라, 역사학 연구의 전환을 보여줄 것으로 예상한 것이며, 벨러가 극히 중요한 문제들을 제기했다는 의미이기도 하다.

이 책은 '독일 제2제국'에 관한 벨러의 견해를 응축시킨 것으로, 여기서 제기된 문제들은 독일사, 특히 독일제국 시기의 역사에 관한 많은 문제들을 명확히 하거나 혹은 새로운 연구의 가능성을 열어주었다. 그 논지들 중 많은 부분은 '독일역사상(像)'을 새로운 방향으로 전환시키는 데 기여하였고, 또 긍정적인 평가를 받았다. 그 결과 어떤 사람은 벨러의 견해가 하나의 '새로운 정통설(new orthodoxy)'로서 자리를 잡아갔다고

---

20) T.Nipperdey, 1933 und Kontinuität der deutschen Geschichte, in HZ 227. 1978, 86~111쪽.『서양사론』 19(1978)에도 "1933 and the Continuity of German History"으로 게재되어 있다.
21) '람프레히트 논쟁'에 관해서는 이상신,「Karl Lamprecht의 歷史觀에 關한 一研究」,『사총』 15·16합집(1971), 45~78쪽 ; 이상신,『서양사학사』, 679~85쪽 ; 문기상,「'람프레히트 방법논쟁'과 '문화사'」(上),『역사학보』 129(1991), 127~8쪽 ; (下),『역사학보』 130(1991), 154~59쪽 등을 참조.
22) Karl-Georg Faber, Review Essay, in History and Theory 16(1977), 51~52쪽.
23) K.Jarausch, Review of "Das deutsche Kaiserreich 1871-1918", in Journal of Modern History(JMH) 48. 1976, 728쪽.

언급하기도 하였다.24) 그가 제기한 문제들은 이후의 연구에서 매우 중요한 연구주제로 되었으며, 많은 연구성과를 거두었다. 코카(J.Kocka)는 정치의 사회사가 벨러의 책 이후 독일 역사학계에서 명확한 흐름이 되었다고 강조한다. 즉 "1973년에 출판된 벨러의 『독일 제2제국』은 어느 정도의 결산이 되었으며, 전체의 방향에 대한 대립적인 논쟁에서 중심적인 대상이 되었다. … '정치의 사회사'는 바이마르공화국과 특히 국가사회주의의 연구에도 기여하였다."25) 이것은 저자 자신이 의도했던 바이기도 했다. 이 책은 '독일사를 어둡게 채색하였다'거나, 지나치게 급진적이라거나 혹은 구조적이라는 이유로 비판을 받은 것도 사실이다. 그럼에도 불구하고 이 책이 지난 70년대 이후 독일 역사학에서 그 중심에 서있었다는 사실은 부인할 수 없으며, 따라서 이미 사학사적인 측면에서도 반드시 언급되어야 할 책들 중의 하나가 되었다. 그러나 이 책에 대한 판단은 독자가 하는 것이다. 오히려 이 글이 독자의 판단을 흐리게 하지나 않을까 조심스럽다.

****

역자는 가능한 한 원문에 충실하게 번역하고자 하였다. 그러나 문맥상 설명이나 보충이 필요하다고 생각되는 곳에서는 약간의 설명을 본문 속에 덧붙였다. 또 독자들이 내용을 이해하는 데 도움을 주기 위하여 약간의 '역자주'를 본문 아랫부분에 첨가하였다. 조직이나 정당의 명칭 혹은 몇몇 핵심적인 개념들은 괄호 안에 원어를 삽입하였고, 여러번 나

---

24) 이 말은 J.Sheehan, Books Review, in : JMH 48(1976), 567쪽에서 처음 사용되었고, 영미권의 학자들에 의해 자주 인용되었다. 그러나 이거스는 벨러의 견해가 '정통설'로 되었다고 보지 않는다.〔G.Iggers, The German Conception of History(최호근 옮김, 『독일 역사주의』, 박문각 1992), 489쪽〕
25) J.Kocka, Sozialgeschichte : Begriff-Entwicklung-Probleme, 147쪽.

오는 용어는 처음의 경우에만 원어를 표기하였다. 저자가 특별한 설명 없이 문장 끝에 인용한 사람들은 〔 〕로 표시하여 －예:〔Koselleck〕－ 본문에 나오는 개념의 원어들과 구분되게 하였다.

　이 책은 내용이 매우 압축되어 있을 뿐만 아니라, 또 많은 생소한 용어들과 이론들, 그리고 사건들을 포함하고 있다. 역자가 이들을 적절한 우리말로 옮기는 데 많은 어려움이 있었다. 정확하고 적절한 번역이 되도록 노력하였으나 아쉬움이 많다. 아마 차후에는 보다 더 좋은 용어들을 선택할 수 있을 것이다.

　이 책을 우리말로 옮기는 데에는 많은 사람들의 도움을 받았다. 저자인 벨러 교수는 이 책을 한국어판으로 번역하겠다는 역자의 제의를 쾌히 허락해 주었고, 이 책의 저작권을 갖고 있는 '판덴획&루프레히트(Vandenhoeck & Ruprecht)' 출판사, 특히 빈프리트 헬만 박사(Dr. Winfried Hellmann)는 이 책의 한국어판 출판에 동의해 주었다. 또 고려대학교 서양사학과 이상신 교수는 역자의 번역에 많은 자극과 격려 그리고 조언을 주었다. 고려대학교 역사교육과 이병련 교수는 용어문제에 조언을 주었으며, 한운석 선생은 바쁜 중임에도 불구하고 역자에게 필요한 많은 자료와 조언을 주었다. 이분들의 도움이 없었더라면, 이 책의 번역은 불가능했을 것이다. 또 나종석씨와 윤선자씨는 원고정리와 교정작업에 많은 시간을 할애해 주었다. 그밖에도 많은 사람들의 조언과 격려, 그리고 협조를 받았다. 이들의 도움에 대해서 지면을 통하여 감사드린다. 마지막으로 어려운 여건임에도 불구하고 출판을 기꺼이 맡아준 '신서원'의 임성렬 사장과 교정에 힘써준 편집부 직원들께도 감사를 표한다. 물론 번역상 예상치 못한 실수나 과오에 대한 모든 책임은 역자에게 있다.

1996년 4월
역자 씀

주요약어표

AA = Auswärtiges Amt(외무성)
AHR = American Historical Review
BA = Bundesarchiv Koblenz
BdL = Bund der Landwirte(농업가연맹)
DZA = Deutsches Zentralarchiv, I : Potsdam
GW = O.v.Bismarck, Gesammelte Werke, 19 Bde, 1924/35
Fs. = Festschrift(기념논문집)
GStA = Geheimes Staatsarchiv
Hg. = Herausgeber(편집자)
HZ = Historische Zeitschrift
IESS = Internation Encyclopeadia of the Social Science, 17 Bde, 1968
JCH = Journal of Contemporary History
JMH = Journal of Modern History
Jh. = Jahrhundert(세기)
MEW = Marx-Engels, Werke, 41 Bde, 1957/66
MS = Maschinenschrifliches Manuskrift
MSPD = Mehrheitssozialdemokratische Partei Deutschlands(다수사회민주당)
Nl. = Nachlaß(遺稿)
PA = Politisches Archiv des AA Bonn
PVS = Politische Vierteljahrschrift
RB = O.v.Bismarck, Reden, 14 Bde, 1892/1905
RT = Stenographische Berichte über die Verhandlungen des Deutschen Reichstags
SPD = Sozialdemokratische Partei Deutschalnds(사회민주당)
USPD = Unabhängigkeitssozialdemokratische Partei Deutschalnds(독립사회민주당)
ZfG = Zeitschrift für Geschichtswissenschaft
ZGS = Zeitschrift für die Gesamte Staatswissenschaft
ZdI = Zentralverband deutscher Industrieller(독일기업가 중앙협회)

차 례

한국어판 서문 --- 5
소개의 글 --- 10
목　　차 --- 39

서　론 —— 43

Ⅰ. 1871년의 상황 : 농업혁명・산업혁명・국가창건 —— 53

1. 농업혁명과 토지소유 귀족층 54
2. 산업혁명과 도시부르주아지 60
3. 국내정책 : 반동, 자유주의 그리고 헌법투쟁 70
4. 헤게모니를 장악하기 위한 전쟁과 '위로부터의 혁명' 75

Ⅱ. 산업국가로의 발전 —— 87

1. 고도산업화의 제1단계 :
   산업성장의 불균등과 농업의 구조적 위기(1873~95) 87
2. 호경기 하의 산업과 국가의 보조로 유지된 농업부문 :
   조직자본주의와 국가간섭주의의 등장(1895~1914) 97

Ⅲ. 지배체제와 정치 —— 115

1. 정치체제 115
   1.1. 입헌군주정인가, 혹은 유사입헌적 半절대주의인가? 115
   1.2. 1890년까지의 보나빠르뜨 독재정권 120
   1.3. 1890년 이후 국가의 지속적인 위기 :
       협력없는 권위주의적 합의체제 129

1.4. 관료제 : 정치적 지배의 요소와 조직모델 ……………………… 134
  2. 중심문제들 : 정치적 동원 대 현상의 옹호 …………………………… 143
   2.1. 정당의 무능력 ……………………………………………………… 144
      2.1.1. 자유주의자들 --- 147   2.1.2. 중앙당 --- 150
      2.1.3. 보수주의자들 --- 154   2.1.4. 사회민주주의자들 --- 157
   2.2. 이익단체들을 국가 속으로 편입시키다 :
       반민주적 다원주의와 그 반대자들 ……………………………… 163
   2.3. '부정적 통합'이라는 정치적 지배기술 :
       '제국의 적' 대 '제국의 지지자' ………………………………… 173
   2.4. 국가를 유지시키는 생산자신분 카르텔 내에서의
       결집정책(1876~1918) …………………………………………… 180
  3. 통합장치와 민주주의에 대한 구조적 적대성 ………………………… 188
   3.1. 국가이데올로기와 예외법 ………………………………………… 189
   3.2. 민족주의와 상투적인 적대성 …………………………………… 192
   3.3. 반유대인주의와 소수민족정책 ………………………………… 196
   3.4. 정당화 이데올로기와 종교 ……………………………………… 208
      3.4.1. 루터파 국가교회 : 王冠과 祭壇 --- 208
      3.4.2. 로만카톨릭 : 신분이데올로기와 독점의 요구---212
   3.5. 권위주의적 사회의 토대 :
       사회화과정과 그 과정의 지배 ………………………………… 215
      3.5.1. 가족 --- 216   3.5.2. 국민학교 --- 218
      3.5.3. 김나지움 --- 221   3.5.4. 대학 --- 224
      3.5.5. 대학생단체와 예비역장교 체제 --- 227
   3.6. 갈등의 조정 ………………………………………………………… 230
      3.6.1. 계급재판 --- 230   3.6.2. 신민심성 --- 232
      3.6.3. 이상향으로서의 갈등없는 사회 --- 234
   3.7. 충성을 보장받기 위한 보상급부 ……………………………… 236
      3.7.1. 사회개혁 대신에 사회보험 --- 237
      3.7.2. 보상으로서의 위신정책 --- 243
  4. 조세정책과 재정정책 ……………………………………………………… 245
   4.1. 지배체제에 대한 자본조달 ……………………………………… 246
   4.2. 국민소득의 분배 …………………………………………………… 253
   4.3. 불평등의 고착화 …………………………………………………… 256
  5. 군비정책 …………………………………………………………………… 257

5.1. 군대 257
   5.2. 군국주의 270
      5.2.1. 국내의 정치투쟁을 위한 도구로서의 군대 --- 273
      5.2.2. 사회적 구성과 행위의 통제 --- 274
      5.2.3. '소부르주아적 신념적 군국주의의 동원' --- 280
   5.3. 해군 282
6. 제국주의 292
   6.1. 불균등성장과 정치적 지배체제의 정당화 :
       사회적 제국주의 294
   6.2. 국내정책으로서의 빌헬름의 '세계정책' 300
   6.3. 사회적 다윈주의 그리고 제국주의 이데올로기로서의
       범게르만주의 305
7. 대외정책 308
   7.1. 국가체제 내에서의 대외정책 308
   7.2. 국내정책 우위하에서의 대외정책 313
      7.2.1. 프랑스 --- 313   7.2.2. 영국 --- 317
      7.2.3. 러시아 --- 320
8. 제1차 세계대전 : 앞으로의 질주 325
   8.1. 공격적인 방어정책 327
   8.2. 전시재정과 전시경제 338
   8.3. 전쟁의 목적과 계급사회 349
   8.4. 최후의 '위로부터의 혁명' 358
   8.5. 독일혁명 : 사회민주주의인가, 혹은 보수적 공화국인가? 367

Ⅳ. 대차대조표 ——— 381

   후   주 ——— 401

부 록 ——— 421

   참고문헌 423
   인명색인 461
                                             마지막 쪽 … 466

◎ 비어 있는 쪽 ◎

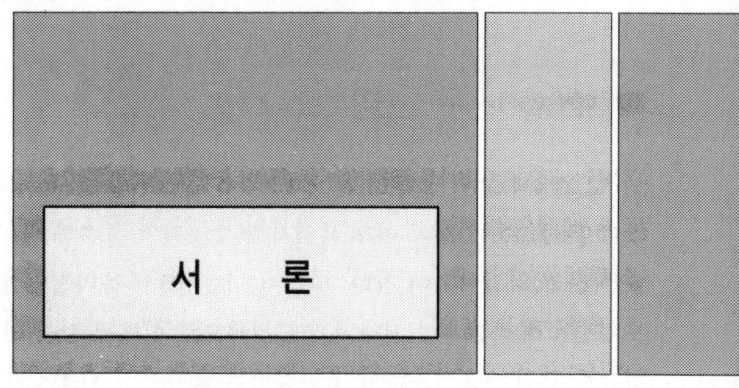

서 론

　내가 생각하기에 1871년의 독일제국에 관한 역사는 오늘날 더 이상 일상적인 사건의 설명 정도로 서술될 수는 없다. 왜냐하면 만약 우리가 19세기 이후 독일 역사학의 설명방식과 해석방식을 고집한다면, 정치학이라는 협소한 개념을 지닌 강력한 길드적 전통에 따라서 수행한다면, 그리고 역사적 부문과 사회과학적 부문 사이에서 역사적으로 설명할 수 있는 경계만을 존중한다면, 제국을 창건한 지 100년 후에 비판적 평가를 내려보고자 하는 새로운 책에 대한 정당한 요구가 제대로 평가받기 어려울 수가 있기 때문이다. 이제 이러한 요구들을 정보와 설명을 결합시키는 데로, 경제와 사회의 발전과정을 추적하여 이로부터 정치적 결정과정을 명확히 하는 데로, 그리고 이러한 발전과 결정의 조건 및 결과에 관해서 의문을 제기하는 데로 돌려보자. 그러나 종래의 역사적 설명(Darstellung), 즉 사건사에 관한 연대기적인 보고서는 반박받을 여지가 있을 뿐만 아니라 오늘날의 역사적·분석적 관심에도 배치되기 때문에, 1871년에서 1918년까지 50년간에 독일의 사회와 정치에 대한 문제지향적인 역사적 구조분석을 통해서 이러한 난관으로부터 올바른 길을 찾아낼 필요가 있을 것이다. 물론 여기서 중심에 놓고 있는 문제와 구성요소를 선정하는 일에서는 인식을 이끌어내는 관심이 가장 중요한 역할을 하였다. 먼저 여기서 몇 가지가 첨가되어야만 한다.

1. 18세기 말의 여러 차례에 걸친 혁명 이후에 근대독일사의 근본적인 문제, 즉 이 시기 이후 독일사의 숙명적인 특수한 길(Sonderweg)에 관한 설명과 관련되어 있다. 따라서 서유럽적·북미적인 발전이 독일의 문제점들과 비교하여 지나치게 긍정적으로 설명될 것이 아니라, 독일에 고유한 부담, 즉 성숙하고 책임감있는 국가시민 사회로의 발전에 대립되는 심각한 장애물과 자유주의적·민주주의적인 사회에 반대하는 목표를 가진 매우 효과적인 저항, 즉 숙명적인 결과를 지닌 저항에 관한 것이 다시금 문제시될 것이다. 독일제국에 와서 점점더 과중해진 이러한 역사적 부담에 관한 비판적 분석없이는 독일파시즘이라는 파탄으로의 길은 해명될 수 없다. 그리고 오직 이러한 관점에서 국가사회주의의 등장과 몰락을 평가하는 경우는 거의 없지만, 최근의 독일사도 먼저 이 문제에서 출발해야 한다는 것은 불가피한 일이다. 제국독일이 사라진지 불과 12년 후에는 히틀러의 '권력장악'이 임박해 있었다. 역사적 차원 없이, 다시 말해서 독일제국의 역사없이 이 과정을 설명하려고 할 경우에 우리는 어떻게 여기서 빠져나올 수 있을까?

2. 그러나 두번째로 ―이것은 문제의 선택과 가장 밀접하게 관련되어 있다― 여기서는 역사과학을 비판적 사회과학으로 이해하였다. 이 비판적 사회과학은 역사학의 여러가지 '시간구조'〔R.Koselleck〕를 충분히 고려하면서도, 무엇보다도 의식적으로 보다 더 자유롭고 비판적인 사회의식의 심화에 기여하고자 하는 과학이다. 혹자는 여기서는 그시기 경험의 지평 속에 있던 역사적 인물이 지향했던 의미뿐만 아니라 오늘날의 이론적 관점에서 역사적 행위가 수용될 수 있다는 의미에 대해서도 의문이 제기되고 있다고 말했다. 역사가는 첫번째 과제에 관해서뿐만 아니라 그것이 후기역사주의의 환상에 어떻게 상응했는가라는 두 가지 과제를 설정해야만 한다. 이와 같이 이해된 역사학의 해방적 과제는 이데올로기 비판에 수반되는 이야기의 애매한 부분을 걷어내

고, 판에 박힌 오해를 풀며, 관련된 결과들 즉 중단된 결정들의 사회적 비용을 정확하게 계산하여 우리의 실생활에 합리적인 지향의 기회를 증대시킴으로써, 그것들을 면밀하게 검토된 역사적 경험의 수평선 위에 위치시키는 데에 있다. 이러한 의미에서 '歷史는 生의 教師다(Historia Magistra Vitae)'라는 말은 하나의 공동체의 일원인 민주적 시민의 행동에 대해서도 확인될 수 있을 것이고, 그 결과 우리는 독일제국이 바로 이 공동체의 역사의 일부를 이루고 있다는 사실을 항상 느낄 수 있게 된다. 잠정적으로는 매우 일반적인 개요는 문제점을 분석한 곳에서 비로소 보다 더 분명한 모습을 얻을 수 있음에도 불구하고, 특정의 문제를 선택하고 판단하는 관점이 독자에게 불명확하게 남아 있어서는 안된다. 〔또한〕 관점은 일시적인 현상(現狀)을 보다 더 세련되게 변명하는 오늘날의 신역사주의(新歷史主義 : Neohistorismus)*1)나 '자기 자신을 위하여' 역사학을 추구하는 저 비교적(秘教的) 학파와는 구별된다.

    시간적인 차이 그 자체가 이미 자동적으로 확실한 판단을 내리도록 도와줄 가능성을 열어놓으리라는 잘못된 생각이 광범위하게 퍼져 있다. 그래서 흔히는 비이론적인 역사서술의 원리가 묘사되고 있다. 그러나 해석하려고 하는 과거가 얼마나 먼 뒤에 놓여 있는가라는 문제와 마찬가지로, 이러한 시간적인 차이라는 말은 역사이론의 필요성을 은폐시켜 버릴 뿐이다. 이것은 과학적 현대사·역사사회학·정치학이 환멸을 덜 느끼게 해줄 수 있는 하나의 상황이다. 다음의 구조분석이 짜놓은 협력체계는 전세계적으로 공식화된 세 가지의 서로 맞물린 복

---

*1) 독일사에 비판적 안목을 가져야 한다는 입장에 대하여 과거는 어떠한 가치관으로부터도 벗어나 그 자체에 의해서 이해되어야 한다는 입장이다. 다시 말해서 정치가 사회적 요인에 대해서 상대적 자율성을 갖고 있다고 보는 고전적 역사주의로 되돌아갈 것을 요구하는 입장을 일컫는다. 이러한 경향은 60년대 말 이후 보수적 역사학계로부터 나온 반응이다.

합체로 구성되어 있다.

1. 불균등하고 흔히는 파괴되었지만 세속화경향에 따라 지속되는 산업경제 및 농업경제의 성장
2. 경제발전의 전제, 부수현상 그리고 그 결과로서의 전체사회, 그 사회의 집단들, 계급들-이들의 내부 및 이들 상호간의 관계에서도-의 사회적 변화
3. 체제유지 혹은 체제변화의 우위 속에서 집권기회를 얻기 위한 투쟁의 결과 혹은 사회적 세력관계의 결과로서의 정치

만약 反유대인주의·사회적 다윈주의·범게르만주의, 혹은 反英感情이 이제 문제가 된다면, 행위를 규정하는 이데올로기의 작용도 이 삼각형 내에서 충분히 규정될 수 있다. 그리고 현재가 과거로부터 설명되는 것과 마찬가지로 과거 또한 현재의 도움으로, 다시 말해서 현대의 사회과학적 범주·모델〔예컨대 역할·신분·관련집단·개인적 유형〕을 이용하여 설명될 수 있다. 이들은 역사적 사회구조의 분석에 대해서도 매우 고도의 일반성을 갖고 있어서, 시대에 맞는 개념을 형성해야 한다는 정당한 요구가 이러한 이론적 도구의 징후발견적인 이용을 가치없게 만들 수는 없다.

이와 더불어 이러한 여러 영역들 가운데 어느 한 영역의 우위에 대해서는 아무것도 언급된 것이 없다. 무엇보다도 논리적으로, 강제적으로 그것을 결정할 수는 없다. "추상적인 것에서 구체적인 것으로의 상승"[1], 즉 이론적인 지향도식(指向圖式)에서 구체적인 분석으로의 상승은 서로 다른 중심점들뿐만 아니라 이 복합체의 상호의존적인 연관관계를 명확히 해줄 수 있다. 그럼에도 불구하고 정치적 지배체제는 의도적으로 중심에 놓여 있다. 그것은 이러한 일련의 명확해진 의도 때문에 그런 것만은 아니다. 오히려 여기서 사회경제적·정치적 발전과정은 전체사회에 매우 효과적으로 서로 연관되어 있다. 그러므로 우

리가 관계하고 있는 곳에서 중심문제는 새로운 세력의 돌격에 맞서 前산업적 엘리트가 지배적 지위를 방어하는 것―특권화된 지배층의 경제적 기초가 침식되면서 점점더 거세어질 뿐만 아니라 장기적으로는 그들이 지향한 바를 이룸으로써 점점더 위험한 긴장관계를 낳아 해악한 유산을 쌓아올리게 된 방어전―이다.

이러한 주요관점들의 결합에는 세 가지가 부가되어야 한다. '제국창건'에 관한 문제, 1871년에서 1945년까지의 시기의 연속성 문제, 그리고 역사진행을 평가하는 가치기준들 가운데 하나로서 대항모델에 관한 문제가 그것이다.

1. 문자 그대로 개인과 집단의 역사에서 형성 초기의 근본적인 의미는 개별심리학·사회심리학 혹은 당대의 후진국 역사를 통해서 잘 알려져 있다. 이 단계에서는 흔히 이후의 발전을 위한 전기가 마련되고, 행위의 기준이 정착되며, 사회의 이데올로기가 확고하게 뿌리를 내린다. 특히 혁명기나 국가의 창건기에는 민족과 같은 사회적 집단들―1871년의 독일제국도 마찬가지다―도 이러한 경험을 하게 된다. 로젠슈톡-후에씨(Eugen Rosenstock-Huessy)의 은유법으로 표현하면, 오랫동안 그들 위에 "머물러 있는 정신적 思潮(Klimata)"가 "국가들보다 상위에 형성된다."2) 1866년에서 1879년까지의 새로운 독일국가 창건기도 분명히 많은 것을 결정하고, 많은 것을 고정시켜, 그것을 오랫동안 유지시킨 구상단계의 성격을 지니고 있다. 제1장에서는 농업혁명·산업혁명·국가형성의 교차라는 제국창건기 정세의 고유한 성격을 상세히 설명하였고, 이후의 세 장에서는 지난(至亂)하고 많은 장애에 부딪친 근대산업 세계로의 길을 여러 측면에서 추적하였다. 그럼에도 불구하고 지금 당장에는 기본적인 설명을 염두에 두어야만 한다. 보편사적인 관점에서 볼 때에도 산업화가 근대세계의 위대한 원동력들 가운데 하나라는 것은 의문의 여지가 없는 사실이다. 그러나 문제가 되는 것은

산업화의 진전에 근본적으로 영향을 미쳤던 효과적인 결정이 이미 사전에 장기적으로 농업사회에 의해서 〔그리고 농업사회 내에서〕 내려졌는가의 여부에 관한 문제이다. 이러한 견해는 최근에 무어(Barrington Moore)의 비교연구에 잘 나타나 있으며, 독일제국의 역사에 관해서는 로젠베르크(Hans Rosenberg)가 대표적이다.3) 미리 말한다면 그것은 실제로 1866·71년 이후 독일의 중요한 경제적・사회적・정치적 결정들이 농업사회의 지도적인 엘리트의 이해관계에 좌우되었으며, 이들이 지속적으로 독일제국 산업사회의 발전을 규정했다는 점을 잘 말해 주고 있다. 결국 이 사회의 현저한 모순과 '단층'의 주요한 부분은 여기에로 소급될 수 있다. 이러한 문제틀(Problematik)은 현상의 옹호 대 산업국가 시민의 지속적인 정치적 동원이라는 독일제국의 기본적인 갈등의 하나로서 다양한 방식으로 테마화될 것이다. 엥겔스는 "설사 모든 정부가 독립적이라 하더라도,… 그것들은 '결국(en dernier lieu)' 민족의 상태가 경제적으로 시급히 필요로 하는 것을 집행하는 자에 불과하다"는 점을 옳은 것으로 간주하였다. "정부들은 이 과제들을 여러가지 방식으로 －좋게 나쁘게, 혹은 어중간하게－ 수행하려고 한다. 그들은 경제적 발전과 그 발전의 정치적・법적인 결과를 촉진시키거나 방해하려고 하지만, 결국 거기에 따라야만 한다."4) 우리는 이것을 경제적으로, 다만 산업경제적으로 이해하지 않도록 조심해야 할 것이다. 왜냐하면 국가의 지도는 '경제적 필연성', 즉 쇠퇴해 가는 농업의 필요물로 이해될 수 있으며, 이어서는 정치적으로 취급될 수 있기 때문이다. 특히 그것이 '오랫동안' 소멸하지 않았다는 사실은 주목할 만한 가치가 있다. 이러한 사실은 오늘날까지 유효하다.

2. 근대독일사에서의 연속성문제는 본래 전쟁목적 정책에 관한 논쟁 이후에야 비로소 다시 진지하게 논의되었다. 그 때까지는 보수적인 역사가들은 자기비판적인 논의를 억압－리터(Gerhard Ritter)가 군

국주의에 관한 논의를 막았던 것이나 브라허(K.-D.Bracher)가 바이마르 붕괴의 해부에 관해서 보여준 본원적 반응을 염두에 두면-하는 데 성공하였고, 바이마르시대나 히틀러시대와 비교하여 표면상 건전했던 1914년 이전의 세계를 옹호하였다. 다른 사회과학자들도 조급하게 주로 1918년 이후의 시기에서 국가사회주의의 주요원인들을 찾으려고 하였다. 당연히 파괴와 새로운 시작이 있음에도 불구하고, 이후 수천 가지의 유보조항을 둔 채로 이 범주를 사용하거나 그 대신에 불연속성을 따르는 것은 이제 역사적 연속성이 핵심개념으로 사용되는 역사과학에 어울리지 않는다. 이러한 두려움에 대해서 어떠한 근거들이 책임이 있든지 간에, 대개 문제가 되는 것은 어느 정도 의식적으로 혹은 명시적으로 정당화된 현실도피주의이다. 왜냐하면 현실도피주의는 국가사회주의적인 정책을 독일사에 깊이 뿌리박힌 연속성의 결과로서 인정하는 것이 아니라, 그것을 독일사에서 정통성이 없는 사건으로 몰아가려 하기 때문이다. 정확히 관찰한다면, 민족국가·민주주의·산업사회 등의 일반적 위기를 설명하는 데 널리 애용된 형식은 상대적으로 덜 위협적인 다른 나라의 일탈된 발전과 비교를 그러한 사실을 무마시키기 위한 변명으로서 오용하도록 도움을 준 것에 다름 아니었다. 국내외적으로 전쟁정책을 취했던 독일파시즘 문제는 분명히 서구사회의 보편적인 문제가 아니라, "무엇보다도 1933년 이전의 독일사회에 특수한 조건들 중의 하나"이다.5) 비록 모든 것이 중요한 것은 아니라 할지라도 이러한 조건들의 대부분은 독일제국에서 찾을 수 있거나 혹은 이 시기의 정책의 결과로서 파악될 수 있다. 우리는 1871년 小독일의 大프로이센이 구세대에게 민족적 소망을 충족시켜 주었다고 이해할 수 있다. 또 1918년 이후, 적어도 '제3제국'의 '실패한 역사'로부터 과감히 벗어나려는 강한 심리적 욕구가 1945년 이후에 있었다고 이해할 수 있다. 그럼에도 불구하고 이러한 입장의 결과들은 분명히 아직 치유되지 못했다. 오늘날 어느 비판적인 회고에서 1871년에서 1945년까지의 연속성-몇몇 영역에서는 그 이상으로-은 명백히 드러나고 있다. 이 연속성의 몇몇 발전방향, 특히 본래적인 '위험한 대중들'6)은 이후에서 보다 상세히 분석될 것이다.

그럼에도 불구하고 이러한 연속성의 논의와 관련된 여러가지 생각들은 명백히 독일역사학이 이론에 대하여 적대감을 갖고 있거나 혹은 이론을 결여하고 있다는 것과 관련되어-있다-있었다. 그러나 인접 사회과학의 이론을 이용하지 않고서는 정치적 사건사도 어느 정도 반성적인 역사적 이해개념도 긍정적으로 극복될 수 없다. 정치적으로는 주로 보수적이거나 민족주의적·자유주의적인 독일역사가들의 전통적인 입장은, 효과적인 용인(容認) 및 옹호메카니즘을 이용하여 서로 의견이 다른 '길드(Zunft)'*2)출신의 사람들을 멀리하고, 그들에게서 '과학적인' 역사상(歷史像)을 빼앗는 집단심성으로 굳어져 갔다. 과학적인 이론부문에서 보수적이었던 그들의 입장은, 다만 사회보수적인 토대 위에서 번영하였으나, 다른 한편으로는 새로운 연구방법론들의 수용을 방해하였다. 어쨌든 이 두 가지의 대립이 심화되어가는 과정은 10여년 동안 독일의 연속성문제에 관한 비판적 분석을 가로막는 결과를 가져왔다. 이 과정이 국가사회주의에 대한 대학재직 역사가들의 완전한 무방비상태나 그들의 무저항적인 적응을 초래하였다는 사실은 부수적으로만 언급될 것이다. 1933년에서 1945년 사이에 명확히 드

---

*2) 독일의 역사가들은 전통적으로 1870년 이후의 기성질서를 환영하고 지지했으며, 역사가 길드를 형성하여, 강화시켰다. 그들은 이를 통하여 특히 19세기 말 이후 정치적인 관점과 더불어 세계관과 방법론에까지 정통적인 태도를 강요했고, 여기에 어긋나는 연구를 하는 사람은 이단자로 간주하여 학계에서 추방했다. 발렌틴(Veit Valentin)·브라이지히(Kurt Breysig)·로젠베르크(Arthur Rosenberg)·마이어(Gustav Mayer)·케어(Eckart Kehr) 등은 역사가 길드의 통제를 받은 대표적인 예이다. 이는 독일대학에서의 역사학과 정치학의 보수화를 초래하였으며, 1960년 이후에야 비로소 새로운 전환을 맞이하게 되었다.

러난 바는 여기서 1914년 이전에 이미 마련되어 있었다.7)

   3. 독일의 실제 역사과정에 관한 비판적 평가에는 사회관계 및 정치의 근대화가 독일사회의 경제적 근대화의 진전에 달려 있으리라는 이해가 자리잡고 있다. 법적으로 보다 자유롭고, 정치적으로 대표체(代表體)를 가진 책임감있고 성숙한 국가시민사회로의 발전은 지속적인 기술혁명, 제도의 변화, 사회의 변화를 수반한 산업화에 조응하였을 것이다. 그리고 그 대표자들은 정치를 책임질 수 있었다. 1918년 이전의 모든 의회화문제나 민주화문제는 여기와 관련되어 있었다. 그래서 1850년에서 1873년 사이에 산업혁명이 개시된 이후에 독일정치의 고유한 과제는 독일을 "의식적으로 궁극적으로 근대적 발전의 길로 이끌어, 정치상황을 산업상황에 적응시키려는 데"[F.Engels] 있었다. 그러나 1870년 이후 "독일의 가장 영향력 있는 두 정치인들" 가운데 한 사람인 엥겔스만이 그것을 승인하였고, 비스마르크는 거기에 반대하여 효과적으로 투쟁하였으나 결과는 나빴다.8) 여기서 산업화는 자율적인 의미로서 경제학자적·기술자적인 파악, 나아가서 특정요소의 발전속도로서 이해될 것이 아니라, 사회·정치적인 맥락 속에 위치되어야만 할 것이다. 따라서 민주화는 다만 산업화에 수반되는 결과로 일정정도 '지체'되기만 하는 거의 자동적인 어떤 것으로서 간주되는 것이 아니라, 여러 사회세력들이 싸워서 획득해야만 하는 어떤 것이다. 왜냐하면 그것은 무엇보다도 먼저 사회경제적 발전이나 근대성이라는 정치이념에 적합한 제도를 설명해 주기 때문이다.

   독일제국에서는 사회경제적·정치적 발전을 시간 속에 일치시키는 이 필수적인 작업이 최근까지 분리되어 있었다. 물론 시간일반의 대결장에서 그것이 실현될 수 있는 것인가의 여부는 보다 상세히 검토될 것이다. 아마도 독일정치의 딜레마는 사회적 반대자와의 현실적인 세력관계 속에 있을 것이다. 보수세력의 비호하에 추진된 부분적인 근대화는 독일제국이라는 틀 내에서 －그러나 사회구조 및 권력구조면에서의 엄청난 불일치를 겪으면서 1945년까지 일관되게－ 가능했을 것이다. 독일은 자유로운 사회제도 및 국가제도의 형성없이도 경제의 근대화에는 성공했다. 그러나 이는 결국 평화적인 진화의 길에서는 더 이상 해결될 수 없는 문제점들을 던져주었다. 독일제국의 지도부는 내부의 변화를 회피하기 위해 의식적으로 감행한 모험인 세계전쟁에서만 실패한 것이 아니다. 그들은 위의 문제점들을 해결하는 데도 실패했던 것이다. 전쟁의 발발과 패배 그리고 혁명은 모두가 제국의 종말에 결정적인 것이었으며, 국가구조와 산업구조를 근대 산업국가의 조건에 평화적으로 적응시키지 못했기 때문에 초래된 것이다.

I. 1871년의 상황:
농업혁명·산업혁명·국가창건

　　1871년의 독일제국은 서구의 여러 민족국가들 가운데 독특한 국가이다. 독일제국은 프로이센 군대에 의한 '위로부터의 혁명(Revolution von oben)'이 진행되는 과정, 즉 6년 동안에 3차례나 벌어진 전쟁의 결과로서 출현하였을 뿐만 아니라, 독일에서 농업혁명이 완성되고 산업혁명이 획기적으로 진전된 시기에 창건되었다. 사회경제적인 면에서 매우 중요한 대변화는 중부유럽에서 하나의 새로운 국가구조가 대내외적으로 끼친 여러가지 영향과 일치하였다. 이 국가의 본질적인 문제점, 곧 역사적으로 매우 유효한 문제점은 '지체된' 혹은 '미완성된' 민족국가의 위기 속에 있는 것이 아니라, 바로 여기에 있다. 왜냐하면 이러한 발전은 각각 이미 충분히 문제를 제기했겠지만, 전체적으로는 특이한 난점을 낳았을 것이기 때문이다. 이미 60년 전에 미국의 사회학자 베블렌(Thorstein Veblen)은 제국창건기의 이러한 상황을 다음과 같이 통찰력있게 서술하였다. "서구의 가장 선진적인 기술은 1867/71년에는 극히 부분적으로만 제도화되었고, 여전히 전통적이며 전산업적인 엘리트가 지배하는 사회로 당시로서는 전례가 없는 속도로 침투해 들어갔으며, 사회적 변화를 가속화시켰다." 전통적인 사회의 대표들이 이후 50년 동안의 이러한 사회적·경제적·정치적 구조변화에 어떻게 반응하였는가 그리고 그들의 상대자들이 어떻게 행동했는가라는 것은 제국역사의 중심주제를 이루고 있다. 따라서 우리는 게셴크론(Alexander

Gerschenkron)의 일반적 설명모델, 즉 농업사회로부터 산업사회로 '대비약'인 산업혁명이 급속하고 완전하면 할수록, 그 영향과 뒤이은 문제점들이 그만큼 더 복잡해지리라고 가정하는 설명모델에서 출발하고 있다. 영국이나 서유럽과 같이 보다 더 선진적인 산업사회로부터 몇 가지 특징들을 받아들일 경우에 독일이 한편에서는 몇 가지 '후진성의 장점'을 누리고 있었지만, 다른 한편으로 경제적 혁명에 성공하였다는 바로 그 사실은 독일특유의 심각한 사회적 문제로 인하여 불가피한 대가를 치렀다.[1] 그러한 문제들은 어떻게 해결되었는가? 단기적 혹은 장기적인 관점에서 볼 때에 이러한 변화의 대가는 누구에게 부과되었는가? 이득은 누구에게 돌아갔는가? 이러한 문제들의 결과에 비추어볼 때 그것의 중요성은 무엇이었는가? 그리고 이제 그것들을 어떻게 평가할 수가 있을까?

위에서 개략적으로 설명한 제국창건에 관한 문제틀에서 출발하려면, 먼저 농업·산업 및 프로이센 독일에서의 국내정치의 발전이라는 가장 중요한 영향들에 관해서 살펴보아야만 할 것이다.

1. 농업혁명과 토지소유 귀족층

'농민해방'이라는 오도된 개념 속에 은폐되어 있었던 독일의 농업혁명은 18세기 초에 시작되었으며, 1807/11년 이후 법률개혁으로 가속화되었다. 그리하여 그것은 1840/47년부터 1876년까지 지속된 오랜 호경기에 그 마지막 국면에 접어들었다. 그 결과 농업에서는 구조적인 변화가 일어났다. 즉 이 변화는 －법적으로 공식화되고 촉진되어－ 농업부문의 근대화조치 및 합리화조치와 결합되어 생산능력의 엄청난 증대를 가져왔다. 경기가 절정에 달했을 때, 권력을 행사하던 전통엘리트인 토지소유 귀족의 자기의식과 권력에 대한 욕구도 다시 한번 상승하였다. 귀족은 농업부문의 번영과 외관상의 안정된 경제적 토대를 향유하였으며, 이를 통하여 독일제국 창건기의 내적인 갈등에도 개입하였다. 또한 그들은 경쟁관계에 있던 부르주아 대표자들, 즉 제2차 혁명인 산업혁명의 대표자들에 대하여 역사적 근거를 내세워 자신의 지도력에 대한 요구를 강화하였다.

19세기로 전환된 이래로 수많은 새로운 법령들을 통하여 종래의 영주적·사법적·노예적·제후적인 속박과 제한들, 즉 경제적·법적인 처분의 자유를 제한하는 조치는 점차 공식적으로 폐지되거나 감소하였다. 다시 말해서 본래의 지배권은 토지와 관련된 권리들〔소유권·부역·조세〕, 개인의 권리들〔노예제 내지 농노제〕, 그리고 갈등의 중재〔재판권〕 등의 영역에서 봉건적인 인신 지배구조가 압도적이던 시기에 유래한 것이었으나, 이제 그것은 변화되었다. 그러나 농민들에 대한 상당히 억압적이고 비공식적인 종속성은 파괴되지 않았다. 이처럼 오래 지속된 변화과정은 여러가지 목표에 의하여 좌우되었다. 이 변화를 가속화시킨 직접적인 추진력은 나폴레옹전쟁이라는 비상사태로부터 생겨났다. 배상금의 지불이나 전쟁비용을 조달하기 위해서는 지역적으로 국가의 수입을 늘리지 않으면 안되었다. 그리고 국가수입의 증대는 위로부터 지향된 경제의 근대화, 즉 먼저 농업경제의 근대화를 통해서만 달성될 수 있었다. 농업은 산출고의 증대를 통하여 수입을 극대화시키기 위해서 경쟁경제로 전환되었다. 여기서 국가의 경제정책은 노동에너지의 해방, 새로운 이익동기의 부여, 생산능률의 고무를 통하여 최고의 이익을 얻는 것이었다. 동시에 규모가 큰 국가들, 특히 프로이센이 강대국들과의 경쟁에 참여하여 성공하기 위해서는 근대화가 절대적인 전제를 이룬다는 생각이 근거를 갖게 되었다. 가장 영향력있는 이익집단인 토지소유귀족-그들의 의지에 반대되는 경우 농업법은 거의 마련되지 못했다-의 관점에서 볼 때, 이러한 새로운 입법은 여러가지 이익을 보장해 주었다. 농민[의 법적인] 보호[와 관련된 봉건세]의 폐지, 과중한 의무의 철폐, 임금노동을 통한 효율성의 향상, 특히 직접 처분할 수 있는 소유지의 확대 등이 그것이다. 여기서 후기 절대주의 국가는 신용기관을 통하여 보조금을 제공하거나 세제면에서 엄청난 이익을 제공함으로써 그 핵심계층에게 많은 도움을 주었다. 다른 한편 농민들은 1850년까지 전혀 후원을 받지 못하였으며, 영주의 요구로 화폐나 토지를 양도함으로써 비싼 대가를 치르고서 해방되었다. 그렇지 않을 경우 그것마저도 할 수 없었다. 광대한 농지의 대규모 경영체제는 이제 특히 엘베강 동부지역에서 농민의 소유를 희생시키면서 형성되었고-1811년에서 1890년까지의 시기에 대농장의 면적은 2/3로 늘어났다-, 이 체제는 토지개량사업과 합리화의 추진으로부터 대부분의 이익을 얻었다. 그리하여 이 체제는 급증하는 국내인구를 그럭저럭 부양할 수 있었을 뿐만 아니라, 점차 농산물을 훨씬 더 이익이 남는 수출-특히 1846년 곡물관세가 폐지된 이후 영국으로-으로 전환시킬 수도 있었다. 이들 수출 지향적인 대규모 농산물 생산자들이 보기에 자유무역은 가장 바람직한 대외교역 정책이었던 반면에, "봉건적인 집단들에게서 보호관세는 그들이 대항하여 싸우고 있는 도시 부르주아지의 그릇된 정책으로 간주되었다."[2]

    1840년대 초 이후의 번영은 단순히 농산물의 가격구조 속에서만 파악될 수 있는 것은 아니다. 토지가격도 1875년 이전 50년 동안에 3배나 상승하였다. 농업혁명이 가져온 수치상의 결과는 1816년에서 1866년까지의 50년 동안에 프로이센의 농지가 2배로 늘었다는 사실

〔전체면적의 26.5%에서 51.4%로〕에서 훨씬 더 정확하게 관찰된다. 이와는 반대로 경작이 불가능한 토지는 40.3%에서 7.1%로 감소하였다. 늘어난 농지에서 나오는 생산량은 지수가 100에서 194로 증가한 반면에, 인구의 지수는 '불과' 100에서 173으로 증가하는 데에 그쳤다.3) 1840년에서 1876년까지의 시기에 대토지 소유자들을 "그 경제력의 절정"(H. Rosenberg)에 이르게 한 생산의 비약적인 증가는 명백히 생산물의 공급이나 수출에서의 이러한 성과에 기초하고 있었다. 구매력의 증가도 그것과 결합되어 있었다. 농업시장은 상업적·공업적 생산물을 보다 더 많이 흡수할 수 있게 되었다. 저축능력의 성장 또한 그것과 결합되어 있었다. 수출업에서 생겨나는 자본의 축적은 지속적으로 자본을 필요로 하는 농업에 직접적인 이익이 되었다. 다른 한편 개인적인 부, 국제교역 자본금의 증가와 조세수입의 증가는 초기산업에 필요한 자본의 형성에 간접적으로 기여하였다. 이 자본에서 나온 투자붐을 산업화과정과 연결시키기 위해서는 주식회사라는 명민한 법적 장치가 필요했다.

　마지막으로 —한 가지 중요한 결과를 가려내기 위해— 법적인 관계는 노동지대(勞動地代)*1)에서 개인의 토지소유권으로, 노예상태 혹은 심지어 세습적인 농노신분(Untertänigkeit 혹은 Leibeigenschaft)으로부터 형식적·법적인 독립상태로, 부역(Frondienst)으로부터 임금노동으로 그리고 결박노동이라는 조상대대로의 법적 신분(Gesindezwang)으로부터 특히 농민의 결혼을 제한하였던 융커권의 폐지로 진전되었다. 이처럼 법적인 관계가 질적인 변화를 함으로써 농민들도 더 이상

---

*1) 지대(rent)란 남의 토지를 사용하는 자가 그 토지소유자에게 지급하는 대가로서, 봉건지대란 봉건사회의 영주가 농민이나 농노로부터 수취하는 지대이며, 그 지불방식은 노동력·생산물·화폐 등이었다. 또 노동지대란 농민이나 농노가 노동력을 봉건영주에게 바치는 것을 말한다.

토지에 얽매일 의무가 없게 되자, 북부독일에서는 소규모의 토지를 보유하고 있는 하층농민의 숫자가 엄청나게 증가하였다. 1815년에서 1840년까지의 시기에 프로이센 인구는 약 37% 증가했고, 1840에서 1860년에는 26%(2,500만명에서 3,800만명으로)나 증가하였다. 전통적인 직종의 일자리수 증가는 미미하였고, 동시에 노동력의 초과로 인하여 일자리의 가치가 하락했기 때문에 1850년 이전에는 수십 만 명의 독일인들이 -1850년에서 1870년 사이에는 심지어 200만명이- 해외로 이주하였다. 뿐만 아니라 이후에는 더욱더 많은 사람들이 새로운 산업중심지와 대도시지역으로 몰려들었다. 그들은 본래 유동적인 미숙련 노동력의 예비군을 형성했으며, 공장식기업(체제)은 숙련노동자와 더불어 점차 그들을 필요로 하게 되었다. 따라서 인구증가·소비증가·자본축적·도시화 및 인구의 국내이동 등은 기능적인 면에서 농업혁명과 밀접히 관련되어 있었다. 이러한 의미에서 독일에서 농업혁명의 성공은 산업혁명의 성공에 필수적인 전제조건들 가운데 하나였다.

  1848년 혁명의 충격이 닥친 후에야 비로소 낡은 봉건법적인 결박의 해체가 최고조에 달하였다. 1811~48년에 약 7만여 명의 농민이 토지를 양도함으로써 해방되었고, 17만명은 현금을 지불하고 해방되었다. 그러나 1850~65년에는 630만 우마부역일(牛馬負役日)과 2,340만 부역일로부터 되사기를 한 사람이 약 64만명이었다. 이제까지는 대토지 소유자만이 토지귀족적인 '농민은행들(Landschaften)'*2)의 신용에 의존할 수 있었다면, 이제는 국가가 소유하는 새로운 지대은행(地代銀行: Rentenbank)*3)들이 농민들을 지원하였다. 그러나 지대은

---

*2) 동업자에 기초한 공적이고 법적인 토지금융기관이다. 이 은행은 관련된 토지소유자들에게 상황되지 않고 저당이 확정된 償却貸付金을 대부분 과세된 토지가치의 2/3까지 典當證券의 형태로 보증해 주었다.

*3) 1850년 3월 2일 프로이센에서 국가에 의한 농민의 해방과정에서 설립된 공적인 신용기관이다. 이 은행들은 농민들의 지주에 대한 자연적·부역적인 부채의 해결에 기여하였다.

1. 농업혁명과 토지소유 귀족층 59

행들은 농민들의 상환금액과 대토지 소유자가 처분할 수 있는 유동자본을 증가시켰다. 이것은 실제로 1807년 이후 법적인 관계가 '세습귀족신분'으로부터 "임의로 처분할 수 있는 토지소유권에 기초한 귀족, 즉 자본소유자·농장기업가·고용주 등과 같은 유동적인 경제계급"으로 변화된 결과였다. 핵심적인 귀족층은 계속해서 "동시에 배타적·봉건적인 직업신분"을 형성하였는데, 이 신분은 1849년 이후에도 계속 국가의 지원이라는 특권을 향유하였다.

1852년에는 새로운 신탁유증법(信託遺贈法 : Fideikommißrecht)이 도입되었고, 1853년에는 프로이센 귀족원(Herrenhaus)이 귀족영지로 되었다. 그리고 같은해에는 지방행정의 자치를 위한 여러 세부사항들이 40년간 취소되었으며, 1856년에 토지소유자들은 그들의 경찰권을 개선하였다. 이 해에는 또 지방의회(Rittertag) 및 구역의회(Kreistag)*4) 에 진출할 능력이 있는 토지소유자 12,339명 가운데 7,023명이 약 5백 헥타르씩의 토지를 갖고 있었고, 5천 헥타르 이상을 보유한 대농장(Latifundia) 7,023개는 모두가 귀족의 소유였다. 비록 "토지소유 귀족이 농업적 사업가인 근대적 기업가계급으로 변형된 것"도 거의 점진적이기는 했지만 －1885년에는 동프로이센 농장의 13%만이 50년 이상 동안 동일한 가문에 속해 있었다－ 전통적인 지배층, 즉 귀족출신의 대토지소유자·군장교·관리 등은 경제적 문제에서 그들의 이익을 지켰듯이, 매우 효과적으로 그들의 사회적·정치적 특권을 옹호하였다.

---

*4) Landkreis는 독일제국이 아니라, 프로이센이나 뷔르템베르크와 같은 연방구성국가의 하위 행정구역으로 우리의 郡 정도에 해당한다. Landkreis의 주요기구에는 a)구역행정부(Kreistag:의장은 Landrat. Landkreis의 대표기구이며, 주민들이 선출하는 명예직 회원들로 구성), b)Landkreis의 행정기관인 구역위원회(Kreisausschuß:Kreisrat라고도 한다. 의장과 선거업무를 담당하기 위하여 선출된 Kreistag 출신의 일부로 구성된다), c)Landkreis의 행정의 업무를 수행하는 구역행정부 의장(Landrat:행정부의 지도부로 Kreistag에 의해서 6~12년의 임기로 선출된다. 그 의장(Landrat)은 명예직이다) 등이 있다.

1861년까지 귀족의 대농장은 토지세를 완전히 면제받았으며, 1879년까지 곡물수출을 위한 자유무역이 유지되었다.4)

귀족계급은 또한 공식적인 정책결정 중심지의 하나인 궁정에 직접 접근할 수 있는 권리도 누렸다. 귀족은 내각관료·외교업무·군대 상층부에서 1848년 혁명 이후 국가의 '세 지주(支柱)', 따라서 자신을 옹호하기 위한 가장 중요한 도구이자 권력의 지렛대를 지배하였다. 만일 농업혁명이 가져다준 경제적 토대가 없었더라면, 그들이 이처럼 기존의 정치적 지배자로서의 지위를 주장한다는 것은 거의 상상할 수도 없는 일이었을 것이다. 경제적으로 성공적이었고, 혁명에도 불구하고 사회적·정치적으로 다시 상당히 확고한 지위에 오르게 된 지배귀족층은 1860년대로 나아갔다. 前산업적 엘리트는 번영하였으며, 권력과 위신에 익숙해 있었고, 1848년의 혁명으로 인하여 그들의 의구심이 커졌으나 이를 억누르고 있었다. 그렇지만 프로이센의 군국주의 국가나 비스마르크정책이 이루어낸 성공과 업적은 그들에게 이익이 되었다. 그리하여 그들은 산업경제 부문에서만 부르주아지에게 제일의 자리를 비워 주었다.

2. 산업혁명과 도시부르주아지

농업부문과 마찬가지로 독일의 초기산업화도 어느 정도는 자연스럽게 진행되었다. 그러나 다른 한편으로 그것은 의도적으로 계획된 근대화조치의 결과이기도 하였다. 게다가 이러한 조치들은 1807~15

년의 일시적인 중단 이후 국가를 지배하게 된 지배집단의 자기주장과 성공의 추구에 기여하였다. 처음부터 중요한 충동은 모범적인 국영기업이나 국가의 후원을 받는 기업에서 나왔다. 왜냐하면 이 기업들은 근대식 기계를 보유하였고, 또 장기주문과 서면보장을 받았기 때문이다. 이들은 점차 커져 가는 신생의 개인산업이라는 바다에서 계획경제라는 고립된 섬을 이루고 있었다. 40년대 초에 가서야 비로소 산업의 성장률이 급속히 상승하였다. 그러나 1845년에서 1847년 사이에 농업 및 상업공황과 1848/49년의 혁명 그리고 1850년까지의 전후불황 등으로 인하여 독일에서 산업혁명은 확실히 1850년대 초에야 비로소 본격화될 수 있었다. 여기서 혁명이란 일상적인 용례대로 급격하고 가속적이며 단기적인 과정을 의미한다. 즉 혁명이란 —흔히 산업화 대신에 산업혁명이란 말이 흔히 잘못 사용되는 매체용어처럼— 1백여 년 이상의 발전을 의미하는 것이 아니다. 따라서 이 과정의 모든 발전에서 중요한 단계를 정의하기 위한 어떤 형태의 시기구분 문제가 특히 시급히 요망된다. 이처럼 "산업화과정을 급속한 성장기에 특수하게 결합"[Geschenkron]시키는 일을5) 산업화라는 명백히 연속적인 전체의 과정으로부터 차별화시키기 위해서는 어떠한 기준들이 사용될 수 있을까?

경제는 사회적 상호작용의 과정이다. 따라서 생산수단이 도입되고 이용됨으로써 산업자본주의라는 역사적으로 특수한 사례가 출현하게 되었는지를 결정하는 것은 사회적 기준들이다. 사회구조와 사회적 행위규범은 근대적 기술과 공장제 생산방식이 기반을 잡을 수 있게 해준다. 근본적인 기술의 개선, 즉 인간의 기술과 인력을 기계로 대체한다든지, 혹은 기계공구를 이용한 원료가공법의 개선 따위에는 혁명적인 작용이 잠재적으로 내재해 있을 뿐이며, 이러한 작용은 일정한 사회적 조건하에서 비로소 자유롭게 된다. 이 조건들은 기업이 정치적 권위주의 체제를 모방할 것인지, 국가의 특혜를 등에 업고 계몽되지 않은 절대주의가 재차 등장할 것인지 그리고 기업이 순전히 경제적 이윤추구의 장으로 될 것인지의 여부를 결정한다. 이들은 또한 경험적·수공업적으로 이미 익숙해 있거나 혹은 과학적인 혁신들을 지속적으로 기술진보로 전환시킬 준비가 되어 있는지 그리고 산업노동력이 동원되어 기업의 새로운 작업방식에 적합하도록 훈련받을 수 있는지 등을 결정한다. 국내외 시장의 확장, 자본축적의 촉진 등과 더불어 숙련된 노동예비군을 만들어내는 이 중요한 과정은 -사회구조의 일부로서 기능하는- 국가의 도움없이 그 어느 곳에서도 일어난 적이 없다. 우리는 이 모든 중요한 것들이 사전에 이미 결정되었다는 사실에 관해서 여기서는 개괄적으로만 지적할 수 있을 뿐이며, 특히 앞에서 언급한 책의 대상이 될 것이다. 따라서 여기서는 부분적으로는 아직 규정되지는 않았지만, 급속한 산업화의 속도를 조절하는 다른 중요한 요소들-예컨대 문화규범 및 기업가들의 사회적 위신의 변화, [기술]혁신 욕구의 증대, 기술적 과정 그 자체의 변화, 자본 및 그 소유자에게 부여된 법적인 특권[왜냐하면 오랫동안 노동은 법적인 보호를 받을 만한 가치가 있는 소유물로 인정받지 못했기 때문이다] 그리고 작업장이나 노동력의 침식에 관련된 것이 아니라 오직 자본에만 관련된 [물질적 이익에 대한 보상과 더불어] 모험적 사고 등등-을 여기서 상세히 논할 필요는 없다. 여기서는 그러한 조건들이 이미 19세기 중엽에 독일에서 충족되었던 듯하다고만 언급하기로 하자. 동시에 사회적·제도적·이념적 전제조건들, 다시 말해서 사회전체적으로 근대화과정을 결정적으로 가속화시킬 수 있는 유리한 전제조건들이 이미 존재하고 있었거나 즉시 형성되어 있었다고 말할 수 있다.

만약 좁은 의미에서 경제적 기준에만 국한하여 고찰한다면, 우리는 경제성장의 연구나 경제사에 관한 일종의 합의점에서 출발할 수 있다. 여기에 따르면 적어도 세 가지 현상이 산업경제(즉 농업부문 제외)의 중심에 위치하고 있다. 즉, 1)1인당 소득의 증가를 가져온 GNP의 급속한 증가, 2)전략적으로 중요한 산업의 성장률이 예외적으로 높았다는 점(게셴크론의 '불규칙 성장곡선')과 같은 그래프 모양으로 나타난다, 3)국민경제에서 순수투자가 차지하는 비율이 GNP의 약 10~12%로 증가한 것 등이 그것이다.

 이러한 예비적 요소들에 기초하여 우리는 독일의 발전을 다음과 같이 추론할 수 있을 것이다. 즉, 1850년까지의 사회적 변화들, 법률상의 개혁들, 제도적 변화들 그리고 자연적인 동시에 의도적으로 계획된, 특히 외국의 모델을 모방한 경제성장, 어쩔 수 없는 장려 및 장기적인 정치적 목적 등이 [산업혁명의] 유리한 출발조건을 만들어내는 데 영향을 미쳤다는 사실이다. 이 혁명의 제1차 번영기는 1857년 이전의 시기에 상당히 강력하게 나타났다. 산업 [및 전체]경제의 성장률이 크게 빨라졌으며, 투자재 및 소비재의 생산량은 두 배나 증가하였고, 대외무역량은 약 130%나 확대되었다. 또한 연간추정 순수투자율은 각각 8%, 10%, 12%로 늘었으며, 1873년에 이르러서야 안정을 되찾았다. 철산업·광산업·기계제조업과 같은 기간산업은 급속한 발전을 보여주었다. 관세동맹[5] 지역 내에서 선철생산량은 약 25% 가량 증가하였으며, 그 가치는 1848년 2,400만 마르크에서 1857년에는 6,600만 마르크로 증가하였다. 석탄의 생산량은 약 138% 증가하였으며, 그 가치는 2,500만 마르크에서 6,200만 마르크로 증가하였다. 또

---

*5) 1834년 프로이센을 중심으로 독일 내 각국들 사이에 무역장벽을 해소하고 경제의 통합을 달성하기 위하여 맺어진 조약. 이전에 독일은 수많은 영방국가들로 분열되어 있었으며, 각국은 제각기 다른 도량형과 화폐를 사용했다. 또한 각국은 소단위인 자국의 이익을 도모하기 위해 높은 관세를 부과했으며, 이로 인하여 독일 내의 국가들 사이에서보다도 영국이나 프랑스 등 다른 나라들과 경제적 교역을 하는 것이 더 이익이 되었다. 이 관세동맹의 출범으로 독일의 경제적 통합을 위한 기초가 마련되었고, 프로이센 중심의 통일의 길이 열렸다.

광석과 석탄광산업을 합칠 경우는 총 4,500만 마르크에서 1억 3,500만 마르크로 그 가치가 늘어났다. 독일에서도 철도건설업이 산업화의 극히 중요한 주도부문으로 확인되었다. 1850년에서 1860년까지의 시기에 그 길이는 약 6,000㎞에서 약 11,500㎞로 2배나 늘어났다. 독일의 기계제조 기업들은 이미 차량과 기관차 주문량의 대부분(2/3 이상)을 얻을 수 있었으며, 1858년에 보르지히(Borsig)사는 1천번째 기관차를 배달했다. 이와 같이 주도적 부문에서 시작된 확대의 결과는 철 및 석탄의 생산량, 기계제조 그리고 수많은 연결산업을 크게 진전시켰다. 프로이센의 화물수송량은 7배나 증가했다.

1857년에는 독일까지도 포함된 최초의 경제공황이 발생해 1859년까지 계속되었으며, 따라서 이러한 발전도 중단되었다. 이어 경기는 회복되어 1866년까지 계속되다가 다시 일시적인 쇠퇴기에 접어들었다. 이어 독일경제는 1866년에서 제2차 세계 경제공황이 발발했던 1873년까지의 전례없는 호경기를 맞이하였다. 1866년에 100만톤의 선철이 생산되었으며, 1870년에는 150만톤 그리고 1873년에는 220만톤으로 그 생산량이 증가했다. 석탄생산량은 1860년에서 1870년까지의 시기에 약 114%인 2,600만톤으로(프랑스 생산량의 약 2배)증가하였다. 이 10년 사이에 철도망도 약 19,500㎞로 2배나 늘어났으며, 1870년에서 1875년의 시기에만도 다시금 약 28,000㎞로까지 증가하였다. 1850년에서 1870년 사이에 철도레일의 유통량은 철도레일의 유통량(㎞/ton)은 21배나 증가하였다. 이 운송부문은 여전히 산업의 가장 중요한 주도부문이었으며, 30년 동안 다른 산업보다 먼저 발전하거나 다른 산업의 발전을 조장하였다.

노동자 1인당 연간 노동생산성은 1850년에서 1860년까지는 약 8.5% 증가하였으나, 1860년에서 1870년까지의 시기에는 기술장비의 개선 덕택에 무려 42%나 늘어났다. 그러나 1850년대의 명목임금 상승이 여전히 실질임금의 지속적인 개선으로 나아가지는 못하였다. 이것은 필수 소비재가격의 급격한 상승〔1850년에서 1855년 사이에 감자가격은 125%, 호밀가격은 150%, 밀가격은 100%나 비싸졌다!〕 때문이었다. 그러나 1866년에서 1873년 사이에는 임금의 상승률이 생활유지비의 상승률보다 더 높았기 때문에, 결국 실질임금면에서 노동자들의 소득은 상당히 상승한 셈이었다.6)

1860년대에는 기존의 결사체(Vereinwesen)는 새로운 산업노동자계급도 정당 혹은 노동조합의 초기형태로 조직되기 시작했다. 일시적인 경쟁관계를 거친 후인 1875년에 라쌀레(Lassalle)의 노동자들은 베벨(Bebel)과 리프크네히트(Liebknecht)의 아이제나흐(Eisenach)파와 고타(Gotha)에서 '사회주의 노동당(Sozialistische Arbeiterpartei)'으로 결합했는데, 여기서는 마르크스의 해방이론과 투쟁이론이 점차 관철되었다. 따라서 독일의 산업혁명 말미에 독일의 노동자들은 다가올 정치적·사회적 투쟁을 위하여 동일한 사회계급에 속하는 모든 구성원들을 통일시키려는 정치적 대변자를 갖게 된 셈이었다. 그들은 이미 이전에 화해할 수 없는 이익대립으로 인하여 부르주아 자유주의와 결별했다. 경기의 호전에 힘입어 산업노동자들은, 파업이라는 무기를 이용함으로써, 노동쟁의의 성과를 자신에게 유리하도록 하는 데 많은 영향을 미쳤다. 1864년에서 1873년 사이에는 903건의 파업이 발생하였는데, 그 가운데 특히 1872년에 215건, 1873년에 255건으로 제국창건 이후 3년 사이에만 총 631건의 파업이 있었다! 우리는 여기서도 사회적 생산의 분배와 평등이념의 실현을 둘러싼 근대적 갈등의 유형을 관찰할 수 있었다. 토지소유 중산층 및 교양중산층은 1848년 시기 이전부터 '적색유령'에 관해서 언급하면서 이와 같은 갈등을 주로 임박한 사회혁명의 전조로 이해하였다.

만약 우리가 영국의 산업혁명을 전형적인 모델로서 받아들일 경우, 독일의 산업혁명에서도 영국의 고유한 성과에 견줄 만한 자생적인 해결책이 있어야만 했다. 왜냐하면 이러한 영국의 성과들이 독일에서 똑같은 형태로 일어날 수는 없었기 때문이다. 1850~60년대에 등장한 독일의 대은행들은 런던의 은행가가 영국의 산업에 이용될 풍부한 자본을 공급한 것과 동일한 기능을 독일에서 떠맡았다. 출발당시부터 독일 은행들은 영국에서는 흔히 분리되어 있던 두 가지 업무를 결합시켰다. 그 두 가지 업무란 예금창구 기능과 기업에 대한 장기적인 자본조달 기능이었다.

이처럼 일반은행으로서의 독일은행은 "독일의 산업화에서 전략적인 요소"〔Gerschenkron〕로 되었다. 왜냐하면 그들은 주식회사 제도를 통하여 투자자본을 동원하고, 그 자본을 기업에 전달하였기 때문이다. 또한 그들은 새로운 중공업기업의 설립에 협력하였으며, 곧이어 사경제(私經濟)계획에 대한 대체물로 기능함으로써 경제의 주요부문을 지배하게 되었다. 이렇게 하여 대은행은 독일이 경제의 상대적 후진성을 극복하는 데 일조하였다. 동시에 그들은 은행집중의 초기단계에서 금융자본가들에 의한 강력한 과두체제의 형성에 협력하였다. 그들은 대은행들로 구성된 '프로이센 콘소시움(Preußenkonsortium)'*6)을 통하여 정부차관을 규제할 수 있었기 때문에, 독일 경제발전의 전반적인 과정을 상당한 정도까지 결정할 수 있었다. 1870년대 초 이후에는 특히 소위 디〔D로 시작되는〕 은행들〔디스콘토-게젤샤프트·독일은행·드레스덴은행·다름슈타트은행〕이 지배하였다. 이들은 '금융자본(Finanzkapital)'이라는 개념을 낳은 발전의 배후에 숨어 있는 역사적 사실이다.

---

*6) 1859년에 디스콘토-게젤샤프트의 주도로 베를린의 대은행들이 참여하여 형성된 대규모 은행콘소시움이다. 이 콘소시움은 특히 60년대와 70년대에 전시채권을 제공하는 데 강력한 영향력을 행사하였으며, 프로이센 국채의 대부분을 제공하였다. 이는 은행집중의 대표적인 예의 하나이다.

영국에서 기술적 발전이 엄청났음에도 불구하고 독일이 따라잡을 수 있었던 또 하나의 요인은, 무엇보다도 장기적인 관점에서 볼 때, 교육제도의 결정적인 확대로 인하여 형성되었다. 독일의 교육제도는 '인간자본'을 놀라울 정도로 마음대로 활용할 수 있게 해주었다. 확실히 김나지움이나 대학들은 인문적 교양을 갖춘 엘리트원리에 여전히 얽매여 있었으며, 이 원리들은 [김나지움의] 졸업생들에게 즉시 일상적인 경제투쟁을 준비시키지는 못했다. 그럼에도 불구하고 관방학 내지 국가학[경제학과 법학]과 산업경제의 밀접한 결합은 빠른 속도로 진척되었다. 여기서 운루(Unruh)·함마허(Hammacher)·미크벨(Miquel)·밤베르거(Bamberger)와 같은 사람들을 한번 생각해 보라. 게다가 규모가 보다 더 큰 독일의 영방국가들도 1820년대 이후부터 기술학 및 기계학 교육기관과 상업대학들을 세웠다. 1821년에는 보이트(Beuth)의 베를린기술연구소(Berliner Gewerbeinstitut)가 생겨났다. 프랑스의 예에 따라서 공업기술학교가 1825/27/32년에 칼스루에·뮌헨·슈투트가르트 등지에 설립되었다. 1828년에는 드레스덴에 기술대학(technische Bildungsanstalt)의 설립이 이어졌다. 예전의 수공업 기술을 전수하기 위한 전문학교(Berufsschule)와 직업학교(Gewerbeschule)가 여기에 추가되었다. 그러나 전체적으로 보면 1850년대 이후 산업화를 더욱더 추진할 수 있게 한 전문가 집단, 즉 기술엘리트(Kader)들은 바로 여기서 배출되었다. 이처럼 과학이 제1차적인 생산력으로 발전한 것, 교육투자 및 그 효과 등에 관해서는 이제까지 개별적으로는 거의 알려지지 않았다. 그렇지만 이들 교육기관에서는 비교적 초기부터 계획적이고 과학적인 평가가 매우 특징적인 것이었으며, 1890년대의 분수령에 이르기까지 기술혁신에 기초한 산업경제의 성장은 사실상 과학적 연구를 지속적이고 실용적으로 응용함으로써 이루어낼 수 있었던 것이다.

관세동맹은 1871년 이전까지 결여되어 있던 국내시장 혹은 적어도 다른 나라와 비교할 경우 어느 정도는 영국의 대외무역에 대한 대용물이었다. 130여개에 이르는 양자간, 혹은 다자간에 맺어진 일련의 협정들은 1819년에서 1918년 사이의 100년간에 흔히 과대평가되기는 하였으나, 산업화를 성공시키기 위한 초보적인 전제 이상의 그 어떤 것으로 간주되어서는 안된다. 수입이 늘어난 반면에 행정비용은 감소하였기 때문에, 관세동맹은 1871년 이전에 그 가맹국들에게 재정면에서 수지맞는 사업이었다. 또 관세동맹은 통화협정이나 새로운 상법을 통하여 법률과 화폐의 통일을 꾀하였다. 관세동맹은 유리한 무역협정을 체결하였으며, 대외경쟁에 대항하는 보호관세·무관세하천운행 그리고 저관세의 국내시장 등을 달성하였다. 바로 이러한 조치들은 장기적으로 경제발전의 강력한 자극제가 되었다.

확실히 1820년대 이후 지도적인 강대국이었던 프로이센은 이 관세동맹 정책의 중요한 수혜자였다. 이미 1829년에 프랑스의 한 외교관은 뮌헨에서 그것을 "종교개혁 이후 가장 중요한 사건들 가운데 하나"로서 묘사했다. 그에 의하면 프로이센은 이 '위대한 체제' 속에서 유례없는 힘을 얻게 되리라고 보았다. 또 '프로이센의 우위'가 결정적이라는 사실에 관하여 메테르니히(Metternich)도 전혀 의심하지 않았다. 왜냐하면 독일연방 내에서는 지금 "가장 완전한 의미에서 국가 내의 국가이며, 자신의 수단으로 먼저 자신의 목적을 추구하는 데 너무도 빨리 익숙해질 보다 더 소규모의 새로운 연방"이 생겨날 것이기 때문이라는 것이다.7) 사실 이것은 정곡을 찌르는 말이었다. 비인측은 이 경쟁자를 물리치기 위하여 진지한 노력을 하지 않았다. 그러나 소규모의 '새로운 연방'을 장악하려는 시도가 두 차례나 있었다. 그 첫번째는 1848년 혁명 이후 브루크(Bruck)와 슈바르첸베르크(Schwarzenberg)의 지도하에 시도되었으나, 달성하는 데 25년이나 걸렸던 1853년의 무역협정*7)의 성과를 넘어서지는 못하였다.

가입협상은 1860년까지 계속 지체되었다. 근본적으로 베를린측이 시행한 경제정책이 이처럼 성공한 것은 1850년 올뮈쯔(Olmütz)*8)에서 프로이센이 당했던 패배를 완전히 상쇄해 주었다! 1862년에 체결된 저 유명한 프로이센-프랑스조약은 프로이센의 우위를 확인해 주었으며, 1862년에서 1865년 사이에 레히베르크(Rechberg)의 지도하에 있던 오스트리아가 재차 장악을 시도하였으나 또다시 실패로 돌아갔다. 합스부르크 제국은 1866/71년 이전에 무역정책면에서만 경쟁력을 상실한 것이 아니었다. 1850년 이후 프로이센에서는 산업혁명이 크게 진전되었기 때문에, 산업의 성장면에서 합스부르크와는 비교할 수 없을 정도로 역동성을 지녔고, 압도적인 우위를 누렸다. 따라서 大독일주의적·反프로이센적인 경향을 지닌 자유주의자들은 오스트리아를 통일독일에 합병시키려 했으나 실패하였으며, 이로부터 10년 후에는 명백히 프로이센을 연방의 두 경쟁국들 가운데 진정으로 근대적인 국가로 간주하게 되었다. 그럼에도 불구하고 우리는 관세동맹에서 독일제국으로의 필연적이고 직선적인 발전을 구성하도록 주의를 기울여야만 한다. 물론 새로운 정치적·군사적 힘겨루기에는 매우 제한적인 활동영역이 있었다. 산업국가로서의 프로이센이 획득한 우위는 불확실하였고, 또 보편적으로 인정받지도 못하였다. 그러나 역사적인 관점에서 볼 때, 경제체제는 지속적인 팽창과정을 거치면서 계속 발전하여 마침내 결정적인 비약을 하게 되는데, 독일은 산업혁명을 거치면서 이

---

*7) 오스트리아와 프로이센 사이에 맺어진 무역협정이다. 오스트리아는 프로이센이 주도하는 관세동맹 내에 자신의 영향력을 강화시키고, 최혜국조항을 포함시킴으로써 경제적 이익도 도모하려고 하였다. 이는 당시에 주요경향인 자유무역의 강화였다.
*8) 1850년 올뮈쯔[현 체코의 올로모우쯔]에서 오스트리아와 프로이센 사이에 체결된 조약이다. 소독일주의를 지향하던 프로이센과 대독일주의를 추구하던 오스트리아 사이의 대립에서 프로이센이 오스트리아의 현실적인 우위를 인정해 준 조약이다. 프로이센의 보수주의자들은 이 조약을 '올뮈쯔의 굴복'이라고 불렀다.

런 결정적 비약을 하게 되었다. 이러한 팽창적인 경제체제의 장기적 경향은 불균등하긴 했지만 지속적인 성장을 유지하였다.

3. 국내정책 : 반동, 자유주의 그리고 헌법투쟁

이 발전을 촉진시킨 두 사회계급인 부르주아지와 노동자계급 가운데 부르주아지는 1848년에 정치권력에 참여할 수 있는 공동지분을 얻으려 하였으나 패배를 맛보았다. 독일의 그 어느 곳에서도 부르주아지는 완전한 권력을 획득하려고 노력하지 않았으며, 그 패배는 상당히 오랫동안 충격으로 남아 있었다. '제3의 기본계급'[Marx][8]인 토지소유자들, 특히 토지소유 귀족은 다시 한번 힘을 갖게 되었다. 그러나, 대중들 또한 변하고 있었으므로 ─교외에서의 반란들, 즉 수공업자들의 소요, 초기 프롤레타리아트의 요구들 등이 보여준 바와 같이─ 정치체제를 안정시키기 위하여 만들어낸 1850년대의 보수적인 주요 법률들은 '반동의 승리라는 낙인'을 찍었다. 이것이 바로 보수적인 저술가 바게너(H.Wagener)가 융커 지배체제의 공고화를 축하하였던 바였다.[9] 그러나 이것은 종속된 계층에 대한 온정주의적 보상정책과도 관련된 것이었다. 지도적인 역할을 수행하는 사회집단들은 어쩔 수 없이 일련의 사회복지 조치들을 실행하였다. 30년이 지난 후에야 비로소 그들은 다시 상당한 양보를 해야만 했다. 국내적으로 정치적 억압정책과 여러가지 심각한 사회적 병폐를 치유하려는 당국자들의 정책은 급속한 경제적 자유화와 현저한 대조를 이루면서 결합되었다. 그리고 이러한 자유화는 산업과 부르주아지의 발전에 유입된 많은 에너지를 자유롭게 해주었다.

1848년 혁명이 실패한 후인 1858년 이후에 프로이센은 국왕 빌헬름(Wilhelm)의 영도하에, 추정컨대, 정부의 자유주의화 과정인 '신시대(Neue Ära)'*9)로의 이행을 선언하였다. 따라서 비록 사회적·정치적으로는 이질적이라 할지라도 경제적으로는 성공적인 산업부르주아지가 '진보적인' 기업가·명망가·수공업자·공무원, 요컨대 자유주의적인 중산층과 더불어 다시 한번 그들의 정치적 요구사항을 제시하리라는 것은 예측가능한 것이었다. 프로이센의 군대개혁을 둘러싼 갈등은, 비록 의도적으로 야기한 것은 아니었다고 할지라도, '헌법투쟁(Verfassungskonflikt)'으로 발전하였고, 마침내는 부르주아적 의회주의와 후기 절대주의적·권위주의적인 군국주의 국가간의 새로운 전면적인 힘의 대결로 발전하였다. 그리고 부르주아지는 다시 한번 패배하였다. 따라서 헌법투쟁은 프로이센의 국내정치뿐만 아니라 궁극적으로는 독일역사에서도 두번째의 중대한 전환점이다. 왜냐하면 프로이센은 후에 독일제국의 거의 2/3를 흡수하였기 때문이다. 이 투쟁의 결과는 1918년까지 부르주아지의 정치적 무능력을 확인해 주는 것이었다.

론(Roon)이 이끄는 육군성의 여러 계획들, 즉 군대의 재조직화 계획들은 이미 승인을 받았고, 이어 1860년대에 제출된 새로운 군대법(Militärgesetz)이 이러한 계획들만을 실행할 수 있도록 하는 데 그치지 않자 마침내 대결이 시작되었다. 오히려 이들은 그보다 더 많은 것을 포함하고 있었다. 즉 다음과 같은 사실이 명백히 드러났던 것이다. 1)평시 군사력의 증강이 명백해지면서, 예전의 4만명의 신병에 대해서와 마

---

*9) 1858년 말에 프로이센의 Wilhelm왕자가 시작한 온건하고 자유주의적인 정책노선을 일컫는다. 이 정책은 1861년에 시작된 '헌법투쟁'으로 인하여 소기의 성과를 이루지 못한 채 끝났다.

찬가지로 이제는 연간 6만 3천명의 신병에 대해 3년간의 의무적인 군복무를 규정한 법률조항이 장애물임이 드러났다. 그 제안은 사회의 내적인 통제력을 포함한 문제인 듯했다. 왜냐하면 그것은 사회의 군사화를 진전시키는 일단계였기 때문이다. 2)상비군을 위해 국민군을 급격히 약화시키게 되면, 이는 샤른호르스트-보이엔(Scharnhorst-Boyen)의 개혁들 가운데 진정한 시민군(Bürgerherr)을 파괴하게 될 것이다.

프로이센의회가 거기에 소요될 추가비용의 지출을 승인하였음에도 불구하고, 결국 육군성과 옛 자유주의 다수파들 사이에서 복무기간과 국민군문제를 둘러싸고 벌어진 대립은 화해불가능한 것으로까지 심화되었다. 국왕의 군사고문단은 전술적으로 능란하게 그 갈등을 국왕의 군대냐, 혹은 의회의 군대냐라는 문제, 즉 대안을 찾는 쪽으로 몰고갔다. 군사고문단은 국왕으로 하여금 개혁이 최고'통수권'의 절대주의적인 행정력에 종속되었다고 선언하는 상황을 만들어냈다. 이것은 헌정상의 봉건적 권리에 기초하였고 또 대의기관의 통제를 벗어나 있었으므로, 어떤 형태의 법적인 통제의 필요성도 부인하였다.

군사기구는 명백히 모든 부르주아 의회의 영향력으로부터 자유로울 수 있었다. 이후부터 병역제도라는 근본적인 문제, 그러므로 국가 내에서 군대의 지위, 즉 가장 넓은 의미에서의 헌법이 다시 한번 논쟁의 중심문제가 되었다. 군대는 초기단계에 이러한 원리적인 논쟁점을 인식하였으며, 특히 국가의 최정점에 있는 직업군인들의 심성을 극적으로 대변하였다. 논쟁이 진행되는 과정에서 프로이센 의회에서 다수를 차지하고 있던 옛 자유주의파는 붕괴되었다. 새로이 등장한 '독일진보당'은 1861년 12월의 선거에서 의회 내의 가장 강력한 정치집단으로 복귀하였으며, 그 대열에는 많은 자유주의적 성향의 공무원들이 포함되어 있었다.

1862년 3월에 자유주의적 성향의 각료들은 론이 완전히 실권을 행사하고 있던 정부에서 추방되었다. 프로이센 의회가 제안한 새로운 화해안은 그 방식에서 볼 때 결코 호전적인 것은 아니었지만, 국왕의 반대에 부딪쳐 실패하였다. 이 때문에 1863년도 예산안은 부결되었다. 국왕은 이 시점에서 퇴위를 고려하고 있었으며, 그의 아들은 자유주의자로 간주되었기 때문에 일시적으로나마 의회다수파의 승리가 불가능하지는 않은 것으로 보이기도 하였다. 이는 장기적으로 독일에 엄청난 성공을 가져다줄 수도 있는 사건이었을 것이다. 왜냐하면 이것은 이제 의회주의적인 입헌군주정과 보통선거에 의한 유사독재체제(Quasi-Diktatur) 사이의 선택의 문제인 듯이 보였기 때문이다. 실제로 의회의 우위를 달성하려는 시도는 방해를 받았고, 향후 몇 십 년 사이에 군주정은 마모되었다. 그러나 보통선거를 통해서 정통성을 획득한 카리스마적 독재자의 유산은 유지되었다.

 1862년에 군국주의 국가의 의원들은 그들의 자위를 포기할 생각도 또 부분적인 양보를 할 생각도 없었다. 1862년 가을 명백히 위기상황을 심화시킨 가운데, 그들은 프로이센의 수상직에 극히 보수적이고도 초왕당파적이며, 명백히 후기절대주의적인 파당의 단일후보인 비스마르크(O.v.Bismarck)를 내세웠다. 프로이센국왕은 1848년에 총검이 마음대로 지배할 경우에만 그가 기용될 것이라고 불길하게 예언하였다. 이 헌법투쟁의 징후 속에서 비스마르크는 위협받는 군국주의 국가를 옹호하고, 사회적·정치적 권력구조의 보존에 '통수권을 안정시킨 사람'[Messerschmidt]으로서 독일정치의 정책결정 과정의 핵심부에 등장하였다. 그는 이후 30년 동안 자신을 지지하는 집단, 옛 프로이센을 대표하는 집단 그리고 사회적·정치적 진보세력에 반대하는 지배계급을 대표하여 열성적으로, 그리고 매우 성공적으로 투쟁하였다. 그러나 독일인 대다수에게 그 결과는 궁극적으로 전혀 치유할 수 없는 것이었다.

유권자들이 명백한 정치적 견해를 밝히는 한, 그리고 기껏해야 50% 정도의 선거참여로 동원될 수 있는 한, 그들의 대다수는 명백히 자유주의적인 정책을 선호하였다. 보수주의자들은 1862년에도 소수파를 형성하였지만 강력한 소수파였다. 특히 그들의 정부는 '조직화된 모든 권력'을 지배하였다.10) 마침내 정치기구의 가장 강력한 지위에 오르게 된 비스마르크가 국내외 정책에서 이 도구들을 사용하는 데 혐오감을 느낄 인물은 아니었다. 국내정책에서 그가 자유주의자들에게 강력한 억압정책을 수행하였다는 사실은 흔히 망각되었다. 투옥·추방·언론검열 및 재판과정에서의 위협 등, 이 모든 것들은 정부의 새로운 책임자인 그가 사용한 장치들이었다. 그는 자신의 제1의 정적들인 자유주의자들을 결코 과소평가하지는 않았다. 만약 라쌀레의 노동자연맹이 실질적인 권력요소로서 눈앞에 나타났더라면, 그는 '진보주의자들'에 반대하여 라쌀레의 연맹과도 협력할 수 있었을 것이다. 25년 후에도 이들 진정한 자유주의자들은 여전히 그의 제1의 적이었다. 의원들은 '법치국가'에서 의회가 승인한 예산법(Etatgesetz)없이 통치될 수는 없다고 생각하였기 때문에, 이제 비스마르크정부는 프로이센헌법에 '결함'이 있다는 점을 증거로 이용하였다. 정부의 견해에 따르면, 이것은 입법에 관한 합의에 이르지 못할 경우 국왕의 최종결정권이 전년도의 정규예산에 따라서 계속 통치하도록 허용한다는 것을 의미하였다. 호경기로 접어들면서 세입은 충분하였으며, 그 결과 경제도 넉넉하게 운영할 수가 있었다. 그리고 헌법을 둘러싸고 벌어진 정치적 논쟁이 격렬하게 지속되는 동안에 부르주아지 출신의원들의 일부는 자신의 이익을 추구하는 과정에서 정신분열증적인 면을 보여주었다.

비스마르크정부의 핵심적인 경제정책은 자유무역적·자유주의적인 것이었다. 이러한 경제정책은, 국내문제의 해결방법이 전혀 효과도 없었지만 격렬하게 비판을 받았던 것과 마찬가지로, 흔히 동일회기 내에도 법적으로 전혀 유보조건 없이 허용되었다. 그렇지만 "우리가 대외적으로 위신을 얻으면, 국내에서 많은 것을 감수할 수 있다"는 그의 경구를 관찰해 볼 때, 만약 비스마르크가 똑같이 의문을 가질 만한 가치가 있는 "기술, 즉 국내정치를 대외문제의 추진력 위에서 운용하는 기술"(Oncken)을 보여주지 않았더라면, 국내정치에서의 이러한 갈등이 어떻게 종식되었을지는 확실하지 않다. 비스마르크가 공직에 취임할 무렵, 그가 "과감한 대외정책을 통하여 국내의 난관을 극복할 것"이라고 예언했던 '크로이츠차이퉁(Kreuzzeitung)'*10)의 보도는, 머지않아 충족되었다.11)

4. 헤게모니를 장악하기 위한 전쟁과 '위로부터의 혁명'

만약 우리가 비스마르크의 외교를 기술적 걸작품으로 간주한다면, 그것은 오늘날에도 미학적 즐거움을 제공해줄 수 있다. 그는 이처럼 노련한 외교적인 준비를 마친 후인 1864년에 슐레스비히-홀슈타인(Schleswig-Holstein)을 둘러싸고 벌어진 덴마크와의 전쟁에 합스부르크의 경쟁자를 끌어들였다. 1848년 이후 이 공국들의 획득은 자유주의자들로부터 좌파에 이르기까지 독일 민족주의자들의 강령에서 논쟁의 여지가 없는 목표였다. 단 한 차례의 군사적 참전, 즉 프로이센의

---

*10) 게를라흐(Ludwig von Gerlach) 등이 1848년에 발행한 보수적인 경향의 신문.

부대가 뒤펠(Düppel)요새*11)를 공략할 것인가를 둘러싸고 논의가 진행되는 동안에 비스마르크의 전략은 매우 명백하게 드러났다. 공격은 몇 주 동안에 걸쳐 논쟁거리가 되었으며, 야전의 지휘관들은 그 요새를 차지해야 할 필요성이 있는지를 알 수 없었다. 그러나 비스마르크와 육군장관인 론은 바람직한 결과가 국내에 가져다주게 될 위신으로부터 이익을 얻기 위하여 고집스럽게 그리고 마침내 공격을 주장하는데 성공하였다. 과연 "승전보는 프로이센을 흥분의 도가니로 몰아넣었으며, 국내전선에서 절대주의에 대한 자유주의자들의 반대"를 잠재울 정도로 민족주의를 타오르게 하였다. 베를린과 비인이 대공들에 대한 일시적인 공동통치국(Kondominium)을 세우기 전에조차도 진보적 자유주의자들의 헌정원리들은 파괴되기 시작하였다. 이러한 사실은 자유주의자들이 "관심을 국내상황으로부터 외부로 돌리기 위하여 그리고 애국주의로 위장하여 그들이 처리하지 못한 갈등을 해결해야만 하는 것을 피하기 위하여" 슐레스비히-홀슈타인 문제를 이용했다는 라쌀레의 의구심을 확인시켜 주었다.12)

비스마르크의 프로이센이 1866년 사도바(Sadowa)*12)에서 오스트리아를 독일연방으로부터 몰아낸 유혈내전의 결과는 결코 확신할 수 없는 상황이었다. 몰트케가 지휘하는 참모진의 주도면밀한 계획에도 불구하고 전투가 진행되는 과정에서야 비로소 프로이센의 승리가 드러났다. 비스마르크는 만약 전투에서 패한다면 자신의 실각이 불가피할 것이라고 거침없이 말할 수 있었다. 그럼에도 불구하고 이 두번

---

*11) 덴마크 남부의 유틀란트반도에 있는 지명으로 프로이센-덴마크 전쟁에서 쟁탈전이 벌어졌던 요새이다.
*12) 현재 체코에 속해 있는 Königgrätz. 1866년 프로이센-오스트리아 전쟁에서 7월 3일 이곳에서 프로이센군은 오스트리아 주력군에 치명적인 치명적인 타격을 가하고 전쟁의 대세를 결정지었다. 이 전쟁에서 프로이센의 승리는 비스마르크에 의한 프로이센 중심의 독일통일국가의 서곡이었다.

째 전쟁에서 독일이 승리함으로써 이제 북부독일의 '진보적 자유주의자'들은 도덕적으로 몰락의 길로 들어서게 되었다. 자유주의적 헌정국가를 그 어느 때보다도 필요한 것으로 보았던 리히터(E.Richter) 주변의 몇몇을 제외하고는, 그것을 실현시켜야 한다는 자유주의적 주장은 곧바로 비현실적인 태도로 간주되었다. 전쟁에서 승리한 정부진영으로 선회하는 일이 유행으로 되었다. 이것이 권력과 책임에 익숙하지 못하고 1848년에 패배로 끝난 한 운동을 이해하는 데 어려움을 부가해 주지는 않는다. 그러나 예전에는 증오했던 적대자들의 권력에 약간 무원칙적으로 순응해 버림으로써 생겨난 현실정책의 싱거운 승리로 많은 자유주의자들은 도덕적 기반을 잃고 동요하게 되었으며, 그 결과 그들은 자신의 지도이념[과거에 그들이 지도했던 이념]에 대하여 의문을 품게 되었다.

이제 비스마르크는 근시안적인 우익보수주의자들보다 더욱 치밀하게 자유주의자들에게 약간의 양보를 하는 데 동의하였다. 즉 그는 1862년 이후 정부정책을 승인한 사후승인법안(Indemnitätsvorlage)을 도입하였던 것이다. 그렇다면 그 당시나 혹은 그 이후 오랫동안 일부 사람들이 믿었던 것처럼 이 법안을 통하여 헌법투쟁이 해결되었던가? 그렇지는 않았다. 비스마르크는 이를 통하여 일시적으로는 이해관계의 근본적인 대립을 덮어씌운 '어정쩡한 형식적 타협'을 달성했으나13), 헌법의 근대화라는 결정적인 문제를 해결하지는 못했다. 이 문제의 해결은 거의 60년 이상이나 지연되었다. 따라서 전술적으로 탁월한 이 계략은 가느다란 실오라기만을 드러낸 채 몸을 숨기고 있던 구체제의 승리를 나타내는 것이었다. 자율적인 군대를 갖춘 권위주의적인 관헌국가의 구조는 본질적으로 변하지 않았다. 이런 중심부의 주변에서는 유사의회주의적인 치장을 한 북독일연방(Norddeutscher Bund)이 새로이 형성되었으며, 이는 명백히 대프로이센적인 국가형성의 전단계로 인식될 수 있을 정도였다.
　세번째 시기에 비스마르크는 "자신의 계획에 유리한 바로 그 시점에서 전쟁을 수행"하는 데 성공하였다.14) 파리측은 새로이 등장하는 프로이센에 대하여 수년 동안 신경질적인 의구심—이는 잘 알려져 있었고, 특히 비스마르크에게는 있을 법한 결과로서 상존하였다—을 품고 있었고, 이는 어정쩡한 전쟁선포로까지 이어지게 되었다. 이러한 상황은 호헨촐레른家의 왕위계승 후보자가 스페인 왕위를 차지하려고 했기 때문에, 또 비스마르크가 프랑스의 절차상의 실수를 이용했기 때문에 야기된 것이었다. 이 전쟁에서 승리함으로써 비스마르크는 남부독일 국가들을 합병하는 일, 북독일연방을 소독일 통일국가로 팽창시키는 일, 1871년 12월까지만 유효한 '철'의 군대법안 연장 등과 관련된 모든 불안을 떨쳐버릴 수 있었다. 이 법안은 연방지출의 95%에 달해 사실상 의회의 통제를 불가능하게 하였다. 일시적으로 자유화된 나폴레옹 3세의 제국이 그 최종국면에서 다시 한번 보나빠르뜨적인 정책을 통하여 그 내부의 어려움으로부터 외부로 관심을 돌렸다는 사실은 의문의 여지가 없다. 이 정책은 보나빠르뜨적이지만, 장기적이고 냉정한 베를린 당국자들의 계산과 충돌하게 되었다. 확실히 비스마르크도 여러가지 대안을 가지고 있었다. 그는 결코 전쟁을 그에게 주어진 유일한 길이나 목표로 삼지는 않았다. 1870년 독일〔통일〕문제에 대한 평화적인 해결이 이루어졌을 때에만 비로소 그의 '진정한 정치적 수완'이 증명되었을 것이며, 비스마르크가 "전쟁을 회피하는 데 자신의 천재성을 이용하였다고 주장하는 사람은 아무도 없었다."15) 그럼에도 불구하고 1871년의 독일제국은 대프로이센적인 모험정책(Risikopolitik)이라는 이 생사를 건 새로운 도박의 결과로써 생겨난 것이었다.
　이 시기에 전쟁은 여전히 국가간의 갈등을 해소하기 위한 정통적이고 적어도 일반적으로 받아들여질 수 있는 수단이라든가, 비스마르크가 놀라울 정도로 단기간에 세 차례의 전투를 수행했다는 것과 같은 진부한 이야기 그리고 이러한 침략적인 외교정책을 지속시키는 데 무엇이 결정적인 기능을 하였는가에 관한 물음은 '다른 수단들'을 통해서는 전혀 설명될 수 없다. 경쟁자와의 무력대결없이 프로이센이 독일에서 목적을 실현할 수 있었을까에 관한 문제 이외에, 여기서 특히 중요한 것은 베를린정치의 은폐된 권력(Arcana Imperii)*13) 속에서 작용한 두 가지의 전쟁동기이다.

  1. 이 세 차례의 주도권을 장악하기 위한 전쟁이 좁은 의미에서 경제적 이해관계에 의해서 규정되었다는 증거는 전혀 없다. 그러나 그것들이 제3'신분〔중간계급〕' 혹은 심지어 제4'신분〔프롤레타리아트〕'의 사회적·정치적 해방요구―이는 한편으로는 경제적 발전에 의해서 결정된 것이기도 하다―에 맞서서 기존의 정치체제를 합법화시키는 수단으로서 이용되었다는 사실도 쉽게 부인될 수는 없다. 그 주도자들의 입장에서 볼 때에도 이 세 차례의 전쟁이 그들이 바라던 결과를 낳았다는 것은 거의 논쟁의 여지가 없는 사실이다. 다른 문제와 관련된 회의적 판단을 독일에서 높이 평가받았던 부르크하르트(Jacob Burckhardt)는 이미 1871년에 매우 사려깊게 다음과 같이 언급하였다. "세 차례의 전쟁은 국내의 정치적인 이유 때문에 벌어졌다. 우리는 전세계 사람들이 오직 루이 나폴레옹만이 국내문제로 전쟁을 일으켰다고 생각하게 함으로써 7년간이나 엄청난 이익을 향유하고 이용하였다." 또한 그는 순전히 자기유지라는 관점에서 볼 때 "국내문제를 처리하기 위하여 세 차례의 전쟁을 치를 최적기였다"는 사실을 인정하였다.16)

---

*13) 이는 본래 로마의 역사가 Tacitus가 황제의 주변이나 배후에서 행정관료들보다 더 강력한 영향력을 행사한 집단들을 지칭하는 데 사용하였던 개념이다. 벨러는 독일제국에서 강력한 영향력을 행사하였던 군대와 같은 막후의 권력집단을 지칭하기 위하여 이 개념을 사용하였다.

1848년 혁명이 통해서 처음으로 현란한 용어로 선언하였듯이, 헌법투쟁이 확인해 주었듯이, 그리고 노동자들의 조직적 성공이 이를 뒷받침했던 바와 같이, 이제 산업화는 사회를 되돌릴 수 없을 정도의 변화 속에 몰아넣었을 뿐만 아니라, [영주제에 기반한] 후기봉건제적·신분제적인 권력구조를 파괴하기 시작하였다. 그것은 전통적인 특권체제에 관한 의구심을 누를 수 없게 만들었으며, "기대치를 점차 상승시켜 혁명"을 야기하였다. 급격한 사회의 변화를 감안한다면 여기서 정상적인 순치전략은 더 이상 제대로 달성될 수 없었다. 산업혁명의 직접적인, 특히 간접적인 결과는 사회 안에서 전통적으로 권력을 장악하고 있던 집단들에게 비상한 수단을 강구하게 했다. 그들은 비스마르크의 힘을 빌어 독자적으로 정치적인 힘을 키워가고 있었으므로 — 왜냐하면 "인간이 역사를 만든다"는 말을 믿지 않는 사람도 그것을 인정해야 할 것이기 때문이다— 왕조체제를 안정시키기 위한 거의 필사적인 치유책으로서 세 차례의 전쟁을 감행하였다. 그럼에도 불구하고 그들은 성공을 거둠으로써 바라던 바를 달성하였다. 즉 권위주의적인 지배체제 및 사회체제는 다시 한번 정당성을 확보하게 되었고, 이는 비스마르크의 외교와 프로이센 군대의 엄청난 위신상의 성공으로 계속 유지될 수 있었다. 또한 국내의 위기상황은 해소된 것처럼 보였다. 기대했던 바대로 적어도 주요한 적대자인 민족자유주의는 이처럼 군사적인 방식을 통해서 수행된 평화정착 정책의 결과에 굴복하였다.

2. 선견지명이 있는 베를린의 중앙정부의 인사들은 자유주의적인 경향을 가진 부르주아지의 통일된 민족국가에 대한 염원을 충족시켜 줄 대프로이센의 팽창이 소독일문제의 낙관적인 해결책을 제시해 줄 것이라는 것을 충분히 인식하고 있었다. 독일의 '내전'에서 오스트리아가 패배하고 북독일연방이 결성됨으로써 그러한 계산은 확고해졌다. 처음부터 사람들은 공동의 대의를 위한 전쟁이 프로이센의 지배하의

독일에 대한 남부독일 국가들의 저항을 극복하고 민족통합에 영향을 끼쳐야만 한다는 사실을 매우 자주 표명하였다.

"프랑스에 대항할 힘을 이용하여 독일을 통일하는 것"은 1866년에 몰트케가 달성가능한 것으로 보았던 하나의 목표였다. 이것은 독-불전쟁 기간 동안의 민족적 열망이 제국의 창건정책에 결정적인 추진력을 제공했을 때 달성되었다. 1864년과 1866년의 전쟁으로 인하여 자유주의자들이 예속당하게 되었듯이, 1870/71년의 전쟁으로 인하여 남부독일 국가들이 예속당하게 되었다. 이 전쟁은 이중적인 기능을 수행하였다. 즉 이 전쟁은 "1866년 프로이센의 점령전쟁으로 시작된 일련의 과정을 완성하기 위한 통일전쟁"으로 이용되기도 했지만, 다른 한편으로는 "국내정치의 통합을 달성하기 위한 예방전쟁"으로서 군국주의적인 프로이센 군주정이 안고 있던 "정치적·사회적인 면에서의 근본적인 위기"를 제거시켜 줄 것으로 생각되기도 하였다. 독일이 '무력에 의해서' 통합을 달성하고, 또 전쟁을 통하여 국내문제를 극복하리라는 것은 클라우제비츠(Clausewitz)가 이미 프로이센의 사명으로서 예견한 바였다.17) 확실히 "비스마르크의 무력에 의한 문제해결 방식은 1848년 자유주의자들의 시도 못지않게 혁명적인" 것이었다. "그는 구제국의 대독일적·연방주의적인 전통을 결정적으로 파괴하였고, 그것을 프로이센이 주도권을 장악한 보다 한정된 소독일적인 민족통일국가로 대체시켰다."18)

그렇지만 여기서 프로이센의 정책을 책임지고 있는 보수적인 '백색혁명가'는 '위로부터의 혁명'의 전통 속에 있었다. 그 자신은 그것을 '위로부터의 개혁(Reform von oben)'이라고 불렀으며, 군사적인 국면에서는 급진적인 방법을 사용하여 그것을 실행하였다. 이미 프랑스혁명 직후에 프로이센의 슈트루엔제(Struensee)장관은 프랑스 대사에게 프랑스에서 '아래로부터 위로(von unten nach oben)' 수행된 '신성한 혁명'이 "프로이센에서는 위로부터 아래로 점진적으로 수행될 것"이라고 알렸다. 그는 또 폭발적인 혁명의 불씨는 부분적인 양보정책을 통하여 약화되고, 평화적인 방식을 통해서 신성한 전환이 이루어지리라고 보았다.

일찍이 클라우제비츠도 전반적으로 이러한 위로부터의 혁명을 권유하였다. 그는 1809년에 다음과 같이 썼다. "유럽은 거대한 전체혁명을 피할 수 없다. 이 거대한 개혁의 진정한 정신 속에 들어가서 그것을 유지할 줄 아는 왕들만이 살아남을 수가 있을 것이다." 혹은 그와 동시대인인 그나이제나우(Gneisenau)가 표명했던 것처럼, "혁명을 예방하기 위하여 고안된 현명한 법률은 우리의 발 아래 있는 광산에서 폭발물을 조금씩 조금씩 제거하다가 이것을 〔일시에〕 폭파시키는 것과 같다." 슈타인(L.v.Stein)이나 슈몰러(G.Schmoller)가 사회적 왕국(soziales Königtum)*14)이라는 개념을 대중화시키기 오래 전에, 국왕의 간섭은 프로이센정책의 실체를 결정하였다. 따라서 '위로부터의 혁명'을 여러 해 동안 실행한 데서 자신감을 갖게 된 비스마르크는 "프로이센에서는 국왕들만이 혁명을 한다"는 견해를 내세웠다.19)

이러한 관료제적인 변수가 1848년에 광산을 무력화시키지 못하고, 이어서 반동기에 다시 한번 경제적 양보를 통하여 〔부르주아지에게〕 정치적 미성숙을 보상한다는 원리가 계속되었다. 따라서 후에 독일의 민족정책에서 국내적으로 이 정책의 지속적이고 신뢰할 만한 유

---

*14) 로렌쯔 폰 슈타인은 독일이 계급의 대립을 넘어선 '사회적 개혁의 왕국'이 되어야 한다고 주장했다. 그가 이렇게 주장했던 이유는 당시에 당시에 표면에 부상하기 시작한 자본과 노동 사이의 이익대립를 해결하기 위해서였다. 즉 그는 당시에 국가가 사회혁명의 위협으로 인하여 사회개혁을 의식적으로 수용하거나, 혹은 국가권력이 소유자의 이익을 증대시켜 주면서 프롤레타리아의 생존을 보장해 주기 때문에 프롤레타리아트는 더 이상 혁명을 필요로 하지 않게 되리라고 보았다. 결국 그는 '사회적 민주주의' 혹은 '사회국가'라는 개념을 사용하여 사회학적으로 당시의 입헌군주정을 정당화시키려고 하였다.

일한 보증자로서 남은 것은 군대였다. 사회발전의 역동성이 전혀 활력을 잃지 않고, 동시에 소독일적인 통일정책이라는 인습적인 전략이 제대로 관철되지 않았던 1860년대 초에 다시 부르주아적 자유주의가 너무 취약한 것으로 드러나자, 군대는 비스마르크가 세운 계획의 집행자로서 전통적 엘리트의 내적인 난문제(難問題 : gordischer Knoten)*15)를 세 차례의 전쟁으로 해결하였다. 설사 우리가 독일연방의 개혁능력과 연방주의적 계획에 대한 지리한 검토도 없이 비스마르크의 '철혈(鐵血 : Eisen und Blut)'에 의한 해결이 당시의 시대적 상황하에서는 불가피했다는 데에 동의한다고 할지라도, 이 보수적 혁명가가 성공함으로써 독일의 사회와 정치는 결국 지속적인 위기에 빠져들었다는 것을 부인할 수 없다.

이미 1870/71년에 전혀 다른 진영의 세심한 관찰자들도 이러한 상황을 매우 명백하게 인식하고 있었다. 민족자유당 내에서 교양중산층(Bildungs-bürgertum)*16)의 존경받는 대표자인 프라이탁(G.Freytag)은 다음과 같이 의구심을 나타냈다. "우리는 위대함을 성취했다. 이제 우리가 그것을 성취한 수단들은 우리의 미래에 어두운 그림자를 던져주고 있다. 우리 모두는 그것에 대한 대가를 치르게 될 것이다." 작센의 외교관인 빌러스(A.v.Villers)도 대프로이센적인 제국(Kaiserstaat)

---

*15) 풀기 어려운 난문제를 지칭할 때 사용하는 표현이다. 알렉산더 대왕은 Gordius가 묶은 매듭을 푸는 사람이 아시아의 왕이 된다는 신탁을 받고 단칼에 이것을 끊었다는 고사에서 유래하였다.

*16) 교양중산층(Büldungsbürgertum)이라는 말은 '교양시민', 혹은 '교양부르주아지'·'교양중산층'·'교양중간계급' 등으로 옮길 수도 있지만, 엄밀하게는 여기에 적합한 우리말이 없는, 따라서 옮기기가 어려운 용어이다. 또 독일어의 'Bürgertum'라는 용어는 불어의 'citoyen'과 'bourgeoisie'를 동시에 지칭하는 포괄적인 용어이다. 즉 독일어의 'Bürgertum'은 교양을 갖춘 'Bildungsbürgertum'과 경제력이 있는 'Wirtschaftsbürgertum'을 동시에 포괄하고 있다. 그리고 엄밀한 의미에서는 영어의 'middle class'와도 다르다. 그럼에도 불구하고 문맥상 명백히 경제적인 의미로 사용되었을 경우에는 '부르주아지'로, 그렇지 않을 경우에는 '중산층' 혹은 '중간계급'으로 옮겼다.

이 파괴된 독일연방보다 평화를 더 잘 유지시켜 줄 것인가, 혹은 적어도 그만큼 평화를 유지시켜 줄 것인가라는 근본적인 문제, 즉 이미 민족국가가 달성되었음에도 불구하고 부당하게도 오랫동안 이차적인 것으로 간주되었던 문제를 잘 인식하고 있었다. 그는 메테르니히와 같이 자유주의적인 '운동당파(Bewegungspartei)'에 대해서 비타협적인 태도를 취했다. 그 결과 그는 프로이센 내의 추진력과 새로운 사회적 흐름을 지나치게 경시하였다. 그는 다음과 같이 언급하였다. "독일연방, 즉 유럽외교에서 외교적 수완을 보여준 최후의 표현물인 이 연방은… 방어적인 성격을 지니고 있었다. 그 속에서 프로이센은 잘 주물러진 반죽을 발효시킨 공격적인 효모였다. 독일은 인접국가들과 평화롭게 지냈을 뿐만 아니라, 세계평화를 파괴하려는 다른 모든 유럽국가들의 제동기(制動機)이기도 했다. 이 유기체 속에서 단 한 가지 -비록 불가피하긴 하지만- 잘못은 그 구성원들 모두에게 도덕적인 위대함이 있다는 가정이었다.… 프로이센은 오랫동안 투표에서 다른 나라에 뒤처져서는 안될 것이라는 사실을 알리려고 하였다. 그러나 문제점은 드러났고, 연방은 거기서 사라졌다."

자유주의적인 경향의 중요한 학자요, 민주적 이념을 지닌 정치평론가이기도 했던 게르비누스(G.G.Gervinus)도 '프로이센의 궁정'에 보내는 한 인상적인 호소문에서 다음과 같은 감동적인 주장을 하였다. "1866년 독일연방이 와해됨으로써 독일전역의 2/3는 항시 침략능력이 있는 전쟁(을 가장 중요한 정책으로 삼는) 국가로 바뀌었다. 이제 프로이센이나 독일의 적이 없다고 할지라도 우리는 이 지역의 평화와 주변국가의 안전에 대한 지속적인 위협을 의심할 수 있게 되었다. 애국주의로 인하여 1866년의 사건이 이 지역 그리고 이미 사라지고 있다고 믿었던 사회적·정치적 질서로부터 나온 전체시대에 대한 위협을 재생시키고, 심지어 비정상적으로 심화시켰다는 사실에 맹목적으로 되는 것은 현명한 행동이 아니다. 이전 시대의 군사체제보다 더욱 더 성장시키고자 갈망하고, 노력하고, 소망한 지 500여년이 지난 지금 여기에 지속적으로 전쟁(을 문제해결에 동원하는) 강대국이 출현하였다. 이 강대국은 완전히 정복과 팽창에 의존했던 지난 세기의 군사국가가 거의 생각할 수도 없었을 정도로 가공할 만한 우위를 지니고 있었다.… 만약 예전에 누군가가 상황에 관해서 이러한 판단을 표명하였더라면 아마도 그는 엄청난 비난을 받았을 것이다. 그러나 1870년의 경험을 한 이후라면 그러한 판단은 부정되지 않을 것이다. 이 사건들은 이 전쟁강대국을 다시 한번 강화시켰으며, 불가피하게 전쟁강대국을 기이할 정도로 커다란 자부심으로 채워주었다." 마르크스도 이와 유사한 분석을 한 후에, 비난조로 독일제국을 "의회적 형식들로 치장하고, 봉건적 부가물과 혼합된, 그리고 동시에 이미 부르주아지의 영향을 받았으며, 관료에 의해서 골격이 짜여졌고, 경찰에 의해서 감시당하는 군국주의적 전제체제"라고 지칭하였을 때,[20] 그도 또한 옳지 않았던가?

    우리는 이 문제를 1871년 이후의 정치지배 체제와 관련시켜 다시 보다 더 상세하게 다룰 것이다. 어쨌든 비스마르크의 프로이센정책이 사회경제적·정치적 압력에 대한 반응으로 국가를 안정시키고 정당화시키기 위하여 앞으로의 도주(Flucht nach vorn)를 시작하였다는 것은 확실하다. 그리고 독일인들은 세 차례의 전쟁 후에 '위로부터의 혁명'이라는 군사적 방식을 실행함으로써 소독일적 대프로이센이라는 형태로 하나의 제국을 부여받았다. 이와 더불어 결국 인민국가라는 공화주의적 이념은 불신받은 듯했다. 아마도 자유주의적·부르주아적인 민족국가란 사실상 아래로부터의 혁명을 성공적으로 수행하는 과정에서만 달성될 수 있었을 것이다. 1848년 봄에는 독일에서뿐만 아니라 영국에서도 그렇게 생각되었다. 그러나 후에 '계몽 군주국가'의 '조그만 비약'이 혁명을 성공시키지 못한 민족을 '곤경'으로 몰아넣었다는 사실이 점차 명확해졌다. 사실 '위로부터의 혁명'이라는 이념과 관련된 이 국가의 행정적 실제는 오랫동안 '인간의 권리선언과 경쟁'할 수 있을 정도로 '매우 강력했던' 것으로 확인되었다. 그러나 1848년 이후에도 "해결되지 않고 오랫동안 남아 있었던 위기"라는 독약이 '독일민중의 몸체' 속에 맴돌았듯이, 새로운 국가라는 건축물의 입구에도 정치적으로 성숙한 독일대중의 본래적인 해방활동이 있었던 것이 아니라, 프로이센이라는 권위주의적 관헌국가가 빛나는 성공을 통하여 1871년의 독일제국으로 팽창되었던 것이다.21)

    부르주아적 산업사회도 그 구조 속에서 조화될 것이었다. 귀족세력, 즉 군대와 토지소유자들은 강력한 시대적 경향에 맞서서 공격적인 방어투쟁을 수행하였으며, 그들은 이 방어투쟁에서 승리한 것을 자축하였다. 신생 독일제국의 역사는 이러한 전조 속에서 시작되었다. 1914년에 바로 이 사회집단에 의해서 수행된 훨씬 더 위험한 앞으로의 도주는 결국 그들을 파멸로 이끌었던 것이다.

II. 산업국가로의 발전

1. 고도산업화의 제1단계 : 산업성장의 불균등과 농업의 구조적 위기(1873~95)

　　1850년에서 1873년까지 산업혁명이 호경기에 있을 때 경제적 의미에서의 '후진성의 이점'은 독일에 커다란 이익이 되었다. 독일은 새로운 방법의 실질적 적용에뿐만 아니라 목적지향적인 교육과정의 도입을 통해서 서유럽의 선진 산업국가들이 누리고 있던 경제적 우위를 놀라울 정도로 빨리 감소시켰다. 독일의 '개발도상국들'은 보다 더 선진적인 국가로부터 그들에게 유용해 보이는 것 ― 산업화과정의 모방을 통해서, 특허를 구매함으로써 혹은 산업스파이를 통해서건 간에 ― 은 무엇이든 차용하였다. 1870년대 초에는 "자립적인 경제성장을 제도화시킨 최초의 생산방식"으로서의 산업자본주의가 독일제국에서도 결정적인 비약을 하게 되었다.[1] 그러나 산업이 특정지역, 예컨대 루르·자아르·오버슐레지엔 그리고 작센과 같은 몇몇 지역에서만 지배적이었고, 그밖의 다른 지역에서는 전통적인 관계가 상당히 오랫동안 지속되거나 혹은 산업의 확산으로 인하여 점진적으로만 변화되어 독일에서도 전형적인 불균등 성장과정이 지속되었으므로, '제국(Reich)'이라는 전체를 지칭하는 개념이 오해를 야기할 수도 있다.

산업혁명의 급속한 진전단계에 뒤이어 고도산업화의 첫 10년이 이어졌으며, 이를 통하여 독일은 불과 일세대도 안되는 기간 동안에 산업국가가 되었다. 이러한 과정은 1873년에서 1895년 경제주기의 본질적인 내용이 되었다. 그렇지만 이러한 장기적인 경향 이외에도 이 시기의 중요한 역사적 특징은 산업경제 및 농업경제의 성장에 대한 방해가 계속 재발하였다는 사실이다. 이러한 방해는 이 시기 자체 혹은 1918년까지의 장기적인 결과면에서의 변화를 야기하고 결정하는 데 극히 중요하였다. 1873년까지 약 20년간 지속된 호경기는 특히 1867년부터 1873년까지 전례없을 정도로 엄청난 붐을 동반하였으며, 매우 현란하게 시작된 1870년대의 기대수준도 결정하였다. 결국 성장률의 감퇴, 비관적인 경제환경 그리고 재조정의 어려움 등은 당시대인들에게 더욱더 억압적인 것으로 작용하였다. 따라서 급격한 호경기로의 반전에 대한 사회심리적 반응은 실제의 문제를 다시 한번 첨예하게 만들었다. 왜냐하면 불황에 대한 경험은, 경제통계상의 기준에 의거해 볼 때, 호경기가 이미 시작된 다음에도 현실성있고 시장조건에 맞는 재조정을 매우 어렵게 만들었기 때문이다.

1873년에서 1895년까지의 산업상의 주기는 1873년 가을에 발생한 제2차 세계 경제공황과 더불어 시작되었다. 불과 몇 주 사이에 주식거래가 급격히 감소하면서 은행파산을 동반한 심각한 공황은 1879년 2월까지 호전되지 않은 채 지속되면서 심각한 불황으로 바뀌었다. 이처럼 6년여 동안 지속된 경기의 후퇴로 성장률은 반감되었다. 몇몇 부문에서는 일시적으로 심지어 스테그네이션이 나타나기도 하였으며, 전반적으로 지속적인 가격 디플레이션을 동반하면서 생산도 감소하였다. 결국 이러한 경기후퇴로 인하여 독일은 당시까지 산업성장에서 가장 장기적이고 급격한 교란기를 경험하게 되었다. 중요한 지수의 하나

1. 고도산업화의 제1단계 89

인 철 소비량은 단기간에 50% 가량이나 감소하였고, 1879년까지 광부의 임금은 절반으로 줄었다. 불황은 사실상 거의 모든 사회생활 영역에 영향을 끼쳤다. 1879년에 베를린 경찰총장은 그것이 "소득에 끼친 악영향과 명백한 위기상황"이 "현사회·경제질서의 적합성에 관해서 의구심을 확산시키고 있으며, 나아가서 예전에는 매우 조용하고 온건했던 주민들에게도 현상황에 대한 불만이 점차 확산되고 있다"고 판단하였다. 엥겔스의 말대로 중요한 것은 그것이 "부르주아 사회를 그 기저로부터 뒤흔들리게 한 지진들" 가운데 하나라는 점이었다.2)

1879년 봄에서 1882년 1월까지의 일시적인 경기회복은 경제 자체에도 당시대인의 의식에도 고무적인 영향을 주지 못하였으며, 이어서 다시 제2차-비록 뚜렷하긴 했지만-의 보다 약한 불황이 시작되어 1886년까지 지속되었다. 이 시기의 불황으로 경제는 1873년에서 1879년까지의 시기만큼 심각한 타격을 받지는 않았다. 그럼에도 불구하고 이 경기의 부진국면이 지니고 있는 특별한 의미는 그것이 1870년대에 경험한 충격을 정신적인 충격으로까지 심화시켰다는 사실에 있었다. 사람들은 경제주기의 급격한 변동을 막을 능력이 없었다. 이러한 상황은 안정된 성장, 예상수익의 합리적인 계산 그리고 이익의 정규적인 극대화에 관한 전망이라는 자본주의적 행위의 기본적이고 바람직한 세 가지 목표가 언제든지 붕괴될 수 있다는 것을 다시 한번 예증해 주는 듯하였다. 어떤 사람은, 불균등하긴 하지만 지속적인 성장이 없을 경우, 사회질서가 붕괴될 위험이 있다고 믿기조차 했다. 그리고 산업발전의 경험이 이미 저 시기에 있었던 것만큼 신기한 어떤 것은 아니라 할지라도, 자유주의적 경제이론의 '자선적인' 시장메카니즘이 완전히 붕괴된 상황에서 제2차 불경기의 이름 모를 장기적 경향은 실제로 거의 위안을 주지 못하였을 것이다. 마지막으로 이제 마르크스가 일찍이 앞으로 도래할 공황과 관련시켜 행하였던 적절한 예측은 분명해졌다. 그는 다음과 같이 언급하였다. 말하자면 이 공황은 "그 무대의 전면성과 그 작용의 강력함으로 인하여 새롭고 신성한 프로이센 독일제국의 행운아들에게 변증법을 가르쳐주게 될 것이다."3)

　　1886년 가을부터 1890년 초까지의 시기에 마침내 다시 강력한 호경기가 도래하였다. 1889년은 명백한 호황기로도 간주할 수 있을 정도였다. 그러나 이어서 1890년 1월부터 1895년 2월까지 경기가 다시 한 번 약간 후퇴하였다. 그리고 뒤이은 1895년에서 1913년까지의 시기에는 국내외의 광범위한 전선에서 호경기가 도래하였다. 따라서 비스마르크가 재상으로 재직한 거의 20여년에 걸친 시기에는 경제적 호경기가 4년에 불과하였다. 이와는 반대로 카프리비(Caprivi)*1)가 재상으로 있던 시기에는 호경기가 단 1년도 없었다! 어떠한 실질적인 분석도 이러한 사실을 간과할 수 없다. 이처럼 장기적으로 성장을 방해한 원인은 일단 지속적인 과잉생산을 초래한 설비의 과대한 확장에서 찾을 수 있다. 이것은 산업화 시기의 자유로운 자본주의적 생산에 전형적인 현상이었다. 경제주기, 시장의 예측불가능성, 고정자본의 부동성, 장기적인 유효수요의 불확실함 등으로 인해 산업화는 지속적으로 과잉투자와 공황에 취약성을 드러내는 경향이 있었다. 여기에 덧붙여 이 주기 동안의 이러한 전반적인 문제점은 다음의 세 가지 요소들로 인하여 더욱 심화되었다.

　　1. 독일 산업혁명의 전형적인 주도부문들인 철산업·광산업·철도산업은 점차 그 역동성을 잃어갔다. 특히 철도건설은 그 주도적인 지위를 상실하게 되었다. 즉 철도건설은 1870년에서 1879년까지의 시기에 독일경제의 연간 순수투자액 가운데 약 25%를 차지하였으나,

---

*1) 카프리비(Caprivi)의 무역협정 - 비스마르크의 뒤를 이어 제국재상이 된 카프리비는 일련의 무역협정을 체결하였다. 그는 보호관세의 도입으로 인하여 인상된 관세를 인하하여 기업가들에게 유리한 경제적 상황을 만들어 주려고 하였다. 오스트리아-헝가리·스위스·이태리·벨기에, 그리고 이어서는 세르비아·루마니아, 마지막으로 1894년에는 러시아와도 무역협정을 체결했다. 그러나 그는 4년만에 실각했다.

1885년까지는 13.5%로, 1889년까지는 5.7%로 그 비율이 감소하였다! 4/5 가량의 감소를 보여주고 있는 이러한 수치들은 야금산업에 대한 깊은 영향 및 수많은 공급기업에 대한 부정적인 확대효과를 동반한 대규모의 자본운동을 감추고 있었다. 1890년대의 새로운 주도부문들, 다시 말해서 전기엔지니어·기계설비산업·화학산업 등만이 날로 팽창하고 있던 서비스 산업부문과 더불어, 새로운 '경기의 주도자'로서 호경기를 지속적으로 선도했다.

2. 산업성장은 오랫동안 방해를 받았으며, 이런 경험은 전례없는 것이었다. 이런 성격으로 인해 경제의 재조정문제는 더욱 어렵게 되었다. 근대적인 세계시장이 점차 형성되어 갔고, 독일 산업경제는 그것이 동반하고 있던 모든 변수에 적응하면서 점차 그 방향으로 나아가야만 했다. 국내시장은 점차 세계시장에 편입되고 있었지만, 역동적인 임금정책이나 소비자의 수요를 확대시키기 위한 정력적인 정책은커녕 목적지향적 경제정책을 통한 팽창도 아직 이루어지지 않은 상태였다. 바로 이 시기에 독일 산업경제는 국내시장에서도 올바른 길을 찾아야만 했다.

3. 다른 한편 산업과 농업이 불황에 빠져 있던 바로 그 시기에 독일제국의 인구는 급격히 증가하였다. 1873년에서 1895년까지의 시기에는 약 200만명의 독일인들이 해외로 이주했음에도 불구하고, 제국의 인구는 4,160만명에서 5,200만명으로 증가했다. 이러한 인구증가는 고용의 창출과 유용한 직업가치와 관련된 엄청난 문제를 야기하였다. 그러나 1848년 이전의 시기에 비견될 만한 심각한 사회적 빈곤상황은 더 이상 발생하지 않았는데, 그 원인은 일차적으로 어떠한 장애요인에도 불구하고 산업이 계속 팽창한 데에 있었다. 농업은 구조적 위기에 빠져 있었으므로 무시해도 좋을 정도로 소규모의 노동력만을 흡수할 수 있었을 것이다. 특히 성장산업들은 1880년대 중반 이후부터만 그렇게 해나갈 수 있었다. 도시의 새로운 중심지에서는 생활조건이 극히 나

빠졌음에도 불구하고 도시화과정이 사회에 치명적인 위험으로 되지 않은 것은 오직 산업의 덕택이기도 했다. 1871년에서 1880년까지와 1881년부터 1890년까지 각 10년간 전체인구는 410만명씩 증가한 반면에, 도시〔통계상으로는 2천명 이상의 주민이 거주하는 공동체〕인구는 약 350만명 가량 증가하였다. 다시 말해서 도시의 거주지역과 산업지역은 독일제국에서 증가한 인구의 3/4 이상을 감당해내야만 했다.

전통적 지배엘리트와 부르주아지의 의식이라는 측면에서 볼 때, 독일은 이 20년간에 이미 농업국가에서 산업국가로의 길에 들어섰다는 사실이 아직 명백하게 결정되어 있지 않았다. 산업경제에서의 세 차례의 불황이 이미 매우 중대한 문제를 야기시켰다는 것은 의문의 여지가 없을 것이다. 그렇지만 1876년 이후에는 농업부문의 구조적 위기가 공업부문의 급격한 쇠퇴와 일치했다. 나아가서 두 부문의 공황이 서로 겹쳤다는 사실은 당시 서구의 모든 산업국가에서 언급되고 있던 그리고 당시대인들에게 매우 광범위하게 확산되어 있던 '대불황(Große Depression)'에 대한 우울감을 더욱 심화시켰다. 사실 호밀의 수입초과는 1852년 이후부터 있었지만, 1870년대에도 그 양은 계속 증가하여 100만톤을 넘었으며, 1879년에는 130만톤에 달했다. 특히 독일은 1876년 이후부터는 밀의 수출국에서 수입국으로 되었으며, 그 수입량이 급격히 증가하였다는 사실은 매우 중요했다. 이러한 사실은 귀리와 보리에도 적용되었다. 요컨대 독일은 스스로가 곡물의 수입에 의존하고 있다는 것을 1870년대 후반의 어느 시점에서 갑자기 깨닫게 되었다. 동시에 생산물가격의 엄청난 하락은 경쟁적인 세계시장의 출현을 알리는 것이자, 또 오늘날까지 지속되고 있는 독일농업의 구조적 위기의 고통스러운 시작을 알리는 것이기도 했다. 1885년에 독일 농산물의 가격은 약 20% 가량 하락하였으며, 1912년에 가서야 비로소 1870년대의 가격수준으로 회복되었다. 1879년에 농업부문에서의 연평균소득은 1872년 수준 이하로 떨어졌다.

농업부문에서의 이러한 위기는 특히 신세계인 북미와의 강력한 대외경쟁의 결과였다. 특히 1879년 이후 생산비와 운송비의 지속적인 하락에 힘입어 값싼 미국산 밀은 중부유럽 곡물시장의 가격구조를 압박하였다. 동시에 러시아는 주로 곡물에서 나오는 이익으로 근대화라는 지상의 과제를 수행하는 데 필요한 자본을 조달받았으며, 따라서 곡물수출을 강력히 추진하였다. 또 캐나다와 아르헨티나산의 밀도 곧 시장에서 유통되었다. 높은 생산비용, 과중한 저당, 과다한 운송비용에 길들여져 있던 독일의 곡물경제는 곧이어 자신의 중요한 수출대상국인 영국을 미국에 넘겨주는 등 이러한 충격을 견뎌낼 수 없음이 드러났다. 정치적으로 매우 민감했던 프로이센의 밀가격은 1880년에 톤당 221마르크에서 1886년에는 톤당 157마르크로 하락하였다. 특히 동부독일의 대규모 곡물생산자들의 불황은 이 5년에 걸친 산업에서의 제2차 불황과 병행되었다. 이러한 상황과 직접 관련된 수입계급이자 지배계층인 프로이센의 대농장주들은 1870년대 중반까지 자유무역을 금과옥조(Dogma)로 여겼으나, 이제는 이러한 국제적 과잉생산에 대하여 경제적 재조정이나 적응을 통해서보다는 오히려 자신의 경제적 토대인 우월한 사회적·정치적 지위를 지키기 위하여 정치적으로 반응하였다. 그들은 놀라울 정도로 단기간에 농업보호주의 정책으로 선회하였다. 전반적으로 1887년에서 1890년까지 경제가 일시적으로 회복되면서 그들은 어느 정도 위안을 갖게 되었으나, 농업부문과 산업부문 모두의 불황은 카프리비 시기에 다시 한번 일치하게 되었다.

이제 우리가 1870년대, 1880년대 그리고 1890년대 초의 이와 같은 명백한 어려움들을 감안해 보면, 산업성장의 혼란상과 농업부문의 위기가 당시대인들에게서 의미했던 바에 관한 약간의 상을 얻게 된다. 물론 공황이 끼친 영향은 독일사회의 각 집단마다 달랐다. 생산자들은 가격하락과 생산물의 판매시장을 찾는 문제로 인하여 타격을 받았다.

반면에 일정하게 정해진 봉급으로 생활하는 사람들은 오히려 물질적으로 더 부유해졌다. 1870년대에 있었던 임금삭감·해고 그리고 조업단축 등은 임금에 의존하고 있던 대다수의 노동자계급을 공허한 절망감에 빠지게 하였으며, 이러한 전반적인 분위기는 분명히 독일 사회민주당의 등장에 일조했다. 베를린 경찰총장의 말을 다시 한번 인용한다면, 평온한 주민들조차도 빈궁한 상태로 인하여 "진정으로 현상태의 개선이 사회주의적 이론의 실현을 통하여 이루어질 수 있는지… 를 음미"해 보게 하였다. 이미 1877년에 사회민주주의는 제국의회에 참여한 정당들 가운데 네번째로 많은 지지를 얻었다.4) 1880년대에 들어서 몇몇 산업부문에서 실질임금이 점진적인 증가를 보여주기 시작하였고, 생계비지수도 낮아지게 되었으나, 농업부문에서의 개선은 전혀 이루어지지 않고 있었다. 영향력있는 이익단체도 광범위한 대중도 계속 직·간접적으로 산업자본주의와 농업부문의 급격한 변화에 내맡겨져 있다고 생각했다. 따라서 독일 경제정책의 심원하고 중대한 변화는 이 위기의 시기와 관련되어 있었다.

  중부유럽 농업부문의 위기와 6년간의 산업불황이라는 최초의 충격은 자유주의적 유통경제 및 그와 관련된 이론·이념·가치들에 대한 전면적인 불신을 초래하였으며, 이후 자유무역에서 보호관세 체제로의 이행이 이루어졌다. 실제로 외국과의 경쟁으로부터 강력한 보호를 주장한 것은 농업가 및 산업기업가들이었으며, 정부는 재빨리 경제쇼비니즘적이고 반소비자적이며 다만 외관상으로만 약간 치장된 '민족노동의 보호(Schutz der nationalen Arbeit)'라는 구호를 내세운 이들의 불만을 정당화시켜 주었다. 그러나 경제적 상황에 비춰볼 때 그들에게 보다 더 시급하게 필요한 것은 외국에 대한 덤핑을 통하여 국내의 가격을 안정화시키고, 점차 높은 관세장벽의 보호 속에서 국내시장의 착취를 지속시키는 것이었다. 이러한 정책으로 인하여 세계시장의 가격하락에서 생긴 이익은 독일의 임금소득자 및 봉급소득자들로부터 분리되어 다른 사람의 호주머니로 들어갔다.

제국의 최고위층에 대한 대농업가들의 압력은 사회적 권력분점에 기초하여 극히 오랫동안 관철되었다. 1879년에 도입된 농업부문의 보호관세는 그들의 이익과 완전히 부합되는 것이었으며, 이로써 독일제국은 유럽에서 가장 먼저 보호관세를 도입한 국가가 되었다. 나아가서 독일제국은 1885년에서 1887년 사이에 관세율을 본래보다 5배나 인상하였다. 이러한 정책을 추구함으로써 비스마르크정부는 "토지소유의 분할에 기초한 계급구조 속에 현상(Status Quo)"을 동결시키고, 특히 엘베강 동부의 대토지 소유자들의 '집단적 소유상태'를 옹호하는 한편, 도시 하층민을 희생시키면서 그들의 특권적 지위를 보호해 주려고 하였다. 따라서 독일제국의 농업정책은 첫눈에 '외관상으로만 위장된 일종의 계급입법'임이 드러났다.5)

다른 한편 공산품관세는 중공업에만 이익이 되었고, 수출지향적인 완제품산업 및 경공업에는 커다란 피해를 주었다. 공산품 관세는 여러 기업들의 전도에 심각한 장애물을 던져놓았다. 왜냐하면 대외무역과 무역수지 뿐만 아니라 국내소비자의 수요를 항상 능가하고 있던 경제체제의 전반적인 운용절차도 이들 기업의 효율성과 성공에 의존하고 있었기 때문이다. 순전히 경제적인 관점에서만 볼 때 보호관세정책은 매우 모호해 보였다. 이 정책은 1882년 이후와 1890년 이후의 새로운 경기퇴조기를 맞이해서도 전혀 효과가 없는 것으로 확인되었다. 이 정책은 이전의 경제정책에 대한 천거할 만한 만병통치약으로서는 완전히 실패작이었다. 그렇지만 지배체제의 안정이라는 의미-이 정책의 실질적인 중요성은 바로 여기에 있었다-에서 이 정책은 실제로 극히 중요한 기능을 수행하였다. 게셴크론이 암시하고 있는 바와 같이, 1876년 이후에 농업위기로 인하여 융커라는 전산업적 엘리트로부터 권력을 빼앗을 만한 '위대한 민주주의의 기회'6)가 있었지만, 이 기회는 국가의 보호조치와 후원조치가 완전히 결합됨으로써 상실되었으며, 그 가운데도 1879, 1885, 1887년의 관세는 가장 명백한 것이었다. 이 때문에 부르주아지의 대표자들은 그들의 집단 이기주의적인 동기에서 보호를 요구하는 기업과 손을 잡게 되었다.

이로써 토지소유 귀족의 우위가 다시 한번 연장되었지만, 동시에 산업의 성공적인 전진도 자연히 그 지지자의 의도 이상으로까지 계속되었다. 1890년에 대한 주요 경제통계는 모두가 산업의 우위를 보여주고 있다. 뒤이어 독일이 "산업국가인가 농업국가인가"의 여부를 둘러싸고 벌어진 활발한 논쟁은 아직 해결되지 않은 문제가 아니라 경제적으로 이미 기정사실화된 것이었다.

산업은 이미 1880년대에 농업을 추월하였다. 1873년에 국민순생산에서 농업이 차지하는 비율은 [1913년 가격을 기준으로] 379억 마르크, 산업의 비율은 317억 마르크에 달했다. 1889년까지 산업은 농업을 거의 따라잡았으며, 1895년에는 368억 마르크 대 322억 마르크로 농업을 능가하게 되었다. 또한 산업생산의 가치도 65억 대 51억으로 농업의 그것을 능가했다. 순투자액[1913년 가격으로] 가운데 1870년에는 220억 마르크가 농업에 유입되었으나, 1870년대 중반까지 100억 마르크로 낮아진 반면에, '상공업'에는 330억 마르크가 투입되었다. 최초의 불황이라는 정지기(Zäsur)로 인하여 1879년경에 양자의 비율은 108 : 106억 마르크로 거의 비슷한 수준이 되었다! 2/3의 감소를 보여주고 있는 이 간단한 수치는 극심한 불경기의 어려움을 극명하게 하였다. 이후 산업은 지속적으로 발전하여 1885년에는 115 : 375억 마르크로, 1890년에는 138 : 453억 마르크로 되었다. 다시 말해서 이 20년 사이에 산업의 순투자액은 140억 마르크에서 450억 마르크로 늘어났다!

이 순투자액 속에는 경제의 미래에 관한 중요한 어떤 것이 숨겨져 있었다. 산업이 차지한 453억 마르크라는 몫은 당시의 대다수 관찰자들이 깨달았던 것보다 훨씬 더 일찍이 그 나라의 향후 전반적인 발전과정을 결정하였다. 여러가지 노동생산성·생산가치 등에 관해서는 아무 것도 말해 주지 못하는 극히 표면적인 지표인 고용자 수도 1890년에 이미 주사위가 던져졌음을 보여주었다. 1871년에 제국에서 농업종사자와 산업·운송·상업·은행업·보험업 종사자 사이의 비율은 850만 대 530만, 1880년에 960만 대 750만에 달했으나, 1890년에 그 비율은 960만 대 1,000만으로 되었으며, 이후 가속적으로 농업에 불리하게 바뀌어갔다. 비록 이러한 발전이 당시대인들에게는 통계상으로 아직 명확하지는 않았지만, 가치의 창출이나 노동생산성이건 혹은 국제교역의 양과 총생산량이건 우리가 주목하는 부분의 어디서든지 산업은 항상 승리하였다. 산업은 수년에 걸쳐서 성장을 방해받았고, 이로 인하여 여러가지 문제점이 초래되었다. 또한 이와 더불어 장기적인 가격 디플레이션 경향도 있었다. 그럼에도 불구하고 산업이 점차 지배적으로 되었다는 사실은 혁명적 단절을 겪은 이후에도 강력하게 지속된 산업화과정에 고유하게 남아 있는 엄청난 역동성을 강조하고 있다.

2. 호경기 하의 산업과 국가의 보조로 유지된 농업부문 : 조직자본주의와 국가간섭주의의 등장(1895~1914)

산업의 이러한 급속한 진전은 바로 그 다음의 주기인 1895년에서 1913년까지의 시기를 완전히 특징지워 주었다. 산업과 수공업의 총생산량은 1873년에서 1894년까지 266억 마르크에서 454억 마르크로 늘어났으며, 1895년에서 1913년까지 489억 마르크에서 1,000억 마르크로 증가하였다. 산업과 농업의 순투자액 비율은 1890년 340억 대 115억 마르크, 1900년에 545억 마르크 대 90억 마르크, 1910년에 430억 마르크 대 100억 마르크에 달했다. 생산가치면에서의 차이도 유사하게 현저하였다. 제국의 인구는 1890년 4,920만명에서 1913년 6,700만명으로 증가하였다. 1910년까지 이들의 압도적 다수는 도시에 거주하였는데, 이는 산업화과정으로 인하여 야기된 도시화의 표현이었다.

　산업생산물의 무제한적인 수출과 농산물의 수입으로부터 가장 많은 이득을 본 사람들이 있다면 그것은 아마도 도시거주자들이었을 것이다. 1871년에는 인구의 64%가 농촌(인구 2천명 이하의 공동체)에 거주하였고, 5%만 대도시(인구 10만명 이상)에 거주하였던 반면에, 1890년대 초에 농촌인구와 도시인구 사이에 거의 균형이 이루어졌다. 1910년까지는 불과 40%(40년 사이에 24%가 감소)가 농촌에 거주한 반면에 21.3%가 대도시(16%증가)에, 27.4%가 중소도시(5~10만:8.5%증가, 1871년에 18.8%)에 거주하였다. 농업에 종사하는 사람의 수는 1900년경에 980만명, 1910년에 1,050만명에 달하였으나, 산업·운송업·상업·은행업·보험업에 종사하는 사람의 수는 1900년에 1,030만명, 1910년에 1,300만명에 달했다. 대기업에 고용된 사람의 수도 이와 유사하게 증가하였다. 5인 이하의 노동자를 고용한 기업은 1875년에 전체 고용자 1,860만명의 64%에 달했다. 1907년 이전 30년 사이에 이 비율은 전체 고용자 2,800만명 가운데는 31.9%로 반감되었으나, 5~10명을 고용한 기업에서는 37%로, 1천명 이상을 고용한 기업에서는 5%로 그 비율이 증가했다. 사무직 노동자(Angestelltenschaft)의 비율도 산업, 특히 대기업에서 1882년 전체의 1.9%에서 1907년 5.7%로 그 비율이 가장 빠르게 증가하였다. 평균 노동시간은 1872년 주당 72시간에서 1900년 62시간 그리고 1914년에는 57시간으로 줄어든 반면에, 노동생산성은 1880년대 말 이후 불길한 외침-노동시간의 급속한 감축으로 인하여 나타날지도 모를 생산의 감소-이 있었음에도 불구하고 계속 증가하였다. 이러한 사실은 독일제국 인구 전체의 평균수명에도 그대로 적용되었다. 독일인의 평균수명은 1871년에 37세[남자 35.6세, 여자 38.3세]였으나, 1910년에 가서는 47세[남자 44.8세, 여자 48.3세, 서독의 경우 1960년에 70세, 1980년에 72세]였다.7) 이로 인하여 주택공급·노인복지·고용창출 등과 같은 새로운 문제들이 야기가 되었다. 이로써 우리는 산업의 성장이라는 사실만이 장기적인 측면에서는 이러한 문제의 완화수단을 제공하여 줄 수 있다는 것을 확인하였다.

 1895년 봄에 시작된 호경기 때문뿐만 아니라, 1890년대 중반이 "자본주의 사회사의 두 시기를 갈라놓는 공식적인 분수령"을 이루고 있기 때문에, 1895년은 [경제사가들에게] 중요한 기준연도가 되고 있다.8) 그 때까지 근대적인 대규모 산업기업 체제가 형성되었으며, 이는 이후 계속 경제적인 풍경의 지배적인 형태가 되었다. 뿐만 아니라 대기업은 -가족소유이건 은행에 의존하는 주식회사이건, 또 트러스트이건 콘쩨른이건 간에- 산업경제에서 질적으로 새로운 발전단계와 조직형태를 의미했다. 중소기업이 규범화되어 있었고, 자유경쟁 이론이 적합했던 몇 십년이 지나간 후에, 이제 대기업이 산업활동을 지배하게 되었다. 부르주아적 국민경제학(Nationalökonomie)*2)은 대기업에 의한 과

---

*2) 영국의 고전경제학과 더불어 19세기 독일에서 형성된 경제학의 한 학파이다. 이 학파의 선구자는 리스트(Friedrich List)였고, 로셔(W.Roscher)·크니스(K.Knies)·힐데브란트(B.Hildebrand) 등이 리스트의 학문연구 경향을 더욱 진전시켰다. 그들이 주장하는 학문적 요체는 한 나라의 국민경제는 해당민족의 역사적·경제적 발전과정에 관한 이해 위에서 파악되어야만 하며, 따라서 경제이론은 역사학적 방법의 적용 위에서, 또 경제정책은 민족의 전통과 그 역사적 조건 위에서 세워져야 한다는 것이다. 이러한 이론은 19세기 후반

두제적 경쟁, 그들의 사회적 의미와 정치적 중요성 등을 오랫동안 제대로 설명해낼 수 없었다. 이에 반해 마르크스의 집적·집중이론은 이러한 발전을 일찍이 예견했고, 그것을 사회 전체의 분석으로 통합시켰다. 힐퍼딩(Hilderding)·바우어(Bauer)·카우츠키(Kautsky)와 같은 마르크스주의적인 사회학자들은 이 현상에 주목하였다. 그러나 미국의 관찰자들이 '조합자본주의(Corporation Capitalism)'의 등장에 주목하고 있었던 것과 같은 시기에, 베버(Max Weber)·슘페터(Schumpeter)·슐체-게페르니츠(Schulze-Gävernitz)와 같은 학자들도 이 새로운 경제구조를 예리하게 파악하고 있었다. 1870년대 말 이후에 출현한 조직자본주의(Organisierter Kapitalismus)라는 이 새로운 형태의 대기업은 지금까지 전례가 없을 정도로 경제를 안정시키고, 각 기업에 안정된 이익을 보장해 줌으로써, 또 보다 더 대규모로는 소수의 독점자들 사이의 협력을 통해서 상업적 기회와 번영에 대한 합리적 계산을 보장해 주고자 노력하였다. 특히 이 결과로 과학적 연구가 기업내로 이전되어 기술혁신 -기업팽창의 활력소-의 규칙적인 흐름이 내부로부터 통제받을 수 있게 되었다. 이 모든 결과와 더불어 경제체제가 본래부터 지니고 있던 불균등한 성장의 결과는 이해당사자들이 마련한 단기보상 계획을 통해서 완화될 수 있었다. 이 조직자본주의 내에는 가격조정자로서 기능하는 자유주의적 의미에서의 경쟁, 기업의 자율성, 개별적 모험에 대한 보상으로서 받은 이익의 획득 등은 그 여지가 점차 줄어들었다. 이제 여러가지 면에서 조직자본주의는 근대산업의 발전을 아담 스미스의 '눈에 보이지 않는 손'이라는 의미에서의 시장의 자기조절 기능에 내맡길 수 없게 되었다는 견해도 받아들이게 되었다. 그렇지만 동시에 자유시장경제라는 위장망도 계속 보존되었다.

에 가서 강단사회주의자들에게 계승되었다.

조직자본주의는 다른 경제조직 부문의 집적과정과 불가분의 관계를 맺고 있었다. 기업은 생산의 효율성·합리화, 이윤의 극대화라는 법칙하에서 수평적·수직적 결합을 통하여 고정자본을 비약적으로 증대시켜 시장의 많은 부분을 지배하는 대기업, 즉 콘쩨른이나 트러스트로 성장하였다. 또한 공장들은 각 부문별로 결합되어 카르텔이나 독점 신디케이트를 형성하기도 하였다. 특히 두 주기의 불황단계에서 카르텔은 흔히 일시적인 '필요의 산물(Kinder der Not)'로서 형성되었다.9) 그렇지만 이러한 현상은 이러한 결합을 통해서 점차 구조화된 경제 속에서 일반적인 특징이 되었다. 오랜 동안 이들은 독일에 전형적인 집중형태로 간주되었으나, 영미권 국가에서는 이것이 다른 법적인 형태로 표현되었을 뿐이다. 각 기업이나 각 산업부문에서의 이러한 집적과정은 국민경제의 수준에서 추적될 수 있다. 즉 국가는 잘 짜여진 국내시장을 보호하고자 했던 보호관세와 국민경제 전체를 하나의 경제단위로 간주하였으며, 국가의 수많은 경제외적인 간섭조치들은 이러한 사실과 연관되어 있다. 나아가서 방어적 혹은 공격적 동기에서 자라나서 '중부유럽'이라는 국가들의 카르텔(Staatenkartell) 속에 초국가적으로 결합시키려는 계획과 시장의 독점을 지향하는 경향을 지닌 제국주의의 어떠한 특징들도 국민경제의 집중이 확대된 것으로 간주될 수 있다. 이러한 집중과정이 점차 소수화되어 간 산업 및 은행업의 지배집단과 이익단체들과 정치 전반에 걸쳐서 의미하였던 바는 정치의 사회사(politische Sozialgeschichte)*3)에서 아직 해명되지 않은 문제이다.

*3) 코카에 의하면 사회사에는 크게 세 가지 유형이 있다. 그 하나는 과거화한 실제의 한 부분영역인 좁은 의미의 사회, 즉 사회적 구조와 과정 및 행동과 경험들을 다루는 사회사이다. 두번째는 사회사적 관점에서 본 보편사, 곧 '전체사회사(Gesellschaftsgeschichte)'가 있다. 마지막으로 여기서 등장하고 있는 '정치의 사회사'가 있다. 이 유형의 사회사는 첫번째 유형과는 달리 그 관심영역을 정치에 두면서 사회사와 정치사를 연결시키는 것이다. 그렇지만 여기서 정치적 현상들은 사건중심적인 서술에 그치지 않고 사회사적으로 설명되고 정리

어쨌든 이러한 집중화과정은 독일제국에서 선진 산업자본주의가 출현했다는 최초의 그리고 가장 전형적인 징후들 가운데 하나이다.

세계경제의 호전, 독일산업의 새로운 세 가지 주도부문들 그리고 대기업과 대은행의 전례없는 투자기회 등은 1895년 3월 이후 독일경제를 엄청난 호경기로 몰고갔다. 그렇지만 1895년에서 1913년까지의 경제주기가 내내 호황을 누렸다고 본다면 이는 잘못일 것이다. 이 주기는 1900년 3월에서 1902년 3월까지, 1907년 7월에서 1908년 12월까지 비교적 짧은 기간이기는 하지만 심각한 불황으로 두 차례나 방해를 받았던 것이다. 그리고 이 주기가 끝날 무렵인 1913년 4월 이후 또 한 차례의 불황이 전쟁발발 직전 몇 달 동안 어두운 그림자를 던지고 있었다. 물론 주기가 어느 정도까지 정상화되었는지에 관해서는 말할 수 없다. 쇠퇴기·침체기·회복기·호경기·공황 등 자본주의 체제에 내재해 있는 위기의 변화는 이후에도 계속 발생하였다. 다만 극히 엄밀한 의미에서의 호황기(1895~1900, 1902~1097, 1909~13, 이 시기 순수투자액은 국민총생산의 15%에 달했다)는 산업생산의 폭발적인 팽창을 나타냈다. 반면에 이전 시기와 비교하여 침체기는 더 빨리 극복될 수 있었으며, 그 결과 호경기라는 느낌이 지배적인 분위기로 되었다. 당시의 저명한 한 경제학자는 국민경제 전체에 관한 연구에서 1895년에서 1900년 사이에 생산은 정확히 1/3 가량 늘어난 반면에, 국내의 소비량은 1/5 가량만 증가하였다고 추정하였다.10) 이 엄청난 생산량의 증가는 1902년 봄 이후에 시작된 제2차 호경기 동안에 이어지지 못하였다. 왜냐하면 1903년 4월에서 1905년 2월까지의 시기에 몇몇 부문에서는 약간의 퇴조가 있었기 때문이다. 그렇지만 1907/08년의 공황 이후의 생산수준은 세기전환기 이전 마지막 5년 동안의 생산수

된다.

준을 능가할 정도로 인상적이었으며, 1867~73년의 생산수준에 도달하였다. 1908~13년에 독일제국의 순수국민 생산액은 424억 4천만 마르크에서 524억 4천만 마르크로 100억 마르크나 증가했다.

1907~13년 전형적인 부문인 석탄광산업의 생산량은 1억 4,300만톤에서 1억 9,100만톤으로 1/3 가량 증가했고, 철생산량은 1,300만톤에서 1,930만톤으로 절반 가량 증가했으며, 독일제국 철도의 화물수송량은 1/3 가량 증가했다. 그렇지만 무엇보다도 특히 AEG와 지멘스(Siemens)로 대표된[이들의 발전으로 갈탄생산량은 6,250만톤에서 8,700만톤으로 약 1/3 가량 늘어났다] 전기산업과 거대한 화학산업 그리고 기계제작산업[이들이 생산한 전동기들은 중소기업의 성장을 자극했다], 이 모든 것들은 전례없는 성장률을 기록하였다. 불가피한 과잉생산으로 인하여 새로운 판매시장의 필요성이 커졌고, 이는 독일의 세계시장에 대한 수출에 추진력을 제공해 주었다. 이 시기에 수입은 22억 마르크 늘어난 반면에 수출은 33억 마르크나 늘었으며, 대외무역의 총량은 156억 마르크에서 209억 마르크로 약 1/3 가량 늘었다.11) 세계경제 무대에서 독일이 성공했다는 사실은 1880/90년대 이후 지금까지도 많이 회자되고 있는 현상의 하나이다. 유럽과 미국의 보호주의가 점차 거세짐에 따라 독일산업도 수출증대에 더 많은 노력을 기울였고, 놀라울 정도의 수출신장률을 달성하였다. 산업이 이처럼 성장한 결과는 결국 독일사회의 성장과정에서 생겨난 긴장을 완화시키는 데 기여하였다.

빌헬름의 독일은 바로 여기서 그 화려한 경제적 외모를 보여주었다. 그렇지만 자본의 형성이 이와 보조를 맞추기는 더욱 어려워졌다. 일단 저축이 고갈되자 신용을 둘러싸고 긴장이 계속되었기 때문에 정치적으로 내외적인 위기상황이 닥쳐왔다. 게다가 소득과 자산의 분배 차이도 더욱 커졌다. 실업의 증가-1908년에 319,000명에서 1913년에 348,000명으로 늘었다!-로 인하여 가장 심각한 타격을 받은 것은 임금으로 생활하는 산업노동자였으며, 화이트칼라 노동자와 수공업자들 그리고 관리들도 이 시기의 호황으로부터 이익을 거의 얻지 못하였다. 예를 들어 1890년에서 1914년 사이에 연평균 4%의 실질임금이 상승하였던 영국·프랑스·스웨덴·미국의 성장과 연간 1%의 성장만을 보여주었던 독일제국의 그것을 비교해 보면, 독일의 실질임금이 '크게 뒤처져' 있었다는 결론은 전적으로 올바른 것이다.12) 우리는 급속하게 늘어난 국민총생산 분배의 이러한 불균형을 1914년 이전 독일제국 '國富의 급속한 증가'라는 그럴사한 미사여구와 냉정하게 대비시켜 보아야만 한다. 실질임금의 상승이 매우 느렸기 때문에 여성 고용자 수가 증가하게 되었다. 예컨대 1905년에서 1913년 사이에 여성종업원의 수는 1.5배나 증가하였다. 수 많은 가정은 여성들이 일정한 직장생활을 해야만 생계비의 상승에 가계수지를 맞출 수 있었다. 생계비가 거의 지속적으로 그리고 급속하게 상승-1900년에서 1913년 사이에 1/3 가량 상승-한 것은 뷜로오(Bülow)의 관세인상으로 식료품 가격이 상승하였기 때문이다. 뷜로오의 관세는 독일제국 권력구조의 성격을 그대로 반영한 것이었다.

관세는 여전히 주로 엘베강 동부지역의 토지소유 귀족에 의해서 결정되었다. 나우만(Friedrich Naumann)과 같은 유명한 관찰자-베버도 그랬다-는 독일제국 전체인구가 5,600만에 달했던 1900년경에 이 '구지배층'의 규모를 '2만 4천명'으로 추산하였다. 그렇지만 이 소수의 권력엘리트는 자신의 고립된 봉건영지와 직위에 의거하였으며, 초기에는 거의 제한없이 그들의 이익에 일치되게 지방통치자로서 농촌을 지배하였다. 융커는 무질서한 전통적 법률체계의 새로운 편찬이나 수정에 저항하면서 수십 년 동안이나 자신의 이익만을 향유하였으며, 1891년에야 비로소 〔중앙정부의 권력자들에게〕 프로이센 지방공동체를 지배할 수 있도록 허용하는 법률을 도입하는 데 성공하였다. 융커의 지배체제는 그 때까지 토지소유자들의 권위를 후원하여 사실상 '법적인 무정부상태'와 같은 상황을 초래하였다. 1891년 이후에조차도 일상생활 면에서는 거의 변화가 없었다. 농업노동자·농장일꾼(Knecht, Inste) 등 법적인 권리를 갖지 못한 사람들은 이 기간 동안에 산업지역으로 이주할 수 있었으며, 이러한 탈출구는 호경기가 되면서 매우 매력적인 것으로 여겨졌다. 따라서 이 농촌으로부터의 대규모 이동은 일종의 '무언의 파업'이었다.13) 더욱이 귀족의 이익은 군대와 정부정책에서만큼이나 지방 및 지역행정에서도 보호를 받았다. 1860년대에 전쟁에서의 승리, 비스마르크 정권과 프로이센의 지배권 덕택에, 또 재상의 믿음직한 의회다수파·프로이센관리들·프로이센궁정 그리고 수많은 전략적으로 중요한 정치적 직책에 대한 직·간접적인 지배 덕택에 귀족의 이익은 독일제국의 정책에 강력한 영향을 미쳤다. 그리하여 자유주의자인 밤베르거는 "예전에는 전혀 본 적도 없는 융커의 지배"에 관해서 언급하였다. 이러한 '사실'은 전쟁 전 마지막 시기에 '농업정당의 독일지배'에 대한 비판의 배후에 놓여 있는 상황이기도 했다.14)

국가지도층에 대한 귀족의 요구는 매우 강력한 변호를 받았고, 또 오랫동안 확고히 뿌리박혀 있었기 때문에, 1848년의 사건과 헌법투쟁 그리고 보나빠르띠즘으로 인해 혼란에 빠진 부르주아지는 '봉건화'*4)에, 보다 정확하게는 귀족의 행동양식과 생활습관을 모방하거나 귀족의 가치와 목표에 적응해 갔다는 의미에서의 '귀족화'에 빠져들고 말

---

*4) 봉건화/귀족화 테제 - 이 테제의 핵심은 1848년 혁명 이후 그리고 프로이센의 후원하에 군사적 수단에 의한 독일의 통일이 달성된 이후 부르주아지는 자신이 본래 지니고 있던 反정부적인 역할을 포기하고 예전의 국가와 사회의 前산업적 엘리트와 동맹관계를 형성하는 방향으로 나아갔고, 따라서 19세기의 독일사회는 서유럽사회보다 덜 '부르주아적'이었다는 견해를 뒷받침했다. 이러한 견해는 독일의 특수한 발전경로(deutscher Sonderweg)에 핵심적인 내용이다.

왔다. 봉건적인 대토지를 소유하는 것, 근위병으로 복무하는 아들을 갖는 것, 우애를 다투는 대학과 관계를 맺으면서 신봉건적인 명예관념[신사도 : Ehrbegriff]을 연습하는 것, 이 모든 것들은 정치적 우위를 차지하기 위한 투쟁을 포기한 것과 완벽하게 어울리는 새로운 부르주아적 이상들이었다. '독일의 중산계급'이 그들의 '세습적 지배자'인 귀족과의 관계 속에서 '드러낸 외관상의 순종정신'도 이 낯선 생활양식의 모방과 합치되었다. 기업 속에서 온정주의적으로 명령권을 행사하던 소유주의 중역들은 '가부장제(Herr-im-Haus)'*5)적인 관점을 채용하고, 토지소유자의 지배모델 및 그와 관련된 군대식의 계서제(階序制) 사고를 기업에 전용함으로써 기업가의 권위를 합법적으로 인정받고자 하였다.15)

     우리는 이런 발전을 귀족의 역사적 역할과 그 성공의 결과에 관한 증거로서 간주할 수 있다. 그렇지만 귀족의 지배적 지위에 대한 다른 주장은 흔들리게 되었다. 왜냐하면 이후 독일은 여러 사회집단들이 전혀 다른 이해관계를 추구하는 산업국가로 되었으며, 또한 비인격적인 세계곡물 시장이 엘베강 동부지역 대농장주들의 경제적 토대를 급속히 침식해 들어갔기 때문이다. 1895년에 베버는 융커계급의 '경제적 곤경'을 진단할 수는 있으나, "경제적으로 몰락해 가고 있는 계급이 지배권을 계속 유지할 경우 … 영원히 국가의 이익과 양립할 수 없을 것"이라고 생각했다.16) 구지배층은 무모한 저항을 통해서, 그리고 국가의 간섭과 후원을 통해서 이러한 몰락을 막아보려고 하였다. 그렇지만 문제가 되는 것은 당시에 진행되고 있던 여러 과정을 그들이 효과적으

---

*5) 아버지가 권력을 갖는 지배구조이다. 본래는 자본주의 이전의 농업경제에서 생산자 가족의 가장이 가구를 대표하면서 가족원의 노동을 통제하고, 그 노동생산물을 획일적으로 지배한다는 의미에서 소농생산이 가부장적인 생산방식으로 파악된다. 일반적으로 이러한 전통은 프로이센에서 강력하였으며, 산업혁명 이후에는 이러한 사고방식이 대기업에 도입된 것으로 보는 사람도 있다.

로 통제할 수 없다는 점이었다. 따라서 농장주들이 외국과의 경쟁이나 산업과 같이 그들의 힘으로는 막기 힘든 반대자들을 막아보려는 투쟁은 점점 격렬하고 비타협적으로 진행되어 갔다.

　　1887년 비스마르크는 자신의 재직중에 있었던 것으로는 마지막으로 관세인상을 단행하였다. 이어 1891년에 후임재상인 카프리비 시대의 맺어진 여러 무역협정은 산업에 유리한 방향으로 체결되었으며, 농산물의 가격은 1870년대 이후 최저수준에 이르렀고, 농산물의 관세율은 1/3 가량으로 낮아졌다. 1902년에 관세가 인상된 것은 대토지 소유자들의 지속적인 압력에 대한 반응이었다. 이 관세는 1906년 3월 이후에 효력을 발생하였으며, 1887년의 수준을 훨씬 더 초과한 것이었다. '결집정책(Sammlungspolitik)〔Ⅲ.2를 참조〕'의 틀 속에서 중요한 것은 타협이었으며, 이는 케어(Eckart Kehr)가 자신의 고전적인 연구에서 처음으로 분석한 결과였다. 그에 의하면 농장주들은 산업부르주아지에게 독일전함의 건설을 인정해 주었고, 그 대가로 산업부르주아지는 엘베강 동부의 농장주들을 위하여 곡물관세의 인상을 지지하였다는 것이다. 이제 대규모 곡물생산자들은 다시 한번 보호주의의 강화로 인하여 이득을 보게 되었지만, 실제로는 기껏해야 기업적 농업의 25%와 농촌주민의 18%만이 곡물관세의 인상으로 이득을 보았다는 것이다.

　　이와는 반대로 경제학자인 브렌타노(Lujo Brenntano)의 세심한 계산에 의하면, 노동자는 새로운 관세로 인하여 자신의 생계수단에 가해진 부담을 메우기 위해 13~18일을 더 일해야만 했다.17) 물론 이 명명백백한 계급입법은 새로운 세기에 접어들면서까지도 계속되었다. 뷜로오의 관세는 1925년에 개정되었으나, 공식적으로는 1945년까지도 유효하였다. 이는 이익정책의 역사적 연속성에 대한 하나의 실례이며, 이 정책은 경제적 경쟁이나 새로운 상황에 적응하려는 노력도 할 수 없는 대토지 소유자들이 엄청난 특권을 행사할 수 있게 해주었다. 이로써 이 정책은 히틀러 시대의 시장조직인 '전국식량동맹(Reichsnahrstand)'*6) 이라는 '시장질서' 속에서 이념적인 목표를 달성하였다.

1894년 카니츠(Kanitz)의원은 제국정부 수입독점을 설정하고서 [1850~90년 시기부터 계산된] 평균가격이 세계시장 가격보다 더 높을 때는 이 가격으로 국내시장에 판매할 권리를 부여하자는 법안을 제출하였다. 제국의회에 대하여 로비활동을 전개하였음에도 불구하고 농장주들은 패배하였다. 이 동의안이 75억 마르크에 달하는 독일의 연간 곡물 총소비량에 대한 동의안과 더불어 승인되었더라면, 1890년대 중반에 슈몰러가 추산했듯이, 독일의 소비자들은 곡물생산자들을 위해 5억 마르크의 '의연금(Liebesgabe)'을 추가로 부담하게 되었을 것이다. 그렇지만 '국가를 유지시키는 신분'은 간접적인 수출보상금의 효과를 갖는 수입할당제를 얻는 데 성공하였다. 이제 독일 납세자들의 부담으로 호밀이 다시 수출될 수 있었으며, 1908년 이후 독일제국은 기묘하게도 '세계 제2위의 호밀수출국'이 되었다. 말하자면 경제전체가 곡물생산 부문의 유지와 팽창으로 인위적인 부담을 지고 있었던 것이다.18)

북서독일 양돈사업의 성공사례는 독일의 농민이 새로운 세계시장 조건에 얼마나 잘 적응할 수 있는지를 명백하게 보여주었다. 반면에 수입할당제로 인하여 호밀생산량이 증가[1900년에서 13년까지 1,440만 쩬트너에서 1,910만 쩬트너로 33% 증가]하였다. 이는 수출용 곡물생산자들에게 직접적인 이익을 주었으며, 특히 호밀수입국의 목축업을 발전시키고 우유판매량을 가속적으로 증가시켰으나, 역으로 독일농업의 구조전환을 더욱 어렵게 만들었다. 이는 엘베강 동부지방 토지귀족들

---

*6) NSDAP하에서 농업부문의 공개적이고 법적인 전국조직이다. 1933/34년에 창설되었으며, 이 부문의 모든 자유로운 단체들을 그 산하에 강제로 예속시켰다.

의 방어투쟁이 정치적으로나 경제적으로나 극히 성공적이었다는 것을 확인시켜 주는 것이기도 하지만, 다른 한편으로는 이로부터 파생된 악순환(ein circulus vitious)이기도 했다. 토지귀족에 일반적으로 적용되는 것은 여기서도 그대로 적용될 수 있다. 즉 엄밀한 의미에서 이 정치적으로 반동적인 계급은 근대화에 부분적으로만 적응함으로써 ― 예컨대 대외무역에 관한 입법에 영향력을 잘 활용함으로써, 또 경작방식의 효율성을 높임으로써 ― 주민의 대다수를 희생시키면서 자신의 존립과 정치적 지배권을 연장시켰던 것이다.

산업의 불균등한 성장은 특수한 이익단체들뿐만 아니라, 1873년 이후에는 전례가 없을 정도로, 전주민에게도 영향을 미쳤다. 그것은 이미 1879년 이전에 경제·사회·정치에 광범위한 영향을 미쳤으며, 이로 인하여 한편으로는 대기업의 조직자본주의가 소위 자조활동(自助活動)으로서 가속적으로 진전되었다. 다른 한편으로는 근대적 간섭국가의 초기형태가 처음에는 매우 느리게, 뒤에는 목적지향적이고 대규모로 발전하게 되었다. 조직자본주의와 국가간섭주의는 대기업의 후원하에 불균등한 산업발전과 산업의 집중과정이라는 한 가지 현상의 두 측면을 이루었다. 한편으로 기득권자들은 '국가권력의 사적인 동원'을 필요로 하였으며 ―국가권력의 후원없이는 그들은 성공할 수 없으리라고 생각했다― 이는 "경제영역에서의 국가간섭을 더욱 강화"시키게 되었다.19)

다른 한편으로 정치지도부·권력엘리트·관료―이들은 공히 줄여서 국가라고 불린다―는 자기 나름대로의 동기를 갖고 있었으며, 기존의 정치체제를 안정시키고 정당성을 부여해야 한다는 지상의 과제를 달성하기 위하여 경제의 운영과 경제정책에 점차 더 깊숙이 개입하였다. 간섭국가(Interventionsstaat)는 결코 경제'의' 대리자역할로 환원될 수는 없다. 물론 국가는 과거 오랫동안, 심지어 자유무역시대에조차도 무역협정・영사(Konsul)・전함・이자율보증・보조・외교활동 등으로 경제적 이익단체들을 도와주었다. 그렇지만 무엇보다도 산업혁명의 비약적 진전에 뒤이은 급속한 산업화과정과 그 과정의 불균등성은, 이 문제들이 사회 전체에 끼친 엄청난 영향으로 인하여, 사회적 통제의 필요성을 더욱 절실하게 만들었다. 이러한 관점에서 볼 때에도 1873~95년의 불황은 결정적으로 중요한 경험을 의미하였으며, 효과적인 통제의 시도는 이후에 계속 거부할 수가 없는 것으로 간주되었다. 1879년에 제국 법무장관인 프리드베르크(Heinrich von Friedberg)는 이미 수년 동안 "모든 사상들—낙관적인 것이든 비관적인 것이든 간에—이 오직 경제정책에 포함되어 지배"되었지만, 이제 그것들은 "완전한 단일지배를 달성하였다"고 언급하였다. 이러한 발전을 맞이하여 국가가 이전보다 더 직접적으로 간섭하였고, 보호관세를 통해서건 수입할당제를 통해서건, 수출품에 대한 철도 및 운하의 운임을 유리하게 해주든지, 수출용으로 가공될 상품에 대한 수입을 장려한다든지, 혹은 조세면에서 이익을 준다든지, 화주양조업과 잠재력이 큰 시장, 영사업무의 확대, 식민지의 획득을 목적으로 하는 해운업 등을 후원함으로써 은밀하게 개입하기 시작하였다. 요컨대 정부의 경제적・사회정책적 조정노력은 온갖 수단을 다 동원하여 실현되었다.

이 모든 사실로부터 간섭주의란 "신자유주의(Neoliberalismus)[*7)]가 믿었던 바와는 달리, 체제외부에서 이식된 어떤 것이 아니라, 체제에 내재하는 자기옹호적인 것들의 총체"라는 결론이 나온다. 다시 말해서 "그 어느 것도 [이것만큼] 변증법의 개념을 명백하게 보여줄 수

[*7)] 1870~80년대부터 영국에서 일어난 사회사상이다. 그 대표자 Th.Green은 기존의 공리주의적 자유주의나 경제적 자유방임이 아니라, 관념론적 이상주의적 자유주의와 국가에 의한 보호간섭주의 즉 사회정책의 실시를 주장했다. 이러한 주장들은 홉하우스나 홉슨 등에게 계승되었다.

는 없다."〔국가〕간섭주의는, 체제가 전적으로 시장메카니즘에만 맡겨질 경우, 그 체제의 〔경험으로부터의〕 학습능력과 저항력뿐만 아니라 간접적으로는 그것의 위축경향까지도 파괴시킬 수 있다는 것을 확인시켜 주었다.20)

여기서 우리는 현대적인 여러 현상의 발생을 식별할 수 있다. 국가가 규제하는 자본주의라는 오늘날의 체제하에서 정치적 지배는 무엇보다도 정부가 본래 목표로 했던 간섭주의를 통해서 성장의 장애요인들을 바로잡아 경제와 사회의 안정을 지속시키려고 노력함으로써 정당화되었다. 근대사회를 지배하는 '정당화의 요구'는 늦어도 1929년 이후 불신을 받게 된 자본주의적 시장경제라는 자유주의 이데올로기를 대신할 '대체강령을 채택하는' 방향으로 나아갔다. 이 새로이 채택된 경제강령은 지배엘리트—그리고 이들과 관련된 모든 이익단체들—에게 체제유지를 최우선으로 하여 전체체제의 안정에 필요한 조건을 유지하고 성장을 해치는 모든 위험요인을 방지할 의무를 부과하였다. 결국 그러한 의무란 "임금에 의존하는 대중의 충성심을 보장할 수 있는 보상책임과 갈등회피 정책을 추구"하는 것이었다. 따라서 지속적이고 가능한 한 균형잡힌 경제성장은 "지배를 정당화시킨다"는 중대한 기능을 짊어지게 된다.21)

우리가 순수하게 경제적 동기로부터만 추론해낼 수 없는 이 정책의 초기단계는 독일의 경우 비스마르크의 시대와 일치한다. 이러한 관점에서 볼 때 우리는 간섭국가의 성장과 관련된 수많은 변화들이 국가의 지도부 및 이들을 후원하는 사회집단의 노력이라고 이해할 수 있다. 여기서 중요한 것은 사회체제와 경제체제를 안정시키는 데 필요한 보다 나은 조건을 창출하는 것이었으며, 이와 더불어 경제의 성장가능성을 개선하고 국민소득의 분배 및 권력으로의 접근을 둘러싼 내부의 갈등을 약화시키는 것이었다. 전통적이고 카리스마적인 권위에 대한 비판이 커지고 있었음에도 불구하고, 권위주의 국가 및 특권계급의 정치적 지배권은 점차 확고해졌다. 1879년 이후의 보호관세 체제, 같은 시기에 시작된 경제적 제국주의 및 사회적 제국주의는, 정부의 독점기업 창출계획, 철도의 국유화 및 대외무역·조세·재정정책면에서의 여러가지 새로운 조치들과 더불어, 기존의 체제를 정당화시키는 기능을 하였다. 그들의 기능을 이렇게 파악할 때에만, 우리는 그들이 지니고 있는 진정한 의미를 드러낼 수 있게 된다.

여기서 우리는 이론적으로 ― 즉 당시의 지배적 경제이론면에서 ― 뿐만 아니라 실제로 ― 법적으로 그리고 그와 관련된 국내의 정치적 이해관계 면에서 허용된 범위 내에서 ― 도 정부의 자유로운 활동에 심각한 규제가 있었다는 사실을 명심해야만 할 것이다. 정부의 조치는 흔히 임시적이고 실용적인 것으로 보이기도 했고, 많은 좌절을 겪었으며, 어떤 특정한 제도가 성공할 가능성이 있는 것으로 확인될 때까지는 수많은 실험을 필요로 하였다. 보호주의나 제국주의를 통해서 대외무역에 우선권이 부여되었다는 사실은, 예컨대 화폐정책·재정정책·대외무역정책이라는 국가가 경제를 조정하기 위한 세 가지의 근대적 '지주들' 가운데 앞의 두 지주에 대해서는 제국정부가 전혀 후원할 수 없었다는 사실에서도 명백히 드러난다. 제국은행(Reichsbank)이 금본위제에 따라서 운용되었고, 게다가 근대의 중앙은행과 관련된 정책을 시행할 수 없었기 때문에, 제국정부는 反주기적 화폐정책에 필요한 적합한 지렛대를 마음대로 운용할 수 없었다.

마찬가지로 제국정부는 베를린측의 재정정책을 통하여 경제에 영향력을 행사할 수 있는 중앙기구도 갖지 못했다. 따라서 그 시대의 이론적·제도적 가능성에 따르면 국가가 초기에 경제를 운영하기 위하여 영향력을 행사할 수 있는 유일한 영역은 대외무역이었다.[22] 결국 국가가 운용할 수 있는 첫번째 수단은 보호관세였다. 관세율이 인

2. 호경기 하의 산업과 국가의 보조로 유지된 농업부문 113

상되었음에도 불구하고 보호주의가 세계경제의 변화에 대항하여 적절한 보호망을 제공해 주지 못하자, 수출을 후원하기 위한 여러 조치들이 다시 강화되기 시작하였다. 이제 조직자본주의와 국가간섭주의는 문자 그대로 전도유망한 길에 들어섰다. 제국의회에서의 투쟁, 언론의 협잡 그리고 극히 혼란스러운 당시의 여러 대립들이 있었다고 해서, 국가간섭주의가 발전하게 된 필연성과 그 조건들이 흐려져서는 안된다.

    이러한 발전이 아무런 저항에 부딪치지 않고 또 급속히 그리고 아무런 마찰도 없이 진행된 곳은 없었다. 그렇지만 역사적 관점에서 볼 때, 독일의 간섭국가는 그 야누스적인 모습을 매우 일찍이 그리고 극히 명백하게 드러냈던 듯하다. 예전부터 사회적·정치적으로 엄청난 영향을 미칠 수 있는 한 나라의 경제적 역동성이 방향성을 필요로 한다는 것은 논쟁의 여지가 없다. 그러나 그 규모도 여전히 논쟁거리로 남아있다. 그렇지만 독일제국의 경우 그 장래는 고도의 선진적 산업화를 동반한 간섭국가에 달려 있었다. 왜냐하면 사회적 통제를 통해서만 산업계 안에서 발생하는 심각한 이해관계의 대립을 점진적으로 완화시킬 수 있다는 것이 보증될 수 있었기 때문이다. 오직 정통적 맨체스터 학파(Manchester School)*8)를 추종하는 자유주의자들이나 혹은 집단이기주의를 추구하는 사람들만이 이 점을 잘못 이해할 수 있었을 것이다. 다른 한편 모든 것은 국가의 간섭, 그것이 수반한 사회적 비용, 그것이 추구한 특수한 목적으로부터 이익을 얻은 사람들에 종속되었다. 제국독일의 사회적 권력구조는 국가시민 대다수의 복지를 증진시키는 데

---

*8) 맨체스터 상업회의소(1820)에서 유래했다. 그 회원들은 급진주의자들이고 자유무역의 강력한 지지자들이었으며, 경제이론가들이라기보다는 실제의 사업가들이 주축을 이루었다. 그들은 대개 개인주의, 제국에 대한 적대감, 대외업무에 대한 불간섭, 그리고 상공업에 대한 국가간섭의 최소화를 포함한 자유방임의 지지자들이었다. 이 학파는 Cobden과 Bright가 이끌었으며, 반곡물법동맹(Anti-Corn Law League)을 결성했다.

유리한 사회평등주의적 경제정책을 배제하였다. 우리는 이것을 단호하게 언급해야만 한다. 왜냐하면 그것은 경험적으로 논쟁의 여지가 없기 때문이다. 대토지 소유자들 혹은 중공업의 새로운 봉건영주들과 같은 전산업적 엘리트 그리고 특히 권위주의적인 국가지도자들, 이들은 모두가 장단기적인 측면에서 볼 때, 국가의 개입으로부터 가장 많은 이익을 얻었다. 다른 한편 "보호관세로 인한 생계비의 인위적 상승"은 "대중의 불안을 유발시키는 가장 효과적인 조치들" 가운데 하나였으며, 이는 곧 "사회민주주의가 성장할 수 있는 공간"을 넓혀주었다.23)

　독일의 국가간섭주의는 1918년까지 계속 명백히 비자유주의적·반민주주의적인 특징들을 지니고 있었다. 국가간섭주의는 사회적·경제적인 면에서의 안정을 달성하였으나, 그 결과는 극히 보수적인 것이었다. 또한 그 결과는 좁은 의미의 경제적 이해관계자들에게 유리하였을 뿐만 아니라, 민주주의에 대하여 적대감을 품고 있는 사회의 담지자들에게도 항상 이익이 되었다. 따라서 간섭국가의 성공은 제국독일의 권위주의적인 지배체제를 다시 한번 정당화시켜 주었다.

III. 지배체제와 정치

1. 정치체제

1.1. 입헌군주정인가, 혹은 유사입헌적 半절대주의인가?

오스트리아와의 전쟁에서 승리한 지 4년 반이 지난 후, 그리고 비스마르크의 제3차 전쟁이 종식되기 전에 대프로이센-1866년 이후 계속 팽창하고 있었다-은 베르사이유궁전에서 전사(戰士)의 수장을 선출하는 고대 게르만적인 풍습을 모방한 시대착오적인 의식을 통하여 '독일제국'으로 개칭되었다. 조약의 규정에 따라서 1871년 1월 1일에 창건된 이 제국은 무엇이었던가? 동시에 만약 우리가 헌법에 규정된 법률과 헌법의 실제 사이에 존재하는 전통적인 차이를 고찰한다면, 이 제국의 정치적 지배체제는 어떻게 규정될 수 있겠는가? 독일제국의 제도적·조직법적 토대는 북독일연방의 헌법을 면밀하게 본받아서 발전되었고, 1871년 5월 4일에 효력을 발생한 제국헌법에 그 뿌리를 두고 있었다.

이 결사법에 따라서 22개의 주권을 가진 독일의 공국(公國)들과 3개의 한자동맹 자유도시들은 하나의 영구적인 연방을 결성하였다. 그것의 결성원리는 하나의 상위국가, 즉 제국을 구성하는 것이었으며, 거기에 소속된 하위국가들은 이 제국에게 어떤 의무를 맡기는 한편 특별한 주권을 대표케 하였다. 이 상위국가는 국가연합적인 것이 아니라 연방국가적이었으며 처음부터 오직 한 지역, 즉 엘자쓰-로트링엔 '지역'에서만 직접적이고 유일한 주권을 행사하였다. 이 지역은 1918년까지 제국연방 내에서 자율성이나 독립적인 주권을 허용받는 국가형태로 되지 못하였다. [비록 본래는 제국헌법 속에 있는 기본원리였고, 모든 가맹국가들에 적용되기는 했지만] 공식적인 주권은 여러 국가들을 대표하는 연방의회(Bundesrat)*1)에 귀속되었다. 동시에 연방의회는 연방국가의 행정대표들에 의해서 임명되었으며, 제국입법부의 일부를 이루었다. 여기서는 법적으로나 실질적으로나 프로이센의 특별한 지위가 인정되었다. 왜냐하면 연방의회는 "독일제국에 대한 프로이센 통치의 헌정적 가리개"[A.Rosenberg]로서 작용하였을 뿐이기 때문이다. 비스마르크는 연방의회의 회기를 "일차적으로 독일의 다른 국가에서 온 각료들이 참석함으로써 그 규모가 확대된 전국적인 규모의 프로이센 내각회의"로 간주하였다.1) 그러나 상징적인 면에서 볼 때, 특히 일반대중의 의식면에서 볼 때에 '독일황제'는 점차 독일제국의 실질적인 주권자로 간주되었다. 제국의 재상은 이러한 '연방의회 의장직'에 어울리게 연방의회의 회의를 주재하였고, 모든 법령·규정·지령에 자신의 연서를 함으로써 궁극적인 '책임'을 졌다. 물론 이것은 완전한 의회적 의미에서가 아니라, 절대주의 국가의 관료제가 독일의 후기절

---

*1) 의회(Parlament)가 아니라 제국의 헌법상 최고기관이었다. 연방의회의 구성원은 각국의 대표였으며, 그 정부의 지시에 따라 투표하였고, 제국재상이 의장직을 맡았다. 제국의 모든 법률은 연방의회의 동의를 필요로 했으며, 황제의 일부조치[제국의회의 해산, 전쟁의 선포]도 마찬가지였다. 연방의회는 제국행정부의 위에서 결정권을 행사하였으며, 나아가서 수많은 행정기능들·소속국가들과 그 국가들 내에서의 헌법대립 사이에서 대립의 결정권을 갖고 있었다. 그러나 가시적인 중요성 면에서는 황제와 제국의회의 배후로 밀려나 있었다.

대주의적인 법치국가에서 싸워 얻어낸 연서라는 제한된 의미에서의 책임이었다. 특히 제국의 재상은 흔히 프로이센의 수상이자 외무장관이라는 그의 이중적인 역할을 통하여 프로이센이라는 '제국국가(帝國國家)'의 엄청난 비중을 대표하였다. 이처럼 여러 공직이 강력히 결합됨으로써 기이할 정도로 중요한 제도상의 요직이 생겨났으며, 그 요직의 중추들 가운데 어느 것도 권력침식의 위험이 있을 경우에만 다른 사람에게 양도될 수 있었다.

제국의회는 남자의 보통·직접·비밀 선거로 선출된 약 400명의 의원으로 구성되었으며, 군주·연방의회·제국재상 등과 더불어 권력을 구성하는 제4의 요소로 간주되었다. 이 선거권은 일찍이 북독일연방(Norddeutscher Bund)*2)에서 "주지하다시피 비스마르크가 대중선전용으로" 도입한 것이었다. 다시 말해서 그는 "당시 가장 완강한 부르주아지에 대한 케사르적인 투쟁의 일부"[Max Weber]로서 그것을 도입하였던 것이다. 재상은 신뢰할 만한 압도적 다수의 보수적 유권자들에 의존하여 이러한 유사민주주의적 계략을 후원함으로써 공공연하게 "의회주의를 통한 의회주의의 전복"를 기대하였다.2) 그는 오랫동안 의회의 발전을 억압하는 데 성공하였다. 그렇지만 전반적으로 그의 보수적 계략은 흔히 제국의회의 정당정치적인 구성으로 인하여 좌절되거나 혹은 부가적인 압력수단을 이용함으로써 달성되었다. 그는 "통일된 독일에서 프로이센의 헤게모니"를 위한 경쟁계획을 감추려고 한 "극히 연방주의적인 이데올로기와 수사"를 통하여 제국의회 속에서 "통일된 독일에 대한 민주주의적 의회주의적 감정이 점차 확산되는 것에 반대"

---

*2) 1866년 프로이센과 오스트리아 사이의 전쟁 이후에 형성된 연방이다. 이 전쟁에서 패배한 오스트리아는 독일의 통일을 둘러싼 싸움에서 완전히 탈락하고 이제 프로이센을 중심으로 독일의 통일이 진행되었다. 프로이센은 마인강 이북의 21개의 소국가들을 하나로 묶는 북독일연방을 결성하였으며, 이 연방은 1871년 독일제국이 성립하는 데 결정적인 역할을 하였다.

해야만 했다. 그리고 이러한 전술을 통해 헌법의 실상은 거의 드러나지 않았다. 그렇지만 헌법이나 독일의 정치적인 전통 속에 있는 많은 장애요인들을 제외한다면, 제국의회는 예산권을 갖고 있었음에도 불구하고 결코 권력을 구성하는 독립적인 요소로 되지 못했다. 왜냐하면 그 해산권이 외부, 즉 황제와 연방의회에 있었기 때문이다. 일찍이 홉스(Thomas Hobbes)는 이런 종류의 정치단체에 관해서 "그것들을 해산할 수 있는 권리"를 갖고 있는 사람이 "그것들을 통제하고 마침내는 그것들을 통제할 권리마저도 갖게 된다"고 언급한 바 있다.3)

프로이센의 헤게모니와 제국연방의 혼합형태, 즉 고대적인 공권(Obrigkeit)과 근대적인 선거권의 이러한 혼합물이 정확히 그리고 적절하게 '입헌군주정'으로 지칭될 수 있는가? 우리는 헌법에 의해서 제한된 이 군주정을 자립적인 정치형태로 인정해야만 할 것인가, 아니면 과도기적인 현상으로 평가해야 할 것인가, 혹은 지체된 타협, 위장된 평화, 군주정과 자유주의적·의회주의적인 의도를 가진 부르주아지 사이의 휴전상태로 보아야만 할 것인가? 이 군주정은 봉건세력의 놀라운 승리를 체현하였는가, 아니면 대중에 보다 더 가까이 다가간 의회주의의 전단계일 뿐이었던가? 지금까지 독일 역사가들의 압도적인 다수를 포함하여 많은 사람들은 이러한 국가형태 속에서 1세기 전 "독일 헌법문제의 적절한 해결책"을 보고자 했다.4) 그렇지만 이 문맥 속에서 '적절한(stilgerecht)'이라는 말은 무엇을 뜻하는가? 1871년 이전에 이용가능한 역사적 선택권이 부여된다면 어떤 새로운 연구도 없이 우리는 비스마르크식의 해결이 사실이라는 규범적인 힘에 의해서 마침내 유일한 해결책으로 되었다는 결론을 내려야만 할 것인가? 아니면, 오늘날의 역사적 관점에서 볼 때조차도 여전히 이 군주정에 '만족스러운(adäquat)'이라는 수식어를 계속해서 붙여주어야만 할 것인가? 1914년 이전의 독일에서 권위주의적인 국가의 건전한 세계에 대한 향

수는 이 두 수식어를 모두 붙여주고 싶어하지만, 진정한 비판은 더 이상 이 양자를 원하지 않는다.

입헌군주정이라는 개념에서 중요한 강조점은 형용사가 아니라 명사에 있다. 그리고 확실히 문제가 되는 것은 국왕에 의한 지배체제였다. 프로이센의 군주는 독일제국의 2/3를 차지한 헤게모니 국가에서 절대주의의 세 지주인 군대·관료제·외교를 지배하였을 뿐만 아니라, 제국의 군주로서 신생제국의 행정기구·군대·외교정책까지도 지배하였다. 제국의회는 이러한 은폐된 권력 내로 자신의 영향력을 침투시키는 데 한번도 성공한 적이 없었다. 절대주의 국가의 권력구조는 계속 헌법으로 보전되었으며, 본질적으로 변하지 않았다. 국왕의 행정적인 권력행사에 유리한 유보조항의 설정이 입헌군주정의 가장 중요한 기준이라면, 프로이센 국왕이자 독일의 황제인 그는 이 세 지주에 대한 자신의 법적인 통제력에 의거하여 제국헌법의 테두리 안에서 '결정적이고도 중대한' 영향력을 행사하였다. 다시 말해서 절대주의적인 여러 세력들은 '헌법을 본질적으로 규정하는 힘'에 의해서 유지되었다. 또한 이전의 권위주의적인 국가로부터 나오는 권력의 구성요소는 계속 군주[와 그의 측근들]에 의해서 통제되고 있었기 때문에, 모든 중대 결정사항은 권위주의적인 국가지도부에 종속되어 있었다.

둘째로 헌법이 부르주아 시대의 자유주의적인 요구에 대한 불가피한 양보이긴 했지만, 전통적 지배체제의 본질적인 내용은 그대로 남아 있었다. 마르크스는 독일의 입헌군주정에 대한 그의 논박에서 이 핵심을 "철저히 자기모순적이고 동시에 자기지양적인 자웅동체(雌雄同體)"라고 과소평가하였다. 장기적인 관점에서 보면 그의 예언은 현실적인 것임이 판명되었다.5) 현실적인 권력관계는 결정적으로 변하지 않았기 때문에, 실제로 문제가 되는 것은 귀족적이고 半절대주의적인 유사헌정주의(Scheinkonstitutionalismus)였다. 이러한 사실은,

여기서와 마찬가지로, 우리가 헌법이라는 의미에서 보다 더 넓게 지배권력(Herrschaft)이라는 용어를 사용할 경우 훨씬 더 잘 적용된다. 확실히 시대를 역행하는 군주정적인 반절대주의에 관한 논쟁적 공식화는 제대로 적중하고 있다.6) 이와는 반대로 우리는 그것을 신절대주의로 간주해서도 안된다. 왜냐하면 그 헌법의 배후에는 기존의 절대주의 정권의 연속성이 그대로 유지되고 있었기 때문이다. 그럼에도 불구하고 독일을 유사헌정적·권위주의적 군주정으로 특징지운다고 해서 1871년 이후 독일제국 헌법실제의 진정한 본질이 적절하게 설명되는 것은 아니다. 이것은 라쌀레의 언급에서처럼 "한 나라 안에 존재하고 있는 실질적인 권력관계 속에서만" 찾아질 수 있다.7) 만약 우리가 독일제국의 지배형태를 실제의 역사적인 의미에서 규정해 보고자 한다면, 우리는 먼저 1871년에서 1890년까지와 1890년에서 1918년까지의 두 단계로 구분하고, 다음에는 제1기에 관해서 ①비스마르크의 역할과 ②그가 주로 구현시킨 지배체제의 사회적 기능을 충분히 고려해야만 한다.

1.2. 1890년까지의 보나빠르뜨 독재정권

헌법투쟁과 베르사이유에서의 제국창건간의 '현실정책'에 마침내 굴복한 자유주의자들은 "제국의 창건을 위하여… 비스마르크의 전제정치"를 기꺼이 참아내려고 하였다. 그러나 그들은 제국의 입법에 영향력을 행사한 지 몇 년도 지나지 않아서 자신의 가치에 대해서 명백한 환멸감을 느끼게 되었다. 따라서 그들 가운데 몇몇 비판적인 인사들은 "무소불능한 융커들의 경박하고 변덕스러운 사고방식에 의한 전

제정치"를 "재상의 독재"라고 지칭하였다.8)

물론 이 개념은 1870년대와 1880년대에는 정확한 헌정적 의미로 이해되지는 않았다. 왜냐하면 이 모든 비판자들이 알고 있었던 바와 같이, 제국재상의 종속적 지위는 명백히 헌법에 명시되어 있었기 때문이다. 그러나 이 용어는 마이네케(Friedrich Meinecke)조차도 독일제국의 초대 재상을 '일종의 독재'를 행한 것으로 보았던 것처럼9), 헌법의 실제를 설명할 때 항상 머리에 떠오른다.

사실 독재의 요소는 거의 의문의 여지가 없다. 정치적 성향이 좌파건 우파건 간에, 개인이나 전문분야에 조예가 깊은 당시대인들이건 간에 이 점에는 견해를 같이했다. 극히 보수적인 성향의 독일대사인 슈바이니츠(General von Schweinitz)는 "모든 것이 완전히 비스마르크 1인에게 의존하고 있다. 이보다 더 완전한 단일지배체제(Alleinherrschaft)는 여지껏 한번도 없었다"고 평가했다. 또한 그는 '비스마르크 독재'의 목표를 '짐은 곧 국가(Moi, je suis l'état)'라고 보았다. 그의 측근으로 후에 국무장관과 문화장관을 역임한 보세(Bosse)도 "모든 것이 비스마르크에 의해 좌우되고 있다. 그는 각료들을 완전히 좌지우지하고 있다"고 보았다. 메클렌부르크 출신의 연방의회 의원인 올덴부르크(Oldenburg)는 "이 주피터의 지배하에서는 모든 것이 적절한 리듬 속에서 수행되었으며, 무언의 복종을 바쳤다.… 모든 사람은 아무런 소란도 피우지 않고 그의 멍에 아래 굴복하였다"고 불평하였다. 메비센(Mevissen) 등 구 자유주의자들은 비스마르크를 '얼마 동안 전능'하다고 생각하였으며, "군주의 절대주의가 그 권력과 횡포에서 절정에 달해 있다"고 말하였다. 그리고 자유주의자인 카프(Friedrich Kapp)는 "비스마르크에게는 오직 한 가지의 정부형태, 즉 그 자신만이 있을 뿐"이라고 조롱하였으며, 메비센은 그가 제국의회에서 "입을 열지 못하도록 강요당한 다수의 환관들"만을 필요로 했다고 말하였다. 영국대사 앰틸경(Lord Ampthill)과 같은 외국의 관찰자들은 그 "권력이 절정에 달해 있는" 독일의 독재자에 관해서 매우 명백하게 언급했고, 미국공사 카슨(Kasson)도 그 "현재의 위신이… 원리면에서 유럽사상 유례가 없는 전능한 독재자"에 관해서 언급했다. 프랑스의 외교관인 발리예(St.Vallier)와 쿠흐셀(de Courcel)도 여러 차례에 걸쳐서 이러한 판단을 내린 바 있다.10) 그리고 빌헬름 1세도, 마치 마지막 증거가 필요한 것처럼, "이 재상 아래서 황제노릇하기란 쉬운 일이 아니다"라고 고백하였다. 헌법의 전체정신에는 대립되지만 프로이센에서 잘못 실행된 여러 실상이 드러내고 있는 바와 같이 "폐하께서는 신하들을 신임하셔야 합니다"라는 그의 언급은 베를린 중앙정부의 실질적인 위계질서를 보여주었다. 따라서 솔직하기로 소문난 비스마르크는 능숙하게 위장한 "브란덴부르크 선제후국의 가신"으로서의 자신의 역할을 "나는 이름을 제외한 모든 부문에서 독일의 지배자"라고 정확하게 서술할 수 있었다.11)

그럼에도 불구하고 재상의 독재라는 개념은 여전히 충분하지 못하다. 이 개념은 너무 협소하고 또 너무도 개인적이다. 제국독일의 헌법실제를 수용할 수 있는 정치적 지배형태의 비교유형학으로는 보나빠르띠즘(Bonapartism)이라는 개념이 특히 유용하다. 왜냐하면 지배의 사회적 기능을 조명하려고 할 때 그것은 설명적 가치를 지니고 있기 때문이다. 나아가서 이 개념 속에는 독일에서도 명백히 존재하였던 카리스마적·평민적·전통주의적 요소라는 그 특유의 내용들이 혼합되어 있다.

보나빠르띠즘은 나폴레옹 3세의 정권에서 유래하는 것으로, 마르크스가 자신의 『루이 보나빠르뜨의 브뤼메르 18일』에서 전형적으로 분석한 바 있다.12) 이 개념은 전산업적 엘리트와 여전히 그 힘을 과시할 수 있는 비교적 초기의 산업화 단계에서 처음 출현한 권위주의적 지배유형으로 이해된다. 동시에 부르주아지도 급속히 상승하고 있었으나-1848/49년의 혁명기에 '붉은 유령'에 대한 경고문처럼-, 노동자계급에 의한 아래로부터의 해방운동으로 인하여 전통적 권력구조는 위협받게 되었다. 계급간의 균형에 관해서 언급한다는 것은 잘못일 것이다.

그러나 지금까지 신분제에 기반하고 있던 전통적 권력구조는 이 시기에 와서 도전받게 되었다. 부르주아지는 사회적 대변혁을 크게 두려워하였으므로, 구권력과 화해하면서 직접적인 정치권력의 행사를 포기해야만 했다. 노동자계급은 근대화 세력으로서 혹은 최소한 변화의 상징으로서 두려움을 불러일으키고 있었음에 틀림없다. 아직도 완전히 결판이 나지 않은 유동상태로서 간주된 각 세력의 특수한 상황에 비춰볼 때, 한 사람의 카리스마적인 정치가에게는 시의적절한 어떤 장치를 이용할 경우, 지배계급의 대표자로서 보수적 안정화정책을 수행할 수 있는 특별한 기회가 열릴 수 있었다. 역사적 경험에 의하면 한편으로는 진보적 요구들[선거권·사회정책·경제적 제입법]에 대한 놀라울 정도의 양보를 포함한 제한적 허용과 다른 한편으로는 반대자에 대한 노골적이고도 가차없는 억압과 박해[사회주의자탄압법·언론탄압·추방]를 항상 병행했다는 것이 중요하다. 이것은 또한 국내에서의 해방에 대한 압력을, 혁명적 위협수단[쿠데타·소수민족의 동원]이나 혹은 그것들을 실제로 실행[제국의회 선거권·영토병합]함과 동시에 군사적 모험정책이나 제국주의를 통하여, 국내의 관심을 외부로 돌린다는 것을 의미했다. 비스마르크의 보수주의적인 고문인 게를라흐(Ludwig von Gerlach)가 경험했던 것처럼, 이 마지막 특징이야말로 보나빠르띠즘의 정책과 전통적 보수주의를 구별시켜 준 것이었다. 전통적 지배층과 산업엘리트들은 투표나 혹은 선거운동에서 평민의 전폭적인 지지에 의해서 비준을 받는다는 이 결합전략을 이용하여 그들의 우월한 지위를 다시 한번 강화시켰다. 물론 산업엘리트는 어느 정도 정치적 한계를 용인해야만 했다. 게다가 전산업적 엘리트의 지위는 강력한 변화의 힘이 작용하고 있는 사회에서 적절한 수명보다 더 오랫동안 유지되었다.

이러한 상황 속에서 출현한 독재통치는 스스로를 보호할 필요성이 있었기 때문에 지배계급에 의해서 널리 요구되었고 또 실제로 수용되었다. 이 지배체제는 일시적으로 당시에 작용하고 있던 여러 강력한 사회세력들과의 역관계 속에서 극단적이고 직접적인 사회적 영향력으로부터의 상대적인 균형, 즉 상당히 고도의 자립성을 달성할 수 있었다. 여러 측면에서 이 체제는 독일산업화의 사회적·정치적 결과에 맞서서 승리를 장담하기 어려운 옹호투쟁을 전개하고 있었다. 단기적인 기능면에서 이러한 후퇴작전은 -독일의 경우 장기적인 관점에서도- 사회 전체의 부분적인 변화를 의미한 것이 아니라, 독일의 근대화를 가로막는 보수적이고 반해방적인 행위를 의미하였다.

비스마르크는 전통적 지배층의 대표자로서뿐만 아니라, "부르주아적 질서를 유지하고자 하는 사람들의 구조자"로도 등장하였다. 특히 엥겔스는, 1866년 4월에 비스마르크가 선거법에서 대성공을 거둔 후, 이 두번째 기능에 관해서 고찰하면서 프랑스에 관한 상황분석을 다음과 같이 예리하게 일반화하였다. "보나빠르띠즘은 근대 부르주아지의 진정한 종교이다. 내가 보기에 부르주아지는 직접 통치할 수완이 없으며, 따라서⋯ 보나빠르뜨적인 半독재가 일상적인 형태라는 사실이 점차 명확해지고 있다. 부르주아지의 엄청난 물질적 이익은 이를 통해서, 심지어 부르주아지 자신의 소망과는 상반되게 수행되기도 하지만, 지배체제의 일부도 갖지 못하게 하고 있다. 동시에 이러한 독재는 다시 부르주아지의 물질적 이해를 자신의 의지와는 상반되게 채택하지 않을 수 없게 만들고 있다. 그래서 지금 우리에게는 민족통일을 강령으로 채택한 비스마르크씨가 있다. 물론 이것을 실행한다는 것은 전혀 별개의 문제이지만, 독일의 부르주아로 인하여 비스마르크가 실패할 가능성은 거의 없다."13)

실제로 비스마르크는 이 문제 때문에 실패하지는 않았다. 그는 대범하게 부르주아지의 열망을 충족시키고, 저항하는 '제4신분'으로부터 그들을 보호해 주었을 뿐만 아니라, 역사적으로 볼 때에도 매우 성공적이었던 구 지배엘리트의 지위도 공고하게 해주었다. 그들은 자유무역을 옹호하는 민족자유주의자들과 협력하면서 일시적으로 그의 '半독재'의 진정한 본질에 기만당했으나, 1873년에 제2차 세계경제공황이 발발하자 마자 그의 정권은 본래의 모습을 명백히 드러냈으며, 1879년 이후부터 그것은 그 어느 때보다도 명백해졌다. 그 때까지 비스마르크정권은 그 기반이 되는 사회적·정치적 구조—경기, 상대적으로 저조한 정치참여, 국가기재에 비해 상당히 취약한 정당들 등—로 인해서 매우 유리하였다. 따라서 우리는 그가 정치가로서 매우 노련하다는 것을 지나치게 강조해서는 안된다. 그러나 그 때(1879) 이후 점차 쿠데타를 고려하게 하였을 정도로 상황이 변화되면서, 그는 체제의 정치적 조종이 더욱더 어려워지고 있다는 것을 깨닫게 되었다.

비스마르크는 보나빠르띠즘에 전형적인 전통적인 요소와 근대적인 요소를 결합시켜 균형을 유지하였다. 예컨대 그는 절대주의적인 군사정책과 간섭국가적이고 일반국민의 승인에 의거한 이익정책을 결합시켰다. 또한 그는 1871년까지는 전쟁정책을 통하여, 그리고 이후 1880년대에는 사회적 제국주의 정책과 경제적 제국주의 정책을 통하여 국민의 관심을 외부로 향하게 함으로써 국내문제를 침묵시키려 하였다. 그럼에도 불구하고 그는 제국의 창건·대외정책 그리고 두 지배계급 사이를 오랫동안 성공적으로 중재함으로써 자신의 카리스마를 더욱 높였으며, 따라서 그의 지배정책이 주로 여기에 의존하였다는 것은 부인할 수 없다.

독일제국의 가장 중요한 자유주의자들 가운데 한 사람인 밤베르거는 비스마르크 옆에서 30년을 보낸 후에 인정하기를 꺼려하면서도 다음과 같이 결론을 내렸다. "우리는 거기서 이 사람의 영향력이 절정에 달했을 때 그가 자신의 주변에 있는 모든 사람들에게 어떠한 지배력을 행사하였는지를 증명할 수 없는 시대,… 그의 권력이 너무도 강력하여 그 앞에서는 모든 것이 전율한 시대가 있었다." 여기서 부르크하르트로 하여금 "독일에서… 비스마르크는 사실상 소위 권위라고 부르는 저 신비스러운 것의 근거와 기준이다"라고 언급하게 했던 반어적 초연함을 모든 사람들이 지니고 있었던 것은 아니다. 그러나 비스마르크의 실수와 약점을 잘 알고 있었던 이 보수주의자조차도 1789, 1830, 1848년 세 차례의 혁명의 충격 이후에는 "혁명물결의 제거라는 최고의 과제를 수행하기 위해서… 눈에 보이는 어떠한 대안도 없다"는 사실을 인정해야만 했다.14) 따라서 누군가 공정한 판단력을 지니고 있다면, 그는 "1862년 이후에 프로이센 지배하의 독일에도 케사르와 같은 정치가가 있었다"고 결론을 내리게 될 것이다. "비스마르크 정책의 '보나빠르뜨적인' 성격은 그가 국왕에 대한 봉사자이자 제국의 재상으로서 매우 품위있고 세련되게 걸치고 있는 군주제적인 전통이라는 외투아래 숨겨져 있다.… 그가 예전의 군주정 지배자들과 구별되는 점, 즉 그의 정치게임에서 '근대적인' 것은 '보나빠르뜨'적인 요소였다. 그것은 국내외에서 항상 반복된 모험을 동반한 정책, 보통선거제를 동반한 조작, 노련한 선동, 정통성에 대한 경멸, 보수적 혁명의 이중성 등에서 식별될 수 있었다."15) 그러나 만약 우리가 개인적 의미를 지나치게 강조하지 않고, 독일제국에 관한 마르크스의 분석을 약간 수정한다면, 1890년 이전에 그것은 일반평민의 지원을 받으면서 半절대주의적·유사입헌적·군국주의적 군주정의 틀내에서 작동하는 보나빠르뜨적인 독재정권으로 지칭될 수 있었다. 이 정권은 전통적인 엘리트를 후원하였으나, 동시에 급속한 산업화와 부분적인 근대화에 종속되었으며, 따라서 부분적으로는 부르주아지와 관료제로부터도 영향을 받았다. 이로써 비스마르크는 비공식적인 권력피라미드의 최상위에 있었을 뿐만 아니라, 사회적으로는 보나빠르뜨적 지배체제의 보수주의적 기능을 계속 유지시킬 수 있었을 것이다.

여기서 우리는 두 가지 사항을 더 고려해 보아야만 한다. 이 보나빠르뜨적인 단계는 앞에서 개관한 바 있는 독일제국의 '창건기'와 서로 일치하기 때문에 매우 중요하다. 이와 관련해서는 1879년이라는 구분선이 특히 중요하다. 이 때까지 비스마르크는 국내정책·경제입법·대외무역정책 등에서 자유주의자들과 협력했다. 그러나 1873년 이후 불황은 처음에는 경제적 토대를, 이어서는 이 불안정한 세력들 간의 연합에 의존하고 있던 정치적 토대를 파괴했다. 그렇지만 이것이 민족자유주의자들에게 순전히 '불공평한 협력관계(societas leonina)'[*3]를 의미하지는 않았다. 제국정부는 1876년 이후 산업과 농업의 성장에 대한 방해문제와 시름하는 과정에서 방향을 전환하였다. 제국정부는 반자유주의적·보수주의적인 결집이라는 강령을 추구했는데, 이 결집의 주요 지지자는 산업과 농업의 주요 이해관계자들이었다. 놀랍게도 이 '생산자 신분들의 카르텔(Kartell der schaffenden Stände)'은 1879년의 보호관세 체제와 더불어 공식적으로 출현하였다. 이후 이 보수주의적 결집정책의 여러가지 변종들은 1918년까지 제국정책의 토대를 형성하였다. 이와 동시에 정치적·사회적 생활의 여러 영역에서는 중대한 탈자유화 정책이 시행되었다.

이러한 여러 과정들은 비스마르크에 의해서 추진되었고, 그 결과들은 그의 엄청난 권위에 의해서 정당화되었기 때문에, 이후 독일제국

[*3] 동업자 관계에서 한 조합원이 이윤을 독점하고 손해에 대해서는 책임을 지지 않는 반면에 다른 조합원은 이윤에 대한 권리는 없고 손해에 대한 책임만 있는 관계를 일컫는 용어이다.

전체역사의 숙명적인 전환점은 1890년 이전에 설정된 것이었다. 따라서 어떠한 개인숭배도 거부한 처세에 능한 회의주의자인 밤베르거는 비스마르크가 "제도들·법률들 그리고 보다 더 중요하게는 정신들이 움직여 나아갈 길을 결정하였다"고 파악하였다.16) 왜냐하면 이 결집정책의 중요한 초기 12년은 보나빠르뜨적인 半독재의 시기에 해당되었고, 또 그것이 후원한 여러 조치들-푸트카머(Puttkammer)의 관리에 대한 정책에서부터〔아래의 1.4를 보라〕 국가의 사회보험에 이르기까지, 제국정부에 국민경제에 관해서 자문해 주기 위한 전문적인 자문단에서부터 해외팽창에 이르기까지-은 이미 비스마르크 시대에 반자유주의적·권위주의적인 독일이라는 새로운 관헌국가의 출현을 위한 길을 마련하여 주었다. 따라서 로트펠스(Hans Rothfels)는 1945년 이후에 독일정치에서 이후 계속 "부르주아의 성숙을 방해한 것"과 "전쟁에서 해결책을 찾으려는 행위를 찬양한 것"에 관해서 글을 쓰면서, "비스마르크에서 히틀러로의 길이 아무리 장구하고 복잡하게 얽혀 있다고 하더라도" 제국의 초대재상이 "…과정의 변화, 적어도 그 변화의 정당화에 대한 책임자로서" 등장하고 있으며, "그가 오늘날 운명적일 정도로 극단적인 숭앙을 받고 있는 것은 극히 명백해졌다"고 타당성있는 언급을 하였다.17)

    이 비스마르크적인 20세기로의 길은 독일의 사회적 정치적 발전에 대하여 엄청난 부담이 직접 부과됨으로써 사실상 그 대가를 치르게 되었다. 이 문제에 관해 그리고 그가 대외정책에 부과한 과중한 부담에 관해서는 후에 보다 더 상세하게 취급할 것이다. 그러나 제국의 사회구조에 관한 한 이미 1890년경에 "그 위대한 사람이 명백한 대실패를 하였다"는 인상이 널리 퍼져 있었다. 부르크하르트는 이미 훨씬 이전에 "그는 더 이상 제국의 내부상처를 치유할 수가 없다"는 사실을 잘 알고 있었다. 그리고 몸젠(Theodor Mommsen)은 비스마르크가 "민족의 척추를 부러뜨렸다. 비스마르크의 시대가 입힌 손상은 그것이 가져온 이익보다 훨씬 더 크다. 왜냐하면 권력에서 얻은 이득은 이후 세계사의 대변화 속에서 다시 잃게 될 가치들이기 때문이다. 그러나 독일의 보나빠르띠즘이 행한 억압은 더 이상 바로잡을 수 없는 재앙이었다"고 생각하였다.18) 이 부인할 수 없는 손상에 관해서는 언급되어야 할 것들이 아직 많이 남아 있다. 그렇지만 그것들이 한 가지 사실, 즉 결집정책을 통해서 결합된 지배계급의 권력구조가 비스마르크 시대에 매우 잘 작동하기 시작하였으며, 어떠한 마찰에도 불구하고 그가 없이도 기능을 발휘하였다는 사실을 흐리게 해서는 안 된다. 비스마르크가 은퇴함으로써 베를린 출신의 지도자이자 동시에 보나빠르뜨 지배체제의 상징이 사라진 1890년 이후에, 이러한 사실은 명확해졌다.

1.3. 1890년 이후 국가의 지속적인 위기 : 협력없는 권위주의적 합의체제

비스마르크가 은퇴한 이후 프로이센-독일의 권력피라미드에는 그 정상이 사라졌다. 다시 말해서 비스마르크의 능력에 맞추어서 재단되었던 헌법과 그 주변에서 정리된 헌법의 실제는 조화의 중심점을 더 이상 갖지 못하게 되었다. 이로써 실제로나 여건상으로나 일종의 권력 공백상태가 나타나게 되었으며, 여러 개인과 사회세력들이 출현하여 이 공백을 메우려고 하였다. 결국 그들도 의회도 거기에 성공하지 못했기 때문에, 독일에서는 고압적인 지배의 배후에 국가위기가 항존해 있었으며, 이러한 상황으로 인해 권력중심부가 서로 경쟁하는 체제, 즉 이른바 합의체제(Polykratie)*4)로 나아가게 되었다. 이 체제는 그 이후 독일의 정치가 흔히 겪었던 지그재그식의 발전과정을 초래하였다. 먼저 젊은 국왕은 황제와 재상을 단일화시킴으로써 적어도 형식적으로는 두 개의 중심에 기초한 하나의 체제를, 비스마르크가 비웃었듯이, '대중적 절대주의'로 대체시키려고 하였다.19) 이러한 시도는 소위 그의 '개인의 통치'를 달성하기 위한 도약판이었던 셈이다. 황제의 측근들은 그에게 아첨을 함으로써 군주로 하여금 정책의 결정과정이 자신의 결정사항이라는 환상에 사로잡히게 하려고 하였다. 그러나 이것은 헌법상의 재가를 받지도 못하였고, 빌헬름 2세도 헌법의 실제를 변화시키는 데 성공하지도 못하였다. 군의 통수권과 군의 대표성을 제국의 정책에 결합시켜야 한다는 헌법상의 요구나 개인적인 능력으로 보아 이 호헨촐레른家의 마지막 황제가 혼자서 제국을 통치한다는 것은 불가능한 일이었다. 심지어 새로운 세기가 시작되기 전에조차도 그는 이 시대착오적인 도박에 성공하지 못하였다. 물론 그의 과다한 요구는 계속되었다. 그는 계속 헌법이 그에게 부여한 한계를 지키지 않았으며, 입헌군주정의 행정권을 위하여 법적으로 인정되고 있던 유보조건을 이용하였다. 그는 심금을 울리는 수사법을 써가면서 황제의 역할에 관한 자신의 기묘한 견해를 강조하였다. 그러나 제1차 세계대전은 그가 정치권력의 비중에서 볼 때 '허수아비 황제'[H.Delbrück]의 역할을 했을 뿐이라는 사실을 잘 보여주었다.

　　다른 한편 예외없이 관료제나 외교가의 계서제에서 '자신의 노력

---

*4) 합의체제는 지배를 최소화시키기 위한 기술적 권력분할이나 혹은 여러 사람들이-만장일치의 원리 혹은 다수결의 원리에 따라서-협의를 통해서만 명령을 정당하게 내릴 수 있는 체제이다. 벨러는 빌헬름시기 독일제국의 지배체제를 합의체제로 규정하고 있다. 즉 그는 비스마르크가 은퇴한 이후 독일제국의 정치에서 그를 대신할 만한 사람이 정치무대에 없었고, 결국 행정부와 군부관료 등이 서로 대립하고 있었다는 의미-물론 군부의 힘의 우위는 명확했지만-에서 이 용어를 사용하고 있다.

에 의하여' 고위직에까지 오른 —비스마르크는 이러한 현상을 극히 위험한 것으로 보았고, 베버는 이를 매우 불길한 것으로 간주했다— 재상들은 모두가 거의 권력의 공백을 메울 수가 없었다. 카프리비는 권력욕이 없었기 때문에 오랫동안 매우 낮게 평가되기는 했지만, 존경받을 만한 인물이었다. 그는 이제까지 제국의 재상이 의존했던 제도적 버팀목을 파괴하기까지 하였다. 단명했던 카프리비 시대는 특히 산업에 유리한 대외무역정책을 통하여 산업국가의 요구를 충족시켜 주고자 하였으며, 일시적으로는 산업에 필요한 정치적 후원을 보장해 주기도 하였다. 그러나 이 시기에 보수적인 농장주들은 그들에 대항하는 세력관계가 점차 명확해지는 데 놀랐고, 결국 그들은 재상을 실각시켰다. 그들이 이러한 행위를 하게 된 것은 분명히 그 지위에 위협을 느꼈던 1890년에서 1894년 시기의 경험으로부터 깊은 영향을 받았기 때문이었다.

이어서 백발의 호엔로에 공작(Hohenlohe-Schillingsfürst)이 이행기의 대표적 인물로서 재상직을 맡았다. 1900년 이후 뷜로오는 빌헬름의 '비스마르크'로 되고자 했으나, 유순한 조종자에 머물렀을 뿐이다. 교양있고 근면하며 타협적인 관료의 원형이었던 베트만 홀벡(Bethmann Hollweg)은 관료제가 지닌 여러가지 문제점을 제대로 처리해내지 못하였다. 그가 제시한 해결책, 즉 황제가 관료를 직접 관리함으로써 여러가지 문제들을 처리한다는 이른바 '대각선정책(Politik der Diagonalen)'[*5)]은 사실상 이런 식으로는 더 이상 통치될 수 없는

[*5)] 제국재상 베트만 홀벡은 1912년의 제국의회 선거에서 사민당이 대약진을 이루어 원내 제1당으로 등장하고, 각 정파들 간에 블럭이 형성되자 새로운 국내정책을 모색해야만 했다. 왜냐하면 그는 자신이 신뢰할 만한 정당과의 협력을 이루어냄으로써 자신의 정책을 원만하게 추진할 수 있는 방안이 필요했기 때문이다. 이러한 상황을 타개하기 위하여 그는 정파를 초월하여 여러 정치세력들의 균형을 지향하는 이른바 '대각선정책'을 시행하였다. 그러나 그의 이 정책은 우파에게 압력을 주는 것이었고, 사회민주당에게도 만족감을 주지 못했다.

체제에 적용됐던 것이다. 미햐엘리스(Michaelis)·헤르틀링(Hertling)·바덴(Baden) 등은 1916년 이후부터 제3군 최고사령부에 의한 군사독재의 지배하에 있던 무대에서 나약한 인물에 불과하였다. 아득한 옛날부터 고전정치이론에서 공익이라고 불렀던 바를 독일의 재상들은 오직 부분적으로만 조화시키거나 혹은 단편적으로만 달성할 수 있었다.

그러나 이들과 더불어 전함건설을 통해 국내외정책, 즉 사회·재정·군사 정책 등에 심대한 영향을 끼쳤던 티르피쯔(von Tirpitz)와 같이 베일에 싸인 핵심인물들이 있었다. 그는 1898년에서부터 늦어도 1914년 여름까지 정책결정 과정에서 아마도 이 기간에 재직했던 세 명의 제국 재상들보다 더 강력한 영향력을 행사했을 것이다. 그는 잠시 동안 제국의 해군장관으로서 상당한 정도까지 베를린정치의 공백을 메워주었다. 그는 1914년 여름에 자신의 생각이 파탄에 이르면서 환멸감을 느끼기 시작했다. 빌헬름 시기의 권력엘리트들 가운데 다른 핵심인물들―이들은 1887/90년 이전과는 비교할 수 없을 정도로 영향력이 막강했다―도 산업을 대표하는 거대한 이익단체의 업무 집행자이거나 조직화된 압력단체의 지도자, 혹은 군참모부의 정책입안자들이었다.

특히 산업의 이익단체들은, 프로이센의 관료나 제국 행정부와 더불어, 육군과 해군 다음가는 권력의 중심부가 되었다. 따라서 제국의 정책은 계속 주로 이들에 의해서 결정되었다. 많은 사람들은 자기도취에 빠져 독일식의 국가형태가 영국의 의회제나 프랑스의 공화제에 비

특히 1914년에 전쟁이 발발하자 그는 본래 전쟁이 일어날 경우 탄압조치를 전혀 취하려고 하지 않았으나, 전쟁이 발생하자 사회민주당을 강력한 탄압조치를 통하여 끊임없는 공포 속에 묶어놓으며, 다른 한편으로는 이 전쟁을 방어전쟁이라고 믿게 하려고 했다. 그러나 그의 이런 정책은 어느 쪽도 만족시키지 못했고 결국 군부와 용커에 의해서 실각당했다.

해 우월하다고 보았으나, 이 입헌군주정의 배후에는 중앙정부의 결정력이 매우 취약했다는 사실과 중앙정부가 조화를 이루어낼 능력이 없다는 사실이 숨겨져 있었다. 제국정책이 당면한 주요한 문제점들의 근저에는 긴장이라는 극복하기 어려운 중대한 딜레마가 가로놓여 있었다. 이 긴장은 한편으로는 경제적으로나 사회적으로 산업사회가 급속하게 발전하였고 다른 한편으로는 예전부터 전승되어 왔으나 이제는 화석처럼 굳어버린 정치구조 사이에서 생겨난 것이었다. 여기서도 결정적인 장애물은 소수의 전통적인 지배엘리트였다. 이들은 현상황을 유지시키는 데 열성적으로 관여했으나, 부르주아지의 이익은 의회의 영향력이 강화된 제국에서나 비로소 제대로 통용될 수 있었을 것이다. 독일제국이 직면한 이런 국내적인 모순은 평화시에는 분명히 극복될 수 없었고, 1918년까지 전산업적 엘리트에 의해 유지되었다.

독일제국은 이러한 모순 속에서 변화된 사회상황에 정치적으로 시의적절하게 적응할 수 없었고, 다만 서로 경쟁하는 권력의 중심부를 일시적으로 타협시킴으로써 더욱더 경직된 방향으로 이끌려갔다. 이 평형사변형 모양의 정치세력 판도는 약간의 자유화 경향이나 의회민주주의 세력의 성장에도 불구하고 여전히 경직되어 활기가 없는 보수체제를 계속 유지시켜 주었다. 또한 이러한 상황은 체제의 "보전과 공고화에… 저항하는 자유주의 운동"—메테르니히의 옹호정책을 회고하는 투로 언급하였던 것처럼—을 무력화시킬 수도 있었다.[20] 전혀 어울리지 않았음에도 불구하고 이 시대의 특징으로 사용된 빌헬름주의는 근본적으로 이익단체들, 유사자율적인 제도들, 관료들 그리고 정치적으로 공식적인 책임을 지지 않는 정치인들의 이러한 합동유희를 효과적으로 은폐시켜 주는 용어였다. 이 용어는 "헌법상의 권력을 개인이나 상징물에 집중시킴으로써 정치구조와 사회발전 사이에서 생겨나는 여러가지 모순을 해결하려는 반의식적·반무의식적인 시도"로서 간

주될 수 있으며, "통합의 원천으로서의 민족의 황제"라는 용어를 사용
하였다. 그러나 "계급간의 대립을 철권으로 억압하면서 지체된 민족에
게 '양짓녘'을 약속했던 이 독일의 케사르"의 꿈은 실제로 점토질의 무
대 위에 서 있어서 약하기 이를 데 없는 한 인물의 주위를 맴돌고 있
었다.21) 이 시기의 제국정책을 표현한 것은 빌헬름 2세가 아니라 권
위주의적 합의체제의 이름모를 세력들과 결탁한 전통적인 소수 독재
체제(Oligarchie)들이었다. 그들의 권력은 半독재정치를 행하지 않고서
도 지배의 지위를 지키기 위해서 보나빠르뜨적인 전략을 사용함으로
써 -파멸적인 결과와 더불어- 달성되었다.

1.4. 관료제 : 정치적 지배의 요소와 조직모델

비스마르크가 재임하고 있던 시기에 정치상황의 급속한 변화배후
에서 그리고 빌헬름 독일의 합의체제 내부에서는 관료제가 국가업무
에 고도의 연속성을 제공해 주었다. 관료는 국가기재의 골격을 형성하
였으며, 재상과 장관들은 그것이 차지하는 정치적 비중을 고려해야만
했다. 고위관리들은 자신이 정당정치인들보다 우월하다고 생각하였다.
프로이센의 관료도 제국의 관료도 정치지도부의 행정기구를 배타적으
로 대표하지는 못하였다. 오히려 정치지도부는 사전에 결정을 준비하
고, 공식화하여 직접 결정을 내리거나 혹은 -이것도 마찬가지로 중요
했다- 결정을 지연시키고, 방해하거나 거부할 위치에 있었다. 이 과
정에서 그들은 지배층, 특히 귀족층과 극히 긴밀하게 협력하였으며,
순종적인 행정부로서 영향력을 행사하였다. 이러한 영향력은 축적된
전문지식·경험 그리고 전통적인 자의식과 자중심(自重心)에 의거하고

있었다.

근대국가가 처음으로 출현한 시기에 영방군주의 조직이었던 독일 관료는 反신분제 투쟁에서, 중앙이 지배하는 재정·조세·군사제도의 확장과정에서, 그리고 군주와 국가구성원 사이의 직접적인 지배관계가 형성되는 과정에서 형성되었다. 관료는 근대의 절대주의적인 영방국가의 성장과 더불어 확대되었으며, 지속적으로 결정에 영향력을 행사할 수 있는 기회를 얻었다. 그리고 그것은 기능적 사회집단으로서 두각을 나타냈으며, 마침내 프로이센에서는 나폴레옹전쟁 이후 거의 20여년 동안에 관료제적 절대주의의 형태로 공동통치자의 지위를 획득하기까지 하였다. 1848년 3월 이전과 혁명기간 동안에 점차 그의 통제를 회피하려는 여러 사회적 과정으로 인하여 그것은 영향력을 행사할 수 있는 지위로부터 점차 밀려나게 되었다. 그것은 계속 무시할 수 없는 권력의 구성요소로서 남아 있었으나, 독일의 헌법 속에서 그 중요성은 제대로 인정을 받지 못하였다. 그럼에도 불구하고 독일경제가 상대적으로 후진상태에 있었기 때문에 그것은 산업화과정에서 상당한 영향력을 행사할 수 있었다.

1849년 이후 그리고 다시 헌법투쟁 이후 자유주의적 관리들의 생활은 어려워졌다. 비스마르크는 "반정부적 혁명(!)을 위해서 정파에 가담하는 관리들은… 강제적인 조기퇴직을 통해서 그 직위에서 추방할 것"을 요구하였고, 또 수차에 걸쳐서 이를 실행하였다.22) 그러나 이 보수주의적인 정책은 완전한 정치적 동질성이라는 행정상의 기준을 마련하기 위하여 철저하게 시행되었으며, 1870년대 말 이후에도 비스마르크와 프로이센의 내무장관인 푸트카머에 의해서 실행되었다〔Ⅲ. 3.6.1을 보라〕.

우리는 사법관료의 사례를 통해 그 방법을 명확하게 추적해 볼 수 있다. 즉 많은 자유주의적 법률가들은 '조기퇴직'을 강요당하고 있다고 생각하였고, 승진이 보류되었다는 통보를 받았으며, 행정시보로 근무하는 기간도 8년에서 10년으로 늘었다. 게다가 이 시기부터는 소규모의 학생우애클럽(Verbindungszipfel)과 예비역장교위원회의 특허권에 기초한 예비선발 절차가 채택되었는데, 이 사전선발은 4년간의 시보 교육기간 동안에 매우 세심하게 이루어질 수 있었다. 지원자의 부모들이 제공하는 소위 '부양증명서〔소득증명서 : Sustentationszeugnis〕'는 그들이 자식에게 시보기간이나 그 이후에도 '자신의 신분에 맞게' 생활할 수 있을 정도로 충분한 재원을 제공할 수 있다는 것을 미리 보장해 주어야만 했다. 국가에 대하여 확고한 믿음을 줄 수 있었던 사람들은, 특히 막대한 재산에서 생겨나는 신성함으로 인하여, 정치적으로도 신뢰할 만한 사람으로 간주되었다. 자유주의적 법률가들은 개인적인 변호사개업을 강요당한 반면에,

　푸트카머체제의 총신들은 상승하여 검사로 되었으며, 그 결과 이들은 다시 한번 오랫동안 명령에 속박된 관리로서 장관의 지배하에 놓이게 되었다. 이 법률가들은 푸트카머 아래서 열심히 일하였고, 이를 통해서 극단적으로 권위주의적인 사고를 지니게 되었다. 이들은 전혀 새로운 유형을 대표하는 극단적인 보수집단이었으며, 몇 차례의 승진과정을 통해서 법원장의 자리도 차지하게 되었다.

　비스마르크와 푸트카머의 이러한 개혁은 행정전반에도 유사하게 적용되었으며, 따라서 이것이 철저하게 체제의 합리성을 유지해 주었다는 것은 이론의 여지가 없는 사실이다. 정치적인 면에서 프로이센과 독일제국의 관료는, 비정치적인 독일관리들에게 오랫동안 전승된 전설과는 반대로, 과거의 그 어느 때보다도 동질적이었다. 몇 가지 명백한 이유 때문에 "객관적이고 중립적인 행정이라는 기만적인 설교"가 계속 "진지하게 행해졌지만", 중요한 것은 그들이 보수적이고 권위주의적인 공리에 맞게 '믿을 만한 심성'으로 교육받았다는 점이었다.23)

관리들은 계속 상당히 높은 봉급을 받았으나 -1914년까지는 하급관리들조차도 숙련노동자들보다 더 많은 돈을 벌었다-, 예전부터 있었던 특수이익의 부분적 대표성이라는 그들의 타락상은 훨씬 더 명백해졌다. 국가간섭주의적 요소는 1879년 이후의 발전과정에서 관료의 영향력을 계속 강화시켰으며, 따라서 국가의 부조와 계획은 더욱 중요성을 갖게 되었다. 관리계급은 제국재상인 호엔로에가 "황제와 재상보다 더 강력하다"고 생각했을 정도로 흡사 카스트와 유사한 보수집단으로 되었으며, 따라서 제국정책을 효과적으로 자유화한다는 것은 그들에 의하여 어렵게 되었을 것이다. 다시 말해서 관료제라는 '철망' 속에서 자유주의적인 정책을 시행한다는 것은 불가능하였을 것이다. 또 베를린주재 바이에른 공사였던 레르헨펠트(Lerchenfeld)백작은 1903년에 만약 제국재상이 "자유주의적인 입장에서 프로이센과 제국의 업무"를 처리하려고 한다면, 그는 먼저 '관료조직' 전체를 바꾸는 데에서 출발해야만 할 것이라고 언급하였다. 이것은 분명히 거의 성사되기 어려운 일임을 뜻하였을 것이다. 그렇지만 제국재상조차도 '엄격하게 자유주의적'인 입장에서 국내정책을 추진하겠다고 생각하지 않았다.24)

따라서 보수집단의 카르텔은 행정기재를 신뢰할 수 있었다. 행정기재는 전쟁 전에도 그 규모가 상당한 수준에 달하여 있었다. 힌쩨(Otto Hintze)가 1907년의 직업 및 인구조사 결과를 근거로 추산한 바에 따르면, 이 시기 독일관리의 수는 약 120만명이었고, 그들의 부양가족(240만)을 합친다면 그 수는 전체인구는 약 4%에 달했다. 인구 1인당 126명의 관리가 있었던 셈이다(이는 프랑스의 176명, 미국의 113명, 영국의 73명과 비교된다). 여기서 우체국이나 철도와 같은 서비스업종을 제외한 좁은 의미에서의 관리(행정부와 사법부에서 일하는)의 수는 39만명이었으며, 이들 가운데 5만 5천명은 고위직에, 25만

7천명은 중간직에, 7만 7천명은 하위직에 종사하였다. 이러한 숫적인 비율이 제국시대의 최후까지 얼마나 많이 변했는지를 추산해내기는 어렵다.25)

이들 관리집단은 행정기술적인 면에서 상당한 효율성을 지니고 있었는데, 이는 특히 관료의 전형적인 조직방식・행동방식・신규충원 및 경력직의 구조 등을 그 역사 속에서 오랫동안 발전시켜 왔기 때문에 가능한 것이었다. 이러한 사실은 베버의 관료제 이론 속에 개념화되어 있는데, 그의 이 이론은 어느 정도까지는 4세기에 걸친 프로이센-독일의 행정사가 지닌 역사적 경험이 축적되어 현존하고 있는 것이다.26) 직업전문가 단체의 성장과 교육은 그 과제와 기능의 분화를 반영하였다. 그 과정의 공식화와 비인격적 규칙성, 업무수행의 서면주의와 연속주의, 문서의 서고화(書庫化)작업 그리고 양식의 사용 등은 모두가 지시사항과 결정사항을 실행하는 데 기여했으며, 그들의 감독・수정・계획을 용이하게 해주었다.

그것은 행정절차의 계산성과 합리화를 가능하면 완벽하게 발전시키려는 일종의 목표관념이었다. 규제된 재판절차, 상이한 관할영역 사이의 명확한 구분선, 모든 수직적 결합의 제도화, 하위직능인과 관리들의 확고한 계서제 등은 조직기능들을 합리적 계획으로 규제하려는 이러한 여러 경향들과 상응하는 것이었다. 교육・시험・자격증 등의 수준에 관한 일반적 기준은 전문성과 직장생활 경력의 차이에 따라서 등급이 구분된 자동승진 체제와 관련되어 있었다. 그렇지만 정치적 '결합관계'를 이용할 경우 이것을 피할 수도 있었다. '국가의 공복'은 여러가지 재정적・법적인 특권을 향유하였다. 이들은 평생동안 경제적 위기시에도 봉급을 받았고, 재정적 도움과 연금을 받을 권리, 즉 충성과 구제라는 특수한 관계에 놓여 있었다. 이들은 또한 법적인 대립이 발생하거나 행정부에만 부여된 특별대우로써 국가의 특별한 보호를 누렸다. 이 모든 것은 그들을 다른 사회집단들보다 높은 지위에 오르게 하였으며, 그들의 단체정신을 고양하는 데도 기여하였다. 제복·군도(軍刀)·휘장 등은 1918년까지 그들의 사회적 지위를 보여주는 명백한 상징물이었다. 우체국의 하급점원조차도 국가권력의 일부를 대표한다는 자부심을 어느 정도 누리고 있었다.

그러나 이러한 제도의 구조와 그것의 기능방식은 결정된 사항을 경직시키거나 지연시키고 혹은 사소하게 처리해 버리는 특이한 경향이 있었다. 아무리 훌륭한 관료조직이라고 할지라도 —베버가 생각했던 바와 같이— 결코 최고도의 능률을 보장해 주지는 못하였다. 왜냐하면 우발성, 수많은 발명, 신속한 대응능력, 비관습적인 태도 등은 관리가 어려운 일을 처리하고자 하여도 제대로 보상받지 못했기 때문이다. 내각의 '녹색탁자'에서 허비한 시간, 출세하고 싶은 욕망, 대중의 행위로부터의 초연함, 상관에 대한 외적인 자부심과 내적인 복종심 등은 치유불가능한 중대한 오류를 초래할 수도 있었다. 예컨대 영국의 직업공무원과 프랑스의 고위공무원 모두가 탁월하게 자신의 일을 수행해냈다. 따라서 제국시대의 프로이센-독일 관료가 조심스럽게 자신의 세련된 영광이 사실임을 확인하고자 했을 때, 이것 또한 유일무이한 것은 아니었다. 그러나 독일의 관리계급은 많은 행정업무를 효과적으로 수행하였고, 그들의 영향력을 미칠 수 있는 영역에 대해서는 지배권을 확고하게 장악하고 있었으며, 정치적 안정을 추구하는 요소로서 매우 중요한 가치를 지니고 있었다.

최고위관리들이 권력을 행사할 수 있는 엄청난 힘은 바로 이 계서제적인 권위피라미드 조직구조로부터 생겨난 것이었다. 왜냐하면 모든 결정은 그들에 의해서 이루어졌고, 이 결정의 배후에 있는 동기는 흔히 비밀명령 과정을 거쳐서 그들로부터 아래쪽으로 하달되었기 때문이다. 따라서 지배집단의 이해관계는 그 구성원들에게서 나오는 절대적 신뢰 및 체제와의 동질성을 필요로 했다. 결국 이 영역과 정책을 결정하는 그밖의 다른 직위에 있던 귀족의 비율은 1918년까지 [그리고 그 이후까지!] 매우 높았다. 사실 1858년 경우처럼 프로이센 중간직 관리의 42%가 귀족출신이었던 시대는 1871년 이후 이미 사라졌다. 그러나 1910년경에 프로이센 내각의 전체 장관 11명 가운데 9명, 추밀원고문 65명 가운데 38명, 지방장관(Oberpräsident)*6) 12명 가운데 11명, 프로이센 내의 지역행정책임자(Regierungspräsident) 36명 가운데 25명, 지역 고위관리(Landrat) 467명 가운데 271명이 귀족출신이었다. 외무성의 고위직의 경우 1914년에 후작 8명, 백작 29명, 남작 20명, 작위없는 귀족 54명이 있었고, 부르주아출신의 관리는 11명에 불과했다. 이 시기에 프로이센 정부의 행정시보들 가운데 55.5% [1890년 40.4%, 1900년 44.6%]가 귀족이었고, 1918년에는 그들 전체의 55%가 귀족이었다. 주(州)행정부는 전통적 통치체제의 기둥이었으며, 이들에 대한 통제는 프로이센의 내무성이 담당하였다. 그런데 프로이센 내무성의 관리는 1/3이 귀족으로 구성되어 있었다.27)

    이러한 수치들은 요직에 있는 관리들의 사회적 출신이 관리전체의 정치적 성향을 미리 결정하였다는 것을 잘 보여준다. 소위 법학자들에 의한 공직의 독점은 정치적 순응성-즉 정치적으로 경직된 견해-을 강화시켰다. 왜냐하면 라반트(Laband)학파는 전형적으로 경직된 고정관념을 조장하는 법질서 및 행정기술의 연구하였고[Ⅲ.3.5.4를 보라], 1871년의 '통치상태'를 정당화시켰으며, "거기에 비정치적이고 '순수한' 정직성이라는 존엄성"을 부여해 주었다. 이들의 법실증주의가 끼친 영향과 푸트카머의 원리에 따른 교육의 지도 등은 권위주의적 국가에 순응하는 전문가들을 계속 공급해 주었기 때문이다.

---

*6) 1808년 이후 프로이센에서 Provinz(주)의 최고행정책임자를 지칭한다.

특히 종교라는 여과장치는 더욱더 많은 동질성을 제공해 주었다. 즉 1888년에서 1914년 사이에 재상·국무장관·프로이센의 각료들 90명 가운데 7명만이 카톨릭교도였다. 1904년에는 전체 행정부 사법관시보의 16%, 정부 고위관리의 7%가 카톨릭교도였다. 주의해야 할 점은 프로이센 내무성에 카톨릭교도 출신의 사환이 한 명에 불과했다는 사실이다.28) [카톨릭]중앙당의 공무원정책을 이해하기 위해서는 우리는 이러한 사실들을 알아야만 한다. 마찬가지로 우리는 제국시기 프로이센-독일 관료제의 역사로부터 이후 바이마르공화국에 부과되었던 무거운 짐을 소급해 파악할 수 있다. 바이마르공화국은 오랜 시간에 걸쳐서 확립된 이런 유의 관리집단을 상속받으면서 엄청난 부담을 지게 되었던 것이다.

국가관료제의 전형은 본래의 [공적인] 기능영역을 넘어서 독일사회 생활의 전반적인 관료화과정에 깊은 영향을 끼쳤다. 늦어도 20세기에 우리는 고도로 전문화되고 분업화된 사회에서 이러한 과정을 추적해낼 수 있으나, 독일에서의 이 과정은 그 자체의 행정사 때문에 특히 일찍이 그리고 두루 나타났던 것이다. 독일제국의 역사에서조차도 우리는 관료화과정을 사회적·경제적·정치적 발전과는 구별되는 고유한 영역으로 취급할 수 있을 것이다. 왜냐하면 저 수십 년 사이에 국가행정·지방행정·공동체행정 이외에 정당과 이익단체들, 상업과 공업 그리고 은행업과 운수업에서의 관료화가 크게 진전되었기 때문이다. 이러한 사실은 예컨대 농업가 연맹(BdL)이나 사회민주당(SPD), 혹은 지멘스나 크루프 등과 같은 기업들을 좀더 자세히 살펴보면 확인된다. 여기서는 관리의 조직화 방식만 모방하는 데 그치지 않고 그들의 특권·영향력·안전성도 점차 본받을 만한 가치가 있는 매우 바람직한 목표로서 간주되었다. 이러한 사실은 기업에서 사무직 노동자들의 발전에서 맹백히 살펴볼 수 있다. 국가관료제의 모델성격은 산업에서 일찍이, 아마도 행정과 노동의 기능분화가 자체의 계기를 발전시키기 이전에, 모방되었을 것이다. 이처럼 약간 때이른 관료화는 -관료제의 영향이 일찍이 초기산업화 단계와 산업혁명 기간 동안에 했던 것과 같이- 독일의 고도산업화에 그 독특한 성격을 부여해 주었다. 이것은 기업 내의 상향적 유동성에 간과할 수 없는 손실을 주었으나, 동시에 조직자본주의의 조직적 효율성에 커다란 이익이 되었다.

급속히 성장한 사무직 노동자계층에게는 완전히 국가공무원을 모방한 '기업의 관리(Industriebeamte)'가 그 선구적인 모델이었다. 일찍이 고용주들의 합법적인 지원을 받았던 이들 피고용인들의 역할에 대하여 사회적 또는 심리적 보충물이 된 것은 갈등을 회피하고, '고용주'로서 그들의 행위를 기업경영활동과 동일시하여 수공업자들과 거리감을 두려는 집단심성이었다. 이러한 심성은 전반적인 태도에 장기적으로 영향을 미칠 수가 있었다. 여기서 평등주의적인 여러가지 개혁 〔1911년의 사무직 노동자 연금보험법 : Angestelltenversicherungsgesetz〕 대신에 사회적 불평등과 기능상으로는 불필요한 계서화를 조장하여 일종의 정치적 통합을 이루려는 노력들은 '신'중산층을 구지배체제에 결속시키는 데 도움이 되었다.29)

관료조직의 장점과 폐단은 사회생활의 다른 영역에서도, 마치 우리가 호적관청이나 자유노조를 선택하는 것과 유사하게 추적될 수 있다. 어쨌든 관료화과정은 일찍이 시작되어 널리 파급되었으며, 흔히 고도로 전문화된 행정의 필요라는 소위 '물질적 강제'에 의해서보다는 관리계층의 전산업적 전통에 의해서 더 많이 결정되었다. 또한 이 과정은 이상할 정도로 사회구조와 집단의식뿐만 아니라 제국독일의 정치·사회생활까지도 형성시켰다. 그러므로 우리는 이러한 일반적인 형태 속에서의 '관리국가(Beamtenstaat)'에 관해서 언급할 수 있었다. 이것은 또한 다른 한편에서는 -1918년에 드러났던 것처럼- 지속적인 규제와 관료들의 음험한 행위에 대하여 분노가 왜 그렇게 많았는지를 설명하는 데 도움이 된다. 왜냐하면 관료화과정이 보수적인 프로이센-독일의 국가관료를 역사적 모델로 했다고 해서 사회를 자유화·민주화시키려는 시도가 용이해지지는 않았기 때문이다.

2. 중심문제들 : 정치적 동원 대 현상의 옹호

독일제국의 딜레마가 산업화와 관련된 '근본적 민주화'[Mannheim]나 아직 제대로 성숙되지 못한 시민계급의 점진적인 정치적 동원에 대항하여 사회적 정치적 현상을 유지하려는 데서 생겨난 것이라고 파악할 경우, 우리는 성문헌법과 불문헌법에 포함되어 있는 근본적인 구조적 결함도 인식할 수 있게 된다.

1918년까지도 정치적 반대는 어떤 면에서는 불법적인 것이었고, 국가의 정책은 개혁의 압력에서 벗어나 있었다. 그렇지만 비록 엄청난 사회적 변화가 진행되던 시기에 정치적 반대운동이 체제를 경직화시킬 위험을 무릅쓰지는 않았다고 할지라도, 그러한 개혁압력은 합법적인 변화욕구를 표현한 것으로 간주되어야만 한다. 왜냐하면 역사상 유례가 없을 정도로 역동적인 산업사회는 이러한 개혁의 충동을 억제할 것이 아니라 오히려 현체제에 대한 반대를 인정하고, 제도의 유연성을 유지시키면서 변화에 진보적으로 적응하는 것이 절대적으로 필요하다는 것을 인정할 때에만 제도적 화석화를 피할 수 있었기 때문이다. 만약 지배자들이 그렇지 않을 경우 발생하게 될 문제점들을 현명하게 예견하고 있다면, 그들은 건전하고 불가피한 개혁압력을 체제 속에 확고하게 묶어두고, 그러한 개혁노력에 기꺼이 따라야만 한다. 만약 그렇지 않으면 그들은 파괴될 것이고 오히려 혁명의 잠재세력이 자라나게 될 것이다. 그럼에도 불구하고 정치적 반대세력[야당]에 대한 계속적인 차별은 독일제국의 특징적인 일면이었으며, 따라서 몰락의 원인들 가운데 하나였다. 이러한 사실은 당시에 정당이 차지했던 지위를 검토해 보면 확인된다. 정당은 의도적으로 '권력의 주변부'에만 묶여 있었던 것이다.1)

2.1. 정당의 무능력

이미 1848/49년 혁명기에 독일에서는 5당체제가 형성되었으며, 이 체제는 1920년대까지 유지되었다. 이어 이 체제는 좌우에서 공산당(KPD)과 나찌(NSDAP)라는 극단파가 형성되면서 그 장래가 불투명해졌다. 우익에는 보수당이 있었고, 이들과 자유주의자들 사이에는 중도파인 카톨릭중앙당이 있었으며, 좌익에는 사회주의자들과 이들에게서 점차 구별되기 시작한 부르주아 급진주의자들이 있었다. 이 체제는 그 내부에 여러 다양한 견해와 분파를 포함하고 있었으며, 여러 집단 사이의 이합집산을 겪기도 하였다. 그러나 이 체제는 한 가지 요소, 즉 전통주의자와 진보주의자들 사이의 명백한 대립—아마도 성공적인 부르주아 혁명을 전제할 경우의 양극화—을 결여하고 있었다. 이와는 반대로 특히 혁명을 경험하지 못한 이 나라에서는 불분명하게 짜여진 정당관계가 형성되었다.2)

독일의 모든 정당들은 한편으로는 원리에 충실한 파에서부터 엄격한 원리주의파까지, 다른 한편으로는 현실에 적응하려는 파에서부터 얄팍한 기회주의파에 이르기까지 복잡한 결합관계를 보여주었다. 이들은 이데올로기적・철학적 학파들과의 신학적 논쟁에서 출발하였으며, 이상적 목표, 이념적 순수성의 추구, 〔신학적인〕 미래의 프로그램 등을 논의하는 데 전념하였다. 그러나 그들의 모든 철학적 정통론에도 불구하고, 그들은 실제적인 전술을 사용하는 데서 기존의 권력구조에 매우 잘 순종하는 모습을 보여주었다. 예전의 정치철학에서 유래한 '자유(Libertät)'라는 관념조차도 예전의 국가권력으로부터 양도받은 어떤 것 혹은 그것을 보충해 주는 어떤 것으로 이해되었을 뿐이고, 그것이 자연법에 기초한 자명한 어떤 것으로 받아들여진 경우는 거의 없었다. 급진부르주아 좌파의 운동원리였던 초기의 자유주의적 정당이론은 오직 국가만이 각 정파의 지역주의(Partikularismus)에 반대하여 전체를 대표할 수 있다는 독일국가 이데올로기의 요구에 직면하게 되었다.

이러한 견해는 항상 권위주의 국가의 위신을 ―특히 트라이취케(Treitscheke)와 같은 영향력있는 대중적 인물에 의해서도 정력적으로 추진되었다― 뒷받침해 주었고, 정당에 대한 혐오감을 부추겼으며, 정당으로 하여금 자기의 한계를 부과하도록 강요하였다. 게다가 여기에 여러 층위의 사회구조, 상이한 정치이념, 지역적・종파적 조건들 등에서 생겨난 장기적으로 매우 중요한 역사적 결과들이 추가되었다. 그렇다면 엘베강 동부의 융커와 남서부독일의 프로테스탄트 보수주의자들 사이, 바덴의 민주주의자들과 한자도시의 자유무역론자들 사이의 구분을 막는 것은 도대체 무엇이었으며, 또 이들과 슐레지엔의 카톨릭 거부(巨富)들, 작센의 공장노동자들, 라인란트의 농민들 사이의 구분을 가로막은 것은 무엇이었던가?

정치적 카톨릭주의는 수많은 애매한 구분선들, 중복된 것들, 자유주의자들을 분열시킨 모순들을 일시적으로만 가까스로 연결시켰으나, 이어 이들은 보수주의자들을 나머지 세력과 분리시켜 버렸다. 이데올로기적인 목적이나 물질적 목적에 기초하여 집단을 명확히 구분한다는 것은 너무 단순한 전제이다. 왜냐하면 이 두 가지 요소들은 본래부터 서로 불가분하게 결합되어 있었으며, 정당의 내부에서 다시 여러 집단으로 나누어지게 한 것은 바로 물질적 이해관계였기 때문이다. 그러나 주목할 만한 가치가 있는 것은 독일의 정당들이 1860년대에서 1929년까지 매우 오랜 기간 동안 그들의 고유한 이념공동체와 초기의 갈등에 속박되어 있었다는 점, 또 그들이 '권력의 회랑'으로부터 배제되어 있었고 따라서 타협이 필요했기 때문에 의식적(儀式的)인 논의에 빠졌다는 점 그리고 이 두 가지 요인이 사회 전체의 민주화과정을 방해하였다는 점이다. 중도적 정당과 좌익정당들의 가장 중요한 과제는, 해방을 진척시키려는 그들의 노력 속에서 잘 드러나고 있지만, 실행되지 못하였다. 여기서 민주화란 법적·정치적·사회적 평등이 여러 단계를 거치면서 점진적으로 실현된 것이라고 이해하였다. 이 평등을 실현하려는 세 추진력이 각각 그 다음의 시기를 결정한다는 마샬(T.H.Marschall)의 이론도식은 대략 영국의 발전경험과 일치할 뿐이다.3) 그러나 이 세 가지 평등화과정—이들 각각은 이미 독립적으로 충분히 미리 추진될 수 있었다—이 서로 겹쳐 있었기 때문에, 제국독일에서는 아무리 높이 평가해도 지나치지 않을 정도로 상황이 복잡했다. 민주화를 위한 그들의 노력은 제국에서가 아니면 프로이센에서, 도시민 사이에서가 아니면 적어도 농촌노동자들을 위해서 지난한 어려움과 맞서야 했다. 그러나 동시에 아마도 이 운동의 가장 중요한 원동력인 정당들은 비스마르크의 제국헌법과 주요 연방국가들의 헌법으로 인하여 제대로 활동할 수가 없었다. 왜냐하면 이들은 계속 전통적 질서구조에 순응할 것을 권유받았기 때문이다.

2.1.1. 자유주의자들

이미 1860년대에 부르주아 자유주의는 여러 이해관계를 통합할 수 있는 힘을 상실하였다. 명망가 위원회는 대중적 토대를 얻을 수 없었으며, 사회적 자유주의는 주변적인 현상에 머물러 있었다. 여기서 그 이전까지, 즉 1869년까지는 드러나지 않았던 "부르주아 민주주의와 프롤레타리아 민주주의의 급격한 분리"는 중대한 전환점이 되었다. 이 때에 좌파로서 새로운 노동운동을 대표하는 자유주의적인 '진보주의자들'은, 화해하기 어려운 이익과 목적의 대립으로 인하여, 수공업자 조합출신의 지식인과 정치인들 [예컨대 리프크네히트와 베벨]의 지도 아래 서로 갈라지게 되었다.4) 그렇지만 그 결과 독일의 자유주의는 자신을 대중정당으로 될 수 있게 해줄 수도 있었을 유일한 표밭을 상실하였다.

보수적인 정치철학자 슈탈(Friedrich Julius Stahl)은 정치적 반대자의 형안(炯眼)으로 反신분제적·反귀족적인 부르주아의 평등사상을 분석하면서 이 자유주의자들의 취약성을 언급하였고, 계속 다음과 같이 덧붙였다. "다만 그들이 평등을 달성할 수 있게 하라. 그런 다음에 무산계급들에게도 그들과 같은 권리를 갖게 해주어라. 그들은 곧 그러한 사상을 버리고 유산자들에게 유리하게 정치적·법적 구별을 짓기 시작할 것이다. 그들은 대표[의 선출]에 필요한 재산자격(Zensus)*7)과 신문[의 발행허가]에 필요한 재정담보를 원할 것이다. 그들은 멋있는 것만을 비치할 화실을 따로 마련할 것이고, 가난한 사람들에게는 부자들에게 보여주었던 같은 존경과 예의를 차리지 않을 것이다. 자유주의적 정당은 이처럼 혁명원리를 어정쩡하게 실행함으로써 스스로 자신의 입장을 잘 드러내고 있다."5) 자유주의는 그 자체의 궁극적인 목표들 가

---

*7) 본래 이 말은 국세조사라는 의미이지만, 여기서는 재산자격을 의미한다. 프로이센의 3신분 선거법은 재산자격을 기준으로 하여 선거권(Zensuswahlrecht)을 부여하였다.

운데 하나인 부르주아적으로 평준화된 사회, 소유와 교양에 기초한 배타적인 사회라는 그 자체의 관념과 모순되는 사회, 한 계급 즉 부르주아 계층에 한정된 사회에 저항하였다. 뿐만 아니라 자유주의는 이후부터 몇 10년 동안 느슨하게 유지되고 있던 지역명사 조직의 후원을 받기도 하였고, 점차 쇠락하여 가고 있던 자유주의적 분파의 일시적으로 흡수하기도 하였으나 지속적으로 와해되어 갔다. 1871년 이후에 점차 중요해지기 시작한 산업자본주의적 엘리트와 중산층 유권자 사이의 긴장은 독일 자유주의의 근본적인 문제점들 가운데 하나였다.

헌법투쟁은 1866년에 민족자유주의자들을 진보당에서 분리시켰다. 민족자유주의는 약 10년 동안 정당의 발전에서 최고의 번영기를 구가하였다. 1871년에서 1874년에 중산계급은 민족자유주의자들에게 투표하였다. 그러나 1879/80년에 이 이질적인 이익집합체는 1873년 이후 6년간의 불황기 동안에 시행된 자유주의적 경제와 자유주의적인 정책이 불신받게 되면서 붕괴되었다. 1875년 이후 좌파인 카프가 관찰했던 "구정파들의 해체과정"은 먼저 "가능한 그러면서도 때로는 모순적인 모든 행위·견해·목표들의 민족자유주의적인 혼합물"을 파괴시켜 버렸다. 마찬가지로 이 당의 우파인 함마허(Friedrich Hammacher)는 "민족자유당의 붕괴"를 "불가피한" 것으로 간주하였다. 왜냐하면 "그 머리를 하늘의 구름 속에 두고서 그 나라의 경제적 어려움에 대해서는 걱정하지 않거나 혹은 신학적 자부심을 갖고서 계급의 차이점들을 취급하는" 정당은 "파산해야 마땅"하기 때문이다.6)

1880년에는 그 정도의 상황에 도달해 있었다. 맨체스터 자유주의자들의 '이반'이 일어났으며, 당대최고의 자유주의적 지성인들인 밤베르거·몸젠·바르트·리케르트·슈타우펜베르크·카프 등이 그들과 견해를 함께 하였다. 이제 남은 것은 '베닉센(Bennigsen)과 미크벨의 하노버노선'이었다. 이 노선은 "비스마르크 정권이 궁극적으로는 독일

을 융커의 지배하에 두기 위하여 유례없을 정도로 퍼뜨렸던 탈도덕화 감정을 침투시키는 데" 기여하였다.7)

이 대부르주아적・산업적인 우파 자유주의는 1884년에 보수좌파적인 하이델베르크강령을 기초로 하여 든든한 기반을 잡게 되었으며, 그 전인 1881년의 선거에서 세인의 주목을 끌었다. 그러나 이는 좌파자유주의로서는 최후의 승리였다〔제국의회 전체의석 397석 가운데 115석으로 23%가 좌파자유주의를 지지하였다〕. 이후 분리파는 리히터의 구 '진보당'과 결합하여 1884년에 불행한 '독일자유당'을 결성하였다. 그럼에도 명성을 얻었던 이 자유주의는 사회보수적이고 권위주의적인 관헌국가 속에서 계속 몰락의 길을 걸었으며, 1887년까지는 그 의석수가 37석으로 감소하였다.

이러한 패배로 인하여 이제 자유주의는 거의 회복불능 상태에 빠지고 말았다. 민족자유주의가 계속 그 기반을 침식당하면서 1918년까지 유지된 반면에, 좌파자유주의는 1893년에 '자유주의자 연합'과 '자유인민당'으로 분열되었다. 나우만의 '민족적 사회연합'은 그들의 새로운 집결처로서 작용하리라는 기대를 모았으나, 안타깝게도 실패하고 말았다. 이들 여러 세력들이 새로운 결합을 이루어낸 것은 1910년에 '진보인민당'을 통해서였다. 자유주의자들은 제국 초기의 몇 년 동안 그들의 취약성에 대한 온갖 비난에도 불구하고 이전의 시기와 마찬가지로 '운동정당'으로 남아 있었다.

그러나 이후에도 제국독일에는 국내정책에서 부르주아지의 이익을 대표하는 통일된 자유주의 정당이 없었다. 자유주의는 1879년에 우파로 선회하였고, 조직자본주의의 도래, 국가간섭 정책의 강화 그리고 특히 사회민주주의의 등장 등이 이어지면서 다시는 통합에 이를 수 없게 되었다. 그렇지만 이에 덧붙여 부르주아 자유주의 속에서 일찍이 1873년 직후에 또 하나의 중대한 발전이 시작되었다. 이러한 움직임의 주변에서는 급진우파의 저항이 대두하기 시작하였다. 예전에 자유주의를 지지하였던 유권자들 가운데 일부는 기존의 입장을 바꾸었으며, 근대산업주의에 대한 반응으로서 반유대인주의에 입각한 저항운동에 참여하였다. 이 정파들은 독일제국 말기까지 약 6만명의 반체제 인사들-사회민주당은 제외-가운데 대략 절반 이상을 포괄하였다. 이들은 제국시기에는 아직 별 중요성이 없다. 다만 여기서는 이들이 1918년 이후에 장족의 발전을 이루어냈다는 것을 예고하는 데 그쳤으며, 이 글의 후반부에서 다시 한번 다루게 될 것이다. 반유대인주의에서 중요한 요소는 우파자유주의였다. 좌파자유주의도 중도좌파의 모든 정당들과 마찬가지로 제국의회 선거구의 재구획으로 인하여 피해를 입었는데, 이 선거구는 1874년에 결정되어 1918년까지 유지되었다. 선거구의 재조정은 농촌지역구에 유리하였다. 그러나 이는 엄청난 수의 인구가 산업중심지인 도시로 이동함으로써 그 지역의 유권자 수가 크게 늘어났다는 사실을 무시한 것이었다.

2.1.2. 중앙당

정치적인 성향면에서 보면 카톨릭적인 '입헌정당'인 중앙당은 주로 우파자유주의자들로 구성되었다. 프로테스탄트가 우세한 제국의 북부지역에서는 중앙당은 소수파였다. 그러나 이 지역에서 그들은 매우 잘 조직화되어 있었으며, 주로 성직자들이 이끄는 수많은 카톨릭적인 직업단체들에 의존하였다. 따라서 중앙당은 이러한 단체들의 정치적 대표체로 간주될 수 있다. 카톨릭이 압도적으로 우세한 지역에서 중앙당은 비타협적인 정책을 추구하였으며, 여러 종파가 혼재된 지역에서는 산재한 여러 카톨릭 공동체(Diaspora)들이 확고한 기반을 형성할 수 있도록 도움을 주었다. 중앙당은 소수파로서 그 자율성을 지키는 데 치중했기 때문에, 그 내부문제에서는 여전히 권위주의적이었다. 중앙당은 교회의 가르침과 신스콜라주의적인 사회철학을 신봉하였다. 다른 한편 이 당은 스스로 외부와의 관계를 끊으면서 자신에게 '적대적인' 환경에 맞서서 스스로를 방어하였으며, 따라서 산업자본주의와 사회주의, 도시화와 과학기술의 문명화와 같은 사회 전체의 발전으로부터 엄격한 고립을 조장하였다. 나아가서 이 당은 독일사회 속에 카톨릭적인 하위문화의 형성을 후원하였으며, 이 결과 많은 카톨릭교도의 거주지역이 게토(Ghetto)*8)와 같이 명백히 분리된 사회영역으로 되었다.

    그럼에도 불구하고 중앙당은 1880년대 중반 이후 계속 대중의 지지를 상실했다. 그 결과 총득표율은 23%에서 1912년에는 불과 16%로까지 감소했다. 이러한 사실을 설명해내기 위해 우리는 특히 다음의 세 가지 근거를 제시할 수 있다. 먼저 중앙당과 그 반대자인 프로테스탄트 사이의 구분선은 1870대의 문화투쟁*9) 기간, 즉 세속국가와 전통적인 교회가 직접 대결하던 시기에 이미 명확하게 그어져 있었다. 다른 한편 모든 계몽적 자유주의자들은 성모 마리아의 무염시태(無染始胎 : Mariendogma)*10)·반자유주의적인 오류목록(Syllabus Erronum),*11)

―――――――――――――

*8) 유럽에서 유태인들 만이 거주하는 지역을 지칭한다. 보다 더 일반적으로는 다른 지역과 격리된 사회집단을 지칭하는 경우도 있다.
*9) 독일을 통일한 비스마르크는 강력한 카톨릭을 바탕으로 정치에 강력한 영향력을 행사하는 중앙당에 반대하기 위하여 政·敎 분리를 규정하는 일련의 반카톨릭적 입법을 강행하였다. 즉 비스마르크가 카톨릭에 반대하여 행한 일련의 정책을 '문화투쟁'이라고 한다.
*10) 동정녀 마리아는 예수를 잉태한 순간부터 아담의 죄[원죄]의 영향을 받지 않았다는 로마 카톨릭의 교리로서 무원죄잉태설이라고도 한다. 이 교리는 초기 교회가 마리아의 거룩함을 인정한 데서 비롯된 것이나, 1854년 12월 8일에 이르러서 교황 Pius 9세는 전세계 대다수 카톨릭 주교들의 촉구에 따라 『형언할 수 없는 하느님(Ineffabilis Deus)』라는 大勅書를 통해 이 교리는 하느님이 계시하신 것이므로 모든 카톨릭 신자들은 이것을 확실하게 믿어야 한다고 선언했다.
*11) 1864년 12월 8일 교황 피우스 9세가 교황회칙에 '우리 시대의 주요 오류들'을 80가지

그리고 교황의 무오류교서(Infellibilitätserklärung:1870)*12) 등을 철저히 바티칸측의 비합리성과 후진성의 상징으로 간주하였다. 초기에는 적대관계-독일에서 문화투쟁의 깊은 상처는 오늘날까지 카톨릭을 신봉하는 정파에 남아 있다-로 인하여 투표권을 가진 카톨릭교도의 80%가 중앙당을 지지하였을 정도로 대립이 날카로웠으나, 공공연한 대립이 가라앉으면서 이러한 적대관계도 점차 사라졌다. 이와 더불어 이 당의 매력도 점차 감소하였다.

    여러 해에 걸쳐 중앙당의 입장에서 주목할 만한 사실은 특히 도시민들 가운데 교회에 나가는 사람이 감소하고 있었다는 점, 또 지지율의 감소가 기독교적인 사회도덕에 기초한 유대관계의 점진적인 약화와 관련되어 있다는 점이었다. 다른 한편 중앙당은 놀라울 정도로 오랜 기간 동안 이질적인 여러 집단을 종파적 이익이라는 공동의 깃발 아래 통합시킬 수 있었다. 그러나 점차 산업사회로의 발전이 진전되면서 그들간의 이익대립이 점차 커졌고, 이는 카톨릭의 이익을 통합시키려는 시도에 불리하게 작용하였다. 농민들은 보수주의자들을, 사무직 노동자들은 자유주의자들을, 노동자들은 사회민주당을 각각 지지하는 방향으로 돌아서는 등 사람들은 자신에게 이익이 된다고 생각되는 곳이 어디건 간에 자신의 이익을 보다 더 효과적으로 대표할 수 있는 정파를 지지하는 방향으로 나아갔다. 그렇지만 과반수 득표자 선거법(Mehrheitswahlrecht)이 제정되고 선거구가 농업지역에 유리하게 재조정되면서 중앙당은 제국의회에서 총득표율보다 25% 이상이나 더 많은 의석을 차지하게 되었다. 우리는 한 가지 중요한 점에서 중앙당의

    나열한 유명한 교서이다. 이 교서에서 교황은 당시에 영향력을 얻고 있던 견해, 곧 '진보와 자유주의, 그리고 현대문화에 적응하고 동의할 수 있으며 또한 반드시 그래야 한다'는 견해를 비판하였다. 이로 인하여 자유주의적 카톨릭교도들의 지위가 크게 훼손되었다.
*12) 교회를 세속권력의 통제라는 사슬로부터 해방시키기 위해서 교황 피우스 9세가 1870년 바티칸 공회의의 추인을 받아 발표한 교서로 교황의 지상권을 선언한 것이다.

정책이 극히 자업자득이었다는 것을 알 수 있다.

중앙당은 부모의 집과 국민학교에서의 제1차 사회화를 독점하려는 성직자들의 노력을 지원하였다. 그러나 젊은 세대의 카톨릭교도들에게 엄청난 영향력을 행사한 것은 이러한 조치들이 아니라 도시화·국내이동·교육제도의 분화와 같은 다른 여러 요인들이었다. 왜냐하면 이 세대들 가운데 정적인 농촌지역의 소규모 학교에서 성장한 사람은 상당히 소수였기 때문이다. 이 시기에는 도시생활·유동성·세속화된 고등교육에 대한 농촌의 전통적인 적대감, 어린이들에게 카톨릭식 교육을 해주고 싶은 열망 그리고 서로 종교가 다른 사람끼리의 결혼(Mischehe)에 반대하는 심술궂지만 시대에 역행하는 싸움 등이 벌어지고 있었으며, 이러한 문제는 다른 영역으로까지 확산되어 갔다. 이 시기에 이러한 문제들은 중앙당의 영향력을 약화시키는 결과를 가져왔다. 카톨릭교도들이 근대성에 대하여 갖고 있던 이러한 적대감은 오늘날까지 지속되면서 그들이 겪은 '교육의 결함' 속에서 그 대가를 치르지 않을 수 없었다.

초기에 중앙당은 투쟁적인 소수파 정당이었다. 이어서 지지자의 수가 점차 감소하여 20여년 사이에 선거에서 의석을 1/3이나 상실하였다. 그렇지만 중앙당은 교회가 설정해 준 과거지향적인 목적을 위해서 고집스러울 정도로 싸움을 계속하였을 뿐이었고, 민주화를 통해서 적대적인 사회를 변화시키려는 노력을 하지는 않았다. 또한 중앙당은 극단적인 애국주의를 신봉함과 동시에 독일제국에 대하여 지나친 충성심을 과시함으로써, 문화투쟁 시기에 느꼈던 차별과 열등감을 메우려고 하였다. 그러나 이로 인하여 오히려 다양한 색조의 보수파들이 서로 가까워지게 되었다. 우리는 이러한 발전을, 예컨대, 군비·전함 건조·제국주의 등과 관련된 의회의 결정과정에서 추적해 볼 수 있다. 동시에 우리는 당내의 좌파 및 철저한 反사회주의 노조인 기독교노조

(christliche Gewerkschaften)를 과소평가해서도 안된다.

중앙당은 전술적으로 매우 탁월했으며, 또한 다른 정당에 비해 이렇게 운신할 수 있는 정치적 활동범위가 더 넓은 편이었다. 그 이유는 이 당이 주로 일반 유권자보다는 오히려 카톨릭조직으로부터 인정받고 있었다는 사실에 기인한 것이었다. 그 조직을 이끈 것은 주로 지방 사제들(Kaplanokratie)이었으며, 그들이 당내의 민주주의에 관해서 언급하는 경우는 거의 없었다. 따라서 지방의 카톨릭조직과 중앙당의 정책을 결정한 것은 소수의 과두독재를 형성하고 있던 당 및 조직의 지도자들이었다. 그리고 중앙당은 자당의 이익이 중대한 위기에 처할 경우에, 예컨대 프로이센의회의 3신분 선거법과 같은 반동적인 정책을 정력적으로 후원함으로써 이를 타개하려고 하였다. 이로써 중앙당은 교육정책을 보다 더 용이하게 추진할 수 있게 되었다. 다른 한편 중앙당은 〔종교적·민족적〕 소수파를 옹호하는 데 필요한 중대한 결정을 내릴 때에는 기꺼이 거기에 참여하곤 했다.

2.1.3. 보수주의자들

프로이센의 舊보수주의자들은 토지귀족과 군대, 프로테스탄트의 성직자와 관료 등 전통적 지배계층으로 구성된 최대의 정파였다. 이 정파가 강력할 수 있었던 것은 전통적으로 그들이 상속받은 정치적 지배자의 지위를 잘 유지시켰기 때문이었다. 1871년 이후에도 그들은 다방면에서 계속 주요 권력에 접근해 있었으며, 프로이센국왕이자 군 최고사령관이며, 또한 루터적인 국가교회의 최고주교(Summus Episcopus)인 황제에게 충성의 초점을 맞추고 있었다. 그러나 그들과 비스마르크의 관계가 악화되고, 제국정책이 새로운 전환기를 맞이하게 되면서, 이들은 여러 세력으로 재편되었다. 그리하여 1876년에는 새로운 '독일보수당'이 등장하였다. '자유보수당'은 이미 1866년에 구 보수당으로부터 분리되어, '독일제국당'의 깃발 아래 제국의회에 참여하였다. 또한 그들은 고위관료직을 차지하고 있던 대지주와 산업의 이익을 소규모이지만 강력하게 결합시켰다. 초대 제국재상은 '한 마디로 비스마르크'라는 인물을 당 위에 확고하게 세울 수 있었다. 따라서 -비록 겉으로 드러나지는 않았지만- 그는 이 당이 엄청난 영향력을 행사할 수 있게 하였으며, 그 영향력은 1918년까지 끈질기게 유지되었다.

    독일 보수주의자들은 20여년 동안 그 영향력을 엘베강 동부지역에 의존하였다. 즉 그들은 지방고위 행정관리 권력의 매개자적인 지위와 자유주의적인 명사들처럼 정당활동을 책임지고 있는 소수의 직업정치인 계서제에 의존하였다. 그렇지만 이후 그들은 새로운 유권자층을 파고드는 데 성공하였다. 뿐만 아니라 1893년 이후 독일제국의 지주단체들 가운데 가장 강력한 이익단체인 '농업가 연맹'이 결성되어 독일보수주의자들의 기초가 되었으며, 신규회원의 충원조직으로 되었다. 이로써 독일보수주의자들은 성공적으로 근대적이고 광범위한 토대를 갖춘 조직으로의 전환을 이룩할 수 있었다. 이러한 동맹관계는 독일보수주의자들에게 극히 유용한 것이었다. 다른 한편 이 연맹은 이익단체로서 대지주의 이익을 가장 우선적으로 옹호하긴 했으나, 동시에 중소농민을 조직화하여 빈혈증세를 보인 보수당 진영으로 합류시켰다. '카톨릭 독일을 위한 인민연합(Volksverein für das katholische Deutschland)'이 중앙당에 대해서 했던 것과 같은 이러한 신규충원 노력이 없었더라면, 아마 보수당은 1912년까지 득표율 14%도 제대로 유지하기 어려웠을 것이다. 농업가연맹의 조직화가 성공적으로 이루어지게 됨으로써, 이제 독일 보수주의자들은 특권에 대한 신성불가침적인 옹호를 그들의 귀족적인 감정과 결합시킬 수 있었다. 또 그들은 군주정에 대한 충성을 반정부적인 우파운동과 결합시켰으며, 대농장주들을 농민들의 근대화에 대한 반감과 결합시킬 수 있었다. 이로써 그들은 하나의 강력한 제도적 구조를 형성시켰다. 농업가 연맹은 특수이익을 대표하던 예전의 단체들과 1870년대에 등장한 최초의 압력단체들에 이어서 등장한 세 번째 유형의 새로운 단체인데, 이는 효율적이고 잘 조직화된 투쟁단체를 대표하였다.

    이 단체가 이처럼 성공할 수 있었던 것은 주로 초기단계에 '피와 땅(Blut-und-Boden)'이라는 극단적인 민족주의의 신화적 요소와 그것의 필수요소인 반유대인주의를 포함하는 효과적인 단체이데올로기를 창출할 수 있었기 때문이다.8) 근대의 정치적 반유대인주의는 1879년 이후 반유대인적인 노선을 추구한 궁정설교사 슈퇴커(Stöcker)의 주변에 집결한 '기독교적·사회주의적'인 보수주의자들을 통해서뿐만 아니라 특히 농업가연맹을 통해서도 독일 보수주의자들에게 유입되었다. 이 이념은 기존에 귀족들에게 자리잡고 있던 혐오감과 연결될 수 있었을 뿐만 아니라 '고리대금업자로서 소처럼 일만 하는 유대인(Geld-und Viehjuden)'에 반대하는 중산계급과 농민의 열정을 정당정책과 쉽게 연결시켜 줄 수도 있었다.

    반유대인주의는 독일 보수주의자들의 선동과 선전에도 침투하였으며, 이 운동을 통해서 그것은 영예로운 것이 되었다. 반유대인주의를 주장하는 정당들 가운데는 전반적으로 별다른 두각을 나타내지 못한 여러 유형의 정당들이 있었던 것도 사실이다. 그러나 이 정당들이 받은 지지도가 미미했다고 해서 액면 그대로 반유대인주의가 조직화된 정치세력으로서는 결국 별 중요성이 없는 주변부현상에 불과했다고 결론을 내린다면, 이는 잘못일 것이다. 장기적인 면에서 볼 때, 반유대인주의는 독일 보수주의자들을 통해서 다른 어느 것과도 비교할 수 없을 정도로 강력한 영향력을 획득했다. 왜냐하면 정치적 반유대인주의는 독일 보수주의자들을 통해서 독일사회에 적응해 갔기 때문이다.

독일 보수주의자들이 제국의회에서 차지했던 숫적인 강도를 고려할 때, 우리는 이 당이 -비공식적인 강도 혹은 행정부 내에서의 제도적인 힘은 전혀 배제하고서- 3신분 선거법(Dreiklassenwahlrecht)*13)을 통해서 프로이센의회 내에서도 확고한 지배권을 장악하고 있었다는 사실을 간과해서는 안된다. 왜냐하면 그들에게는 1860년대 초에 이미 프로이센의회가 '진보적 자유주의'의 무시무시한 '요새'로 보였으나, 비스마르크의 전쟁정책이 성공한 이후 이 의회는 프로이센 내에서는 물론 제국에서도 '보수주의자들의 정치적 지배도구'로 되었기 때문이다. 프로이센의 장관이기도 했던 제국의 재상은 1890년 이후에 - 이 시기에는 전체인구 가운데 제1신분에 속해 선거할 자격이 있는 사람들이 4%에 불과했으나, 제3신분에 속하는 사람은 84%에 달해서 전자와 좋은 대조를 이루었다- 빈번히 보수적인 프로이센의회에 굴복해야만 했다.9) 또한 보수적인 민족자유주의자나 프로이센의회의 중앙당에 속하는 사람들 가운데 어느 누구도 독일 보수주의자들과 자유보수주의자들에 당당히 맞서 보려고 하지 않았다. 이것이 바로 프로이센의 권력엘리트들이 푸트카머의 3신분 선거법을 '정부가 포기해서는 안될 귀중품'이라고 칭송했던 이유이다.10)

2.1.4. 사회민주주의자들

1918년까지 독일 사회민주주의의 강점과 약점이 어떻게 평가되

---

*13) 1848/50~1918년의 프로이센 하원의 선거법이다. 모든 공동체의 선거자는 납세액에 따라서 세 부분[각 부분은 전체액수의 1/3에 해당]으로 나뉘어서 있었다. 소수이 고액납세자들은 중간계층이나 거의 세금을 내지 않는 대다수 시민들만큼 많은 선거권자를 선출했다. 이 3신분 선거법은 헌법투쟁의 중심문제였다. 그것은 민주적인 지역들, 특히 외국지역들에게는 '반동의 요새(Hort der Reaktion)'로 간주되었다. 이 선거법은 1918년 11월혁명으로 철폐되었다.

든지 간에, 이 당의 움직임이 1860년대 이후에 조직된 해방운동이었다는 점과 평등의 원리에 입각한 모든 민주주의적 권리를 지지하였다는 점은 부인할 수 없다. 이들은 1875년 고타에서 라쌀레의 노동자연맹과 베벨・리프크네히트의 주변에 있던 '아이제나흐파'를 결합하여 '사회주의노동자당'을 결성했다. 곧이어 권위주의적인 국가는 사회주의자탄압법(Sozialistengesetz:1878~90)으로 12년간 이들을 탄압하였으며, 추방・언론금지, 수천 여 가지의 방해계략을 동원하여 이들의 성장을 막으려 하였으나 성공하지 못하였다. 이 당은 새로운 유형의 조직과 체제의 비판에 입각한 원리의 구현이라는 점에서 다른 여러 정당과 확연히 구별되었으며, 이미 1878년에 제국의회 내에서 제4의 정당으로 되었다. 적어도 이 시기 이후로는 "맥주집에까지 붉은 유령이 출몰하였다."11)

비스마르크정부는 1848년 3월 이후에 이처럼 확산되고 있던 공포를 단호히 이용하였을 뿐만 아니라, 당시에 지속되고 있던 경제적 불황에 대한 본질적인 책임을 사회민주주의자들에게 돌리려고 하였다. 제국재상은 "만약 우리가… 국내의 입법을 통해서 이 공산주의적인 개미들을 짓밟아 버리지 못한다면, 우리는 결코 경제의 재생을 이루지 못할 것이다"라고 단호하게 언급하였다.12) 그에 의하면 이러한 '억압'은 사회주의자 탄압법을 통해서 비로소 실행될 수 있었다. 그러나 이 억압은 경제주기에 영향을 미칠 수도 없었고, 또 산업노동자의 전진과 같은 혁신적인 운동을 방해할 수도 없었다. 이러한 공식적・비공식적 추방에도 불구하고, 사회민주주의는 그 힘을 더욱 강화시킬 수 있었다.

1890년에 사회주의자 탄압법이 폐지되자, 사회민주주의의 유대의식은 더욱 확고해졌고, 회원수도 엄청나게 증가하였다. 이로써 사회민주주의는 박해의 시기로부터 팽창의 시기로 접어들었으며, 1912년에 이르러서는 그 세력 면에서 다른 모든 정당들과 필적하게 되었다. 1870년대와 1880년대는 오랫동안 경제성장이 침체된 시기였으며, 이는 의심의 여지없이 이 당이 신봉하던 경제이론-마르크스주의 경제이론-의 신뢰성을 강화시켜 주었다. 독일의 현실은 자유경쟁에 입각한 자본주의 경제체제의 필연적인 붕괴라는 그들의 분석을 확신시켜 주는 듯이 보였다.13) 동시에 그들은 공화주의에 입각한 인민국가 이념이 1866/71년에 군국주의적 왕정에 굴복하고 말았다는 환멸감에 빠지지 않았고, 마르크스주의 계급이론은 '야수와 같은 계급지배의 낙인'[Schmoller]을 찍었던14) 사회주의자 탄압법에 대한 투쟁기간 동안에 커다란 진전을 이루어냈다.

여기서 좀더 상세한 설명을 요하는 문제가 한 가지 있다. 그것은 독일 노동운동이 세기전환기까지 왜 마르크스주의적인 방향으로 나아가게 되었는가, 왜 독일 노동운동은 모든 문제들, 즉 자신의 투쟁목표와 해방목표를 완전히 마르크스주의적인 언어로 공식화시켰는가, 또 왜 노동운동이 미국에서는 전혀 일어나지 않았고, 영국 등 서유럽 국가들에서는 훨씬 제한된 형태로 일어났던가 등에 관한 문제이다. 독일의 발전에 관한 한 가지 설명방식은 독일이 부르주아혁명에 실패했기 때문에 후기봉건시대부터 전승되고 있던 전통적 요소들이 계속 잔존하면서 여러 계급과 계층 사이에 남아 있던 심각한 신분제적인 차이가 유지되었다는 것이다. 이러한 신분제적인 차이가 매우 뚜렷했던 곳은 프로이센이었으며, 따라서 사회민주주의의 정치적 투쟁은 1918년까지도 주로 잔존한 여러 봉건적 제도들에 지향되어 있었다.

그러나 산업사회의 계급구조가 형성되기 이전에조차도 여러 계급 사이에 나타난 명백한 균열은 사회주의 계급이론의 정당성을 증명해 주는 듯이 보였다. 계급사회는 순조로운 이행기를 거쳐서 점차 지배적인 사회형태로 되어갔다. 그 이론이 본래부터 독일의 발전을 미리 파악하고 있었고, 사회민주주의자들이 그 이론을 처음으로 봉건적·신분제적인 균열에 확고하게 적용시켰음에도 불구하고, 사회민주주의자들은, 마치 그 이론이 애시당초부터 적확하기라도 했다는 듯이, 여기서도 실제의 역사발전 과정을 마르크스주의 이론의 분석적인 힘을 증명하는 증거로서 간주하였다〔이와는 반대로 미국의 산업노동자들은 마르크스주의를 받아들이지도 않았고, 따라서 거기에 감염되어 있지도 않았다. 왜냐하면 미국혁명은 제도적인 면에서 평등권의 실현을 용이하게 해주었을 뿐만 아니라, 이데올로기적인 측면에서도 평등한 사회라는 약속을 제시함으로써 독일에서 사회주의가 지니고 있던 견인력의 대부분을 미리 확보하였기 때문이다〕.

제국독일의 계급사회에서 사회민주주의자들은 1890년 이후에도 도처에서 '조국이 없는 자들(vaterlandslose Gesellen)'이라는 이유로 차별대우를 받았다. 수정주의(Revisionismus)*14)의 대약진은 전세계적인 경기회복과 일치하였다. 개혁정당은 점차 노동자계급을 대표하게 되었을 뿐만 아니라, 특히 남부독일에서는 좌파자유주의 인민당으로서 '구 부르주아 급진주의의 성과를 계승한 집단'이 되었다. 따라서 임금의 상승과 선거에서의 승리는 이 정당의 합법적인 실천행위를 반영한 것이기도 했다.15)

'카우츠키주의'라는 일종의 통합이데올로기는 주로 유사혁명적 수사에 집착하였다. 그러나 이 이데올로기는 그 실행방식이 매우 온건하였기 때문에, 헌법상의 당을 비방하려는 자들에 의해서 계속 악용되었

---

*14) 1890년대 후반 사회민주당의 지도자들 가운데 한 사람인 베른슈타인이 제시한 이론이다. 그 이론의 주요내용은 기존에 자본주의적 합법칙성에 의한 경제위기의 지속과 그 결과 자본주의적 생산양식의 철저한 붕괴를 맞게 되리라는 마르크스주의에 반대하여 자본주의의 지속적인 적응력을 확신하고 폭력혁명을 통해서가 아니라 평화적으로 사회주의 사회로 나아가야 한다고 주장하였다. 이러한 베른슈타인의 견해는 당내의 주요 이론가들로부터 격렬한 반대에 부딪쳤으며, 그들간의 논쟁을 '수정주의 논쟁'이라고 부른다.

다. 본래 이 당은 부르주아 사회 내에서 평등달성을 주요정책으로 상정하였으나, 이 정책은 인터내셔널(Internationale)에 가입(1869)한 이후 민족에 대한 충성과 대립하게 되었다. 따라서 당은 점차 고립되었으며, 사회민주주의는 독일사회 내에서 나름대로의 독특한 하부문화를 형성하게 되었다. 사회민주주의는 노동조합들, 당원을 교육시키기 위한 여러 학교들, 수많은 사교단체들, 스포츠 클럽들, 신문들, 노동자들을 위한 도서관들 등을 직접 운영하였다. 이 모든 것들은 사회민주주의가 해방을 얼마나 진지하게 받아들였는지를 잘 보여주었지만, 다른 한편 사회민주주의는 이러한 활동으로 인하여 사회의 나머지 부분과 더욱 심각한 고립에 빠지게 되었다. 그들은 사회 전체를 변혁시키려는 노력을 계속하지 않았다. 그들은 정치강령 대신에 거의 완벽하게 자립적인 하부문화-그들의 내적인 발전 가능성!-를 건설하는 데 만족했으며, 1917년 이후에야 비로소 독일 독립사회민주당(USPD)이 처음으로 체제를 변화시키고 사회구조를 파괴할 만한 여러 조치를 요구하면서 이러한 정치강령을 채택하였다. 독일 노동자들은 미국의 노동자들과는 달리 다수의 유능한 지도자들을 보유하였는데, 이는 아마도 독일사회가 미국사회보다 유동성이 적었기 때문일 것이다.

    이처럼 사회민주주의와 자유노조(Freie Gewerkschaften)는 여러 결과를 초래한 국외자의 지위에 있었기 때문에, 그들의 성장이 독일사회 전체의 민주화에 예상했던 것만큼 효과적인 기여를 하지는 못하였다. 그렇지만 우리는 여기서 하부문화가 지니고 있는 업적을 부인할 수는 없으며, 따라서 그것을 과소평가해서는 안된다. 또 그렇다고 그들이 내세운 행동대안들을 과대평가해서도 안된다. 왜냐하면 그들은 지나친 적대감과 과거의 고통스러운 역사적 경험으로 인하여 조직물신주의[15]에 빠져들고 말았기 때문이다. 둘째로 사회민주주의의 지속적인 발전 그 자체가 다른 모든 정치집단들에게 더 심각한 위기의식을 느끼게 하였으며, 따라서 그들의 자기방어 노력을 강화시키는 데 간접적으로 기여했다. 그들은 '적색분자들'에게 기꺼이 양보하려 한다는 인상을 주지 않기 위하여 모든 진보적인 개혁에 반대했다. 특히 선거구의 재구획은 사회민주당에 대한 이 같은 두려움에서 초래된 결과였다. 예컨대 보수적인 의원들은 베를린지역 출신 사민당의원이 득표한 것의 1/10만으로도 제국의회에 진출하거나 혹은 그보다 훨씬 적은 득표로도 프로이센의회에 진출할 수 있었다. 이러한 경직된 제도로 인하여 자유주의자와 사회주의자 사이의 정치적 동맹, 즉 '바써만(Bassermann)에서 베벨에 이르기까지'의 사회주의자와 자유주의자의 통일전선도 성공하지 못하였다. 좌파 자유주의자 출신인 몸젠도 이러한 정치적 동맹에 찬성하여 가세하였다. 즉 그에 의하면, 독일의 모든 사람은 "만약 누군가가 베벨과 같은 정도의 지적인 능력을 갖고 있다면, 그는 엘베강 동부지역 융커 10여명을 그들의 동료들 사이에서 돋보이게 할 수 있을 것"이라는 사실을 알고 있다는 것이다. 그가 이처럼 양자간의 협력을 옹호하였음에도 불구하고 이러한 움직임은 성공하지 못하였다.16) 베벨은 40여년 동안 독일제국 사회민주주의의 당당한 지도자이자 자기주장을 굽힐 줄 모르는 제국의회 의원이었으며, 솔선해서 당이 받았던 박해를 추적하였다. 그는 죽기 직전에 독일 노동운동사가인 마이어(Gustav Mayer)와 제국의회 건물 내에서 만났으며, 거기서 제국재상 베트만 홀벡으로부터 건강이 회복되기를 바란다는 인사도 받았다. 베벨은 마이어를 되돌아보고 다음과 같이 말했다. "나는 의회가 생긴 이후인 1868년부터 이 의회의 일원이었습니다. 그렇지만 정부측 인사가 의사진행 이외에 나

---

*15) 사회민주당이나 자유노조의 타협적인 정책방향을 지칭하는 말이다. 즉 이들의 근본적인 목적은 사회주의 사회의 건설이었으나, 현실적인 면에서 조직의 타격을 염려한 결과 대중의 이익보다는 오히려 조직의 보전에 역점을 두는 소극적인 투쟁전략을 추구했다는 데서 유래하였다. 조직의 보전은 모든 투쟁의 주된 목표보다 우선시되었다.

에게 말을 걸어온 것은 이번이 처음입니다."17) 부르주아적 정당의 지도자들도 사정은 마찬가지였다. 독일'제국이라는 통일된 민족'의 현실은 다름 아니라 바로 그렇게 보였던 것이다.

2.2. 이익단체들을 국가 속으로 편입시키다 : 반민주적 다원주의와 그 반대자들

우리는 흔히 거대한 이익단체를 근대적 다원주의의 요소들 가운데 하나로 간주하였고, 따라서 어느 정도 소박하게는 독일의 민주화에 기여한 요소들 가운데 하나로도 간주하였다. 그렇지만 이익단체는 이미 그 초기단계에 적대적인 사회를 형성시켰으며, 여기서 독일이 경험한 바는 오히려 정반대의 상황을 보여주고 있다. 즉 경제적 이익을 대표하는 단체들은 권위주의적인 정책을 후원했고, 반민주적 다원주의로 지칭되는 정치체제를 지지했다. 이런 사실은 해군협회(Flottenverein)·식민협회(Kolonialverein) 등과 같은 거대한 우익단체들에도 그대로 적용되는데, 이들은 모두가 대중에 기반한 정치적 선동단체였다. 만약 우리가 이러한 사실에 대하여 도덕적이고 윤리적인 원리로 탄식한다면, 그것은 건전한 역사적 판단에 도움이 되지 않는다.

사회적 이익은 정치 지도부와 관료, 정당과 의회 사이에서 매개적인 역할을 수행하는 단체들로 조직화되었는데, 이는 분명 피할 수 없는 과정이었다. 그리고 이 과정이 행한 반사회적 폐해는, 이미 당시인들이 염려했던 바와 같이, 신랄한 비판을 받아 마땅했다. 그러나 진정한 딜레마는 이 야수처럼 적나라한 집단이기주의에 있었던 것이 아니라, 강력한 생산자 이익블럭에 대항할 만한 어떠한 세력도 오랫동안 없었다는 사실에 있었다. 노동조합과 사회민주주의는 소비자의 이익을 후원하였으며, 그 결과 그것들은 무시할 수 없을 정도로 광범위한 여론의 지지를 받아 권력요소로까지 발전하였다. 그러나 이와 거의 동시에 생산수단 소유자들의 카르텔은 지배체제의 후원군이나 선전단체들과 복잡하게 서로 관계를 맺으면서 거의 정복이 불가능한 요새를 구축하였다. 따라서 제국시기에는 계급입법이라는 뻔뻔스러운 입법형태가 매우 오랫동안 지속될 수 있었다.

우리는 대외무역・조세・군비정책과 농업정책만을 고려할 필요가 있다. 만약 우리가 이런 이익단체들의 권위주의적 생디칼리즘*16)에 의한 민주화를 기대한다면, 설사 그것이 간접적인 형태라고 할지라도, 이는 명백히 문제설정 자체가 잘못되었다는 것을 보여주게 될 것이다. 예컨대 농업가 연맹이 정치적 민주화에 기여한 바는 "反민주적으로 사고하면서 비민주적인 목적을 위해서 민주주의의 가면을 쓰고 민주적인 방식을 이용하는 데" 한정되었다.18)

이익단체는 여러가지 면에서 산업의 집중과정, 조직자본주의로의 이행, 경제의 성장과정에 대한 어느 정도의 통제필요성 등을 표현한 것이었다. 그러나 1870년대에 등장한 새로운 이익단체들은 대개가 이전의 제도들과 관련이 되어 있었다. 이들은 대규모 농업이익 단체인 '조세와 경제개혁자협회(Vereinigung der Steuer: und Wirtschaftsreformer: 1876~1928)'・'국민경제콜로키움(Landesökonomiekolloquium:1842)'・'토지소유자이익보호연합(Verein zur Wahrung der Interessen des Grund-

---

*16) 혁명적 노동운동이론으로 국가・민주적 의회주의・민족국가적 방위조직을 근본적으로 부정하고 있으며, 아나키즘과도 밀접하게 연관되어 있다. 따라서 아나코-생디칼리즘(Anarch-Syndikalismus)라고도 부른다. 사회주의와 마찬가지로 생산의 사회화를 목표로 했으며, 생산의 담지자 및 새로운 사회조직의 본원적 조직은 노동조합이었다. 그들의 세계관에 따르면 이러한 목표는 사회개혁을 통해서가 아니라 폭력적인 전복행위를 통해서만 달성될 수 있다.

besitzes:1848~52)'·'북독일농업가회의(Kongreß Norddeutscher Landwirte: 1868)'와 같은 농업단체들의 후신이었으며, 1893년 이후에는 농업가연맹이 보다 더 효과적으로 이 단체의 후신역할을 했다. '독일기업가중앙협회(Zentralverband deutscher Industrieller:ZdI, 1876~1919)'는 특히 중공업과 광산업을 대표하는 법인체로서 석탄·철·강철 등을 포괄하고 있었다. 이 단체는 '독일철강기업가연합(Verein Deutscher Eisen-und Stahlindustrieller:1874)'과 '석탄광산업이익연합(Verein für die Bergbaulichen Interessen:1858)', 혹은 소위 '長名協會(Langnam Verein: 1871)', 즉 '라인란트와 베스트팔렌의 공동이익수호협회(Verein für die Wahrung der gemeinschaftlichen Interessen in Rheinland und Westfalen)'의 경험에 기초하여 설립되었다.

결집정책이 성공적으로 진전되던 1913년에 독일기업가중앙협회(ZdI)와 기업가연맹(BdI)은 '생산자 신분들의 카르텔' 속에서 직접 협력했으며, 비판자들은 이 카르텔을 '약탈자들의 카르텔'이라고 불렀는데 이는 적절한 표현이었다. ZdI의 후반기 경쟁자인 '기업가연맹(Bund der Industriellen : BdI, 1895~1912)'은 수출지향적인 경공업과 완제품산업을 대표하였으며, 슈트레제만(Stresemann)의 정치적 도약대 역할을 하기도 했다. 이 연맹은 1906년에 ZdI와 이익공동체를 결성했고, 1913년에는 '독일고용주단체연합(Vereinigung Deutscher Arbeitgeberverbände : 1913~33)'의 결성에 협력하였다. 이어서 1914년에는 두 주요단체가 '독일제국산업협회(Reichsverband der deutschen Industrie)'라는 최고 통괄조직으로 결합되어 1919년까지 유지되었다. 이들은 특히 '독일전시산업위원회(Kriegsausschuß der deutschen Industrie)'에서 두드러진 역할을 수행했다.

1858년 이후의 '독일경제인회의(Kongreß Deuscher Volkswirte)', 1861년 이후의 '독일상업회의(Deutscher Handelstag)' 등 여러 상업회

의소들은 무역의 이해관계에 따라 좌우되었다. 그러나 이들의 자유주의적인 자유무역 경향은 1876년 이후 점차 덜 주목받게 되었으며, 이후에는 보호주의 정책을 강력히 지지하는 중공업이 명백한 우위를 차지하게 되었다. 따라서 이제 '무역협정연합(Handelsvertragsverein : 1900~18)'과 상업계를 대표하는 '상업·무역·산업을 위한 한자연맹(Hansabund für Gewerbe, Handel und Industrie : 1909~34)' 등은 이 우위에 더 이상 맞설 수 없게 되었다. 소장인들은 그 중요성이 흔히 과소평가되기는 했지만, 상공업길드(Innung)의 후원을 받았다. 상공업길드는 1881년에서 1897년 사이에 공법상의 법인체 지위로 되돌아갔다. 물론 이 길드는 상업회의소나 공업회의소처럼 '주권(Hoheitsrecht)'을 부여받았다.

또한 장인들은 1883년 이후 '전체독일수공업자연맹(Allgemeiner Deutscher Handwerkerbund)'의 지지도 받았다. 이 연맹은 극히 성공적이었으나 지명도는 별로 없었다. 이 단체는 1897년에 수공업자법이 제정될 때까지 자유주의적인 영업의 자유를 피할 수 있었다. 이 단체는 아직 [조합원만을 고용하는] 강제적인 상공업길드의 이념을 완전히 달성하지는 못하였지만, 직업신분제적인 체제에 근접해 있었다.

1870년대, 1880년대 이후로는 이 시기의 경제위기가 주로 여러 단체들의 이익을 구체적으로 드러내지 않을 수 없게 하였으며, 그 결과 이들은 도처에서 결합하여 영향력있는 대표기구를 결성하였다. 이 단체들은 곧 관료와 정당, 나아가서 제국정부의 고위인사들과 직접적인 대화통로를 찾아낼 수 있었다. 지방의 고위 행정관리들이 보수주의자들을 도왔다면, 여러 이익단체들은 경제의 매개적인 권력구조를 형성시켰다. 비스마르크의 반의회적·비헌법적이며 직업신분제적인 조합주의[물론 이것은 쿠데타가 발생할 경우 여러 단체들의 이익을 보충해 줄 의회이다!] 계획은 이 과정에서 심지어 여러 이해당사자들을 공식적으로 정치체제 속으로 편입시키려고까지 했다. '프로이센국민경제위원회 (Preußischer Volkswirtschaftsrat:1881)'는 일시적으로만 유지되었고, 제국위원회(Reichsrat)는 출범도 하지 못하였다. 그렇지만 이 단체들은 실질적인 영향력을 갖고 있었고, 정책결정과정에 사실상 참여할 수 있었기 때문에 점차 국가에 비공식적으로 통합되어 갔다.

보호관세 체제로의 이행은 이러한 발전을 보여주는 가장 현저한 실례였다. 1878년의 관세법초안은 주로 중앙협회(ZdI)가 함께 작성한 것이었다. 따라서 ZdI회원들은 이 초안이 제국의회와 연방의회 조사위원회에 회부되자 이를 비호하였다. 청문회 의사록의 편집은 ZdI의 최고대표자인 부에크가 맡았다. 이 관세법안은 1879년 7월에 제국의회에서 승인을 받게 되었으며, 이후 독일 최초의 근대적 법전이 되었다. 그런데 여기서도 이 최고 이익단체의 필적이 도처에서 드러나고 있다. 우리는 이러한 발전과정을 1879·1887·1902년 등 여러 단계에 걸쳐서 계속 추적하여 볼 수 있다. 또 유사한 사실이 다른 영역의 법률제정 과정에서도 언급될 수 있을 것이다. 어쨌든 바로 여기서 오늘날 독일연방공화국(BRD)의 '연방내각공동영업령(Gemeinsame Geschäftsordnung der Bundesministerien)'으로 가기 위한 직접적인 길이 열렸다. 이 법령에서는 국가관료와 이익단체의 관료 사이에 협력이 공식화되어 있다.19) 산업쟁의의 일상적인 수단으로서의 파업이 오랫동안 그토록 혐오스럽게 여겨졌고, 또 역으로 갈등없는 사회라는 이념이 오랫동안 그토록 대단한 것으로 여겨졌던 [그토록 유행했던] 한 국가에서 이러한 이익단체들의 지배가 도전받고 때로는 파괴될 수 있기까지는 이처럼 오랜 기간 – 독일제국은 이미 오래전에 사라졌다 – 이 걸렸던 것이다.

대중에게 영향력을 행사하는 것을 목표로 하였던 여러 선동단체들은 처음부터 개인적으로나 [조합회원을 통해서] 제도적으로나 경제적 이익단체들과 밀접한 연관관계를 맺었다. 물론 이들의 가장 중요한 관심사는 정치적 목적의 달성, 즉 선거운동 기간 이외에도 제국정부 정책의 특정한 결정에 대하여 대중의 동의를 얻는 데에 있었다. '독일해군협회(Deutscher Flottenverein:1898~1934)'는 티르피쯔의 전함건조를 지지하였으며, 개인 및 단체를 포함하여 약 8만여 명의 회원을 거느리게 되었다. 또한 이 협회는 '중공업 로비활동의 중심지[Kehr]'로 활동한 덕택에 선전선동에 사용할 수 있는 자금을 수백만 마르크나 모을 수 있었다.20)

'독일방위협회(Deutscher Wehrverein)'는 3만 6천명의 회원을 거느렸으며, 특히 1912년과 1913년에 벌어졌던 군비논쟁*17)에 개입하여 상당한 성공을 거두었다. 이 단체의 발기인인 카임(August Keim)은 퇴역장성으로서 부에크·클라스(H.Class)·후겐베르크(A.Hugenberg) 등과 같이 전형적인 근대적 여론조작자였다. '독일동진협회(獨逸東進協會: Deutscher Ostmarkenverein:1894~1935)[이 단체는 그 설립자인 한제만(Hansemann)·케네만(Kennemann)·티데만(Tiedemann)의 이름을 붙여서 'HKT협회 혹은 '하카티스텐'(Hakatisten)이라 불렸다]'는 폴란드민족에 반대하는 운동을 조직하였다. 이 운동은 1908년의 재산몰수법과 종족에 기초한 토지의 재할당요구를 지지하는 데까지 진전되어 나아갔다. 이것은 정치강령으로서 국가사회주의의 실천을 선행한 것이었다.

'독일식민연맹(Deutscher Kolonialverein:1882)'과 페터스(C.Peters)의 '독일척식회사(Gesellschaft für Deutsche Kolonisation)'가 결합하여

---

*17) 발칸전쟁과 프랑스에서 군복부기간이 3년으로 연장된 데 자극을 받아 독일제국은 1913년 3월에 육군을 크게 증강시키려고 하였다. 이를 위해서 새로운 비상군사법안이 제국의회에 제출되었는데, 이는 기존의 재정수단을 통해서는 충족될 수 없는 것이었다. 이 법안을 둘러싸고 제국의회에서는 사민당의 여러 분파와 보수주의자들 사이에 격렬한 논쟁이 벌어졌으며, 이를 군비논쟁이라고 부른다. 여기서 사민당 내의 수정주의자들과 개혁주의자들은 조건부로 동의하였고, 좌파그룹은 반대하였다. 그렇지만 사민당은 의원총회에서 찬성 57, 반대 37, 기권 7로 이 법안을 지지하기로 결의하였다.

결성된 '독일식민협회(Deutsche Kolonial-Gesellschaft:1887~1936)'는 거대한 제국주의적 선동단체로 등장하였는데, 이 단체의 중요성은 회원수의 변화로는 정확히 판단될 수 없다. 중요한 예를 하나 더 든다면, '범게르만동맹(Alldeutscher Verband:1891~1939)'에서는 우익급진파의 극단적 민족주의 이념이 반유대인주의적·범게르만적·팽창주의적인 이데올로기로 뒤섞인 애매모호하지만 장래가 유망한 집단과 결합되었다. 우리는 이러한 폭발적인 혼합을 정확히 오도된 소수파, 즉 모든 사회가 만족시켜 주어야 할 열성분자들의 간절한 꿈이라고 정의할 수는 없다. 비록 그들의 최후의 자기파괴적 성공이 그들에 의해서 수행된 바 있는 1917/18년의 '독일애국당(Deutsche Vaterlandspartei)'의 불길한 막간극(幕間劇) 이후에 1929년에 '국가사회주의독일노동당〔이하 국가사회주의: NSDAP〕'의 갑작스런 부상으로 비로소 드러나기는 했지만, 범게르만연맹의 회원들은 제1차 세계대전 이전의 호전적 민족주의의 '수탁자'로서 관료제와 국가의 정책에 점차 더 많은 영향력을 행사할 수 있었다. 그들은 생활공간, 세계적 강국으로서의 공인, 재무장 등을 국내의 계급〔대립〕문제를 폭력적으로 해결하려는 '민족의 독재'와 함께 소리높여 요구하였다.

그러한 생각은 독일제국의 '여론형성자들', 즉 영향력있고 학식있는 중산층에게 광범위하게 확산되었다. 만(Heinrich Mann)이 그의 소설 『신민(臣民: Untertan)』에서 할 수 있었던 만큼, 이러한 발전을 날카롭게 묘사할 수 있는 역사가는 아무도 없다. 범게르만연맹의 발기인들 가운데 한 사람이었던 은행가 하이트(Karl.v.d.Heydt)는 "식민주의를 단순히 독일의 경제적·정치적 세계지배를 달성하기 위한 하나의 수단, 따라서 범게르만주의의 한 계기"에 불과한 것이라고 보았다.

약간 더 온건한 역사가이자 해군협회·'하카티스트'·범독일연맹 등의 회원이기도 했던 람프레히트(Karl Lamprecht:1915년 사망)는 전쟁발발 이전에 여러 차례에 걸쳐 다음과 같이 요구하였다. "최대한으로 국가를 팽창시키는 것, 다시 말해서 국가사회의 모든 힘을 영웅과 지배자에 집중시키는 것, 이것이 바로 팽창을 필요로 하는 국가의 가장 우선적인 요구사항이다."21) 세계적인 강대국으로 되고자 하였던 1916년의 군사독재 정권은 스스로를 그러한 소망의 집행자로 자임했으며 바로 여기에서 일찍이 1933년의 회색독재의 세계지배 요구에 대한 토대가 준비되었던 것이다.

독일의 권위주의 국가가 이익단체들의 이기심을 통제하고 그들보다 우위에 서서 일반의 공공복리를 실현시킬 수 있다는 주장은 조금만 더 자세히 살펴보면 진실과는 정반대임이 드러난다. 이익단체들이 헌법구조의 공동(空洞) 속으로 파고들어 성장한 것은 바로 이 권위주의적 제국에서였으며, 이익단체들의 우위로 인해서 독일 정당들은 무력화되었던 것이다. 또 이익단체들의 이기심을 조장한 것은 의회가 ─이익단체들은 중요한 입법에 지속적으로 영향력을 행사하려고 하였다─ 그들의 활동을 조화시킬 수 있는 능력을 결여하고 있었기 때문이다. 제국의회와 정당들─그리고 이와 더불어 집단이익을 어느 정도 흡수함으로써─에 의한 이러한 의지형성은 독일의 헌법구조로 인하여 이루어질 수 없었기 때문에, 이익단체의 압력은 관료와 국가지도부의 협력을 통하여 훨씬 더 직접적으로 관철되었다. 이러한 현실을 감안해 볼 때 '초당적 정부'에 대한 환상은 점차 '권위주의적인 국가'의 뻔뻔스러운 '삶의 기만'으로 보이게 되었다.22)

특히 생산에 관련된 고용주단체와 민족주의적인 선동단체들의 반대자들인 SPD와 노동자들의 조직들은 이러한 정부의 초당적 성격을 거의 감지하지 못하고 있었다. 특히 1860년대에 수공업자 단체나 노동자단체들은 그 반대자들보다 압도적인 열세에 있었으며, 실제로 그들의 가장 중요한 약점은 그 내부에서도 동시에 드러났다. 즉 노동자단체들은 사회민주주의적인 [노선을 추구하는] 노조들과 자유주의적인 히르쉬-둥커(Hirsch-Dunker) 노조 그리고 이어서는 기독교노조로 분열되었으며, 이러한 분열상은 독일제국 시기에는 사실상 극복될 수 없었다. 그러나 본래 독립적인 노선을 추구하던 라쌀레의 '전독일노동자연맹(Allgemeiner Deutscher Arbeiterschaftsverband)'과 베벨·리프크네히트에 의하여 창설이 된 '국제노동자조합(Internationale Gewerkschaftsgenossenschaften)'이 -고타(Gotha)에서- 1875년에 통합되었다. 이로써 모든 노조들 가운데 가장 단단하고 강력한 조합인 자유노조의 조직적 핵이 생겨나게 되었다. 1877년에 이들은 1,266개 지부에서 5만명의 회원을 헤아리게 되었다. 그러나 이어 사회주의자 탄압법은 사회민주주의적 노동조합을 강타하였다. 1881년에서 1886년 사이에 이들 노동조합 단체들은 다시 소위 중앙단체들로 결집될 수 있었으나, 이어 1886년 프로이센 내무장관인 푸트카머가 제안한 파업[금지]령(Streikerlaß von Puttkamer)*18)-으로 새로운 억압의 물결이 밀어 닥쳤다. 그럼에도 불구하고 1889/90년에는 39,500여명의 노동자들이 1,100건 이상의 파업에 참가하였고, 비스마르크정권이 종식된 후에는 이미 3,860개의 지부에서 30만명의 회원을 갖는 58개의 중앙단체들이 등장하여 있었다.

1890년 이후부터 이들의 성장은 그칠 줄 몰랐다. 1918년까지 레기엔(C.Legien)의 지도하에 있었던 '중앙위원회(Generalkommission)'*19), 즉 결사법으로 인하여 방해를 받았던 지도위원회(Leitungsgremium)는 노조대회의 위임을 받아서 팽창과 활동을 전국적인 수준에서 통합시키

---

*18) 사회주의자 탄압법으로도 조직노동자들의 운동을 잠재우지 못하자, 당시 프로이센의 내무장관이던 푸트카머가 노동자들의 모든 집단행동을 불법화시키기 위해서 공포한 법률이다.
*19) 전국에 산재한 수많은 자유노조들의 중앙 상위조직이다. 그 초대의장은 레기엔이 맡았다.

려고 하였다. 다음의 수치는 그것이 어느 정도 성공적이었는가를 잘 보여주는 예이다. 자유노조원의 수는 1900년에 68만명에 달했고, 1904년에는 100만명, 1910년에는 200만명을 각각 넘어섰으며, 1913년에는 250만명에 달하였다(이와 비교하여 기독교노조는 34만 3천명, '황색'노조, 다시 말해서 친고용주 노조는 28만명, 자유주의 계열의 노조는 10만 7천명이었다). 조합원들은 법적인 자문과 후원을 하여줄 130여개의 서기국(Arbeitersekretariate)*20)을 마음대로 이용할 수 있었다. 반면에 약 3천여 명의 상근직원들은 수직적인 조직운영을 가능하게 해주었다.

노동조합은 수많은 노동쟁의(1900년 1,433건, 1910년 2,113건, 1913년 2,127건의 파업이 있었고, 거기에 참가한 파업자 수는 각각 10만, 15만 6천, 25만 4천명이었다)에서 임금관계와 노동조건의 개선을 위하여 집요하게 투쟁하였다. 그리하여 그들은 점차 사회민주당과 더불어 상대자들이 무시할 수 없을 정도로 강력한 지위를 확보하게 되었다. 물론 이러한 상황이 진전되면서 정치적 호전성은 점차 약화되었다. 이제까지 원리면에서는 거의 문제가 되지 않았던 체제 속에서, 자유노조는 1914년 이전에 사회적 생산량 가운데 보다 많은 부분을 조직노동자들에게 돌려주는 일에 열중하였다. 자유노조원의 대다수가 사회민주당을 지지하였으리라고 짐작할 수 있지만, 그렇다고 이들이 결코 당의 직접적인 후원군은 아니었다. 오히려 그들에게서 ㅡ노동조합 지도자들의 거주지역 출신의 제국의회 의원의 수가 급속히 늘어남으로써 전파된ㅡ 나온 조용한 개혁주의가 강력하게 당 내로 침투하게 되었다.

'중앙위원회'의 모험회피 정책이나 노조의 '빵과 버터'정책*21)이

---

*20) 자유노조 조합원들에게 무료로 특히 사회보험・노동법 문제에 관해서 조언해 주던 기관이다. 최초의 노동자 서기국은 1894년 자유노조에 의해서 뉘른베르크(Nürnberg)에 설치되었다.
*21) 한편으로는 각종 사회정책(예:사회보험)을 통해서 물질적 혜택을 주어 체제에 순응시키고, 다른 한편으로는 체제에 반대하는 사람들을 혹독한 억압책(예:사회주의자 탄압법)으로

어떠한 평가를 받든지 간에, 우리가 결코 과소평가할 수 없는 것은 이처럼 극히 모순적인 상황하에서도 그들의 조직적 업적, 즉 유대감을 강화시키려는 노력이 분명히 그대로 지속되었다는 점이다. 또한 우리는 그들이 기업가와 국가관료에 대항하는 하나의 대항세력을 형성하여, 파업에서도 용감하고 희생적으로 자신의 주장을 펴는 등 그들이 이루어낸 눈에 띄는 진보도 무시해서는 안된다.

2.3. '부정적 통합'이라는 정치적 지배기술 : '제국의 적' 대 '제국의 지지자'

1871년에 출범한 '민주주의에 대항하는 군주의 보험기관'인[23] 지도부는 〔제국의 창건을 둘러싸고 일어났던〕 경제적·정치적인 창건자의 황홀경이 진정된 직후 곧 딜레마에 봉착하였다. 독일의 정치에서는 부르주아 혁명에 찬성한다거나 반대한다는 두 가지 견해에 관한 통일된 중심점이 없었기 때문에, 보나빠르뜨적인 半독재하에서나 그 후에도 〔정치세력들을 통합할 수 있는〕 인위적인 통합점을 찾아내야만 했다. 왜냐하면 1870/71년의 환희는 선거를 통해서 확인되었고 전체적으로 보아 정부에 호의적인 민족자유주의적인 다수파를 생성시켰으나, 오래 지속되지는 못했기 때문이다. 보다 정확히 말해서 이러한 환희는 1873년까지만 지속되었고, 이후 독일은 불황에 빠지게 되었던 것이다. 1871년에 우파자유주의자인 지벨은 민족주의적·자유주의적인 열망으로 가득찬 부르주아지에게 널리 확산되어 있던 감정을 다음과 같은 말로 불안하게 표현하였다. "우리는 그렇게도 위대

체제를 유지하려고 했던 비스마르크의 정책을 일컫는다.

하고 강력한 것을 체험하도록 허용해 주는 신의 은총을 받을 만한 가치가 있었는가?" 또한 그는 다음과 같은 염려스러운 듯한 질문을 덧붙였다. "그리고 우리는 이후에 어떻게 살 것인가?" 비스마르크도 이 시기에 거의 유사한 질문을 던졌다. "우리에게는 무엇이 남겨져 있는가? 그토록 위대한 성공, 그토록 위대하고 강력한 사건들이 지나간 후에 이제 우리에게 여전히 경험할 만한 가치가 있는 듯이 보이는 것은 무엇인가?"24) 이러한 회의, 즉 사실상 제국정책의 일상에 대한 두려움은 1873년 이후에는 너무나 정당한 것으로 확인되었다.

독일제국은 근본적으로 상이한 역사적 전통을 갖고 있는 여러 구성부분들이 결합되어 형성됐으며, 경제적 위기뿐만 아니라 정치적·사회적으로도 위기에 처해 있었다. 이러한 상황하에서 심각한 압박을 받고 있던 독일제국은 이제 스스로가 지니고 있던 이질적인 성격을 극명하게 드러냈다. 공통적인 가치체계와 규범체계의 결여는 전쟁의 결과가 점차 흐려지면서 매우 명백하게 드러났으며, 그 대신에 불황이 전국을 억누르고 있었다. 제국 내에서 프로이센이 차지하고 있는 특별한 지위를 정당화시켜 주는 이데올로기는 아직 대중적인 기반을 얻지 못하고 있었으며, 특히 마인강 이남지역에서는 전혀 기반을 얻지 못하였다.

1866/71년의 패배자들은 이전에 공화국이나 인민국가(Volksstaat)의 지지자들만큼 프로이센에 대한 열망에 호의적일 수는 없었다. 따라서 제국의 여러 계급과 집단은 경우에 따라서 특수하고 상이한 속도로 '제국민족'의 길로 나아가게 되었다. 이런 상황을 고려하여 비스마르크는 우리가 '부정적 통합(negative Integration)'*22)이라는 개념으로 설명한 바 있는 정치적인 지배기술을 발전시켰다.25) 그는 '내집단

---

*22) 소위 '제국의 적'을 동반자관계로 인정한 것이 아니라 억압정책을 통해서 국가의 지배체제 내로 통합시키려 했던 것을 지칭한다.

(in-group)'과 '외집단(out-group)'이라는 원시적이고 사회심리학적인 대립을 이용하여 내부의 갈등을 일정한 틀로 단순화시켰으며, 그리하여 그는 '제국에 충실한' 다수파를 '제국에 적대적인 소수파'와 대립케 할 수 있었다..

이 제국의 적들은 '심각한 위험'으로 보였음에 틀림없으나, 전체체제에 실질적인 위협을 줄 수는 없었다. 제국을 지지하는 자들의 이러한 협력관계는 주로 공동의 적에 대한 적개심에 의해서, 따라서 부정적인 토대 위에서 유지되었다. 교황파·대독일주의자들·엘자쓰-로트링엔인들·덴마크인들 그리고 폴란드인들은 나면서부터 '제국의 적' 범주에 들도록 운명지워져 있었으나, 체제에 심각한 위협을 줄 만한 전제조건을 충족시킬 수 없었다. 따라서 정치적 카톨릭주의·의회적 자유주의·사회민주주의·자유유대인 등은 실제로는 '제국의 적'으로 개조되었다.

실제로 근대화와 국가화〔세속화〕를 겪고 있는 사회에서 '문화투쟁'이 국가의 요구와 교회의 요구간에 충돌이라고만 할 수는 없지만, 그 기간 동안에 공격의 표적이 된 것은 카톨릭교도들이었다. 비스마르크는 중앙당을 '제국의 적'이라는 카톨릭정당으로 간주해 버렸다. 따라서 그는 그들과 자유주의자들의 의회적 협력가능성을 완전히 배제해 버렸을 뿐만 아니라, 폴란드와 합스부르크의 카톨릭 교도와 관련된 선동을 통해서 제국독일의 카톨릭주의를 대외정책상의 위험과도 연관시킬 수가 있게 되었다. 케티어(Kettier)와 같은 현명한 카톨릭 관찰자들은 일찍이 소수파에 대해 이렇게 스스럼없이 범죄자 낙인을 찍어버리는 배후에서 원칙적으로 반헌정적·반사회적 움직임도 식별하였다. 이러한 움직임은 "온전히 그대로… 예전의 군주정적·절대주의적·군국주의적인 프로이센"의 부활을 겨냥한 것이었다.26)

바티칸측과의 새로운 이해가 구체화되자마자, 정부의 새로운 운동은 현실적으로 위협이 되는 좌파자유주의자들〔'비밀공화주의자', '이마에는 진보의 이념을 달고서 리히터의 외양간에서 나온 주견이 없는 선거인들', '허무주의적 진보파들'〕뿐만 아니라 장기적으로 볼 때 더 위험한 사회주의 노동당(SAP)까지도 억누를 수 있었다. 여기서도 독일의 정당들은 제국에 대한 그들의 충성심을 문제삼기 위해서 외국의 강자들-자유주의적 영국이나 사회주의적 인터내셔널-과 제휴하였다.27) 무엇보다도 비스마르크는 제국 내에서의 역관계로 보아 사회주의자들이 말하는 민주주의보다는 부르주아 정치가들이 말하는 자유주의가 더 위협적인 것으로 보았으므로 -왜냐하면 그는 자신이 어떤 점에서는 사회민주주의를 과소평가했던 것과 마찬가지로 자유주의를 과대평가했기 때문이다-, 그는 자유주의적인 유대인을 제지하기 위한 하나의 방편으로서 반유대인주의를 이용하는 것을 마다하지 않았다.28)

19세기 초에 해방령이 발표된 이후 정치활동을 하는 유대인들은 프로이센에서도 완전한 평등권을 실현하고자 노력하고 있었다. 그들 가운데 상당수는 자유주의자에 속했고, 후에는 사회민주주의자에 속했으며, 거기서 자신의 목적을 추구하였다. '진보적인' '제국의 적'으로서의 유대인은 마르크스주의적인 유대인이라는 상투어가 확산되기 이전에도 비스마르크의 승인하에 독일 국내정책의 희생양이 되었다. 폴란드인이나 엘자쓰인도 '제국의 적'으로 남았던 것은 두말할 필요도 없다. 자유주의자와 사회민주주의자들이 흔히 소수민족의 권리와 헌법상의 권리를 얻기 위한 투쟁에서 그들과 협력하였기 때문에, 폴란드인의 독립이라는 이상에 대한 전통적 집착 내지 엘자쓰인의 모국 프랑스에 대한 전통적 집착 때문에, 그는 이들이 전반적으로 반역의 사상을 넌지시 심었다는 비난을 여러 반대당에 퍼부을 수 있었다. 재상은 "외국의 원조가 당의 이익에 유용한 듯이 보이자 마자, 그들은… 자신의 조국을 궁지에 버려두려고 할 것이며, 나폴레옹이 그 시기에 라인연안

에서 마주쳤던 것 못지않게 굴종적인 호의로써" 승리한 프랑스를 맞이할 것이라고 판단하였다.29)

그러나 제국에 적대적인 불한당들이 부정적 통합을 달성하기에 충분하지 못할 경우에, 비스마르크는 항상 쿠데타라는 비밀병기로써 위협할 수 있었다. 이것은 마치 다모클레스의 칼(Damoklesschwert)*23)처럼 1870년대와 1880년대의 의회정치를 위협하였다. 제국의회 안에서 반대파가 성장함으로써 "의회체제는 점점더 빨리 파멸에 빠질 것이고, 무단정치를 준비하게 될 것이다. 이어 독일은 계속될 수 없게 될 것이다. 연방조약은 무효화될 것이고… 헌법은 전복될 것이다"라고 비스마르크는 판단하였다.30) 이로써 연방소속 국가들, 연방의회·의원들의 많은 반대는 침묵을 강요당했다. 왜냐하면 사람들은 1848년에 반혁명을 조직하려고 했고, 헌법투쟁을 참아냈던 그가 1890년 퇴임위기시까지 이러한 파산전술을 매우 잘 수행할 수 있으리라고 믿었기 때문이다. 이것은 보나빠르뜨적 유형의 입헌군주정을 단기적으로는 제대로 약화시키지 못한다는 견해였다. 게다가 '엘자쓰-로트링엔'에 부여한 예외적인 지위와 프로이센령 폴란드 동부변경의 상황은 여러 해 동안 제국의회와 여러 정당에 압력을 행사할 수 있는 기회를 제공해 줄 것으로 생각되었다.

1870년에 마르크스만이 서부의 병합으로 인하여 국내정책에서 '군국주의적 전제주의'의 경직화가 도래하리라고 예언한 인물은 아니었다. 부르크하르트도 엘자쓰-로트링엔으로 인하여 우리는 "전쟁없이도 적어도 매순간 마음대로 전쟁의 소음과 동원의 가능성 등을, 다시

---

*23) 기원전 4세기경 시라쿠스의 참주인 디오니소스 1세가 그의 신하였던 다모클레스를 호화로운 연회에 초대하여 머리 위에 한 올의 말총으로 칼을 매단 곳의 밑자리에 앉히고 참주의 행복이 항상 위기 및 불안과 함께 있음을 알렸다. 결국 '절박한 위험' 혹은 '위기일발의 상태'를 지칭한다.

말해서 독일 내부에서의 조용한 포위상태를 제공받게 되었으며, 이 때문에 입헌주의와 그밖의 다른 구시대적 잔재들에 관한 언급을 갑자기 중단해야만 한다"는 사실을 잘 파악하고 있었다.31) 훨씬 후인 1913년에 일어난 짜베른사건은 이러한 예측을 확인시켜 주었다. 이제까지 그 지방의 병합에 대한 저항을 통해서 자라난 프랑스인의 보복사상(報復思想:Revanchegedanke)*24)은 수십 년 동안 대프로이센이라는 군국주의 국가의 국내외 노선을 수립하는 데 도움을 주었다. 그러나 비스마르크가 정당정책에 이러한 행동방식-즉 부정적 통합기술-을 끌어들인 이후, 그의 후임자들도 계속해서 이 전술을 이용하였다. 왜냐하면 특히 독일 계급사회에 상존해 있는 긴장들은 주로 사회민주주의자들을 그 대상으로 설정한 용어인 '제국의 적'에 대항하는 하나의 블럭을 형성할 필요가 있는 듯이 보였기 때문이다. 물론 부가적인 통합수단들이 점점더 대규모로 이용되었으며, 장차 살펴보겠지만, 보다 더 모험적이기도 하였다.

독일제국 '창건기' 이후의 장기적인 영향들을 감안해 볼 때, 부정적 통합이라는 이 현명한 지배기술의 형성은 이미 매우 불길한 것이었으나, 여기서는 세 가지 측면이 더 언급되어야만 한다. 첫째, 비스마르크는 당시에 광범위하게 퍼져 있던 정당에 대한 반감을 자극하였으며, '제국의 적'과 '제국의 지지자'라는 그 자신의 이원론을 통해서 이들-정당들-을 초월하여 그들을 매우 복잡하게 뒤섞인 두 적대진영으로 대체하고자 하였다. 비스마르크가 "현재 독일에서의 무능력과 과대망상의 정도가 국회의원을 직업으로 하는 사람들에게서 균형에 맞지 않

---

*24) 1866년의 Sadowa전쟁과 1871년의 Elsaß-Lothringen상실 이후 프랑스인들이 독일에 대하여 품게 된 혐오감이다. 이 사상은 독일제국이 강대국으로 된 이후 제3공화정에서 우파의 정치구호로 되었다[Boulanger]. 제1차 세계대전까지 민족주의적・쇼비니즘적인 집단들에 의해서 사용되었다.

게 많은 지지를 받고 있다"고 신랄하게 조소하였을 때, 그는 단골정치인들의 정당과 의회에 대한 혐오감을 조장하였을 뿐만 아니라, 1918년 이후까지도 그들이 의존하였던 권위에 그러한 감정을 덧붙여 주었다.32) 둘째로 몇몇 정당을 정력적으로 도구화시킴으로써, 이들이 국가의 정책방향을 결정하는 데 참여하려는 의지는 계속 약화되었다. 그의 주변에 있는 사람들은 일찍부터 비스마르크가 정당을 단순히 '다음 역까지 타고 갈 역마'로만 간주했을 뿐이라는 것을 잘 알고 있었으며, 나중에는 비스마르크가 정당을 '마치 국가인양' 취급한다는 견해가 표현되기도 하였다. 즉 그는 "정당을 이리저리 조작하며 동맹을 맺었다가는 그것을 해체하였다."33) 그러나 이것은 정당정치인들에게 무능력감을 심화시킴으로써 후대에 깊은 상처를 남겼다.

    무엇보다도 독일의 국내정책은 광범위한 여론과 더불어 국가시민들 사이에 자리잡고 있는 깊은 분열에 익숙해지게 되었다. 즉 '제국의 적들'은 제2등급의 시민으로서 사회민주주의자와 소수민족을 겨냥한 합법적인 예외법*25)을 통해서 혹은 유대인과 카톨릭교도에게 악영향을 미치는 비공식적인 메카니즘을 통해서 차별대우를 받았다. 이러한 현상은 군대나 행정부뿐만 아니라 그밖의 다른 부문에서도 마찬가지였다. 즉 이들은 개인과는 관계없이 적용되어야만 하는 법치국가의 일상적인 법규범에 근거한 합법성의 영역에서 배제되었던 것이다. 그렇지만 사람들이 이러한 과정에 점차 익숙해지면서 비자유주의적이고 상스러운 언행은 점차 감소하였다. 열등한 이웃이 몇몇 있다는 것은 독일 제국 50년 기간 동안에 일상적인 경험이었으며, 이것이 바로 적과 동지라는 흑백논리(Freund-Feind-Denken)를 조장한 터전이었던 것이다. 이러한 사실은 소수민족의 물리적 청산에 반대하는 [심리적] 장

---

*25) 특별법이라고도 한다. 독일제국 시기에는 Jesuitengesetz(1872.7.4)와 Sozialistengesetz(1878.10.21)가 있다.

벽이 공교롭게도 '시인과 사상가'의 민족에게서 왜 그렇게도 빨리 붕괴될 수 있었는가를 분명하게 보여준다. 왜냐하면 역사적 관점에서 볼 때 '제국의 적'으로부터 '유대인 예배당공격(Reichskristallnacht)'[*26]뿐만 아니라 절멸되어야 할 '인민의 기생충'이라는 필연적인 보충어와 더불어 인민공동체라는 나찌의 이념으로까지의 길을 우리는 추적할 수 있기 때문이다.

2.4. 국가를 유지시키는 생산자신분 카르텔 내에서의 결집정책(1876~1918)

1848년에서 1879년까지의 '거대한 보수적 반혁명'기의 지속적인 결과들 가운데 하나는 그 마지막 국면에서 발전된 대산업과 대농업에 의한 결집정책이었다.[34] 양자간에 일시적인 대립이 있기도 했으나 1918년까지 이것은 제국정책의 토대가 되었다. 보수주의자인 슈몰러는 "1870년 이후 독일을 지배하고 있는 대자본과 대토지소유 사이의 동맹관계는 비스마르크의 후원 아래 성립되었다"고 자신의 견해를 피력하였으며, 그의 이러한 판단은 그의 좌파 상대자의 그것과 일치하는

[*26] 1938년 11월 9~10일에 나찌독일이 유대인과 그들의 재산에 폭력을 휘두른 사건이 발생했던 밤을 말한다. '깨진 유리의 밤'이라는 이 명칭은 사건 후 깨진 유리조각이 흩어져 있었던 데서 유래한다. 사건은 1938년 11월 7일 폴란드계 유대인 학생 헤르스헬 그린슈탄이 독일 외교관 에른스트 폼 라트를 파리에서 저격한 것이 구실이 되어 터졌다. 그날 밤의 난동으로 유대인 91명이 죽고 수백 명이 중상을 입었으며, 수천 명이 수모와 테러를 당했다. 약 7,500개의 유대인 상점이 약탈당하고 대략 177채의 유대교 예배당이 불에 타거나 파괴되었다. 이어 3만명에 달하는 부유한 유대인이 체포되었으며, 이민을 가거나 재산을 포기해야만 석방되었다. 이 사건은 이후 나찌가 유대인에 대한 박해정책을 강화시키는 중요한 계기가 되었다.

것이었다. 이 反진보동맹은 처음에는 反자유주의적 성향을 지니고 있었으나, 1870년대 이후부터는 사실상 탈자유화 정책을 실현하였다. 이어서는 본래부터 있었던 반사회주의적 요소가 점점더 명백하게 전면에 등장하였다.

비스마르크의 태도는 양면적인 것이었다. 한편으로 그는 사회주의자들과의 투쟁이 "살인자와 방화자들로부터 사회를 구출하는 것, 즉 파리 꼼뮨(Pariser Commune)*27)하에서 일어났던 사건들로부터 사회를 구출하는 것"이라는 자신의 주장을 믿을 만한 것으로 만들려고 하였다. 따라서 그는 사회주의 노동당에 대한 '절멸전쟁'을 수행하지 않으면 안된다고 생각했다. 그는 헌법을 계속 품에 안고 있으려 한 것이 아니라 이 목적을 달성하기 위해서 "헌법이 지나치게 원리에 입각하여, 소위 기본권 속에서 개인과 정당을 보호해 주려고 배려함으로써 도달하게 된 장벽을 허물고자" 하였다. "사회민주주의에 맞서서 국가는 항상 긴급방어 상태에 있어야" 하며 "그 수단을 사용하는 데 주저해서는 안될 것이다. 남에게 심한 짓을 하면 더욱 심한 보복을 당한다!(A corsaire corsaine et demi!)" 이러한 위협정책이 겁에 질린 '독일속물들'에게서 효과를 보게 되고 —외무성의 라도비츠(Radowitz)가 환호하였듯이— 다른 한편으로 사회주의 노동자당이 계속 성장하자, 그 목소리는 더욱 높아졌다. '위험한 강도떼', '범죄적 전복이론', '계엄령에 따른 처리', '시골쥐의 박멸' 등 이 모든 것들은 생물학적인 은유법을 사용해서까지 아직 실현되지 않고 있는 청산정책에 대한 공격을 강화하면서 나온 표어들이었다.35)

---

*27) 1871년 3월 28일부터 5월 28일까지 존속한 파리시민, 특히 노동자 주도의 자치정부를 지칭한다. 전년에 시작된 프로이센과 프랑스간의 전쟁은 프로이센의 일방적인 우세 속에서 진행되고 70년 말 굴욕적 강화와 그에 뒤이은 정부의 급진세력에 대한 탄압은 파리노동자들의 조직적 반발을 야기하였다.

다른 한편으로 비스마르크는 산업의 불균등한 성장으로 인하여 야기된 문제-"그 징후는 사회에 대한 사회주의의 위협이다!"-가 사회민주주의의 성장을 자극하게 될 것이고, 결국에는 충성을 보장해 줄 국가의 보상정책을 필요하게 하리라는 것을 잘 알고 있었다. 이는 후에 그의 사회보험법의 기초가 되었다. 그러나 비스마르크는 '부르주아적 질서를 열망하는 사람들'이 느끼던 혁명에 대한 사소한 공포심을 전혀 갖고 있지 않았으며, 너무도 숙명론적으로 확실히 보다 장기적인 관점에서 자신의 사회보수적 '제방쌓기'에 대한 전망을 하면서 "굶주린 자들… 바로 그들이 우리를 먹어치울 것이다"라고 언급하였다.

헤르베르트 폰 비스마르크(Herbert von Bismarck)는 선거에 관한 지시를 내리면서 계속해서 "부친께서는 우리는 사회주의자들에게 적대적인 행동을 취할 수도 있고 혹은 그들을 분쇄할 수도 있으나 그들은 결코 현 사회에 위험인자가 될 수 없다고 말씀하셨다"고 보고했다. 일반적으로 말해서 "사회민주주의자들이 진보당원들보다 더 낫다"는 말을 인정할 수는 없으나 "개인의 견해는 자유로웠다"고 할 수 있다. 어쨌든 비스마르크는 그들의 목표가 지니고 있는 유토피아적 성격 때문에 자신이 "사회민주주의자들의 성장을 특별히 심각한 것으로 간주하지 않는다"는 사실을 프로이센의 국가내각에 알렸다. 그는 프로이센의 군대가 있는 한 갈등상황이 발생할 경우 자신이 독일 민주주의자들과 호적수라고 생각했다.36)

사회민주주의자들이 수백만 유권자의 지지를 얻게 되자, 베를린의 이러한 자신감은 점차 약화되어 갔다. 동시에 호경기의 도래, 수정주의의 확산, 의회의 개혁작업, 노조의 승리 등은 모두가 말로만 혁명적인 그들의 급진주의가 점차 순치되어 갔다는 것을 실증해 주는 결과들이었다. 그러므로 필요하다면 언제든지 '적색위험'을 결집정책의 추진력으로 사용할 수 있는 조작적 계기는 여전히 남아 있었다. 이와 더불어 지배계급 속에서는 좌파의 대거등장으로 인하여 자신이 점차 궁지에 몰리고 있다는 생각 또한 확산되었다. 따라서 평시임에도 불구하고 사회개혁을 위한 추진력이 이로부터 생겨나지 못했다고 할 수 있다. 결국 그러한 충동을 막아낸다는 것 자체가 결집정책이 출발할 당시부터 견지한 목표였던 것이다.

'국가를 유지시키는 생산자 신분의 카르텔'은 어떠한 해방적 경향에도 반대하였다. 이 '카르텔'은 이미 1876/79년 이후부터 비스마르크를 그들 정책의 중심축으로 간주하였다. 1887년의 카르텔 제국의회(Kartellreichstag)가 이러한 사실을 마지막으로 다시 한번 확인시켜 주는 듯하였으나, 그는 은퇴한 이후에도 '보수적인 결집'을 계속하라는 결정적인 요구를 그 자신의 '국내정책에서 생긴 유산'[Stegmann]이라고 보았다. 카프리비의 친산업적인 대외무역 정책이 지주들에게 급격한 전환점이 되었다는 사실을 감안한다면, 사람들에게 이것을 상기시켜 줄 필요가 있었던 것 같다. 그들이 오랫동안 보호받아 온 '권리'에 대한 공격은 그들에게 일시적인 당혹감만을 주었을 뿐이다. 그럼에도 불구하고 여전히 그들은 진정한 反사회주의라는 이데올로기로 치장한 이해관계자들 사이의 새로운 타협을 통해서 기업가들을 획득할 필요가 있었다. 따라서 결집정책이라는 사회적·역사적 상수(常數)를 강조하는 것은 지극히 정당하다.

특권적 소수는 이 정책을 통해서 자신의 권력독점을 더욱 확고히 하였으며, 다수파로부터 재정적 지원도 받았다. 그러나 다른 한편 만약 이것이 1879년에서 1918년까지의 시기에 모든 형태의 사회적·정치적 근대화의 길을 계속 가로막은 단일화된 블록일 것이라는 인상을 주었다면, 아마 그것은 잘못일 것이다. 결집정책 내부에는 동요, 중단, 동맹관계의 변화, 새로운 타협의 필요성 등이 있었다. 좀더 자세히 살펴보면 1890년대 중반 이후 12년 동안에 두 개의 중심집단이 형성되었다는 것을 알 수 있다. 분명히 프로이센 국내의 권력관계에 더 관심이 있었던 [프로이센의 재무장관] 미크벨은 중공업과 대지주 간의 동맹관계를 부활시킴으로써 보다 소규모적이고 친밀한 내부영역을 채우고자 하였다. 그러나 이러한 토대는 제국정책을 수행하기에 너무나 협소한 것이었다. 왜냐하면 미크벨은 가능한 한 보수적인 중앙당과의 협력을 피하려고 했기 때문이다. 또 티르피쯔와 뷜로오는 포괄적인 개념을 발전시켰는데, 여기서 그들은 전함을 정치적 통합점으로 이용할 것을 제안하였다. 이 정책은 부르주아지 전체에게 영향을 미쳐서 마침내 '입헌정당'인 카톨릭중앙당을 설득하여 국내정책에서 보수적인 노선을 견지하도록 하려는 것이었다〔Ⅲ.5.2를 보라〕. 게다가 이 노선은 1897년의 수공업자법과 같은 사회복지 조치들을 통해서 구 중산층에게서도 환영을 받게 되었다.

딱딱한 핵, 즉 미크벨의 '결집'을 가능하게 하여준 것은 뷜로오의 (1902)관세와 일련의 해군법안이었다. 이와 더불어 ―또 항상 상업적 중산층의 후원을 받아서― "프롤레타리아트에 반대하는 농업과 산업의 공동통치" 체제는 선봉에서 "사회적으로 위협받고 있는 지배계급의 지위를 보장하고 강화한다"는 사회적·정치적 기능을 계속 수행하였다.37) 제국독일의 '두려움에 공동의 뿌리를 둔 카르텔'은 지지자들의 이익과 일치하는 수많은 보호조치들을 통해서 항상 자신의 특권적 지위를 보호하였다.

1870년대 중반 이후 여러 정당들의 대립―물론 사회민주주의는 예외―속에서 지적·헌정적인 면에서의 정치적 추진력이 현저하게 약화됨에 따라서 이 전략은 더욱 도움을 받았다. 여러 정당들이 1871/79년 시기의 결정들에 적응함에 따라서, 이제 무제한적인 사회·경제적 이익투쟁이 자유주의자와 보수주의자들에게서 헌법의 이념을 대신하게 되었다. 비스마르크는 한편으로는 "국내의 발전과정에서는 경제적인 문제의 우위가 끊임없이 진행되고 있다"고 정확하게 분석하였으나, 다른 한편으로 정작 그 자신은 이 과정을 더욱 장려하였다. 그 결과 "사업·재산·상업·산업을 갖지 못하고 봉급·사례비·주식배당금으로 생활하는 식자층들은 생산대중의 경제적 요구에 굴복하거나 그렇지 않으면 의석을 비워야" 했다.

비스마르크가 국내정치를 안정시키기 위하여 구상했던 계획이 성공하기 위해서 필요한 것은 그의 계획이 진정한 정치적 명망가의 민족적 헌정적 소망과 대결하기 보다는 이익단체의 법률고문들로 대표되는 물질적 이해관계자들을 만족시키는 것이었다. 비스마르크는 "정당들이 명확하게 특징지워진 경제적 사회적 이익공동체로 등장할 수 있고, 우리가 여기에 의존하여 맞받아치기의 원리(do-ut-des-Prinzip)에 따라 정책을 추진할 수 있다"는 이른바 장기적인 경향을 최대한 지원하였다. 이 경향은, 1911년에 힌쩨가 언급한 바와 같이, 1870년대부터 제1차 세계대전 이전까지의 시기에 '전례없을 정도로 지배적'이었다. 결집정책은 매시기마다 서로 대립하는 주요이익에 균형을 잡아줄 방식을 찾아내는 데 기초하고 있었으며, 따라서 그것은 이러한 발전의 결과일 뿐만 아니라 그것이 지속적으로 관철될 수 있는 조건이기도 했다. 힌쩨가 언급한 바처럼, 이것은 권위주의적 제국에서 '의회의 영향력'을 강화시키는 데 기여하지 못하고, 오히려 가시적으로 '군주의 국가지배'를 용이하게 해주었다.[38]

소위 '좌파자유주의자'들 가운데 한 사람인 나우만은 곧이어 밀과 강철을 결합시킨 이 反사회주의적 동맹을 "사람들은 보다 많은 이익을 얻기 위하여 혁명의 공포를 가장한다"고 특징지웠다. 그럼에도 불구하고, 1907년에 좌파 자유주의자들은, 중앙당을 대신하여, 광범위한 토대 위에 있는 결집정책을 대표하는 이익단체와 정당에 참가하였다.[39] 1907년 이후 뷜로오 블럭은 결집이라는 요소의 효율성을 다시 한번 입증해 주었다. 그러나 이미 1909년에 [거기에 참여한 여러 집단들 사이에] 일상적이고 과장된 알력이 심화되면서 이 블럭은 사실상 해체되어 갔다. 농민들은 제국의 재정개혁이 비준되고 있는 동안에 너무도 극단적으로 자신의 신성한 이기심을 관철시켰기 때문에 일시적으로 산업과 맺었던 동맹의 토대가 붕괴될 위기에 처하게 되었다.

'한자연맹(Hansabund)'은 소위 사회민주주의에 대하여 [지나치게] 온건한 노선을 취하였기 때문에 '중앙협회(ZdI)'와 결별하기는 했지만, 결별하기 전인 1909년에서 1911년까지 '중앙협회'가 비교적 자유주의적인 이 '연맹'-여기서 상업과 수출산업은 중공업과 전혀 다른 경제정책을 추구하였다-과 협력할 수 있었던 것은 당시에 형성된 분열의 늪이 얼마나 깊었던가를 다른 많은 징후들보다 더 명확하게 보여주고 있다. 중공업·대농업가·중산층에 의한 소규모결집이 다시 이루어졌다. 중공업은 反사회주의와 反유대인주의를 강력하게 선전하였지만, 처음에 중앙당·상업·기업가연맹(BdI)과의 결합은 성공하지 못하였다. 특히 이것은 해군에 여러가지 상이한 요소들을 결합시켜 줄 수 있는 힘을 상실했다는 점뿐만 아니라, 많은 비용이 소모되는 드레드노트급 전함*28)의 건조로 전환했다는 사실에서 기인했다. 초기의 계산과는 달리 이 계획은 재정정책에 비해 폭발적인 것으로 확인된 여러가지 문제를 야기시켰다.

1912년 선거에서 베트만 홀벡이 내걸었던 '민족의 결집'이라는 구호도 좌파정당의 승리를 막을 수는 없었다. 역으로 좌파의 승리로 인하여 결집정책의 전통적인 파트너의 우경화가 다시 한번 가속화되었다. 이제 '생산자 신분의 카르텔'은 실현되었다. 그러나 모든 우파정당들이 동원되어 결성된 블럭을 통해서 좌파의 '대홍수'를 막아보려는 모

---

*28) 1906년 영국해군이 건조한 'Dreadnought'호와 같은 형의 전함을 일컫는다. 이 전함은 17,900톤급으로, 주포가 12인치였고, 포를 10문이나 장착한 대형전함이었다.

든 조직적 시도는 화해할 수 없는 이해관계의 대립에 부딪쳐 실패하였
다. 제국정책에서 의회의 영향력을 더욱 강화시키는 방향으로의 의도
적인 '평화적 헌법전환'-반 의회적인 우파집단에 의해서 실각당한 뷜
로오가 여기에 대한 최악의 실례였다!-이 이루어진 것이 아니라, 오
히려 여러 세력간의 대립이 발생하였다. 그러나 여러 세력들은 서로간
에 대규모로 조직화되어 충돌한 것이 아니라, 오히려 침울한 공포와
상호간의 완전한 불신 속에서 기이한 마비상태에 빠져 있었다. 성공하
지 못한 우파의 카르텔은, 베트만 홀벡에 반대해서 의회에서 행했던
두 차례의 성공적인 불신임투표가 보여주는 것처럼, 이것을 잘 증명해
주고 있다. 좌파 다수는 정치적으로 무능했기 때문에 그에게 피해를
줄 수 없었던 것이다. 이러한 半마비상태는 깊숙이 분열된 한 국가 내
에서 전혀 해결책이 없어 보이는 듯한 위기가 지속됨으로써 생겨난 것
이었다. 바로 이러한 마비상태가 1914년 여름에 있었던 모험적인 대
외정책의 본질적인 조건들 가운데 하나였다.

　　위풍당당한 우파카르텔을 결성하고자 하는 소망은 1917년에 등
장한 '독일애국당'에서 비로소 실현되었다. 또한 이는 독일 최초의 초
기파시즘적 대중운동의 형태였으며, 이전의 우파동맹의 시의적절한
연속을 나타냈다.40) 1870년대 이후 정치적 反유대인주의도 초기파시
즘적이었지만, 1917년 이후에 비로소 대중적 지지기반을 확보하였다.
국가사회주의 독일노동당(NSDAP)은 사실상 '애국당'의 정통적인 후손
으로 간주될 수 있다. 왜냐하면 그 구성원들의 내력・사회적 배경・이
데올로기・강령 등에서 그 연결끈이 극히 명백하게 드러나고 있기 때
문이다. 결국 그것은 독일 보수주의자들에게 필요하고도 순치시킬 수
있을 듯이 보이는 거대한 결집운동을 대표하였다. 제국독일의 결집정
책이 바이마르공화국에 엄청난 부담을 지워주긴 했지만, 1918년까지
그것은 독일의 구 지배층과 신 지배층의 정치적 목적에 기여하였다.

왜냐하면 그들은 점차 더 이기적인 이익을 추구하였기 때문이다. 라테나우가 인상에 남을 만한 하나의 공식으로 사용했듯이 그것은 "수백년 동안 군사적 봉건제, 봉건화된 관료제 혹은 봉건화되고 군사화되고 관료화된 금권정치(Plutokratismus)의 구성원 혹은 거기에 동화된 사람으로 등장하지 못한 사람은 어느 누구도 지배해 본 적이 없는 국가"의 산물이었다.41)

3. 통합장치와 민주주의에 대한 구조적 적대성

    권위주의적인 제도규범, 보나빠르뜨적인 헌법의 실제, 정당의 무능, 이익단체의 이기주의, 여러가지 정치적 지배기술, 보수파의 장기적인 동맹 이외에도 부가적인 통합장치들이 있었다. 이 장치들은 위에 열거한 요소들을 서로 밀접하게 결합시킴으로써, 사회의 모든 질서구조가 가능한 한 오랫동안 지배계급의 목적에 봉사할 수 있도록 해주었다. 우리는 여기서 한편으로 이데올로기의 영향력과 그 원동력을 구별해야만 할 것이고, 다른 한편에서는 제도를 조정하는 것과 체제를 안정화시키는 메카니즘을 구별해야 할 것이다. 우리는 여기서 사용할 수 있는 여러 계기들 가운데 전형적이라고 할 수 있는 몇 가지만을 선택하게 될 것이다.
    몇몇 이데올로기적 요소들만을 한정하여 설명하는 것은 적절한 분석을 제공해 줄 수 없다. 왜냐하면 궁극적으로 지배체제의 내면화를 보장해 주는 것은 항상 제도들이기 때문이다. 여기서 예컨대 교육제도의 결정적인 중요성은 필요불가결한 [소가족에 의해서 행해지는] 제1차 사회화와 [또래집단·중고등학교 및 대학이 맡게 된] 제2차 사회화를 통하여 정치적 권위에 기반한 사회관계를 강화시키는 데 있다. 스스로가 책임감있게 행동하기보다는 타인의 통제를 받는 -요컨대- 제도화된 행위의 규제가 근본적인 중요성을 지니고 있기 때문에, 우리는 그것의 가장 중요한 결과들 가운데 하나인 민주주의에 대한 구조적 적대성에 관해서도 언급할 수가 있다. 이 적대감은 제국시기의 독일사회사가 지니고 있는 여러 특징들 가운데 하나였다.

3.1. 국가이데올로기와 예외법

독일의 전통적인 국가이데올로기는 마치 하늘을 뒤덮은 구름처럼 1871년의 국가를 덮고 있었다. 이 이데올로기는 특히 다음의 세 가지 원천에서 유래하였다.
  1. 여러 독일국가의 절대주의적 지배체제는 특히 30년전쟁이 끝난 이후 점차 위로부터의 지배에 익숙해지게 하였다. 그밖의 다른 곳에서 근대적 국가의 형성과정은 소규모의 지방분권화된 자치행정을 배제하지 않거나 혹은 혁명을 통하여 변화되었다. 반면에 독일어를 사용하는 중부유럽에서는 관료제와 군대에 기반하여 비교적 순탄하게 중앙집권화로 나아갔다. 여기서 우리는 '계몽된' 절대주의라는 변수가 특히 독일의 대규모 국가들의 행정에 상당한 정도의 효율성을 제공하였다는 사실을 간과해서는 안된다. 이것은 주민들을 혁명의 소요나 서유럽으로부터의 오염에 대한 면역의 효과가 있었으며, 동시에 국가지도부의 후광을 고양시켜 주기도 하였다. 결국 국가생활의 실제에는 -

그리고 사회적 변화와 국가의 관장하에 이루어지는 경제정책에도 - 수세기 동안 권위를 행사한 이 막강한 영향력이 구전되었다.

2. 통속화된 루터의 신앙이 권위에 끼친 특별한 영향은 이 발전을 이데올로기적인 면에서 확고하게 해주었다는 점이다. 이것은 反종교개혁적인 카톨릭주의가 카톨릭국가들에서 했던 역할과 동일한 것이었다. 루터의 정치사상이 어떻게 해석되든지 간에 다음은 확실하다. 즉 일상적인 활동을 하고 있는 루터파의 국가교회는 신이 정해준 권위, 즉 복종의 의무는 있으나 저항권에 의해서는 반대할 수 없는 권위로서의 국가지배자를 신성시하면서 비판에서 벗어나게 해주었다. 특히 우리는 독일제국의 부분국가들 가운데 가장 큰 국가인 프로이센에서 이러한 발전을 추적해 볼 수 있다. 그리고 독일 안에 프로이센이 차지하고 있던 헤게모니적 지위 때문에, 이러한 발전은 특히 중요하였다.

3. 이러한 평가는 1820년대 이후부터 프로이센의 여러 대학들로부터 확산된 헤겔의 관념론적 국가관에도 마찬가지로 적용된다. 국가는 대학강단으로부터 -본래는 관념철학이 크게 융성하면서- 왕권신수설을 초월한 인류성의 구현자로서 일시적인 신성을 부여받았으나, 이러한 신성화는 결국 국가에 대한 맹목적인 숭배로 타락하고 말았다. 또한 그것은 여론 속에 수용되어 확고하게 자리를 잡았음에도 불구하고, 후에도 훨씬 더 오랫동안 영향을 미쳤다. 특히 두 가지 중요한 사회집단이 이 관념론적 국가관의 주요 담지자로 되었다. 관료는, 헤겔의 '보편신분(allgemeiner Stand)'처럼, 스스로가 사실상 국가의 구현자라고 주장하였다. 교양부르주아지는 점차 상당히 영향력있는 '여론형성자'의 지위를 차지하였으며, 동시에 헤겔 철학을 수용하였다. 이들 두 집단은 그의 철학을 엘리트의 논의와 여론 그리고 교육제도 속에 걸러넣는 역할을 하였다. 1880년대에 자유주의자인 로겐바흐(Franz v.Roggenbach)는 다음과 같이 언급하였다. "베를린의 국가론자들은 국

가를 인간정신이 만들어낼 수 있는 가장 완전한 창조물이고, 또 개인이 훈련된 기계의 수준으로 떨어질지의 여부가 자신에게는 무관심한 문제로 되었다고 노래하였다." 다른 비판자들과 더불어 이 바덴출신의 남작은 권위주의적인 국가 이데올로기가 전반적으로 독일의 정치적 근대화를 방해하고 있을 뿐만 아니라, 직접적으로는 독일제국의 지배구조를 지속시킬 수 있도록 도왔다는 사실을 인정하였다. 따라서 "의회라는 장식품을 걸치고서 유사입헌주의로써 유치한 놀이를 계속했던 국가절대주의를 확고히 하는 데 그렇게도 강력하게 작용하고 있는 시대정신이 다시 한번 변할 것인지"에 관해서는 그도 말할 수 없었다.[1] 사실 독일의 국가이데올로기와 특히 국가기관의 초당적 성격이라는 그 신화는 1918년까지는 물론 그 이후에도 계속 지배적인 형태로 유지되었다.

정치적으로 활동적인 소수파나 해방운동 세력이 현상의 유지와 이러한 이데올로기의 실현을 문제시할 경우에는, 국가는 예외법을 도입하여 그들을 국가이성에 찬성하도록 설득하였다. 이것을 처음으로 경험한 사람은 문화투쟁기의 카톨릭교도들이었으며, 1878년에서 1890년까지의 시기에는 사회민주주의도 이것을 경험하였다. 같은 시기에 소수민족에 반대하는 입법은 점차 급진적 성격을 띠기 시작하였으며, 국가시민의 평등사상을 조롱거리로 만든 특별조치에서 그 절정에 달하였다. 게다가 독일의 관료국가는 여러 규정 및 칙령을 내부적으로 시행하는 과정에서 사회민주주의·카톨릭교도 혹은 행정부·군대·사법부 및 제국정부에 소속된 유대인과 자유주의자들에게 거의 식별이 되지 않게 차별대우를 하였다. 본래 비공식적 메카니즘인 편견과 원한은 파악하기가 훨씬 더 어렵다. 결국 이러한 차별대우들은, 비공식적인 메카니즘과 더불어, 아마도 일시적으로 효과가 있는 법률상의 특별지위만큼 지속적인 영향을 미쳤을 것이다. 국가이데올로기가 통일되고 조화로운 시민사회를 날조해낸 것이라면, 사회적 합의는 법적·행정적 특별권-면제와 특권-을 사용함으로써 사실상 강요된 것이었다. 국가는 생각이 다른 사람들에게도 합법적으로 자신이 독점하고 있는 권력을 행사하였다. 여기서도 그들에 대한 강요가 권위주의 국가의 완전히 일치된 듯 보이는 외모의 다른 한 측면이었음은 확인된다.

3.2. 민족주의와 상투적인 적대성

본래 민족주의는 18세기 말 이후 새로이 등장한 부르주아지의 反봉건적이고 자유주의적인 해방이데올로기로서 승승장구하기 시작하였다. 그것은 구체제에, 즉 전쟁이 끊이지 않는 세계에, 국경을 초월한 전인류의 화해와 우정이라는 이상을 제공해 주었다. 곧이어 각 민족은 재산과 교양을 갖춘 부르주아지를 위한 대의기구를 갖춘 민족국가로 조직화되었다. 100년 후에 사람들은 이러한 자유주의의 기본원리 혹은 이러한 조화로운 국제협력에 대해서 더 이상 언급하지 않게 되었다. 이것은 일반적인 현상이었지만, 특히 독일에서 현저하였다. 독일 민족주의가 1848년 이후-여기서도 혁명의 실패가 중요한 계기였다-에 그 자유주의적인 요소들을 상실하였고, 심지어 그것들을 억압하게 되었다. 그 결과 적대적인 요소들이 성장하였으며, 마침내 본래의 것과 정반대되는 상과 태도가 완전히 민족주의를 지배하게 되었다. 본래부터 근대적으로 각인된 이 변형된 민족주의는 외부의 적과 내부의 적에 대응하면서 두 방향으로 변화되었다. 따라서 우리는 그것이 대외정책에 끼친 영향만을 강조해서는 안되며, 또한 항상 국내상황에 뿌리박혀 있던 민족주의적 열병이 프랑스 혹은 영국에 대항하는 민족주의에 상응하였다는 사실도 잊어서는 안된다.

    민족주의가 다른 민족에 대해서 호전적이었을 뿐만 아니라 내부의 적에 대해서도 공격적이었고, 또한 양자에 대항하여 동원될 수 있었다는 사실은 제국독일의 민족주의가 지니고 있었던 야누스적인 성격에 있었다. 프로테스탄트가 압도적 다수를 차지하고 있던 제국사회로부터 카톨릭교도가 밀려날 경우건, 혹은 사회민주주의자들이 인터내셔널에 소속되어 있었다는 이유로 '조국이 없는 자들'이라고 낙인찍힌 경우건 간에 실제로 거기에는 민족주의가 동원되었다. 진정한 민족에 속해서는 안될 시민들, 즉 타도되어야 할 것으로 간주된 '민족의 기생충들'도 민족공동체의 일원으로 되어 있었다. 따라서 비스마르크 시기의 말엽에 밤베르거는 이미 다음과 같이 매우 조심스럽게 언급한 바 있다. "증오를 통해서 애국주의를 드러내는 한 세대가 성장하였다. 그 증오란 국내외에서 무조건적으로 복종하지 않는 모든 것에 대한 증오이다."2)

    우리는 제국의회의 선거운동에서 이 공격적 민족주의가 지닌 이중적인 기능을 명백히 관찰할 수가 있다. 처음의 두 차례 선거(1871·1874)가 있기 이전에 여전히 전쟁으로 격앙된 애국주의의 반향처럼 보였을 수도 있었던 것이 이제는 명백히 권력을 유지하기 위한 전략으로 등장하였다. 바로 그 순간에 대외문제로 인한 긴장이 조성되거나 국제적 위협의 가능성이 생겨났다. 외부의 적에 대한 두려움은 '제국에 충실한' 사람들의 선거용 무기로 전환되었을 뿐만 아니라, 가장 일찍이 이 전략에 비판을 가했고 바로 이 비판 때문에 정치적으로 신뢰성이 없다고 비난받았던 '제국의 적' 진영에게 외부세력과의 결탁이라는 누명을 씌울 수도 있었다. 카톨릭교도들은 별 어려움 없이 로마교황청과 관계를 맺을 수 있었으며, 사회민주주의자들은 인터내셔널과, 폴란드인들은 분할에 반대한 모든 폴란드인 반대파와, 자유주의자들은 의회주의적인 영국과, 중도좌파의 모든 정치세력들은 국제적인 '혁

명적·공화제적 이익유대'와 연계할 수 있었다.3)

이 무렵 지방에서는 민족주의와 대외정책을 이처럼 선거의 목적에 남용함으로써 정치분위기가 악화되어 있었다. 그렇지만 의회 내의 정부지지자들만이 다수표를 얻음으로써 그들이 제안한 법안이 민족적 필요물로서 장식되는 한, 이러한 분위기의 악화는 베를린의 제국정부 지도자들에게 거의 부담이 되지 않았다. 1873년 이후 심각한 사회·경제적 문제에 직면하였을 때, 비스마르크는 "어떤 민족적 무기력"이라고 비난받을 수 있는 "활기없고 무감각적인" 유권자들에게 생기를 불어넣는 방법을 잘 알고 있었다. 그것은 선거시에 '국제문제와 관련된 열기'를 이용한다는 것이었다. 이러한 사실은 1877년 이후의 모든 제국의회 선거, 특히 1884년과 1887년의 선거에서 확인된다.4)

그의 후임자들은 이 기술을 모방했다. 1912년경에 반프랑스적·반영국적·반러시아적인 민족주의 감정은 여전히 모든 반정부인사들에게서 원칙적으로 제국에 대한 충성의 거부와 관련되어 있었다. 그리고 이 감정은 '부정적인 통합'을 달성하기 위하여 교묘한 조종을 통하여 더욱 조장되었다. 따라서 우리는 이 민족주의를 하나의 준자율적인 추진세력으로 묘사할 것이 아니라, 오히려 이와 결합되어 있던 독일의 지배집단이 그것을 통해서 어떠한 이익을 얻었는가에 대해서 질문해 보아야만 한다. 이것은 음모이론을 추구하려는 것이 아니다. 또 이것은 민족주의 그 자체에서 유래한 영향력이 교육과 군대·언론 그리고 문학을 통해서 조장되어 마침내는 어느 정도 자립성을 갖게 되었고, 그것이 지배집단에게도 영향을 미칠 수 있었다는 사실을 부인하려는 것도 아니다. 왜냐하면 지배집단의 이해관계에 관하여 의문을 제기할 필요성이 있다는 것을 논외로 할 경우 독일제국의 권력엘리트들이 민족주의의 특정 내용들을 아무리 많이 이어받았다고 할지라도, 우리는 그들이 극히 권력기술적이고 합목적적인 계산 속에서 그것을 이용하였다는 사실을 잘 알고 있기 때문이다. 비스마르크가 1887년에 러시아와 프랑스의 '위험'이라는 위기 속에서 '카르텔 제국의회'로 통일시켰고, 1907년에는 뷜로우가 호텐토트선거[*29]를 제국주의 열강들 사이의 투쟁이라는 깃발로 관철시켰으며, 또 1912년에는 베트만이 군비정책을 둘러싸고 벌어진 대립을 극화시켰다. 우리는 이러한 사례들을 통하여 그들이 취했던 방식을 추적해 볼 수 있다. 여기서 우리는 민족주의의 추진력이 가미되면서 인위적으로 왜곡상승된 갈등의 동일한 기본모형을 인지할 수 있다.

이처럼 정열적이고 외국인을 기피하는 저속한 민족주의가 성장하는 것을 설명하려고 할 때, 우리는 여러 정치적 사회화과정에서 전달되는 민족적 이념·사유방식·상투어 등과 마주치게 된다. 뿐만 아니라 우리는 민족주의적인 적개심 속에서 적대적인 사회의 표현이나 이들이 얽매여 있는 국제적 경쟁상황의 표현까지도 보게 된다. 이처럼 경직된 기본구조를 통해서 우리는 '동지-적'의 관계에 기초한 민족주의에서 출발할 수 있었던 인력(引力)을 설명할 수 있다. 다시 말해서 부르주아 사회 내의 모순이나 혹은 국가간의 경쟁에 기초한 국제체제에서의 모순은 민족주의 속에도 내재해 있으면서, 민족주의에 자양분을 제공하고 일련의 특정한 민족적 가치이념을 조장하였다.

사회구조·경제·정치 그리고 이데올로기의 이러한 상호교차는 인종주의적 관념이 민족주의 속으로 급속히 침투해 들어가는 것을 분명하게 보여줄 수 있다. 독일국내 및 국제체제에서 소수가 모든 것을 독점하는 경제적·정치적 권력관계는 종족상의 특권을 가진 소수의 지배민족에게 세계의 지배와 분할이 허용된다는 견해를 유포시켰다. 조직자본주의 속에서는 자치라는 자유주의적 요구나 평등이라는 민주

[*29] 호텐토트란 수많은 종족으로 구성된 그리고 종족상으로는 혼합된 남서 아프리카 사람들의 고유한 명칭이다.

주의적 이상을 대신하여 '과두제적 정치지배 이념'이 등장하였다. 이 이데올로기는 국내에서는 '노동자 계급에 대한 지배자의 관점'을 옹호하였고, 대외적으로는 종족 이데올로기를 이용해 경쟁적 투쟁을 정당화시켰다.5) 국제적 상황과 제국주의적 팽창 속에서 대기업・카르텔・〔고용주의〕이익단체 등의 지속적인 과두체제(Oligopolismus)를 고찰하지 않는다면, 우리는 독일 종족주의의 확산을 제대로 파악할 수 없다. 만약 우리가 그것을 이념사적으로만 분석한다면, 그것은 전혀 해를 끼치지 않은 것처럼 보일 수도 있다.

3.3. 반유대인주의와 소수민족정책

1870년대 이후부터 독일의 국내정치에서는 인종주의적 견해가 독버섯처럼 크게 번성하였다. 문화적・종교적・경제적인, 다시 말해서 전통적인 反유대인주의와 더불어 이제는 정치적으로 조직화된 생물학적 형태의 反유대인주의가 등장하였다. 反유대인주의의 급속한 등장은 먼저 제2차 세계 경제공황 이후의 주기적 위기와 관련된 현상이라고 할 수 있다. 이후부터 반유대인주의는 경제주기의 변화와 밀접히 관련되어 있다고 할 수 있다. 여기서는 일종의 위기이데올로기가 드러났는데, 그것은 불경기로 인하여 야기된 정서적 긴장과 현실적인 환멸・히스테리 그리고 불확실성을 서로 연결시켜 주었고, 또 오래 전부터 차별대우를 받아온 소수민족에게 이것들의 화살을 돌리게 하였다. 불균등한 경제성장과 사회적 지위의 변화라는 고통스러운 경험으로부터의 일종의 사회심리적 도피주의라고 할 수 있는 반유대인주의는 이 시기의 모든 병폐에 대한 희생양인 유대인에게서 보았던 모든 불만을 한데 묶어주었다. 예컨대 1873년에서 1890년 사이에 출판된 '유대인문제'에 관한 500편 이상의 작품에서 20세기의 병적인 반유대인주의의 모든 진부한 형태를 포함하였다. 불황으로 인한 사회적 분위기, 특히 산업자본주의의 불확실한 과정에서 불안감을 느끼게 된 중산층은 이 반유대인주의적 비난 속에서 하나의 안전장치를 구하고자 하였고, 또 그것을 발견하였다.

1879년 가을 이후 베를린에서의 반유대인주의자며 궁정설교사인 슈퇴커(Stöcker)의 반유대인적 선동, 그리고 1881년 폼메른에서 있었던 유대인박해 등은 자유주의적인 독일의 여론에 갑자기 새로운 위험을 경고하는 것이었다. 라테나우에 따르면, 이미 그 이전에도 "모든 독일계 유대인의 청년시절에… 평생토록 기억하게 될 고통스런 순간"이 있었다. 그 때란 "그가 2등시민으로 이 세상에 태어났다는 것, 또 어떠한 능력과 공포로도 이러한 상태를 벗어날 수 없다는 것을 처음으로 의식하게 되는 순간이다."6) 그러나 이후로 이 암울함에 대한 증오심은 훨씬 더 강력하게 조장되었고, 광범위한 사회집단으로부터 공식적인 승인을 얻었으며, 정치적 행위 혹은 심지어 직접 행동으로까지 옮겨졌다. 이미 1880년 12월에 베를린의 프리드리히 슈타트지구에서 대규모 반유대인집회를 마친 후에 "조직된 단체들은 번잡한 카페 앞에 서서 '유대인은 물러가라'는 구호를 계속… 합창하였으며, 유대인이나 혹은 유대인으로 보이는 어느 누구도 그 안에 들어가지 못하게 하였다. 이런 식으로 그들은 구타장면, 유리창의 파손 등 난폭한 행위를 더욱더 조장하였다. 물론 이 모든 것은 유대인의 물질주의에 대한 독일 관념론의 옹호라는 미명하에 수행된 것이었다."7)

베를린대학의 트라이취케 주변에 있는 반유대인주의적 교수들에 맞서서 자유주의자들의 저항을 조직화했던 몸젠이 러시아와 비교해서 "우리의 조잡한 야만성이 우리를 어디로 인도하고 있는가?"라고 자문

했던 것은 전혀 놀라운 일이 아니다. 밤베르거 역시 "소위 반유대인주의"에서 "자신과 동등한 지위에 있거나 혹은 더 나은 지위에 있는 사람들을 증오하고 억압하는 데서 즐거움을 찾는 저속한 감정이 무한히 그리고 무지할 정도로 방치되는 것을 보고 혐오감을 느꼈다. 민족의 생활에 매우 중요한 기관들인 군대·학교·학계는 구석구석까지 이러한 감정으로 가득차 있었다… 그것은 어느 누구에게도 참견하지 않겠다는 일종의 강박관념으로 되었다." 또 베를린의 대은행가인 블라이히뢰더(G.v.Bleichröder)는, 최초의 반유대인 폭력사건이 발생한 후에, 그것들은 "무시무시한 사회혁명이라는 파멸적인 사태의 시작일 뿐"이라고 상당히 불길하게 한탄하였다.8)

블라이히뢰더의 황제에 대한 개인적인 접근도, 좌파자유주의자들의 청원도 반유대인주의를 멈추게 할 수는 없었다. 왜냐하면 그것을 생성시켰던 사회적·경제적 구조의 변화가 그 어떤 소중한 주장들보다 훨씬 강력했기 때문이다. 보수주의자들은 이미 1884년에 유권자들에게 노골적으로 '유대인의 군복무'를 폐지할 것을 요구했다. '유대인'이 "국제적이고 비독일적인 세력들" 가운데 하나라는 사실은 "결국 모든 진정한 독일인에게 유대인이 독일인의 조국의 이익을 결코 우선적인 것으로 간주하지 않을 것이라는 사실을 깨닫게 해주어야만 한다"는 전형적인 말로 언급되었다.9) 중앙당에서도 1870년대 이후 오랫동안 그 선동의 일부를 이뤘던 반유대인주의적 요소들이 더욱 뚜렷하게 전면에 등장했다. 1880년대의 반유대인 조직들〔기독교사회당(Christlich-Soziale Partei)·반유대인동맹(Antisemitenliga)·사회제국당(Soziale Reichspartei)·독일인민연합(Deutsche Volksverein)·독일개혁당(Deutsche Reformspartei)·독일반유대인연맹(Deutsche Antisemitische Vereinigung)〕은 1889년에 '반유대인주의적 독일사회당(Antisemitische Deutschsoziale Partei)', 즉 '독일사회당(Deutschsoziale Partei)'으로 통합되었다. 이 당이 1890년에 '반유대인주의인민당(Antisemitische Volkspartei)'과 결합되면서부터 〔1893년 이후부터는 '독일개혁당(Deutsche Reformspartei')〕 1894년에는 '독일사회개혁당(Deutschsoziale Reformspartei)'이 등장하였다. 이 당은 1900년에 다시 예전의 두 정당으로 분리되었다. 비록 그들의 득표수가 단 한번도 30만표를 넘지 못했지만, 통합된 반유대인주의 정당들이 채택한 함부르크강령은 이미 1899년에 '최종적 해결'이라는 상황을 상정해 놓고 있었다. 이 강령은 "유대인 문제는 20세기가 진행되면서 세계적인 문제로 될 것이기 때문에", "궁극적으로 완전한 축출과… 유대인의 최종적인 절멸을 통해서 해결되어야만 할 것"이라고 설명하였다.10)

1870년대에 갑작스럽게 출현한 이후 과도했음에도 불구하고, 반유대인주의가 사회적으로 상당한 신망을 받으면서 궁정에 수용되었다는 것은 확실히 초대 제국재상이 거기에 보내준 격려와 관련되어 있었다. 비스마르크는 반유대인주의적 운동을 자신의 선거목적에 이용하기를 주저하지 않았다. 사실 그는 유대인 은행가·유대인변호사·유대인주치의와 결코 관계를 끊지는 않았으며, 그가 제국의회 의원인 라스커(Lasker)를 '우둔한 유대인 청년'이라고 불렀다. 또 그가 장관인 프리덴탈(Friedenthal)을 '유대인같이 바지에 똥싸는 자'라고 불렀다는 사실을 우리는 한 귀족의 전형적인 편견의 탓으로 돌릴 수 있다.11) 그러나 1884년 제국의회 선거가 있기 직전에 그는 신문에 "유대인들은 나를 반유대인주의자로 만들기 위해서 그들이 할 수 있는 일이라면 무엇이라도 한다"는 자신의 언급을 정정없이 인용하도록 허용하였다. 그리고 이어서 그는 자신이 "선거결과에 관한 논문들에서 유대인들과 폴란드인들이 무슨 일이든 서로 협력한다는 사실이 강조되기"를 바란다고 말하면서, 나아가서는 "유대인의 돈은… 진보적 공화주의자의 배후에 있다"고 덧붙였다.12)

그는 1884년의 선거직전에 프로이센 내무장관인 푸트카머에게 만일 정부가 공공연하게 반유대인주의에 반대하면 "수많은 사람들이 모욕당했다고 생각할 것"이라는 내용의 지시를 내렸다. 반대로 정부가 너무 공공연하게 반유대인주의를 허용하면, "많은 유대인의 돈을 진보당의 선거기금으로 흘러 들어가게 할 것"이라고 보았다. 왜냐하면 "유대인들은 본래부터 진보당을 옹호하였기 때문이다." "게다가 그들은 우스울 정도로 민감하다.… 왜 우리는 유대인을 욕하는 사람들을 그렇게 하지 못하도록 막아야만 하는가?"13) 만약 그러한 신랄한 조소의 배후에는 반유대인주의를 그러한 지위에 유지시킬 수 있다는 위대한 정치조작자의 자기확신이 있었다. 그럼에도 불구하고 그러한 표명들은 바로 이 거리에서 소동을 일으키는 반유대인주의마저도 정당화시켜 주었다. 게다가 이 반유대인주의는 그의 측근에게서도 뚜렷했다. 즉 폭력적이고 반유대인주의적인 언론하수인인 부쉬(Moritz Bush)뿐만 아니라 그의 장남인 헤르베르트 폰 비스마르크에게서도 현저했던 것이다. 헤르베르트는 '파렴치한' 블라이히뢰더의 "유대인 귀를 때려주고 싶어했으며", 외무장관으로서 '유대인 멍청이'를 받아들여서는 안된다는 원칙을 확립하였는가 하면, "유대인적인 사고경향이 있는" 영국의 국무차관인 미드(Meade)를 조소하기도 하였다.14) 1885년에 비스마르크가 약 3만 2천명의 폴란드인들을 프로이센의 동부지방으로부터 추방시키기 시작했을 때, 반유대인주의 역시 중요한 역할을 했다. 추방당한 사람들의 1/3은 유대인이었다.

일찍이 극히 불길한 예감에 휩싸여 있던 밤베르거는 일시적인 효율성만을 고려하여 비스마르크가 취한 이러한 입장의 결과에 관해서 다음과 같이 인상적으로 언급하였다. "요즘의 상황에 특징적인 것은 지금 우리를 지배하고 있는, 저 진정으로 위대한 사람이 직접 지배하지 않는 모든 것을 추악한 천민의 지배에 넘겨주고 있다는 점이다. 그것은 그가 견뎌낼 수 있는 유일한 협력이다. 아마도 그것은 항상 그랬을 것이다. 그러나 야만적인 성향을 지닌 민족에게 잔인성이 힘·남성다움·도덕성이라는 일종의 이상주의인양 칭송된다면, 그것은 두 배나 나쁜 것이다. 그것은 징후이며, 오늘날… 고삐를 잡아당기고 있는 사악한 정신은 바로 여기서부터 성장하고 있는 것이다."

정치적 반유대인주의는 그 규모가 놀랄 만한 것이었으며, 이를 감안해 보면 몸젠이 피력했던 극히 회의적인 어조를 이해할 만하다. 그는 바르(Hermann Bahr)에게 다음과 같은 신랄한 편지를 썼다. "만약 당신이 내가 그것에 관해서 무엇이든 할 수 있다고 믿으신다면, 당신은 속고 있는 것입니다. 만약 당신이 누군가가 이성적으로 어떤 일이든 할 수 있다고 믿으신다면, 당신은 기만당하고 있는 것입니다. 그것은 모두가 헛된 일입니다. 제가 당신에게 뭔가 말해 줄 수 있다면… 그것은 이유들, 즉 논리적이고 도덕적인 주장들뿐입니다. 거기에 귀를 기울일 반유대인주의자는 한 명도 없을 것입니다. 그들은 다만 자신이 증오하는 것, 자신이 갈망하는 것, 극히 추악한 자신의 본능에만 귀를 기울입니다… 하층민(Pöbel)에 대항할 만한 보호는 있을 수 없습니다. 거리에 있는 하층민인가 살롱에 있는 하층민인가는 중요하지 않습니다. 무뢰한(Kanaille)은 하층민이고, 반유대인주의는 무뢰한의 관념입니다. 그것은 콜레라와 같은 전염병과 마찬가지입니다. 우리는 그것을 설명할 수도 없고 치유할 수도 없습니다. 우리는 그 독성이 저절로 용해되어 그 힘을 상실하게 될 때까지 끈기있게 기다려야만 합니다."15)

특히 장기적인 측면에서 효과적인 것으로 확인된 것은, 좁은 의미에서 반유대인주의적인 정당들이 1912년 최후의 선거까지도 소수의 저항유권자들만을 끌어들일 수 있었지만, 반유대인주의가 보수주의자들 내부로까지 —이미 비스마르크의 승인을 받아서, 앞에서 언급한 바와 같이 농업가연맹(BdL)을 통해서 비로소 광범위한 전선으로— 침투해 들어갔다는 점이다. 이 길을 통해서 반유대인주의는 舊권력엘리트 속으로 파고들었으며, 그 곳에서 그들이 내건 슬로건은 품위있는 것으로, 우파출판물의 공유재산으로 되었다. 그리고 산업화가 진전됨에 따라서 반유대인주의의 사회적 토대도 성장하였다. 왜냐하면 경제주기의 변동과 기업의 집중과정은 오랫동안 자립적인 소기업가들의 상업자본주의적 이상에 집착하고 있던 중산층 부르주아지에게 거의 만성적일 정도로 안정감을 보장해 주지 못하였기 때문이다. 여기서 반유대인주의는 고도로 선진적인 산업형태인 자본주의에 대항하는 징후의 확고한 구성요소로 되었다. 그리고 그것은 1929년의 심각한 경제위기 이후 독일파시즘이 근대세계에 반대한 이 우파의 급진적 저항을 이용할 수 있을 때까지 계속되었다.

그러나 당시의 독일 국내상황에 관한 통찰력을 제공해 주는 것은 인종주의뿐만 아니라 제국의 민족정책이기도 했다. 폴란드인－1918년 이전 프로이센인의 1/10은 폴란드인이었다!－, 엘자쓰-로트링엔의 프랑스인, 노르트슐레스비히의 덴마크인, 리투아니아인 그리고 마주르인*30) 등 소수민족들은 1871년의 결정으로 독일에 통합되었다. 곧이어 제국정부는 그들과는 상반되게 민족적·문화적 동질성이라는 자신의 이념을 관철시키기 시작하였다. 언어에 관하여 살펴보면, 법률은 독일어에 절대적인 우위를 부여해 주었다. 교육·집회·사법·상법 및 군법에서, 요컨대 공적·법률적 생활의 모든 영역에서 사람들은 독일어를 공식적으로 사용해야만 했다. 여기서 엘자쓰-로트링엔 사람들은 비교적 관대한 대우를 받았다. 소수의 불어사용자를 제외한다면, 아마도 프랑스문화에 대해서 보여준 존경심은 강력한 반불어운동을 전개하기가 어렵게 하였을 것이다. 동부에서와는 달리 독일인들은 그

---

*30) 동프로이센, 즉 지금의 발틱 3국지역에 거주하는 슬라브족의 일파.

들의 수적인 비중증가에서 뭔가를 기대하였다. 이미 덴마크인들은 확실히 보다 더 나쁜 영향을 받았다〔여기서 독일의 정책은 1848년 이후의 덴마크화 정책에 대한 반응으로서도 이해될 수 있다〕. 결국 반 폴란드적인 민족갈등은 가장 격렬한 대립의 양상을 예비해 놓고 있었다.

    이 투쟁은, 서부와 동부의 문화적 차이와 슬라브인보다 게르만인이 우수하다는 이념의 영향을 계속 받으면서, 프로이센 내의 폴란드인들의 언어적·문화적 특징에 대립하여 전개되었을 뿐만 아니라, 농업법 영역에서는 이들 소수민족의 물적 자산소유에 대해서도 반대운동이 전개되었다. 여기서 독일정책은 가장 격렬한 저항에 부딪쳤으며, 이 저항은 대체로 폴란드인들이 민족자결을 성공적으로 달성한 1918년에 가서야 비로소 종식되었다. 일반적으로 말하면 동부에서는 두 개의 서로 다른 민족주의가 서로 격렬하게 대립하였다. 역사적 상황을 감안해 볼 때, 우리는 이러한 분규가 완전히 회피될 수 있었으리라고는 거의 상상할 수도 없다. 설사 그렇다손 치더라도 그것은 실제보다 더 그럴싸하게 되지는 못했을 것 아닌가.

    이 측면에서도 근본적으로 중대한 결정들이 비스마르크 시기에 있었다. 확실히 제국재상은, 폴란드인들이 스스로를 독일제국의 신민으로 간주하고 그 권위에 복종하는 한, 예전의 다민족적인 프로이센 국가에서 이미 확립되어 있던 계획들을 확고히 유지시킬 준비가 되어 있었다. 그러나 이러한 국가이성의 배후에는 폴란드인에 대하여 언제든 다시 폭발할 수 있는 격렬한 증오가 숨겨져 있었다. 그는 이미 1861년에 "나는 그들의 상태에 대해서 매우 동정적이지만, 만일 우리가 계속 살아남으려 한다면, 우리는 그들을 절멸시키는 것 이외에 다른 길이 없다. 신이 그들을 창조하였듯이, 늑대가 신에 의해서 창조되었다면, 그도 절멸을 피할 수 없다. 그 때문에 할 수만 있다면 우리는 그를 쏘아서 죽인다."16)

1870년대에 독일어를 모든 소수민족−리투아니아인·마주르인·조르베(Sorbe)인*31)만은 오랫동안 특별한 지위를 유지하였다−의 거주지역에 침투시키는 일은 법적·행정적인 면에서 후원을 받았다. 1871년과 1878년에 노르트슐레스비히에서는 독일어 최소 수업시수가 늘어났다. 엘자쓰-로트링엔에서 독일어는 1872년에 공용어로 되었고, 1873년에는 공통 교육언어로 되었으며, 1881년에는 지방위원회의 귀족의회에서 각종 행정절차에 사용해야만 하는 언어로 되었다. 여기서 [1914년까지!] 프랑스인들에게 유리한 수많은 예외규정들이 계속 남아 있었으나, 프로이센이 분할점령한 폴란드지역에서는 어느 주지사의 칙령으로 이미 1873년 이후에 독일어는 국민학교에서 사용될 수 있는 유일한 언어가 되었다. 나아가 독일어의 우위는 1876년의 상업에 관한 법률과 1877년의 제국사법부에 관한 법률−이 법률은 1889년에 가서야 비로소 엘자쓰-로트링엔에 적용되었다!−을 통해서 보다 더 철저하게 시행되었다.

그러나 독일어가 공식언어로서 보다 더 철저하게 사용되기 시작한 것은 1880년대에 이르러서였다. 1888년에 노르트슐레스비히에서는 독일어가 교육에 사용될 수 있는 유일한 언어로 되었다. 이를 통해서 이미 긴장이 상당히 심화되었으며, 주지사 쾰러(von Köller)의 추방정책과 1897년과 1901년 사이에는 1866년에 체결된 프라하조약에 의거하여 덴마크 시민권을 선택했던 사람들의 처리문제, 곧 선거인문제(Optantenfrage)의 처리과정에서 절정에 달했다.

1885년에 폴란드인을 추방시키고 이어 1886년에는 폴란드인 정주금지법이 제정되었다. 이 법은 국가위원회가 마음대로 이용할 수 있는 기금이 점차 늘어나자 이 기관으로 하여금 독일인 농민들을 위하여

---

*31) 오늘날 폴란드 내에 거주하는 슬라브족의 한 분파.

동부지역에 있는 토지를 구매할 수 있도록 해주었다. 결국 이 법은 화해할 수 없는 갈등의 서곡이었다. 이 법은 폴란드의 저항적 민족의지의 담지자인 폴란드인 토지귀족으로부터 그 토대를 박탈하려는 것이었다. 마찬가지로 이 갈등영역에서의 문화투쟁은 폴란드인 성직자의 영향력에 저항하는 데 집중되었다. 비스마르크가 자신의 측근들에게 설명했듯이, "식민화에 관한 모든 법률에서는 그 나라로부터 선모충과 같은 폴란드 귀족을 제거한다는 사상이 그의 머릿속에 떠올랐다." 이 불길한 은유 속에는 "그의 인간에 대한 무한한 경멸"[Holstein]뿐만 아니라 반유대인주의와 '기생충과 같은 유대인'이라는 생물학적 지칭어휘와 놀라운 유사성이 드러나 있었다.17)

그럼에도 불구하고 베를린 입법자들은 자신이 의도했던 바를 전혀 달성하지 못하였다. 왜냐하면 '폴란드인 공동체'가 계속 고립되어 가기는 했지만 그 저항도 결코 약화되는 않았기 때문이다. 폴란드인의 인구증가라는 인구학적 요인 또한 폴란드인 공동체의 저항에 유리하게 작용하였다. 폴란드인의 인구증가율은 독일인의 그것보다 훨씬 더 빨랐다. 얼마 후에 재산이 독일인의 수중보다는 폴란드인의 수중에 훨씬 더 많이 들어갔으며, 식민사업위원회는 자신이 처분해야 할 토지가 주로 독일인의 토지라는 것을 알았다. 이 위원회는 1914년까지 이러한 "토지의 게르만화"에 거의 10억 금마르크를 썼기 때문에, 그것은 독일인의 이익을 옹호하는 반폴란드적인 기관이라기보다는 오히려 독일인의 토지를 보다 좋은 가격에 팔 수 있게 해준 기관이었다. 이는 흡사 과중한 빚을 지고있던 독일인 융커들에게 재정적 구제사업처럼 보였다. 메링(Franz Mehring)이 신랄하게 풍자하였던 것처럼, 위원회의 기금은 많은 액수로 그들을 '게르만화시키는 데에도' 도움을 주었으며, 따라서 독일인의 민족주의적 자기주장으로 위장하고 있던 지주들의 '수지맞는 애국주의'에게는 '구제은행'를 의미하였다.18)

동부 변경지역에서 이 정책이 실패하였기 때문에, 프로이센의회는 결국 1908년에 폴란드인에 대한 몰수법(Enteignungsgesetz)을 통과시켰으며, 1912년에는 이 법률이 시행되었다. 이 명백한 위헌조치는 '법치국가'의 보증이 민족간의 갈등에서는 어떻게 무효화되었는지를 잘 보여주었다. 이미 이전에(1904) 논쟁이 되고 있던 지역에서의 '새로운 정주(定住)'는 〔지방〕정부수반의 허가에 의거하였다. 그리고 이 제도는 폴란드인들을 당국의 자유재량권이라는 음험한 술수에 넘어가게 하였다. 그들은 1898년에 제국재상인 호엔로에로부터 직장안팎에서 "독일인의 이익을 증진시키라"는 지시를 받았다.

정부의 언어정책도 점차 이와 유사한 위기에 빠지기 시작했다. 그것은 1901년 브레센(Wreschen)에서 폴란드인 부모들의 공공연한 저항을 야기시켰고, 1906/07년에는 폴란드 어린이들의 대규모 학교파업을 불러일으켰다. 이어 1908년의 제국결사법(Reichsvereinsgesetz)은 저 악명높은 언어관련조항〔제12조〕을 포함시켰다. 그 결과 같은 언어를 사용하면서 예전부터 살고 있던 주민의 비율이 60% 이상인 지역에서만 이행기 동안에 독일어와 더불어 그들 자신의 언어를 사용하는 것이 허용되었다. 이것은 헌법에서 보장된 기본권을 통계의 결과, 즉 정치적인 여론조사에 의존케 하였다는 의미였다. 이와 더불어 '이데올로기적인 국가민족주의의 단계〔Schieder〕'가 달성되었다. 이것은 결국 헌법의 한계를 뛰어넘은 것이었다. 주요 열강들이 폴란드왕국의 창설을 발표한 지 6개월 후인 1917년 4월에 가서야 제12조는 폐지되었다.

심지어 전쟁기간 동안에도 폴란드인의 추방이 대규모로 이루어졌다. 후에 제국재상이 된 뷜로오는 이미 1887년에 장차의 갈등으로 인하여 "폴란드인들이 우리가 점령하고 있는 폴란드 지역에서 대규모로 추방시켜야 할 것"이라는 희망을 노골적으로 피력하였다.19) 또한 그가 1900년 이후에 러시아 점령지역 및 오스트리아가 점령한 갈리찌엔

(Galizien)에서 나온 연간 약 30만명의 계절노동자 유입을 막기 위해서 아무런 조치도 취하지 않았다는 사실은 엘베강 동부지역 대농장의 이익이 별다른 욕심도 없는 이들 노동자들에 의존하고 있었다는 사실과 관련되어 있다. 침략적인 성향의 단체인 '동진협회(東進協會)'는 1890년 이후 '재정주('再定住)'와 '추방'을 요구하였다. 1914년 이후 그러한 이념들은 전략적인 이유와 독일 동부국경을 따라서 정주시키기 위해서 병합시키려는 '폴란드 국경지대' 계획과 병행되었다.

그것은 '토지의 종족별 재할당(ethnische Flurberenigung)'에 뒤이을 "슬라브인의 대규모 유입을 방지하기 위한 방어벽"을 결성하려는 독일인 정주자들에게 자유공간을 마련해 주려는 것이었다. 또한 그것은 폴란드인의 대규모 추방을 의미하였다. 자유보수주의적 역사가인 마이네케조차도 냉정하게 이러한 전망을 할 수 있었을 정도였다.[20] 이 문제에 관한 정부비망록들은 도덕적으로 타락한 언어정책에서 드러난 야만적인 억압의 초기형태만큼이나 명백하게 1939년 이후의 급서 '생활공간(Lebensraum)', 독일의 문명화 사명 그리고 동부에서 독일 제국주의 등 이후의 이데올로기의 발생을 추적해 보지 않을 수 없다. 특히 이 정책의 딜레마는 폴란드인을 '제국의 적'으로 취급하는 방식에서도 드러났다. 이중적인 체제를 가진 법률, 즉 다른 언어를 사용하는 국가시민들을 희생시키면서 발전된 법률은 이제 공식적으로 합법화되었고, 국가가 스스로 허용한 합법적 방식에 의해서 법치국가와 헌법원리의 동공화를 준비하게 하였다. 이들은 소수민족에 대한 차별을 허용하는 위험한 상황이 오게 하였다. 추방과 몰수, 사회적 도편추방제와 게르만화를 통한 억압, 이 모든 것들은 빌헬름제국에서 일정한 역할을 하였다. 만약 이러한 공식적인 불법행위가 승인되지 않았더라면, 이후의 시기에 폭력적 사건으로 나아가는 길이 그토록 빠르고 순탄하게 진전될 수는 없었을 것이다.

3.4. 정당화 이데올로기와 종교

종교는 동부국경지역 여러 민족들 간의 갈등에서는 종교가 상당한 역할을 하였다. 로마화된 폴란드의 민족 카톨릭은 게르만적인 프로테스탄트를 불구대천의 원수로 간주하였다. 역으로 독일측에서 볼 때 카톨릭의 '폴란드 제일주의(Polonismus)'와의 투쟁은 호전적인 프로테스탄티즘으로 물들어 있었다. 물론 민족국가적·사회경제적 요소들의 지배적인 위치를 감안할 때, 이러한 영향력들은 종속적 지위에 머물러 있었다. 그러나 1871년의 독일제국 국내정치에서 기독교의 여러 종파는 종교적 분열이 전형적인 국가에서, 여러가지 이유 때문에, 여전히 중요하였다.

3.4.1. 루터파 국가교회 : 왕관과 제단

16세기 종교개혁의 가장 중요한 결과들 가운데 하나는 루터파 국가교회의 건설이었다. 또한 이것은 여러 군주들이 그 나라의 최고수장(Summi Episcopi) 역할을 함으로써 그들을 프로테스탄트의 소교황(小教皇)으로 전환시켰다. 캘비니즘이 프로이센 지배엘리트의 지도이념과 현세적인 성공추구 노력에 엄청난 영향을 끼치기는 했지만, 대중에게서 루터파 국가교회의 권위주의적 이데올로기를 완화시킬 수는 없었다. 또한 그것은 신적인 신성함을 갖지 못하였기 때문에, 프로테스탄트적인 저항권에 대한 믿음을 갖게 하거나 사회적 지배기관으로 간주된 정부와의 관계를 보다 더 자유롭게 이끄는 일에도 성공하지 못하였다. 독일인들에게서 루터파의 신앙심은 "순전히 감성적 감수성에 기초한 형이상학적 국가관"을 갖게 하였다. 이것은 "장기적으로 볼 때 정치적으로 중요성을 갖는 견해"였다. 또한 중요한 사회집단 안에서 영향력이 있었던 신비주의는 '내면세계'로의 후퇴를 강조하였으며, 흔히 교조적인 사이비 신앙심으로 변질되었다. 개인의 생활을 개혁함으로써 세계를 변혁시키자던 신비주의의 주장은 의식적으로 국가구조의 변혁을 포기하였다. 1850년대 이후 근대화의 충격에 대한 반응으로 1870년대 이후에 나타난 프로테스탄티즘의 反자유주의적 경향은 그러한 태도를 더욱 강화시켰다.

특히 1817년에 양파〔루터파와 캘빈파〕의 통합이 이루어졌으며, 이후 루터파의 국가교회는 법적으로 공인된 기구였다. 루터파 국가교회는 국가의 후원으로 세금을 인상하고 국민학교의 수업을 공동으로 결정할 수 있는 권한을 부여받았다. 수업은 국가교회의 동의하에서 이루어져야만 했〔고 오늘날까지도 그래야만 한〕다. 교회의 최고수장인 프로이센국왕은 교회의 최고수장으로서 성직자를 대표하여 교회를 통치하였다. 법적 정신적 최고위직이 결합되어 있었기 때문에, 그의 지배체제는 명백히 '황제-교황주의적 성격'을 지니고 있었다. 따라서 시대착오적인 왕권신수설은 더욱 강화되었다. 프로이센 지배하의 독일에서도 국가는 권력을 유지하고 재정을 확보하기 위한 '외적인 강제수단'을 정신적 권력의 '처분'에 맡겼다. 반면에 교회는 거기에 대한 전형적인 반대급부로서 국가에게 "종교적 수단을 통하여 국가의 정당성과 신민의 복종을 확실하게 보장"해 주었다.21)

1871년 이후 왕권과 황제권이 국교회수장과 결합하면서 적어도 북부독일의 '제국국가'에서는 전례없이 강력한 권력기구가 형성되었다. 왕관과 제단(Thron und Altar)의 전통적인 결합관계는 그 공동체-특히 왕당파적인 대토지 소유자에 의존하고 있던 농촌지역-의 성직자들에게서 새로운 빛을 얻었다. 물론 호헨쫄레른 왕조의 황제-교황주의를 안정시키고 정통성을 부여하는 데 루터파의 설교, 루터파의 종교수업 그리고 루터파 군목 등이 행한 기능상의 중요성은 과소평가될 수가 없다. 이들은 신민의 복종을 얻기가 가장 용이하였던 농촌지역과 소도시지역 등지에서 특히 중요했다.

우리는 이처럼 국가와 교회 사이의 이익이 거의 완전히 동일시될 수 있는 다른 측면을 산업도시 및 산업지역에서도 관찰할 수 있다. 여기서 가장 명백히 드러나는 것은 루터파 교회가 가진 자와 지배자들의 교회로 되었다는 점이었다. 따라서 그것은 말하자면 프롤레타리아트의 '몰락'에 기여하였다. 국내의 선교사업, 즉 '싸구려 여인숙', 보델슈빈(Bodelschwingh) 목사의 식민지 등과 같은 선교기관을 통하여 적어도 국지적인 개선을 이룩해 보려는 시도가 있었다. 이러한 노력의 배후에 있는 고귀한 동기는 충분히 인정해 줄 만한 가치가 있지만, 전반적으로 교회가 농업노동자들이나 도시의 피착취 대중들보다는 배부른 부르주아지나 은총받은 봉건적 지배자들의 편에 가담하였다는 인상을 지울 수 없었다.

산업의 중심지에서 탈교회화 내지는 탈기독교화 현상이 급속히 증가한 것은 이처럼 교회가 그 시기의 현실적인 문제에 대한 입장표명을 거부한 것과 밀접히 관련되어 있었다. 다음의 경우는 그 좋은 예의 하나이다. 즉 이미 1874년경에 베를린에서는 결혼한 부부의 20%가 루터파를 믿었을 뿐이고, 신생아의 62%만이 세례를 받았다![22] 이처럼 교회가 구귀족지배체제와 새로운 과두지배 체제를 동일시하였기 때문에, 사민당(SPD)과 노동조합으로 조직된 노동운동이 압도적으로 반교회적인 입장을 취하게 된 데에는 어느 정도 적절한 논리성도 있다. 독일제국의 일상생활 속에서의 경험에 비추어볼 때, 마르크스가 종교를 인민의 아편이라고 규정하면서 행하였던 이데올로기적 비판은 더욱더 필요하지 않았을까?

또 토크빌(A.de Tocqueville)이 미국여행을 마친 후에 행했던 현명한 분석은 독일에서도 증명되었다. 그는 1830년대에 다음과 같이 썼다. "지배자들이 부추기는 증오심을 어느 정도 자기편으로 끌어들이지 않고서는 종교는 그들의 세속권력에… 한 민족이 민주화되고 사회가 공화국으로 기울어져 갈수록, 종교와 국가권력의 결합은 더욱더 위험해진다." 물론 이러한 연관관계가 독일에도 일반적으로 적용될 수는 없지만, 왕관과 제단의 동맹이 '현재를 위하여 미래를' 희생시키도록 종교를 오도했다는 진단과 마찬가지로, 이것은 오랫동안 민주적이고 공화주의적인 사고를 가졌던 노동자들에게도 그대로 들어맞는다.23) 특권을 누리지 못하는 사람들을 위한 자유로운 교회-혹은 누군가가 경멸적으로 묘사했듯이 '분파들'-가 독일에는 전혀 없었기 때문에, 이러한 문제점은 더욱 심화되었다.

반면에 영국에서는 이런 유의 교회가 극히 성공적으로 이 일을 수행하였으며, 따라서 노동자들도 이를 통하여 명백히 노동조합과 정치조직이 도래하기 이전에 계급으로서의 동질감을 부여받을 수 있었다. 독일에서는 이 간극을 메우는 일이 사회민주주의에게 부과되었다. 종교적 보충물이자 내적인 구제원리라는 특징들을 완전하게 관찰할 수 있게 해주는 것은 노동운동이었다고 말할 수 있다. 도시노동자들의 정신적 고립감에 비춰볼 때, 사회민주주의자들이 상정했던 '미래국가'는 단순히 이념적인 헌법의 틀보다 훨씬 더 많은 것을 상정하고 있었다. 따라서 1911년에 베른슈타인(Eduard Bernstein)이 사민당의 역사적 발전과정에 관한 회고적 분석에서 '분파에서 정당으로'라는 명칭을 붙였던 것도 결코 우연이 아니었다. 다른 한편 사회민주주의는 얼마 안 가서 순전히 혁명적인 수사에만 의존하여 자신의 목표를 주장하기 시작하였다. 이 과정에서 사회민주주의는 노동자들의 저항능력을 훈련시켰으며, 적어도 간접적으로는 사회 전체체제를 안정화시키는 데에도 기여하였다.

3.4.2. 로만카톨릭 : 신분이데올로기와 독점의 요구

흔히 인용되는 "세계를 타락시킨다(casca il mondo)"라는 바티칸 고관의 말은 프로이센의 등장과 제국창건이 가져온 결과를 지나치게 과장한 것이었음에도 불구하고, 프로테스탄트적인 신생 대프로이센제국은 신성로마제국과 여러가지 면에서 극히 밀접한 공생관계에 있었던 카톨릭 교회측에게 제일의 적대적인 권력으로 간주되었다. 뒤이은 문화투쟁은 이러한 초기의 적대감을 완화시키는 데 적합하지 않았다. 오히려 그것은 교회와 중앙당을 포함한 교회의 여러 세속기관들의 이해관계를 —그 지도자인 빈트호르스트(Ludiwig Windhorst)가 흔히 바람직하다고 생각했던 것보다— 훨씬 더 밀접하게 결합시켰다.

카톨릭교회는 카톨릭이라는 '제국의 적' 배후에서 교황이 전권을 행사하는 불길한 권력이라고 비난을 받으면서도 역으로 그 자신은 엄격한 전통적인 입장에서 사고하였다. 따라서 카톨릭교회는 1880년대 중반까지 곤란한 입장에 있었다. 카톨릭교도에 대한 여러가지 형태의 차별대우가 계속되었음에도 불구하고, 또 정치적 카톨릭주의가 교회 안의 문제를 처리하는 과정에서 전혀 관대해지지 않았음에도 불구하고, 이후 독일의 국내정치에서 종교적 갈등은 약간 완화되었다. 당시의 계몽된 여론을 깜짝 놀라게 한 것은 성모 마리아의 무염시태와 교황의 무오류선언만이 아니었다. 1864년에 발표된 오류목록(誤謬目錄 : Syllabus Errorum), 즉 80가지 '시대적 오류'목록에서 정통카톨릭은 자유주의·사회주의·근대과학에 완고하게 반대하였다. 교회가 교육과 연구를 더욱더 많이 통제해야 한다는 카톨릭의 요구는 총체적인 요구로까지 나아갔으며, 급진적·보수적 맹목성에 빠졌던 카톨릭은 19세기의 가장 역동적인 세력들 가운데 몇몇을 파문하기도 했다. 수십 년 후에 후임교황들에 의해서 부분적인 수정이 이루어질 때까지, 교회법적으로 오류목록은 모든 신도들에게 계속 구속력이 있었다.

로마 카톨릭교회는 계서제의 최고책임자이자 자신감에 차 있는 종파의 구원대행자가 갖고 있는 무오류성의 후광을 업고서도 궁지에 몰리기도 하였으나, 약간의 노력으로 거기서 벗어날 수 있었다. 카톨릭교회는 프로테스탄트의 관용원리에 대하여 극단적인 경멸감을 품고 있었으며, 이는 경쟁하는 여러 이념적 세력들 및 조직들과의 공존을 매우 어렵게 하였다. 그러나 분명히 토마스적인 신스콜라철학[*32]은 몇몇 교황들의 후원을 받아서 19세기 중엽 이후 크게 발전하였으며, 이는 이 시기 로마 카톨릭주의가 지니고 있던 반 근대적 성격을 더욱 강화시켰다. 일군의 공리(Theorem)는 근대사회의 유동성, 의회의 대의제 그리고 민주적인 평등사상에 반대하였다. 이 공리는 거의 사라져 버린 신분제적인 세계의 가치를 하나의 이데올로기로 전환시켰으며, 후진적인 듯이 보이는 카톨릭의 여러 전통들을 결합시켜 주었다.

또 그것은 19세기를 중세적 질서라는 죄수복에 묶어두려 하였으나, 역사의 조류는 반대방향으로 흘렀다. 연방국가의 의회는 카톨릭 소수파가 자신의 정당한 주장을 제시하여 가능한 한 그것들을 관철시킬 수 있는 유일한 장이었다. 그러나 신토마스주의적 관념들의 영향력이 지나치게 강했기 때문에, 제국의회와 연방국가 의회(Landtag)와의 관계는 빈번히 삐거득거렸다. 카톨릭주의는 제국의 궁극적인 민주화는 물론이고 의회의 영향력을 지속적이고 효과적으로 확산시키는 데에도 프로테스탄티즘만큼 기여할 가능성이 없었다. 따라서 카톨릭주의는 프로테스탄트가 지배적이던 독일제국과 점차 타협하게 되었다.

[*32] 신앙과 지식을 일치시키려는 중세철학의 부흥운동이다. 신토마스주의는 19세기 중엽에 카톨릭주의가 강화되면서 카톨릭의 혁신운동에 반발하여 생겨났다.

카톨릭교도들은 실제로 강력한 애국주의를 통해서 자신이 열등한 국가시민이라는 주장을 공박하려고 하였다. 그들은 오랫동안 프로테스탄트적인 환경에 의해서 누적된 불신의 벽을 허물고자 하였다. 우리는 이것이 초래한 결과들을 간과해서는 안된다. 충실성 문제에 지나치게 빠지지 않기 위해서 어느 카톨릭교도는 루터파에 속하는 그의 이웃만큼이나 왕조적 국가권력의 고분고분하고 신실한 신민으로 되었다. 루터파의 국교회와는 달리 카톨릭주의-카톨릭적인 연방국가 외부에 있는-가 국가의 최고위층에게 배타적인 종교적 존엄성〔강제권〕을 부여해 주지는 않았지만, 이 역시〔사회민주주의와 마찬가지로〕문화투쟁이 활기를 잃은 후에는 독일제국을 강화시키는 데에 간접적으로 기여했다.

　　이러한 사실은 특히 카톨릭적인 여러 단체들에 적용된다. 이 단체들은 신분제 이론과 조화를 이루면서 비교적 방해받지 않은 채로 번영하였으며, 많은 사회적 에너지를 흡수하였다. 어쨌든 이러한 측면에서 볼 때, 어떠한 신실한 카톨릭교도도 권위주의적인 헌법구조나 국가의 권위주의적인 정책에 대하여 진지하게 의문을 제기하지는 않았던 것이다. 카톨릭주의는 국가권력이 자신에게 자유재량권을 부여해 준 곳 어디서도 20세기에도 〔이탈리아·크로아티아·스페인·포르투갈에서처럼〕자신의 카톨릭문제에 관한 독점적 요구를 관철시키려고 하였다. 특히 문화투쟁이 의미하는 바인 세속화가 성공적으로 달성되자, 독일에서 그러한 요구들은 카톨릭주의의 관심을 가족·교육 그리고 단체들로 돌리게 하였다. 여기서 카톨릭주의는 〔왕조국가보다〕더 권위주의적인 노선을 취하게 되었다. 카톨릭주의는 타종파와의 결혼에 반대하였고, 국민학교에서의 사회화를 독점하고자 하였으며, 기독교노조를 보다 강력한 자유노조에 대한 대안으로 생각하였다. 이 모든 내용들은 이미 앞에서〔Ⅲ.2.1〕언급된 바 있다. 따라서 프로이센의 지배층과 프로테스탄트적인 부르주아지는 카톨릭주의를, 비록 잠재적인 것이긴 하지만, 계속 적어도 하나의 위협요인으로 간주하였다. 물론 카톨릭주의의 입장에서 볼 때 전술적으로까지 화해가 불가능한 것은 아니었지만, 카톨릭주의는 프로테스탄트가 헤게모니를 장악하고 있던 국가에 대한 정당한 불신을 버리지 않았다. 또한 사회에 대한 지배를 달성하였거나 혹은 그렇게 하려는 의도가 있었다는 점에서 이 두 반대파 사이에는 근본적 친근성이 있었다는 점도 간과되어서는 안된다. 여기에는 광범위한 이해의 합치가 있었으며, 거기서는 둘 가운데 그 어느쪽도 다른 진영에게 양도할 준비가 되어 있지 않았다. 정확히 말해서 바로 이러한 이유들 때문에 결코 화해가 이루질 수 없었다.

3.5. 권위주의적 사회의 토대 : 사회화과정과 그 과정의 지배

개인은 자기생활의 각 단계마다의 사회화과정을 통해서 사회적 행위를 훈련받는다. 이어 그는 규범과 가치를 내면화시키게 되는데, 이들은 그의 행위를 조종하면서 그의 추진력을 문화적 전통과 관습으로부터 정당성을 부여받는 방향으로 이끌어간다. 사회는 초자아로서, 양심으로서, 명예관념(Ehrenkodex)으로서 이러한 사회화가 진행되는 과정에서 개인에게 어느 정도의 방향타를 갖게 해주며, 이 통제관청에게 이미 규정되어 있는 일련의 행위양식 목록을 제공해 준다. 또한 개인이 특별히 사회적으로 기대할 만한 역할을 충족시켜 주면, 사회는 특정의 동기구조들, 특정의 행위양식들, 특정의 목적관념들을 보상해 준다. 역사는 개인과 사회의 이러한 '교착상태'(Th.Litt)에 맞추어 개인에 대항하는 외부의 힘으로써뿐만 아니라, 개인에게 내면화된 힘으로써도 현실화된다. 요컨대 각 개인의 정신적인 메카니즘의 깊은 곳에는 어떤 사회적 힘들－그것들이 간접적으로 나타나든 왜곡되어 나타나든 간에－이 작용하고 있다. 따라서 어떤 "미리 주어진 사회구조"는 "특수한 정신적 경향"을 선택하지만, 그것들을 겉으로 표현하지는 않는다.24)

3.5.1. 가족

여러가지 측면에서 어린이의 장래를 결정할 수 있는, 그리고 계급에 특수한 언어체계의 매개에 이르기까지의 근본적인 사회화의 과제는 가족에게 맡겨져 있었다. 당시 독일의 농촌지역에서는 대가족〔조부모와 몇몇 친척들을 포함하여 부부와 그 자녀들로 구성된 핵가족〕도 흔히 유지되고 있었고, 따라서 아직 대도시에서만큼 충격적이지는 않았지만, 여기서도 소가족으로의 이행이 진행되고 있었다. 이는 전승된 경험의 복잡성이 크게 줄었다는 것을 의미하였다. 결정을 내리는 가장 (家長:pater familias)은 이러한 소가족의 규범적인 모델이었다. 어머니는 법적으로 가장에게 예속되어 있었으며, 어린이는 성인이 될 때까지 이들 양자에게 종속되어 있었다.

이러한 가족 내부의 권위주의적 구조가 계속 구속적인 것으로 간주되었다는 사실, 그리고 무엇보다도 특히 부자간의 관계라는 극히 특수한 세대간의 갈등을 규정하였다는 사실은 의문의 여지가 없다. 그러나 동시에 어떤 계층에서는 －특히 1890년대 이후에－ 이러한 규범의 이완현상이 일어났다는 것도 사실이다. 또한 거기서는 이미 당시에 보다 더 많은 자유와 보다 더 관대한 양육이 교육수준의 상승 및 물질적 안정성과 결합되어 있었던 듯하다. 여기서 교육의 사회화라는 광범위한 연구영역이 나타난다. 새로운 교육이념과 교육실제는 그 자녀들이 청년운동(Jugendbewegung)*33)을 경험하였던 사회계층에서 나왔으며, 이들은 이어서 다른 사회집단 속으로 침투해 들어갔다.

 소가족 내에서의 제1차 사회화와 관련해서 권위주의적인 가족과 권위주의적인 정치 사이에 직접적인 관계가 있다는 견해가 자주 제시되었다. 사실 "가부장제적인 가족제도가 권위주의적인 정치제도를 수립하게 하는 권위주의적 행위의 전형을 형성케 하였는지"는 아직 명확한 해결을 보지 못하고 있다.25) 어쨌든 이러한 견해는 비교를 통해서 증명될 수도 없다. 메사츄세츠의 청교도 후계자들, 빅토리아여왕 시대의 영국인 그리고 공화정 시기의 프랑스인들은, 엄격함에서 볼 때, 빌헬름 시기의 이상적인 아버지像을 거의 뛰어넘지 못하였다. 따라서 권위주의적인 가족구조는 매우 다른 종류의 '정치문화'와 잘 양립할 수 있는 것처럼 보인다. 그러나 그것은 자력으로 사회 전체의 수준에서 권위주의적 정치를 '수립할' 수는 없었다. 그러나 만일 그것이 전반적으로 권위주의적인 모델 및 행동양식을 지니고 있는 사회에 첨가된다면, 그것은 당연히 일종의 증식기(增殖機)로서 작용하게 될 것이다. 이 경우에 사실상 신인동형(神人同形)의 대부(代父)로부터 군주정의 국왕과 가부장적인 기업가를 거쳐서 가장에 이르기까지 하나의 계통이 성립할 수 있게 된다. 만약 단일 인과론적으로 제국독일의 가족질서에 너무 많은 책임을 전가하지 않는다면, 우리는 그것이 초래한 결과들을 현존하고 있는 역사적 경향의 '증폭기'라고 가장 그럴싸하게 규정할 수 있을 것이다.

---

*33) 진실되지 못하고 판에 박힌 관습으로서 간주된 교양중산층의 생활양식을 거부하면서 중고등학생들과 대학생들에게서 1900년경에 생겨난 정신적 문화적 개혁운동이다. 이 운동은 세기전환기 무렵의 문화비판에 대한 광범위한 흐름 속에 편입되었다. 특히 이 운동은 여러 면에서 생활개혁 노력과 관련되어 있다. 이 운동은 본질적으로 낭만주의에 친근감을 느꼈으며, 극히 보수적인 지향성을 보이기도 했다.

3.5.2. 국민학교

6세부터 19세까지 학교에서의 제2차 사회화에 관해서 여기서는 교육사 그 자체나 심지어 수업의 질이 아니라 다른 측면에 초점이 맞추어져야 한다. 즉 교육체제가 어떻게 해서 사회구조와 사회의 권력관계를 영속화시켰는가에 초점이 맞추어져야만 한다. 이러한 관점에서 교육체계는 곧 지배체제의 일부를 이루고 있었다. 일찍이 베버는 다음과 같이 주장하였다. "교육의 차이는… 오늘날, 소유와 경제적 기능에 따른 분업이라는 계급을 형성하는 요소들과는 달리, 분명히 본래의 신분을 형성하는 가장 중요한 차이이다. 특히 독일에서는 정부관직의 안팎에 있는 거의 모든 특권적 지위들이 전문지식의 질뿐만 아니라 '일반교양'의 질과도 관련되어 있으며, 초중등학교 및 대학의 전체계가 그들의 질에 의해 좌우되고 있다."26) 이것은 당시의 상황에 그대로 들어맞는 표현이라고 할 수 없다. 왜냐하면 다른 곳에서와 같이 독일에서도 출신과 재산이라는 전혀 다른 중요한 특권이 있었으며, 이것들은 전문지식보다 더 중시되는 경향이 있었기 때문이다.

마찬가지로 전문적인 교육에 힘입은 상향유동성(上向流動性)은 일반적인 현상이 아니라, 사회계층에 따라서 차이가 있을 수 있었다. 독일제국의 교육체계는 이미 장래의 안정성・영향력・소비기회 등을 위한 "중요한 사회적 관리소"로 되지도 못했고, 또 소위 "계급귀속성이… 교육수준을 결정한 것이 아니라 교육수준이… 계급귀속성을 결정했다"는 의미에서 계급구조의 결정적 토대로 되지도 못하였다.27) 오히려 수십 년이 지나고 나서야 비로소 국가가 이 영역에서 시민의 공식적인 기회균등을 위하여 집중적인 노력을 기울이기 시작하였다. 우리는 1918년 이전에 교육기관에 대한 접근을 영원히 계급체계 속에서 [학생이나 그들의 부모들이 차지하는] 지위에 의존하게 만들었고, 따라서 이 체계를 "말없이 계속 침투했던" 일련의 결정들을 확인할 수 있다. 개인적 상승과 관련된 예외들-1890년에는 1,000명의 대학생 가운데 기껏해야 노동자의 자녀는 한 명뿐이었다-이 이 문제에 관한 사회적 통계의 명료함을 뒤집을 수는 없다. 물론 그 통계에서는 여러 단계 즉 2~3세대 사이에 이루어진 점진적인 상승이 명확하게 드러나 있지는 않다.

이미 1848년 혁명 이전에 의무교육을 받은 어린이의 약 82%가 읽기와 쓰기를 배웠다. 비록 농촌에 거주하는 어린이들이 지식을 제대로 얻지 못하는 경우도 있었지만, 1870년 이후에는 사실상 100%의 어린이들이 읽기와 쓰기를 배웠다. 혁명 이후에 국가는 주요부문의 학교 후원자로서 헤겔의 진단을 따르려고 하였다. 1808년에 헤겔은 "관념의 영역이 혁명화되면 현실은 유지될 수 없다"고 판단하였다.28) 따라서 구정권의 대표자들이 혁명운동의 원인들 가운데 하나가 교육체계의 팽창에 있다고 보았던 것은 결코 근거없는 것이 아니었다. 새로운 유형의 권위로서의 교육제도는 전통적인 기준에 심각한 반성을 제기하였으며, 이제까지는 전혀 문제시하지 않았던 사회질서에 대하여 비판적 태도를 갖게 하는 경향이 있었고, 따라서 그것을 정치문제로 만드는 데 영향을 미쳤다. 1849년에 프로이센국왕은 심지어 모든 '불행'을 '사이비교양'·'비종교적인 대중의 지혜' 그리고 '사이비교양의 대외적 과시'의 탓으로 돌리기까지 했다. 결국 여론을 형성하는 어떠한 교육도 엄격한 통제하에 놓이게 되었다.29) 예컨대 프로이센에서는 슈틸(Stiehl)의 여러 법령과 1854년 가을에 있었던 라우머(Raumer)의 여러 지시들은 왕조에 대한 애국심과 충성심의 강좌를 최고의 교육목표로서 규정하였다. 이미 주어져 있던 진리에 대한 믿음은 기본적인 형태로 유지되어야만 했고, 교육에 대하여 강력한 영향력을 행사하고 있던 교회에 의해서 더욱 강화되었다. 이렇게 해서 역사교육은 애국적

심성을 교육하기 위한 反혁명적 환각제로 이용되었던 것이다.

그럼에도 불구하고 사회민주주의가 출현하여 그 세력을 확대해 나가기 시작하자, 교육은 '적색위험'에 대한 방지세력의 육성이라는 부가적인 기능을 부여받았다. '사회주의적 이념과의 투쟁(1889·1901· 1908)'이 벌어지자, 학교의 보조적인 역할에 관해서 언급한 여러 지시 공문서들은 －부분적으로는 사관학교의 모델에 따라서－ 그 과제가 780만명의 국민학생들을 면역시키는 것이었는데, 여기서 과제들은 빌헬름 2세가 연설에서 세인의 주목을 끌기 위하여 즐겨 사용한 것과 같은 언어로 규정되었다.

학교교육은 이미 수십 년 동안 엄청난 압력을 받아서 자유주의의 영향력을 어느 정도 제거시켜 버렸다. 이렇게 되자 '정치교육'이라는 이 새로운 의무[당시에 언급되기 시작했듯이]가 학교교육을 곤경에 빠뜨리지도 않았다. 학교교육은 수업에 이러한 지시들을 수용하였으며, 다시 그것들을 덕의 전형[근면, 신에 대한 경건함, 복종심과 충성심]으로 변형시켰다. 이러한 지시들은 "조국이 없는 자들"의 무신론적이고 선동적인 행위와 비교될 수 있었다. 1914년 이전에 매년 1천만 명 이상의 국민학교 어린이들이 접하였던 이 흑백화법(黑白畵法)은 역사교과서에서 세밀하게 추적해 볼 수 있다. 그 교과서의 내용과 설명방식은, 교사용 안내서에서처럼, 학교의 수업에서 사용하는 어투와 민족적인 기념일 축제[세당축제!]에서 드러났는데, 이는 이러한 '의지구조' 조장하려는 것이었다.

1911년 1월의 '청소년지도'에 관한 칙령은 학교를 졸업한 이후부터 민족의 학교인 군대에 입대할 때까지 시기, 즉 '학교교육의 공백기'에 있는 청년 노동자들의 애국심을 보장하려고 하였다. 이러한 영향들의 사회심리적 결과들은 그 본성상 측정하기가 어렵다. 그렇지만 예컨대 우리가 1914년에서 1918년까지의 시기에 SPD 내로 민족주의가 확산되는 과정과 그들의 행위를 주목하면, 아마도 그들은 높이 평가되어야 할 것이다. 이 영역에서 우리는 사회적 권력구조를 안정시키고, 순화된 지배관계를 내면화시키기 위하여 민족주의를 조작적으로 이용했다는 사실을 분명히 인식할 수가 있다.

3.5.3. 김나지움

당시에 대다수의 독일 어린이들의 공식적인 교육은 국민학교를 졸업하면서 끝났다. 실업학교 제도가 국민학교의 교육을 계속 이어나갔으나, 일부영역에 한정되어 있었고 교육내용도 보잘것없었다. 김나지움(Gymnasium)으로의 진학이라는 좁은 관문을 통과하여 상급 교육기관으로까지 나아간 사람의 비율은 극히 낮았다. 예컨대 1885년의 경우 총인구 4,700만 가운데 750만명이 국민학생이었으나, 그들 가운데 23만 8천명만이 상급학교에 진학하였다. 또 이들 가운데 프로이센에서 레알슐레(Realschule)에 진학한 학생의 수는 1만 3천명〔김나지움에 84,300명, 레알 김나지움에 24,700명, 오버레알 김나지움에 5,100명이 각각 진학했다〕에 불과했다.30) 이들 김나지움 재학생들은 전문직업을 가진 중산계급 및 공무원 가문의 출신이 압도적으로 많았다. 따라서 교양인계층은 계속 재생산되었다. 편협한 신인문주의가 확산되면서 1820년대 이후부터 모든 상급 교육기관 내에서는 교양귀족의 특징이 지배적인 현상으로 되었다.

1848/49년에 부르주아지가 좌절을 겪은 후에, 신인문주의는 주제넘고 저속한 관념론으로 고착되고 말았으며, 그 편협성은 스스로가 격렬하게 비판하였던 유물론과 전혀 차이가 없었다. 그러나 그것은 정치적으로 -이것은 '현실정치'의 다른 한 측면이었다- '권력의 보호를 받는 내향성'〔Th.Mann〕으로의 후퇴를 가속화시켰다. 그것은 또 하층

계급에 대하여서는 사회적으로 방어적인 입장을 취하게 했다. 이러한 입장은 의식적으로 계급장벽을 높였으며, 또 비교적 좁은 범위의 사회계층에게는 여기서 확대된 물질적 이념적 생활기회의 총계로서 간주할 수 있는 고등교육의 이점을 예비해 주었다.

이러한 요구에 부응하여 김나지움[예전의 Gelehrtenschule처럼]은 장차 학자가 되고자 하는 사람들에게서 대학에서의 학문연구를 준비할 수 있게 해주었고, 김나지움이 오랫동안 격렬히 반대하였던 레알김나지움과 오버레알 슐레들은 적잖은 논쟁거리가 되었던 공과대학에 진학하려는 학생들을 준비할 수 있게 해주었다. 이러한 공과대학들은 1860년에서 1890년 사이에 근대적인 형태로 등장하였다. 그러나 상당수의 학생들은 6년간의 상급학교를 마친 후에 소위 '일년지원병'으로 복무하기 위하여 학교를 떠났다. 이 '지원병'제는 그들에게 우선적인 군복무뿐만 아니라 중간직 공무원 생활의 길을 보장해 주었다. 여기서 정확한 통계자료를 인용할 수는 없지만, 아마도 김나지움에서 '탈락한 사람'의 수 또한 적지 않았던 듯하다. 그러나 1834년 이후부터는 [김나지움 졸업증명서인] 아비투어(Abitur)가 대학의 입학에 필수적인 증명서로 되었으며, 그리하여 김나지움은 세기전환기(1902)까지 대학지원자의 교육을 독점하였다. 아비투어를 획득한 사람들이 모두 대학에 진학한 것은 아니었다. 1885년에 독일제국의 대학에 재학중인 대학생의 총수는 2만 7천명, 즉 상급학교 학생수의 1/10에 불과하였다. 그러나 그렇게 멀리까지 나아간 사람은 누구든 이미 여러 면에서 우수한 직업으로 나아가는 사닥다리의 첫번째 디딤판에 올라서 있는 셈이었다.

김나지움 재학생은 여전히 일반대중과는 교복으로 구별되었으며, 지배엘리트 충원의 가장 중요한 원천을 이루었으나, 다른 한편으로는 그들로부터 중요한 저항운동도 생겨났다. 이는 바로 '철새(Wandervogel)'로 명명된 독일자유청년운동(Freie Deutsche Jugendbewegung)이었다. 이 운동은 그 사회적 구성면에서 1914년까지는 김나지움 학생들이 주류를 이루었다. 이 그룹들은 1897년에서 1900년 사이에 생겨나서 1901년 베를린의 슈텔리쯔(Stelitz) 지역에서 공식적으로 창건되었으며, 제1차 세계대전 직전 마이센(Meißen)산 정상에서 개최된 집회에서 그 절정에 달했다. 이 그룹들은 특히 대도시의 교외지역이나 중소도시 출신이자 프로테스탄트적인 상층 및 중산층 부르주아 가문출신 학생들을 포괄했다. 학교의 판에 박힌 듯한 주입식 교육에 대한 반대, 자연으로 돌아가 '자연적인 생활'을 하자는 요구, 창조적 에너지의 발산 그리고 청년교육에 끼친 긍정적인 영향-이들은 사소하게 평가되어서는 안될 필요한 것이자 성과들이다- 등에는 긍정적인 측면보다 더 중요한 부정적 측면이 대립되어 있다고 평가할 수 있다. 이들 철새집단들은 반자유주의적·반민주주의적·반도시적·반산업적이었으며, 너무도 빈번히 게르만적인 사회적 낭만주의 속으로 도피했다. 유대인은 여성들과 마찬가지로 회원이 될 수 없었다. 라가르드(Paul de Lagarde)와 랑벤(Julius Langbehn)의 작품『렘브란트-독일인(Rembrandt- Deutscher)』은 읽을거리로서 호평을 받았다.

또 호색적인 지도자 숭배를 포함한 엘리트적 자만심은 근대세계에 대한 강한 혐오감과 결합되었다. 게다가 이 심성은 격렬한 민족주의에 휩싸였으며, 청년운동에 참여한 수많은 사람들이 노래를 부르면서 랑에마르크(Langemarck)의 기관총 포화 속으로 돌진해 들어갈 수 있었다. 이 반근대적인 낭만주의의 특징, 즉 현실세계를 거부하는 이상주의 그리고 이제 막 책임있는 지위에 들어가려는 사람들의 유사개혁적 목적에 대한 '집단적' 열광은 확실히 정치에 감수성을 더욱 고조시켰다. 왜냐하면 전쟁을 치른 지 10년 후에는 정치가 도시적이고 산업적인 문명에 대한 저항을 급진화시켰기 때문이다. 여기서 운동은 미지의 변경을 향하여 출발한다는 생각을 모방한 것이었으나, 곧 이어 러시아와 같이 진창길로 가든지 혹은 '녹색꽃'*34)으로 피어났다.

3.5.4. 대학

1871년에는 약 1만 3천명의 학생이 독일의 대학에 다니고 있었으며, 이는 [당시의 총인구를 4,100만명으로 환산할 경우] 100만명 가운데 320명이 대학생인 셈이었다. 그 숫자는 30년만에 3만 4천명으로 증가하였으며, 100만명[총인구 5,600만] 가운데 대학생이 차지하는 비율은 640명[1930년에 2,100명, 1960년에 4,600명이었다]으로 두 배나 증가한 것이다. 이러한 발전은 1870년대 이후부터 '학문적 프롤레타리아(akademische Proletarier)'를 둘러싸고 활발한 논쟁을 촉발시켰다. 이들 3만 4천명 가운데 10%는 신학을 공부하였다[1960년에 그 비율은 2.5%였다]. 여기서 카톨릭신학의 공부는 사회적 신분상승의 수단이 되었다. 왜냐하면 이들 대학생들의 아버지 가운데 대학교육을 받은 적이 있는 사람은 4%에 불과했기 때문이다.

그러나 다른 모든 학과의 대학생들 가운데는 대학교육을 받은 중산계급 및 공무원가문 출신이 압도적으로 많았다. 예컨대 1900년경에 프로이센 대학생 전체의 27%는 그 아버지가 대학을 졸업한 사람이었으며, 1/3 이상은 국가공무원이나 교사경력이 있는 가문출신이었다. 뷔르템베르크와 바이에른, 작센과 바덴에서의 통계수치도 프로이센의 그것과 거의 차이가 없었다. 요컨대 그들이 전체인구에서 차지하는 비율을 비교해 보면, 사회적 특권계급은 대학생에 의해서 대표되는 경우

---

*34) 독일 낭만주의 시대의 작가 노발리스의 미완성작품인 『Heinrich von ofterdingen』의 별칭이며, 독일 낭만주의의 이상과 동경의 상징이다. 이것이 일반화된 것은 시인 Heine가 평론집 『낭만파』에서 "이 책의 곳곳에 녹색꽃이 빛나고 향기가 드높다"고 한 데 기인한다.

가 압도적으로 많았다. 비록 노동자의 자녀 한두 명이 대학에 진학하여 그 과정을 성공적으로 마치는 시험에 합격하는 예외적인 경우가 있기는 했지만, 우리는 그것을 상급 교육기관이 상대적으로 개방되어 있었다는 증거로 간주해서는 안될 것이다. 상급교육기관에 쉽게 접근한다는 것은 당시에 -공정하게 말한다면- 서구의 다른 나라에서도 매우 드문 일이었다. 대학에서 교육을 담당하는 사람을 신규로 충원할 수가 있는 영역도 명백히 제한되어 있었다. 예컨대 1860년에서 1890년까지의 시기에 대학교수 자격을 획득한 사람들의 65%가 공무원이나 대학교수 가문출신이었다.31)

대학에서 정치적인 통일을 이루어야 한다는 일반적 압력은 1871년 이후에도 여전히 높았다. 그 권한이 막강했던 철학부에서는 국가라는 이상주의적 개념이, 대프로이센의 출현이라는 전설을 침투시키는 데 전념하지는 않았지만, 현상태를 정당화시켜 주기 위하여 정치사에만 집중된 역사서술 전통을 강화시키는 데 기여했다. 국가에 대한 숭배나 국가의 개혁정책에 대한 믿음이 매우 높았다는 점이 '강단 사회주의자들'*35)의 명백한 특징이었던 경제학부에서는 장래의 공무원들에게 -기술적인 면에서 탁월한- 복종훈련이 부과되었다. 슈몰러의 제자와 그 동료들이 수행했던 경제체제에 대한 비교적 온건한 비판에 대하여 프로이센의 문화성 장관인 보세(Bosse)는 결정적인 이의를 제기하면서

---

*35) 강단사회주의(Kathedersozialismus)란 19세기의 70년대에 독일 민족경제학(Volkswirtschaftslehrer)에서 지배적인 경향을 일컫는 말이다. 이 이론은 맨체스터 자유주의에 대항하여 계급간의 대립을 완화하고, 사회의 평화를 촉진하며, 사회적 상승을 가능하게 하기 위하여 경제와 사회생활에 국가개입을 요구했다. 자유주의의 반대자들에게 각인되어 있던 이 명칭은 곧 보편적으로 사용되었다. 그들의 정신적 뿌리는 Lorenz von Stein의 '사회적 왕국'이론, 보수주의적이고 기독교적인 이념인 Rodbertus의 국가사회주의 이념, 그리고 자유주의 이론의 사회개혁적 지속교육이었다. 강단사회주의자들은 1872년에 창설된 '사회정책협회(Verein für Sozialpolitk)'의 핵심을 이루었으며, 그 주도자는 A.Wagner, G.Schmoller, L.Brentano, H.Herkner 등이었다.

다음과 같은 공식적인 요구를 하기에 이르렀다. "강연에서 기업가들의 견해는… 지금까지보다 더 많은 효과가 있어야만 한다. 또한 우리가 황금알을 낳는 암탉을 죽여서는 안된다는 말을 잊어서는 안된다."32)

게다가 1900년 이후에는 이러한 부르주아적 개혁에 호의적인 사람들이 행했던 근본적인 비판도 약화되었다. "어떤 의미에서는 정치적 지배의 병기고로서 봉건적 성격"을 지니고 있던 법학부33)는 항상 미리 주어진 것에 지향된 편협하고 완고한 심성을 만들어냈다. 이러한 심성은 라반트학파*36)의 법실증주의를 계속 후원해 주었다. 당시에는 의학부로부터도 전반적으로 어떠한 건설적인 비판을 기대할 수 없었다. 루터파 성직자가 되려는 지원자들은 합리주의가 사라진 지 100년이 후에야 비로소 새로운 '비판적 신학'과 접촉할 수 있었다.

어떠한 비판적인 언급을 한다고 할지라도, 우리는 독일 대학에서 이루어낸 고도의 그리고 전 세계적으로 모범이 될 만한 학문의 수준을 인정할 수밖에 없다. 독일제국 시기에 여기에 새로이 12개의 대학이 추가되었다. 그러나 사회적으로나 정치적으로나 대학은 현상의 보루로 남아 있었다. 몸젠과 피어호브(Virchow)가 구현했던 것과 같은 결단력있는 자유주의적 유형의 학자는 1880년에 이후에 사라졌으며, 정치적·사회적 보수주의-비록 그것이 민족자유주의적 성향을 지녔다 할지라도-가 널리 유행하게 되었다. 각종 시험과 단체메카니즘을 내각이나 단체의 법규를 통해서 통제할 수 있게 됨으로써 고도의 동질성이 보장될 수가 있었다. 반면에 명성이 있는 국외자(Außenseiter)들-예컨대 미헬스(R.Michels)나 아론스(L.Arons)와 같은 사회민주주의자

---

*36) 라반트(1838~1918)는 독일의 중요한 법학자이자, 법실증주의의 대표자이다. 그가 주장한 법실증주의란 정치적이고 국가중심주의적인 모든 사고들로부터 국가론을 해방시키려 한 법이론이다. 이 학파의 법실증주의는 현상을 안정시키는 효과가 있으며, 이들이 주장한 형식주의는 헌법상태의 현실적인 발전에 대한 포기를 포함했다. 게다가 독일제국에서는 법학자들의 헌법투쟁을 통한 실천적인 요구들이 거의 없었다.

들-과는 효과적으로 일정한 거리를 유지했다. 대학 교직자단체 안의 사람들은 "자신과 비슷한 부류의 사람들 사이에서 안도감"을 느꼈다.

3.5.5. 대학생단체와 예비역장교 체제

여러 대학에서는 부르주아지의 '봉건화(Feudalisierung)'와 관련된 과제도 관심사가 되었다. 즉 거기서 이러한 정치적 사회화의 제도적 담지자들은 대학생 단체들, 특히 전투적인 대학생 단체들이었다. 사교단체와 맥주소비 촉진자로서의 그 역할은 여기서 상세히 다룰 필요가 없을 것이다. 그렇지만 이들의 사회적·정치적 기능은 부르주아지의 자제들에게 신 귀족적인 명예관념과 행동방식을 심어주고, 그들에게 규범과 가치를 심어주는 것이었다. 이러한 것들은 장차 부르주아적 정치의 대표자가 될 사람들과 前산업적·귀족적인 지배집단을 결합시켜 주었다. 나아가서 그들에 내재해 있는 거추장스러운 가치들은 그들이 새로 공유하게 된 집단심성에 의해서 약화되었으며, 그들은 매우 성공적으로 다른 생활세계에 적응하였다. 이미 구시대적인 것으로 되어버린 성년식의 장이자 용기를 실제로 과시하는 장인 결투장에서 대학생들은 마치 장식처럼 상처자국을 남겼는데, 이는 가시적이고 흔히는 향료를 과다하게 사용함으로써 악화되었다. 이것은 봉건적인 동기를 명백하게 드러낸 극히 인위적이고 과장된 결투였다. 이러한 자해행위는 사악한 옛 시절의 유물로서 [영국의] 계몽된 지배자들에 의해서 검은 대륙 아프리카에서도 사실상 금지되었으나, 독일제국에서 그러한 행위의 담지자들은 학문적 소양을 갖춘 엘리트의 구성원임이 명백해졌다.

게다가 이들 대학생 단체들은 영향력이 많았던 '옛 조합회원들(Alte Herren)'이라는 단체와 연계하여 그 회원들을 매우 좋은 직책으로 보냈다. 1848년에 조직된 '쾨젠의 학생조합 대표자회의연(Kösener-

Senioren-Convents-Verband)'*37)은 마침내 1,500명의 상근활동자, 4천명의 시간제 활동자, 2만 5천명의 '옛 조합회원들'을 결합시켰으며, 공직을 후원할 때 중앙의 가장 유명한 배분자 역할을 했다. 몇몇 부서는 먼저 쾨젠학생조합대표자회의 연합에 소속한 회원의 개인적인 추천을 받지 못할 경우 책임있는 자리를 거의 채우지도 못하였다.

독일에 전형적인 이 '학생조합의 엽관주의'는 [소속조합이 다른 대학신입생들의 규정에 의한] 결투와 그 결투에 응함으로써 세속적 지혜를 얻은 신뢰할 만한 관리들에게만 입법부 및 사법부에서의 출세의 길이 열리도록 보장해 주었다.34) 여기서는 다만 학생조합에 가입한 대학생이 많은 연계관계를 맺음으로써 얻었던 엄청난 이점들이 언급될 것이며, 특히 그가 결투에서 입었던 상처자국은 어디로 가든지 그가 상류사회에 속한다는 것을 보장하여 주는 명함으로 이용될 수가 있었다.

귀족적 학생조합(Korps)과 부르주아적인 학생조(Burschenschaft) 사이의 치열한 대결이 흔히 있기는 했지만,35) 그들 모두에게는 동일한 편견이 만연해 있었다. 그들은 모두가 유대인 여성을 피해야만 했으며, 쉽게 흥분할 수 있는 민족주의가 점차 확산되었다. 또한 그들은 모두가 '군주적 인간(Herrenmensch)'*38)의 거동을 흉내내기도 하였으며, 온갖 차별을 무릅쓰면서도 결투를 벌였던 부르주아적 학생조합을

---

*37) 아래에서 언급되고 있는 귀족적 학생단체(Korps)라는 명칭은 1810년경에 등장했다. Korps는 부르주아적 학생단체(Burschenschaft:1815)의 창설로 일시 쇠퇴했으나, 곧 그들의 옛 지위를 되찾기 위하여 투쟁했고, 1840년 이후 비정치적 단체로서 인정받았다. 1848년 이후 Korps는 그 사이에 창설된 대부분의 다른 단체들과 더불어 인정받게 되었다. Korps는 각 대학에서 학생조합 대표자회의(Senioren-Conventen:SC)로 통합되었으며, SC는 19세기의 개혁노력에 맞서서 전통적인 대학생의 관습, 즉 무조건적인[결투에 의한] 명예회복(Satisfaktion)과 [학생조합을 달리하는 신입대학생끼리의] 규정에 의한 결투를 그대로 유지시켰다. 그리하여 SC는 모든 학생단체들의 전형이 되었다. 쾨젠학생조합 대표자회의(Kösener Senioren-Convents-Verband)는 Korps의 최초의 단체로서 1848년에 창설되었다. 이 단체는 매년 오순절에 Bad Kösen과 Rudelsburg에서 회합을 가졌다.
*38) 니체가 지배욕이나 권력욕이 강한 사람을 지칭할 때 사용하였던 용어이다.

포함한 여러 학생단체들은 부르주아적 정치를 기피하게 되었다.

　　마찬가지로 또 하나의 기관은 부르주아지가 다시는 정치적 위협으로 등장할 수 없도록 보장해 주려고 하였다. 그것이 바로 예비역 장교제도였다. 이러한 지위의 기능변화―본래 이는 부르주아적 평등권의 표시로 간주되었다―는 1871년까지 새로이 확고한 기반을 잡게 된 군국주의 국가의 시금석으로 되었으며, 이 국가에서는 직업군인들이 '수용능력이 있는' 부르주아지 가운데 누구를 선택할 것인가를 결정하였다. 결국 이러한 제도상의 기능변화는 예비역 장교제도가 마치 대학생 단체나 예비법학도들이 시보로서 훈련받는 것과 유사한 사회화 기능을 받아들이는 데로 나아가게 되었다. 어느 부르주아적 인사가 예비역장교로서 장교단에 가입하려면, 먼저 그는 후보자격을 철저히 심사받았으며, 그의 직업관계와 결혼관계〔예컨대 유대인 부인은 명백한 결격사유였다〕를 확대경, 이 경우에 적절하게는 외알안경(Monokel)으로 철저한 심사를 받았다. 그러한 실사작업을 거친 후에야 비로소 그는 '믿을 만한 동료'로서 편입되었다. 이러한 결정은 이렇게 해서 선발된 사람들이 '직업군인의' 규범과 생활양식에 기꺼이 적응하려 했어야만 한다는 것을 의미하였다. 그러나 거기에는 국가 안에서 '최고신분'에 붙여준 영광이 그를 감싸주고 있었으며, 특히 그의 명함에서도 이러한 사실은 명백히 드러났다. 지배자들에게 이 예비역 장교제도는 매우 슬기로운 기관으로 증명되었다.

　　헌법투쟁으로 인하여 야기된 공포를 체험한 이후 이 제도는 야심만만한 부르주아적 인사들의 통합을 보장해 줄 수 있었다. 박사학위를 취득한 학자, 대학생단체에 가입한 학생 그리고 예비역장교가 된다는 것, 이들 모두는 만(H.Mann)의 주인공 헤쓸링(Dietrich Heßling)이 느끼는 바와 같은 부르주아적 지복(至福)의 절정에 도달해 있다는 것을 의미하였다. 이미 이렇게 형성되어 온 보수주의적·자유주의적 정당의 후세대들로부터 전통적 엘리트는 사실상 그들의 권력피라미드가 붕괴될지도 모른다는 두려움을 전혀 느낄 필요가 없었던 것이다.

3.6. 갈등의 조정

지배적인 규범에 대한 어떤 위반사례가 발생할 경우, 사법기관은 갈등을 권위주의적으로 해결하기 위하여 국가를 좌지우지했다. 동시에 국가는 일방적이기는 하지만, 대립과정에서 생긴 긴장을 제거하는 데 도움을 주는 대중들의 신민심성(臣民心性 : Untertanenmentailtät)의 내면화된 반응양식에 의존할 수 있었다. 그러나 이러한 방식이 더 이상 통하지 않게 되면, 국가는 대중의 충성심을 계속 유지하거나 혹은 그것을 되찾기 위하여 매우 세심하게 계산된 보상적 성격의 양보를 하지 않을 수 없었다.

3.6.1. 계급재판

18세기와 19세기 초 절대주의에 대한 투쟁이 벌어지고 있던 시기에 관료가 '법치국가' 안에서 어떻게 그 영향력을 강화시킬 수 있었는지를, 마치 소위 행정재판 관할권이 그들에게 유리하게 기능했던 것처럼, 여기서 보다 더 상세하게 논의할 필요는 없다. 그러나 독일제국이 모든 시민에게 법 앞에 평등을 사실상 보장했다는 오래된 전설은 현대의 저명한 어느 법학자로부터 논박당했다. 즉 그는 "독일제국이 법치국가였다는 주장이 전혀 정당화될 수 없다"고 말하였다.36) 물론 이와 관련하여 사람들은 법률이 이 시기 독일의 대도시에서는 적어도 미국의 대도시에 비해 훨씬 고도의 안전성을 제공해 주었다는 사실을 부인하지는 않을 것이다. 사람들은 거기서 별 두려움없이 생활할 수 있었다.

엄격한 합법성도 감명을 주었다. 예컨대 프로이센의 고등행정재판소는 민족성을 둘러싼 갈등이 발발했던 시기에 이러한 합법성을 이용하여 적법한 조치를 취하도록 당국의 계략에 제한을 가하였던 것이다. 그러나 이것은 오히려 공식적인 평등의 보장에 대한 미묘하고 완전한 경멸을 의미했으며, 이는 독일제국에서 마치 홍사(紅絲)처럼 내적인 갈등의 역사를 관통하여 흐르고 있었다. 왜냐하면 수많은 소송사건이 계급재판이라고 설명될 수밖에 없는 방식으로 판결을 받았기 때문이다. 지방의 사법행정은 "지배계급의 이익과 그 이데올로기로부터 일방적으로 영향을 받았으며,… 그리하여 법률을 형식에 맞게 적용했음에도 불구하고, 피억압계급은 재판의 조작에 의하여 자신의 권리와 이익을 침해받았던" 것이다.37) 이처럼 사회적 편견에 기초한 사전판결은 산업노동자·농업노동자, 특히 사회민주주의자들을 포함한 모든 재판과정에서도 사실상 동일한 맥락에서 추적될 수 있다. 이러한 사실은 이미 1872년에 라이프찌히에서 있었던 대역죄 재판과정에서 극단적으로 드러났으며, 사회주의자 탄압법이 시행되던 시기에는 도처에서 극히 현저한 현상이었다. 그리고 이러한 현상은 1890년 이후에도 계속 명확히 관찰될 수 있다. 몇몇 시민들이 소위 공정한 사법제도하에서 다른 시민들보다 더 평등했다는 것을 이해하려면, 우리는 다만 빌헬름 시기의 대규모 노동쟁의, 예컨대 1912년의 광산노동자 파업 이후에 행해진 재판에서 부과된 과다한 형량을 군대의 전투나 혹은 다른 범법행위에 대한 반응과 비교해 볼 필요가 있다. 구 프로이센의 관료제하에서 행해진 대규모 뇌물 수수행위나 부패가 독일제국의 사법부 관료에게 알려져 있지 않았다. 그렇지만 계급재판(Klassenjustiz)이라는 보다 더 음험한 부패는 1918년까지 극복되지 못하였다.

이러한 계급재판이 [아무런 제지도 받지 않은 채] 묵시적으로 기능할 수 있었던 것은 본질적으로 재판관이 그 교육과정에서 체험하는 조건에 기인하였다. 비스마르크정부가 자유주의적 공무원들과 치렀던 치열한 투쟁과정에서, 특히 1878년 푸트카머의 '관료개혁'에 의한 초보수주의적 숙청조치와 더불어 사법부에서도 새로운 정책이 채택되었으며, 기대했던 성과를 단기간 안에 달성하였다. 즉 재판소와 사법당국 관료들의 핵심적 지위는 '믿을 만한' 사람들의 수중에 있었던 것이다[Ⅲ.1.4]. 그리고 이후에 재판관이 된 인사들의 연령구조를 검토해 보면, 우리는 이런 유형의 법률가들 상당수가 바이마르공화국에서도 왕조적 '법치국가'라는 그들의 이념을 관철시킬 기회를 가질 수 있었다는 사실을 알게 된다. 왜냐하면 푸트카머가 재직하던 시기의 '청년들'-우리는 이것을 명확히 하여야만 한다-은 1918년에 60세 정도였기 때문이다. 그들보다 나중에 시보생활을 한 신세대 행정관리들은 이미 새로운 체제를 익히고 있었으며, 연령면에서도 훨씬 더 젊었다. 이러한 법적인 기관들이 계속 그대로 방치된다면, 도대체 누가 [우파 행동대원들에게 중세적인] 비밀재판(Femekommando)을 통해서 극히 관대한 판결을 내린 그 재판관에게서 에베르트(Friedrich Ebert)가 정당하다고 판결하리라고 기대할 수 있었겠는가?

3.6.2. 신민심성

이 권위주의적 국가기관에 대한 일종의 심리적 보충물이 바로 신민심성이었다. 신민심성은 국가의 자의적인 행위, 곧 국가의 침해행위를 수동적으로 받아들이게 하였으며, 일상생활에서 벌어지는 사소한 골칫거리에 대해서도 침묵이라는 극히 소심한 반응을 보이게 하였다. 또한 신민심성은 거리에서 장교를 만나면 모자를 벗고 그에게 길을 비켜주게 하였으며, 심지어 극히 누추한 촌락의 경찰관에게도 국가의 위광이 깃들게 하였다. 요컨대 이 심성의 요체는 저항하는 것이 아니라 순응하는 것이었다. 자유주의적 성향이 강했던 라인란트와 남서부지역에서는 경멸감을 불러일으키기도 했던 이 특이한 엘베강 동부지역의 심성은 수세기에 걸친 정치적·종교적 전통의 산물이었다.

예전에 베버는 독일에서 군주의 목을 베는 것은 향후 독일의 역사과정에 자유화의 효과를 낳을 수 있으리라고 언급한 적이 있다. 왜냐하면 이제는 아버지가 될 만한 위대한 지도자의 후광도 더 이상 예전처럼 권력을 무한정으로 계속 행사하지는 못할 것이기 때문이라는 것이다. 그는 이 점에서도 독일이 여전히 혁명없는 나라에 머물러 있다고 생각하였다. "외국의 관찰자를 품위없는 것으로 간주했던 권위에 대한 저 내면화된 헌신의 출현과 지속"이 다른 나라에서는 "방해를 받거나 중단되었다. 그러나 독일에서 그러한 권위는 근절시키기 어려운 것으로 증명된 무제한적인 군주지배의 유산으로 남아 있었다. 정치적인 관점에서 볼 때, 독일인은 예나 지금이나 문자 그대로 전형적인 '신민'이며, 따라서 루터주의는 독일인에게 적합한 종교형식이었다"고 베버는 결론지었다. 이어 1919년에 아인슈타인(A.Einstein)은 이러한 심성에 대해서 "어떠한 혁명도… 전래의 노예근성을 치유할 수 없다"고 경멸적으로 언급한 바 있다.38)

확실히 합리주의적 신학, 정치적 자유주의, 디스터벡(Diesterweg)의 교육학 그리고 몸젠의 세미나 등은 모두가 자유롭고 독립적인 인간을 형성시키고자 하였다. 사회민주주의자와 노동조합 역시 바로 이러한 의미에서 계몽이라는 극히 힘든 작업을 수행한 해방운동이었다. 그러나 힌쩨가 예리하게 관찰한 바와 같이, 1878년 이후 보수주의가 숙명적인 '재기'에 성공하면서 "모든 국내정책"은 "명백히 프리드리히대왕 체제의 특징"을 지니고 있었다.39) 그렇지만 이로 인하여 전통이라는 극히 둔중한 짐이 훨씬 더 무게를 더해 갔다. 즉 죽은 자가 산 자를 사로잡았다(le mort saisit le vif). 억압적인 조치의 사용을 전혀 주저하지 않을 뿐만 아니라 휘장과 귀족작위를 의도적으로 수여하는 국가에서 거기에 대적하기는 어려웠다.

이러한 행동양식은 －아마도 어쩔 수 없는 것이었지만－ 심지어 국가에 대한 가장 격렬한 반대자에게도 영향을 끼쳤다. '제2인터내셔널' 안의 비판자들은 독일 사회민주주의가 그 내부조직을 '프로이센화' 시켰다고 비난했는데, 이는 극히 정당한 것이었다. 또한 관찰자들은 '짜보르 프루쯔끼(Zabor Pruski)'에서 일하고 있었던 폴란드인들의 프로이센적인 특징을 인정했다. 구 프로이센이 오랫동안 완강하게 자신의 역사적 시간이상으로 살아남아서 영향력을 행사했다는 것은 의문의 여지가 없다. 만약 누군가가 이러한 사실을 부인한다면, 그는 19세기와 20세기에 독일정치가 직면한 딜레마들 가운데 하나를 간과하게 될 것이다.

3.6.3. 이상향으로서의 갈등없는 사회

우리는 갈등없는 사회, 즉 유토피아라고 부를 수 있는 이상향의 뿌리 또한 이러한 권위주의적 관념과 신민근성 사이의 상호작용 속에서 발견할 수 있다. 거기서 정부와 행정관청은 초당파적인 공익의 보호자로서, '순수히 객관적인' 법정으로서, 말하자면 기술관료적인 전문가로서 이해되었으며, 이들의 휘하에 있는 모든 사회집단들은 원칙적으로 서로 협력하고 조화된 관계 속에서 살고 있다. 따라서 이러한 목가적 생활정경 속에서 상호대립이나 계급간의 긴장관계는 들어설 여지가 없었으며, 거부되거나 외부로부터 사회를 교란시키려는 사악한 시도의 결과로서 이해되었다. 게다가 모든 보수적 음모설(Verschwörertheorie)

속에서 유리한 지위를 차지하고 있던 이들 평화의 교란자들은 저항받거나 추방, 혹은 필요한 경우에는 도태되어야만 했다. 이 모델이 지니고 있는 강한 매력은 명백히 사회의 발전과정에서 국가의 간섭이라는 매우 효과적인 역사적 전통에 기초해 있었다. 그리고 그것이 지니고 있는 매력의 일부는 오늘날까지 '대연합'에 기꺼이 찬성하거나 혹은 '정형화된 사회'의 구상 속에 명백히 남아 있다.

갈등이 구조를 결정한다는 사실을 부정해버림으로써 나타난 직접적인 결과는 반 의회적인 경향이다. 왜냐하면 엄격하게 규제된 견해의 대립을 해소시키는 장으로서의 의회는 사회 안의 각 집단간의 이해관계의 대립을 전제하고 있기 때문이다. 이것이 부인된다면 의회도 단순한 '잡담장소'로 전락하게 될 것이다. 이해관계의 대립을 제도화시키거나 이미 규정되어 있는 관습적인 투쟁으로 일상화시키지 않고 그것을 비정상적인 것으로 간주하는 사람은 계급투쟁이라는 말에 반대하는 경향이 있을 뿐만 아니라, 갈등없는 사회의 실현을 기대하기도 한다. 그리하여 마침내 그는 '당파간의 불화'로 인한 충돌을 잠재우겠다고 약속한 위대한 조정자로 환영받게 된다. 우리는 여기서 중간계급인 부르주아지의 급진화에 극히 중요한 역할을 수행한 이 증후군의 몇 가지 역사적인 전제조건들과 마주하게 된다. 1870년대 이후에 조직화된 좌파는 조화로운 공동체생활을 어지럽히는 평화의 교란자로 등장하였다. 위로의 투쟁―귀족과 봉건국가에 대항한―이 1848년, 1862년과 1871년의 패배 이후 더욱 약화되면 될수록, 모든 침략과 마비된 듯한 증오심은 더욱더 편협하게 아래로부터의 위협이라는 이러한 상징에 지향되었다. 이러한 감정은 마침내 1933년 이후에 표출되었다. 이러한 역사적 차원을 언급하지 않고서는, 다시 말해서 단순히 1918/29년 이후의 상황만을 언급한다면 중산계급의 이처럼 판에 박힌 듯한 행위는 제대로 이해될 수 없을 것이다.

3.7. 충성을 보장받기 위한 보상급부

독일제국 사회의 구조를 결정하는 적대관계를 통제해 보려는 온갖 시도가 있었음에도 불구하고, 사회화과정의 조종, 계급재판 그리고 내면화된 순종성이 거기에 항상 충분한 것이 아니었다는 사실은 명백해졌다. 게다가 1873년 이후에는 불균등한 경제성장으로 인하여 '사회문제는 온실의 열기'[Rodbertus]에 휩싸이게 되었다.40) 1879년까지 계속된 불황기 동안에 자유주의적 시장경제에 대한 급진적 불신으로 시장의 자기조절 메카니즘에 대한 믿음도 급격히 감소하였다. 다시 말해서 충분한 시간이 주어진다면 사회세력의 자유로운 활동이 공익을 가져다 줄 것이라는 믿음도 불신받게 되었다. 오히려 독일의 산업혁명이 시작된 이후에 이루어진 발전은 생산수단의 소유자와 노동력을 판매하는 사람들 사이의 격차가 거의 모든 생활영역―그리고 단순히 물질적인 소득의 차이만이 아니라―에서 커졌다는 것을 보여주었다.

1870년대 말에 지배계층은 만약 이러한 발전이 훌륭한 자유주의적 관행에 따라서 그 나름대로의 작동원리에 맡겨져 버릴 경우, 그로 인하여 야기될 사회적·정치적 위험에 관해서 잘 의식하고 있었다. 정치평론가인 바게너(H.Wagener)나 내각관리인 로만(Th.Lohmann)과 같은 사회적 보수주의자들은 일찍이 국가의 개혁활동에 관한 거시적인 프로그램을 작성하기도 하였다. 그리고 카르도르프(Kardorff)·슈툼(Stumm)·호엔로에-랑엔부르크(Hohenlohe-Langenburg)·프랑켄베르크(Frankenberg)와 같이 1878/79년에 집단적으로 보호정책을 요구한 바 있는 결집정책의 대표자들이 사회정책 분야에서도 즉각적인 조치를 요구한 것은 결코 우연이 아니다. 미크벨조차도 동일한 동기에서

"지칠 줄 모르는 정력으로 혁명의 발생을 저지하는 것, 소수의 자산가들을 육성함으로써 사회적 부를 창출하는 것 그리고 노동계급의 정당한 요구를 기꺼이 충족시켜 주는 것"이 지금 필요하며, 이로써 "혼란을 개혁으로 전환시킬 필요가 있다"고 설명했다.41)

3.7.1. 사회개혁 대신에 사회보험

초기에 비스마르크는 예전의 [억압적인] '경찰정치(Polizeipolitik)'의 전통에서 유래한 국가의 복지조치를 매우 대담하게 변호하였다. 그러나 그는 이 문제와 관련하여 자유주의적 관료의 저항에 부딪치게 되었다. 게다가 위기상황이 더욱더 악화되자, 그는 체제를 안정시키기 위하여 국가주의적 사회정책이라는 전형적으로 보나빠르뜨적인 수단으로 복귀하였다. 이것은 경제적·식민지적 팽창을 그 외적 측면으로 하는 정책의 대내적 측면을 이루었다. 그가 채택한 이러한 사회정책은 설사 사회질서의 재구축으로 파악되었다고는 할지라도, 본래부터 노동자의 보호와 산업노동 세계를 보다 더 인간적인 것으로 만든다는 의미에서의 사회개혁으로 파악되지는 않았다.

주지하다시피 제국재상은 1871년에 처음 도입된 공장감독의 확대, 일요일 노동의 폐지, 최저임금 보장제의 도입, 여성노동 및 아동노동의 제한 등을 1890년까지 철저하게 거부하였다. 기업 내에서 자본소유주가 향유하고 있던 지배권은 궁극적으로 그들에게 부과된 사회적 분담금으로 인하여 어려움을 겪지도 않았다. 오히려 비스마르크는 수많은 기업가들과 마찬가지로 산업이 국제경쟁력을 유지하기 위해서는 과다한 부담을 져서는 안된다는 견해를 갖고 있었다. 이제 기업의 사회정책은 공식적으로 중단되었을 뿐만 아니라, 슈몰러에 의하면 비스마르크에게서는 "기업가의 즉각적인 이익촉진"이 "사회정책의 진수"

로 간주되었다.42) 1880년대의 각종 보험법 제정은 처음부터 매우 공공연하게 억압적인 사회주의자 탄압법에 대한 '필수적인 대응물' - 1878년 副재상인 슈텔베르크(Stelberg)의 말을 인용한다면 - 으로서 작성된 것이었다. 끄로체(B.Croce)의 말로 표현한다면 비스마르크는 "정신을 진정시키고, 그 의지를 꺾어버리기 위해서 물리적 욕구"를 충족시켜 주고자 하였다.43)

또한 재상은 자신의 사회정책을 보나빠르뜨의 병기고에서 차용해 왔다는 사실을 숨기지 않았다. 그는 자신이 "매우 오랫동안 프랑스에 살았으며, 대다수의 프랑스인들이 정부에 헌신하게 된 것은⋯ 본질적으로 그들이 국가의 연금수혜자라는 사실과 관련되어 있다는 것을 알게 되었다"고 제국의회에서 밝혔다.44) 만일 나폴레옹 3세가 국가가 운영하는 보험, 의료보험, 소액저축자에 대한 연금보험, 동업자 조합에 대한 보조금 등을 통하여 노동자들을 자신의 정권에 결속시키고자 하였다면, 재상은 이와는 반대로 프랑스의 황제가 노동자의 보호와 단체권에 대하여 거부한 것에 주저없이 동조하였듯이 "그러한 유의 의도를⋯ 가장 완벽하게" 이해하고 있었다. 따라서 그는 사회주의자 탄압법이라는 '예방장치'를 통해서만 노동자들의 해방투쟁을 중지시키려고 한 것이 아니라, 보험법이라는 '국가사회주의'를 통해서도 그들을 복종시키려는 명백한 의도에서 '순응정책'을 도입하였다. 따라서 물질적 보상도 필요했던 듯하다. 왜냐하면 보호관세는 상당한 정도의 생계비 상승을 초래하였고, 또 자유노조의 성장은 이러한 방식으로 제지되어야만 했기 때문이다.

이 정책의 정치적 목적은 노동자 계급에게 연금을 지급함으로써 그들의 국가에 대한 충성 - 이는 구 프로이센에서의 영속적 농업노동자들의 충성과 마찬가지다 - 을 보장받으려는 데 있었다. 그는 흔히 상대방을 당혹케하는 그 특유의 솔직한 태도로 가식없이 "대다수의 무산자들이 극히 정당하게 연금의 혜택을 누리고 있다는 감정을 갖게 하고, 이로써 나는 보수적인 심성의 상황을… 만들어 보고 싶다"고 고백하기도 하였다. 그는 어느 언론인에게 토대와 상부구조라는 자신의 견해를 다음과 같이 설명하였다. "자신의 나이 때문에 연금을 받는 사람은 그러한 전망을 전혀 갖고 있지 못하던 사람보다 훨씬 더 만족감이 클 것이며, 따라서 다루기도 훨씬 더 쉬울 것이다." 개인을 위해서 봉사하는 사람과 관청에서 일하는 사람 사이의 차이를 보자. 후자는 전자보다 훨씬 더 많은 것을 요구받는다. 왜냐하면 그는 기대할 연금이 있기 때문이다. 이렇게 해서 미리 예방된 혁명은 토지와 재산에 대한 "보상물로서 산업노동자에게… 수령대장을 수중에" 넘겨주는 이러한 정책과는 "전혀 다른 액수의 비용"을 쓰게 될 것이다.45)

그럼에도 불구하고 설탕빵과 채찍의 이러한 결합은 이 사회정책이 본래 의도했던 효과를 방해하였다. 정치적·사회적 평등권을 위하여 투쟁하는 노동자들은 예외법하에서의 보복조치, 기업 안에서의 안전과 보호를 확대해 달라는 요구의 거부에 대해서 침묵으로 일관하기를 거절하였다. 다른 한편 만약 우리가 SPD의 성장, 비스마르크의 사임위기에서 사회정책이 행한 역할 그리고 1890년에 자신의 실패가 노동자들에게 "국가를 긍정하는 자세"를 침투시킬 수 없었던 무능력에 기인한다고 인정했던 사실 등을 고려한다면, "사회적 문제가… 비스마르크의 명성에는 러시아 원정〔결정적인 타격을 입힐〕일 수 있다"는 로드베르투스의 1871년의 진단은 부분적으로 입증된 셈이다.46)

그러나 그의 사회정책이 매력적이지 못했다는 것을 입증해 주는 것은 억압과 연금보험을 결합하는 과정에서 단순히 재상이 정치적으로 상당히 어리석었다는 사실만이 아니었다. 부분적으로 거기에 기여한 것은 그 계획에서 극히 제한된 소수의 사람들만을 포괄했던 비참할 정도로 낮은 급부였다고 할 수 있다. 게다가 1883년의 질병보험법은 결코 전체는 아니지만 기업 노동자의 다수가 기부금을 낼 의무가 있다고 규정하였다. 그러나 전체 기부금액의 2/3는 보험에 강제로 가입한 사람들이 직접 부담하였다! 1885년에 보험에 가입된 사람의 수는 470만명, 즉 전체인구의 10%였으며, 그들에게는 연간 11마르크의 의료용 급여액이 할당되었다. 1889년에 도입된 폐질보험 및 노년보험으로부터 1900년 말까지 유족연금을 포함하여 약 59만 8천 마르크의 연금이 지불되었으며, 이는 연평균 155마르크에 달하는 금액이었다. 따라서 질병에 걸리거나, 다치거나, 나이가 많이 든 노동자들이 아무런 걱정없이 생활한다고 말할 수 만은 없다. 자유주의적 보수주의자인 델브뤽(Hans Delbrück)은, 만약 "사회민주주의자들이 노동자들의 일부만을 보장하는 이 법안을 비웃는" 반면에, "필리스타인의 지혜를 믿는 여론이 오늘날 너무도 많은 법안이 통과되고 있으며 우리가 잠시 휴식을 취할 수 있다"고 말하고 있다면, "우리는 그들을 비난할 수 없다"고 인정했다.47)

    독일의 사회정책은 극히 점진적으로 그 보나빠르뜨적인 기원의 흔적을 조금씩 상실해 갔으며, 구체적인 성과도 점차 축적되어 갔다. 1913년에 연평균 보험 급부금은 적어도 165마르크에 달했다. 법적인 안전장치도 점차 확대되었다. 1891년의 일요일 휴무제와 최저임금제, 1903/05년의 아동노동보호, 1911년의 사무직노동자연금보험 등이 그것이다. 또 1900년에는 상해보험이, 1903년에는 질병보험이 확대되었다. 예전에 그 액수가 각 기관의 재력에 의존했던 폐질연금은 1899년 이후 전 독일제국에 일정한 비율로 지불되었다. 1901년에는 강제적인 산업노동위원회(Gewerbegericht)*39)가 도입되었으며, 이후 비록 얼마 안되긴 하지만 공공자금(1901년:200만 마르크)이 노동자 주택에 할당

---

*39) 노동재판소(Arbeitsgericht)의 옛 명칭이다.

되었다. 1908년의 영업조례 개정안(Gewerbeordnungsnovelle)은 노동보호의 적용범위를 확대하였다. 중요한 실질임금의 증가와 더불어, 수정주의의 확산은 몇 가지 한계 안에서 비스마르크가 본래 계산했던 바의 성공을 증명해 주는 듯했다. 그러나 우리는 다음의 몇 가지 점을 명심해야만 한다.

1. 제국 지도부에게 사회정책은 갈등을 회피하기 위한 전략으로 머물렀다. 가끔씩 위로부터 행정기술적인 면에서 보다 더 많은 도움을 받기도 했지만, 그들은 결코 평등권을 더욱 신장시킨다는 의미에서의 사회개혁을 고려하지는 않았다. 농업노동자들은 항상 이 정책의 의붓자식으로 머물러 있었다. 1908년의 제국결사법은 파업금지를[거의 결사금지에 해당한다!] 재확인하였다. 노동시간의 단축과 개선된 안전규정들은 분개할 정도로 혹독한 징벌조항과 관련되어 있었다. 예컨대 노동자들의 유대가 노동쟁의에서 '패배자들'이 승리할 수 있는 유일한 기회였음에도 불구하고, 이 조항들은 노조의 그 조합원들에 대한 압력행사를 금지시켰던 것이다.

2. 빌헬름 2세는 즉위 초에 개혁의지가 있었던 듯하다. 그러나 그가 개혁에 실패했다면, 그것은 그 당시에 주장되었던 것처럼 사회민주주의자들의 '배은망덕' 때문이 아니었다. 비스마르크가 퇴진한 시기부터 1893/94년 이후의 공공연한 반동적 과정에 이르기까지 황제는 사회정책에서 전혀 주도권을 발전시키지 못하였다. 오히려 그는 중공업과의 밀접한 협력 속에서 인기에 영합하는 데 만족하였다. 이 명백한 사기극이 아무런 성과를 거두지 못하게 되자 이제 그의 '반 전복투쟁'은 본색을 드러냈다. 사회적·정치적인 조치의 행정적 개선은 몇몇 활동적인 의원들과 포자돕스키(Posadowsky)와 같은 고위관리의 업적에 머물렀다. 그러나 그들조차도 시민의 평등사상보다 비스마르크의 본래의 의도에 더 많은 동정을 표했다. 게다가 수공업자와 사무직 노동

자에 대하여 그들이 취한 정책은 분배와 명령(Divide et Impera)의 원리를 명백히 드러냈다. 즉 전술적인 이유에서 그들은 모든 피고용인의 생활조건을 전반적으로 개선시켜 주면서까지 잠재적으로 정부를 신뢰하는 중산계급 유권자를 더 우선적으로 취급하였던 것이다.

 빌헬름 시기의 이처럼 신중한 사회정책조차도 1913년에는 지배계급 내에서는 노동자들에게 너무도 우호적인 것으로 간주되었다! 1914년 1월 내무성의 실력있는 국무장관이자 베트만의 대리자인 클라멘스 델브뤽(Clemens v.Delbrück)은 사회정책을 중단시키겠다는 명백한 의도에서 고용주편으로 완전히 돌아섰다.48)

 3. 마지막으로 1890년 이후 독일제국의 사회정책에서 본질적으로 국가가 양보할 준비가 더 많이 되어 있었다고 본다면, 그것은 극히 잘못된 일일 것이다. 포자돕스키와 같은 사람들이 계획하고 있었던 바를 로만은 이미 20년 전에 생각하고 있었다. 그럼에도 불구하고 만약 일련의 ―누적적인 결과에서― 명백한 개선이 이루어졌다면, 그것은 일차적으로 조직화된 노동자들의 부단한 투쟁의 결과였다. 파업의 장애물들, 계급재판, 결사의 자유를 방해하는 법률들, 결집정책 등, 이 모든 것에도 불구하고 노동자들은 국가로 하여금 끈기있게 그리고 한단계 한단계씩 어느 정도의 양보를 하지 않을 수 없게 만들었다. 흔히 주장되고 있듯이, 국가나 관료 '그 자체'가 인간적 동기나 이익의 갈등에 빠져 있는 분파를 초월하여, 자신의 지위에 걸맞는 정치적 통찰력에서 최소한의 양보를 필연적인 것으로 인정한 것은 아니었다. 오히려 이들은 여러 사회세력들 사이의 역관계―제국의회에서도―에 의해서 항상 다시 부분적인 양보를 강요당하였다. 여기서는 이전의 몇 십년 동안에서처럼 '적색위협'에 대한 공포가 그러한 역할을 했다. 따라서― 그리고 관련 공무원들이 슈몰러에게서 연구되었거나 혹은 '사회적 왕국'이라는 중립적인 역할을 하는 이데올로기가 전반적으로 유행하고

있었기 때문이 아니라― 대중의 충성이 더 이상 약화하지 않도록 하기 위해서는 보상의 이행이 더 강력하게 이루어져야만 했다. 장래를 위해서 극히 중요한 국가의 사회정책[단순히 개인보험이나 기업의 사회복지정책이 아니라]이라는 개념이 독일제국에서는 노동자들에 대한 권위주의적이고 온정주의적인 태도로 인하여 계속 거추장스러운 것으로 남아 있었다. 장기적인 관점에서 본다면 국민소득의 재분배를 통해서 사회적 평등의 기회를 증대시킬 수 있는 것은 바로 근대적 간섭국가뿐이었다. 그러나 정치적·사회적 평등이 완전히 부정되었기 때문에 독일의 사회정책은 제도적인 면에서는 훌륭하게 갖추어져 있었으나 오랫동안 그것이 제대로 성과를 달성할 수 없었다.

3.7.2. 보상으로서의 위신정책

사회정책에서 무엇보다도 중요한 것은 물질적 도움을 제공하는 것과 체제의 안정을 보장해 주는 것이었다. 이들은 국가를 신뢰하는 집단적 심성이 생겨나게 해야만 했다. 그럼에도 불구하고 독일제국의 권력엘리트들은 추가적인 심리적 보상급부가 필요하다는 것을 너무도 잘 알고 있었다. 고도의 산업화로 인하여 야기된 급속한 사회변동, 지위에 대한 불안감의 확산, 지위의 약화와 불일치, 현상에 적어도 잠재적으로 의문을 제기하는 경제적 부침 등, 이 모든 것들은 특히 소부르주아지와 중산계급에게서 오랜 기간 동안 지향성을 상실할 정도로까지 깊은 불안감을 지속적으로 야기시켰다. 그들은 항상 고도의 안정과 안전, 안녕과 질서를 생활의 이상으로 삼았다. 위신과 명망의 획득을 중시하는 지배집단의 후기봉건적인 명예관념을 공유하지 못한 이 계층이 위신추구 정책에 그토록 민감하였던 근본원인은 바로 여기에 있다. 이와는 반대로 '제국민족'에서 배제되어 있던 노동계급은 거의 한 세대

동안에 전혀 다른 가치체계를 갖게 되었다. 그러므로 우리는 여기서도 각 사회집단이 나름대로의 특수한 동기와 추진력을 갖고 있다는 사실에서 출발해야만 할 것이며, 또 이것들을 소위 보편적이고 민감한 민족주의라는 공통분모로 환원시켜서는 안된다. 왜냐하면 유용하다기보다는 오히려 뭔가를 은폐시키는 이 복합개념은 행위를 결정하는 극히 중요한 여러가지 경험들·전통들 그리고 이익의 결합들을 드러내지 못하기 때문이다. 다시 말해서 이들은 산업노동자·소상인·지방행정관리들에게서 전혀 다르게 변화되었다.

　　정치적 지배장치로서의 위신의 이용에 관한 한, 이 정책이 본래 대상으로 삼았던 집단[즉 중산계급으로 간주되는 모든 사람들]은 사회경제적 토대에 관해서 민감했을 뿐만 아니라, 이데올로기적으로도 특히 유리한 접합기회를 제공해 주었다. 경제적으로 상승하는 부르주아지가 급속히 反신분제적인 방향으로 전환하는 과정에서 '민족' 그 자체와 동일시될 수 있다는 초기의 자유주의 이념은 여기서 널리 인정된 견해로 되었다. 이 이념에서는 중산계급인 부르주아지가 근대민족과 그 규범 및 가치를 대표하는 것으로 간주되었다.

　　이처럼 부르주아계층과 민족 전체가 동일시되었기 때문에, 그들의 외적인 성공은 자신의 가치가 높아진 것으로 이해되었고, 역으로 퇴보는 자신에 대한 직접적인 공격으로 인식되었다. 목적의식적 위신정책의 추구는, 적어도 어느 정도까지 그리고 일정기간 동안에는 사회적·경제적 불만을 보상해 주기 위해서 이용되었다. 이데올로기적인 연관관계 때문에, 그것은 정부정책의 지지를 얻는 데 이용될 수 있었다. 이러한 위신정책과 해군정책, 제국주의 그리고 대외정책과의 관계에 관해서는 아래에서 보다 더 상세히 언급될 것이다. 다만 여기서 중요한 것은 지배엘리트의 위신정책 추구욕구가 사회의 변화나 이미 우세하게 유행하고 있던 계층이데올로기와 밀접하게 관련되어 있다는 것을 명확히 하는 것이다. 나아가서 어느 신생국가가 위세를 떨친다거나 혹은 명예욕 때문에 생물학적인 은유를 통해서 문제를 관찰하는 것은 핵심을 놓칠 수 있다는 것을 명확히 하는 것이다. 국내에서의 사회정책과 해외에서의 이를 보상해 주는 위신정책은 보상적인 목적의 일부를 이루었으며, 독일의 계급사회가 정상적으로 운영되게 하기 위하여 톱니바퀴처럼 서로 밀접히 연결되어 있었다.

4. 조세정책과 재정정책

"국가는 곧 재정상태이다(L'état c'est l'état)"라는 말은, 개략적으로 번역하면, 국가의 재정구조가 그 사회의 진정한 구조를 이해하기 위한 열쇠를 제공해 준다는 뜻이다. 그래서 오스트리아의 경제사회학자인 골트샤이트(Rudolf Goldscheid)는 국가예산의 근본적인 중요성을 "기만적인 모든 이데올로기를 밝혀주는 국가의 구조"라고 특징지웠다. 그는 또 "근대국가가 공공재정을 배경으로 삼을 수 없다면", 지배계급은 그들의 "경제적 · 사회적 · 정치적인 권력의 지위를 결코 주장할 수" 없었을 것이라고 보았다. 그는 국가가 "지배계급이 거기에 부과해 준 경제조직을 통해서… 그 도구로" 되었다고 보았다.1) 사실 절대주의적 영역국가와 더불어 근대적인 '조세국가'[Schumpeter]*40)가 등장하기

---

*40) 국가의 재정수입을 조세로 조달하는 국가를 말한다. R.골트샤이트와 J.A.슘페터 등 독일 재정사회학자들이 정립한 개념으로 국가와 개인, 公과 私를 분리시키고 사유재산제하에서 생산된 상품중에서 국가권력에 의하여 징수된 조세로 경영되는 국가이다.

시작한 이후로는 어느 누구도 국가예산이 지니는 중요성을 부인할 수 없을 것이다. 그러나 이 문제는 적어도 두 가지 측면을 지니고 있다. 첫째, 사회적 이익집단들이 국가의 재정조직과 조세조직을 통하여 자신의 이익을 관철시킨다는 것은 의문의 여지가 없다. 그러나 골트샤이트는 자신이 행한 분석에서 자본주의적 이익추구의 결과만을 지나치게 고려했다. 그렇지만 다른 한편에서 정치적 지배기재는 서유럽과 중부유럽에서 단순히 고분고분한 조정자가 아니라 본래부터 중요한 요소였다. 즉 그것은 독일에서 강력한 前산업적 농업엘리트와 극히 밀접하게 결합되어 있었으며, 따라서 자본가의 특수이익을 손상시킬 수 있었다.

체제의 유지가 우선시되던 시기에 국가는 점차 심지어 국민소득을 어느 정도 재분배하기 위한 관리창구로 될 수 있었다. 이 과제를 수행하는 데 필요한 제도적 전제들이 처음에는 매우 머뭇거리면서 시작되었다는 사실은 독일제국의 시대로 거슬러 올라가 추적될 수 있다. 독일제국의 권력구조가 전통적인 세력과 근대적인 세력의 영향력을 결합시키고 있다는 사실을 염두에 두어야 한다. 따라서 여기서 공공재정 부문에 대하여 서로 유사한 영향력이 복합되어 있었던 것이 아니라, 자본가의 이익이 명백히 지배적인 지위에 있었다고 미리 가정하고 있음에 주의해야만 한다.

4.1. 지배체제에 대한 자본조달

19세기의 첫 20년 동안에 지속적인 공공재정의 부족분이 정규적인 조세수입을 통해서만 충족될 수 있다는 사실이 명확해졌다. 독일의 여러 국가들의 재정경제는 조세경제로 되었다. 그리하여 -대략- 남부독일에서는 수익세체제가, 마인강 이북지방에서는 개인세와 소득세가 주요한 형식으로 되었다. 1820년에 있었던 프로이센의 조세개혁은 도시와 농촌의 전통적인 차이를 계속 존속시켰으며, 농촌과 소도시주민의 6/7에 대한 계급조세의 형태로 개인직접세를 도입하였다. 이러한 개혁의 배후에는 예전의 획일적인 재정기부 대신에 연간조세부담액이 개인의 조세부담능력에 기초하여 집행될 수 있다는 생각이 자리잡고 있었다. 그렇지만 이 체제가 지니고 있는 '명백한 결함'은 그것이 "하층계급에게 과중한 직접세를 부담시킨 반면에 부유한 사람들에게는 전혀 부적절한 조세를 부담시켰다"는 사실이었다.2) 1861년까지 봉건적 대농장은 전혀 조세를 부담하지 않았다. 혁명의 성과들 가운데 하나인 1851년의 개인세개혁은 1861년까지 부유한 자들의 조세부과에 어느 정도의 진전을 가져다 주었다. 그렇지만 이는 거대한 개인재산[이는 독일에서 산업혁명이 진행되던 이 단계에 잠재적인 투자자본의 축적을 자극했던 것도 당연했다]을 계속 유리하게 해주는 체제였다.

계급에 기초하여 시행되던 조세제도는 1873년에야 비로소 수입을 등급화한 조세로 전환되었는데, 이는 도시와 농촌이라는 진부한 구분을 없애고, 대략 900마르크 이상의 수입[이것마저도 1883년 이후에!]을 포함하였다. 그러나 "수입이 적은 사람들에 대한 과세액은… 여전히 과중하였으며, 조세를 산정하는 일반적인 기준이 없었기 때문에 납세자들은 재정적으로뿐만 아니라 사회적으로도 이중의 부담감을 느꼈다." 최근에 와서야 비로소 예컨대 대지주들의 수입[뿐만 아니라 그들의 토지세와 부동산세의 담세능력을 포함하여]을 산정하는 과정에서의 엄청난 차이가 엘베강 동부지역의 고위행정관리들에 의해서 결정되거나 은폐될 수 있다는 사실이 드러났다. 프로이센 공무원의 중립성이 한낱 신화에 불과하다는 주장을 뒷받침하는 데 이보다 더 훌륭한 증거는 없다.

　1873년 이후 불경기가 시작되면서 조세체제를 개선하는 일은 어려워지게 되었다. 특히 제국재상은 소비자에게 불리한 간접세의 강력한 옹호자로서 직접세에 격렬하게 반대하였으며, 그것은 성공적이었다. 진보적인 소득세 부과는 그와 지도부에게 대한 완전한 파문선고였다. 그는 다음과 같이 적확하게 주장하였다. "진보적인 과세원리를 합리적으로 제한하는 것은 불가능하다. 일단 이것이 법적으로 인정을 받게 되면, 그것은 사회주의의 이상이 놓여 있는 방향으로 계속 발전하게 된다."3) 이러한 그의 반대로 인하여 1873년에서 1891/93년 사이에 독일제국에서 가장 큰 국가인 프로이센에서는 조세개혁이 이루어지지 않았으며, 1893년에 가서야 프로이센의 재무장관인 미크벨은 세금을 부담할 수 있는 최하한선인 900마르크 이상이라고 자진해서 신고한 사람들에게 세율을 0.6%에서 최고 4%까지 다양하게 부과하는 일반수입세를 도입하였다.

　산업이 고도화되고 농업에 대한 국가의 시여정책이 시행되던 시기에 이것은 그 영향을 받은 사람들에게 결코 고통스러운 개입이 아니었다. 게다가 표준화가 이미 달성되었다고 해서 -오늘날까지 이것이 일상적인 것처럼- 우리가 '미크벨의 개혁'에 관해서 계속 언급해야 할지의 여부는 여전히 극히 의문스럽다. 왜냐하면 1893년에 소득세가 지방정부에 할당되었기 때문이다. 이것은 지주들에게 전례없는 이익을 의미하였으며, 그들은 자신의 농촌공동체에서 왜 그들이 새로운 법률을 통과되도록 하였는지를 잘 알고 있었다. 그 이유는 1893년의 공동체 납세법이 30년 전에 폐지된 "봉건적 대농장에 대한 과세면제를 사실상 복원"시켰기 때문이다. 이러한 조치는 '조세부담의 민주화'과정을 다시 후퇴시켰을 뿐만 아니라, 이러한 '일률적 과세'는 대지주들의 부담을 크게 경감시켜 주었다. 이 법률의 서문에 있는 어마어마한 개혁적 용어를 얼핏보고서 본문을 해석하여 그것을 액면가 그대로 받아들인다면, 이는 결코 온당하지 못하다. 또 조세체제의 합리화라는 부인할 수 없는 결과로 인하여 '어마어마한 업적'에 관해서 언급하거나4), 그 법안의 이익정책적 토대와 구체적이고 의도적인 목표의 검토를 회피하는 것도 온당하지 못하다. 여기서 우리는 미크벨의 결집정책이 떠받치고 있는 양대지주인 대농업과 산업에 대한 물질적인 면에서의 엄청난 후원과 마주하게 된다. 이것은 결코 놀라운 일이 아니다.

 그러나 역사가들은 이러한 '개혁'의 핵심을 간과하는 데서 극히 경박한 편파성을 보여주었다. 또한 그들은 이미 입법자들이 공공연히 선언한 의도를 [독일제국] 조세체제의 실제로서 제시하였다. 그럼에도 불구하고 [목적이 극히 이질적이라는 의미에서] 미크벨의 수입세가 국민소득을 재분배해 주는 복지국가와 조세국가의 제도적 전제조건들을 근본적으로 개선시켰다는 것은 확실히 맞는 말이다. 이것은 정책결정자들의 의도와는 정반대로 비스마르크가 두려워하였던 바로 그 방향에서 생겨났다. 사실 미크벨의 법률들은 1918년까지 유효하였으며, 어느 정도까지는 오늘날까지도 서독에서 토지소유자들에게 이익을 주는 방향으로 작용하고 있다!

 여러 독일국가들의 국가재정은 조세와 차관으로 충당되었다. 제국의 재정정책은 제국헌법 제70조[이는 1904년 Stengel법으로 보충되었다]로 규정되었으며, 세 가지 원천, 즉 1)각종관세, 2)소비세 및 유통세[소금·담배·소주류·설탕·맥주류·어음 등에 붙이는 인지세], 3)우편업무에서 생기는 수입 등에서 고유의 재원에 의존하였다. 또 4)각 영방국가의 인구수에 따라서 계산된 소위 국비분담금, 5)1871년에 프랑스로부터의 보상금으로 형성된 제국자산 그리고 6)정부차관 등에서 추가

재원이 생겼다.

1879년 이후 관세수입이 급격히 증가하였다. 여기서는 주로 농산물관세가 '압도적인 비중'을 차지하였는데, 이러한 사실은 독일제국의 총수입에서 그것이 차지하는 비율에서 확인되고 있다. 바로 이러한 경향에 대해서 독일의 가장 저명한 재정학자들 가운데 한 사람은 "사회정책적으로 놀라울 정도라고 말할 수는 없지만 실망스러운 것"이라고 생각했다. 왜냐하면 이 관세들은 일반 소비자들에게는 엄청난 부담을 의미하였기 때문이다〔농산물관세에서 나오는 재원의 비율은 다음과 같이 증가하였다〕.5)

1879	1,320만 마르크	=11.8%
1881	1,710만 마르크	= 9.2%
1891	1억 7,630만 마르크	=44.7%
1901	2억 5,530만 마르크	=46.0%
1913	4억 1,370만 마르크	=47.0%

이 체제는 사회적인 측면에서 볼 때 당연히 부당한 것이었다. 그러나 1898/1900년 이후 군비지출이 급증하면서 국가재정의 수입-지출균형이 파괴될 때까지 이 체제는 나름대로의 기능을 할 수 있었다. 직접세가 소유자들이 이제까지 누려온 특권을 위협하게 되자, 이제 소유자들은 간접세의 증가를 강력히 지지하게 되었다. 그러나 이 문제는 1906년까지 다루어지지 않았다. 왜냐하면 직접세의 개혁을 엄격히 금지시킨 채 부분적인 개혁만이 이루어졌으며, 이를 통하여 1906년에는 재정이 약간의 흑자로 돌아서게 되었기 때문이다. 특히 1908년 이후 드레드노트급 전함 건설계획이 이 약간의 재정적 여유분을 완전히 삼켜버리자 새로운 시름이 불가피하게 되었다.

1909년에 있었던 제국의 재정개혁은 간접세를 통해서 연간 1억

3천8백만 마르크(1909)에서 2억 9천1백만 마르크(1913)로 다시 한번 세금의 부담액을 높였다. 처음에 제시된 유산세, 즉 상속세 대신에 금융거래세, 특히 소비세가 도입되었다. 이들은 본래 기대했던 연간 잉여금 5억 마르크를 충족시켜 주지 못하였을 뿐만 아니라, 불공정한 조세체제마저도 다시금 손상시켰다. 실질적인 수혜자는 토지소유자들이었으며, 그들은 모든 수단을 동원하여 자신이 취한 조치들에 대하여 대중적 지지를 받아내려고 하였다. 결국 그들의 선전선동은 매우 강력해졌고, 재상인 뷜로-오조차도 그들을 '방자한 이기주의자들'이라고 규정하였다.6) 조세정책이란 항상 특정의 근본적인 분배 메카니즘을 인정하는 것이기 때문에, 제국의 이러한 재정개혁은 소비자와 산업 모두의 이익에 극히 적대적인 것으로 확인되었다. 오히려 이 정책은 국가를 유지하는 '토지소유자 신분', 즉 비스마르크 시대 후에 "특히 국가의 건설을 담당하고 있는 소명받은 사회집단"으로서 이상화된 대토지 소유자들의 이익을 후원해 주는 것이었다.7)

제국재정의 주요한 부분은 군비정책에 소모되었다. 1880년에서 1913년 사이에 평시군사력이 약 87% 가량 증대된 반면에, 군사비는 약 360%나 증가하였다. 이미 1875년 이후부터 제국의 예산이 급격히 늘었음에도 불구하고, 군비지출액은 1913년의 경우 총액의 75%를 차지하였다. 따라서 1인당 담세액은 1875년 9.86마르크〔1890년 11.06마르크, 1900년 14.96마르크, 1910년 19.56마르크〕에서 1913년에는 32.97마르크로 증가하였다. 만약 제국의 예산을 실제지출액과 절대적인 군비지출액에 의거하여 검토하고, 다시 이들을 실제지출액에 대한 비율로 환산하여 보면, 군사적인 이해관계가 압도적인 우위에 있었다는 사실이 보다 더 명백하게 드러난다. 게를로프(Gerloff)가 제시한 통계〔100만 마르크 단위〕에 따르면 다음과 같은 대략적인 상이 만들어진다.

	실제지출액	절대적인 군비정책	실제지출액(%)
1876~1880	481	485	100.8
1880~1885	478	463	96.8
1886~1890	700	653	93.8
1891~1895	832	737	88.5
1896~1900	974	837	85.9
1901~1905	1,200	1,100	84.1
1906~1910	1,800	1,300	73.7
1911~1913	2,200	1,600	74.7

여기에다 막대한 액수의 차관이 더해져야만 하는데, 그 정확한 액수를 확인하기는 어렵다. 그러나 그 액수는 이자부담금으로부터 개략적으로 계산해낼 있다. 군사용 차관에 대해서만 이 액수는 1891~5년에 연평균 4,700만 마르크, 1906~1910년에 연평균 6,800만 마르크에 달했다. 그래서 1913년에 제국예산의 3/4은 군사적 목적으로 지출되었으며, 그밖의 목적들(행정·사회보험·교육 등)에 사용될 금액은 25%에 불과하였다. 따라서 독일 각국의 예산에서 과다한 액수가 군사비용에 (확인된 것이든 확인되지 않은 것이든) 할당되었으며, "전쟁 이전의 제국재정 지출액이 거의 압도적으로 군사용지출에 의해서 결정되었다"는 사실은 논의의 여지없이 확실하다. 여기서 우리는 대프로이센 군국주의 국가의 우위가 그 예산할당액에서 생겼다는 것을 명백히 알 수가 있다. 또한 이러한 프로이센의 우위 속에서 우리는 바로 저 유명한, 그리고 무시무시한 바게너의 '국가의 팽창비용에 관한(Gesetz der wachsenden Staatsausgabe)'에 관한 중요한 원인을 찾을 수 있다![8]

아래의 통계수치들은 이러한 일반적인 경향을 매우 명확하게 예시해 주고 있다. 제국의 지출액은 다음과 같이 증가하였다.

1872 = 4억 마르크   국민총생산의 2.6%   1인당 비용 10 마르크
1880 = 5억 마르크   2.6%   12 마르크
1890 = 10억 마르크   3.3%   21 마르크
1900 = 15억 마르크   4.4%   29 마르크
1907 = 25억 마르크   5.4%   40 마르크
1913 = 34억 마르크   5.8%   51 마르크

정부가 경제적 주기의 변화 방향에 의존하고 있다는 사실은 차관정책에서도 드러난다. 1859년에서 1873년까지의 시기와 1896년에서 1913까지의 시기에 정부는 '프로이센 콘소시움'이나 혹은 정부에 차관을 제공해 준 다른 직접적이고 주요한 은행신디케이트들이 부과한 조건들-즉 높은 이자율-을 거의 거절하지 못하였다. 그러나 자본의 잉여분이 예외없이 낮은 이자율로 매우 유동적인 화폐시장으로 흘러들어간 1873년에서 1896년까지의 시기에는 차관을 저렴하고 쉽게 할 수 있었는데, 이는 "권위주의적 통치를 보다 더 용이하게 하였고, 〔예산에 대한〕의회의 영향력을" 약화시켰다. 따라서 1880년에서 1890년 사이에 프로이센의 국가채무액이 39억 마르크로 증가하였다는 사실도 놀라운 일이 아니다!9) 재상이 재정난과 인색한 의회에 대해서 불평하였음에도 불구하고 이러한 발전이 간과되어서는 안된다.

4.2. 국민소득의 분배

통계가 부정확함에도 불구하고, 우리는 이를 이용하여 국민소득이 분배되는 방식의 일반적인 특징을 밝혀낼 수 있다. "소득분배의 발전과정에서 나타난 불일치"는 "고소득자들에게 유리하게" 불평등이 점차 커

진 결과였는데, 이런 경향은 "특히 호경기에 발생"하였다.10) 따라서 여기서는 독일의 국민소득이 크게 늘어났다는 것을 보여주는 모든 수치 그 자체가 많은 것을 알려주고 있다. 독일 산업혁명의 후반기에서 제1차 세계대전이 발발한 시기까지 독일의 국민소득은 4배나 증가했다.

	국 민 총 생 산
1. 1860~1869 = 106억 7천만 마르크	1. 1872 = 160억 마르크
2. 1870~1879 = 135억 9천만 마르크	2. 1880 = 179억 마르크
3. 1880~1889 = 189억 5백만 마르크	3. 1890 = 231억 마르크
4. 1890~1899 = 262억 마르크	4. 1900 = 329억 마르크
5. 1900~1909 = 354억 1천만 마르크	5. 1910 = 480억 마르크
6. 1905~1914 = 431억 1천만 마르크	6. 1913 = 547억 마르크

여기에서 경기침체가 명백히 수반되었다[예컨대 1865~74년의 시기에 국민 총생산에서 산업수입이 차지하는 비율은 31.1%, 1875~84년의 시기에는 26.7%, 1885~94년에는 25%에 달했다!]. 물론 수많은 변수들을 평균적으로 계산한 것이긴 하지만, 수입이 인구 1인당의 평균을 표현하는 통계학적 고안물은 그 증가를 매우 분명하게 보여주고 있다.

	국민 1인당 총생산
1. 1860~69 = 272 마르크	1. 1872 = 388.7 마르크
2. 1870~79 = 320 마르크	2. 1880 = 397.5 마르크
3. 1880~89 = 406 마르크	3. 1890 = 469.7 마르크
4. 1890~99 = 505 마르크	4. 1900 = 587.7 마르크
5. 1900~09 = 592 마르크	5. 1910 = 743.3 마르크
6. 1905~14 = 662 마르크	6. 1913 = 845.1 마르크

그렇지만 만약 우리가 이 수치들을 사회계급별로 분류해 보면, 세기 전환기까지 독일제국 인구의 1/3이 산업에 종사하고 있었음에도

불구하고 1870년에서 1900년까지의 시기에 국민소득에서 산업노동자가 차지하는 비율이 약 55%로 떨어진다는 사실이 명확히 드러난다.11) 국민소득에서 임금이 차지하는 정확한 비율은 이 오랜 기간을 지나서까지도 정확하게 확정지을 수 없다. 그러나 그 비율은 －고정자본이 증가함과 동시에－ 1873년에서 1913년까지의 시기에 거의 지속적으로〔4년마다의 기준년도〕감소하였다.

근로소득의 분배를 검토해 보면, 우리는 여기서도 역시 독일이 얼마나 산업국가로 되었는지를 알게 된다. 왜냐하면 1879년에서 1913년까지의 시기에 농업부문의 성장률은 2.5%였음에 비해, 광산업은 5.8%, 산업과 상업은 4.3%, 운수업은 5.1%, 교역은 4.9%나 성장하였기 때문이다. 100만 마르크를 단위로 하여 표현하면, 농업이 벌어들인 수입은 1875~79년에 3,720만 마르크에서 1895~99년에는 2,550만 마르크로, 1910~13년에는 2,160만 마르크로 감소하였다. 그러나 다른 네 부문이 벌어들인 수입은 1875~79년에 4,120만 마르크〔각각 200만, 2,940만, 280만, 700만 마르크〕에서 1895~99년에는 5,360만 마르크〔각각 280만, 3,740만, 400만, 940만 마르크〕로, 1910~13년에는 5,900만 마르크〔각각 390만, 3,860만, 500만, 1,140만 마르크〕로 증가하였다.

우리는 자본수입 부문에서도 그 비중의 구조적인 변화를 명확히 인지할 수 있다. 농업부문에서 그것은 1875~79년에 29.3%〔총 28억 마르크 가운데〕에 달했고〔1860~64년에 무려 48%였다!〕, 1895~99년에는〔총 66억 마르크 가운데〕 23.5% 그리고 1910~13년에는〔131억 마르크 가운데〕 29%에 달했다. 다시 말해서 농업부문의 그것은 지체되거나 약간 감소한 반면에, 영업부문의 그것은〔철도와 우편포함〕 1875~79년에 46.1%, 1895~99년에 48.1%, 1910~13년에 51.5%로 증가하였다〔이는 1960년에 서독에서의 그 비율이 11.2:83.2로 산업에 유리하였던 것과 비교될 수 있다!〕.12)

4.3. 불평등의 고착화

그러나 이러한 전체적인 모든 수치는 경향의 일반적인 인상만을 제공해 준다. '농업'·'산업' 등 주요범주들 안에 들어가서 세밀한 분석을 해야만 고소득과 최고소득 사이의 차이나 저소득과 중간소득 사이의 차이가 점차 커지고 있다는 사실이 비로소 드러날 수 있을 것이다. 다른 한편 여기서 마르크스가 일찍이 자본의 집중으로서 예견한 바 있는 집적과정을 살펴보자. 국가의 간섭〔예컨대 조세정책·임금정책·사회정책 부문에서〕이 전혀 없이 개인소유 산업에 기초하면서 동시에 그러한 시장메카니즘 및 분배메카니즘에 내맡겨진 자본주의 경제는 소득의 분배 부문에서도 점점더 불균형을 심화시키고 있었다. 만약 앞에서 인용하였던 수치를 받아들여 노동자와 하위 사무직 노동자의 실질임금—사실상 그들의 유일한 소득원이다—이 1880년대 말에서 1914년까지의 시기에 연평균 약 1% 이하만 증가한 반면에, 국민 전체의 소득이 약 180억 마르크에서 500억 마르크로 증가하였다는 사실을 기억한다면, 우리는 '시장의 법칙들'이 소득의 분배와 자산의 형성이라는 자장(磁場) 속의 요소들을 얼마나 강력하게 일방적으로, 또한 극단적인 방향으로 이끌어갔는가, 그리고 그것들을 얼마나 강력하게 결합시켰는가에 관한 하나의 상(像)을 얻게 된다. 분배메카니즘이 자연적인 경제이익과 지배이익에 의해서 규정되고, 어쨌든 복지국가의 영향력으로부터는 완전히 제외되어 있었기 때문에, 신분적 전통과 새로운 계급사회적 장벽에 의해서 이미 명백하게 분열되어 있던 독일제국 시민들 속에서의 불평등은 물질적인 의미에서도 더욱더 강화되었다.

5. 군비정책

　　1866/71년의 '대프로이센적인 병합체'는 세 차례의 전쟁에서 승리한 결과로서 출현했다. 이 전쟁들은 군대의 위신을 크게 강화시켜 주었으며, 이를 통해 이 병합체는 절대주의적 군사정책을 지속적으로 확장할 수 있는 논리적인 길을 열었다. 이런 사실은 그 군대의 '조직편제법규'〔Ridder〕속에 충분히 표현되어 있다. 여기서는 제국헌법의 본문과는 독립적으로 작용하고 있던 현실의 세력관계가 결정적인 역할을 하였다. 게다가 이러한 내부의 권력문제는 1918년까지 왕국군대에 유리하게 결정되었다. 따라서 군대는 대의기관의 통제로부터 벗어나 있었다.

5.1. 군대

　　1866년의 '철저한 주사위 놀이'—비스마르크는 자신의 계산된 모험정책 자체를 그렇게 묘사했다1)—에서 프로이센은 승리하였으며, 이제 프로이센이 그러한 길로 나아가는 데 방해가 될 장애물은 제거되었다. 이어 1867년에는 '군대강화 법안'이 제출되었는데, 이는 먼저 1871년 12월까지 군사력이 인구의 1%에 달해야 한다고 규정하였다. 이미 언급했듯이, 1인당 연간 225달러의 할당액과 그밖의 다른 군비지출은 북독일연방 총예산의 95%를 흡수하였다. 1871년 가을로 예정된 군대법안에 관한 의회 안의 갈등이 〔비스마르크의〕 제3차 전쟁이 적시에 개시됨으로써 연기되었다는 것은 이미 앞서 지적한 바 있다. 결국 '군대강화 법안'은 별다른 소란없이 1874년까지 약 3년 동안 연장되었다.

제국헌법〔제60~62조〕에서는 1867년에 규정된 바 있는 평시상비군이 그 할당총액과 더불어 명확히 다시 부각되었다. 물론 그 수치는 "훗날… 제국의 적절한 입법과정을 통해서 확정될" 것이었다. 그러나 제국헌법 제63조 제4항은 이 규정과 명백히 모순되었다. 1867년 이후 프로이센의 국왕으로서의 황제는 '연방군 최고사령관'과 −내각의 부서를 필요로 하는− '연방 통치권자'라는 이원적인 역할을 수행하였으며, 이후 국왕은 〔제국헌법 제63조 제1항에 따라〕 최고명령권자로서 "전시이건 평시건… 제국 안의 모든 군대를" 지휘하게 되었다. 그렇지만 바이에른과 뷔르템베르크는 특별권을 그대로 보유하였다. 이제 프로이센국왕은 "제국군대의… 현인원을" 아무런 제한없이 결정할 수 있는 권한을 갖게 되었다. 이 조항은 헌법투쟁의 승리자들이 가지고 있던 본래의 의도가 무엇이었던가를 잘 표현하고 있다. 비스마르크는 "제국헌법의 본래의 의도는 황제를 군대의 병력에 관한 규정들에서… 자유롭게 만들고, 제국의회의 결정으로부터 독립적으로 만드는 것"이라는 사실을 공공연히 인정하였다. 이러한 언급이 의미하는 바는, 만일 1874년 이후 '제국 입법부'에 대한 새로운 양보의 결과로서 '국가 그 자체'〔Lucius〕를 형성하고 있는 군대의 절대주의적인 고립에 문제를 제기하는 새로운 힘겨루기가 있게 된다면, 이 규정들이 "황제의 완전한 권력행사를 제한"하는 결과가 되리라는 것이었다.2)

1874년 제국정부는 그 문제를 해결하는 데 전력을 기울였다. 즉 제국정부는 황제에게 군병력을 결정할 유일한 권력을 부여하게 될 '영구예산법(Äternat)'*41)을 요구하였다. 이는 의회의 승인을 자동적으로 만들게 될 것이고, 군예산 규모면에서 볼 때 제국의회의 예산심의권은 효과적으로 철폐될 것이었다. 이는 양측이 이미 예상했던 알력을 초래하였다. 그 결과는 론을 위시한 국왕측근의 장교단을 만족시키지는 못하였다. 그러나 소위 '7년예산법(Septenat)'으로 정부는 7년 동안 자신이 요망하는 상비군병력을 허용받았기 때문에, 제국의회는 근본적인 문제에 관한 요구를 철회하고, 그렇게 함으로써 궁극적으로는 그 추종자들을 결합시켰다. 논쟁이 진행되면서 '헌법투쟁'의 전선들이 다시 등장하였다는 것도 놀라운 일은 아니다. 좌파 자유주의자들을 대변하고 있던 리히터는 7년예산법을 "군대문제에서 의회적 체제에 반대하고 절대주의를 유지시키려는 것"이라고 비난하였다. 그리고 그는 그러한 한 줌의 절대주의가 필연적으로 악성종양처럼 자라나게 될 것이라고 예언하였다. 중앙당 소속의원인 말린크로트(Mallinckrodt)도 "군국주의가 점점 제모습을 갖춰가고 있다"고 그 법안을 공격하였다. 그리고 민족자유당의 지도자인 베닉센은 그 법안의 원리에 강력히 반대하였다. 즉 그는 입법부의 영향력을 급격히 강화시키려다가 실패한 후에, 다음과 같이 그 결과를 요약하였다. "군사기구와 군대제도는… 상당한 정도까지 모든 국가의 헌법에서 그 골격을 형성한다.… 그러므로 만일 우리가 군대제도와 국방제도를 정치적 헌법의 틀 안으로 수용하지 못한다면, 그 나라의 헌법은 결코 진실한 것-현실적인 것-으로 될 수 없다."3) 이러한 의미에서 독일제국은 사실상 40년 후에도 여전히 적절한 헌법적 틀을 갖고 있지 못했다.

 보수적인 방향으로 선회한 지 1년 후인 1880년에는 제2차 7년예산법이 신속히 승인되었다. 비스마르크가 조작해낸 '전쟁위기'의 위협

---

*41) 영구예산·7년예산·5년예산법 - 비스마르크제국에서 제국의회에서 정부의 요청에 따라 여러 차례(1874·1880·1887)에 걸쳐서 군예산과 평시 육군전력의 유효기간을 정해준 법안이다. 그 기간에 따라 영구예산 · 7년예산 · 5년예산으로 계속 개정되었다.

에 편승해서 1887년의 제3차 7년법안도 신속히 통과되었다. 1893년 이후부터 제국의회는 5년마다 새로이 선출되었기 때문에 곧 '5년예산법(Quinquennat)'에 대한 요구가 제기되었으며, 동시에 군복무기간도 3년 대신에 2년으로 하자는 요구가 제기되었다. 이 두 가지 문제에서 정부가 최종적으로 설사 양보한다고 할지라도, 그러한 양보가 허약성의 표시로 해석되어서는 안된다. 오히려 정부의 그러한 타협적인 태도는 군주군대가 확실하게 승리하리라는 그 나름대로의 자신감에서 나온 것이었다.

군대법안들과 더불어 평시상비군 전력도 계속 증강되었다. 그래서 전체인구와 관련해서 장교와 병사의 정원은 다음과 같았다.

1870	4,090만	약 40만명
1880	4,510만	43만 4천명
1890	4,920만	50만 9천명
1900	5,610만	62만 9천명
1913	6,700만	86만 4천명

다시 말해서 1880년에서 1913년 사이에 그 수가 거의 100%나 증가하였다. 그렇지만 현재원은 대개 허용정원보다 약간 모자랐다. 동시에 이 기간에 군비지출액은 약 360% 가량 증가하여 전쟁 전 제국예산의 75%에 달하였다.

독일제국은 군주의 명령권 영역과 군대의 행정권 영역 사이의 구 프로이센적인 차이를 그대로 유지하고 있었으며, 프로이센의 육군장관은 군대를 대신하여 제국의회에 어느 정도의 정보를 넘겨주었다. 헌법투쟁기 이후로 논쟁거리가 되었던 것은 [군주의] 통제권 영역이 의회의 이 영역에 대한 공동결정 요구로부터 보호받을 수 있는지 혹은 심지어 확대될 수 있는지의 여부였다. 제국의 헌법과 프로이센의 헌법 모두가 그 법령의 유효성을 공식적으로는 내각의 배서에 의존하고 있었음에도 불구하고, 헌법 실제에서 그러한 결정의 취지는 "명령권문제에서는 황제의 명령이 내각의 그러한 배서로부터 제외된다"는 것이었다.

통치자의 명령권은 후기절대주의적 지배체제의 핵심적인 요소로 남아 있었다. 따라서 그것은 근대적인, 자유주의적-입헌적인 국법 속에서도 거의 제한될 수 없었다. 그것은 여전히 완고하게 남아 있던 옛 봉건질서의 잔재였다. 즉 국왕은 봉건시대에서와 마찬가지로 자신의 왕실혈통을 통해 수많은 전사들의 카리스마적 지도자로 되었으며, 또 전사들은 개인적 충성관계를 통해 그에게 속박되었다. 이것은 19세기와 20세기에도 '군 최고사령관'으로서의 프로이센 지배자의 이상 속에 그대로 남아 있었으며, 리히터는 그 직책을 "헌법적 개념이면서 동시에 신비한 개념"이라고 적절하게 표현한 바 있다.4) 이 군 최고사령관 아래에는 특히 세 개의 일련의 중요기구들—군사참의원(Militärkabinett)·총참모부(Generalstab) 그리고 육군성(Kriegsministerium)—이 있었다. 국왕의 행정관리기구인 군사참의원은 말없이 그러나 강력하게 헌법에 의해서 규정되지 않은 빈틈—의회의 감시를 받지 않는 명령권영역—속으로 파고들었다.

군사참의원은 군주의 고위행정 보좌부서에서 출발하여, 1824년에는 육군성에서 분리되었다가, 1850년 이후에는 육군성과 계속 경쟁자로서 활동하였다. 그리고 1883년에 군사참의원은 육군성의 인사부를 해체하고, 인사문제를 직접 관장하였다. 이로써 이들 국왕의 직속 관리는 국왕의 명령권과 관련된 문제에서 중요한 발언권을 얻었으며, 예하 관리들에게 직접 혹은 '심복'으로서 광범위한 영향력을 행사하게 되었다. 특히 군사참의원은 오랫동안 그 의장을 지낸 바 있는 한케 (Wilhelm von Hahncke:1888~1901)의 표어, 즉 군대가 "어느 누구도 비판적 눈으로 들여다 봐서는 안되는 특별한 단체로 남아 있어야 한다"는 말에 충실하였다.5) 노쇠한 몰트케가 퇴역한 후에 군사참의원은 흔히 총참모부에 맞서서조차도 자신의 의견을 관철하였다.

총참모부는 나폴레옹전쟁이 끝난 후인 1816년에 프로이센에서 형성되었으나, 몰트케가 그것을 지휘하기 시작한 1858년까지는 전혀 중요성이 없었다. 총참모장은 1859년까지 육군장관에게 직접 보고할 수 있는 자격을 한번도 부여받지 못하였다. 1866년에 내려진 국왕의 칙령은 총참모부가 육군성을 거치지 않고 군대에 직접 훈령을 내릴 수 있도록 하였다. 1866년의 독일내전에서 몰트케의 개인적인 성공은 그의 부서에 엄청난 후원을 해준 셈이었다. 1871년 1월 대불전쟁기에 비스마르크와 벌였던 유명한 논쟁에서 그는 자신이 이제까지 국왕 앞에서 재상과 "동등한 권리가 있다"고 생각해 왔으나, 결국에는 국왕이 자신의 비중을 비스마르크보다 낮게 평가했다고 말했다.

전투에서의 첫 승리는 뒤이어 계속된 장기간의 게릴라전보다 훨씬 더 인상적이었다. 대불(對佛)'박멸전쟁'이라는 몰트케의 적의에 찬 말은 일반인의 귀에 들어가지 않았으며6), 베를린에서 있었던 승전축하 가두행진과 더불어 '위대한 침묵자' 자신이 직접 쌓아올린 몰트케의 신화가 완벽하게 인정받기 시작했다. 물론 총참모부・군사참의원 그리고 육군성 사이의 책임영역은 계속 논쟁거리로 남았다. 이들 기관들에 의해 거의 고전적인 제국건설이 이루어진 지 12년 후에 마침내 결정적인 문제가 규명되었다. 알베딜(v.Albedyll)로 대표되던 군사참의원과 카메케(v.Kameke)로 대표된 육군성 사이에서 미묘하게 형성되어 온 갈등이 카멕의 해임으로 이어지자, 알베딜은 카메케의 후임자인 브론자르트(Paul Bronsart von Schellendorf)에게 다음의 두 가지 조건을 부과하였다. 첫째, 내각의 비용으로 군사참의부는 강화되어야 한다. 둘째, ─총참모부의 지원과 협력에 대한 보답으로─ 총참모장이 육군장관을 만나지 않고 황제에게 개인적으로 직접 보고할 권리를 갖게 해야 한다. 브론자르트는 이 조건에 동의하였다. 이후 육군성은 거의 중요성이 없는 권력요소로 남게 되었다. 반면에 총참모부는 갑자기 자립적인 존재로 되었다. 이 관료제 내의 부서간에 벌어진 권력투쟁의 중대한 결과들은 슐리펜계획(Schlieffenplan)과 관련하여 간단하게 논급될 것이다.

그러나 먼저 1883년의 새로운 상황이 비스마르크의 의도와도 잘 맞아 떨어졌다는 사실은 언급할 만한 가치가 있다. 그는 -예컨대 뒤펠(Düppel)성채 앞에서, 프로이센의 내전에서, 그리고 나폴레옹 3세에 대한 전쟁에서- 군대를 기꺼이 자신의 정책적 도구로 이용하였으며, 또한 항상 대프로이센의 팽창[주의]정책을 위하여 그렇게 하였다. 이를 위해서 그는 항상 군대의 특권적 지위를 옹호하였으며, 그가 1862년에 관직에 등장한 것은 부분적으로는 그들의 이익을 옹호하기 위해서였다. 따라서 그는 계속 군대를 후원하였던 것이다. 그러나 그는 가능한 한 언제 어디서든 군대가 나름대로의 정치적 역할을 하는 것을 철저히 막았다. 따라서 도처에 그의 필적이 보이는 헌법 속에 제국 육군장관을 위한 조항은 포함될 수 없었다. 왜냐하면 그는 자신의 목적을 위하여 군국주의 국가의 전통을 이용할 수도 있는 잠재적 경쟁자와의 정치적 경쟁을 당연히 두려워해야만 했기 때문이다. 요컨대 이러한 고려사항들을 보면, 만약 책임있는 제국의 장관이라면 그는 "재상과 계속 충돌상태에 있게 될" 것이었다.7)

이와는 반대로 황제에게 엘자쓰-로트링엔의 총독이 형식적으로 재상과 동등한 권리를 가진 지위는 전혀 위험성이 없는 것으로 간주될 수 있었다. 그러나 비스마르크가 극히 의심스러운 눈초리로 경계를 늦추지 않았음에도 불구하고, 군대는 정치적 영향력을 행사하였으며, 이러한 사실은 1890년 이후 의심의 여지없이 증가하였다. 그래서 성뻬쩨스부르크 등지에 있는 대사관 무관제, 즉 프로이센의 전통적인 시종

무관 덕택에, 황제는 외무성의 공식 채널을 쉽게 우회하여 직접 보고를 받을 수 있었다.

흔히 군 고위층이 제시한 예방전쟁을 시작하자는 제안들은 훨씬 더 중요하였다. 일찍이 몰트케는 독일제국이 두 전선에서 동시에 전쟁(Zweifrontenkrieg)을 치러야 할 시기가 도래하리라는 것을 알고 있었으며, 발더제처럼 침략자의 이점을 이용해야만 한다고 주장하였다. 그러한 계획들은 1887년에 그 절정에 달하였다. 몰트케는 러시아 내부의 취약성을 고려해 볼 때 "공격의 기회가 우리에게 더 유리한" 반면에, 프랑스에서는 쇼비니즘적인 선동으로 인하여 상황이 좋지 않다고 보았다. 따라서 그는 러시아에 대한 원정을 겨울에 시작하라고 충고하였다. 그러나 그의 견해는 비스마르크의 결정적인 반대로 인하여 또다시 관철될 수가 없었다.8) 이러한 반대는 재상으로 하여금 원칙적으로 선제공격을 배제하게 한〔비스마르크의 정통적인 견해를 우리로 하여금 믿게 하려고 했던 것처럼〕도덕적·윤리적 고려의 산물이 결코 아니었다. 오히려 그것은 기독교적인 교리와는 전혀 관련이 없는 냉정한 이익계산에 기초한 것이었다. 그가 그러한 계산을 하게 된 것은, 늦어도 1875년 이후에 전쟁을 치를 경우 그 규모가 어느 정도가 될지 전혀 예상할 수 없고, 따라서 전쟁정책이 초래할 악영향이 너무나도 위험할 것으로 보았기 때문이다. 비스마르크가 오랜 기간 동안 특수한 지위를 누렸기 때문에, 정치 전체를 고려한 판단이 우위를 유지하였다. 그러나 이러한 판단에 기초한 제어조치들조차도 1890년〔그가 실각한〕이후에는 불가능하게 되었다. 반면에 이러한 정치적 제어가 약화되자, 몰트케 이후에 형성되었던 총참모부에서는 순전히 군사적 효율성과 군사적 편의성만을 고려하려는 경향이 점차 강화되었다.

무기의 급속한 발전이 이루어지고 있었던 시기에 세심한 사전계획을 통해서 장차의 전쟁을 맞이하려는 프로이센-독일 군부의 노력은 수년간 총참모장직에 있었던 슐리펜(Alfred v.Schlieffen:1891~1905)에 의해서 구현되었다. 그의 이름을 본따서 명명된 여러 작전계획들은 순전히 기술적 완벽성을 달성하기 위한 노력의 결과였으며, 이러한 노력은 클라우제비츠가 제시한 바 있는 정치우위의 사고를 은연중에 제거해 버렸다.

슐리펜계획은 1895년에서 1906년 사이에 여러 판본으로 작성되어, 두 전선에서 동시에 전쟁을 수행해야 한다는 당면한 문제에 대하여 기적과 같은 해결책을 제공할 예정이었다. 그것의 첫번째 주요목적은 프랑스를 패배시키는 것이었다. 이 목적을 달성하기 위해서 독일군 우익은 대규모 병력을 약 6주 이내에 파죽지세로 이동시켜 벨기에와 북부 프랑스를 통과하여 프랑스군을 포위하려고 하였다. 결국 독일군 우익은 좌익보다 7배나 강력하게 무장되었는데, 이는 동부에서의 진격이 개시되기 전에 서부에 있는 적을 근대의 깐네(moderner Cannae)*42)에서 완전히 절멸시킬 수 있기 위해서였다. 승리를 위한 이 청사진의 최종판은 1905년 12월에서 1906년 1월 사이에, 즉 짜르제국이 제1차 혁명으로 인하여 약화되고 위축되어 있던 시기에 작성되었기 때문에, 서부에서 독일군이 8:1로 우위에 있도록 계획되어 있었다.

오랜 시간이 지나고 나서야 몰트케는 마른느(Marne)전투*43)가 슐리펜계획의 실패신호라는 것을 깨닫게 되었는데, 여기에는 애시당

---

*42) 깐네(Cannae)는 Aufidus강변의 Apulia에 있는 소도시로 카르타고의 명장 한니발이 기원전 216년에 로마인들을 물리친 곳이다. 비유적으로는 '완전한 패배'·'대참패'·'파멸' 등을 뜻한다.

*43) 마른느는 파리근교의 센느강에 합류되는 지류로, 1914년 9월 프랑스·영국 연합군이 독일군에게 이 전투에서 처음으로 승리를 거둔 곳이다. 이 전투에서 독일군이 패배함으로써 독일군이 애초에 계획했던 서부전선에서의 단기적 승리는 가망이 없어지게 되었고, 이후 전투는 기동전에서 참호전으로 바뀌었다.

초부터 이 승리의 청사진을 약간 애매하게 하였던 세 가지 중대한 문제가 서로 복합되어 있었음을 알 수 있다.

1. 독일군은 결코 이처럼 대규모의 작전을 성공적으로 수행할 만큼 강력하지 못했다. 총참모부는 몰트케의 승리가 항상 병력의 숫적인 우위에 의거했었다는 사실을 거의 명백히 인식하고 있었음에도 불구하고, 슐리펜 자신은 군병력을 적절하게 증대시키도록 고집스러울 정도로 압력을 가하지는 않았다. 그러므로 계획의 수립은 유토피아적이고 군사적인 면에서도 책임을 질 수 없는 기적의 신앙에 의지하고 있었으며, 이러한 믿음은 총참모부가 극도로 찬양해 마지 않던 현실주의와 조화를 이루기 어려웠다. 군사력의 압도적인 우위가 없이는 독일군 우익은 자신의 중차대한 과제를 결코 제대로 준비할 수가 없었다. 따라서 "위대한 슐리펜 계획은… 수많은 성공의 기회들" 가운데 하나인 "확실한 승리의 처방"이 아니라 "무모한 모험"〔Wagnis〕이었다.9)

2. 서부의 깐네가 두 전선에서의 동시전쟁 수행문제를 영구히 결정하게 되리라는 것은 본래부터 잘못된 믿음이었다. 무엇보다도 먼저 동쪽의 거대한 제국-러시아-은, 특히 1894년 프랑스와 동맹을 맺은 후에, 결코 과소평가할 수 없는 적이었다. 게다가 대부분의 계획입안자들이 청년장교였던 1870~71년에 게릴라전이 일어나는 것을 보았음에도 불구하고, 프랑스가 패배할 경우 거기서 발생할지도 모를 게릴라전과 예측할 수 없는 결과에 대한 대비를 전혀 하지 않고 있었다. 마지막으로 모든 역사적 경험에 의하면 독일이 벨기에로 진격할 경우, 영국의 전쟁개입이 불가피하리라는 것은 확실한 것이었다.

3. 1897년 이후에는 벨기에의 중립에 대한 무시가 그 계획에 포함되었으며, 1914년에 그것이 사실상 침해받을 때까지〔지속적인 특징으로〕유지되었다. 슐리펜 자신은 영국이 프랑스를 지원하게 되리라는 이 엄청난 문제를 1905년의 계획에서 각주(脚註)로만 처리하였으

나, 그가 은퇴한 후에, 벨기에가 저항을 할 경우, 계획적인 테러사용〔예컨대 요새지역의 폭격〕을 권유하였다. 또한 그는 러시아에 대해서는 독일군의 투입을 포기할 수 있으리라고 확신하였다. 왜냐하면 러시아는 서부에서 독일군이 승리하게 됨으로써 모든 활동을 단념할 것이라고 보았기 때문이다.

이 두 가지 사실은 독일군부의 계획입안 과정에서 가장 강력한 영향력을 행사하였던 사람들이 우스꽝스러울 정도로 그릇된 상황판단을 하고 있었음을 보여주는 것이었다. 그의 계승자인 청년 몰트케는 1913년에 슐리펜의 자리에서 벨기에에 대한 공격이 영국을 제국의 적으로 만드리라는 것을 잘 알고 있었다. 따라서 그는 적어도 벨기에의 자산을 보장해 주고, 나아가서 독일이 벨기에를 병합하지 않겠다는 것도 보장해 주고자 하였다. 그러나 그도 역시 슐리펜의 결정에 집착하였다. 그는 정치적으로 황당무계했을 뿐만 아니라 군사적으로 맹목적이기도 했던 저 운명적인 결정에 만족하였던 것이다. 왜냐하면 슐리펜 계획은 "순수전략적인 원리를 엄청나게 진전"시켰으나, "벨기에에 대한 침공"이 정치적으로 그리고 "결국에는 군사적으로 어떠한 결과"를 가져올 것인가, 그리고 이들이 얼마나 전체상황을 변화시킬 것인가라는 '문제'를 무시하였다.10)

이처럼 군사기술적 사고의 일면적인 발전이 대프로이센제국에서 관철될 수 있었던 것은 무엇보다도 다음의 두 가지가 발전한 결과였다.

1. 18세기 이후 프로이센 사회의 군국주의화는 군대를 〔이 사회의〕 위신피라미드의 최상층부에 위치시켰으며, 이는 군대식 규범·행위양식 그리고 사유양식이 점차 부르주아 사회에서도 구속력을 가질 수 있도록 만들어갔다. 군대에 대해서 미리 커다란 존경심을 갖게 되면서 부분적이고 전문적인 사유, 즉 편협한 군대식 사고방식이 승리할 수 있는 길이 훨씬 쉬워지게 되었다. 1860년대에 여러 차례의 전쟁승

리와 중부유럽에서 독일이 차지하고 있던 헤게모니적 지위는 '제국창건기'에 다시금 군대가 누리고 있던 존경을 높여주었다. 그리고 늦어도 1894년부터는 장래에 있게 될 두 전선에서의 동시전쟁에서 독일제국이 유지될 수 있을 것인가의 여부는 그 군사력과 효과적인 군사계획에 달려 있는 듯했다. 이 모든 조건들은, 그것이 지닌 전문적인 지식 때문에, 신비에 싸여 있었던 군부에 의해서 철저하게 이용되었다. 또한 이 조건들은 군대의 능동적인 고무없이도 효력을 발생하였으며, 강력한 정치적 반대에 부딪치지도 않았다.

   2. 이러한 발전에 병행하여 비스마르크가 은퇴한 이후부터 정치가들은 유일한 논리적 선택으로서 치장된 군대의 주장에 굴복하게 되었다. 슐리펜과 청년 몰트케는 호엔로에도 뷜로오도 정치적 결정의 우위를 용인하지 않았다는 사실을 자신있게 말할 수 있었다. 그리고 재상실의 관료였던 베트만은 제1차 세계대전 이후에도 확고하게 그의 비판자들에게 다음과 같이 이의를 제기하였다. "군대문제에 관한 문외한인 사람이 군대의 필요성은 물론 군대의 [선택]가능성에 대해서 감히 판단을 내릴 수 있었으리라는 것은 불가능한 일이었다."11) 이것은 그가 군대를 지지하여 자신의 책임을 방기하고, 정치적 협력이라는 자신의 의무를 저버렸으며, 정치적 고려의 우위를 포기해 버렸다는 것을 의미했다. 비스마르크에게 이 우위는, 이 문제에 전념했던 클라우제비츠에게서와 마찬가지로, 절대적인 국가지도의 권리로 보였다.

   이제까지 계획되어 있던 동쪽으로의 진군을 더 이상 계속하지 못하게 된 1913년에 이미 정치적 선택의 가능성이 다시 한번 줄어들게 되었다는 것은 결코 놀라운 일이 아니다. 이 결정은 향후 독일이 전쟁에서 승리한다는 것이 근본적으로 프랑스에 대한 신속한 선제공격에 달려 있다는 것을 의미하였다. 다시 말해서 슐리펜 계획의 주요내용에 따르면 이러한 결정은 벨기에에 대한 침공을 의미하였고, 이는 다시 영국으로 하여금 전쟁에 개입하지 않을 수 없게 만드는 것이었다. 이로써 1914년 여름에 선택의 폭을 훨씬 더 좁혀버렸던 거의 자동적인 일련의 사건들이 발생하게 되었다. 이러한 방향의 선택은 [민간]정치인과 군부간의 내적인 권력분배를 고찰하지 않고서는 제대로 해명될 수 없다. 왜냐하면 중대한 전략적 결정들은 군사지식을 필요로 하는 것이 아니라 군부의 자문에 협력해야 할 정치적 목적을 지닌 계획들과 매우 복잡하게 얽혀 있었기 때문이다.

1914년 7월 위기가 발생하기 훨씬 이전에 베를린은 근본적으로 잘못된 전쟁전략, 정치적인 의미로 말하면 "모든 해결책들 가운데 최악의 해결책"을 대표하는 전쟁전략을 확정해 놓고 있었다.12) 왜냐하면 베를린은 영국을 프랑스-러시아동맹의 편에 서서 전쟁에 개입하게 하였기 때문이다. 프랑스의 벨기에 침공위협이 독일로 하여금 대응조치를 취하지 않을 수 없게 했다는 주장, 다시 말해서 그러한 조치를 정당화시키는 주장은 전혀 근거가 없는 것이다. 왜냐하면 벨기에는 1906년 이후부터 확고하게 자신의 중립을 옹호하기로 결정하였고, 영국은 벨기에를 침공하자는 프랑스의 제안을 정치적 이유로 1914년까지 냉혹하게 거부하였기 때문이다. 독일의 사회적 세력관계, 이 나라의 '실질적인 헌법구조', 역사적 전통의 전반적인 비중 — 이 모든 것들은 정치적으로 전쟁에 대한 보다 더 현명한 준비를 가로막고 있었다. 독일에 어떤 행위과정을 부과한 것은 대외적인 상황이 아니라, 일차적으로는 국내의 정치적 결정의 결과였다. 이러한 사실은 범죄행위를 도덕적으로 미화시킨다거나 개인에게 비난을 퍼붓지 않겠지만, 이후에 밝혀질 것이다[III.7].

그렇지만 독일제국 외부에서의 한 가지 군사적 발전은 여기서 언급되어야만 할 것이다. 이미 빌헬름 독일의 첫번째 전쟁에서 총력전의 초기형태가 실행되었다. 즉 이런 형태의 전쟁은 1904/07년 독일령 남서아프리카 식민지에서 발생한 헤레로(Herero)인*44)들의 대규모 봉기를 진압하는 과정에서 실행되었다. 〔민간인〕 행정총독으로부터 지배권을 물려받은 군사정부는 봉기에 개입하여 모든 수단을 마음대로 사용하여 가며 야만적인 방식으로 이를 진압했다. 그 목적은 뒤에 밝혀질 언어로 언급하면, 더 이상 승리가 아니라 '절멸'이었다. 따라서 군대는 의식적으로 "평화의 여지를 남기지 않은 투쟁"을 수행한 셈이었다.13)

　거의 절반에 가까운 원주민이 죽었으며, 그들 가운데 일부는 의도적으로 물도 없는 오마헤케(Omaheke)사막으로 추방되어 거기서 죽었다. 또 주민의 1/4은 추방되었으며, 철저히 계획적인 절멸정책으로 죄수수용소에 유기되었다. 이 작전에 거의 5억 9천만 金마르크의 비용을 지출한 후에, 식민지 보호대가 '평온과 질서'를 회복시키기 시작하였다. 그러나 그것은 넓은 지역에서의 묘지의 평화에 불과했다. 흑인과 백인 사이에는 증오와 공포가 지배하고 있었다. 미국 남북전쟁이 끝나갈 무렵인 19세기에만도 한 서구국가는 그처럼 광폭하게 전쟁을 수행하였던 것이다. 이 독일 식민지에서의 전쟁은 극도의 두려움을 확인시켜 주었다. 식민지 지배체제의 결과에 관한 이러한 두려움은, 먼저 자유주의적 비판자들, 이어서는 사회주의적 비판자들이 느끼고 있는 바였다. 가까운 장래의 전쟁형태는 여기서 명확하게 드러났다.

5.2. 군국주의

　"군부에 대한 정치지도부의 우위, 다시 말해서 군국주의적 사고

---

*44) 남서아프리카에 거주하는 반투니그로 종족의 일파이다.

에 대한 정치적 사고의 우위가 의문시 되는"[Ritter] 곳에서 본래적 의미의 군국주의가 우위에 있게 된다는 견해14)는 지나치게 협소한 정의라고 오래 전부터 비판받아 오고 있다. 특히 프로이센-독일사의 경우 우리는 이러한 비판에 동의하지 않으면 안될 것이다. 왜냐하면 여기서 전체 사회의 권위있는 그룹이 군국주의화된다는 가장 중요한 문제는 −다른 곳에서도 그런 식으로 확정될 수 있다− 정치적 결정이 일시적으로 군국주의적 사고로부터 확산되었다는 점에 있는 것이 아니기 때문이다.

1945년까지의 독일근대사에서 군이 지니고 있었던 고유하고 특별한 지위는 바로 이 사회적 군국주의[독일사회 전체에 군국주의적 가치를 확산시킨 것]로부터 파악될 수 있다. 사회적 군국주의의 결과 군대는 사회적 위신서열의 최고위층에 위치하게 되었을 뿐만 아니라, 독일사회 전체에 군대의 가치관과 명예관, 군대의 사고방식 및 행동방식을 침투시키기도 하였던 것이다.

사회사적·헌정사적인 면에서 여기에 결정적인 것은 18세기 프로이센의 발전이었다. 이런 발전과정을 통해 봉건적인 대토지 소유자는 군대의 지휘관으로 되었으며, 동시에 재판관으로, 흔히는 사업가로서 모든 [사회생활] 영역에서 농촌 주민에게 지배권을 실현하게 되었다. 소위 군대의 운영구조는 대토지 소유제와 극히 밀접하게 관련되어 있었다. 국가시민은 토지에 얽매인 영속적 농업 노동자로서건, 군대의 신병으로서건 간에 자신이 동일한 권위와 계속 맞서고 있음을 알게 되었다. 여러 차례에 걸친 개혁과 국민개병제조차도 농촌에서의 이 기본적인 관계를 파괴시키지는 못하였다. 어쨌든 권력을 행사하는 데 익숙해 있던 토지소유 귀족은 계속 군국주의적 지배층을 공급해 주었고, 도시민들도 그들에게 '봉사'해야만 했다.

1848년과 1862년에 힘겨루기가 벌어진 이후 1871년까지의 귀족의 성공은 특권적 계서제를 유지시키게 해주었고, 군부는 그 정점에서 자신의 영향력을 행사했다. 리터(G.Ritter) 같은 역사가조차도 1866/71년에 있었던 일련의 사건들의 결과들 가운데 하나가 전유럽적인 군국주의화 과정이었다는 것을 인정했다면15), 우리도 역시 점진적인 군비확장은 차치하고서라도, 프로이센의 역사적 전통에 비추어 볼 때 특히 엄청난 변화들이 있었다는 것을 인정해야만 한다. 실제로 이러한 것[군국주의의 징후를 잘 나타내는 것]들이 있었으며, 우리는 그것들을 [비본질적인] 외관을 통해서도 관찰할 수 있다. 예컨대 독일제국의 재상들은 모두가 제국의회에서는 제복을 입었다. 국왕의 연회에서 재상인 베트만 홀벡은 육군소령으로서 육군대령과 장성의 아래쪽에 좌석을 잡았다. 프로이센의 유능한 재무장관이던 숄츠(v.Scholz)가 국왕의 호의로 자신이 중산계급으로서 오를 수 있는 최고위직인 副상사의 제복을 소위의 제복과 교환할 수 있도록 허용받았을 때, 그는 이것을 자기의 생애에서 가장 행복한 순간이라고 생각하였다. [이 사회적 군국주의의] 가장 중요한 결과들 가운데 하나는 예비역장교협회에서 드러나고 있다. 장교단은 사회적·경제적 발전으로 인하여 끊임없이 위협을 받고 있었고, 따라서 '국가를 유지시키는 신분'인 그들의 격리는 계속되었다. 나중에는 카스트가 형성되었다고 할 수 있을 정도로까지 그들은 경직되었다.

  독일은 군대식 가치와 행위규범의 전사회적 확산이라는 일반적 현상을 보여주었다. 이는 민간인에게서 열등감을 생성시켰는데, 그 가운데도 베트만 홀벡은 그 전형적인 예였다. 이러한 사회적 군국주의는 궁정에서 최하위 장교가 우위에 있었다는 점, 도로에서 장교가 지나가도록 길을 비켜주었다는 점, 전직 하위장교를 우체국관리로 임용한 점, 김나지움에서 육체적 교육의 일부였던 교련 등에서 항상 살펴볼 수 있었다. 또한 사회적 군국주의는 지배계급의 입장에서 볼 때, 극히 바람직한 훈육기능을 수행하였다. 그렇지만 여기서도 이 사회적 군국주의화에 관한 몇 가지 측면들이 특히 강조되어야만 할 것이다.

5.2.1. 국내의 정치투쟁을 위한 도구로서의 군대

군대가 전시에 공격 내지 방어도구로서 가장 중요시되었음은 의문의 여지가 없다. 그러나 이와 더불어 우리는 군대가 '유사절대주의 정부의 무장을 갖춘 지지자이자 주요 지렛대'라는 사실도 간과해서는 안된다. "이 목적을 달성하기 위해서는 육군사관학교는 상급자에 대한 맹목적인 복종과 국왕에 충성하는 태도를 주입시키는 학교로 바뀌어야만 했다." 따라서 헌법투쟁기 이후부터 오랜 군복무기간은 정부가 "국내의 혁명적 사건에서 신뢰할 수 있는 군대를 마음대로" 이용하도록 보장해 주기 위한 것이었다.16) 내부의 논의과정에서 군고위층은 이 평화의 확보문제 – 내부의 혼란을 방지하는 문제 – 에도 군대의 역할을 숨기지 않았다. 영구법안의 토론과정에서 론은 다음과 같이 말했다. "효율적인 군대란 적색유령[사회주의자들]뿐만 아니라 흑색유령[성직자들]에 대항해 우리가 생각해 볼 수 있는 유일한 보호책이다. 만일 그들[정치인들]이 군대를 파멸시키게 되면, 그것은 우리 모두의 끝장을 의미한다."17)

이런 견해는 이후 계속해서 강력한 영향력을 미쳤다. 사회민주주의가 그 세력을 확대해 감에 따라, 이런 근위병[으로서의 군대의] 개념은 점점더 매력적으로 되었다. 따라서 많은 직업장교들이 보기에 점점더 많은 사회민주주의자들이 군대에 징집되는 국민개병제는 위험한 것이었다. 얼마 전에 총참모장으로 임명된 발더제 장군이 1892년에 육군장관인 고쓸러(v.Gossler)에 보내는 한 비밀각서에서 "좋은 보수를 받으면서, 내부의 적들에 대항해 즉각 투입될 수 있는 소규모의 전문적인 군대들"을 옹호했다. 그는 독일에서의 '이용(利用:Anwendung)'이라는 말에 관해서 자신이 이해하고 있는 바를 황제에게 상세하게 설명하였다. 즉 그에 의하면 '이용'이란 사민당(SPD)에 대한 선제공격을 의미하였다. 왜냐하면 "언제 중대한 담판을 벌일 것인지에 관한 결정을 그 지도자들에게 맡겨서는 안되고, 가능하다면 빨리 이 문제를 처리할 수 있어야만" 하기 때문이었다.

 어쨌든 발더제는 문제가 되고 있는 저명한 사회주의자들의 추방, 결사권 및 집회권의 제한, 탐탁치 못한 신문 및 잡지의 발행금지 그리고 제국의회 선거법의 개정 등을 요구하였다. 이 모든 조치들은 군대의 도움을 받아야만 실행될 수 있는 것들이었다.18) 1907년에는 '폭동이 발생한 도시들에서의 투쟁'에 관한 총참모부 예하 제2전사부(第2戰史部)의 연구가 완료되었는데, 그것은 명백히 향후에 있을지도 모를 내전상황에서 사민당(SPD)을 적으로 설정하고 있었다.19) 장교단에게는 좌파가 조국의 내부의 적이었기 때문에, 이런 두려움들은 1912년의 선거에서 승리한 이후에도 새로운 자극을 받았으며, 1912/13년에 있었던 군비를 둘러싼 논쟁과 계획들에도 영향을 미쳤다. 또한 리프크네히트가 제시한 반군국주의적 입장보다는 노스케(Noske)의 노선*45)이 사민당 안에서 오랫동안 우위를 지켰다. 그럼에도 불구하고 이러한 두려움들은 적어도 1914년 이전까지는 계속되었다.

5.2.2. 사회적 구성과 행위의 통제

 먼저 자유주의적 부르주아지, 이어서는 사회주의적 프롤레타리아트들에 의해서 위협받고 있다는 감정은 1848년 이후 직업장교들에게

---

*45) 사회민주당 내에서의 보수적인 노선의 대표자 노스케가 제시한 노선이다. 그는 제국주의적인 군사제도와 식민계획을 옹호하였으며, 1914년 이후에는 보수적 사회주의자들과 제휴하여 독일의 제1차 세계대전 참전을 지지하였다.

서 확고하게 자리잡아 갔다. 여기서는 다음과 같은 론의 표어가 적용되었다. "군대, 그것은 오늘날 우리의 조국이다. 왜냐하면 불순하고 격앙된 요소들이… 아직 침투하지 못한 유일한 곳이 바로 이 곳이기 때문이다."[20] 이후의 인사정책은 계속 이 표어에 의해서 결정되었으며, 몰트케는 헌법투쟁기에 부르주아 출신의 장교지망생들을 받아들이지 말라고 강력히 요구하였다. "왜냐하면 그들은 군대 안에서 지켜져야 할 사유방식을 지니고 있지 않기 때문이다."[21] 그는 귀족의 후예, 특히 사관학교 출신자들은 신뢰할 만하다고 생각하였다. 군대의 인사정책은 그들에게 우선권을 부여하는 한편 그들을 유해한 영향으로부터 차단시키는 것이었다. 1870년에 슈바이니츠 장군은 "우리가 장교직을 채울 만한 융커출신의 인재를 갖고 있지 못하게 될 때, 우리의 권력도 끝나게 될 것"이라고 언급하였다. 여기에 대하여 비스마르크는 "내가 그것에 관해서 말해서는 안되지만, 나는 일을 처리할 때 항상 그것에 따라서 행동했다"고 대답하였다.[22]

발더제도 이 노선을 따랐다. 그는 1872년에 "우리에게서 카스트 정신이 더욱더 발전되기를 바라며, 장교신분인 우리가 자립적인 신분으로서 나머지 신분과 더욱더 구별되어야 한다"고 주장하였다. 왜냐하면 그는 "우리가 다른 신분과 거리를 두고, 하나의 확고한 장교신분 공동체를 형성함으로써"만 '가진 자와 못가진 자' 사이의 투쟁에 끼어들 수 있을 정도로 무장한 군대를 유지한다는 목표가 달성될 수 있으리라고 보았기 때문이다. 이미 당시에 발더제는 '국민개병제'의 포기를 요구하였다. 왜냐하면 "직업군대만이 현존하는 사회질서의 완전한 붕괴를 방지할 수 있기 때문이다." 그렇지 않으면 "요컨대… 사격지시를 받자 마자 주저없이 하층민들을 쏴죽일 수 있기 때문이다. 이렇게 되면 우리는 전사카스트를 갖는 것이 될 것이다."[23] 슐리펜도 1900년에 이 사회적 배타성이라는 기본원리에 동의를 표명하였으며, 1903년에 육군장관 아이넨(v.Einen)은 장교의 '부족'이 "사회적 출신과 관련된 요구사항을 더욱더 낮춤"으로써만 완화될 수 있으리라는 사실에 동의하였다. 그는 계속 다음과 같이 언급하였다. "그러나 이것은 권유할 만한 것이 못된다. 왜냐하면 우리는 그 신분에 맞지 않는 민주적 인사들과 그밖의 다른 인사들이 더 많아지는 상황을 막을 수 없기 때문이다."24)

그러한 사회옹호적 지도이념에 의해서 결정된 인사정책의 결과를 통하여, 우리는 여러 군 통수기관들이 신뢰할 수 있는 융커의 우위를 지키기 위해서 얼마나 집중적인 노력을 기울였는지를 확인할 수 있다. 1865년에 프로이센 육군장교 전체의 65%가 귀족이었으며, 1913년에도 그 비율은 30%에 달했다. 그러나 이들은 거의 모든 군 고위직을 차지하고 있었다. 같은 해에 기병장교 전체의 80%, 보병장교 전체의 48%와 야전포병장교 전체의 41%가 귀족이었다. 다만 전형적으로 부르주아적·기술적인 공병부문에서는 귀족출신이 6%에 불과하였다. 프로이센 보병연대의 62%가 58% 이상의 귀족출신 장교로 채워져 있었으며, 16개의 보병연대는 오직 귀족장교단만을 보유하였다. 1913년에 근위대에는 부르주아 출신의 장교수가 59명[1908년에는 심지어 4명]에 불과했다. 1900년에는 대령급 이상 계급의 60%가 귀족으로 채워졌으며, 1913년에도 그 수는 여전히 53%나 되었다. 190명의 보병장성들 가운데 1909년에는 39명만이 부르주아 출신이었고 영관급 장교의 절반이 귀족이었다. 총참모부에는 1888년에 239명, 1914년에는 625명의 장교가 소속되어 있었는데, 그 가운데 프로이센―대부분 귀족―출신의 장교가 3/4으로 가장 높은 비율을 차지하였다.25) 따라서 1913년까지 프로이센 군대의 상층부―그리고 제국군대의 핵심부―는 귀족이 지배하고 있었다. 그러나 상비군병력이 증가함에 따라서 그 비율은 현저히 감소하였다.

따라서 1913년의 중대한 군대법안을 둘러싼 논의는 장교단의 사회적 구성을 둘러싼 대립으로까지 첨예하게 발전되었다. 육군장관인 헤링엔(v. Heeringen)은 특히 부르주아 출신의 기획자인 루덴도르프가 대표하는 총참모부의 요구사항, 즉 슐리펜계획을 충족시키기 위해서 3개의 군단을 증강시켜 달라는 요구에 반대하여 귀족의 전통적 보루인 군대를 옹호하였다. 헤링엔은 "만일 지금 프로이센 군대를 현재의 약 1/6 가량 증강시키자"는 요구가 제기되고 있다면, "그러한 급격한 조치는… 신중하고 적확한 고려"를 필요로 할 것이라고 주장하였다. 왜냐하면 "장교단을 보충하는 데 적합하지 않은 사회집단, 다시 말해서… 민주화요구에 노출되어 있을 사회집단을 포용하지 않는다면, 전례없을 정도로 커진 요구가 충족될 수 없을 것"이기 때문이다.26)

육군장관은 귀족적인 군사참의원의 후원을 받아서 그 제안을 거절할 수 있었다. 러시아에 대한 군사정책에서와 마찬가지로(7.2.3) 군비정책 부문도 소위 군사적 필요조건들에 의해서가 아니라, 오히려 국내의 사회적 권력투쟁에 의해서 결정되었다. 마른느전투에서 이 세 군단이 없다는 사실이 결과에 심대한 영향을 미쳤다고 탄식하는 소리도 있었다. 이러한 군사적 충격력을 결여하게 된 원인은 제국의회의 저항에서가 아니라 -제국의회는 이미 사실상 그것들을 승인할 준비가 되어 있었다-, 프로이센-독일의 사회적 권력배분과 그것이 만들어 낸 공포 및 비활성에서 찾아질 수 있다. 부르주아적 인사-들은 비밀 민주주의자로서 가장 극심한 의심을 받았으며, 심지어 유대인 시민은 군대로부터 완전히 배제되었다. 1878년에서 1910년 사이에 프로이센 군대에는 유대인출신의 직업장교가 전혀 없었으며, 1911년에는 총 21명의 유대인 예비역장교가 있었을 뿐이다. 유대인은 '이등시민'으로 간주되었다는 라테나우의 언급은 바로 여기서도 확인된다. 공공연하게든 은밀하게든 간에, 반유대인주의는 확실히 매우 효과적으로 실행되었으며, 계속해서 독일제국 장교단의 특징으로 남아 있었다. 국가사회주의는 후에 바로 이 영역에서 이미 방위군 안에 잘 확립되어 있던 금기사항을 깨뜨릴 필요가 없었던 것이다.

　장교에 관한 정책만이 명백한 선발기준에 의해 규정된 것은 아니었다. 군대는 심지어 하사관과 일반사병을 신규로 모집할 때에도 예전에 기준으로 삼았던 관점에 따라서 실행하려고 했다. 예를 들어 1911년에는 독일인구의 42%가 농촌에 살았지만, 국민개병제에도 불구하고 이 해의 신병 전체의 64.1%가 농촌지역 출신이었고, 22.3%는 소도시 출신이었으며, 이들마저도 농촌적인 성격이 압도적으로 강했다. 불과 6%만이 대도시출신이었고, 중간규모의 도시출신도 7%에 불과했다.27) 여기서도 군대는 수세기 동안에 걸쳐서 농촌주민에게 내면화된 봉건적 신민심성에 의존하여 "사회주의적 경향이 강한" 도시인의 비율을 가능한 한 낮추려고 하였다. 그들에 대해서 일반병사를 혹사하는 전통적인 방식은, 사회민주주의 계열의 의원이 그러한 사건들에 대중의 관심을 불러일으키는 모험을 감행하지 않는다면, 사용될 수 없었다.

　반면에 오랫동안 상급자에게 복종하는 데 익숙해 있던 프로이센의 영속적 농업노동자들은 훨씬 더 쉽게 신병으로 '끼어들' 수 있었다. 게다가 그들은 군목의 '전쟁신학'과 왕권주의적인 설교를 훨씬 더 잘 수용하였는데, 이것들은 국왕이자 황제, 종교의 수장이자 군 최고사령관으로부터 내려오는 군대식 세계질서의 권위주의적 구조를 정당화시켜 주는 것이었다.

　거의 모든 영역에서 작동되고 있던 이런 인사정책 이외에도 여러 제도가 신 봉건적 결투예법과 사회적 차별을 위해 행위를 통제할 수 있게 해주었다. 1918년까지 결투는 장교들 사이의 갈등을 규제하는 비공식적 규정형식이었다. 이러한 낡아빠진 의식을 거부할 경우 그는 군대로부터 축출되었다. 명예재판소는 내부의 결투를 처리하고, 도전자에게 1:1 대결을 명령하기 위하여 설치되었다. 이 문제와 관련하여 제국의회가 관할권을 행사하려는 모든 시도는 강력한 저항에 부딪쳤다. 군사법원의 고유한 관할사항은 비밀로 남아 있었으며, 특히 민간법정을 배제하였던 그 절차는 실제로 저질러진 범죄보다도 단결심과 유대를 더 중요시하였다. 만일 일반병사가 복무규정을 어길 경우 그는 엄격한 금고형-보다 더 심각한 논쟁이 되는 사건의 경우 향토방위병조차도 투옥되었다-에 처해진 반면에, 장교는 처벌로부터 합법적으로 면제되었다. 이런 사실은 법 앞에서의 평등이라는 원리가 얼마나 잘 지켜지지 않았는지에 관한 훌륭한 예이다. 사회민주주의적 비평가인 칼 리프크네히트(Karl Liebnecht)가 수많은 폐단을 들추어내자, 이 행위들은 '황제의 제복에 대한 공격'으로 간주되어 분노에 찬 질타를 받았으며, 그 비판의 내용은 사실로 밝혀졌음에도 불구하고 문제시되었다. 또한 군대라는 '주권 내의 주권(Imperium in Imperio)' 앞에 있는 침투가 불가능한 장벽들은 더욱 두터워져 군대를 나머지 사회와 더욱더 격리시켰다.

군대의 특수한 지위는 전쟁 직전인 1913년의 짜베른(Zabern: Saberne) 사건으로 갑자기 부각되었다. 엘자쓰지방의 국경도시인 짜베른에서 20세의 프로이센 소위가 주민들을 비방하면서, 신병들로 하여금 그들에게 폭력을 행사하도록 부추겼다. 이 돌발적 사건은 여론화되어 독일제국 전역에서 세인의 주목을 끌면서 긴장이 고조되었고, 결국 무장순찰대를 투입하게 되었다. 무장순찰대는 자의적으로 짜베른시민들을 체포하였다. 정부가 이 사건을 처리하는 과정에 대한 언론의 비판은 최고조에 달하였는데, 이것은 예전에『데일리 텔레그라프(Daily-Telegraph)』지[*46)] 사건에서 단 한번 발생하였을 정도로 강

[*46)] 1908년 10월 28일 이 신문에 발표된 독일황제 빌헬름 2세의 회견기로 인해 발생한 사건이다. 빌헬름 2세는 이 신문과의 회견에서 독일황제는 영국과 독일의 관계를 개선하기 위하여 보어전쟁 당시에 영국에게 작전이나 여러 다른 사항에 관해서 조언을 하였다고 발언했는데, 그것은 영국인의 자존심을 손상시키고 영국을 모욕한 것으로 해석되었다. 이는 영국내의 여론을 들끓게 하였고, 영국의 對독일관계를 긴장시키고 악화시키는 데 일조했다.

력한 것이었다. 제국의회에서의 날카로운 대립-제국의회는 베트만 홀벡에 대한 불신임안을 통과시켰다-은 수많은 신문들이 했던 것만큼이나 공공연하게 민간인 책임자들, 보다 넓은 의미로는 군부에 대한 일반 시민들의 완전한 무능에 대한 환멸감을 드러낸 격이었다.

이런 환멸감은 우스꽝스러운 군사재판이 있은 후에 책임있는 장교가 석방되면서 더욱 심화되었다. '짜베른의 경고'는 독일제국 헌법의 구조적 위기를 드러낸 것이었다. 즉 독일제국에서 군대는 극단적인 경우에는 명백한 정치적 이성의 결여는 말할 것도 없고, 헌법에 명기된 시민 개인의 권리마저도 무시하면서 자신의 특별한 지위를 대담하게 옹호할 수 있었던 것이다. 제국의 사법부에서도 육군성에서도 군당국의 그런 행위에 대한 법적인 근거가 없다는 사실에 대해 전혀 의문을 품지 않았다. 그럼에도 불구하고 육군장관인 팔켄하인(v.Falkenhayn)은 제국재상에게 군대를 옹호해 줄 필요가 있음을 설득할 수 있었다. 제국의회의 무능함과 군대의 공공연한 횡포, 의회 야당의 급속한 붕괴 그리고 재래 병역제도에 대한 옹호, 이 모든 것들은 1914년 이전 독일헌법의 현실은 물론 부르주아지의 저항을 결정적으로 약화시킨 사회적 군국주의의 결과까지도 잘 조명해 주었다.28) 독일제국이 붕괴되기 불과 몇 년 전까지만 해도 군국주의적 半절대주의는 짜베른사건이 있었던 시기에 엘자쓰-로트링엔'지역(Reichsland)'*47)에서 자신의 진정한 모습을 드러냈다. 그것의 진정한 특징은 바로 이 가면을 벗길 때 드러난다.

5.2.3. '소부르주아적 신념적 군국주의의 동원'29)

군대는 무장하고 있는 '국민의 학교'로 간주되었다. 군대는 매년 입대하는 신병을 훈련시키고 사상을 주입시키는 역할을 하였으며, 나

---

*47) '라이히스란트'는 엘자쓰-로트링엔에 대한 1918년까지의 독일제국 행정구역 명칭이다.

아가서는 병영 밖에까지 영향을 미쳤다. 군대는 철저하게 그리고 다양한 방식으로 시민의 정치적 사회화에 참여하였다. 따라서 이 점에 있어서는 규칙을 지키게 하고 지배관계를 지탱시켜 주는 보다 광범위한 수단으로서의 교육기관과 관련시켜 볼 때에도 의무적인 군복무와 사회적 군국주의를 상세히 살펴보는 것은 의미있는 일일 것이다. 여기서 중요한 문제는 군사적인 모든 것을 찬미하는 학교의 교육내용을 고찰하는 것이 아니라, 교육기관들 자체를 살펴보는 것이다.

지역적인 수준에서 볼 때에, 모든 만기제대병들이 원칙적으로 민간인의 생활로 돌아간 이후에 조직하고자 하였던 전사연맹(戰士聯盟: Kriegerverein)*48)들은 여론을 형성하는 데 주목할 만한 가치가 있는 요소였다. 1910년에는 16,500개의 프로이센 전사협회에만 150만명의 회원이 소속되어 있었다. 1873년에 214개의 단체들과 27,500명의 회원으로 출범한 '독일전사연맹(Deutscher Kriegerbund)'은 1900년경에 그 회원수가 100만명을 넘어섰고, 1910년에는 170만을 헤아리게 되었으며, 나아가서 소위 '키프호이저연맹(Kyffhäuserbund)'에도 250만명이 조직되어 있었다. 게다가 전국적인 조직망을 갖춘 상위단체에 소속하지 않은 단체들도 무수히 많았다. 이들은 모두가 주도면밀한 후원을 받았다. 게다가 이들은 호전적이고 반 사회민주주의적인 그리고 흔히는 반유대인주의적인 성향을 지니고 있었다.

비스마르크는 일찍이 이 단체들을 자신의 국내정책을 위한 선전도구로 전환시킬 수 있다는 것을 잘 알고 있었으며, "국가를 위협하는

---

*48) 군국주의적인 전통과 우의를 도모하고 곤경에 처한 회원을 후원하기 위한 퇴역병사들의 단체였다. 드물게는 이미 18세기 말과 해방전쟁 이후에 생겨났으며, 독일 통일전쟁 이후에 크게 부상하였다. 1873년에 창설된 독일전사연맹(Deutsche Kriegerbund)은 모든 전사단체들을 통합시키려고 하였다. 1900년에 설립된 키프호이저연맹(Kyffhäuserbund)도 이러한 목적을 추구하였으며, 제1차 세계대전까지 프로이센·바이에른·작센 등지에서의 전사단체들을 지배하였다.

경향들에 대한 그들의 강력한 옹호"를 자신의 정책에 이용하였다. 정부는 이 조직들의 특수한 성격 속에 항상 '제국에 충실한' 버팀목을 갖고 있었던 셈이다. 게다가 '청년독일(Jungdeutschland)'·'청년방위대(Jugendwehr)' 같은 준 군사적인 청년조직들도 있었다. 만약 '해군협회'와 '방위협회'의 지지자들-이들은 선거시에 '제국에 충실한' 그룹으로서 동원되었다-을 포함시킨다면, 정규군을 포함하여 1914년 이전의 군대는 적어도 500만명의 독일인들, 다시 말해서 남자성인과 청년 전체의 1/6에 달했다.30) 만약 독일제국 사회에서 군대의 중요성과 그것이 갖고 있는 여러 분파의 작용가능성을 제대로 평가하려고 한다면, 우리는 위에서 제시한 수치들을 명확히 설명하고, 그 배후에 숨겨져 있는 영향력과 집단심성을 생생하게 그려내야만 한다.

5.3. 해군

제국 후반기에 독일해군은 예전에 어느 누구도 예상하지 못했을 정도로 중요성이 커졌다. 이후 독일의 군비정책과 군사정책은 항상 해군정책과 밀접히 연관되어 있었다. 이미 1870년대 이후 독일함선들은 제국주의적 팽창을 보호하기 위해서 동아시아 해역·태평양 그리고 아프리카해안에 투입되었다. 그렇지만 여기에 투입된 것들은 경순양함과 포함(砲艦)에 불과했다. 또 1889년에 다른 정부부서들과 더불어 먼저 제국해군성(Reichsmarineamt)이 설치되었으나, 이는 베를린에 있는 중앙정부의 정책결정 과정에서 중요한 비중을 차지하지 못하였다. 따라서 1898년 이후 독일전함의 증강은 중대한 전환점을 의미하였다. 전함의 증강은 여러가지 조건들이 동시에 작용한 결과였다. 이러한 조건들은 극히 중요한 한 가지 발전에 기여하였는데, 그것은 1914년 이전에 독일의 국내외 정책노선을 결정하는 데 근본적인 역할을 하였다는 점이다.

바로 이 시점에서 먼저 빌헬름시대의 주요인물들 가운데 한 사람인 알프레드 폰 티르피쯔라는 인물이 떠오른다. 본래 그는 해군 어뢰함대의 개발책임자였다. 그는 1892년에서 1895년까지 해군 최고사령부의 참모장을 역임했고, 활동적이고 세심한 제국주의의 관찰자이기도 했다. 그는 1897년에 제국해군성의 신임장관으로 지명되었다. 만약 그가 일종의 지나친 부서이기주의 때문에 전함건설을 조장하였고, 마침내는 오랜 전통을 갖고 있는 군대〔육군과 해군〕의 전투력 차이를 없애려 했다고 한다면 그것은 잘못된 가정일 것이다. 그가 생각하고 있었던 것은 다른 목적과 관련된 것이었고, 해군정책의 실행은 즉시 두 기능이 지배적으로 전면에 드러나게 하였다.

1. 첫째는 경쟁국가들, 특히 당시 세계최강의 해군국이었던 영국에 대한 대외적인 투쟁주문이었다. 이러한 주문은 후에 무엇보다도 의도적으로 방어에 중점을 두었던 계산된 모험정책이 발전함에 따라서 어느 정도 약화되었다. 이 저지전략에 따르면 독일해군은 혼자의 힘으로 최대의 적수를 물리칠 수 있기 위해서는 상대방보다 훨씬 강해야만 했다. 그것의 공격적인 목표설정에 따르면, 함대는 권력수단으로서 '존재'하거나 혹은 필요할 경우 개입하여 저항을 분쇄하는 데 기여할 것으로 기대되었다. 또 함대는 해외시장을 개척하거나 혹은 경제적 이익의 안정된 확보를 위해서 안전하게 해외시장에 접근할 수 있도록 하는 데 기여할 것으로 기대되었다.

2. 처음부터 이 공격적 역할은 사회적 제국주의(Sozialimperialismus:Ⅲ.6.)의 의미에서 국내정책을 달성하기 위한 투쟁수단이라는 기능과 극히 밀접하게 연관되어 있었다. 그 주도자들, 특히 티르피쯔와

황제는 함대를 통하여 특히 중공업·조선업 그리고 노동자들의 물질적 이익을 충족시켜 주고자 했을 뿐만 아니라 ―부분적으로는 그 결과로서― 부르주아지와 프롤레타리아의 정치적 요구를 약화시키고, 전통적인 권력구조를 안정시켜 보고자 하였다. 이러한 기능의 사회적 토대, 즉 구체적인 산업의 이익과 부르주아지의 함대에 대한 열망의 융합은 1880년대에 있었던 비스마르크의 제국주의보다 훨씬 더 광범위하였다. 경제정책적인 측면에서 볼 때 해군의 주문계약은 적어도 심리의 장기적인 안정에 긍정적인 작용을 하였다. 상징적인 면에서 본다면 독일의 함대는 세계열강이 되고자 하는 독일의 열망을 구현한 것이었고, 민족주의적 에너지들을 결합시킨 것이었으며, 독일제국의 국내문제로부터 벗어나 보려는 보상으로서 '민족의' 사명과 동일시될 수 있었다. 따라서 빌헬름 정치체제의 케사르주의적 경향들이 해군과 지극히 밀접하게 결합되었다는 것은 결코 놀라운 일이 아니다. 그 시대의 가장 선진적인 무기기술의 배후에서 "함대에 대한 전국민적 지지를 등에 업은 황제권은 무시무시한 의회의 영향력 강화에 대항하는 평형추"였으며31), 독일의 정치적·사회적 근대화에 대한 수구적 장애물이었다. 따라서 해군정책은 항상 사회 전체와 관련된 정책(Gesellschaftspolitik)이기도 했다.

    1870/71년에 획득한 위신이 소진된 이후, 티르피쯔는 이미 1895년에 "애국적 결집이라는 하나의 표어, 즉 하나의 목표에 대한 민족의 열망"이 나타나고 있다고 주장하였다. 1880년대에 있었던 비스마르크의 제국주의도 이미 이 목표를 따르고자 하였다. 그러나 1890년 이후 사회적으로 산업화가 더욱 중요해지고, 또 사민당(SPD)이 등장함에 따라서, 이 문제는 더욱더 긴급한 과제로 되었다. 함대를 위한 로비활동으로 인하여 "일반인들의 생활은 다시 한번 민족정책 문제와 관련된 논쟁에 휘말려들었으며, 이는 비생산적이고 유토피아적인 사회정책에

대한 건전한 균형추"를 형성하였다. 티르피쯔는 전함이 가장 중요한 도구가 될 국내정책의 위기전략을 심중에 갖고 있었다. 즉 그는 이것을 이용하여 '세계정책(Weltpolitik)'을 추진하고자 하였다. 왜냐하면 그의 고전적 공식화에 따르면, 그는 이 "새롭고 원대한 민족적 소명 및 이와 결합된 경제적 이득"으로부터 "교육받은 사회민주주의자와 교육받지 못한 사회민주주의자에 대한 강력한 완화제"를 제공받을 수 있기를 갈망하였기 때문이다.32) 여기서 이 정책이 민족에 끼치게 될 이념적 통합의 효과, 즉 함대를 위한 선전 그 자체의 효과는 해외에 기대했던 구체적인 이득만큼이나 중요한 것으로 간주되었다. 왜냐하면 그것은 국내정책을 둘러싼 권력투쟁과 독일제국 계급사회의 시급한 문제들로부터 벗어나도록 해줄 것이었기 때문이다. 따라서 이 해군정책의 지지자들은 부르주아 사회의 계급구조를 유지시키는 일을 좁은 의미에서 이 정책의 주요목적으로 설정하였으며, 이 정책과 관련된 중요한 사회집단은 경제적 부르주아지와 교양부르주아지였다.

해군정책은 '아래로부터'의 정치적·사회적 위협으로부터 그들의 지위를 보호해 주었다. 그렇지만 동시에 前산업적 엘리트, 특히 엘베강 동부지방의 토지귀족은 "무시무시한 함대"로부터 직접적으로가 아니라 간접적으로 반동적 결집정책에서 나오는 보상이익을 얻었다. 해군정책은 부르주아지에게 결정적인 호소력이 있었으며, 제국해군성은 부르주아지가 군대 내에서 '자신의' 병과(兵科)와 가망이 없어진 평등권에 대한 보상을 찾을 수 있도록 도와주었다.

순양함에서 전투함으로 전환됨으로써 국내 및 대외정책의 옹호라는 두 과제의 전제가 마련되었다. 이런 발전은 이 시기에 매우 일반적 현상이었다. 영미권 국가에서 새로운 '해군제일주의(Navalismus)'의 가장 영향력있는 인물은 마한(Alfred T.Mahan)이었다. 그는 이러한 발전에 역사적으로 그리고 이념적으로 정당성을 부여해 주었다. 마한의 책은 빌헬름 2세의 단호한 요구로 독일 해군장교의 필독서들 가운데 하나가 되었다. 마한의 『해군력이 역사에 끼친 영향(Influence of Sea Power upon History)』이란 저서는 티르피쯔의 '해군성경(Marinebibel)'으로 간주되었다.33) 이러한 프로그램상의 군비수요 전환에는 1894/1895년 청일전쟁에서 설득력을 얻게 된 하나의 가정이 기초하고 있었는데, 이런 가정에 의하면 미래는, 공해상에서의 전투건 해안도시의 폭격에서건 간에, 두꺼운 장갑판으로 무장한 그리고 예외없이 구경이 큰 포로 무장한 전함에 달려 있었다. 따라서 거의 동시에〔12년 이내에〕 미국·독일··일본을 포함한 모든 해군강대국들은 중무장한 순양함을 건조하기 시작하였다.

 티르피쯔가 자신의 계획과 더불어 이 강력한 경향을 뒤따르면서, 그는 제국이 이로써 근대적 해군발전의 선두에 서게 되었다고 당당하게 주장할 수 있었다. 극히 비싼 신형 전함의 건조는 군대의 재정적 수요와의 경쟁 속에서 수행되어야 했지만, 다른 한편으로는 예전의 성공적인 전통으로부터 후원을 받지 못하였기 때문에, 제국해군성은 극히 새롭게 의회에 영향력을 행사하는 방식을 발전시켰다. 즉 제국해군성은 대중적인 선전기술을 사용하였고, 그렇게 하여 동원된 제국의회에서의 여론과 협력하여 증액된 지출액에 대한 승인을 받기 위하여 세심하게 계획된 여론활동을 시작하였다. 제국해군성의 '공보'부가 '해군협회'나 그 메시지를 기꺼이 전파하고자 하는 '해군 학자들', 신문과 잡지들 그리고 정치인 및 정당들과 이루어낸 이 새로운 형태의 협력은 기술적인 면에서 볼 때 명백한 성공작이었다. 그러나 곧 정치적인 대가가 엄청난 것으로 드러났다.

 먼저 1898년의 제1차 해군법은 6년 동안의 건조계획을 승인하였다. 그 결과 8척의 전함으로 구성된 2개의 분함대가 생겨났다. 이는 사실상 티르피쯔가 의도적으로 추구했던 바인 영구법안에 대한 암묵적인 승인을 의미했다. 왜냐하면 이제까지 배의 척수로 측정되었던 해군력은 이후부터 근대적인 기술수준을 기준으로 유지되어야만 했고, 또 이는 최종적으로는 필요한 교체물들—이들의 하한선은 해군이 결정할 문제였다—에 대해서는 그 허용기간에 법적인 한계를 둠으로써 실행될 수 있었다. 이것은 티르피쯔와 그의 동료들이 소위 제한된 목적을 추구하는 과정에서 정치적으로나 심리적으로나 노련미를 보여주는 대목이다.

그러나 불과 2년 후인 1900년의 수정법안은 해군에서 세계열강의 지위달성을 공공연하게 요구하였다. 즉 제국해군성은 8척의 전함, 두 척의 기함(旗艦), 8척의 대형순양함과 24척의 소형순양함으로 각각 구성된 4개의 분함대(分艦隊)를 주장하였고, 또 3척의 대형순양함과 10척의 소형순양함으로 구성된 해외 순양함대도 요구하였다. 특히 제국의회는 향후 17년간에 걸쳐 막대한 비용이 소요될 건함계획을 이미 승인한 터였기 때문에, 이는 양적인 면에서나 재정적인 면에서나 엄청난 부담이었다. 세기전환기경에 제기된 이러한 함대팽창안은 질적인 면에서도 새로운 요소였다. '모험이론(Risikogedanke)'은 이처럼 강화된 해군계획과 관련을 맺으면서 크게 발전하였으며, 우리는 이를 통하여 전함건조의 배후에 숨겨져 있는 적나라한 침략적 의도도 인지할 수 있었다. 그리고 동시에 사회적 제국주의의 일면은 수십 년에 걸친 '티르피쯔의 계획'에서뿐만 아니라, 보다 더 큰 규모의 전함을 만들자는 운동에서도 명백해졌다.

건함계획은 부르주아적인 자유주의 정당들로부터 열렬한 지지를 받았을 뿐만 아니라, 좌파 자유주의자들에 이르기까지 광범위한 사람들의 지지도 받았다. 특히 저 사그라져 가는 독일 자유주의의 거두이자 프로테스탄트 목사직과 관계를 맺고 있던 나우만은 여기에 정당성을 부여하였다. 즉 그는 자신의 '티르피쯔에 대한 만족스러운 믿음'

〔Th.Heuss〕을 옹호하기 위하여 1890년대에 다음과 같이 썼다. "그것은 마치 내가 예수의 이야기를 들을 수 있는 것과 같다. 계속 그쪽으로 나아가라. 배를 건조하라. 그리고 당신네들이 그것들을 필요로 하지 않게 해달라고 하느님께 기도하라."34) 그럼에도 불구하고 군비에 대한 이런 맹목적인 믿음이 제1차 해군법 수정안의 승인에 결정적인 것은 아니었다. 확실히 해군을 위한 선전운동은 가속화되었다. 그리하여 15년 후에 베트만 홀벡은 이 쇼비니스트적인 경향을 조장하는 정책은 "함대… 의 건조"에 필요한 국민의 지지를 얻기 위하여 필요했다고 회상하였다.35)

그러나 선전운동만으로는 충분하지 않았다. 이미 1900년 3월 베를린 주재 미국 해군공사 ─ 그는 본국에서 극히 중요한 이익정책을 다루는 일에 관한 전문적인 훈련을 받은 경험자였다 ─ 는 어떠한 상황에서라도 "강화된 해군법안을 통과시킬 필요가 있다"는 것을 알고 있었고, 따라서 다음과 같이 언급했다. "지주들은 그 법안에 대하여 그들이 지지를 해주는 대가로 자신의 이익을 보호해 줄 여러 양보조치를 요구하고 있으며, 가능하다면 어디서든지 향후의 무역협정에서 그들에게 타격이 될 수입농산물에 대하여 관세를 부과하려고 하고 있다."36) 이 즈음에 와서 정부각료들은 이미 여러 해에 걸쳐서 보호주의를 새로이 강화할 준비를 하고 있었으며, 이는 뷜로오의 1902년 관세로 실현되었다.

해군법 수정안과 1902년의 관세법은 사실상 동일한 것이었으며, 제국의회의 다수파는 이 꾸러미를 하나로 묶어주는 역할을 한 셈이었다. 즉 부르주아지와 중공업은 해군건설 계획을 보장받았고, 대지주는 보다 더 유리한 관세체제를 보장받았던 것이다. 이 양자는 공히 미크벨의 결집정책의 성공을 확정지었으며, 해군정책은 이를 수행케 했다. 또 이 양자는 대외무역 정책과 군비정책이 취할 노선을 확정지워 주었다. 그렇지만 양자는 극히 특수한 이익을 위하여 국내체제를 우선적으로 안정시키려는 정책과 일치했다. 이 특수한 이익이란-비스마르크의 '생산자신분의 카르텔'이라는 전통과 밀접히 관련되면서- 대중적 민주주의를 선동적으로 활용함으로써, 대외정책에 중요성을 부여하는 결정들을 국내정책의 투쟁수단으로 도구화하는 것을 일컫는다.37)

 1906년의 제2차 해군법 수정안은 또 하나의 중대한 전환점이었다. 이제 독일제국은 드레드노트급 대형전함의 건조로 전환하였다. 1906년까지 독일의 함대건조에 대항하여 영국조선소에서 개발된 이 강력한 초대형급 신형전함(아는 총 등록톤수가 약 2만 5천톤으로 30~38cm의 포를 장착하고 있었고, 21~28노트의 속도로 항해할 수 있다)으로 인하여 지금까지의 모든 전함은 쓸모없게 되었다. 이제 군비경쟁은 엄청나게 심화되었다. 왜냐하면 이제 영국도 드레드노트급 전함을 보유함으로써만 자신의 우위를 유지할 수 있게 된 반면에, 독일은 그와 동급의 함선을 건조함으로써 양국간의 격차를 줄일 수 있었기 때문이다. 티르피쯔가 제시한 바 있는 세 가지 가정들은 이미 이 시기에 잘못된 것으로 확인되었다. 즉 영국은 훨씬 더 근대적인 함선건조 경쟁에서 독일을 충분히 능가할 수 있었다. 또 영국은 자신의 정치적 고립을 극복할 수 있었다.

 이와는 반대로 드레드노트급 전함들이 독일의 경제에 새로운 요구들을 하기 시작한 바로 그 시기에, 독일의 재정상태는 개선되어 간 것이 아니라 악화되어 갔다. 동시에 대외정책에서의 활동영역도 점차 축소되어 있다. 그럼에도 불구하고 제국의회에서는 좌파 자유주의까지를 포괄하는 다수파가 형성되었으며, 이들은 [이제까지의 '노후선'의 대체물로서] 드레드노트급 전함의 건조 이외에 3척의 신형전함과 6척의 순양함건조에도 동의하였다.

1908년의 제3차 해군법 수정안은 모든 노후전함의 수명을 20년으로 단축시켰으며, 이로 인하여 신형전함이 보다 더 빠르게 취역할 수 있게 되었다. 동시에 [1912까지 매년 4척의 드레드노트급 전함을 건조하자는] '4척건조운동(Vierertempo)'이 시작되었다. 사실 이 정도의 건조속도를 지킨다는 것은 거의 불가능하였다. 그러나 1908년에서 1913년 사이의 14척의 전함과 6척의 순양함을 진수시켰다. 해군기획자들의 계획이 이처럼 상당히 성공적인 것으로 확인되면서, 영국과의 전함에 관한 협정들은 1912년에 파탄으로 끝났다. 티르피쯔는 건함계획의 고유한 역동성과 소위 군비정책의 필요성을 이용하였다. 즉 그는 이들을 이용함으로써 결정적인 순간에 베트만 홀벡의 견해에 맞서서 자신의 견해를 관철시킬 수가 있었다. 이 때 영국의 양보는 불충분하다는 이유로 거부되었다. 베트만 홀벡은 [협상이 실패할 경우] 심지어 사임압력까지 받아가면서 결단력있게 상호 군비제한에 기초하여 런던과의 타협에 매진하였었다. 그럼에도 불구하고 그의 노력은 허사로 끝났다.

제국지도부는 이러한 협상의 결과에 대하여 새로운 제4차 해군법 수정안으로 회답하였다. 제국의회는 새로 3척의 드레드노트급 전함과 2척의 소형순양함을 승인하는 한편, 제5분함대를 설치할 수 있도록 하는 조직개편도 승인하였다. 대다수의 의원들은, 군대법안에서와 같이, 정부와 보조를 맞출 준비가 되어 있었다. 즉 전쟁전 마지막 해에는 독일제국 군사예산의 60%가 건함계획에 소요되었다. 그 결과 1914년에 독일과 영국의 전함비율은 10 : 16으로 되었으며, 이로써 베를린측이 기대하였던 2 : 3이라는 비율의 목표는 어느 정도 달성된 셈이었다. 국내정책면에서 볼 때, 함대는 세기전환기경에 거기에 부여되었던 자기도취적인 기대를 사실상 충족시켜 주지 못하였다. 그렇지만 그것은 비록 독일사회의 계급적 적대감을 명백히 완화시켜 주지는 못하였지만 결집정책을 뒷받침하였다. 이것을 달성하지 못했다는 것은 "평화적 수단에 의한 빌헬름의 사회적 제국주의가 파산했다는 것"을 의미하였다.38)

　대외정책면에서 볼 때 그것이 가져온 결과는 비극적인 파국으로서만 묘사될 수 있을 것이다. 이제 프랑스나 러시아와 협정을 맺는다는 것은 불가능하였다(Ⅲ.7). 따라서 이러한 협정을 맺을 수 있는 유일한 유럽강대국은 영국뿐이었다. 그러나 이 시기에 영국과의 관계는 돌이킬 수 없을 정도로 긴장되어 있었다. 슐리펜계획을 제외한다면 호전성을 가장 잘 나타내는 건함정책은 독일에서 반영적(反英的) 분위기가 극도에 달하면서 런던에 깊은 의구심을 불러일으켰으며, 나아가서는 영국인들로 하여금 그들의 가장 중요한 이익을 위협받고 있다는 느낌을 갖게 했음에 틀림없다. 군사적인 측면에서 볼 때 전함은 완전히 실패작이었다. 왜냐하면 그것은 전쟁과정에 한번도 제대로 영향을 미칠 수 없었기 때문이다. 설사 그것이 중부유럽의 열강들(Mittelmächte)*49)에게 유리했다손 치더라도 말이다. 슈카게락*50)에서 결판을 내지 못한 채 전쟁이 끝난 후 해군 내에서는 [혁명적] 분위기가 만연하였으며, 이어 1918년 11월에 마침내 혁명으로 폭발하였다. 군사적인 면에서 실패자였던 티르피쯔 대제독은 1916년 3월에 물러났다가, 이어 자신의 사회적·정치적 견해와 정확히 일치되는 조치를 취하였다. 즉 그는 1917년에 파시스트의 초기형태인 '독일애국당'을 창설하였던 것이다.

---

*49) 제1차 세계대전에서 생겨난 정치적 개념이다. 처음에는 독일제국과 오스트리아-헝가리 연합왕국을, 이어서는 거기에 그들의 연합국들인 터어키·불가리아 등을 포함하였다.
*50) 유틀란트반도·스웨덴·노르웨이 사이에 있는 북해의 지명이다. 독일의 대양함대(Hochseeflotte)와 영국의 대함대(Grand Fleet) 사이에 1916년 5월 31일에서 6월 1일 사이에 벌어진 전투로서 제1차 세계대전중 최대규모이자 최후의 해전이다.

6. 제국주의

여기서 서구의 제국주의란 산업국가가 자신의 사회경제적·기술적·군사적 우위를 바탕으로 하여 저발전지역에서 직접적·공식적 혹은 간접적·비공식적인 형태로 영향력을 행사하는 지배체제를 의미한다. 이것은 하나의 복합적인 현상이다. 이것은 산업화라는 세계사적인 분수령을 전제로 했다. 산업화는 연속성이라는 결코 부인할 수 없는 요소에도 불구하고, 제국주의와 유럽 식민주의의 초기형태를 구별할 수 있게 해준다. 산업화는 이론적 틀 안에서 극히 다양하게 논의될 수 있으며, 그 틀은 여기서도 —서문에서 이미 개관된 바 있다— 우리로 하여금 중심적이고 서로 연관된 문제점들을 분석할 수 있게 해주고 있다.

1. 제국주의가 극히 일반적인 의미에서만 '경제' 혹은 '산업화'와 관련된다면, 그것은 오늘날 극히 불충분한 것으로 보아야 한다. 왜냐하면 이것은 너무나도 쉽게 서술되거나 언급되지만 그 일반성 속에서는 극히 애매하고, 또 대개는 아무런 결론도 없기 때문이다. 오히려 팽창하고 있는 국가들의 산업경제와 농업경제가 성장하는 과정을 가능한 한 구체적으로 파악하는 것이 중요하다. 성장은 그 역사적 본성상 불균등하게 진행된다. 따라서 지속적으로 번영하는 경제의 장기적인 추세는 그 전체상의 한 측면만을 보여줄 뿐이다. 주기적인 성장의 중단들(예컨대 쇠퇴·침체·계절적 변동), 주기적인 변동들('키친'의 40개월설[51], '주글라'의 10~11년설[52], '쿠즈네츠'의 20년주기설[53], 혹은 심

지어 '콘트라티예프'의 장기파동설), *54) 요컨대 호경기-공황기-쇠퇴기-침체기-상승기라는 이 불규칙적인 리듬은 격렬한 변동을 제대로 드러내지 못하는 익명의 수학적이고 통계적인 장기추세보다는 당시대인과 역사적 사회과학자들에게는 더 중요하다.1)

    2. 경제적인 과정의 전제조건들 가운데 하나이자 동시에 그 과정의 명백한 동반현상과 결과들 가운데 하나이기도 한 사회적 변동은 특수한 사회적 구조로서 파악되어야만 한다. 특히 사회적 세력관계의 변화와 그 민족의 계급구조의 지속성이 연구의 중심에 위치해 있다.

    3. 이것은 정권을 장악할 기회를 획득하고 유지·확대하기 위한 투쟁, 다시 말해서 지배체제의 내적인 역동성의 분석과 관련되어 있다. 특히 체제의 유지를 우위에 둘 것인가, 혹은 체제의 변화를 우위에 둘 것인가를 놓고 벌어진 대립과 관련하여, 제국주의는 체제의 방어적인 안정화의 전략이자 수단으로서 등장한다. 여기서 국내정책과 대외정책은 동일한 [국가]사회정책의 두 측면이 된다. 유사자율적인 요소로서도 또 이념사적인 연구를 통해서도 제대로 파악될 수 없는 이데올로기[예컨대 사회적 다윈주의]의 영향도 이러한 맥락에서 규정될

---

*51) 키친은 1890년에서 1922년에 걸친 미국과 영국의 어음교환고·도매물가 및 이자율의 변동을 통하여 40개월을 주기로 하는 단기파동이 있다는 것을 증명하였다. 이것을 우리는 '키친의 파동'이라고 부른다.
*52) 주글라는 자본주의 경제의 경기변동에 관한 연구에서 붐과 공황을 경기의 순환으로서 규칙적인 파동으로서 통계적으로 실증하고 이론적으로 설명했다. 그는 자신의 통계자료를 근거로 하여 평균 9~10년을 주기로 하는 파동을 발견했는데, 이를 '주글라파동'이라고 한다.
*53) 쿠즈네츠는 실질국민소득의 5년간의 평균치를 열거하여 그들 사이에서 계산된 10년간의 성장률에서 약 20년을 주기로 하는 성장순환을 발견하였는데, 이를 '쿠즈네츠 사이클'이라고 부른다.
*54) 자본주의 경제운동에 대한 역사적 경험을 살펴보면 호경기와 불경기가 반복되는 형태를 취하고 있는데, 콘트라티예프는 이러한 현상을 이론적 통계를 통하여 분석하였다. 그는 1780년에서 1920년까지의 경기추세를 연구하고, 이 연구에서 54~60년을 주기로 한 장기파동을 발견하였는데, 이를 '콘트라티예프의 파동'이라고 한다.

수 있다. 이러한 접근방법을 취할 경우 우리는 서구열강의 제국주의적 팽창이 지니고 있는 놀라울 정도의 동시성과 유사성을 가장 먼저 파악할 수 있게 된다. 만약 우리가 제국주의의 배후에 있는 결정적인 추진력을 특수한 민족적 충동으로 환원시켜 버린다면, 역사적 개체성의 원리는 교조화되고, 이는 결국 역사의 상을 철저히 왜곡하게 된다. 왜냐하면 그것은 구조적 공통성에서 그 설명력을 증명할 수 있는 비교분석을, 설사 완전히 가로막지는 않는다 할지라도, 어렵게 만들 것이기 때문이다.

6.1. 불균등성장과 정치적 지배체제의 정당화 : 사회적 제국주의

만약 우리가 위에서 언급한 관점에서 제국주의를 설명하게 된다면, 경제성장 문제와 관련하여 특히 두 가지 사실에 주의해야만 한다. 우선 역사적으로 전례가 없었을 정도로 강력한 산업경제의 역동성은 체제에 내재해 있는 강제적 추진력을 밖으로 발산시켰다. 실용적 팽창주의는 이 추진력에 적합한 것이었으며, 새로운 시장을 획득할 수 있는 방향으로 이끌었다. 나아가서 새로운 시장은 영역의 지배에 대한 비공식적 수단이나 직접적인 식민통치를 통해서 안정되었다. 〔대략 1895년까지〕 불황기와 관련된 제국주의와 그에 뒤이은 경제적 호경기로 인하여 생겨난 제국주의를 구별할 필요가 없다. 심지어 제국주의와 경제적 발전과의 연관성을 부인할 필요도 없다. 왜냐하면 경험적으로 볼 때 근대 제국주의의 발생은 —주관적으로는 당시 행위자들의 의식 속에, 객관적으로는 오늘날 제국주의의 연구를 위해서도— 경제주기의 변동과 불가분의 관계가 있기 때문이다.

    이러한 사실은 독일뿐만 아니라 미국·프랑스·벨기에 그리고 — 통시적인 국면변화와 관련하여— 영국의 팽창에도 적용된다. 그렇지만 세계경제가 호경기를 맞이하였던 1896년에서 1913년까지의 시기에조차도 두 팽창단계에 결정적이고 공통적인 요소는 불규칙한 성장의 경험으로 인하여 이윤의 획득을 사전에 합리적으로 계산해내는 데 지속적으로 어려움이 있었다는 사실이다. 따라서 대외무역에 부여된 높은 기대치는 그것의 이데올로기가 되었다. 물론 호경기라고 해서 붐이 끊이지 않고 계속되었다는 의미는 아니다. 1896년 이후에도 호경기는 1900~01년, 1907~08년 그리고 1913년의 공황, 때로는 침체로 인하여 중단되었으며, 이들은 균등하고 지속적인 성장이 없었다는 것을 고통스럽게 회상시켜 주었다. 역사적으로 조명할 만한 가치가 있는 극히 중요한 것은, 당시에 느껴지긴 했어도 오늘날에야 비로소 계산가능한, 식민사업으로 인한 손실뿐만 아니라, 때로는 사소하면서도 때로는 극히 높은 기생적인 기득권집단의 이익률이다.

    마찬가지로 중요한 것은 정책결정 과정에 참여한 사람들에게 지구상의 저발전지역들이 국내경제의 안정화 가능성뿐만 아니라, 새로운 시장을 획득하거나 투자할 수 있는 기회를 제공하는 듯이 보였다는 사실이다. 따라서 실용적 팽창주의는 경제적 번영과 통제를 목표로 하여 출현한 간섭국가가 불균등한 경제발전의 결과를 제한하려는 조치들, 다시 말해서 반 주기적 경제정책의 초기형태로 간주되는 조치들의 일부였다. 국가는 수출추진을 후원하고 해외시장을 획득함으로써 '비공식적 제국(Informal Empire)'[*55)] 혹은 [직접적인] 식민지의 지배로

[*55)] 비공식 제국주의(Informal Imperialism) - 비공식적 제국주의론은 공식적인 지배를 확립하는 데 선행하거나 수반되는 혹은 공식적 지배를 필요없게조차 하는 비공식적 형태의 제국주의가 존재한다는 점을 인정함으로써 서구의 제국주의이론을 마르크스주의적 이론에

나아갈 수 있었으며, 점차 팽창하고는 있었지만 그 수용능력을 오랫동안 과소평가받은 국내시장에서의 경제적 번영을 회복하고 유지시키는 것을 목적으로 하고 있었다. 한 국가의 물질적 번영은 다양한 형태의 성공적인 팽창〔물론 비슷한 발전단계에 있는 국가들과의 교역〕에 의존하게 되었다. 예컨대 주도면밀한 병합과정에서 장래의 기회를 보증해 주려고 애쓰는 예방적 제국주의도 여기에 기여하였다.

그러나 여러 경제적 동기들은 아무리 여러 경제이론에 의해서 잘 설명될 수 있다고 할지라도, 제국주의의 추진력들 가운데 일부에 불과할 뿐이다. 오히려 이러한 팽창은 성공적인 제국주의를 통해서 사회의 현상(現狀)과 정치권력 구조를 정당화시키려는 강력한 의도 및 희망과 밀접히 관련되어 있었다. 그러한 사회적 제국주의라는 의미에서 볼 때, 독일의 해외팽창 배후에 있는 의도와 그것이 수행한 기능은 보수주의적인 전향정책이자 순화정책으로서 체제를 위협하는 개혁시도들—이들은 자유주의나 조직화된 사회주의적 노동운동이라는 해방적 세력들 속에서 표현되었다—을 밖으로 돌리는 데 있었다. 그것은 보수적 유토피아라는 사회의 내적인 목표를 겨냥한 사회옹호 전략임과 동시에 지속적인 변화에 맞서서 전통적인 구조를 엄격하게 옹호하려는 전략이었다.

그것은 근대적인 〔선전〕방식을 이용했지만, 대프로이센제국 내의 전산업적·전통적인 사회구조와 권력구조를 유지하는 데뿐만 아니라, '제4신분'의 등장에 맞서서 산업부르주아지나 교양중산층을 지원하는

보다 더 근접시킨 해석이다. R.Robinson과 J.Gallagher가 영국의 제국주의를 설명하면서 제시한 이 이론은 공식적인 영토적 식민지지배에 의해서만 제국주의를 정의하던 기존의 견해 대신 비통치적 성격의 제국주의적 요인이 지니는 성격을 강조하였다. 독일에서는 Wehler가 이 이론에서 유추하여 자신의 독특한 제국주의 이론인 '사회적 제국주의'론을 발전시켰다. 본문에서 잘 드러나고 있지만, 그의 '사회적 제국주의'론은 제국주의적 팽창의 원인들을 일차적으로 객관적인 경제적 사실에서 구하는 것이 아니라 경제적·사회적·정치적 요인의 상호작용에서 구하고 있다. 그에 의하면 비스마르크의 제국주의는 단순한 경제적 요인에 의해서만 지배된 것이 아니라 세속적 근대화과정의 결과였다.

것이기도 했다. 그 결과 사회적 제국주의는 여러 전선에 응용될 수 있었다. 그것은 해외로부터의 실천적인 이득을 약속해 줌으로써 혹은 민족의 이데올로기적 위신을 사회심리적인 면에서 효과적으로 만족시켜 줄 수 있는 행위의 보상-아마도 행위의 외적인 결과에 불과한-을 약속해 줌으로써 국내정치에 이용되었다. 사회적 제국주의를 위로부터 계급사회의 적대주의에 맞서 싸우도록 의도적으로 사용할 수 있게 한 통합이데올로기로 만든 것은 바로 이런 계산이었다. 그것은 부르주아지의 정치행위를 '대체영역'으로 전환시켰으며, 사실상 "현재의 국가, 그 구조, 그것의 필요에 대한… 적응"이 이뤄진 '영역'으로 되었다.2) 동시에 보다 더 장기적인 전망을 가진 대지주들은 해외팽창적 계획을 지니고 있는 사회반동적인 결집정책이 그들의 사회적·정치적 지배지위를 유지하기 위한 새로운 담보술을 제공해 준다는 사실을 알고 있었다.

앞에서 언급했듯이〔Ⅱ.2〕 정치적 지배를 안정시키고 정당화시켜 줄 도구로서의 경제적 제국주의와 사회적 제국주의는, 근대 간섭국가의 등장과 관련되어 있다. 국가가 지배하는 자본주의 체제 속에서 정치적 지배는 국가지도부가 가능한 한 지속적인 경제성장을 보장하고, 사회 전체에 극히 중요한 안정성의 조건을 유지하려고 함으로써 점차 정당화되어 갔다. 이 기능은 사회적 제국주의 정책의 조작적 지배기술과 더불어 지속적으로 독일 대외정책의 토대를 이루었다. 정부의 전통적·카리스마적 권위가 도전받을 즈음에 이미 비스마르크의 경제적·사회적 제국주의는 1879년의 경제적 이익단체들과 신보수주의적 '연대보호주의'〔H.Rosenberg〕 전선의 사회적 동맹자들을 안정시키기 위한 이러한 조건들을 개선시켜 주려고 계획한 것이었다.

또한 그것은 1873년 이후 국민소득의 분배를 둘러싸고 점차 심화된 갈등을 약화시키고 정치적·심리적 에너지를 통합지점으로서의 원대하고 새로운 목표로 나아가게 하여, 궁극적으로는 민족의 소명과 이익이라는 개념에 새로운 광채를 부여해 주려고 했다. 이렇게 함으로써 그것은 전체적으로 권위주의적인 국가지도부의 지위에 있는 특권적인 사회집단들에게 그것을 다시금 공고하게 해주려는 것이었다. 여기서 불균등한 성장문제와 보나빠르뜨적인 비스마르크정권을 정당화시켜야 한다는 문제가 동시에 발생하였으며 －사건의 전개과정이 보여주는 바와 같이－, 제국주의적 노선을 명백히 불가피한 것처럼 보이게 했다.

    1879년까지 6년간이나 지속된 침체기가 일시적으로 회복된 후, 1882년에서 1886년까지의 새로운 침체기는 이런 측면에서 볼 때에도 충격적인 경험〔미국과 프랑스에서도 마찬가지였다〕이었다. 1870년대 말 이후 형성되기 시작한 광범위한 이념적 일치는 여러 압력단체들·신문잡지·제국의회 그리고 정부관료에까지 확대되었으며, 특히 1879년의 결집정책 지지자들의 '전략적 파벌'〔Ludz〕 내에서 가장 강력하였다. 또한 이러한 일치는 대외무역을 증대시키고 식민지를 더 많이 획득하라는 두 요구를 결합시켰다. 이 두 가지 요구는 독일을 경제위기로부터 구출하고 사회적 갈등을 완화시켜 주리라고 생각되었다. 어느 전형적인 예측에는 "만일 독일노동의 과잉생산을 해결해 줄 만한 정규적이고 광범위한 탈출구가… 형성되지 않는다면, 우리는 사회주의 혁명을 크게 전진시키게 될 것이다"라고 되어 있었다.3)

    사람들은 독일의 내적인 발전을 '과열된 증기기관'에 비유하여 '안전판'이라는 유추법을 곧잘 사용하였다. 1882년에 창설된 '독일식민협회'의 의장인 호엔로에-랑엔베르크 공은 '독일에서' 식민지를 획득하는 것보다 "더 효과적으로 사회민주주의… 라는 위험과 맞서 싸울 수 있는 방법은 없다"고 확신하였다. 직접적인 경제적 이득 이외에도 해외 식민지를 획득하자는 선전이 강력하게 추진되었는데, 이는 "사회민주주의에 대한 보다 더 확실한 안전"을 약속해 주리라는 것이었다. 경제적 번영과 사회적 안정과의 연관관계는 이러한 이데올로기적인 합의의 지지자들에게 항상 가장 중요한 상으로 남아 있었다.

　국제적 상황이 유리하게 전개되었고, 경제상황과 이데올로기적 합의가 이루어져 있었으며, 1884년의 제국의회의 선거결과도 만족할 만했다. 비스마르크는 이러한 상황에 힘입어 자신의 정책이 틀림없이 성공할 것이라고 확신하였다. 바로 이 시기에 비스마르크에게 위에서 언급한 연관관계가 떠올랐다. 그리하여 그는 몇 년 전부터 강화되고 있던 대외무역 정책과 국내상황을 안정화시키려는 자신의 방법을 식민정책으로 보충하였다. 1884년에서 1886년 사이의 짧은 기간 동안에 독일제국은 남서아프리카·토고·카메룬·동아프리카 그리고 태평양에서 '보호령'을 획득하였다. 본래 이들은 국가의 보호를 받는 사적인 회사연합체에 의해서 운영될 예정이었으나, 1889년까지 이미 거의 모두가 직할식민지로 되었다. 왜냐하면 여러 이해당사자들은 초기에 소요될 비용의 부담을 망설였고, 또 국가가 많은 비용이 소요되는 사회 간접시설을 확충해 줄 것이고, 외국의 경쟁으로부터 자신을 보호해 줄 것이라고 기대했기 때문이다. 어쨌든 봉기가 발생하면 불가피하게 국가의 군사개입을 초래하였다.

　1889~99년까지 독일제국은 태평양(사모아)·중국('보호구역'이 있는 膠州) 그리고 후에는 할양협정을 통해서 아프리카에서 약간의 식민지를 더했을 뿐이다. 만약 유사한 압력으로 인하여 세계시장으로 나아가고 있던 경쟁국들과의 격렬한 경쟁이 없었더라면, 독일은 아마도 1880년대에조차도 공식적인 식민지 지배체제를 수립하지 않았을 것이다. 왜냐하면 '비공식적인 제국'의 이점은 평생토록 비스마르크의 머릿속에 항존하고 있었기 때문이다. 이 점에서 '콩고 자유무역 지역'과 중국의 '문호개방 정책'*56)은 그 자신의 생각에 가장 잘 부합하는 것이

---

*56) 뒤늦게 제국주의 열강의 대열에 합류한 미국이 중국에서의 이익을 확보하기 위하여 1899년과 1900년에 국무장관 J.Hay를 통하여 표명한 對중국 및 극동정책의 기본이다. 그 주요

었다. 그러나 국내의 압력과 국제경쟁이라는 협공에 처하여 있던 그는 곧 독일제국의 식민지가 될 보호령 수립정책을 따르기로 결심하였다. 비스마르크는 자신의 특별한 지위를 이용하여 매우 위험한, 다시 말해서 영국이나 프랑스와의 직접적인 대립을 야기할 수도 있는 엄청난 식민지 팽창물결을 저지할 수 있었다. 예컨대 이러한 사실은 그가 어떤 지역에 대해서는 보호령수립을 포기했다든지, 혹은 페터스와 그의 '독일척식회사'라는 의미로 제시된 바 있는 중부 아프리카대제국에 대해서 반대했다는 사실에서 극명하게 드러났다. 그러나 이와 더불어 그는 국내정치에서 강력한 적을 만들어냈는데, 이들은 그의 퇴임을 준비한 연합세력을 크게 강화시켰다. 그의 후임자들은 이러한 맹수길들이기 역할을 더 이상 계속할 수 없었다. 게다가 독일 계급사회 속에서는 대립이 심화되었고, 따라서 독일사회는 여러가지 문제에 직면하게 되었는데, 사민당의 성장은 여기에 대한 외적인 지표일 뿐이었다.

6.2. 국내정책으로서의 빌헬름의 '세계정책'

이제 곧 드러난 것은 1880년대의 경제적 제국주의가 〔향후의 발전방향을〕 정상적인 궤도에 올려놓았을 뿐만 아니라, 사회적 제국주의라는 지배기술 또한 향후의 상황들을 결정하기 시작했다는 사실이었다. 따라서 향후의 제국정책은 의도적으로 그리고 지속적으로 후자-사회적 제국주의-쪽으로 기울었다. 일단 경제적 조건을 부분적으로나마 독일 산업발전의 현실에 적응시키려는 카프리비의 지난한 노력

내용은 중국의 영토적 보전과 기회균등을 위한 문호개방이다.

(Sisyphusarbeit)이 지주들로부터 방해를 받아 무위로 끝나게 되자, 이제 미크벨의 결집정책-그 자신이 1897년에 언급하였던 바와 같이-은 민족이 '해외로' 관심을 돌림으로써 그 "감정을… 공동의 토대 위에" 올려놓게 될 제국주의로 '혁명분자들'의 관심을 전환시키는 데 의존하였다. 홀슈타인이 이 시기에 다음과 같이 말을 했을 때, 그도 역시 사회적 제국주의가 지니고 있는 이러한 기능적 유용성을 염두에 두고 있었다. "빌헬름 2세의 정부는 해외에서의 명확한 성공을 필요로 하고 있으며, 이러한 성공이 다시 국내에도 영향을 끼치기를 기대하고 있다."4) 예컨대 1897년에서 1900년까지 독일의 대 중국정책은 이제 막 형성되고 있던 건함계획과 마찬가지로 이러한 전략적 사항들을 고려한 것이었다. 이런 유의 사고는 소위 독일제국의 자유주의적 제국주의자들-나우만・베버, 이데올로기적으로 티르피쯔에게 영향을 준 할레(Ernst v.Halle), 정치학자인 프랑크(Ernst Frank) 등과 같은 인사들-에게서도 명확히 드러났다.

한편으로 사회정책과 의회의 영향력 강화는 먼저 노동자들을 만족시킴으로써 강력한 '세계정책(Weltpolitik)'을 비로소 가능하게 하였을 것이고, 이어서는 내부개혁이 제국주의를 우월한 것으로 기능하도록 하였을 것이다. 그리하여 계급의 통합은 대외적인 힘의 전제조건으로 되었을 것이다. 다른 현편으로 '세계정책'은 사회정책을 물질적인 측면에서 가능하게 해주었을 것이고, 또한 그것이 성공함으로써 〔국내에서는〕 일종의 휴전상태가 보장되었을 것이다. 물론 이들 자유주의자들은 〔정책의〕 결정과정에 전혀 참여하지 못하였고, 베를린이 미리 설정한 팽창주의 정책노선을 후원하는 데 그쳤다.

우리는 사회적 제국주의의 이러한 측면을 통해서만 빌헬름의 '세계정책'이 지니고 있는 진정한 의미를 이해할 수 있다. 이 정책이 지니고 있는 발작적인 성격은 그것이 대외정책을 국내의 정치적 목적에 철저하고 냉정하게 계산된 도구로서 이용한 데에 기초했었다는 사실을 흐려서는 안된다. 구체적인 [경제적] 이익이 충족되지 않은 곳에서는 위신적인 요소가 예전보다 훨씬 더 강력하게 등장한다. 왜냐하면 —프라이부르크대학의 법학교수인 렘(H.Rehm)이 1900년경에 통찰력있게 언급했던 것처럼— "독일이 세계강대국이라는 이념만이 국내에서의 경제적 이익투쟁을 근절시킬 수 있기" 때문이다.5)

물론 여기서 중요한 문제는 결집정책을 통해서 경제적 대립을 화해시키는 것이었을 뿐만 아니라, 산업노동자의 정치적 참여권이나 사회적 평등권과도 관련되어 있었다. 1884년 이후에는 그들의 정치적 대표자들에 대항해서 '제국에 우호적인' 제국주의가 쉽게 동원될 수 있었기 때문이었다. '제국민족'은 내적으로 계급사회로 분열되어 있었다. 즉 제국민족은 한편으로는 권위주의적 국가, 토지귀족적 지배계층, 봉건화된 부르주아지, 다른 한편으로는 나날이 그 영향력을 키워가고 있던 의회 및 민주주의 세력들 사이의 심각한 긴장관계로 인하여 분열되어 있었다. 이러한 상황하에서 베를린의 정치가들은 방어적인 입장을 취하였다. 따라서 그들은 정치적·사회적 구조를 근대화시키려고 하지도 않았고, 또 설사 그것이 필요하다고 하더라도 그럴 능력도 없었다. 결국 그들의 경험적 시야에는 사회적 제국주의라는 순화정책을 달성할 수 있도록 성공을 약속해 줄 만한 다른 대안이 없었던 듯하다.

이것은 결정적인 요소였지만, 또 매우 불행한 요소이기도 했다. 왜냐하면 독일이 외국의 내정에 간섭하는 행위를 점차 줄여나감으로써 적절한 제지력을 행사한다는 것은 [이후 많은 사람들이 주장해 왔듯이] 결코 독일의 자유로운 결정에 맡겨져 있지 않았다. 정치와 사회가 긴장되어 있었기 때문에, 사회적 제국주의라는 이미 확증된 도구로 언제든 되돌아갈 수 있는 체제내적인 강제력이 상존해 있었다. 이 점에 있어서 그런 유의 '대외정책'으로부터 "우리의 내부상황에 대하여 긍정적인 영향력"을 행사할 수 있으리라고 기대하였던 발더제가 "우리가 내부상황으로부터 도움을 받을 수 없다"는 사실을 '불쾌감의 표시'로 간주했을 때, 그의 생각은 핵심을 정확히 파악한 것이었다. 그러나 정책 결정기구의 핵심에 있던 뷜로오도 고집스럽게 "단 한번의 성공적인 대외정책이… 돕고, 화해시키고, 안정시키고, 집결시키고, 통일시킬 수 있다"고 주장하였다.6)

이 모든 것은 빌헬름 '세계정책'이 지니고 있는 기능, 즉 광적이고 모험적으로 참여하고자 하는 열망의 객관적인 기능을 강조하는 데 도움을 준다. 또한 그것은 독일의 '정책입안자들'이 갖고 있던 명백하고 의식적인 의도도 규명할 수 있게 해준다. 예컨대 뷜로오는 세계대전 이전에 널리 읽혀진 바 있는 자신의 『독일정책(Deutsche Politik)』이란 저서에서 극히 솔직하게 "사회민주주의에 대항할 수 있는 진정한 수단"으로서 이 '생기발랄한 정책'을 상세하게 제시한 바 있는데, 이는 국내 개혁정책의 파산을 인정하고 적어도 근대 시민사회의 수립을 포기하는 것이었다.7)

1880년 이후 사회적 제국주의는 독일정치에서 하나의 정치행위 표준형(Muster)처럼 내재해 있었다. 비스마르크의 보나빠르뜨체제로부터 빌헬름의 합의체제로 급격히 전환되면서 "산업혁명과 더불어 변화된 사회상황을 거의 설명해 주지 못하던 사회구조와 정치질서 사이에 내재해 있던 전래의 깊은 간극을 중립화시켜 보려는 경향이 점차 커졌다." 이것은 "사회적 제국주의를 통해서 내부의 이해관계를 둘러싼 압력을 외부로 돌림으로써" 이루어졌다. 즉 사회적 제국주의는 오랫동안 지연되어 온 독일 내부구조의 개혁을 은폐시켰던 것이다.8) 바로 이 독일의 '세계정책'을 국내정책으로, 다시 말해서 세계적인 영역에서 국내의 현상옹호를 지속시키는 것으로 파악하는 것보다 더 확실한 해석이 어디에 있겠는가?

그럼에도 불구하고 여기서 우리는 다음의 한 가지 사실에 주목해야만 한다. 즉 독일적 성격을 지닌 이 사회적 제국주의가 핵심적인 기능면에서 계급사회의 문제점과 시대착오적인 권력배분 요구에 대한 보수적 반응임이 아무리 명백했다고 할지라도, 우리는 그것을 우연적이고 조종적인 계기로 환원시켜서는 안된다. 좁은 의미에서의 경제적 이익은 거의 항상 나름대로의 역할을 하였고, 팽창주의를 정당화시키는 데에 도움을 주었다.

확실히 1897년 이후의 대 중국정책은 국내정책이라고 할 수 있는 장기판에서 능숙한 조치를 취할 수 있는 기회를 제공해 주었으며, 교주(膠州)의 '조차'와 관련된 산동조약(山東條約)은 중국의 가장 풍요한 지역들 가운데 하나에 대한 독일의 경제적 영향력행사를 보장해 주었다. 이 조약은 국내에서 생기를 잃어가던 철도건설업과 중공업에게 거대한 아시아시장의 개방에 참여할 수 있다는 것을 약속해 주었다. 확실히 우리는 바그다드철도 건설계획이 지니고 있는 정치적 측면을 간과해서는 안된다. 그렇지만 이와 더불어 그것은 특수한 경제적 이해관계자들〔그러한 팽창에서 중요한 것은 바로 이들이다〕에게 매혹적인 기회를 제공해 주기도 하였다. 비록 국가 지도부가 흔히 경제적 이해관계자들을 전면에 내세워 그들의 비중을 과장하는가 하면, 그들—즉 사업가들—을 선동하여 형식적으로 협정을 맺도록 부추기기도 하였지만, 그들이 대외적인 중요성과 영향력을 획득하는 순간에 국가권력도 곧 그들을 뒤따랐다. 〔제국주의적 팽창을〕 추동한 여러 요소들이 지니고 있는 상대적인 중요성을 평가해 본다면, 우리는 1914년 이전에는 사회적 제국주의의 요소들이 지배하였다거나, 혹은 적어도 경제적 요소들과 동일한 중요성이 있었으리라는 결론에 이르게 될 것이다. 제국독일의 팽창주의 정책의 최종국면, 즉 제1차 세계대전이라는 전쟁정책에서 사회적 제국주의는 명백히 다시 한번 우위를 획득하였다.

6.3. 사회적 다윈주의
그리고 제국주의 이데올로기로서의 범게르만주의

로햐우(Ludwig August von Rochau)는 1853년에 출간된 자신의 『현실정책의 원리(Grundsätze der Realpolitik)』라는 저서에서 당시대인들에게 1848년 혁명 이후 시대의 새로운 구체적 이익상황에 적응할 것을 권고하였다. 동시에 그는 이 책에서 "이념들은 항상 그 소유자인 인간이 그것들에 부여해 주고자 하는 것만큼의 힘을 갖고 있다. 따라서 전 인민 혹은 시대를 충족시켜 주는… 이념은 모든 정치세력들 가운데 가장 현실적인 것이다"라는 사실을 인정하였다.9) 우리는 흔히 사회적 다윈주의를 서구 제국주의의 시대에 이러한 힘을 갖고 있던 이념들 가운데 하나로 간주하고 있다. 이것은 자연도태와 생존을 위한 투쟁에서의 적자생존이라는 다윈의 생물학적 이론들을 사회적·정치적 생활영역으로 전환시킨 것이다. 이 사회적 다윈주의는 이론의 여지없이 1870~80년대 이후 서구의 산업국가에 확산되었으며, 분명히 상당한 영향력을 행사하였으나, 특히 국가사회주의의 급진적 종족주의 이론에서 절정에 달하였다. 동시에 사회적 다윈주의는 영향력있는 이념들과 사회의 발전이 밀접히 서로 연관되어 있다는 사실에 대한 훌륭한 예를 제공해 주고 있으며, 이데올로기에 대한 비판적 분석은 사회적 다윈주의를 이러한 맥락에 위치시키는 데 특히 적절할 수가 있다.

일찍이 마르크스와 엥겔스는 이런 관련성을 예리하게 파악하고 있었다. 마르크스는 1862년에 다음과 같이 놀라움을 표시했다. "다윈이 동물과 식물에게서 노동분업·경쟁, 새로운 시장의 개척, '발견들', 맬더스의 '생존투쟁'이 진행되고 있는 영국사회를 재차 인식했다는 것은 주목할 만한 가치가 있다. 그것은 홉스의 '만인 대 만인의 투쟁'이고, 헤겔의 『정신현상학』을 회상시켜 준다. 『정신현상학』에서는 부르주아사회가 '정신적 동물계'로 묘사되고 있는 반면에, 다윈에게서는 동물계가 부르주아사회로 묘사되고 있다." 1870년대 중반에 엥겔스도 다음과 같이 언급했다. "다윈의 생존투쟁이론은 홉스의 '만인 대 만인의 투쟁이론'과 부르주아경제의 경쟁이론 그리고 맬더스의 인구이론을 생기있는 자연 속으로 옮겨놓은 것에 불과하다. 일단 이런 위업이 달성되면…, 이 이론들을 자연의 역사로부터 다시 사회의 역사로 되돌려 놓고서, 순진하게도 이로써 이런 주장들이 이미 사회의 영원한 자연법칙으로 증명되었다고 주장하기는 매우 쉬운 법이다." 이에 뒤이어 니이체나 슈펭글러와 같은 이는 모두 사회적 다원주의가 극히 적합하게 "부르주아적 자본주의를 정당화시켜 주는 체계"〔Plessner〕라는 사실을 인정했다.10) 동시에 그들은 오늘날에도 거의 첨가될 것이 없을 정도의 분석틀을 세웠다.

맬더스는 아마츄어 자연과학자로서 자신의 아이디어를 자연으로부터 유추해냈다고 믿었다. 또 유명 생물학자였던 월러스(A.R.Wallace)의 연구는 다윈이 『종의 기원(Origins of Species)』을 출판하는 계기를 마련해 주었다. 다윈과 월러스는 맬더스를 읽음으로써 연구의 심리적 측면에서 결정적인 순간에 진화론을 발전시키도록 자극을 받게 되었다. 그렇지만 소위 과학에 내재해 있는 발전이 순전히 그들에게서 비로소 시작된 것이라고 말할 수는 없다. 이렇게 맬더스를 전도시켜 버린 다윈은 유럽 특히 미국에서 '소위 아리안족'의 등장을 자신의 이론이 인간사회에 적용된 결정적인 증거로서 제시하면서, 그 자신이 최초의 사회적 다윈주의자가 되었다. 이를 통해서 우리는 그가 명백히 사회적 다원주의라는 인종주의적 해석의 기반을 준비했다고 말할 수 있다.11)

따라서 맬더스와 다윈에서부터 저속한 사회적 다원주의에 이르는 이 불변의 순환논법에 의하면, 과학의 최고봉으로 간주되는 이 세계관은 분명히 과학적 합리성을 발견했다. 왜냐하면 이 세계관은 부르주아적 경제생활, 자본주의적 경쟁체제, 기업가의 절대주의 그리고 민족의 자기의식 등에 정당성을 제공할 것을 약속했기 때문이다. 실증주의가 쇠퇴현상을 보이자, 이 세계관은 보다 더 개방된 사회에 대한 희망을 추방시키고, 사회적 귀족주의라는 반평등주의적 철칙을 그 자리에 앉혔다. 이 사회적 귀족주의의 기능적 중요성은 지배집단에게 진보와의 조화뿐만 아니라, 현상의 필연성을 정당화시켜 줄 수 있다는 사실에 있었다.

 동시에 그것은 노동자들 - 혹은 식민지민족들 - 의 해방에 대한 열망을 생존투쟁 과정에 있는 열등한 사람들의 쓸데없는 반항으로 치부해 버리게 하였다. 바로 이 다면적인 적용가능성은 명백한 자연과학적 지식으로 치장되어 있던 사회적 다원주의에 지배이익과의 밀접한 연관관계 속에서 있던 그 힘을 보장해 주었다. 그것은 이념적으로 제국주의를 사실상 정당화시켜 주는 이데올로기로서 극히 적합하였으며, 산업국가의 수많은 대중들에게 생생하게 유지되었다. 만약 우리가 특정의 사회집단이라는 맥락에서부터 그것을 제거시켜 버린다면, 그것은 하나의 독립변수로 자립화될 수도 있겠지만, 순수과학의 왜곡으로 오해받게 될 뿐만 아니라 그것의 사회적 영향도 설명할 수 없게 될 것이다.

 이와 극히 유사하게 범게르만주의도 이러한 제국주의적 팽창을 정당화시켜 주기 위하여 점차 인종주의적 요소로 채워져 간 변수들 가운데 하나로 이해될 수 있다. 이와 마찬가지로 하나의 악의 꽃도 발광력(發光力)이 있는 특정의 사회적 환경 속에서만 빛날 수 있다. 경제의 집중과정과 사회의 양극화는 "자기 민족에게 적합해야만 하는 우월한 지위 속에" 어느 정도 반영되어 있었다. 경제적 발전과 해외영토의 정복은 그 민족의 "특수한 자연적 속성", 곧 "그 종족이 지니고 있는 속성"의 탓으로 돌려질 수 있는 듯하였다. 어쨌든 바로 이러한 믿음에서 수많은 요구가 나올 수 있었다. 사이비과학으로 치장된 지속적인 팽창의 '토대'는 세계를 근본적으로 치유하려는 인종주의적 범게르만주의 속에서 생성되었다. 그것은 게르만인의 세계적 소명인 '보다 고귀한 일반이익'을 위한 희생을 요구하였다.

　본래는 제한적이었던 민족적 이념은 이제 새로운 목표에 '봉사하는 추진력'으로 설정되었으며, 그 목표는 막연한 영역 안에서는 누구나 ―은행가 하이트(von der Heydt)이건, 독일인임을 자랑스러워하는 고등학교 교사이건, 허풍이 심한 군인이건, 중산층의 광신적 식민주의자이건 간에― 자신의 열망을 그려볼 수 있었다.12) 범게르만주의가 베를린의 정책결정에 직접적인 영향을 미쳤는지에 관해서는 아직은 확인되지 않고 있지만, 그것은 '제국에 충성하는 사람들'의 여론 속에서는 하나의 중요한 요소였으며, 정부는 이 요소를 정치적 이유 때문에 심하게 비난하지 않았다. 범게르만주의는 특히 여론을 형성하는 상층 및 중산층 속에서 만연하였으며, '범게르만연맹'·'해군협회'·'방위협회'와 같은 그들의 호전적인 조직으로부터 후원을 받았다. 그것은 명백히 후에 '민족주의적인 것들'을 추동하고, 극단주의를 통해서 현실적인 열등함을 보상받을 수 있으리라고 생각된 저 이데올로기적 혼합물 속에 포함되어 있는 유독한 요소였다.

7. 대외정책

7.1. 국가체제 내에서의 대외정책

　1866~71년에 중부유럽에서 독일이라는 하나의 강대국이 출현할

수 있었던 것은 짜르제국[러시아]이나 영국으로부터의 심한 반대에 부딪치지 않았고, 바로 이 때문에 가능했다고 할 수 있다. 신생제국은 기존의 강대국체제 속에서 한 자리를 차지하게 되었으며, 다른 국가들은 전통적으로 적대적이던 이 체제의 구조에 순응하거나 대항하면서 그 자리를 차지하려고 노력했다. 정치력과 경제력이라는 요소들을 통해서 헤게모니에 거의 근접하게 된 독일제국의 지위는 비스마르크가 선언한 바 있는 '포화점(Saturiertheit)'정책, 즉 독일의 정책이 만족할 만한 상태에 도달했다는 선언에서 제대로 강조되지 못하였다. 그러나 예컨대 몇 년 사이에 베를린이 이 시기의 가장 중요한 국제회의장으로 되었다는 사실은 중심점의 이동이 이루어졌다는 것을 잘 보여준 것이었다.

    1871년 이후 국내의 사회보수주의적인 순화정책은, 마치 복잡하게 연결된 연통관체제처럼, 유럽무대에서 이미 획득한 것을 공고히 하기 위한 정책의 지속이었다. 만일 제국의 유지가 1864~71년의 계산된 모험정책처럼 호전적인 대외정책으로부터 다시 위협받지 않는다면 ─그리고 만약 제국이 체제의 유지라는 이 보수적인 원리를 완전히 배제하지 않는다면─, 베를린이 취할 수 있는 일반적인 전략에는 세 가지 가능성이 남아 있었다. 그것의 중요한 목적은 제국창건의 "무시무시한 결과를 국제적인 영역으로" 전환시키고, 최우선적으로 "열강체제 내에서 불안정한 지위에 균형을 잡아주며", 동시에 "낡은 사회질서"를 보호하는 것이었다.1)

    첫째, 경쟁하는 강대국들과의 마찰을 피하거나 약화시키기 위하여 전통적인 관습원리에 따라 이익영역을 제한하는 방향으로 나아갈 수 있었을 것이다. 둘째, 강대국들 사이의 이익을 서로 반목시켜 경쟁국들을 가능한 한 독일의 영향권의 주변부로 혹은 제국주의적 팽창으로 전환시켜 버릴 위험성이 있었다. 셋째, 신속한 선제공격을 통해서 잠재적인 적을 격퇴함으로써, 그들이 장차 동맹자로 될 가능성을 미연에 방지할 수도 있었다. 이것은 어떤 면에서는 장차 독일의 위협을 받 게 되리라는 두려움에서 동맹을 결성한 국가들의 위험을 야기시킬 수 도 있었다. 몰트케 이후 군부가 이 가능성을 여러 차례 지지하였음에 도 불구하고, 독일제국 지도부는 이로 인하여 파생될 위험을 예견할 수 없었기 때문에, 43년 동안이나 이 세번째 가능성을 회피하였다.

다른 두 가지 전략은 나름대로 자기역할을 하였다. 주지하다시피 비스마르크는 여러 해 동안 경쟁국들의 이익을 주변부로 돌리려는 자 신의 생각을 실현하려고 노력하였다. 이러한 사고는 마치 홍사(紅絲) 처럼 그가 북아프리카와 인도차이나에 대한 프랑스의 식민지정책을 후원하고 이집트 문제나 중앙아시아에서의 러시아-영국 사이의 대립 에 대해서 가졌던 그의 입장을 관통하고 있다. 그렇지만 해외팽창에서 독일의 이익이 증가하는 경우, 즉 빌헬름의 '세계정책'이 지니고 있는 사회적 제국주의의 성격이 지속적인 중재를 필요로 했을 때, 이 낙관 적인 전략은 위험에 처하게 되었다. 이 전략은 독일의 정책이 만족할 만한 상태에 도달했다는 이른바 포화점의 원리가 전제하고 있던 정력 학(靜力學)을 빠른 속도로 상실하였기 때문에, 여기서 이 전략은 일시 적인 방편일 수밖에 없었다.

지리적인 이익지역의 지속적인 분할은 본질적으로 독일 안에서 작용하고 있던 힘에 의해서 좌절되었다. 제국이 창건된 지 6년이 지났 을 때, 보다 더 명확해진 것은 점차 팽창하고 있던 산업자본주의가 독 일정책이 가장 만족할 만한 상태-포화점-에 이르기를 바라는 모든 소망을 내부로부터 침식시켜 갔다는 점이었다. 독일은 유럽에서의 새 로운 영토에 대한 요구를 공식적으로는 전혀 고려하지 않았던 것이 확 실하나, 산업은 민족적 경계를 완전히 무시하면서 역동적으로 발전하 였다. 고도의 산업화가 진행된 시기에 독일의 대외무역 이익부분에서 는 질적인 변화가 일어났으며, 빌헬름街(Wilhelmstraße)[*57)]의 전통주의자들은 한가지 불안한 요소를 독일의 대외정책에 도입하였다. 그들은 국가중심적인 사고에 젖어 있었기 때문에, 아마도 이 요소를 과소평가했을지도 모른다. 독일과 오스트리아는 1878~79년에 협정을 맺었고, 1879년 10월에 마침내 2국동맹*58)이라는 최소한의 성과를 이루어냈다. 이러한 양국간의 협정들은 처음에는 거대한 중부유럽 블럭을 독일산업의 국내시장으로 만들어보려는 관세연합의 극히 거대한 계획의 주변부를 맴돌았다는 것은 널리 알려진 사실이다.

독일이 발칸반도에 대한 개입을 더욱 강화시키면서, 1887년의 분수령에 이르기까지 독일-러시아의 경제적 관계도 이러한 경제적 문제들을 반영하였다. 초기의 독일제국주의·보호관세·카프리비의 무역협정 등은 각기 나름대로 독일이 점차 국제경제와 세계시장에 편입되고 있다는 사실을 보여준 것이었다. 이러한 현실에 비하여 독일이 만족할 만한 상태에 도달하리라는 상당히 정적인 생각은 곧 부적절한 은유였음이 드러났다.

국내에서의 사회적 보수주의 정책을 가능한 한 갈등을 회피하려는 대외정책과 결합시킨 극히 방어적인 이 전략은 이미 1870년대 말 이후 지속적인 침식위기에 놓이게 되었다. 우리는 이러한 침식을 결코 국제체제 내의 다른 연기자들 하물며 개인들—지도자의 지위에 있는—의 실수나 잘못의 탓으로 돌릴 수는 없다. 오히려 —비스마르크 시기의 이전 6년 동안에 확인된 바와 같이— 이것은 독일제국 내부의 사회경제적 문제 및 이와 결합된 가장 중요한 이익영역을 권력엘리트가 재조정하려는 데에서 생겨난 논리적 결과였다. 예컨대 위에서 개관한 바와 같

---

*57) 독일제국의 외무성이 위치해 있던 베를린의 지명을 말하지만, 흔히는 독일의 외교정책 혹은 외무성 자체를 지칭한다.
*58) 1879년에 독일과 오스트리아 사이에 맺어진 군사동맹이다. 베를린회의 후 러시아의 반독감정이 고조되자 비스마르크는 러시아를 대비하고 한편으로는 오스트리아가 러시아나 프랑스에 접근하는 것을 막기 위하여 이 조약을 체결하였다.

이, 초기의 독일 제국주의는 한편으로는 국내정책의 옹호전략으로 보일 수 있었지만, 다른 한편으로는 대외정책 관계 속에 공격적인 요소들을 도입시켰다.

우리는 이러한 양면성을 빈번히 관찰할 수 있다. 그러한 야누스적인 얼굴을 가진 의도와 행위는 대략 1879년 이후 시기의 상표로 통용되고 있다. 이러한 양면성은 케어(Kehr)가 대외정책의 '국내전선'이라고 지칭한 바 있는 것을 분석해 볼 때에만 제대로 설명될 수 있다. 이와는 반대로 만약 '본원적인 권력정책'이라는 임시변통적인 진부한 문구를 사용한다면, 우리는 결코 실질적인 문제를 설명할 수 없게 될 것이다. 그렇다면 이러한 설명방식을 통해서 우리는 무엇을 보다 더 명확하게 할 수 있을까?

정치행위에 관한 의심스러운 이념형 혹은 특히 홉스가 말한 바 있는 '권력의 권력에 대한 무한한 욕구'라는 의미에서의 권력의 향유와 행사를 '본원적인', 다시 말해서 유사인류학적인 요소로 규정해 주는 의심스러운 사회심리학적 상수가 여기에 도입되어야만 한다는 뜻인가? 오히려 특정집단의 각기 다양한 권력 개념을 들추어내기 위해서, 계급적 관점에 기초한 사회적 가치체계와 규범체계, 정치적 사회화과정, 그 속의 부호가 이들에 대한 확신과 무의식적인 전제를 포함하고 있는 판에 박은 말기술이 연구되어서는 안된다는 말인가? 비역사적인 균형을 암시해 주는 소위 '본원적인 권력정책'을 가능한 한 빨리 구체적인 상황분석으로 대체할 수 있도록 하기 위해서, 다시 말해서 '권력'이라는 개념을 불필요하게 할 수 있기 위해서, 이 개념이 그 자체의 사회적 맥락, 즉 이익의 망과 권력구조의 기능적 연관관계 속에 설정되어서는 안된다는· 말인가?

'본원적인' 권력본능이라는 의미에서, 균형의 영원한 회귀에 관한 문제는 행동과학자들을 매혹시킬 수도 있을 것이다. 그럼에도 불구하고 역사가는 이런 유의 용어축약에 만족해 버리고, 나아가서 구체적인 연구뿐만 아니라 역사이론의 틀 속에서도 체계적인 설명을 해내지 못하게 된다. 따라서 여기서는 이 영역에서 거의 편견에 빠지지 않을 수도 있는 인간의 판단을 받아들이는 것이 중요하다. 랑케는 다음과 같이 말한 바 있다. "만일 우리가 단순히 내적인 연관관계만을 고찰하고자 한다면 세계를 알지 못하게 될 것이다. 우리는 외적인 것들에도 주목하지만, 2차적인 것들에 불과하다. 이들[외적인 것]은 일시적이지만 전자[내적인 것]는 지속된다."[2)]

7.2. 국내정책 우위하에서의 대외정책

대외정책의 불안정한 메카니즘, 빈혈상태에 빠진 작용과 반작용의 운동역학, 갈등을 순화시키거나 심화시키는 외교적 절차, 이 모든 것을 여기서는 의식적으로 추적하지는 않았다. 예컨대 수많은 문헌들은 비스마르크의 동맹체제나 빌헬름의 외교정책을 보다 더 상세하게 알려주기를 바라는 사람을 아직도 기다리고 있다. 어느 경우든 이들의 배후에 있는 세력관계는 우리를 '일차적'이고 '지속적인' 연관관계, 즉 '국내정책의 우위'로 되돌아가게 만들고 있다. 이러한 사실은 독일과 다른 세 강대국들인 프랑스・영국・러시아와의 관계 속에서 중요한 문제점들을 살펴볼 때 잘 드러난다.

7.2.1. 프랑스

엘자쓰-로트링엔의 병합에 관한 결정에는 여러가지 동기가 작용하였다. 그 가운데 독일의 전략적 지위를 개선시키고 전통적으로 보다 더 강대국이었던 프랑스에 대한 외적인 안정성을 높이려는 일반적인 의도보다는 넓은 의미의 군사적 요구와 더불어 국내정책적인 측면에 대한 고려가 훨씬 더 중요하였다. 이 지역은 주민 대다수의 의지와는 상반되게 프랑스로부터 분리되었으며, 따라서 독-불관계는 계속 나쁜 상태에 있었다. 어떻게 보면 제1차 세계대전도 '엘자쓰-로트링엔'의 수복이 그 목적이었다. 아마도 이 운명적인 대외정책의 결과를 감안한다면 1870~71년의 결정을 수정하는 것은 현명한 일이었을지도 모르나, 독일의 국내정책적인 면에서 본다면 자살행위였을 것이다.

이러한 결과들은 즉시 사실로 확인되었다. 1870년 가을에 마르크스는 장차 있을 프랑스의 침략에 대비하여 '물질적 보증물'을 제공해 주기 위해서는 병합이 필요하다는 주장을 '나약한 사람들'의 평계로 보았다. 그에 의하면 1870년의 전투는 군사적으로 독일로부터 프랑스가 쉽게 침략당할 수 있다는 것을 보여준 것이었다. 게다가 틸지트(Tilsit)의 평화협정[*59] 이후 독일의 역사는 패배한 민족이 영토의 훼손에 어떻게 반응하였는지를 보여주는 것이었다. 그는 다음과 같은 물음을 던졌다. "만일 우리가 군사적 고려사항을 민족의 경계선을 결정해 주는 원리로 찬양한다면" 그것은 완전한 '시대착오'가 아니겠는가? 또한 그에 의하면 오스트리아가 민치오(Mincio)선을 주장하는 것과 프랑스가 라인선을 주장하는 것도 정당화될 수 있을 것이다. "만약 경제가 군사적 이해관계에 의해서 결정된다면, 그 요구는 끝없이 많게 될 것이다. 왜냐하면 모든 군사적 경계선은 필연적으로 오류가 있게 마련이고, 보다 더 넓은 지역을 병합시킴으로써 개선될 수 있기 때문이다. 게다가

[*59] 1807년 나폴레옹이 러시아·프로이센과 틸지트에서 맺은 조약이다. 나폴레옹은 예나전투에서 프로이센을, 프리틀란트전투에서 러시아를 격파하였으며, 이 승리 후에 양국에 평화협정을 강요하였다. 독일인들은 이를 흔히 틸지트의 굴욕이라고 불렀다.

그것들은 최종적으로 그리고 정당하게 고정될 수도 없다. 왜냐하면 그것들은 항상 승리자들이 패배자들에게 강요한 것이고, 따라서 이미 자체내에 새로운 전쟁의 씨앗을 포함하고 있기 때문이다."

그는 엘자쓰-로트링엔의 탈취가 전쟁을 하나의 '유럽기구'로 전환시킬 것이라고 보았다. 왜냐하면 프랑스는 기껏해야 휴전상태에 불과할 수 있는 현상적 평화 이후에도 자신이 상실한 동부국경 지역의 반환을 요구할 것이기 때문이라는 것이다. 그렇지만 그는 이것이 유럽의 두 강대국 사이의 전쟁을 영구화시키고 '상호간의 자해행위'로 인한 파멸을 의미한다고 보았다. 그때까지 그는 프로이센-독일에서 '군국주의적 전제주의'가 서부폴란드 지역을 계속 차지하기 위하여 더욱 경직되지나 않을까 염려하였다. 마르크스의 견해에서 결정적으로 중요한 것은 갈등이 '필연적으로' 동쪽으로 확산되리라는 것이었다. 왜냐하면 그는 "1866년의 전쟁이 1870년의 전쟁을 태내에 잉태하고 있었던 것과 마찬가지로, 1870년의 전쟁은 필연적으로 독일과 러시아 사이의 전쟁을 태내에 잉태하고 있다"고 보았기 때문이다. 그는 독일은 "러시아의 확장정책의 명백한 종복"처럼 자신의 정복을 옹호해야만 했거나, 혹은 저 새로운 '국지전'들 가운데 하나를 위해서가 아니라 슬라브인과 라틴인의 연합종족에 대항한 인종전쟁을 위해서 스스로 무장해야만 했을 것이라고 보았다. 그는 프랑스-러시아의 동맹에 맞서서 두 전선에서 동시에 치러질 전쟁으로 인하여 결국 독일제국이 멸망할 것이라고 보았다.3)

런던에서 망명생활을 하고 있던 혜안을 가진 몇몇 비평가들의 예언은 이보다 더 완벽하게 실현되었다. 마르크스뿐만 아니라 발틱지방 출신의 독일인 작가인 에카르트(Julius v.Eckardt)도 이와 유사하게 회의적으로 그리고 이 정도로 일찍이 '엘자쓰-르트링엔'의 동화문제, 고도의 무장력을 갖춘 이웃 국가와의 지속적인 적대관계, 프랑스-러시아 사이의 군사동맹이 내포하고 있는 위험경고 등을 잘 알고 있었다. 제국재상은 잠시 "그들이 나를 두려워하면서도 나를 적대시하게 하라(oderint dum metuant)"라는 어리석을 정도로 야만적인 구호에 의존하거나, 혹은 "나는 엘자쓰와 관계가 없는 모든 것에서 프랑스에 대하여 화해적인 태도를 취하고 싶다"는 훈령을 내리고 싶어했다.4)

그러나 그의 이러한 방식은 치유책이 될 수 없었다. 1880년대에는 독일의 군고위층조차도 병합에 대한 비판을 공유하고 있었으며, "스스로가 엘자쓰-로트링엔을 정복함으로써" 빠지게 된 "유럽의 곤경"을 한탄하였다. 왜냐하면 이는 "독일과 프랑스 사이에 지속적인 전쟁상태"를 고착화시켜 놓았기 때문이라는 것이다. 몰트케는 이미 1871년 이후에 두 전선에서 동시에 수행될 전쟁을 두려워하였으며, 1892년 러시아-프랑스 사이의 군사협정이 체결되기 5년 전에 비스마르크도 육군장관에게 "우리는 가까운 장래에 프랑스 및 러시아와의 동시전쟁에 직면하게 될 것"이라는 사실을 인정하였다. 그는 '생존전쟁이 발발'할 것이라고 보았다.5) 병합이 이루어진 지 17년 후에 그리고 제1차 세계대전이 발발하기 27년 전에 비스마르크는 그가 1870년에 했던 결심이 끼치게 될 파멸적이고 장기적인 결과들을 서술하였다.

엘자쓰-로트링엔은 마치 하나의 표석(漂石)처럼 독일과 프랑스의 관계개선을 가로막으면서 동시에 유럽의 평화를 위협하였다. 이러한 상황을 극복하기 위하여 적어도 이 지역을 중립화시키자는 제안이 각계에서 제기되었다. 언론계에서, 리프크네히트가 그 문제를 제기한 제국의회에서, 심지어 1872년에 비인에서 제기된 외교적 처방에서조차도 이것과 관련된 언급이 있었다. 프랑스의 새로운 민족주의가 세기전환기 이후 모든 타협을 거절하면서 이 지역의 '반환'을 요구하였던 반면에, 독일에서는 이 문제와 관련된 현상에 관한 어떠한 의문의 표시도 금기시되었다. 제1차 모로코위기*60)가 발생한 이후인 1905년에 총참모장인 슐리펜은 냉정하게 대안들을 궁리해냈는데, 그 대안이란 독일이 프랑스에 대하여 선제공격을 해야만 할 것인가 아니면, 결국 엘자쓰-로트링엔을 위하여 새로운 해결책을 찾아야만 할 것인가였다. 제국정책에는 다른 대안이 더 이상 남아 있지 않았다!6) 독일이 프랑스와의 새로운 협조방식을 찾을 생각을 진지하게 하지 않았기 때문에, 비판적인 관점에서 볼 때 대안의 선택폭은 훨씬 더 좁아졌고, 결국에는 단 하나의 가능한 선택만이 남게 되었다.

7.2.2. 영국

독일에서는 '음험한 영국(perfides Albion)'*61)이라는 전설이 유행하고 있었다. 이 전설에 의하면 영국은 1871년 이후 시기심과 음모로서 독일제국의 발전을 추적하였고 마침내는 '포위'를 달성하였다는 것이다. 이 전설은 먼저 양국간의 진지한 협력을 거부하게 하고, 이어서 그것을 불가능하게 만든 것이 베를린측이라는 사실을 오랫동안 애매하게 하였다. 확실히 19세기에는 영국과 러시아라는 세계적인 제국 사이의, 즉 고래와 곰 사이의 뿌리깊은 적대감은 독일의 모든 정책이 최우선적으로 고려하지 않으면 안될 불변의 상수로 간주되었다. 그럼에도 불구하고 1884년에서 1889년 사이에 드러난 바와 같이, 19세기 말에 이르러 독일이 활동할 수 있는 여지는 크게 확대되었다.

---

*60) 영국과 독일 사이에 건함경쟁이 진행되고 있던 시기에 독일황제 빌헬름 2세는 모로코의 탕헤르항을 방문하여 모로코의 영토보전 및 문호개방을 주장하며 프랑스와 대립했다. 그러나 영불협상 때문에 프랑스에 유리한 협정으로 해결되었다[제1차 모로코사건:1905]. 여기에 대해서 불만을 느낀 독일은 모로코의 내란을 구실로 모로코의 아가디르항에 군함을 파견하였으나 또다시 영국이 프랑스를 지지함으로써 독일은 물러서지 않으면 안되었다[제2차 모로코사건:1911].

*61) 나폴레옹 1세가 영국을 욕하면서 쓴 말이다.

그러나 1890년까지 비스마르크와 그의 '전략팀'이 독-영의 협력으로 인하여 초래될 수 있는 자유화의 결과에 대하여 느낀 공포는 이러한 대립이나 지정학적 고려사항보다 훨씬 더 중요한 것이었다. 여기서 중요한 역할을 한 것은 점진적으로만 등장하고 있는 무역경쟁이 아니라 정치적 가치들·정치적 제도들·정치적 양식들 등의 대립 - 따라서 역사·정치·문화 그리고 그것을 기초하고 있는 사회적 상황 등의 차이로 인한 대립 - 이었다.

독일의 '보나빠르뜨적인 半독재'와 前산업적 과두체제에 대한 역사적 대안은, 그 성격이 '민족'자유주의들과 〔혹은〕 '진보적 자유주의자'들에 의해서 결정되는 것과는 관계없이, 의회적 군주정이었다. 전혀 예견할 수 없는 방해에도 불구하고, 헌법투쟁과 1870년대 초의 민족자유주의의 강성은 〔의회군주정을〕 가능성에서 현실성으로 이행시키는 일이 아직 완전히 불가능하지는 않은 것처럼 보이게 하였다. 그리고 실제로 비스마르크도 자유주의자들도 그러한 가능성을 배제할 수 없었다. 자유주의자들은 1879년 이후에도 여전히 도시지역·남부독일지역 그리고 엘베강 서부지역에서의 광범위한 지지에 의존할 수 있었다. 이러한 사실은 1881년과 1884년의 선거결과가 보여준 바 있다. 베를린에서 세력균형이 상대적으로 불안정했다는 것을 알아보기 위해서, 후기 자유주의적 분파주의자들이 구체적으로 했던 것처럼, 우리는 다만 빌헬름 1세에 대한 두 차례의 저격사건 이후 프리드리히 왕자가 정권을 이양받음으로써 생겨날 수 있는 몇 가지 가능한 결과들에 관해서 고찰해 볼 필요가 있다.

그러한 가설적인 문제들이 어떻게 판단되건 간에, 비스마르크는 정치적 자유주의를 진지하게 반대세력으로, 또 그것에 유리하게 작동할 있는 〔양으로〕 측정하기 힘든 어떤 것 - 예컨대 황태자와 민족적 열등감으로 한번도 고통받은 적이 없는 그의 영국출신 아내가 갖고 있는 친영감정, 영국의 의회생활으로부터 계속 제공받은 실물교육의 효과, 독일과는 전혀 다르게 영국의 토지소유 귀족과 상업적·산업적 부르주아지의 공생―으로 받아들였다. 설사 두 나라 사이에 밀접한 협력이 있다고 하더라도, 예견할 수는 있지만 통제가 극히 어려운 강력한 요소들이 있었다. 1880년대 초에 헤르베르트 폰 비스마르크가 다음과 같이 말했다는 소문이 있다. "황태자는 아직 병들지 않았다. 우리는 장기집권에 대한 준비가 되어 있어야만 하며 그러는 동안에는 영국의 영향력―빅토리아 황태자비가 베를린에 있었고, 또 베를린에 〔자유주의적인〕 글래드스톤형의 내각이 등장하지나 않을까 하는 위협으로 인한 소위 "영국에 대한 친밀감"―이 지배하기를 바란다."

그렇지만 비스마르크도 "우리의 내부상황에 비춰볼 때" 그것이 "위험한 것"이라고 생각했다.7) 재상도 슈바이니쯔 대사와 대화를 하였다는 보도가 있었으며, 거기서 그는 아들과 마찬가지로 경우에 따라서는 영국과 대외정책을 둘러싼 마찰이 필요하다고 보았다. 왜냐하면 그는 이것이 "독일인들에게서 영국에 대한 위화감을 조장하고, 이를 통해서 헌정주의와 자유주의라는… 영국적 이념들이 독일에서 영향력을 발휘하는 것"을 막아줄 것으로 생각되었기 때문이다.8) 비스마르크가 글래드스톤을 미워했던 것은 그가 원칙에 충실하면서도 정치가 도덕적 소명에 봉사해야 한다고 믿었기 때문만은 아니었다. 비스마르크는 그에게서 극히 정당하게 일반대중과 보다 친숙해 있고 또 강력한 시대적 조류와 훨씬 더 잘 보조를 맞추고 있는 부르주아 자유주의의 위대한 대변자의 상(像)도 보았던 것이다. 따라서 비스마르크는 독-영관계가 제한된 대립과 일치될 수 있는 것처럼 보이는 냉랭한 공존관계 이상으로까지 발전하는 것을 용인하려고 하지 않았다. 비록 러시아라는 거대한 제국이 독일의 동부국경 저쪽에 자리하고 있다는 사실이 명백히 그의 입장을 정당화시켜 줄 듯이 보이기는 하지만, 그가 이러한 입장을 취하게 된 것은 러시아를 잠재력이 있는 강대국으로 간주해서라 기보다는 동방의 군주정과 짜르의 독재정치라는 보수주의를 공유하고 있다고 보았기 때문이었을 것이다. 따라서 정치적 전통의 정당화 효과에 관해서 언급한다면, 런던과의 의식적인 거리감 유지는 비스마르크 시대와 관련된 것이고, 반영감정은 1884~89년 식민지를 둘러싸고 벌어진 갈등과 관련된 것이다.

이어 1890년대에는 세계시장에서 상업적 경쟁관계가 급격히 심화되었다. 특히 전함건조를 시작하면서부터 독일의 정책은 영국의 중요이익과 충돌하기 시작하였다. 1900년의 제1차 해군법 수정안 이후 독일의 목적이 침략성을 지니고 있다는 사실은 의문의 여지가 없었다. 독일은 이러한 침략성을 공공연하게 선언하거나 혹은 조심스럽게 감추기도 했다. 다른 한편 런던에서도 역시 이 새로운 위험에 대처해 보려는 경향이 전혀 없었다. 독일의 해군정책은 해협 저편에 있는 적의 상과 너무도 명백히 결합되어 있어서, 독일의 자기의식적인 기대〔즉 영국인들이 수수방관하면서 무슨 일이 일어나기를 기다릴 것이라는 기대〕는 충족될 수 없었다. 티르피쯔계획의 국내정책적 차원, 다른 한편으로는 전함건조라는 국제적 경향에 굴복했을 뿐만 아니라, 런던측의 정책으로부터 강요받지 않고서도 영국에 대항하기 위하여 그처럼 대규모의 무장을 갖추기로 결정했다는 사실을 다시 한번 상기한다면, 우리는 이 장기판에서도 독일의 움직임이 1914년까지의 경기규칙을 어떻게 결정했는지를 알 수 있을 것이다.

7.2.3. 러시아

러시아와의 관계에 대해 말한다면 '군주정의 원리'라는 사회적·이데올로기적 공통점과 폴란드 분할의 공범자들이라는 이들을 결합시켜 주는 접착제가 있었다. 그밖에도 정치적·군사적·경제적 부문의 여러 이익을 고려하여, 독일은 동쪽의 거대한 이웃에 대하여 신중한 정책을 취하지 않을 수 없었다. 1864년에서 1871년까지 대프로이센의 팽창은 러시아가 묵인해 준 덕택에 진척될 수 있었다〔예컨대 비스마르크는 "러시아 사람들이 우리로 하여금 엘자쓰-로트링엔을 차지하게 해주었던 것"이 직접적으로는 알렉산더 2세의 개인적인 정책 때문이었다는 사실을 인정하였다9)〕. 이어 1870년대에는 수출에 대한 관심과 총참모부의 계획성 덕택에, 독일은 마찰을 가능한 한 최소화하면서 협력정책을 이끌어낼 수 있었다. 이어서 베를린회의의 결과는 뻬쩨르부르크의 정책에 대한 환멸감을 의미했으며, 이러한 환멸감은 아마도 너무 일방적으로 빌헬름街의 '정직한 중매인들'에게 비난의 화살을 돌렸던 듯하다.

그러나 1880년 1월 이후에 효력을 발생한 독일의 곡물관세는 러시아의 곡물수출에 직접적인 영향을 미쳤다. 왜냐하면 미국산 밀이 유럽으로 유입된 이후 러시아는 독일시장에 가장 많은 곡물을 수출하기 위해서 힘겨운 싸움을 벌여야 했기 때문이다. 1885년에 독일의 관세율은 세 배나 높아졌으며, 1887년 3월에는 또다시 거의 두 배나 높아졌다. 이러한 독일의 농업보호주의는 독일의 입장에서 볼 때 불가피한 것이기도 했지만, 동시에 의식적으로 반러시아적인 의도를 갖고 있기도 했다. 이는 또 1780년대 말 이후〔독일의〕 사회적 역관계를 반영하고 있었다. 또한 제국지도부는 이 정책을 불가피한 필연성으로 간주하였다. 그러나 이 정책이 러시아에 가져다 준 충격은 다음의 이유 때문에 특히 고통스러운 것이었다.

크림전쟁에서 패배한 이후 짜르제국의 근대화를 위한 핵심적 내용들은 성공적인 산업화와 더욱 깊은 관련을 맺게 되었으며, 특히 산업화에 소요될 자본조달은 곡물수출에서 얻은 돈에 결정적으로 의존하고 있었다. 그러나 러시아는 높은 관세장벽으로 인하여 불과 몇 년 사이에 인접한 그리고 수입능력이 있는 독일시장에 접근하기가 극히 어렵게 되었다. 이렇게 되자 러시아가 구상하고 있던 근대화의 주요지주들 가운데 하나-그리고 이와 더불어 짜르과두체제가 국내외정책에서 그것과 관련시키고 있던 모든 희망들-가 비틀거리기 시작하였다. 이 결과 반독일 감정이 점차 성장하고 있었고, 따라서 독일의 외교관들도 여기에 주목하지 않을 수 없었다. 그들은 이러한 감정을 정확하게 '곡물관세 문제'의 탓으로 돌렸다. 독일의 대외정책은 폭발적인 효과를 갖고 있었음에도 불구하고, 국내의 권력관계는 〔비스마르크정책의〕 지속적인 교정가능성을 배제시켜 버렸다.

  게다가 제3차 관세인상이 있은 지 6개월 후에 비스마르크정부는 러시아 초기산업화의 두번째 지주에 대해서도 심대한 타격을 입혔다. 러시아는 국내의 유동자본이 부족하였기 때문에 사실상 외국자본에 의존하고 있었다. 독일의 화폐시장은 1887년까지 러시아에서 결정적인 지위를 획득하게 되었다. 즉 프로이센의 모든 저축은행의 출자액이 22억 마르크를 넘지 못하던 시기에 소위 독일인의 수중에 있는 러시아의 유가증권은 20억 내지 25억 마르크나 되었다. 그러나 독일은 1887년 11월에 베를린 주식시장에서 러시아의 유가증권의 교환을 사실상 금지시켜 버렸다. 이제 러시아에 대한 환어음의 지급은 금지되었고, 이후부터 러시아의 증권은 절대적으로 안전한 투자로서 더 이상 인정받지 못하게 되었다. 이러한 조치는 베를린 주식거래소에서 파멸적인 주가폭락을 가져왔고, 이는 프랑스의 몇몇 대은행들이 러시아 정부발행 유가증권의 대부분을 보유하고 있던 파리로 엄청난 액수의 자본을 유출시키게 하고 말았다. 이는 베를린측이 러시아-프랑스 사이의 경제적 토대를 세우도록 직접 도와준 결과가 되었다. 따라서 〔1890년 이후〕 러시아가 이제 막 산업혁명을 경험하려고 하던 시점, 다시 말해서 막대한 자본수요가 있었던 국면에서 곡물관세와 관련된 긴장관계와 금융전쟁이 발발하자 러시아는 파리로 향하는 수밖에 없었다. 왜냐하면 런던의 금융가는 대 러시아차관을 동결하였으나, 짜르가 근대화 계획을 포기한다는 것은 정치적으로 사실상 불가능하였기 때문이다.

우리는 이처럼 무모하게 작용하고 있던 대외무역정책과 자본정책의 배후에 있는 여러가지 동기들 가운데 관습적으로 대외팽창 정책이라고 명명할 수 있는 몇 가지 사실들을 도출해낼 수 있다. 비스마르크는 이러한 급진적인 처방을 통해서 호전적인 듯이 보이지만 의문의 여지없이 과대평가되었던 범슬라브주의를 누그러뜨릴 수 있을 것이라고 생각하였다. 그는 이를 통해서 성 뻬쩨르부르크에 있는 친프랑스적인 사람들을 추방시키고, 나아가서 독일과의 우호관계가 유용하다는 것을 철저히 예증해 줌으로써 친게르만계 사람들을 강화시킬 수 있을 것으로 기대하였다. 또한 그는 이러한 처방을 통해서 팽창주의적이고 반오스트리아적인 발칸정책이 고무되리라고 생각하였다. '결국' 그는 "호전성을 진정시키고, 가능하다면 그것이 끼칠 영향들을 중화시켜 버리기 위해서 러시아의 신용을 계속 떨어뜨려야 한다"고 생각하였다.

외무성의 반러시아적인 국무장관도 이런 식으로 강경한 조치를 옹호하였다.10) 그렇지만 이러한 대외경제적인 '극한상황'이라는 부인할 수 없지만 예측할 수도 없는 모험을 기꺼이 감수하려고 했던 것은 국내의 정치적 요소들에 의해서 결정되었다. 엘베강 동부지역 곡물생산자들의 막대한 경제적 이익, 그리고 이와 결합된 대토지 소유자계층의 사회적 정치적 이익은 농업의 보호주의를 요구하였다. 당시에 군부는 러시아의 서부철도 건설에 대하여 적지 않은 두려움을 갖고 있었지만, 독일의 화폐시장은 거기에 자본을 조달하도록 도움을 주었다. 따라서 그들은 독일의 화폐시장으로부터 그들의 경쟁자를 배제시키는 것이 절대적으로 필요하다고 생각하였다. 수출지향적인 산업은 오래전부터 1877년 이후 크게 높아진 러시아의 수입관세에 대하여 보복을 선언하였다. 1880년에서 1887년 사이에 러시아에 대한 독일의 수출량은 절반 이상이나 감소하였으며, 이는 독일의 교역량에서 보면 1875년에 24%에서 1885년에 5%로 감소한 것이다. 보수적인 결집정책에서 결정적으로 중요한 두 개의 이익집단은 이러한 기습작전을 통해서 비스마르크정부와 훨씬 더 밀접하게 결합될 수 있었다. 동시에 독일과 러시아 사이의 이러한 갈등은 프랑스와의 전쟁이라는 조작된 위험과 더불어 의회정치적으로는 카르텔화되어 있던 제국의회에서 1887년 11월의 군대증강안을 안전하게 통과하도록 하는 데 기여하였다. 비스마르크는 "어떠한 선제공격"도 고려하지 않겠다는 입장을 명백히 표명함으로써, 동부에서 독일의 예방적인 동계작전 지지자들에 ㅡ "우리는… 잃을 뿐 아무것도 얻을 수 없다"ㅡ 반대하였다.

 비스마르크가 강경론자들의 견해에 대하여 기꺼이 부분적인 양보의사를 보임으로써, 경제적 냉전은 이러한 요구들을 약화시키는 효과도 있었다.11) 따라서 우리는 여기서 국내정책과 대외정책을 통합시켜주는 전체적인 전략을 식별할 수가 있고, 또 〔현상〕옹호조치가 초래한 침략적인 결과들을 살펴볼 수 있다. 왜냐하면 이들 속에는 보수적인 유토피아의 변증법이 표현되어 있기 때문이다. 즉 시대착오적인 권력관계가 무조건적으로 보존되었기 때문에, "비스마르크가 평화를 지키기 위해서 사용했던 바로 그 수단이… 평화를 위협하는 수단으로" 바뀌고 말았던 것이다.12) 재상이 본래 〔러시아와의〕 충돌정책을 다시 한번 바로잡을 수 있으리라고 믿었든, 혹은 대외정책과 대외경제를 분리시킬 수 있다고 생각했든 간에, 1887년 이후 그의 정책이 초래한 결과는 극히 파멸적인 것이었다.

 이제 베를린은 재보장조약을 임시변통적으로라도 유예시키기 위하여 ㅡ농민들의 비타협적인 태도 때문에ㅡ 단 한 가지 가능성있고 군건한 경제적 토대를 제공하려고 한 것이 아니라, 즉 러시아를 독일의 차관시장에 계속 잔류시킨 것이 아니라, 오히려 러시아-프랑스 사이의 동맹협정에 성공의 봉인을 찍어준 셈이었다. 이로써 독일의 정책은 두 전선에서 동시에 전쟁을 치를 위험성을 증폭시켰을 뿐만 아니라, 그것을 사실상 보장해 주었다. 1887년에는 1894년과 1914년을 위한 분수령이 마련되었다. 베를린이 정의한 바와 같이 사회적·정치적 체제유지를 우선시함으로써, 다른 어떠한 대안도 허용되지 않았음이 명백하다. 게다가 1887년의 결정과 그 결과로 인하여 러시아시장이 해외 제국주의, 특히 상품과 자본의 수출을 위한 거대대륙의 대안이 될 수도 있으리라는 가능성은 완전히 사라졌다. 이 길은 이후 막혀버린 것이다.

8. 제1차 세계대전 : 앞으로의 질주

제1차 세계대전이 끝난 뒤 독일에서는 베르사이유조약 제23조에 명시되어 있는 도덕적·법적 범죄행위의 비난을 둘러싸고 격렬한 논쟁이 6년여 동안 지속되었으며, 여기서 지위와 명성이 있는 거의 모든 독일 역사가들은 그러한 비난에 반박하려고 하였다. 그 주장에 의하면 1914년 7월 위기에 독일제국은 특히 진격해 들어오는 러시아의 '증기롤러'에 맞서서 정당방어로 행동했고, 이어서는 자신의 전쟁정책에 아무런 잘못이 없었기 때문에 적의 우위에 결국 굴복하였다는 것이다.

또 1930년대에 특히 영국과 미국의 연구에서 대다수의 사람들로부터 지지를 받은 견해가 있다. 이 견해에 의하면 그 가운데 베를린을 포함한 유럽의 모든 수도들이 [1914년의] 외교파탄에 대해서 똑같은 책임이 있다는 것이었다. 이 위안이 되고 또 [유일한 전쟁책임의] 부담을 덜어준 견해는 베게러(v.Wegerer)・페이(Fay)・르누뱅(Renouvin) 등의 두툼한 설명에서 효과적으로 제시되었다. 국가사회주의하에서는 [이 주제에 관한] 비판적인 연구가 불가능하였고, 또 전쟁 직후에는 나찌독재의 무법자적인 행위가 보다 더 시급한 역사연구의 과제를 제기하였기 때문에, 1961년에야 비로소 함부르크대학의 역사가인 피셔가 독일의 『세계강대국화의 시도(Griff nach der Weltmacht)』라는 책을 출간하였다. 여기서 그는 1914년 여름에 독일지도부를 책임지고 있던 사람들의 행위와 그들의 비타협적인 전쟁목적 정책에 대하여 엄청난 비판을 가하였고, 이는 급기야 격렬한 논쟁을 야기하게 되었다.

1939년과 마찬가지로 1914년에도 독일이 주요범죄를 낳았다는 주장을 담고 있는 피셔의 테제는 이론적・경험적인 측면에서 사실상 다양한 논박점을 제공하였다. 그럼에도 불구하고 그를 비판하는 대부분의 사람들이 내세우는 생경하고 악의에 찬 민족주의적인 어조는 이 시기가 양차대전 사이에 금기시되었던 이 주제에 관한 논의를 재개할 수 있는 최적기였다는 것을 보여주는 것이었다. 초기의 흥분이 진정된 후에는 두 개의 진영이 서로 대립하였다. 그들 가운데 한 진영은 『세계강대국화 시도』에 있는 [피셔의] 모든 비판이 정확하다고 주장하면서 제1차 세계대전 이전에 이미 독일이 의식적으로 전쟁을 준비하고 계획했다는 사실, 또 독일제국의 공격적 침략성에는 연속성이 있다는 것을 제시하고자 하였다. 반면에 점차 말없이 많은 양보를 하고 있던 반대진영은 구속력이 없는 여론의 표현들과 책임있는 정치적 결정, 그리고 평화시에 이루어진 고려사항들과 전시에 실제로 계획을 수행하는 것, 이미 확산되어 있던 제국주의적 목적들과 날조되고 단선적인 편협성 등을 구별해야 한다고 주장하였다. 또 마지막으로 그들은 이 시기에 독일이 내린 정치적 결정들이 방어적인 성격을 지니고 있다고

주장하였다.[1]

8.1. 공격적인 방어정책

두 학파-여기서는 그들의 입장을 단순화시켜 대비하였다-는 독일의 정책형성 과정에 내재해 있는 공격적 요소와 방어적인 요소의 고유한 혼합을 올바르게 평가하는 데 적절한 설명모델을 결코 제시할 수 없다. 부르주아지와 구지배층에 의해서 공유되었고, 또 1880년대 이후 점점더 명백해진 '세계강대국으로 되고자 하는 의지'에 관해서는 결코 진지한 의문이 있을 리 없다. 그렇지만 당시에 국제정치 체제 속에서의 강대국대열에 포함되고자 하는 매우 간절하고 단호한 의도로부터 오래 전에 전쟁을 통해서 해결해 보려는 계획들에 이르기까지 이 모든 것들은 하나의 긴 여정이다. 게다가 이 여정은 경험적 역사과학이 지금까지는 논증하지 못한 조급한 결론에 머물러 있다.

1914년의 독일의 팽창주의적 목적과 관련해서 우리는 무엇보다도 먼저 공식적 영향력과 비공식적 영향력을 명백히 구별해야만 한다. 예컨대 독일의 기업과 은행이 프랑스의 산업에 개입하면서 사실상 특수한 이익망이 생겨났지만, 이는 병합의도와 직접적인 관련성이 전혀 없었다. 확실히 롱위-브리(Longwy-Briey)에 있는 프랑스의 철광석지대를 획득하겠다는 것이 곳곳에서 강력히 언급되었으며, 앤트워프(Antwerp)항이 필요한 것으로 간주되었고, 벨기에의 플레미쉬 지방을 편입시키자는 주장이 범게르만주의의 대변자들에 의해 제기되기도 하였다. 그들은 이를 위해서 목적의식적으로 전쟁을 요구하였으나, 독일의 정책결정자들이 그러한 요구에 부응하여 전쟁을 유도하였으리라는 것은 하나의 신화일 뿐이다.

　또 1914년 이전에 많은 사람들이 계속 오스만제국의 분할―이는 특히 크림전쟁 이후에는 대중의 관심을 끄는 논쟁거리(cause célèbre)였다―에 관해서 서술하였던 것은 사실이나, 베를린도 이 뜨거운 감자의 첫 희생자가 되기를 원하지는 않았다. 사실 1870년대 말 이후에 중부유럽의 관세연합이라는 막연한 듯이 보이지만 그렇게 막연하지만은 않은 이념들이 있었다. 그러나 경쟁력이 있고 광대한 유럽시장을 독일의 지배하에 두고자 했던 이 희망은 두려움에 휩싸였다. 이 두려움이란 독일제국이 민족의 고립화정책을 실행하는 과정에서 산업부문과 농업부문에서 미국·영국·러시아와 같은 거대국가들과의 경쟁에 패배할지도 모른다는 것이었다. '동진협회(東進協會)'의 광신자들이 동부에서의 제국주의적 팽창과 게르만화에 관해서 생각했던 것은 사실이지만, 빌헬름의 독일만이 이러한 유의 '광적인 지지자'들을 가진 나라는 아니었다. 요컨대 목적의 연속성을 조사하는 곳에서, 우리는 항상 1914년 이전에 때로는 구체적이고 때로는 기괴한 고려가 충분히 있었다는 것, 그렇지만 이러한 고려와 1914년 여름에 취해진 정치적 결정행위들 사이에 일직선이 그어질 수 없다는 것을 명확히 해야만 한다.

　독일의 경제적 영향력을 확대시키겠다는 명백한 의도가 결코 영토의 병합이라는 구체적인 계획과 등치될 수는 없다. 베를린의 몇몇 각료들이 갖고 있던 ―그들에 의해서 전시에 대한 준비가 이루어질 수 있었다― 매우 일반적이고 동시에 아마츄어적인 고려들과 뒤이은 몇몇 행위들은 다른 나라에서도 있었던 것이다. 이들은 확실하게 정해진 시점까지 경제적으로나 재정적으로 전쟁을 명확하게 준비하는 것과 전혀 관계가 없었다. 제국의 정책이 여러 해에 걸쳐서 대규모의 전쟁에 의식적으로 접근해 가면서 세워놓은 직선형의 일반통로라는 개념은 논증될 수 없다. 오히려 그것은 전쟁 전 시기의 현실과 마주치게 되면서 파괴되었다. 게다가 이 테제의 옹호자들은 대규모의 전쟁이 새로운 종류의 목적에 관한 사유가능성을 열어 준다는 것을 알지 못하고 있다. 그들은 계획과 청사진이 1914년 이전의 시기와 전쟁 자체 사이의 발생학적인 연결점을 제공해 준다고 믿을지도 모른다. 그러나 우리는 전쟁이 만들어낸 불연속성을 통해서만 1914년 독일의 전쟁목적을 총괄해 주는 과대망상적인 9월계획의 그 극단적인 형태를 비로소 이해할 수 있게 된다.

다른 한편 우리는 오늘날, 독일제국의 정책이 7월위기를 의도적으로 심화시켜 비인측을 [세르비아와] 전혀 치유불가능한 대결 속으로 몰아 넣었을 때, 이 정책이 의심할 나위없이 더 이상 국지전이 아닌 유럽대륙 전체의 전쟁위험을 인정하였다고 자신있게 가정해 볼 수 있다. 그러나 만약 직접 연속된다는 테제가 가정하고 있는 의도적인 목적추구가 정책결정 행위의 인간적 제도적 한계를 무시하였기 때문에 이론적 대표성을 가질 수 없다면, 또 평화시기에 전쟁의 목적을 지닌 수사법이 1914년 여름에 채택된 결정요소들의 상대적 비중을 제대로 설명해 주지 못하기 때문에 경험적으로 더 이상 유지될 수 없다면, 이제 우리는 정책결정자들로 하여금 전쟁의 모험을 무릎쓰지 않을 수 없게 만든 여러 조건들을 다른 식으로 규정해야만 한다.

여기서 이제 우리는 대외정책에 극히 중요한 전통적인 상투어, 특히 동맹의무의 메카니즘에 대해서는 종속적인 역할만 부여할 수 있다. 모든 연기자들은 유럽이 고도로 무장된 두 진영으로 분할되었다는 사실을 의식하고 있었다. 모든 사람은 갈등이 어느 정도까지 진전되면 냉전이 열전으로 전환되리라는 것을 잘 알고 있었다. 거기서는 베를린도 결코 특별한 지위를 차지하지 못했다. 결국 여기서는 그 반응을 미리 예측할 수 있었음에도 불구하고 상승작용을 필연적으로 만든 동기들이 중요했음에 틀림없다. 세계를 혼란에 빠뜨릴 수도 있는 식민지의 갈등-수년 동안 유럽좌파들을 전율케 했듯이-은 이 〔전쟁의〕 원인들에 속하지 않는다. 라틴아메리카에서는 경쟁적인 경제투쟁이 몬로독트린에 가려진 채 계속되었다. 태평양에서는 정치적 안정을 구가하였다. 동아시아에서는 분열이 제국주의적 경쟁을 심화시키는 데로 나아가지 않고 만주왕조가 1911~12년에 중화민국에 자리를 내주었다. 아프리카 식민지를 둘러싸고는 머지않아 -베를린과 런던 사이에도- 협정이 체결되었는데, 이는 이 지역에서의 마찰을 고조시키지는 않았다.

유럽의 열강과 그 보호국들 사이의 전통적인 갈등영역에 새로이 긴장을 고조시킨 것은 오히려 '세계의 분할'에 관한 잠정적인 결정 그 자체였다. 1908년의 보스니아위기 이후 혹은 늦어도 제2차 발칸전쟁 이후 통찰력있는 모든 관찰자들은 이 위험지역에서 지뢰가 제거되어야만 한다는 것을 잘 알고 있었다. 따라서 페르디난트 대공(Erzherzog Franz Ferdinand)이 사라예보로 가는 도중에 피살된 사건과 그에 뒤이은 오스트리아-세르비아 관계의 결정적인 전환은 베를린의 정책에 하나의 구실을 제공해 주었다. 즉 베를린의 정책은 이들로부터 간접적으로만 영향을 받았으나, 이를 이용하여 베를린은 모험적인 위기전략을 추진할 수 있었다. 국내정책에서의 복잡하고 파괴적인 여러 요소들을 살펴봄으로써, 우리는 도박에 가까운 운명적인 '극한정책'이 어떻게 해서 생겨날 수 있었는가를 설명할 수 있다.

독일의 정책은 수십 년 동안 본질적으로는 성공적인 대외정책이 국내정책에 끼친 파급효과와 국내의 적대관계를 사회적 제국주의로 전환시키는 데 기초했다. 피셔주장의 개요는 다음과 같다. "정력적인 외교정책은 위기에 처해 있는 사회적 현상을 강화시키는 데 도움이 될 것이다. 이는 대기업, 융커, 보수적인 사고에 사로잡혀 있는 군대 그리고 이데올로기적으로나 사회적으로나 서로 인적 유대관계를 맺고 있는 국가관료들 모두에게 특수하고 신뢰할 만한 '국가이념(Staats-Idee)'이 되었으며, 세계정책과 민족의 강대국화 정책을 통하여 타격방향을 외부로 돌림으로써 국내에서의 사회적 긴장을 완화시키기 위한 수단으로 간주되었다."2)

독일 보수주의자들과 자유주의자들은 〔중앙당과 마찬가지로〕 비스마르크의 식민지정책과 빌헬름의 세계정책, 그리고 티르피쯔의 건함계획이 국내정책에 유용하다는 것을 알게 되자, 그들은 자신의 고유한 이익을 증진시키기 위한 수단으로서 제국주의를 옹호하였다. 민족자유주의자들은 제국주의를 1884년 이후 당강령의 중요한 항목으로, 1907년 이후에는 "선거정책상 일종의 최종수단"으로 삼았다. 그들의 일원이었던 마이네케는 1912년에 다음과 같이 썼다. "오늘날 우리 당을⋯ 내부에서 결합시켜 주고, 우리의 좌파・우파뿐만 아니라 위급한 상황에서 우리 동포 모두를 결합시켜 주어야만 하는 것은 결국⋯ 정확히 말하자면 제국주의 이념일 것이다."3) 실제로 이것은 곧 불필요하게 되었다. 좌파 자유주의자들에게도 나우만과 베버에게서 유래한 '자유주의적 제국주의'의 이념들이 널리 퍼져 있었으며, 독일의 팽창주의 정책은 흔히 대규모의 이익단체와 정치적 선전단체들에서 중심적인 역할을 하였다. 오직 사회민주당만이 원칙적인 문제와 관련하여 비판적인 입장을 취할 수 있었다.

그렇지만 이러한 비판도 때로는 독일의 식민정책에 대한 실용적인 반대에 밀려났다. 이 독일의 제국주의가 국내의 사회경제적・정치적 상황에 얼마나 잘 상응한 것이었는지는 앞에서 여러차례 강조된 바 있다. 전반적으로 제국주의는 특히 권력엘리트들 사이에서 개혁적 대안이 없을 때, 국내문제를 해결하기 위한 가장 훌륭한 수단으로서 대외정책의 성공에 의존하려는 공공연한 혹은 은밀한 경향을 형성시켰다. 뷜로오는 1913년에 출간된 『독일의 정책(Deutsche Politik)』이라는 저서에서 매우 솔직하게 이러한 경향을 제국정책의 기본노선이라고 지칭하였다. 건함전략(建艦戰略)이 국내정책에서 기대하였던 효과를 거두지 못하고, 이어 1912년의 선거에서 사회민주주의자들이 대승을 거둔 것, 또 이 해의 대규모 파업 등은 모두가 명백한 위험 신호였다. 사회민주주의자들은 이 해에 '진보인민당'과 함께 제국의회에서 최대의 블럭〔총의원 397명 가운데 152명〕을 형성하게 되었다. 대기업과 대지주가 다시 결속하였고, 애국적 정책에 기반한 우파연합 정당의 결성도 시도되었으며, 사회정책은 동결되었다. 각 정치진영들은 상대방 진영을 계속 방해하였다. 이러한 방해행위로 인하여 특히 우파정당 및 그들과 가까운 이익단체들이 자신의 정책을 추진시킬 전망은 거의 없어졌다. 수십 년간 독일기업가중앙협회(ZdI)의 총서기로 재임하였던 부에크는 1910년 말에 독일산업의 주요과제는 사회민주주의를 "패배시키고 파괴시키는 것"이라고 선언하였으며, 중앙당의 좌파지도자인 에르츠베르거(Mathias Erzberger)는 1914년 봄에 "사회민주주의의 막강한 힘을 분쇄시키는 것"을 국내정책의 가장 핵심적인 문제로 간주하였다.

　이와는 반대로 사회민주당은 1912년 이후부터 이제야말로 '당원의 증가현상'이 차기 제국의회 선거에서 자당후보자의 득표수를 훨씬 더 증가시키게 될 것이라고 믿었다. 그러나 좌파블럭에게 활기를 불어넣어 줌으로써 그들의 활동에 보다 더 강한 모험심을 보여주도록 하거나, 혹은 반대자들에게 억지로 곤경에서 빠져나올 수 있는 길을 마련하여 줄 사람은 그 어디에도 없었다. 베트만 홀벡의 대각전쟁(對角政策) — 이는 독일제국의 문제점들을 관리할 수는 있었지만 그것들을 거의 해결하지는 못했다 — 은 더 이상 통치가 불가능한 체제 속에서의 탈출구일 수도 없었다.

　1913년에 시작되어 1914년 내내 지속된 경기후퇴는 객관적인 어려움보다는 오히려 위기가 야기한 심리적 불확실성 때문에 장차 기반이 다시 붕괴되리라는 인상을 더욱 심화시켰다. 특히 현저한 자본부족 현상은 이러한 분위기에 일조하였다. 독일의 금융자본주의는 오랫동안 발칸반도 지역이나 터어키와의 교역에 관심을 가졌으나, 바로 여기서 문제점이 드러나기 시작하였다〔독일의 고위금융가들-몇몇 중요한 예외가 있기는 하지만-은 하나의 집단으로 간주할 수 있는데, 그들은 나름대로 신중한 정책과 비공식적인 영향력 영역 및 지배영역에서 활동하는 것을 선호하는 경향이 있었다. 비판적인 관점에서 본다면 그들은 은폐된 권력의 외부에 남아 있었다〕. 따라서 자본부족이 위기의식을 심화시킨 것은 사실이지만 전쟁을 유발시킨 진정한 동기는 아니었다.

    1912년 이후에는 결코 간과할 수 없을 정도로 위험한 발전이 크게 진전되었으며, 이들은 전통적인 지배집단에게 그들이 계속 궁지로 몰리고 있다는 인상을 갖게 하였다. 사람들은 이러한 상황을 They felt connered(궁지에 몰려 있다고 느꼈다)라는 영어로 표현하려고 하였다. 그 결과 그들은 자신의 지위를 지키기 위해서 점차 처절한 싸움을 준비하게 되었다. 자진하여 시대착오적인 특권을 포기하려는 그들의 의지도 점차 경직되어 갔다〔영국의 지배엘리트들는 이 시기에 아일랜드 '자치'문제에 관해서 경직되고 무책임한 태도를 취하기보다는 오히려 기꺼이 양보심을 보임으로써, 그들은 경험으로부터 보다 더 배울 능력이 있다는 것을 증명해 주었다!〕.

    스스로가 벽에 등을 기댄 채 방어적인 자세를 취하고 있다는 것을 발견하는 지배엘리트는 지배적 지위를 계속 유지하기 위하여 상당한 모험을 감행하는 경향이 있다. 여기서 중요한 것은 오늘날에도 우리가 재차 목격할 수 있는 정치적 행위의 보다 일반적인 모델인 듯하다. 주관적인 면에서 볼 때, 그러한 행위는 방어적 자세로 완화되며, 당시의 이러한 자세는 그들의 서신·일기장·서류 등에 표현되어 있다. 그러나 객관적인 측면에서 볼 때, 중요한 것은 공격수단을 동원한 방어가 공개적인 갈등으로까지 발전될 수 있다는 것을 이해하는 것이다. 이러한 행위는 의도적으로 전쟁을 계획하는 일과는 관계가 없다. 그러나 이처럼 절망적이리만큼 무모한 방어는 사전에 그 결과를 철저하게 계산할 수 없기 때문에 극단적인 전쟁모험조차도 회피하지 않게 된다. 1914년 여름의 제국정책을 이해할 수 있는 열쇠는 공격적인 수단을 동원하여 방어를 계속해 보려는 바로 이러한 경향 속에 있다.

　이러한 경향성은 제2차 모로코위기 이후 점차 성장하였고, 또 결정적 시기에 강력한 영향력을 행사하고 있던 군 고위집단의 지지를 받게 되었다. 아마도 그들은 1864년에서 1870년까지의 모험정책이 거둔 빛나는 성공을 회고해 볼 수도 있었을 것이다. 그들의 주장은 권력엘리트의 '묵시적인 전제들'과 더불어 정책의 결정과정에서 보다 더 중요한 비중을 차지하였다. 그들의 결정은 새로운 발칸위기*62)를 국내에 긍정적인 영향을 미칠 수 있게 하고, 나아가서 이를 대외정책의 극적인 성공을 위한 지렛대로 사용함으로써 점차 그 모습을 드러내고 있었다. 그러므로 그것은 위기를 장기적으로 계획된 관점에서 취급해 보려는 열강들의 시도를 신뢰하지 않고 국내문제를 대외문제로 전환시키는 이른바 앞으로의 도주정책을 시작하는 것이었다.

　군 고위층이 어떤 결정에 도달하기 위해서 자유롭게 활동할 수 있는 영역은 극히 제한되어 있었던 듯하다. 그들은 신뢰할 만한 장교후예들을 찾아내야 한다는 사회정책적인 배려에서 군비증강에 제동을 걸었다. 서부에서의 슐리펜계획에 신뢰감을 보였으나 군병력의 증강

---

*62) 두 차례에 걸쳐서 발칸지역에서 벌어졌던 발칸전쟁을 말한다. 제1차 발칸전쟁은 1912년 3~10월에, 제2차 발칸전쟁은 1913년 6월에 터졌다. 두 차례의 전쟁으로 발칸반도의 여러 나라는 대립관계에 놓이게 되었고, 러시아와 오스트리아의 이해가 얽혀 제1차 세계대전의 원인들 가운데 하나가 되었다.

이 여전히 충분하지 못하였기 때문에, 그들은 이미 예정되어 있던 군대의 동부배치를 연기시켰다. 우파가 기대하던 초토화효과는 주로 계획적인 동원과 신속한 선제공격에 의거해 있었다. 그렇지만 그들이 극히 최근에 입수한 정보는 러시아의 군사적 준비상황이 1916~17년까지 짜르제국의 압도적인 우위를 초래할 수 있으며, 이로 인하여 독일 병력의 대부분을 동부국경 지대에 묶어둘 수 있다는 것을 증명해 주는 듯하였다.

반면에 프랑스에 대해서 독일은 1915년까지만 우위를 유지할 수 있을 것이었다. 이처럼 불리한 시대에 그들은 자신이 정해 놓은 계획표와 진군표에 사로잡힌 채, 또 대규모 힘겨루기로써 위협하려고 하지도 않은 채, 기회가 지나가 버리도록 구경만 하려고 하지는 않았다. 왜냐하면 정치적·사회경제적 이유로 인하여 향후 독일이 군비증강 속도를 더욱 높이려는 시도는 불가능한 듯이 보였기 때문이다. 만약 위협이 성공했다면, 독일제국은 보다 더 긴 휴식을 얻었을 것이다. 그러나 일단 화약의 심지가 화약통까지 타들어가게 되면, 그들은 초기의 시점-빠르면 빠를수록 좋다-이야 어찌됐건 이후의 보다 더 불리한 시점으로 결투를 지연시키는 것보다 더 유리했을 것이다.

'군부'는 제국재상에게 '2년 이내에' 패배를 피할 수 없을 것이라고 보고했다. 이즈음에 그들이 갖고 있던 계산과 두려움은 전통적 지배엘리트에게서 성장하고 있던 모험정책 추구에 힘을 모아주고 있었다. 이러한 모험정책의 추구는 말로 표현할 수 없는 위기의 순간에 정책입안자들이 되돌아가게 되는 전제들 가운데 하나였다.

여기서는 이 시기의 지배엘리트들 사이에 만연했던 여러가지 두려움과 부담감의 복잡한 징후들을 반복해서 서술하고자 했다. 1914년 봄에 라티보르(Ratibor) 공작은 프랑스대사 깡봉(Cambon)에게 "상업계급과 부르주아계급"이 "군부와 지주계급에 피해를 입히면서 우위를 점해 가고 있다. 이 관계를 다시 정상으로 돌려놓기 위해서는 전쟁이 필요하다"고 털어놓았다. 그에 의하면 "1864·1866·1870년의 전쟁도… 군대와 지주들의 정당을 강화시켜 주었기" 때문에, 이제 "상황을 예전의 상태로 되돌려놓기 위해서는 전쟁이 필요하다"는 것이다. 적색위기가 점차 가시화되자 '제국 내의 일부계층'은, 마치 바이에른의 외교관인 레르헨펠트가 베트만과 대화를 가진 후 언급했듯이, 전쟁이 "보수적인 의미에서… 국내상황의 회복"을 가능케 해주기를 기대하였다.

이와 마찬가지로 프로이센의 원로 보수주의자인 하이데브란트(von Heydebrand)는 전쟁을 "가부장제적인 질서 및 그 사유방식의 강화"와 연결시켰다.4) 비스마르크가 전쟁을 통해서 헌법투쟁을 해결하기로 결심한 이후, 이러한 사고방식은 보수주의적 사고의 특징적인 모습이 되었다. 이제 위기상황이 [지배엘리트의 이익에는] 헌법투쟁에 비견될 수 있을 정도로 위협적인 것으로 간주되었기 때문에, 이 자포자기적인 사생결단의 모험을 감행해 보려는 경향이 다시 기반을 얻게 되었다. 이러한 의미에서도 우리는 베트만 홀벡이 1918년에 전쟁은 "어떤 의미에서는" 예방전쟁이었다고 힘주어 표명했던 바를 이해할 수 있다.5)

그렇지만 우리는 여기서 제국재상 자신이 1914년 여름의 대규모 전쟁이 국내에 전혀 다른 영향을 끼치지나 않을까 염려했다는 사실을 간과해서는 안된다. 즉 그는 7월 초에 다음과 같이 회의적으로 언급하였다. "사회민주주의자들은 평화를 설교하기 때문에, 세계대전은 전혀 예측할 수 없는 결과를 초래할 수도 있다. 즉 전쟁은 사회민주주의의 힘을 크게 강화시켜 줄 수 있고, 또 많은 왕관을 붕괴시킬 수도 있을 것이다." 그는 하이데브란트의 안정화기대를 퉁명스럽게 "전혀 사리에 맞지 않는 것"이라고 일축하면서 "전쟁이 어떻게 끝나든 간에 전쟁을 통해서 현존하는 모든 것의 대변혁이 초래"되기를 기대했다.6) 그러나 이러한 현실주의적 예측이 결코 그의 행위를 결정적으로 변화시킬 수는 없었다. 다시 말해서 제국정부의 최고위 관료인 베트만은 정책결정과정의 공식적·비공식적인 구조 속에서 자신이 갖고 있는 개인적인 두려움을 자신의 생각대로 사회질서를 유지시킬 평화정책으로 돌릴 만한 비중있는 인물이 아니었다. 게다가 그는 탁월한 개인적 자질을 갖춘 인물도 아니었다. 이 제국재상이 제국정책을 더 이상 순조롭게 수행할 수가 없게 되었다는 사실은 7월위기에서도 명백히 드러났다.

이처럼 협력을 가로막는 장애물이 구조적이었다는 사실을 감안한다면, 협력을 이루어내지 못한 죄를 개인에게 전가시키는 것은 문제의 핵심을 벗어난 것이다. 왜냐하면 이 문제점은 '사회발전의 보다 깊은 층위' 속에 위치해 있을 수 있기 때문이다. 요컨대 독일에 관한 한 제1차 세계대전은 장기적인 전쟁계획의 결과가 아니라, 그 지배층이 급속하게 민주화되어 가는 세계에서 더욱 심각해진 여러 문제점들에 제대로 대처하지 못한 데서 생겨난 결과였다. 게다가 이러한 국내의 어려움을 해결하기 위하여 채택한 공격적인 방어정책은 대외정책을 통해서, 필요할 경우 전쟁을 통해서, 국내의 문제들을 잠재우려 하거나 혹은 숨돌릴 여유를 제공해 주려고 하였다.

이로써 지배엘리트는 계속 "자신의 편협한 이익을 조장하고 사회민주주의의 전진을 중단시키려고 하였다."7) 그래서 베를린측이 부추겼던 오스트리아-헝가리와 세르비아 사이의 대립은 즉시 복잡한 동맹체제를 작동시키게 하였고, 그 결과 '계산된 모험'정책은 실패하였다. 이 정책은 1914년 8월에 가능성있는 사건인 대규모 전쟁에 건 도박이었을 뿐만 아니라, 그러한 모험을 의식적으로 감행한 거의 자포자기적인 전쟁전략임이 드러났다. 따라서 이 정책은 전쟁을 일으키는 데 직접적인 역할을 했던 셈이다. 1872년에 부르크하르트는 "만일" 정치적 사회적인 권력의 상실을 모면하겠다는 "동일한 목적이 또다시 전쟁을 필요로 한다면 우리는 또 한 차례의 전쟁을 치르게 될 것이다"라고 예견한 바 있다.

엥겔스는 전쟁이 20세기에 무엇을 의미할 것인가에 관하여 이미 1887년에 다음과 같이 명석하게 예언하였다. "프로이센-독일은 세계전쟁 이외의 다른 어떠한 전쟁도 더 이상 치를 수 없게 될 것이다. 8백만 내지 1천만의 병사들이 서로 상대방을 사살하게 될 것이고, 그리하여 마치 메뚜기가 지나간 자리처럼 전체유럽을 아무것도 남기지 않고 삼켜버릴 것이다. 30년 전쟁은 3~4년을 주기로 하여 집중적으로 진행되면서 전대륙으로 확산되었고, 급기야는 대륙을 황폐화시켰다. 기근·전염병·엄청난 곤궁 등으로 인하여 군대와 일반대중까지도 전반적으로 탈도덕화되었다. 인간의 상업·산업·신용 부문에서는 활동이 절망적인 혼란에 빠졌고, 마침내 전반적인 파산에 빠졌다. 이제 낡은 국가와 왕관이 자갈길을 굴러다니지만 그것을 집어올릴 사람은 아무도 없을 정도로까지, 그 국가의 전통적인 정치적 지혜가 파괴되었다." 그러한 재난 속에서 1897년에 비스마르크가 표명했다는 그의 소망들 가운데 한 가지가 충족될 수 있었다. "그는 아마도 자신이 기초를 놓은 건축물이 파괴될 때 거기서 복수를 경험하게 될 것이다."8)

8.2. 전시재정과 전시경제

제1차대전의 군사적 전개과정 및 이와 관련된 여러 외교적 계략에 관해서는 어느 정도 상세한 설명들이 많다. 여기서는 이 문제를 다루기

보다는 독일의 전시재정 및 전시경제의 기본적인 특징들 가운데 몇 가지를 강조할 것이다. 이 전쟁은 불과 몇 개월 사이의 불꽃튀는 공방전-많은 나라 사람들은 이렇게 되리라 예상하였다-으로 끝나지 않았다. 따라서, 1914년 8월 4일 이후 수권법(授權法:Ermächtigungsgesetz)*63) 이 통과됨으로써 이 전쟁의 자본조달은 가능했다. 추정상 전쟁에 직접 필요한 비용, 즉 1일 9,800만 내지 1억 마르크, 총 1,520억 내지 1,550억 마르크에 달하는 비용 가운데 약 60%가 990억 마르크의 명목가치[실제로 970억 마르크]를 지닌 9년 기한의 전시공채를 발행함으로써 충당되었고, 그 나머지는 국고증권[1919년 11월 말에 그 발행고는 522억 마르크에 달했다]과 조세수입으로 충당되었다. 베를린의 율리우스탑-이 곳에는 [1871년 이후] 프랑스로부터 받은 보상금의 일부가 저장되어 있었다-에 보관되어 있던 유명한 슈판다우(Spandau)의 전쟁준비금은 2억 500만 마르크에 불과했으며, 이는 정확히 이틀간 전쟁을 치를 수 있는 금액이었다.9)

1870~71년의 전쟁에서와 마찬가지로 독일이 전쟁으로 인하여 입게 될 재정적 부담의 대부분을 훗날의 패전자에게 부담시킨다는 기본원칙에는 변함이 없었다. 이러한 원칙에 따라서 국무장관 헬페리히(Helfferich)는 제국의회에서 다음과 같은 사실을 매우 공공연하게 설명하였다. "일단 평화협정이 체결되면, 우리는 타의에 의해서 전쟁을 강요당했으므로, 이 전쟁으로 인하여 소요된 비용에 대해서는 적에게

---

*63) 전권위임법이라고도 부른다. 授權法은 행정부에 전권을 위임하는 것인데, 그 기능은 일시적이고 제한적이었다. 권력의 부여는 정상적인 법제정 방식으로는 통제가 불가능한 특별한 상황을 극복하기 위하여 허용되었으나, 이로써 권력분립은 파괴된다. 1914년 8월 4일의 수권법은 연방의회(Bundesrat)에 전권을 부여하였다. 이는 전시경제에 필요한 법의 효력을 갖춘 규정들을 달성하기 위해서였다. 바이마르공화국 시기에도 여러 차례의 수권법이 있었으며, 특히 1933년 3월 24일에는 바로 이 수권법이 제정되어 히틀러가 전권을 장악하게 되었다.

[전쟁비용] 계산서를 제시할 수 있다는 희망을 갖고 있다."10) 영국이 도입하였으나 결국 특히 유산자들에게나 부과할 수 있었던 것과 같은 종류의 고율전쟁세 도입을 독일에서는 포기하였는데, 이는 13가지 종류의 지폐가 발행될 수 있는 길을 터줌으로써 불가피하게 화폐유통을 증가시켰다. 그리고 이렇게 해서 늘어난 화폐는 공채, 특히 전시채권의 판매를 통해서 부분적으로 흡수되었다. 그러나 새로 발행된 지폐와 은행에 예금되어 있는 화폐(notales u. girales Geld)는 전시에 소비재를 충분히 공급해 주는 것과는 거리가 멀었으며, 이 정책은 독일의 파괴가 명백해진 이후에야 비로소 효력을 발생하였다. 따라서 독일의 전후인플레이션은 1914년 8월에 시작되었다고 보는 것이 타당하다.

전시채권은 독일의 전시재정 정책에서 분명 가장 특징적인 부분이었다. 제국정부는 공채의 독점적 발행권을 부여받았으며, 다른 어떠한 자본 차용자들도 이 권리를 허용받지 못하였다. "만약 독일의 국가지도자들이 그들의 의지대로 했었더라면, 국가채무의 총액 가운데 장기공채가 차지하는 비율은 훨씬 더 높았을 것이다"[Lütge]. 1916년 3월의 제4차 전시공채 발행시까지 조달된 금액은 장기채무를 해결하기에 어느 정도 충분한 편이었다. 그러나 이후 제5차에서 9차까지의 전시공채 발행으로 이것은 점차 불가능해졌고, 1918년에는 아직 해결되지 않은 잉여채무액만도 512억 마르크나 되었다. 이것은 사실상 단기채무가 장기채무로 전환되었음을 의미하는 것이었다. 다시 말해서 이는 흔히 물질적인 면에서 특권층에 속하는 "수많은 정부신용자들의 자산에 대한… 권리의 창출"을 의미하였다. 1919년에 1,560억 마르크에 달했던 실채무액은, 이자율 5%로 매년 50억 마르크씩 분할상환하도록 되어 있어서, 제국의 유지에 지속적인 부담이 되었다.

영국은 1917년 이후 주식회사가 벌어들인 이익의 80%를 세금으로 징수하였으며, 국가가 필요로 하는 총비용의 30%를 이 고율의 전쟁세로 충당하였다. 만약 이 고율조세 제도가 독일에 도입되었더라면, 독일은 많은 이익을 보았을 것이다. 그러나 독일제국에서는 사회권력이 분할되어 있었기 때문에, 이 제도가 이용될 수 없었다. 만약 이 체제가 채택되었더라면, 유통중인 화폐는 즉시 회수될 수 있었을 것이고, 따라서 화폐유통량은 당시에 점차 감소하고 있던 소비재의 생산과 서로 균형을 이루게 되었을 것이다. 그렇게 되었더라면 결국 생계비의 팽창을 가져오는 가격상승, 즉 인플레이션은 완화되었을 것이다. 특히 전쟁의 수혜자들은 군수품계약으로 벌어들인 막대한 액수의 자금을, 후에 이자로 고수익을 얻을 수 있으리라고 기대하면서, 제국정부에 빌려줄 수도 없었을 것이다. 만약 정책이 공익부문으로 전환되었더라면, 사회적 생산이 너무도 일방적인 방향으로 전용되는 일은 허용되지 않았을 것이다.

그럼에도 불구하고 독일의 권력엘리트들은 1918년까지 정부의 전시공채 정책을 유지시키는 데에 성공하였을 뿐만 아니라, 심지어는 1916년까지 전쟁에서 생기는 이익에 대한 어떠한 과세제도도 도입되지 못하게 할 수 있었다. 이런 유의 조세수익은 1917년에 48억 마르크, 1918년에는 25억 마르크였다. 1918년까지 독일의 전쟁비용 가운데 불과 16%만이 조세에서 충당되었다. 전쟁자금을 조달하기 위해서 채택된 방식으로 인하여, 전쟁이 끝나자 전례없는 재정파탄이 이어졌다. 이 파탄은 특히 부르주아적 중산층의 경제적 토대에 심각한 타격을 주었다. 놀라운 것은 －당시이건 예전이건－ 그로 인한 환멸감이 실제로 비난받아야 할 사람들에게 겨냥되지 않은 채, 25년 후에 유사한 사건이 재발하였다는 사실이다.

독일 전시경제의 기본적인 특징은 4년간의 투쟁기를 거치면서도 그대로 남아 있었다. 즉 독일은 원료와 식료품을 수입에 의존했고, 노동력이 부족했다. 게다가 동맹국의 봉쇄정책도 점차 효과를 나타내고 있었다. 1913년에는 필요불급한 다량의 질산염[탄약용]·망간·고무는 전량을, 면화·양모·구리는 90%, 가죽은 65%, 철광석은 50%를 수입에 의존하였다. 석탄은 독일제국 영내에 매우 풍부하였으며, 부족한 철광석은 끝까지 스웨덴으로부터 수입할 수 있었다. 그러나 이외에도 원료조달을 중앙으로 조직화하여 통제해야 할 필요성이 시급하게 제기되었다. AEG의 최고책임자인 라테나우는 1914년 8월에 육군성 안에 전쟁에 필요한 원료의 조달부서를 설치하게 하였으며, 1915년 4월까지는 그가 직접 이 부서를 이끌었다. 이어서 1918년까지는 이 분야에 상당한 식견을 갖고 있는 군부의 기술관료 쾨트 (Koeth) 소령이 이 부서를 운영하였다. 이 부서를 포함한 다른 몇몇 부서들은 제한적인 계획경제체제를 수립하였다. 사적인 경제적 결정이 독일의 전쟁수행에 명백한 손해를 입혔음에도 불구하고, 계획경제체제가 자본의 사적인 소유, 사적인 투자결정과 감가상각의 결정 등을 침해한 적은 없었다. 라테나우는 통제를 더욱더 확대시키려는 계획을 세웠으나, 그의 계획은 청사진에 머물렀을 뿐 한번도 실행되지 못하였다.

농업부문에서 독일제국은 극히 부분적으로만 자급을 이루었다. 예컨대 1913년의 경우 20억 마르크에 상당하는 식료품이 수입되었다. 실제로 독일은 빵제조에 사용되는 곡물의 90%를 생산하였으나, 전시에는 그 산출량이 계속 감소하여 1917년의 경우 1913년의 절반수준에 머물렀다. 특히 이러한 산출량감소로 인하여 영향을 받은 가장 중요한 농작물은 곡물과 감자였다. 따라서 독일에 대한 봉쇄정책으로 독일에서는 기아상태가 야기되었으며, 이는 동맹국들의 매우 효과적인 무기들 가운데 하나였다. 인접한 중립국에서 독일로 수입되는 곡물의 양은 매우 적었다. 게다가 농업부문에서 통제경제를 수립하기 위해 취해진 여러 조치들은 상당히 늦은 감이 있었다. 지주들은 1916년까지 통제를 방해했으며, 뒤이어 시행된 여러 조치들도 저 무시무시한 1916~17년의 순무의 겨울(Rübenwinter)*64)을 막을 수는 없었다[1944년 말까지 제2차 세계대전 기간 동안에 독일주민들의 식량공급 상태는 이보다 훨씬 더 나은 편이었다. 왜냐하면 사전에 계획이 수립되어 있었고, 점령지에 대한 약탈이 보다 더 조직적으로 이루어졌으며, 또 저장시설이 더 잘 갖추어져 있었기 때문이다].

사태가 이렇게 진전되자 독일의 도시들은 엄청난 불이익을 당하게 되었다. 도시 곳곳에서는 암시장이 형성되었으며, 터무니없이 높은 가격에 거래가 이루어지면서 부자들은 다시 한번 엄청난 이익을 보게 되었다. 도시와 농촌 사이의 대립이 날카로워졌으며, 동시에 빈자와 부자 사이의 적대감도 점차 커져갔다. 이런 적대감은 도시 계급사회 속의 분열을 심화시켰다. 1916년 봄에는 식량부족에 항의하는 최초의 공개적인 집회가 열렸으며, 그 해 5월에는 마침내 전시식량공급을 전담할 부서의 설치계획이 실행되기도 하였다. 그러나 이 부서의 운영은 전반적으로 실망스러웠다. 작황이 특히 나빴던 1916~17년 가을에는 1인당 1일 1,702그램 이상의 빵을 보장해 줄 수도 없었다. 1913년 이후 유아의 사망률은 50% 가량 증가되었다. 전쟁기간 동안 아사자(餓死者)의 수가 70만명 가량이었다는 사실은 높은 것이 아니라 너무도 낮은 추정치일 것이다. 이는 '전쟁중인 조국'의 실상이지 윙거(Jünger)·보이멜부르크(Beumelburg)·죄버라인(Zöberlein) 등과 같은 우파작가들이 훗날 그려낸 바 있는 저 이상화된 상은 아니었다.

지주의 이익단체들은 능력있고 공익에 봉사하는 '식량생산 신분(Nährstand)'이라는 과장되고 공허한 미사여구를 구역질날 정도로 반

---

*64) 1916~17년 전쟁기에 독일인들이 주식인 감자 대신에 사료용인 순무를 먹고 지내야만 했던 이 춥고 배고팠던 겨울을 말한다.

복하였는데, 이는 전시 식량경제의 실상을 드러낸 것이었다. 반면에 노동력을 조직화하려고 한 그들의 시도는 전혀 다른 문제를 제기하였다. 전쟁이 시작되었을 무렵에는 약 500만명의 장정이 징집되었으며, 이 수는 1,100만명까지 [전체인구의 7.5%에서 16.5%로] 점차 증가하였다. 이는 흔히들 염려하였던 실업상태가 아니라, 곧 노동력 부족현상이 나타나기 시작했다는 것을 의미하였다. 따라서 전시경제, 특히 군수산업의 수요는 기업가의 권력뿐만 아니라, 자유노조의 영향력도 전례없이 강화시켜 주었다. 군 사령관들은 전쟁 첫날부터 자신의 군사작전 지역에 계엄령을 선포하여 그 지역의 모든 권력을 장악하였으며, 그들의 후원하에 고용주들과 피고용인들 사이에 잠정적인 협력이 이루어졌다. 군단사령부와 고용주대표들은 생산의 증대와 파업의 회피라는 그들의 주요목표를 달성하기 위해서 사회적·정치적으로 양보하지 않으면 안되었다. 이러한 양보는 전체적으로 그 계약당사자에게 유리하게 작용하였으며, 마침내 일종의 비공식적인 임금자치제로 귀결되었다. 국내정책 및 기업정책 면에서 이러한 발전은 다른 한편으로 양진영 속에 성숙되어 있던 갈등을 한층 심화시켰다. 사민당과 자유노조 안에서 우파는 거의 무조건적으로 전쟁을 지지하였으나, 좌파도 점차 그 숫자가 늘어나면서 더 이상 무시당하지 않을 수 있을 정도로까지 자신의 반대입장을 주장할 수 있게 되었다. 따라서 두 파 사이의 간극은 점차 넓어져 갔다.

     기업가진영에서도 독일기업가 중앙협회(ZdI)와 기업가연맹(BdI)이 1914년에 '독일산업전시위원회'로 통합되었으나, 이들 사이에서도 비타협적인 '가부장제'에 입각한 관점과 제한적 양보가 필요하다는 관점 사이에 대립이 있었다. '성의 평화(Burgfrieden)'[*65]라는 이데올로

[*65] 전쟁이 지속되는 동안 노동조합이 조직적인 계급투쟁을 중단할 것과 모든 파업행위를 중지할 것을 결의한 이념이다.

기적 외양은 여기서도 문제점을 은폐시켰으나 일시적일 뿐이었다. 제국의 정책에는 강력한 의회와 정당에서 시작될 수 있는 특수한 통합작용이 결여되어 있었고, 또 '1914년의 이념'*66)이라는 궁색한 혼합물을 통해서도 대체될 수 없었기 때문에, 전쟁중에 이익단체의 힘은 더욱 강력해졌다. 이러한 사실은 특히 전시경제에 대한 국가의 통제력이 약했다는 사실에서 잘 드러났다. 전시경제는 유산자들에게 엄청난 이익을 가져다주었던 반면에, 일반인들의 생계유지비를 실질임금보다 훨씬 더 빨리 상승케 하였다.

    1916년의 힌덴부르크계획(Hindenburg-Programm)도 그 성격이 불안정한 것이었다. 왜냐하면 그것은 여러 세력간의 역관계와 서로가 상대방에게 영향력을 획득할 수 있으리라는 가능성으로 인하여 타협하지 않을 수 없었기 때문이다. 이 계획은 처음으로 일정한 계획에 따라 총력전을 수행하려는 강력한 시도였다. 루덴도르프와 힌덴부르크의 지휘하에 있던 제3최고사령부는 이제까지의 임시처방을 탈피하여 다음과 같이 전쟁수행 능력을 급격히 증강시키고자 하였다. ①루덴도르프의 오른팔격인 바우어(Bauer) 대령이 언급한 바와 같이, 군수품 부문은 "어떠한 희생을 치르더라도" 산출고를 예전보다 2~3배로 늘려야만 한다.11) 이와 관련된 구체적인 요구사항들은 중공업측의 거의 모든 소망을 충족시켜 주었으며, 최고사령부도 그 계획에 전적인 동의

---

*66) 당시 독일의 지배엘리트들은 일반적으로 독일의 국가사상이 서구민주주의 국가들의 그것과는 근본적으로 다른 독일에 특수한 것으로 이해하였다. 1914년 8월의 분위기는 독일의 고유한 길을 다시 획득하는 것으로 이해되었으며, 독일의 지식인들 특히 학자들은 그들의 극히 고상한 전쟁의 사명이 이러한 1914년의 분위기와 이 분위기가 정치적 도덕적으로 포함하고 있는 바를 지속시키고 독일민족의 정신적·도덕적 재생의 토대로 삼는 데 있다고 보았다. 이것은 이 당시의 이데올로기적 사고구조를 발전시키는 추동력을 부여하였으며, 여러 사람들-요한 플렝에·에른스트 트뢸취 등이 공식화하였다-은 이것을 '1914년의 이념'이라고 불렀다. 결국 이 '이념'은 1914년의 전쟁이 침략전쟁이 아니라 방어전쟁으로 보고 이를 정당화시켰다.

를 표명했다. ②소위 보조근무령(Hilfsdienstgesetz)은 그 성격상 모든 성인시민들을 전쟁목적에 포함시키려는 것이었으며, 이는 이러한 생산목표 계획과 밀접히 관련되어 있었다. 루덴도르프는 본래 [여성도 포함해] 모든 노동력을 강제동원할 것, 국방의 의무를 50세까지로 확대할 것, 청소년에 대한 군사교육을 사전에 실시할 것, 대학이나 전쟁에 중요하지 않은 모든 공장을 폐쇄할 것 등을 요구했다.

이 모든 조치들은 사회 전체의 완전한 군국주의화를 나타내는 것이었다. 좌파 및 중도파 정치인들과 노동조합은 이러한 광범위한 요구에 강력히 반대하였다. 특히 노동조합은 작업장의 선택권을 포기하는 대가로 양보를 요구하였다. 그들은 모든 기업에 노동위원회·중재위원회 및 조정위원회의 설치를 주장하였다. 이 제안을 둘러싸고 벌어진 협상과정에서 최고사령부의 철도담당 책임자이자 군부의 대표자인 그뢰너(Groener) 장군은 이러한 양보에 찬성하였다. 그는 남부독일 출신으로 나름대로는 추상적인 정의감도 갖고 있었다.

반면에 제국 내무성의 국무장관 헬페리히는 노골적으로 대기업의 후견인 역할을 하였으며, 완고하게 이러한 양보에 반대하였다. 그는 곧이어 제국의회에 제출한 법안의 초안작성에서 자신의 뜻을 관철시켰다. 그러나 제국의회의 다수파는 여기에 신랄한 비판을 가하였다. 정부가 이 법안을 옹호했음에도 불구하고, 다수파의 비판으로 결국에는 여러 면에서 수정이 이루어졌다. 이 법안은 1916년 12월에 찬성 235, 반대 19로 통과되었다. 이 법안은 16세 이상 60세 이하의 모든 사람들에 대한 강제적인 노동부역과 군수산업 작업장의 인력을 충원하기 위한 강제처방을 규정하였다. 작업장을 옮길 경우에는 미리 공장 중재위원회의 승인을 받아야만 했으며, 중재위원회는 기업 내의 쟁의에 대해서 조정역할을 책임지고 있었다. 정부는 기업가의 이익이 제한받지 않도록 배려해 주었으나, 명목임금의 상승을 통제하지는 못하였다. 이 생산계획에서 중공업측이 자신의 뜻을 관철시켰다면, 보조근무령은 공식적으로 고용주와 동등한 권리를 갖는 권력요소인 노동조합측에 엄청난 이익을 가져다 주었다고 할 수 있다.

제국의회는 [최고사령부가 요구하였던 것과 같은] 유사 국민투표적인 구두표결을 통하여 그 법안들을 비준해 달라는 요청을 거부하였을 뿐만 아니라, 오히려 제도적 규정들도 마련하였다. 우리는 이 제도적 규정들이 전후에 발생할 수도 있는 노동쟁의를 해결하기 위한 사법체제를 예상한 것이었다고 해석할 수 있다. 다수파[사민당·좌파자유주의자들·중앙당]는 처음에 그 조치에 찬성하여 함께 회합을 가지기도 하였다. 그러나 나중에는 1917년 7월의 '평화적인 해결안'을 의결하고, 소위 바이마르연합의 초기형태를 결성하였다.

이러한 결과들은 최고사령부·정부·고용주에게는 깊은 실망감을 안겨주었다. 그러나 정당과 노조의 지도자들도 엄청난 대가를 치르면서 제한적인 승리만을 얻었음에 틀림없다. 물론 이를 통하여 노동자와 그 조직들을 국가 속으로 진보적인 통합을 이루어냈다고 말할 수는 있을 것이다. 그렇지만 구체적으로 ―다시 말해서 주변의 여건을 감안한다면― 이것은 '혼란스러운 정치체제'[Feldman]에의 적응을 강요하였고, 사적 자본주의 경제의 핵심적인 조건들이 갖고 있던 영향력을 전혀 변화시키지 못하였다. 따라서 이것은 궁극적으로 '부정적인 통합'의 지속을 의미했다.

소수의 의견을 달리한 사회민주주의자들은 동등한 파트너로서 인정받기를 갈망하는 노조의 실용주의자들 보다도 이 사실을 더 명확하게 알고 있었다. 얼마 지나지 않아서 그들은 독립사회민주당(USPD) 안의 수천 명의 지지자들과 의견을 같이하게 되었다.

그뢰너의 지휘하에 새로이 만들어진 전시보급국(Kriegsamt)은 사실상 육군성을 대신하게 되었으나, 책임범위를 둘러싼 논쟁에 휘말려 계속 그 기능이 마비되었으며, 혼란상태에 빠져 있었다. 게다가 1916/17년 겨울에 이미 원료・석탄・운송부문이 위험스러운 지경에까지 이르렀으며, 이는 힌덴부르크계획이 수요를 충족시킬 수 없다는 것을 확인시켜 준 것이었다. 그리고 보조근무령은 총력전수행에 노조와 기업가를 결합시키도록 도운 것이 아니라, 오히려 양자간의 대립을 격화시켰다. 비록 4년 사이에 군수산업의 임금이 약 150% 정도 인상되긴 했지만, 이는 제조업자가 얻은 이익에 비해 극히 낮은 것이었다. 왜냐하면 유일한 구매자인 국가가 모든 생산물의 가격을 끝까지 지불했기 때문이다. 이 법은 식량공급 문제 및 양 전선에서의 교착상태와 연결되면서 국내상황의 불안을 가중시켰다.

1917년 이후 발생하기 시작한 수많은 파업은 이러한 불확실성에 대한 신빙성있는 자료를 제공해 준다. 파업횟수는 1917년 비약적으로 증가(1916년에는 불과 240건)하여 562건에 그 참가자가 150만명이나 되었다. 4월에 있었던 최초의 대규모 파업에 불을 지핀 것은 러시아혁명과 빵공급량의 감축이었다. 이 파업은 군대에 의해서 분쇄되었으며, 특히 라이프찌히에서는 정부의 병합주의적 목적과 프로이센의 3신분 선거법에 명백한 반대입장을 표명한 독립사회민주당이 명백한 강세를 드러내기 시작하였다.

파업의 물결은 여름 내내 계속되었으며, 특히 기업가들이 정통적이고 극히 반노조적인 입장을 고수한 오버슐레지엔 지방과 쾰른에서 격렬하였다. 이어 사회적・정치적 양극화가 급진전되었다. 최고사령부・고용주・우파정당들은 이미 충분한 성과를 거둔 바 있는 비타협적인 억압정책을 소리높여 주장하였다. 다른 한편 좌파-특히 금속노조-가 전진을 계속하였다. 우파의 노조간부들은 -이미 '야만적인' 여러 파업에서 확인된 바와 같이- 노조원의 분위기와 행위를 통제하기가 어렵다는 것을 점차 깨닫게 되었다. 만약 그들이 자신의 수중으로부터 영향력이 멀어지는 것을 수수방관하려고 하지 않았다면, 그들은 노조원의 급진화에 점차 적응해야만 했다. 1918년 1월의 대중파업은 새로운 정점을 이루었는데, 베를린에서 일시에 50만명이 제국 전역에서는 100만 이상이 부분적으로는 자발적으로 저항운동에 참가하였다 [1918년에서 혁명시까지 무려 499건의 파업이 있었다!]. 그뢰너는 중재에 대해서뿐만 아니라 전쟁이익금에 대한 감독과 전쟁이익금에서 나오는 조세의 인상에 찬성하였다. 그러나 그가 이미 1917년 여름에 최고사령부와 중공업에 의해서 해직당했다는 사실은 이러한 징후를 반영한 것이었다. 그와 같이 [어느 정도 타협의 의사가 있었던] 사람들은 더 이상 결정적인 직책에서 찾아볼 수가 없게 되었다. 전쟁의 마지막 해에 접어들면서 한편으로는 광신적인 병합주의와 '애국당'에 의해서 다른 한편으로는 전쟁에 대한 싫증·굶주림, 독립사회민주당에 의해서 격화된 사회적·정치적 대립 등은 더욱 화해불가능한 상황으로 심화되었다.

8.3. 전쟁의 목적과 계급사회

전쟁기간 동안 계급사회의 모순이 전례없이 심화됨에 따라서, 이제 독일사회 속에서는 계급대립이 매우 극명하게 그 계급적 속성을 드러냈다. 만약 이러한 사회구조적이고, 본질적으로는 제도적·정치적인 측면들을 고려하지 않는다면, 우리는 전쟁정책의 가장 핵심적인 측면, 곧 독일의 전쟁목적이 지니고 있는 의미와 기능을 이해할 수 없다. 지난 몇 십년 사이에 이 주제와 관련하여 많은 것들이 서술되고 또 논의되었다. 여기서는 전쟁에서 상대편이 자신의 정책으로 서로를 크게 뒤흔들어 놓음으로써 그들 모두가 요구와 반대요구라는 숙명적인 덫에 걸려들었는지, 혹은 예외적 상황으로 인하여 도덕성이 흐려지면서 그들 가운데 어느 누구도 상대편을 비난할 권리가 없었는지 등의 여부에 대해서는 관심이 없다.

여기서 우리가 관심을 가질 부분은 제국독일의 사회적 제국주의의 연속성과 그것의 심화이다. 이제 우리는 1914년의 소위 '9월계획'에 포함된 목록, 다시 말해서 독일이 전쟁에서 목표로 했던 환상적인 목록에서부터 1918년 가을에 이 망상적인 계획의 최후의 수행자들에 이르기까지 -그 이득이 경제적인 것이든, 전략적인 것이든, 또 이주정책과 관련된 것이든, 소수민족 정책과 관련된 것이든 간에- 직접적인 이득에 대한 여러가지 기대가 명백히 그리고 때로는 야비할 정도로 공공연하게 전쟁목적과 관련되어 있었다는 사실을 부인할 수 없다. 논의의 주제가 프랑스의 로트링엔에 있는 롱위-브리의 철광석 지역, 벨기에의 항구들, 러시아의 '곡창지대', 폴란드의 '국경선' 그 어느 것이든 간에, 거기서는 공식적 병합 혹은 비공식적인 지배의 확보를 대표한 사람들이 구체적이고 엄청난 물질적 이익의 대표자라는 사실을 숨기려 하지 않았다.

그러나 만약 전쟁목적 정책을 이러한 이익으로만 환원시켜서, 흔히 유행하는 경제적 결정론에 입각하여 중공업의 팽창주의적 로비활동에 의한 이윤추구 노력에만 만족하거나 혹은 소위 전략적으로 중요하지 않은 지역의 확보를 주요동기로만 간주한다면, 이는 잘못일 것이다. 우리는 이러한 동기들을 많은 정치인들의 헤게모니에 대한 갈망과 범게르만주의에 물든 교수들의 권력추구 이데올로기 속에서만 찾아서도 안된다. 오히려 다시 한번 성공을 통해서 독일제국 내의 개혁에 대한 요구를 외부로 돌리고 특권적인 권력엘리트를 포함한 전통적인 지배관계를 새로이 정당화시킬 수가 있으리라는 기대감은 전쟁에 대한 초기의 황홀감에서 말기의 환멸감에 이르기까지 계속 따라다녔다. 이러한 위기타개 전략은 몇 십년 전부터 베를린이 추구한 정책에서 사고 및 행동의 확고한 표준으로 자리잡았다. 이제 전쟁상황은 이 전략을 응용할 수가 있는 새롭고 전례없는 가능성을 열어주었다.

이러한 동기들은 수많은 청원서·서간문·보고서를 통해서, 요컨대 피셔의 『세계강대국화의 시도』가 출간된 이후에 벌어진 논쟁덕택에 널리 알려지게 된 수많은 사료들을 통해서 마치 홍사처럼 이어지고 있다. 이것은 독일제국의 정책에 대해서뿐만 아니라 '독일연방 각국의 전쟁목적 정책'에 대해서도 적용된다.[12] 이들 국가에서는 환상적인 계획과 우스꽝스러울 정도로 시대착오적인 사고가 현실과의 접촉관계를 압박하고 있다. 또한 여기서는 구질서와 그 담지자들을 구출하려는 시도가 사고의 전면에 위치해 있다. 현실로부터 유리된 채 끝없이 계속된 논쟁들, 발트해 연안국가들에서의 새로운 독일속국들이라는 무한한 환상에 고무된 계획들, 엘자쓰-로트링엔의 분할을 고려하여 플랑드르를 프로이센에, 리투아니아를 작센에 넘겨주고, 뷔르템베르크의 국왕에게 폴란드 왕위를 맡기려는 등 분할계획의 변경, 이들 가운데 그 어느 것도 각료회의나 연방정부의 고문관들 사이에서 열띤 논쟁이 벌어질 정도로 심각하지 않았다. 확실히 문자 그대로 후기 봉건제적인 성격의 왕조적 열망이 나름대로의 역할을 하였다. 프로이센의 힘이 날로 강성해지는 것을 의심의 눈으로 바라보았던 것도 지속적인 자극이 되었던 것이 분명하다. 그렇지만 여기서 이러한 계획과 조작을 행한 진정한 이유는 귀족적·군주제적인 전통을 지닌 낡은 세계를 안정시킬 필요성에 있었다. 기묘하게 조화를 이루고 있던 무성한 덩구풀무늬의 배후에는 [획책가들의 병리학적인 광폭함을 정제된 언어로 표현한다면] 현상의 옹호가 가장 중요한 고려사항으로 남아 있다.

따라서 독일의 전쟁목적에 관한 여러 논쟁은 극단적일 정도의 과대망상증, 세계적인 강대국에 대한 야망, 당혹스러울 정도로 방자한 현실적인 의미의 결여뿐만 아니라 극단적일 정도로 제한된 활동공간, 심원한 내적 변화를 절대적으로 배제하는 지배집단에게 부여된 극히 협소한 선택의 여지 등에 그 초점이 맞추어져 있다. 그들은 — 베트만 홀벡이 1914년 1월에 그리고 프리드리히 엥겔스가 1887년에 예언했던 것처럼13) — 자신의 지위에 치명적인 위험이 커지고 있다는 것을 알았기 때문에, 공개적으로든 혹은 은밀하게든 광범위한 대중의 정치적·사회적 개혁요구를 두려워했으며, 따라서 그들은 이미 스스로가 선택해 놓은 과정에 가속도를 덧붙였다. 그리하여 그들은 환상적이고 화려한 팽창주의의 성공을 통해서 자신의 시대 이후까지 남아서 구원받을 수 있기를 소망했다. 그러므로 이 전쟁목적 계획 속에는 불가피한 요소 — 당시 독일의 권력상황이 어떠했던가에 따라서(rebus germanicis sic stantibus) — 가 한 가지 있었다. 단 하나의 결정적인 요인은 침략적인 원대한 포부가 아니라, 1880년대의 제국주의 이후처럼 그들이 대외적 활동을 통해서 자신의 지위를 방어해야만 한다는 의무감이었다.

독일의 전쟁목적이 지니고 있는 이러한 기능적인 측면이 결코 과대평가될 수는 없다. 권력엘리트들은 이 정책을 분명히 통합의 수단으로 이해하였으며, 이 점에 있어서 과도한 계획은 제국독일의 사회적·정치적인 분열이 매우 심각했다는 사실을 반영한 것이었다. 나아가서 1918년 봄 이후에 구체적인 팽창주의적 이익과 조치들에 한정한다면, 새로운 목표를 지향하는 질적인 비약이 관찰될 수 있다는 사실도 간과해서는 안된다. 바로 이러한 사실들 때문에 우리는 "제2차 세계대전의 전사(前史)가… 이미 제1차 세계대전에서" 시작되었다고 말할 수 있다.14)

1917년의 러시아혁명 이후에 제3최고사령부는 궁극적으로 소비에트 정권을 브레스트-리토프스크(Brest-Litowsk)의 강제적인 강화*67)(1918.3.3)라는 멍에 아래 굴복시키는 데 성공하였다. 그 이후 두서너 달 동안에 독일의 전쟁목적 계획은 매우 주체적인 결정으로 바뀌어갔다. 왜냐하면 이 조약은 독일정부에게 자신의 전쟁목적을 실행할 수 있는 최초의 실질적인 기회를 제공해 주었기 때문이다. 승리한 독일이 그 적국에게 부과했을지도 모르는 조건들을 가장 명백하게 보여주는 것은 사실상 이 카르타고식의 평화조건이다. 이 조약은 러시아영토의 분할〔예컨대 우크라이나 인민공화국·핀란드·발트해 연안국가들의 분리독립〕을 규정하였고, 경제적 요구조건들을 부과하였으며 우랄산맥 서부지역의 러시아 전역을 일정한 이행기를 거친 후에는 독일의 지배하에 두려고 하였다.

범게르만연맹이 러시아에 대하여 피터대제 시대의 국경으로 철수할 것을 요구한 1914년의 진정서는 비록 당시에 출판을 금지당하긴 했지만 오늘날까지 루덴도르프의 개입덕택에 여러 판 인쇄되어 많은 사람들 사이에 확산될 수 있었으며, 요구사항은 그 이상으로 충족되었다. 서부에서의 전쟁이 다시 교착상태에 빠지고 발칸전선의 붕괴가 확실해진 1918년 3월 이후에는 "독일지도부 전반에서"는 러시아전역을 장악하여 이 거대한 제국을 영구히 독일에 종속시키자는 생각이 동의를 얻기 시작하였다. 이 '공리(公理)'는 1914년 이전에 짜르제국을 과대평가하였던 것과는 사실상 '정반대'된다!

브레스트-리토프스크조약은 이런 '원대한 계획'을 실현하는 데 필

---

*67) 신생 소비에트 러시아정권의 요구로 1917년 12월에 브레스트에서 주축국과의 휴전협정이 체결되었다. 이어 신생 소비에트정권은 1918년 3월 10일에 반대 속에서 평화안을 받아들였다. 이 결과 러시아는 발칸지역과 폴란드·핀란드·우크라이나를 포기하고, 터어키지역에서 철수했으며, 대규모의 전쟁보상금을 지불해야만 했다.

요한 몇 가지 전제를 마련하여 주었으며, 1918년 8월 3일에 체결된 독일-러시아 사이의 추가협정은 아직 점령당하지 않은 러시아영토에 대한 독일제국의 간접적인 영향력을 더욱 강화시켜 주었다. 독일군은 나르바(Narwa)에서 플레스카우-오르샤-모길레프(Pleskau-Orscha-Mogilew)를 거쳐서 로스토프(Rostow)에 이르는 전선을 사수하였고, 우크라이나를 지배하였으며, 전방부대들은 크림을 점령하여 트란스코카시아(Transkaukasien:흑해와 카스피해 중간지역) 지방까지 통하게 되었다. 이제 동부에서의 '거대한 영토'라는 독일의 계획은 명확한 형태를 갖추게 되었다. 여기서는 거대한 전쟁목적이 결국에는 영구히 실현될 듯이 보였기 때문에, 1918년 가을에 그것이 붕괴된 것은 더욱 갑작스럽고 충격적인 것이었다. 동부의 '전략적인 전방지역'은 마치 유령처럼 사라지는 듯하였다. 그러나 불과 몇 년 후에 "소비에트연방의 폐허 위에 독일의 동부제국을 건설한다"는 히틀러의 '장기적인 목표'가 선전되었을 때, 그것은 어떤 몽상가의 환각적인 견해만은 아니었다. 이미 1918년에 한번 달성되었던 것 속에는 '구체적인 접촉점'이 충분히 있었던 것이다.15)

독일의 [군부 및 정치지도부가 내린] 결정과정에는 여러가지 동기가 작용하였다. 즉 어떤 결정이 내려질 경우, 그것이 국내정치에 어떠한 영향을 끼칠 것인지를 고려해야만 했고, 또 비록 거의 이용할 수 없었음에도 불구하고 극히 시급하게 그리고 직접 곡물저장지 및 원료산지에 접근해야만 할 필요성이 있었다. 이외에도 작용하고 있던 몇 가지 새로운 동기가 여기에 영향을 미쳤다. 이들은 이 시기의 질적인 변화를 언급하지 않을 수 없게 하고 있다.

1. 동맹국의 봉쇄가 독일을 거의 4년 동안이나 세계시장으로부터 격리시키고, 독일의 무역관계를 파괴시킨 후, 그리고 1916년 봄 이후부터 전후의 경제적 세계분할에 관한 연합국측의 계획이 베를린에 알

려진 이후, 독일에서는 자급경제를 달성해야 한다는 생각이 일반화되고 있었다. 이러한 생각은 본래의 '중부유럽' 계획을 훨씬 뛰어넘는 것이었다. 이와 관련하여 독일이 식량과 광물자원 면에서 엄청난 잠재력을 지닌 러시아에서 팽창주의적 목적을 추구한다는 것은 필수적인 듯이 보였다. 이 전략은 진정으로 유일한 성공가능성을 제공해 줄 듯하였다. 특히 독일의 자급경제를 지지하는 사람들은 짜르체제가 붕괴된 이후에 상업활동을 할 수 있었다.

2. 이제까지 독일제국의 영향력있는 지배집단 속에서는 세계대전이 '장차의 대규모 전쟁'에 대한 전주곡으로서만 이해되어야 한다는 견해가 지배적이었다. 세계열강들은 이러한 전쟁을 통하여 서로 지속적으로 경쟁하면서 자신의 영향권을 부단히 재정립하고자 한다는 것이다. 적대적 국가들로 구성된 국제체제라는 이 사회적 다원주의적인 변수는 전략적인 방위를 위해서 너무도 대규모의 영토획득을 요구하였기 때문에, 러시아 전체는 마치 처분가능한 파산재단처럼 취급되었다.

3. 새로이 획득된 '동부영토'에서는 '범게르만연맹'과 '동진협회'뿐만 아니라, 루덴도르프도 슬라브인의 무모한 강제이주와 이를 보완한다는 의미에서 러시아에 본래부터 살고 있던 모든 독일계 정착자들에게 이익이 되도록 종족적 토대 위에서 '민족의 재배치'를 구상하였다. 이미 1915년 12월에 제3최고사령부의 실질적인 실력자인 루덴도르프는 러시아에 대하여 다음과 같이 언급하였다. "여기서 우리는 장차 동쪽에서의 싸움에 필요한 사람들을 위한 사육장을 얻게 될 것이다. 이 싸움은 불가피하게 될 것이다."16) 그가 사용한 어휘들은 극히 음험하였으며, 이어 1918년에는 민족의 게르만화 정책이 개시되었다. 이처럼 쉽게 팽창하게 될 동기를 분석해 보면, 이 시기에 국가사회주의의 강령과 그것의 실천을 위한 중요한 전제들이 어떻게 생겨났는지 혹은 만들어졌는지가 쉽게 드러난다.

전쟁목적 정책 이외에 다른 통합이데올로기들도 적어도 일시적으로 중요한 역할을 했다. 1914년 8월에 선언된 '성의 평화'는 국내의 정책을 둘러싸고 빚어진 대립을 종식시켰을 것이다. 그것은 '투쟁하는 민족'의 통일을 보증해 주기 위해서 허구적 민족공동체(Volksgemeinschaft)에 호소하였다. 갈등없는 사회라는 이념이 확고하게 자리잡고 있던 중산층 부르주아지 속에서, 또 1914년 8월 4일에 전민족 속으로 흡수된 듯이 보인 사회민주주의라는 '조국이 없는 자들'에 대해서도 '성의 평화'라는 용어는 전쟁 첫 해에 명백히 상당한 영향력을 얻었으나, 이어 1916년까지 이 위대한 듯이 보이는 말의 유령은 거의 파괴되었다.

학계는 오랫동안 소위 '1914년의 이념'을 고집하였다. 만약 그들이 아직 혁명의 전통을 갖지 못했다면, 그들은 최소한 영국인 소매상인 기질, 갈리아인의 천박함, 슬라브인의 야만성에 대한 옹호이데올로기를 갖고자 했을 것이다. 이러한 '이념들'은 전쟁 이전시기의 모든 사악한 혐오증들, 즉 반영감정과 반유대인주의, 게르만화에 대한 자만심, 낭만주의적인 독일광(獨逸狂) 등과 관련되어 있었다. 지도적인 학자들은 저속한 언어로 울분을 풀었다. 독일이 다시 한번 서유럽의 정신적·정치적 문화와 확고하게 분리되는 듯하였다. 연결선들은 의식적으로 나누어졌고, 오만한 독선은 고립된 독일의 생활방식을 찬양하면서, 그것이야 말로 세상이 치유될 하나의 고차원적인 특성으로 간주되었다.

양대 교회는 수많은 소책자, 전쟁연설문, 전선으로 보내는 편지 등에서 전쟁신학을 토로하여 이 지독한 양조장으로 흘려보냈다. 총력전의 개념은 여기서 참기 어려울 정도로 이상화된 형태로 확산되었다. 총체적인 동원 및 전쟁수행은 적의 동맹에 대한 독일의 양적인 열세의 보상이었을 뿐만 아니라, 독일 계급사회의 문제점들에 대한 일시적인 해결을 약속해 주는 것이기도 하였다. 과도하게 이상화된 '참호공동체'

의 장점들, 즉 자본주의가 평화시에는 다수에게 허용해 주지 않았던 긍정적인 특성은 인정받을 수 있게 되었다. 인간의 희망이 전례없이 왜곡되었으며, 주검이 도처에 깔려 있는 전선에서나 생성될 수 있는 비정상적인 사회적 관계가 이상사회의 모델로서 설정되었다.

이 사회에서는 권위주의적으로 교육받은 시대착오적이고 공동체적인 생활형태가 지배했을 것이다. '무장한 민족'의 이데올로기적 대변자들은 근대세계로부터 군국주의적 생활과 사회적 군국주의화 속에 배어 있는 사회적 낭만주의 속으로 도피하였다. 계급적 대립은 전쟁을 위해서 계서적으로 조직된 가시적인 국가의 명령구조에 의해서 제거될 수 있었다. 1933년까지 우파보수주의적 '전체주의 국가'의 대표자들—프라이어(Freyer)·윙어(Jünger)·포르스트호프(Forsthoff) 등 다수—은 국가사회주의와 마찬가지로 단절없이 이 개념과 연결될 수 있었다.17)

1918년에 많은 선동적인 작가들은 〔독일의 패배에 대한〕 갑작스런 당혹감에 휩싸였다. 바이마르공화국의 정치풍토가 보여준 바와 같이, 그 경험을 통해서 냉정을 되찾은 사람은 극소수에 불과하였다. 크라우스(Karl Krauss)는 다음과 같이 신랄하게 풍자하였다. "나는 가끔 중부유럽 동맹국들의 모든 시인과 문학작가들이, 한편으로는 우둔함에서 다른 한편으로는 이름모를 영웅의 죽음을 찬양함으로써 자신의 죽음을 면할 수 있으리라는 생각에서, 당시에… 휘갈겨 써놓은 각 문장을 지금 출판하는 것보다 그들에게 더 큰 고문은 고안되지 않았을 것이라고 생각하였다." 그는 또 아마 "자신의 정신적 혼란을 문학으로 옮길 수 있는 행운을 누리지 못했던 사람들 모두가 어떤 식으로 파멸해 갔는가"를 회상해 보는 것은 '유익한' 영향을 미칠 것이라고 생각하였다. "평화조약이 체결된 후에 전쟁작가들을 체포하여 부상병들 앞에서 채찍질하자는 나의 제안은 아직 실현되지 않았다.…"18)

8.4. 최후의 '위로부터의 혁명'

우리는 전쟁기간 동안 독일사회의 이분법적인 발전을 여러 부문에서 식별할 수 있다. 즉 이러한 발전양상은 기업가와 노동자의 관계, 중간계층과 상층사이의 사회적 격차의 확대, 중간계층과 프롤레타리아트 사이의 격차의 축소, 파업·억압조치들·실질임금 등에서 식별할 수 있다. 1916년 이후부터는 정치적 양극화현상도 두드러졌다. 즉 전쟁채무를 둘러싸고 제1차 논쟁을 벌인 후 더욱더 강경한 입장을 취하였던 사회민주당의 소수파는 1917년 3월에 공식적으로 당과 결별하였다.

이로써 독일 사회민주주의의 명백한 분열이 공표되었다. 1월에는 리프크네히트와 룩셈부르크(Rosa Luxemburg)가 대부분을 작성한 '인터내셔널 그룹'의 '스파르타쿠스서한'*68)도 등장하기 시작하였다. 같은 해에 바로 이 그룹으로부터 '스파르타쿠스동맹'이 출현했다. 이 동맹은 1917년 4월 고타에서 다시 창당된 '독일독립사회민주당'의 극소수 좌파들을 형성했으며, 이로써 조직화된 노동자계급의 분열을 명백하게 확인하게 되었다.

다른 한편 1916년 8월에 루덴도르프와 힌덴부르크의 지도하에

---

*68) 스파르타쿠스동맹은 1914년 가을부터 1918년 말까지 독일에서 활동한 혁명적 사회주의 단체로 1916년에 공식적으로 창설되었다. 본래 이 단체의 이름은 그들이 불법으로 유포시켰던 '스파르타쿠스 서한(Spartakusbriefe)'이라는 팜플렛에서 유래하였다. 사회민주당의 한 분파로 발전하여 제1차 세계대전 때의 독일의 역할을 격렬히 반대하고 사회주의 혁명을 주장했다. '스파르트쿠스단 동맹'은 1918년 12월 30일에서 1919년 1월 1일까지의 전당대회에서 '독일공산당'으로 개칭되었다. 그 단원들은 12월에 시위를 조장해 1919년 1월 베를린에서 스파르트쿠스반란을 일으켰으나 실패하였다. 1월 15일에 룩셈부르크와 리프크네히트는 베를린에서 보수적인 의용단(Frei-Korps)에게 체포되어 살해되었다.

창설되었던 제3최고사령부는 국내정책의 우경화를 지지하였으며, 바로 이 시기부터 루덴도르프는 최고사령부의 '독재'를 '충분히 가능한' 것으로 간주하였다. 그의 절친한 동료인 바우어 대령도 [1916년] 가을에 그 견해에 명백한 지지를 표명하였다. 12월에 그는 "단 하나의 탈출구인 군부독재"로 나아가게 될 것이며, 루덴도르프도 "명목상으로는 최고위층에" 속한다고 생각하였다. 그 이유에서 그는 '절대적인 군부독재'가 상황을 호전시키는 데 계속 유용하다는 견해를 제시하였다. 1917년 6월에 베트만 홀벡의 실각은 이 제3최고사령부의 독재가 아직까지 목적지향적으로 확립되지는 않았지만, 사실상 몇몇 영역에서는 이미 형성되어 있었다는 것을 알리는 신호였다.

루덴도르프는 공식적으로 제국재상직을 제의받았다. 명목상의 최고사령관인 황제는 적어도 제국재상이 강제로 퇴임당한 이후부터 "자신의 휘하에 있는 군장성들에 의해서 일종의 실권이 없는 황제(Schattenkaiser)로 전락하였다".19) 사실 최고사령부의 독재가 국내정책을 항상 자신의 의지대로 행할 수는 없었으며 —이는 힌덴부르크의 계획을 증명해 준다!—, 1918년 9월 이후에는 대중적인 기반도 상실하였다. 그렇지만 그 때까지 권력을 행사할 수 있는 기회가 너무도 많이 축적되어 있었으며, 따라서 그들의 지위는 —부분적으로 퇴화되어 버린— 권력요소들의 구조 속에서 독재적인 것으로 묘사될 수 있는 것들을 실현시킬 수 있었다. 이러한 발전은 어느 정도의 논리성을 지니고 있기도 했다.

1890년대 이후 대프로이센제국 최고위층의 권력공백은 제대로 채워지지 못하였다. 황제는 그 공백을 메울 수가 없었으며, 의회와 정당은 권력으로부터 배제되어 있었다. 이는 민간인의 권력이 지도부를 맡을 만큼 성장하지 못했다는 것을 보여주는 것이었다. 그리고 1870/71년의 제국창건을 가능케 한 것은 군부였고, 따라서 그들은 이후에도 계속 특수한 지위를 강력히 옹호하였다. 결국 권력을 보유할 수 있는 다른 경쟁자들이 1914년 이후 1918년 가을까지 결코 군부에 도전할 수 없었기 때문에, 국내에 위기상황이 닥치자 제국을 출현케 했던 기본원리인 군국주의가 루덴도르프의 '군부독재'라는 형태로 그 참모습을 드러냈다. 그의 독제체제는, 마치 몰트케의 군대가 그 시작을 규정하였듯이, 제국독일의 마지막 국면을 제시하였다. 이제 바퀴가 완성되기 시작한 것이다.

제3최고사령부의 배후에는 1917년 여름에 결성된 '독일애국당'이 있었다. 이 당은, 마치 3신분선거법을 옹호할 때 최고사령부가 프로이센의회를 후원하였던 것과 마찬가지로, 최고사령부의 비호를 받고 있었다. 1917년 7월의 평화안이 제국의회에서 과반수 이상의 지지를 얻게 되자, 동프로이센의 책임자인 크나프(Wolfgang Knapp)와 자신의 전문분야인 군대에서는 실패자였던 티르피쯔 대제독은 여러 경제적 이익단체 및 정치적 선동단체들과 협력하여 파시즘의 초기성격을 지닌 민족주의적·제국주의적인 대중운동의 접합점이 될 '애국당'을 결성하였다.

9월 3일 쾨니히스베르크(Königsberg)에서 열린 창당대회에서 크나프와 티르피쯔는 각각 의장과 부의장으로 선출되었으며, 집행위원회는 그들에게 전권을 부여하였다. 또 선동적인 성격이 가미된 강력한 당원 배가운동도 시작되었다. 1918년 7월까지 2,536개의 지역단체에서 개인회원 및 협력회원 125만명을 보유하게 되리라던 '애국당'의 본래목표는 이제까지의 모든 전쟁목적을 능가하는 동부와 서부에서의 병합이라는 무시무시한 계획, 즉 네덜란드와 벨기에 해안 및 중앙아프리카의 식민제국 지배, 러시아 및 터어키를 통하여 '태평양과 인도입구까지의' 팽창 등등 무시무시한 것이었다.[20]

결국 1913년에 방향이 설정되었고, 1879·1887·1897년 이후에는

예전에 이미 짜여져 있던 결집정책의 노선에 기초하여 광범위한 지지
기반을 가진 우파의 단일정당이 실현되었다. 중공업〔예컨대 슈티네스
(Stinnes)·키르도르프(Kirdorff)·후겐베르크(Hugenberg)·뢰트거(Roetger)·
뢰흘링(Röching)〕·전기산업·화학산업·기계제조 산업〔예컨대 뒤스부
르크(C.Duisburg)·지멘스(W.v.Siemens)·보르지히(E.v.Borsig)〕 및 한자동
맹 지역〔북부독일 지역〕의 대상업과 조선소 소유주들, 기업가연맹(BdI),
독일기업가중앙협회(ZdI), 독일제국중산층연맹, 여러 농민단체들, '전
독일연맹' 등 여러 국수주의적 단체들—이 모든 집단들은 '애국당'의
광범위한 제도적, 그렇지만 취약한, 기반을 이루었다. 돈도 있었고, 괴
벨스(Goebels)가 격려했을 정도로 교묘한 선동술도 있었다.

    이 당은 당원들과 국가관료 및 무장세력들과의 밀접한 관계를 마
음껏 이용하였으며, 이들 세력에서는 루덴도르프가 처음 도입한 '애국
적인 설교'가 이제 불법적이지만 전술적으로 묵묵히 애국당이 승인한
선동을 통해서 보충되었다. 그러나 엄청난 여론의 압력은 파국상태를
유지시키면서 독일의 전쟁목적을 계속 수행해 줄 구호에 민감한 일반
대중들을 동원하는 것과 관련된 것이었다. 그 때까지 말이 없던 마이
네케는 1918년 9월에 "잘못 이해된 자기이익 중심주의, 잘못 이해된
이상주의, 즉 독일의 정당사에서 얼간이들을 속이는 가장 중요한 예들
가운데 하나로부터 생겨난 이 기형아"는 "병합주의적 민족주의" 속에서
"국내외적으로 비타협적인 지배정책을 관철시키기 위한 탁월한 수단"
을 발견하였다고 썼다.21)

    애국당에 통합된 여러 세력들은 최종적인 승리를 확신한 듯한 외
적인 과신에도 불구하고, 이미 자포자기 상태에 빠져버린 최후발작적
인 흥분에 빠진 채 전쟁의 마지막 해에 국내의 모든 권위주의적인 구
조를 유지시키고 대외적으로 승리의 평화를 달성한다는 등 거의 달성
불가능한 것을 시도하였다. 브레스트-리토프스크는 독일인이 세계제

국으로 나아가는 도정에서 첫 단계에 불과하였다.

　이 비극적인 오만함은 1년도 제대로 지속되지 못하였다. 그러나 여기서도 조직적인 면에서나 선전선동적인 면에서 급진적인 독일파시즘으로 나아가는 길이 명백히 사전에 마련되어 있었다. 독일 '파시즘'은 어느 정도까지는 애국당과도 관련되어 있었다. '애국당'의 의장이자 나찌당의 창설자인 드렉슬러(Anton Drexler)는 이러한 연관관계를 그대로 상징하고 있다. 마이네케가 제2차 세계대전을 회고했을 때, 그에게는 "범게르만연맹과 애국당이 히틀러가 등장할 수 있었던 진정한 서곡이었다"는 사실이 명백한 듯하였다.22)

　단명한 '애국당'의 역사가 1918년 봄에 운명적인 절정에 다다랐을 때, 서부지역에서는 독일의 최후의 대공세-4월 말 이후-가 실패할 상황에 있었으며, 7월 중순에는 이 '미햐엘(Michael)'이라고 명명된 공격[작전]이 실패로 돌아갔다. 광범위한 전선에서 연합국의 대반격이 시작되었다. 스파(Spa)의 본부에 있는 최고사령부는 동부에서 독일군이 진격하고 있음에도 불구하고 8월 14일에 처음으로 상황이 '절망적'이라는 사실을 인정하였다. 9월 29일까지 최고사령부는 -"독일군이… 끝장났으며, 최종적인 패배가 불가피"하기 때문에- 휴전요청서를 작성하였다. 그리고는 갑자기 미국대통령 윌슨의 평화안에 찬성하였는데, 그가 제시한 14개조는 10월 5일까지 독일측에 한번도 상세하게 알려진 적이 없었다. 최고사령부는 최종적으로 독일재상에게 '지체없이' 휴전요구서를 발송하라고 주장하였다. 이 주장은 9월 30일에 보수주의자들에게, 10월 2일에는 다른 정당지도자들에게도 알려지게 되었다.

　이러한 움직임에서 그들이 느끼게 된 깊은 환멸감은 많은 사람들로부터 전쟁목적 정책에서 생겨난 열망을 앗아가 버렸다. 예를 들어 슈트레제만(Stresemann)은 일종의 신경쇠약증으로 고통을 겪었다. 베트만의 협력자인 리츨러(Kurt Riezler)는 10월 1일에 다음과 같이 썼다. "향후 100년 동안의 노예상태"이다. "세계에 대한 꿈은 영원히 끝났다. 모든 오만함의 끝이다."23) 이것은 어떤 면에서는 너무 조잡한 것이기도 했지만, 전반적인 분위기의 전환을 묘사한 것이었다.

    1917년 이후 최고사령부에서는 특히 국내의 좌파가 전선으로부터 후방으로 옮겨놓게 될 '배반'에 관한 논의가 있었다. 1918년 7월 - 혁명이 일어나기 오래 전에 - 에는 이 배반설*69)이 파다하게 퍼졌다. 10월 1일에 루덴도르프는 마치 조소하듯이 정치가들에게 "이제 그들이 우리에게 저질렀던 것의 결과"를 감내해야만 할 것이라고 선언하였다. 그에 의하면 그 이유는 "우리가 이 정도까지 이르게 된 것은 주로 그들의 덕택"이었다. 이어서 그뢰너는 "군지도부는 휴전 및 이후의 모든 결과에 대한 책임을 결코 지지 않을 것"이라는 견해를 '지지할 것'이라고 자신이 받은 인상을 총괄적으로 언급하였다. 그리고 실제로 공식적으로 당연히 포함되어야 할 제국의 정치지도부는 이처럼 너무 조급한 조치로 인한 적의에 부담을 지게 되었다. 이와 동시에 '범게르만연맹'의 의장인 클라스는 악랄한 대처방식을 제안하였다. 즉 그는 "유대인에 대한 무자비한 투쟁"을 요구하면서 "선하지만 오도되고 있는 우리 인민들의 너무도 정당한 증오가 그들에게 향해져야만 한다"고 요구하였다.24)

    군부는 파렴치하게도 이제까지 요구받았던 책임으로부터 벗어났으나, 정치권에서는 급격한 변화가 없었다. 최고사령부는 제국정부가 의회에 대하여 책임을 지는 의회화 요구를 새로운 회피전략으로 발전시켰는데, 이는 다수당에게 패배에 대한 책임과 전후에 야기될 문제점

---

*69) 제1차 세계대전 이후에 독일패망에 대하여 광범위하게 퍼져 있던 설명으로, 여기에 의하면, 고향주민의 일부가 전선에서 패배하지 않은 전방군대를 배후에서 공격하게 될 것이고 따라서 패배는 군사적·경제적인 원인에서가 아니라 패전주의(Defätismus) 때문이라는 것이다. 이 표어는 우파정당들, 특히 국가사회주의자들에 의해서 이용되었다.

들을 떠넘길 수 있도록 하기 위한 것이었다. 새로이 외무성 국무장관이자 최고사령부와 밀접한 관계에 있던 힌쩨(P.v.Hintze) 제독은 이러한 헌정상의 변화를 '위로부터의' 최후의 '혁명'이자 "아래로부터의 혁명을 예방할 수 있는 유일한 조치"로 간주하였다. 또 최고사령부의 역할에 관해서 그는 다음과 같이 언급하였다. "만약 그것이 실행된다면 그것은 일시적인 이행기를 제공하여 승리에서 패배로의 전환을 견딜 수 있게 해주어야 한다.… 이것은 [충격을] 완화시키는 역할을 할 것이다." 그뢰너처럼 상황에 정통한 사람은 '힌쩨가 수행한 의회화'에 관해서 아무런 꺼리낌없이 언급하였다. 물론 [보수주의자들의] 양대보루인 군주정과 군대는 체제의 전복을 방지하고 동맹국들의 지지를 받을 수 있을 것으로 생각된 이 새로운 체제의 배후에서 가능한 한 오랫동안 보존되어야만 했다. 그리하여 일단 이 의도가 달성되면 ―루덴도르프가 10월 7일에 언급했듯이― 군부는 그들이 다시 말안장에 뛰어올라 옛 방식대로 통치할 수 있을 것이라고 믿었다.25)

이러한 해석과는 반대로 최근의 연구에서는 최고사령부의 이러한 전술이 제국의회의 강력한 주도권과 서로 일치했다는 견해가 제기되고 있다. 그렇지만 이러한 견해는 바이마르 의회주의의 시작을 가능한 한 멀리까지 소급시켜 그것을 부각시켜 보려는 필요성에서 연원된 듯하다. 1918년 봄에 열릴 예정이었던 제국의회의 총회와 중앙위원회는 루덴도르프에 대한 존경의 표시로, 또 서부전선에서의 공세를 감안하여 가을까지 연기되었으나, 당내의 위원회는 두 달 동안만 연기되었다. 의회화를 둘러싼 이러한 투쟁은 그렇게 인상적이지는 못하였다. 9월 말까지 제3최고사령부의 허수아비에 불과했던 제국재상 헤르틀링(v.Hertling)은 정당정치인들로부터도 지지를 잃어 사임해야만 했다.

그러나 이 시기에 의회의 통제력을 더욱 강화하라는 ―간단히 그의 이름을 사용한다면― 힌쩨의 압력도 세력을 얻기 시작하였다. 재상이 될 가능성이 있는 다수당 후보자들은 모두가 재상직을 거부하였다. 비록 불리한 상황에 있기는 했지만, 이것이 의회의 통제력을 달성하여 보려는 자기의식적인 운동의 표시라고 할 수 있는가? 그 사이에 주목의 대상이 되었던 바덴(Max von Baden)왕자는 거의 알려져 있지 않았던 인물이었다. 어쨌든 그는 〔1917년 7월의〕 평화안을 승인하지 않았고, 1918년 봄에도 여전히 그것을 거부하였다. 오히려 그는 의회적 정부형태에 맞서서 지금까지의 군사적 성공과 저항을 최대한 이용할 것을 요구하였다. 조작에 능숙한 사람들은 그를 제국재상이 되도록 도왔는데, 재상직은 적어도 1871년 이후 누구나 탐내는 자리였다. 그도 역시 "힌덴부르크와 루덴도르프가 그의 후보직을 '승인한'" 다음에야 비로소 이 직책을 받아들였다.26) 만약 9월 29일 이후 산산히 부서진 군부독재 정권이 별 색깔이 없지만 호의적인, 즉 어쨌든 군부에게는 — 겉으로는— 위험하지 않을 수도 있는 이 인물을 거부했었다면, 제국의회의 주도권은 어떻게 되었을까?

이렇게 하여 바덴은 10월 3일에 재상에 임명되었다. 바로 그날 저녁에 그는 연합국측에 보내기 위해 최고사령부가 작성한 전보에 서명하였다. 후에 그는 "이러한 진전은 거의 항복이나 마찬가지였다"고 말했지만, 이러한 조치들을 위해서 "최고사령부가 그 결과에 대해서 제대로 책임"을 질 것이라는 그의 결론적인 문장은 정치적인 대소망이었음이 증명되었다. 〔의회집단이 존재하고 있고, 그들이 영향력을 키워가면서 점차 인정을 받게 되었음에도 불구하고〕 의회가 스스로 자신의 통제를 강화하려는 최초의 움직임에 성공했다는 사실은 매우 의문스러운 일이기 때문에, 로젠베르크도 다음과 같이 언급한 바 있다. "의회의 영향력강화는 제국의회가 투쟁해서 얻은 것이 아니라 루덴도르프가 지시한 것이다. 이런 유의 혁명은 전세계사에서 선례가 없는 것이다."27)

1918년 10월의, 특히 루덴도르프가 실각한 지 이틀 후인 10월 28일의 여러 개혁들은 의회주의적 군주정에 관한 법률을 도입하였다. 그러나 우리는 이 법률이 대의정부를 보장해 줄 토대에 대해서는커녕, 권력구조를 어느 정도 변화시켰다고 전혀 말할 수 없다. 해군지도부는 새 정부에 참여하기를 거절하였으며, 10월 29일에 대양함대에 출항명령을 내렸다. 이것은 혁명의 길로 나아가는 여러 사건들 가운데 최후의 조치였다. 같은 날 황제는 총참모 본부로 피신하였다. 말하자면 그는 프로이센 군주국가의 바로 그 심장부로 들어간 것이다. 구정권 세력과 새로운 질서 사이의 힘겨루기는 아직 결코 결판난 것이 아니었다.

이와는 반대로 10월 말 이후부터 보수주의자들의 쿠데타 가능성이 있었다. 따라서 우리는 그들의 쿠데타를 통한 반격의 움직임에 관한 징후들을 간과해서는 안된다. 뮈르빅(Mürwik)에 있는 해군사관학교 교장은 자신의 일상적인 신분과는 어울리지 않게 다음과 같이 말했다. "만약 우리가 사태를 파탄으로 몰고 가서〔그리고 '우리가' 했듯이〕 바로 그 위험한 순간에 사태를 진전시키기 위해서 뛰어든 다른 사람들의 바퀴 사이에 계속 이물질을 끼워넣어 결국 그들을 무대에서 떠나게 만든다면, 그것은 남자답지 못한 것이며… 특히 점잖지 못한 것이다. 왜냐하면 우리는 확실히 사태를 파탄으로 몰아넣었기 때문이다." 여러 가지 개혁이 위험스러울 정도로까지 진전되고, 의회적 군주정이 단순히 윌슨의 유용한 사기라기보다는 오히려 현실화될 수 있으며, 따라서 현상으로의 복귀가 불가능하다는 사실이 명확해지자 군주정과 군부가 싸움없이 포기할 가능성은 점차 희박해지는 듯하였다.28)

그러나 독일의 의회적 군주정은 불과 3일천하로 그쳤고, 혁명이〔구세력의〕모든 반동움직임을 사전에 해치워 버렸다. 선원들은 군사적으로 전혀 의미가 없는 해군지도부의 위신과시 행위나 해군지도부의 할복심성(割腹心性 : Harakirimentalität)에 희생당하기를 거부했고, 그리하여 수많은 사람들의 죽음이 확실한 최후의 자포자기적 행위-항복하느니 차라리 모든 배의 침몰을 무릅쓰고서라도-를 할 준비가 되어 있었다. 그리하여 그들의 저항은 10월 28일에서 11월 3일 사이에 공공연한 봉기로 되었으며, 이는 즉시 키일(Kiel)에서 다른 여러 도시로 전파되었다. 혁명은 11월 7일에 뮌헨으로 11월 9일에는 베를린으로까지 확산되었다. 황제와 황태자는 제위를 포기하고 황급히 피신하였으며, 사회민주주의자인 샤이데만(Philipp Scheidemann)은 공화국을 선포하였다. 11월 10일에는 혁명적인 '인민대표자위원회(Rat der Volksbeauftragten)'가 정부운영을 책임지게 되었다. 이 위원회는 사회민주당과 독립사회민주당 출신의 대표 각각 3명씩으로 구성되었으며, 다수파 사회민주당(MSPD) 당원인 에베르트가 비공식적으로 최고위직에 등장하였다. 따라서 그는 바덴의 직접적인 계승자가 아니라 정통성을 부여받고 있었다. 1871년에 시작된 독일제국의 역사는 48년도 제대로 채우지 못한 채 끝나고 말았다.

8.5. 독일혁명 : 사회민주주의인가, 보수적 공화국인가?

독일제국의 패배를 확정지은 것은 도대체 무엇이었던가? 폭동이었던가, 아니면 혁명이었던가? 1918년 10월 말에서 1919년 1월 말 사이에, 다시 말해서 사실상 독일의 모든 군주들이 왕위에서 실각당하였으나, 상황의 상대적 개방성은 이미 지나가 버리고 새로운 공화국을 위한 길이 미리 만들어져 있었던 시기에, 독일의 발전에는 어떠한 가능성들이 있었을까? 비록 짧은 기간이기는 했지만 독일이 혁명을 경험했다는 것에는 의문의 여지가 없다. 오랫동안 누적되어 온 여러 구조적 문제점들은 1918년 11월과 12월에 [이들을 지탱시켜 주었지만 이제는] 허물어져 가고 있던 장애물을 밀어내고 마침내 전면에 부상했으며 낡은 지배체제는 일소되었다. 노동자·병사평의회(Arbeiter-und Soldatenräte)가 권력을 장악하였으며, 전혀 새로운 제도에 기반한 질서와 더불어 사회적 역관계의 변화가 임박한 듯하였다.

11월 11일에 좌파 자유주의에 속하는 언론인인 볼프(Theodor Wolff)는 '베를리너 타게블라트(Berliner Tageblatt)'지에서 급격한 변화를 "모든 혁명들 가운데 가장 위대한 것"이라고 말한 바 있다. "왜냐하면 그토록 탄탄한 벽으로 둘러싸인 난공불락의 요새를 갖추고서 출발한 적이 한번도 없었기 때문이다." 11월 말에 당대 문제에 혜안을 갖고 있던 학자 트뢸취(Troeltsch)도 다음과 같이 썼다. "오늘날 독일은 마치 예전에 미국·영국·프랑스가 했던 것처럼 성공적으로 혁명을 수행하고 있다." 물론 "그것은 군사적·경제적인 면에서 전반적으로 신경쇠약에 걸려 있을 때 수행되었다."29) 기아·패배 그리고 병사들의 봉기만이 혁명을 낳는 것은 아니었다. 오히려 오랫동안 은폐되어 있었으나, 전쟁기간중에 권위를 상실함으로써 엄청나게 심화되어 마침내는 결정적인 정치적 위기의 토대를 마련하게 되면서 생겨난 깊은 사회경제적 긴장관계가 광범위한 변화의 욕구에 대한 잠재력을 생성시켰으며, 이러한 잠재력은 마침내 혁명으로 폭발하였다.

1950년대 말까지 대다수의 역사가들은 종전 무렵 향후 독일의 정치적 발전 가능성이 여전히 압도적인 대안을 갖고 있었다고 주장하였다. 즉 그들은 그 대안이 볼셰비키식의 평의회 독재나 바이마르식의 의회공화국 사이에 있었다고 믿었다. 또 로젠베르크와 같은 비판적 국외자와 관련되어 있었고, 어쨌든 바이마르 공화국처럼 '엄격하게 기초가 잡힌 민주공화국'을 그 기준으로 간주했던 새로운 여러 논의들의 결과는 -간단히 공식화한다면- 보수적 공화국과 사회민주주의 사이의 대안이었다. 이제 볼세비키식의 혁명은 '기껏해야 허구적이고 결코 실재하지' 않는 가능성으로 간주되고 있다.30)

이 두 가지 견해에서 가장 중요한 역할을 하였던 노동자-병사평의회는 부분적으로는 분명히 1905/07년과 1917/18년의 러시아의 선례에 따라서 "대중적 저항운동의 임시적인 투쟁기구이자 통치기구"로서 자연발생적으로 생겨난 것이었다.31) 이들은 마르크스주의적 노동자들의 언어로 자신의 목표를 공식화하였다. 왜냐하면 그것이야말로 그들에게 익숙한 그래서 그들이 깨부수고 밖으로 나오고자 했던 하부문화의 유일한 언어였기 때문이다. 그러나 1919년 봄까지 평의회의 압도적 다수는 반볼셰비키적인 입장을 취하고 있었으며, 평의회를 임시적인 과도체제로 이해하였다. 불과 몇몇 인사들만 의회적 공화정이라는 새로운 제도구조 속에 편입되었다.

1917년 11월 제2차 전체 러시아 소비에트대회에서 레닌은 25만 명에 달하는 당원의 지지와 볼세비키의 절대다수[60%]에 의존할 수 있었고, 또 11월 말에 보통선거에 기초하여 실시된 제헌의회 선거에서는 900만표[25%]와 좌파사회혁명당의 협력을 얻어냈다. 반면에 '스파르타쿠스'와 독일공산당(KPD)은 1919년 1월에 불과 수천 명의 당원만을 보유하였고, 베를린의 평의회대회에서는 대표자들의 2.5%에게만 영향력을 행사할 수 있었다. 1920년 6월의 제국의회 선거에서 독일공산당은 2.1%의 지지를 받는 데 그쳤다. 로젠베르크는 만약 독일공산당이 1919년 1월의 국민회의(Nationalversammlung)를 구성하기 위한 선거에 참여했더라면, 아마도 총투표자의 1% 정도의 지지를 받는 데 그쳤을 것이라고 추정하였다. 이 시기의 좌파 다수파는 호전적인 사회민주주의자들 및 급진적 민주주의자들의 기반으로 간주되어야 할 독립사회민주당 안에서 활동하고 있었다.

또한 [과거와] 단절할 필요성이 있다는 이 일반적으로 공유된 견해는 수정주의 논쟁에서 적대적인 관계에 있던 카우츠키와 베른슈타인을 일시적으로 재결합시켰다. 의식적인 계획과 준비가 되어 있지 않았고, 무력으로 집권할 수 있을 강력한 힘을 갖춘 공산당 간부도 없었다. 이러한 사실은 1월봉기에서 명확하게 드러났다. 요컨대 '스파르트쿠스'와 독일공산당은 1918년에서 1919년 사이에 성공할 가능성이 전혀 없었다. 물론 소부르주아지와 유산부르주아지에게서는 '적색 테러'가 이상할 정도로 과장되기도 하였다. 지난 50년 동안의 역사적 관점에서 볼 때, [세계]공산당의 과제, 즉 강력한 산업화를 통해서 개발도상국들의 부분적인 근대화를 추진시킨다는 이 근본적인 과제가 독일에서는 더 이상 적용될 수 없었다. 오늘날과 마찬가지로 당시에도 그것은 독일공산당의 기능적 역할이 독일정치에 기초해 있지 못했고, 따라서 독일공산당은 사회적·정치적 참여권 및 민주적 통제를 위한 투쟁에서 전반적으로 신뢰를 얻지 못하고 있었기 때문에 초래된 결과였다.

물론 만약 극좌파로부터의 심각한 위협이 없었다면, 군주정의 붕괴나 10월개혁의 실패 이후에 한편으로는 권력 피라미드 최상부의 공백은 채워졌을 것임에 틀림없으며, 다른 한편으로는 그것은 정치·사회·경제면에서의 구지배질서를 근본적으로 변화시켜야 할 혁명의 주요한 과제로 간주될 수도 있었을 것이다. 베트만 홀벡은 1916년에 "엘베강 동부지역의 사태를 변화시키기는 불가능"하다는 우울한 견해를 제시하면서, 그것-토지소유자들의 권력-이 "분쇄되어야만 한다"고 결론지었다. 트뢸취도 다음과 같은 회의적인 질문을 던진 바 있다. "이 사회주의 혁명은 불가피한 것인가? 아니'견 그렇지 않은 것인가? 구지배층의 저항에 맞서서 명백히 중대하고 철저한 사회적 개혁을 포함한 [바덴정부의] 막스공이 취한 조치들이 실제로 달성가능한 것이었던가? 혹은 구질서의 완전한 파괴없이는 실제로 어떤 것도 달성될 수 없었던가?" 1918년 10월 2일에 마이어가 회고하였던 바와 같이, 만약 그러한 개입이 없었다면 조만간 "독일의 폭력적 정치인들이… 다시… 독일에서 집권하게" 되지 않았겠는가?32)

독일혁명은 국가·관료제·사회제도·경제제도 등의 근본적인 개혁과 민주화라는 역사적 과제를 수행하는 데 실패하였다. 그 이유는 무엇이었던가? 1918년 이후 다수파 사회민주당(MSPD)의 제1의장이었던 에베르트는 11월 10일에 제국정부로부터가 아니라 혁명정부로부터 정부운영권을 인수하였다. 그럼에도 불구하고 그는 즉시 군대의 대표인 그뢰너 장군과 비공식적인 동맹관계를 맺었는데, 이는 간접적으로 전통적인 지배집단과의 동맹을 의미하였다. 이 협정은 과도기 동안에 신정부에 가능한 한 많은 공공질서를 제공해 주고, 그 대가로 현상(Status Quo)을 유지시키기 위한 제1의 전제로서 대중운동을 순화시키기 위해서 이루어진 것이었다. 따라서 이 협정은 혁명을 좌절시키고 봉쇄하기 위한 상징물로 간주될 수 있다. 지도적인 다수파 사회주의자들은 이 협정이 불가피한 것이라고 주장하였다. 전쟁에서의 패배가 임박하였고, 그 결과 수백만 군대의 징집해제가 이루어지는 동안에, 그리고 연합국의 봉쇄가 계속되는 가운데서 전시경제를 재조정해야만 했던 시기에 발생할 수도 있는 극도의 혼란상은 충분히 예견할 수 있는 것이었다.

또한 그들은 독립사회주의당과 평의회 등 좌파로부터 측면공격을 받게 되었는데, 여기에는 '기존의 야당형태들'에 대한 신뢰의 위기, 즉 당조직과 노동조합조직에 대한 뿌리깊은 불신이 표현되어 있었다. 따라서 다수파 사회민주주의자들(MSPD)은 '독일판 케렌스키의 경험*70),

---

*70) 1917년 7월에 성립되었다가 11월혁명으로 케렌스키의 정권이 붕괴되었던 것을 말한다.

즉 소름끼치는 볼셰비키화로까지 혁명이 과격화되는 것을 두려워하였다. 그러나 여기서 문제가 된 것은 그들의 주위를 맴돌고 있던 가상의 위험이었으며, 이러한 위험을 주문을 외우듯 불러냄으로써 그들이 결정을 선택할 수 있는 여지는 적어지게 되었다. 또 슈티네스(기업가)와 레기엔(노조지도자)의 지도하에, 11월 중순 이후에는 거의 동시에 에비르트-그뢰너의 협정과 더불어, 기업가와 노동조합은 그들 각각의 지위를 옹호하기 위하여 일시적으로 서로 협력하였다. 이러한 협력의 구심점이 된 것은 '중앙노동연맹(Zentralarbeitsgemeinschaft)'이었는데, 이 연맹도 이러한 대변화가 진행되는 상황에서 조직노동자들을 순화시키는 데 영향을 미쳤다.33)

전반적으로 다수파 사회민주당의 지도부가 혁명에 대해서 취했던 공격적인 태도는 단순히 1917/18년의 직접적인 상황으로부터는 이해될 수 없다. 그것은 오히려 역사적으로 각인되어 있던 그들의 심성, 그들이 취한 행위의 전통, 이론과 실천에 대해서 그들이 갖고 있던 고유한 관계 등이 대담한 개혁노선을 배제하게 한 압도적인 조건이라는 것을 인정할 때에만 비로소 이해될 수 있다. 그러나 중요한 결정사항들은 이들 지도부에 달려 있었다. 왜냐하면 독립사회민주당도 평의회도 변화를 요구하고 있었고, 따라서 그들도 그러한 노선을 지지하였을 것이기 때문이다. 다수파 사회민주당 지지자들을 포함한 대중들 역시 "그들에 대해서 사람들이 가질 수 있는 모든 기대를 충족시켜 주었다." 즉 그들은 봉기하여 구제도를 파괴시키고 새로운 출발을 위한 전제를 마련하였다. 이제 그들은 진정으로 민주적인 질서의 수립을 적극적으로 후원할 준비가 되어 있다는 것을 보여주었다. 그러나 그들의 정치지도자들은 약속을 지키지 못하였다.34)

독일제국 사회민주주의의 하부문화 속에서 혁명가들의 온상을 알아내기는 어려울 것이다. 그들은 이미 획득하였거나 또 계속해서 노력하고 있던 바를 옹호하고 확대하기 위한 조직활동에 거의 모든 정력을 투여하였다. 다른 한편 차별과 속임수는 견딜 수 없는 압력으로 되었으며, 그 결과 혁명적 분위기가 조장되었다. 따라서 개인적인 카리스마를 제외한다면, 설사 그가 독일의 레닌이나 독일의 트로츠키라 할지라도 [사회민주당의] 최고지도자 자리에 오를 가능성이 없었다.

전쟁이 일어나기 10년 전에 있었던 대중파업을 둘러싸고 벌어진 논쟁의 결과는, 이러한 관점에서 보면, 1918년 10월까지의 3신분선거법에도 불구하고 정치적 총파업이 소수의 극좌파들에 의해서만 논의되었던 사실만큼이나 환멸적인 것이다. 카우츠키의 혁명적 수사(修辭)는 실천적인 개혁정책[으로의 경향]을 은폐시켰으나, 항상 모험에 가득찬 대안이었던 결정론적인 부동정책(不動政策:Immobilismus)을 비호하였다. 사회민주당 지도부는 10여년 동안 군주제국가의 개혁을 장래의 과제로 이해하였다. 그러나 이제 그들은 갑자기 혁명의 징후에 맞서야만 할 [정치적으로] 책임있는 자리에 앉아서 행동해야만 했으며, 별로 친숙하지 않은 과제에 포위당하게 되었다. 바로 여기서 다수사회민주당 지도부가 자신의 사고방식 및 행위방식의 틀을 깨뜨릴 수 없다는 사실이 확인되었다. 비록 이들이 ㅡ독립사회민주당 지도부·평의회대표들·혁명지도자들 그리고 대중운동이 보여준 바와 같이ㅡ 반드시 동일한 반응으로 이끌어야 할 필요가 없었음에도 불구하고 말이다. 그들은 강력한 연속성의 덫에 걸린 채, 혁명이라는 해방적 비연속성을 주로 위협적인 것으로 받아들였을 뿐 [국가를] 재편성할 수 있는 기회로 간주하지는 않았다.

그들은 자신을 혁명의 전권자가 아니라 국가의 관리자라고 생각하였다. 그들은 자신이 책임지고 있는 임시정부를 의식적으로 일시적인 막간극으로 이해하였다. 이제까지 그들은 합의가 필요하다는 환상에 집착하였다. 그들은 갈등을 해결하는 대신에 스스로 '성의 평화'를 연장시켰다. 그들의 방관자적이고 참을성있는 심성에 비추어볼 때, 좌파지도부의 위협에 대한 과장은 일시적으로만 마비상태에 빠져 있던 우파에 대해서 그들이 갖고 있는 취약성보다 더 위험한 듯했다. 그들이 아무리 진지하게 변화를 요구한다고 할지라도, 일단 진실의 순간이 다가오자 그들은 도전을 이겨내지 못하였다.

주관적인 면에서 볼 때 다수파 사회민주당 지도자들은 그러한 상황에서 자신이 달리 행동할 수 없다고 생각했다. 그들이 발전해 온 과정을 감안한다면 이것을 이해하기는 어렵지 않다. 그러나 객관적인 상황을 밝혀보고자 하는 사람은 누구든지 뒤이은 수많은 결과들[그 이상의 것들]을 간과할 수 없다. 어쨌든 그들이 취하고 있던 태도의 징후는 강력하고 급속한 어떠한 변화도 반대하였다. 예컨대 그 징후는 군대의 개혁을 방해하였다. 그렇지만 병사평의회(Soldatenrat)뿐만 아니라 대다수의 장교들도 이것을 기대하였다. 노동자평의회(Arbeiterrat)뿐만 아니라 부르주아 자유주의적인 정당과 계층에 이르기까지 광범위한 영역에서 경제개혁이 절대적으로 필요하다고 생각하였음에도 불구하고, 그 징후는 이를 방해하였다. 또 농지개혁이 강력한 토지소유귀족의 물질적 토대를 파괴할 수 있는 유일한 방안이었음에도 불구하고, 그 징후는 이를 방해하였다.

이 모든 것을 감안한다면, 이 시기에 그 대가가 어느 정도일지를 평가하기는 어려웠지만, 기능장애[즉 개혁을 수행하지 못하게 한 것]의 대가를 지불해야만 하리라는 것은 확실했다. 소부르주아적 질서관뿐만 아니라 적어도 내전과 유사한 상황에 대한 두려움도 [다수사회민주당] 그러한 개혁을 가로막고 있었다. 바로 뒤에 군사정책이 다수사회민주당의 잘못된 계산임을 '인민대표자 평의회' 속에서 확인해 주었음에도 불구하고, 에베르트-그뢰너협정이 결코 이러한 두려움에서 생긴 것은 아니었다. 그뢰너는 국내상황을 안정시키기 위해서 10개 사단을 제공하겠다고 약속하였다. 그러나 실제로는 총 1,800명만이 도착하였으며, 그들조차도 [해군출신의] 혁명적 선원들과 충돌한 후 12월 24일까지 모두 사라졌다. 이제까지 완전히 해체과정에 있었던 제국군대는 더 이상 최고사령부의 명령을 따르지 않았던 것이다.

1월 6일에 [스파르타쿠스의] 베를린봉기가 시작되었을 때, 정부는 여전히 운용할 병력을 보유하지 못하고 있었다. 그러나 여기에 동원된 수십만 명의 노동자들은 제국재상을 보호하였고, 정부를 구원하였으며, 1월 11일에 의용병단(Freikorps)*71)이 진입하기 이전에 수도 전역을 거의 점령하였다. 오스트리아의 사회민주주의자들이 공화주의적인 민병대로 질서를 유지하는 동안에 다수파 사회민주당 지도부는 수십 만 명의 회원들과 장교들 그리고 다량의 무기가 있었음에도 불구하고, 두 달 동안 공화주의적인 민병대를 결성할 기회를 잃고 말았다. 다수파 사회민주당 지도부는 사회민주주의적 대중을 무장시키고 조직화하여 늦어도 1월 6일에는 "무기, 무기! 우리에게 무기를 달라"라는 그들의 요구를 충족시켜 주지 못하였다. 오히려 그들은 지지자들을 두려워하였으며, 또 신뢰할 만한 군대를 건설하지도 못하였다. 최고사령관은 해임되지 않고 여전히 재임하였으며, 의용병단에게는 여전히 길이 열려 있었다.

국민회의를 구성하기 위한 선거가 시작되었을 때, "제국의 모든 지배기재와 정신적 기재, 즉 행정부·사법부·대학들·교회들·경제 그리고 장성들이 보존되었다"는 사실은 이미 명백하였다.35) 부르주아 민주주의 혁명의 제1단계를 거친 후에야 비로소 환멸감이 급진화되면

---

*71) 제1차 세계대전이 끝난 후 독일제국과 오스트리아의 여러 지역에서는 좌파 급진주의자들의 소요에 대항하여 질서를 유지하고 재산을 보호하기 위하여 여러 무장단체들이 결성되었다. Freikorps는 이러한 여러 의용단체들 가운데 하나이며, 연합국측의 요구로 1921년 3월 19일에 제국의회에 의해서 해산되었다.

서 분위기의 전환이 이루어졌다. 제2단계에서는 1919년 봄에 프롤레타리아트의 저항봉기가 있었으나, 단기간에 처절하게 진압당하여 결국 실패로 끝나고 말았다. 혁명이 시작된 지 두 달 후에 구권력엘리트들은 그 어디서도 그들을 신속하고 효과적으로 다루지 못하자 '혁명기의 의지마비'로부터 정치적으로나 군사적으로 회복되기 시작하였다.36) 여러 차례의 선거와 바이마르연립〔사회민주당·중앙당 그리고 독일민주당(DDP)로 등장한 자유주의자들〕은 사실상 바덴정부로의 복귀를 의미하였다. 이 정부에게 혁명이란 쓸데없고 혼란스러운 막간극에 불과했다. 곧 그것이 진정한 혁명이었다는 사실은 전반적으로 부인되었다. 성격상 계속해서 독일제국으로 지칭된 바이마르공화국은, 트뢸취가 언급했던 것처럼, "기본적으로 반혁명적이고 기존의 국가질서를 고착화시키는… 원리"를 실현한 것이었다. 그는 다음과 같이 언급하였다. "오직 근시안적인 사람들만이 여기에 의기양양해 하면서 1848년의 목표가 이제 달성되었다고 믿었다. 그러나 그렇지 않다. 1848년에는 대담한 진보적 조치였던 것이 이제는 혁명을 지체시키고 가로막으려는 보수적인 움직임, 즉 혁명의 적에게 합법적인 활동과 영향력의 증대를 보장해주기 위한 수단이 되고 말았다."37) 따라서 최초의 독일공화국의 짧은 역사는 급진적인 인사개혁 및 제도개혁을 포기함으로써 질식할 듯한 어려움을 짊어진 채로 시작되었다.

    여기서는 두 가지 문제만을 좀더 상세하게 설명할 것이다.

    1. 이 테제에 따르면 국가기재·사회·경제의 철저한 변혁없이는 1918년 이후 독일에서 지속적으로 그 기능을 발휘할 수 있는 민주주의가 형성될 수 없었다. 이를 위해서는 평의회운동으로 표출된 개혁에 대한 열망이 결정적으로 이용되어야만 했을 것이다. 그럼에도 불구하고 이것은 평의회 체제가 지속적으로 제도를 조정해 줄 수 있었으리라고 주장하는 것은 결코 아니다. 대다수의 평의회도 결코 이것을 주장

한 적이 없다. 내 생각으로는 그러한 견해들은 여기서 간략하게 개관할 수 있을 뿐인 강력한 반대들에 부딪치고 있다. 이 반대견해들은 [평의회로 대표되는] '직접'민주주의에 반대하고 대의제 [민주주의] 원리를 지지한다.38) 평의회체제는 [그 회원들의] 지속적인 참여와 감시에 그 토대를 두고 있다. 그렇지만 이러한 지속적인 동원은 참여와 휴식의 교대라는 인간이 보편적으로 지닌 상수와 반대방향으로는 실행될 수 없는 듯하다.

이와 마찬가지로 흔히 주장되고 있는 초당파성도 실현될 수 없다. 즉 즉시 [정당형태의] 당파가 형성되기 시작하거나 혹은 [합의에 이르지 못할 경우] 정당들에 의한 중재요청이 있게 된다. 관료없이는 평의회도 존속하기 어렵다. '집행평의회(Vollzugsrat)' 속에만 당장에 500명의 관리가 일하고 있다. 고도로 분화된 경제를 계획하고 통제하는 일은 관료의 전문가적인 기준없이는 거의 상상할 수도 없다. 마찬가지로 계서제도 형성된다. 왜냐하면 평의회도 다음 단계에서는 상위조직이 정보의 수집면에서 우위를 점하면서 자신의 지위유지에 관심을 갖게 되고, 따라서 결국에는 이를 폐지하기 어렵게 되기 때문이다. 또한 유권자의 통제도 결코 용이하지 않게 된다. 그래서 실제로 권력분립[의 원리]가 문제시될 수 있으며, 새로운 제도를 위한 토대로서 그것을 철폐하는 것은 상위평의회가 권력을 독점할 수 있는 가능성을 높여주게 되어, 결국에는 개인과 집단의 자유를 축소시키게 된다.

역사적인 면에서 볼 때, 평의회는 전통적으로 노동자와 병사들에 의해서 형성되었다. 그렇지만 투쟁기가 지나간 후 소수파는 [그러한 체제 아래에서] 어떻게 보호를 보장받았는가? 자신의 권리를 박탈당한 사람들은 침묵을 감수해야만 하는가 혹은 만일 저항권이 정당성을 얻게 되면, 그것은 실제로 어떻게 가능한가? 평의회를 통한 자치정부의 이념은 합리적인 고려와 행위를 전제로 하는 것이다. 만약 이러한 조건들이 결여된다면 '견제와 균형'의 원리가 없는 것과 마찬가지이기 때문에, 독재적인 소수파에 의한 권력강탈을 저지하는 것은 더욱 어려워질 수 있다. 게다가 평의회의 지배이론은 근본적으로 지배자와 피지배자의 동일성에 기초해 있으며, 따라서 조화로운 사회에 대한 낭만적인 열망을 내포하고 있다. 그렇지만 이러한 사회는 복잡한 사회의 다양한 이해관계와 사실상 모순되며, 결국에는 갈등을 구조적으로 조건지워진 발전의 원동력으로 인정하지 않게 되어 의회민주주의에서보다도 소수자들에 대한 보호를 더 취약하게 하고 만다.

    국가와 사회 내의 관료제와 과두체제에 대한 정당한 비판에도 불구하고, 또 정책결정 과정과 정치적 대표자들에 대한 통제를 보다 더 개선시킬 필요성이 시급함에도 불구하고, 산업사회 내의 평의회체제는 지속적인 제도적 구조로서 극히 문제시되었던 듯하며, 개혁능력이 있는 대의제에 패배했던 것같다. 만약 이 시기의 정치지도부가 이것을 강력히 추진했더라면, 1918/19년과 같은 역사적인 대변혁기에 독일에서 출현한 평의회는 사회의 재건을 위해서 이용될 수도 있었을 것이다. 왜냐하면 대다수의 평의회가 몇 달 동안 볼셰비키적인 프롤레타리아 독재가 아니라 민주화를 원했다는 것은 여전히 결정적인 사실이기 때문이다. 이러한 민주화를 가져오고, 이로써 사실상 지금까지의 국가적·사회적·경제적인 구조의 가장 핵심적인 틀을 기꺼이 파괴하고자 하는 사람에게는 노동자 및 병사평의회의 도움을 받는 것 이외에 평화를 가져올 다른 대안은 없었다.

    2. 제국에서 바이마르공화국으로 이행되는 과정과 관련되어 있는 수많은 의문점들 가운데 문제가 되는 것은 당연히 독일의 이후 발전가능성들에 대한 반사실적인 고찰이다. 즉 "만일… 했더라면 무슨 일이 일어났을까?"를 고찰하는 것이다. 이러한 사고방식 속에는 분명히 인위적인 성격이 포함되어 있다. 그러나 역사가는 가능성있는 대안을 판

단하는 일을 포기할 수 없고 또 포기해서도 안된다. 이 경우에 문제가 되는 것은 바이마르공화국을 선택할 경우에 소요될 사회적 비용과 거의 즉각적으로 가시화될 비용이다. 오늘날 우리는 다음과 같이 아시아를 참조하여 그러한 비용을 논의해 볼 수 있다. 그렇게 하면 독일에서의 비용을 논의하기가 훨씬 더 용이할 것이다. 중국이 피의 희생에도 불구하고 사회경제적인 근대화로의 혁명적인 비약을 이룬 것은 신성한 소와 인간의 더 많은 희생, 즉 범람과 굶주림이라는 파멸적인 사건을 겪은 인도인들의 진화적인 길보다 부담이 더 적었던가?

이 문제는 너무도 복잡하고, 또 너무도 많은 변수를 포함하고 있어서, 이런 유의 비판적인 담론과정에서 정확한 해답을 찾아낼 수는 없다. 그러나 우리가 과거로부터 배울 수 있다는 사실에 대한 정직함과 신뢰는 이미 취해진 결정뿐만 아니라, 아직 취해지지 않은 결정들의 사회적 비용에 대한 문제를 다시금 제기할 것을 요구하고 있다. 따라서 바이마르의 [생존]가능성에 관한 어떠한 판단도 10여년이 지난 후에 브뤼닝(Brüning)의 권위주의적 정권이 붕괴되기 시작하였고, 결국 1933년에는 국가사회주의에 '집권'의 영광을 안겨주었다는 문제를 맴돌고 있다.

나찌의 집권은 확실히 독일사의 전환점(Knotenpunkt)을 보여준 것이었다. 이를 설명할 수 있기 위해서는 우리는 제1차 세계대전에서 패배한 이후에 생겨난 수많은 문제들뿐만이 아니라, 장기적으로 영향을 미친 여러가지 역사적으로 지워진 부담들로 거슬러 올라가야만 한다. 그러나 [이후 독일의 발전과정을 결정한] 1918/19년의 상황전환은 명백한 중요성을 가지고 있다. 우리는 1918년의 새로운 출발이 1933년 이후의 희생과 두려움에 대항하여 치렀을 대가-즉 구지배층의 배제, [그 정부의] 기능적 취약성, 혹은 심지어 그 기능의 일시적인 마비-를 고려할 필요가 없는가? 만약 우리가 바이마르식 해결책을 받아들일 경우, 바이마르 스스로가 했던 방식을 종식시켰다는 사실도 인정할 필요가 없다는 말인가? 만약 그렇다면, 1933년의 '단절'이라는 주장도 여전히 의문시될 필요가 없다는 것인가? 기회를 놓쳤다는 사실을 재빨리 간파하게 됨으로써 파생된 결과는 적어도 그들이 내린 결정이나 그것에 수반되는 문제점들의 다면성들에 대한 판단을 예리하게 해서는 안되는가?

제국의 관료와 군대, 교육제도와 정당제도, 경제와 이익단체들 등에서의 연속성이 부인할 수 없을 정도로 강력했다는 것은 적어도 다음의 한가지 사실을 확인시켜 주었다. 즉 전통적인 권력엘리트는 히틀러가 권좌에 오를 수 있도록 도와주었다. 나찌 자체가 지닌 역동성, 중산층의 급진화, 농촌주민들 속으로의 침투, 노동운동의 약화—이 모든 것들이 가장 강력한 정당의 '권력장악'을 불가피하게 했는지의 여부는 아직 풀리지 않은 문제이다. 구체적인 상황 속에서 그 '지도자'는 어쨌든 아무런 도움도 받지 않고서 말안장에 오를 수는 없었을 것이다. 이러한 관점에서 본다면, 1918/19년에 취해진 결정들의 대가는 1933년에 이르러서는 미처 예상하지 못했던 차원, 곧 궁극적으로는 전세계를 포함시키려는 차원을 가정하기 시작하였다.

Ⅳ. 대차대조표

　　독일제국이 붕되된 지 몇 년 뒤에 자유주의적인 역사가인 찌쿠르쉬(Johannes Ziekursch)는 다음과 같이 언급한 바 있다. "신생 독일제국이라는 거대한 성채는 시대정신을 거역하면서 건설된 것이었다. 다시 말해서 그것은 간계와 폭력을 통해서, 국내외에서 그 적과의 지난한 투쟁 속에서, 헌법의 파괴와 내전하에서, 국왕의 반대를 무시하면서, 비스마르크의 길로 나아가려고 하지 않는 독일인 대다수의 의지를 거역하면서 건설된 것이었다."1) 물론 신랄한 비난을 받았던 국외자들이 오랫동안 취하고 있던 견해는 제국몰락의 씨앗들이 신생국가의 토대 속에 이미 뿌려져 있었다는 것이었다.

　　이 연구도 '제국창건기'의 세력관계가 극히 장기적인 영향을 미쳤으며, 이후로는 깊은 구조적 취약성 위에서 독일제국이 건설되었다는 견해를 취하였다. 그러나 독일사의 시기를 보다 확대한 견해를 취하는 것도 대프로이센의 군주제적·권위주의적 국가가 평화기였더라면 더 이상 발전할 수 있었을지의 여부를 대답하는 데 도움이 되지는 않는다. 구질서가 군사적 승리를 통해서 그리고 심지어 성공적으로 1914년 이전의 현상을 유지시킴으로써 전례없을 정도로 정당성을 부여받았음에도 불구하고, 만약 독일제국이 전쟁에서 패배하지 않았더라면 사회적 정치적 근대화가 가능했을 것이라는 사실이 증명될 수 있었을까? 혹은 더 이전으로 거슬러 올라가서 전쟁과 혁명 속에서 맞게 된 권위주의적 정권의 파탄을 그 정책과 헌법이 총체적으로 지니고 있던 성격의 결과로서 이해해야만 할 것인가? 우리는 현실적으로 1918년을 여전히 맹목적이지만 바로잡을 수도 있는 우연적 사건으로 간주하고, 또 동시에 구세대가 했던 것처럼 제국의 자체 개혁능력이 있었다는 주장을 할 수 있을까? 혹은 계산된 모험정책, 이를 만들어낸 세력들의 관계 그리고 이와 더불어 역사적으로 형성된 여러 제도들·이익들·이념들의 고착성에 초점을 맞추어 이들이 지니고 있는 시대착오성의 증거를 그들의 취약성 속에서 찾아볼 필요는 없을까?

다른 여러 왕조들은 패전 후에도 계속 유지되었다. 비판적인 평가를 수행하는 데 여러가지 어려움이 있다는 사실은 부인할 수 없다. 그럼에도 불구하고 두 차례의 세계대전을 시작할 때, 이들이 총력전으로 확대되었을 때, 급진적 파시즘을 출현시켰을 때 ─이들은 모두가 현재까지 엄청난 영향을 미치고 있다─ 독일이 행한 역할 때문에, 우리는 이러한 비판적인 평가를 수행하지 않을 수 없다. 우리의 판단에 기준을 부과하는 통일된 민족국가의 규범적 구속력이 파괴되었던 듯하다는 사실은 이러한 작업을 더 용이하게 해준다. 여기서 이런 유의 논의는 논쟁할 만한 가치가 있고 명백한 기준이 설정될 수 있을 때 가능해진다.

내가 알기로는 흔히 제기되는 의문점들은 소재의 인식점으로 남아 있을 수 있고, 또 이들에 대한 대답은 극히 부분적으로만 가능하겠지만, 여기서는 특히 세 가지의 주요한 착상점(Komplex)에서 출발하는 것이 좋을 듯하다.

1. 정치적·사회적·경제적 사회화는 얼마나 포괄적이고 지속적으로 가능했는가? 이것은 다음과 관련된 문제이다. 즉 평등권과 사회적 정치적 참정권은 얼마나 확대될 수 있었는가? 법적·공간적·사회적 유동성은 얼마나 달성되었는가? 구조적인 갈등은 어떻게 규제되었는가?

2. 근대화가 성공적이거나 지체되거나 혹은 완전히 제지되었을 때, 그로 인한 사회적 이득과 비용은 어떻게 분배되었는가? 장·단기적인 관점에서 볼 때, 특정의 사회계층이나 전체사회가 부담해야 할 비용은 어느 정도였는가?

3. 변화가 점차 가속화되었음에도 불구하고 사회적 · 초개인적인 학습능력은 어느 정도나 달성되었는가? 여기서 학습이론적인 체계론에 대한 정당한 관심은 역사를 지속적인 학습과정으로도 파악하는 마르크스주의 문제로 수렴된다. 이러한 학습능력은 특히 최종적인 결정을 내리는 데 책임이 있었던 권력엘리트와 관련하여 검토되어야만 한다. 민족 전체 혹은 특정계층의 가치체계가 이러한 학습과정을 방해하였는가, 혹은 조장하였는가에 관한 문제 그리고 이들이 특수이익을 지지하여 결국에는 특정의 구조로부터 후원을 받았는가에 관한 문제도 여기에 속한다.

여기서 도대체 어떠한 방향으로 근대화가 이루어져야만 할 것인가, 또 그 시대적 사고의 한계 내에서 어떠한 가능성있는 학습목표들이 추구되어야만 할 것인가라는 문제가 시급하게 제기된다. 여기에 관한 설명은 다음과 같은 하나의 예비적인 가정-이미 서문에서 설명한 바 있다-에 기초하고 있다. 이 가설이란 이 시기에는 참정권 및 여러 결정의 민주적 정당성을 확대시키기 위해서는 정치제도의 발전을 가능한 한 사회경제적 변화와 동시에 진행시키고, 그것들을 공식적으로 보장해 줄 필요가 있었다거나, 혹은 긴장의 발생가능성이 위험할 정도로 증대되고 헌법이 위험할 정도로 취약하기 때문에 발생하는 손실을 감수해야 한다고 가정하는 것이다. 다시 말해서 너무도 중대한 '병리학적 학습'에 빠져서, 평화시기의 발전능력에 관해서조차도 의문을 제기해 볼 필요가 있다고 가정하는 것이다.

산업화와 민주화가 반드시 일치하지 않는다는 것은 명백하다. 독일·일본·아시아 그리고 대다수 개발도상국의 역사는 이러한 사실을 잘 보여준다. 오히려 산업화와 관료제가 기능적으로 서로 의존관계에 있다는 것은 틀림없는 사실이다. 어느 정도까지 민주화는 산업화의 직접적인 결과-흔히 18세기 이후 산업혁명과 민주주의 혁명은 서로 밀접한 관련을 맺으면서 진행되었다-가 아니라, 인간이 오늘날까지 산업사회에 가장 적합한 헌법체계를 발전시키고 유지시키기 위해서 애써 이룩한 정치적·사회적 투쟁의 산물이다. 왜냐하면 민주적 기본질서는 이러한 나라들에게 정치제도에 필요한 유연성을 제공해 줄 뿐만 아니라, 이들이 근대적인 사회국가(Sozialstaat)*1)를 건설하는 동안에 이를 실행할 수 있는 정당성에 강력한 토대를 제공해 주는 듯하기 때문이다.

　만일 이것이 없다면 해결하기 어려운 근본적인 위기가 발생하게 된다. 따라서 사회적·정치적 근대화는 민주적인 헌법의 실재와 분리될 수 없으며, 사회적 학습능력에 관한 판단은 산업세계의 사회적·경제적 제변화가 평등권의 실현, 여러 결정의 투명성, 권력의 담지자들에 대한 민주적 통제, 기본적인 생활필수품의 적절한 제공 등, 요컨대 민주적 사회국가의 단계적인 실현과 어느 정도까지 그리고 얼마나 빨리 일치되는가에 따라서 이루어질 수가 있다. 이러한 판단의 기초가 되는 것은 극단적으로 도그마화된 흑백논리적 견해-더 높은 발전단계에는 결코 도달할 수 없다는 견해-가 아니라 역사적 경험이다. 따

---

*1) 흔히 '사회국가' 혹은 '복지국가'로 옮기지만, 영어의 'positive state'·'social security'· 'welfare state', 혹은 독일어의 'Wohlfahrtsstaat' 등과는 약간씩 의미의 차이가 있다. 이 개념은 본래 슈타인이 당시의 사회문제를 해결하는 데 지배엘리트와 행정부의 역할을 강조하면서 사용하였으나, 바이마르시기에는 정치적 민주주의에서 경제적 민주주의로의 발전과정에서 사회세력의 역할과 자본주의의 사회적 역동성을 강조하기 위해서 제시되었다. 오늘날 이 개념은 인간의 현재와 미래에 대한 모든 요구를 설정하고 달성하도록 해주는 국가를 지칭하는 데 사용되고 있다.

라서 이러한 헌법은 다른 것보다 예전의 결정을 용이하게 수정할 수 있는 인간적이고 개방적인 사회에 쉽게 접근할 수 있도록 해준다.

1850년 이후의 독일경제사는 산업화의 급속한 확대라는 의미에서의 경제적 진보가 처음에는 프로이센-독일과 같이 극히 전통적인 국가체제 속에서도 가능했다는 사실을 보여주고 있다. 사실 독일 산업경제의 명백한 성공이 특수한 문제를 야기시켰다는 사실은 위에서 여러 번 지적된 바 있다. 확실히 농업부문의 압력단체들은 평화가 끝장난 시기까지, 예컨대 조세정책·재정정책·주식시장정책 등과 관련된 조치들을 통해서 산업의 발전을 고의적으로 방해해 보려고 하였다. 그러나 산업화라는 장기적인 과정이 제도적·정치적·이념적으로 충분한 지원을 받았기 때2문에, 지주들은 더 이상 아무것도 바꿔놓을 수가 없었다. 모든 저항을 이겨내고 등장한 산업경제는 마침내 점진적으로 조직자본주의의 형태로도 발전하였다.

사회적 근대화가 끼친 영향은 양면적이다. 주민의 법적인 동원이나 공간적 수직적인 동원은 이미 1871년 이전에도 공식적으로 가능하였다. 실제로 1890년 이후에는 농촌인구의 대규모 국내이동 또한 산업화에 도움이 될 수 있었다. 그러나 사회의 수직적 유동성은 1918년까지 '제국민족'에 특징적인 후기신분제적이고 계급사회적인 분열로 인해서 심각한 난관에 봉착하였다. 당시에도 상층으로의 상승이 완전히 폐쇄되지는 않았고, 남북전쟁 후의 미국에서와 유사하게 제국독일에서도 몇몇 직업에서는 놀랄 만한 성공담이 있기는 했다. 그러나 사회적 출신·종교·교육기관에의 출입 등은 그 사람의 사회적 유동성의 기회를 미국에서 보다 훨씬 더 일찍이 그리고 지속적으로 결정하였다.

대부분의 경우에 예컨대 숙련노동자로부터 국민학교 교사로, 그 다음에는 보다 직위가 높은 관리나 학자로의 사다리를 오르기 위해서는 여러 세대가 필요했던 듯하다. 인사정책에 관한 한 전문가적인 식견을 갖고 있던 라테나우는 1917년에 다음과 같이 언급하였다. "여기서는 신분의 차별이 너무 엄격해서 나는 노동자나 그의 아들이 보다 상위의 부르주아적 지위로까지 상승하는 경우를 30년 동안 단 한 번 경험했을 뿐이다."2) 사회적 평등권은 제도적인 면에서 전혀 정착되지 못했거나 혹은 극히 느리게 정착되었을 뿐이다. 우리는 이러한 사실을 교육제도 속에서 매우 분명하게 인지할 수 있으며, 노동자들 특히 농업노동자들에게 명백한 불이익을 주는 결사법에서도 쉽게 찾아볼 수 있다. 게다가 국가엘리트와 권력엘리트는 이데올로기적이고 반평등주의적인 이러한 차별을 철폐하기는커녕, 완화시키려고도 하지 않았다.

　전체사회와 관련된 결정권은 국가관청과 정치적 대표단체가 갖고 있었기 때문에, 여기서는 정치적 근대화의 지체가 특히 중요하다. 1862년에 로햐우가 했던 예측, 즉 비스마르크가 지명됨으로써 "신의 은총에 의한 가장 예리한 그러나 최후의 반동의 화살"이 발사되었으며, 따라서 이제 단시간 안에 자유주의의 획기적인 진전을 기대할 수 있으리라던 그의 예측은 1871년까지는 비현실적인 것으로 확인되었다.3) 오히려 세 차례의 전쟁과 대프로이센적인 제국창건의 결과 기존의 권력구조는 계속 인정되었다. 또한 이러한 현상유지 노력들은 제국을 유지시키기 위한 일련의 보수적인 후원조치들을 통해서 적절하게 계속되었다.

　실제로 비스마르크는 수차에 걸쳐서 여러가지 탁월한 공식으로 자신의 견해를 표명한 바 있으며, 많은 사람들은 이를 그의 행위의 지침이라고 생각했다. 그에 의하면 역사란 인위적으로 만들어질 수 없으며, "어떤 근본적인 문제들은 충분한 시간이 지나야만 해결된다"는 것이다. 또한 그에 의하면 우리는 "시대의 흐름을… 우리가 원하는 방향으로 돌려놓을 수 없다"는 것이다.4) 그럼에도 불구하고 그는 극히 중요한 국내문제에서는 분명히 정반대의 방향으로 행동하였다. 즉 당시 지배집단은 의회화와 민주화, 평등권과 참정권의 확대, 나아가서 근대의 기본적인 흐름에 반대하였는데, 그는 이 집단의 대변자로서 반대방향의 정책을 취했던 것이다. 그의 지배가 끝난 후에는 빌헬름의 합의체제가 이어졌다. 따라서 1871년에 부르크하르트가 표명한 바 있는 회의, 즉 "이 모든 것이 이후에 국내의 발전에 가져오게 될 결과를 생각하면… 우리는 더 자주 눈물을 흘려야 할 것"이라는 비관적인 견해는 극히 정확한 것이었다.5)

사실 제국의회의 선거법은 보수적 국민결의라는 그 제창자들의 기대-이 법이 지닌 민주적 성격이 그들에게 간접적으로는 [자유주의적 민주주의적인 보통선거의 요구에 대한] 정치적 완충역할을 하였음에도 불구하고-를 충족시켜 주지 못하였다. 그러나 이 법안은 의회주의적 의미의 정규적인 정권교체를 감안하지 않았기 때문에, 1918년 10월까지는 제대로 효력을 가질 수 없는 결의안이었을 뿐만 아니라, 야당을 계속 무력한 상태에 빠지게 함으로써 그들에 대한 비난을 계속 용이하게 해주었다. 정당은 여전히 은폐된 권력이라는 넘어설 수 없는 요새의 외부에서 활동할 수밖에 없었으나, 그 중요성이 어느 정도 커진 것은 분명했다. 그러나 그들은 여전히 정치 전반에 관한 책임을 인정받지 못하였다. 이러한 상황을 감안한다면, 정권은 반대집단의 충성을 보장받을 수 있는 기회, 즉 정책결정 과정에서 정당성이 있는 정치적 지위에 더욱 가까이 접근시킴으로써 통합을 보다 용이하게 할 수 있는 기회를 스스로 박탈해 버리고 말았다. 이 문제와 관련하여 마이네케조차도 1910년에 "보수주의자들의 국내정책이 경찰국가라는 무기로써 사회민주주의와 잠재적인 내전을 치르는 상황에 이르렀다"고 언급하였다.6)

제국의회를 대하는 과정에서 드러난 이러한 불성실한 태도는 공적인 투표와 관련된 프로이센의 3신분선거법이 완고하게 옹호됨으로써 더욱 심화되었다. 흔히 간과되었던 작센의 1876년 계급선거법은 프로이센의 3신분선거법에 도움을 주었다. 이 선거법은 다른 〔예컨대 한자도시에서의〕 계급선거법과 더불어 연방국가의 선거에서 제외된 대다수 유권자에게 하나의 가시와도 같았다. 사회의 지배집단은 변화하는 조건에 적응하라는 압력에 저항할 수 있었을 뿐만 아니라, 심지어 -산업이 발전한 작센의 경우처럼- 선거법을 더욱 개악시킬 수도 있었다. 상식적으로도 보수주의자들이 보다 더 나은 방향으로의 변화에 성공할 가능성이 없었지만, 세계대전은 이 잔인무도한 계급적 이기주의를 더욱더 참을 수 없게 만들었다. 베트만은 1916년에 '전쟁 후에 닥쳐올 혁명의 악몽'에 관해서 불길하게 언급한 적이 있다. 왜냐하면 그는 "고향으로 귀환하는 독일병사들의 엄청난 요구들"을 충분히 예상할 수 있었기 때문이다. 그가 '엄청난 것'으로 간주했던 바는, 베버의 견해에 따르면, '최소한의 수치심과 체면'만을 충족시켜 주었을 뿐이었다. 모든 귀향전사들은 "피를 흘리면서" 특권을 보유한 유권자들의 재산을 지켜준 후에도 "자신이 아무런 영향력도 없이 최하층계급에 머물러 있다"는 것을 다시 한번 발견하고서 그대로 있었을까?

보수주의자들의 견해에 따르면 어떠한 당색깔을 갖는다 할지라도 그들은 그들이 하리라고 기대했던 바를 그대로 했을 것이다. 예컨대 바우어 대령은 1918년 4월에 다음과 같이 썼다. "다른 모든 나라와 마찬가지로 프로이센의 평등선거권이 끝장났다는 사실은 재차 강조되어야 한다. 만약 우리가 궁극적으로 유대인과 프롤레타리아에게 질식당하게 된다면, 지금 이 모든 희생자들은 도대체 무엇을 위해서 그렇게 했던가?" 그러나 10월의 여러 개혁은 이 부문에서도 너무 늦었다. 충실한 프로이센주의자이자 애국자였던 슈몰러조차도 1910년에 만약 프로이센의 선거법이 확대되지 않는다면, 또 비밀·직접선거로 되지 않는다면, 1848년의 프랑스에서 같은 혁명이 일어날 것이라고 예언하였으나, 그렇게 되지는 않았다.7)

제국의회선거법은 처음에 자유주의자들이 이어서 군부와 쿠테타 지지자들이 원했던 대로 폐지되지는 않았다. 그러나 참정권은 여러 연방국가들이나 독일제국 전체에 영향을 미치는 결정들이 이루어진 수준에서 해결된 것이 아니라, 전반적으로 ―바덴에서처럼― 비공식적으로 확대되거나 혹은 경우에 따라서는 심지어 축소되기조차 하였다. 앞에서 여러번 언급한 바와 같이 정부가 관장하는 사회보험의 일부인 지역의료보험에 노동자대표들이 참여한 것은 1918년 5월까지 유효한 영업조례 제153조에 대한 보상을 의미하지는 않았다. 이 조항은 노동자들을 노조의 파업에 강제로 참가케 하는 것을 범법행위라고 선언하였으며, 결국 이는 효과적인 파업활동을 어렵게 한 조항이었다. 노동자대표들의 참여는 '정치적 결사체들'의 동맹을 금지시킨 것에 대한 보상도 아니었다. 따라서 전국적인 규모의 노조조직 형태들은 1899년 이후에야 비로소 가능하였다. 그것은, 1908년에 제국결사법이 마련될 때까지는, 노조의 소송권을 포기하도록 한 것에 대한 보상도 아니었다. 또한 그것은 1916년까지 적어도 극히 부분적인 작업장 안에서의 공동결정을 거부한 것에 대한 보상도 아니었다. 따라서 헌법에 입각한 공장은 단 한번도 입헌군주정에 상응한 적이 없었다. 이상의 것들은 당장에는 끝나지 않을 오랜 시간이 소요될 긴 목록이다.

다른 영역에서도 통제력을 수립하는 일은 효과적으로 차단되었다. 즉 누가 제국의회와 각 연방국가들의 의회가 사실상 마비되어 있었다는 사실에 착안하여 관료제를 검토하였던가? 과연 누가 군부의 후기절대주의적인 특권을 효과적으로 논박할 수 있었던가? 누가 공동감독관과 노조관리들이 도시 노동자들에게 하였던 것처럼 지방과두제에 맞서서 농업노동자들을 지지할 수 있었던가? 누가 조직화된 생산자 이익단체의 영향력에 맞서서 [그들의 이익을 대변하고 있던] 입법부의 결정들을 보다 더 세밀하게 검토해야 한다고 주장할 수 있었던가? 전반적으로 볼 때, 비록 이 시기에 여러가지 결정에 관한 논의의 공공성이 커졌는지의 여부를 측정하기는 곤란하지만, 또 실제로 그랬는지도 의문이다. 어느 누구도 1860년대의 자유주의적인 언론을 과소평가해서는 안되며, 동시에 또 1914년 이전에 점차 이루어지고 있던 자유화를 과대평가해서도 안된다.

예나 다름없이 강력한 영향력을 미치던 前산업적 가치체계는 제국엘리트가 이미 성취한 지위를 옹호하고 또 후원하였다. 독일의 국가이데올로기는 계속 기득권자들의 이익정책을 초당적인 것으로 신비화시켰으며, 여러 정당에 대한 잘못된 유보조건들이 자라나게 하였고, 관료제에 대한 비난을 막아 주었다. 중산층·유랑족·신토마스주의·국수주의적 급진주의자들 등이 신봉한 사회적 낭만주의는 독일국내의 사회적 갈등을 다른 곳으로 돌렸다. 즉 이들은 이러한 갈등을 공개적으로 그리고 정치적으로 중재한 것이 아니라 자연스럽지 못한 것이라고 비난하였다. 프로이센주의는 프로이센의 정책이 지니고 있는 기형적인 성격을 군국주의적 군주정에 활기를 불어넣어 주는 증거로써 정당화시켜 주었다. 이 모든 것들은 현실을 제대로 볼 수 없게 만들었던 반면에, 다른 한편으로는 기득권자들의 이익을 강력히 후원해 주었다. 나아가서 이들은 강단과 설교단, 교과서와 언론에서 그러한 이익들이 독일의 '진정한 가치'를 위해서 관철될 수 있게 하였다. 국민학교와 김나지움에서 "올바른 태도와 가치를 주입시키기 위한" 교과목들의 교육계획을 살펴보면, 거기서 지배적인 이념들이 지배자들의 이념을 얼마나 잘 반영하였는지가 드러난다.

따라서 전반적인 인상은 독일제국의 사회적·정치적 권력구조가 그것을 뒷받침해 주는 이데올로기를 매우 안정적으로 유지시켜 주었으며, 그 결과 1918년 가을까지 독일사회에 여러 제한적인 조건들을 부과할 수 있을 정도로까지 강력했다는 점이었다. 그러나 사회적·정치적 불일치는 장기적인 해결책을 통해서도 위기관리자들이 점차 감당할 수 없을 정도로까지 커졌으며, 이는 치르지 않을 수 없는 대가였다.

여기서 개발도상국에 관한 근대 사회과학적 분석들 가운데 몇 가지 정률들(Theoreme)로 되돌아가 보자. 거기에 의하면 이 사회들은 특히 6가지의 위기에 대응하지 않으면 안된다.8) 다음으로 신생 독일제국의 창건기는 여러 면에서 개발도상국의 그것과 비교할 만하였다. 따라서 우리는 독일에서 국가행정권의 팽창과 분화가 '문화투쟁' 시기(1870년대)에만 진정으로 침투당할 정도의 위기를 낳았다는 사실을 확인할 수 있다. 이후부터 국가의 영향력은 점차 사회생활 속으로 침투해 들어갔으며, 따라서 이런 유의 긴장상황이 다시는 재발하지 않게 되었다. 제국차원의 민족주의, 경제적 호황, 교육제도 및 군사제도- 중요한 요소들 가운데 몇 가지만 나열해 보면- 등은 곧 몇몇 사회계층에서 통합위기를 종식시켰다. 노동자들 사이에서 민족주의가 확산되었음에도 불구하고, 사회민주주의에 대한 차별대우는 불완전한 통합의 명백한 증거로 남아 있었다. 그럼에도 불구하고 이러한 통합의 실패가 현실적 동질성의 위기를 유발하지는 않았다. 공통적인 표준어, 문화적·정치적 전통들 그리고 민족국가 출현기의 통합경험 등은 이러한 위기의 발생을 막아주었다.

반면에 이러한 통합의 실패는 독일제국과 주변국과의 관계 혹은 국제체제 속에서 독일제국의 역할을 규정할 때 야기되는 불확실성 문제를 포함하였다. 분배의 위기는 해결되지 못했으며, 지금까지 그 어디에서도 결코 해결된 적이 없다. 1914년 이전의 독일제국 사회도 전반적으로 상승하였지만, 계급간의 부의 분배가 극히 불균등한 산업사회였다. 이러한 사회에서 사람들은 번영에 길들여져 있었기 때문에, 분배의 위기는 더욱 심화되었다. 지속적인 참정권의 위기와 가장 중요한 욕구를 무시하거나 이미 시대착오적인 것으로 되어버린 지배체제의 정당성 위기도 이와 유사한 것이었다.

    여기서는 두 가지가 이러한 위기문제에 가중적으로 작용하였다. 적대적인 사회의 원동력인 사회적 갈등은 끝까지 결코 완전히 인정받지 못하였다. 전쟁 상황에 빠져서야 비로소 국가는 임금협정 당사자들의 자율성을 달성하려는 여러 움직임을 용인하였다. 갈등중재의 장인 제국의회에서는 1912년의 선거에서 다수파가 된 정당조차도 그들의 비중이 예나 다름없이 보잘것없다는 사실과 마주하게 되었다. 베트만 홀벡은 황제의 후원을 확신하고 있었기 때문에, 1913년에도 두 차례의 불신임투표〔폴란드인 소유권박탈·짜베른사건〕를 쉽게 무시할 수 있었다. 그는 조화로운 사회에 대한 이상, 소위 민족적 이익, 결국 '성의 평화'라는 가장무도회를 이러한 계급간의 긴장과 이해관계의 모순에 대립시키려고 하였다.

    이 모든 것들은 명백한 대항이데올로기이자, 권위주의적인 국가가 그 신민들에게 어떠한 갈등도 인정해 주지 않으려는 노력의 표현이었으며, 또한 그들의 제도화된 차단장치와 비교적 합리적으로 억제된 해결책을 가능한 한 오랫동안 막아보려는 노력의 표현이었다. 갈등에 대한 이러한 두려움이 뿌리깊은 역사적 전통에서 생겨났다는 사실에 관해서는 이미 위에서 언급한 바 있다. 어쨌든 그것은 결국 대립을 심화시켰을 뿐이며, 혁명을 야기한 원인들 가운데 하나가 되었다. 사회적·정치적 근대화—엘베강 동부지역의 대농업 부문에서의 경제적 근대화도 포함한다면—를 지체시킨 대가는 공식적으로 전체사회의 부담이 되었다.

    그러나 부담은, 예컨대 보호관세와 조세에 대한 제국의회의 입법을 통하여, 특정계층에 매우 차별적으로 부과되었다. 대농장주는 곡물관세를 지지하였고, 이로 인하여 수입 식료품가격이 인상되었다. 그렇지만 그들은 이러한 상황에 대하여 임금에 의지하는 대다수의 산업도시민들 보다 훨씬 더 태연하게 반응할 수 있었다. 대기업가는 소득세의 점진적인 누진율이 지닌 효과를 알아채지도 못한 채 이를 절도행위라고 비난할 수 있었다. 그러나 고율의 직접세는 특히 생필품을 제대로 공급받지 못하고 있던 수백만 가구의 생계비를 인상시키는 결과를 가져왔다. 임금에 의지하고 있던 대다수의 소비자들은 수십 년 동안 차별대우를 받아온 정당을 통해서만 그들의 불만을 토로할 수 있었으며, 그들의 경제는 상대적으로 취약하였다. 이러한 상황은 지주들에 대한 '시혜정책', 중공업에 대한 세심한 배려, 혹은 정치적 지배집단의 이익으로부터 생겨난 중산층에 대한 특별대우 등과 현저한 대조를 이루었다. 예컨대 수공업보호법이나 사무직 노동자 연금보험법을 통해서 이 집단의 물질적 요구와 지위를 보호해 줄 집단이데올로기적 욕구는 계속 충족되었다. 반면에 체제전반의 안정화는 대다수의 희생을 통해서 달성되었다. 전반적으로 보아 부를 강자들에게 유리하게 분배함으로써 변화의 대가는 사회의 약자들에게 떠넘겨졌다. 이러한 불평등은 사회적 불일치가 점차 커져가고 있음을 반영하는 것이었다.

  사회적 이득과 비용은 보다 더 미세한 방식으로 불균등하게 배분되었다. 귀족교육의 중심지인 일반학교 및 대학 교육제도는 기회의 균등을 실현시키려는 모든 공식적 방식을 조소하였으며, 사회의 극소수층에게 특권을 부여해 주었다. 또한 승진과정에서의 출신신분상의 이점과 유리한 지위 이외에도, 특수한 전문지식이 점차 사회적 상승이동을 결정하게 된 시기에, 교육제도는 전문적인 지식과 일반적인 '교양'을 시민들에게 부여해 주기를 거부함으로써, 대다수를 그들의 사회적 출신이라는 우연적인 조건에 결박시켰다.

우리는 교육전통의 사회적 유동성 방해효과가 극히 점진적으로 인지되었고, 또 완화되었는다는 사실을 관찰할 수 있다. 그러나 여기서조차도 독일의 좌파는 1918년에서 1933년 사이에 거의 전혀 변화를 가져오지 못하였다. 또 국가사회주의적인 민족공동체라는 유사평등주의적인 약속들은 매우 매력적이었던 듯하다. 왜냐하면 거의 변함없이 남아 있던 전통적인 교육차별은 매정스러워 보였고, 또 고통스럽게 느껴졌기 때문이다.

아마도 교육제도가 지닌 특징은 보다 더 일반적인 문제점에 대한 징후로서 간주될 수 있으리라. 개인들·집단들, 혹은 전체사회가 지니고 있는 집단적인 학습능력은 어느 정도 사회적 관계가 지니고 있는 상대적 개방성이나 폐쇄성에 의존해 있는 듯하다. 이 부문에서도 많은 발전노선들은 독일에서의 부르주아 혁명의 지체, 이와 더불어 전통적인 구조에 대하여 의문을 표시하거나 혹은 그것을 돌파하거나 약화시키지 못한 데로까지 거슬러 올라가게 된다. 아직 파괴되지 않은 전산업적 권력엘리트의 지배전통, 군사제도 면에서의 절대주의의 지속, 자유주의의 허약성과 너무 일찍 시작된 탈 자유주의적 전통들, 사회적 유동성을 가로막는 장벽들, 신분제적인 차이와 규범을 온통 뒤덮고 있는 특유의 성격 그리고 19세기 부르주아지의 정치적 취약성과 패배에서 생겨났으나 표면적으로는 탈정치화를 의미하였고, 또 보다 내면적으로는 현상유지를 선호하였던 교육제도가 지니고 있는 귀족적인 성격, 즉 여기서는 예로서만 제시된 이 모든 요소들은 혁명없이 진행된 역사발전 과정에서 이미 중요성을 얻게 되었다. 나아가서 이러한 요소들은 현상을 정당화시키려는 비스마르크의 정책이 성공함으로써 더욱 강화되었다. 1848년 이후에 '위로부터의 혁명'이 경제영역에서 초기의 산업체제를 강화시키는 데 영향을 미쳤기 때문에, 이러한 목적은 경제의 부분적인 근대화를 가로막지도 않았고, 다른 목적의 달성을 불가능하게 하지도 않았다. 기술교육 제도는 그 진보를 막으려는 여러가지 저항에 맞서서 너무도 잘 조직화되어 있었기 때문에, 과학기술적인 혁신의 흐름은 상당히 일찍 시작되었고, 또 이후에도 계속 유지되었다.

많은 대도시들은 자유주의적인 경향의 지도급인사들이 지방공동체로 물러난 데서 또 관료제적인 전통으로부터도 이익을 얻었다. 미국의 '혁신주의'가 1890년대 이후 독일의 공동체가 운영하는 공공서비스를 포함한 도시행정을 그 모범으로 삼았던 것은 결코 우연이 아니다. 1895년에 파업에 참여했다는 이유로 처벌을 받은 1만 7천명 이상의 노동자들은 계급적 사법제도가 의미하는 바를 잘 알고 있었던 것은 확실하다. 그렇지만 이 제도는 도시와 농촌지역에서 또 소수민족 출신의 노동자와 그 구성원에 대해서는 고도의 안정성을 보장해 주었다. 영국과 미국의 정당민주주의를 높이 평가하는 사람은 그 곳에서의 일상생활의 어두운 면, 예컨대 뉴욕의 유입이민자 밀집지역이나 미국 남부 여러 주에서의 사형판결(私刑判決 : Lynchjustiz)도 살펴보아야만 한다. 이들 주에서는 남북전쟁 이후 수십 년 동안 적어도 거의 매일 흑인이 희생되었다. 정당정책·사형 그리고 대도시에서의 생활은 위에서 언급한 것과는 비교할 수 없는 정도일 수 있으나, 모든 체제는 직접 비교하기 어려운 나름대로의 장·단점과 관련되어 있음은 의문의 여지가 없다. 어쨌든 사회적 응집력을 보장해 준 것—이것은 미묘한 영향을 미쳤다는 것은 부인할 수 없다—은 훈율과 억압뿐만 아니라 생활상태였다. 저항이 있기는 했지만, 대다수의 독일인들은 자신의 생활상태를 그렇게 억압적이라고 생각하지 않았다. 그 결과 1914년 이전의 평화기에는 위기가 혁명적 상황으로 전환되지 않았다.

따라서 엘리트의 사회적 학습행위에 관해서는 우리는 다시 한번 체제의 상대적 안정의 원인, 즉 위에서 여러 차례 언급된 전통적인 토대에 관해서 질문을 던져보아야만 한다. 〔근대적 이론의 언어로 말하자면] 우리는 몇몇 영역에서 '병리학적 학습'에 관해서만 언급할 수 있을 것이다. 계급선거법의 유지나 도입, 근본적인 사회적 갈등에 대한 반응이나 소득세의 확대, 1913년 짜베른사건이나 1917년 4월에 제국결사법에 포함되었던 언어에 관한 조항의 철폐—비록 우리 모두가 체제유지라는 순전히 이기적인 관심에서 측정한다고 할지라도—, 이 모든 것들은 극단적인 편협성을 드러낸 것이어서, 이를 통해서 다음과 같은 홀벡의 판단은 지지를 받을 것이다.-9) 그에 의하면 역사는 "교양의 결여, 군국주의의 우둔함, 극히 국수주의적인 경향을 지닌 상층의 부패상을 드러낼 것"이라는 것이다.

    이것은 1918년 혁명적 위기가 직접 닦아놓은 것이었다. 엘리트가 조상으로부터 물려받은 권력과 지위를 고수하려고 애쓴 영역에서 그들이 이루어낸 성공은 그들이 거기서 행한 모험을 능가한 것이었다. 귀족・내각의 관료・지방당국자들, 그리고 지방의 고위행정관리들—이들은 엘베강 동부지방을 진정으로 안정시켜 준 기둥이다—사이의 결합관계가 어느 정도의 정치적 긴장관계를 낳았다는 것은 확실하다. 그러나 관료의 중립성에 관한 신화와 전통의 고색적인 분위기는, 강력한 이해관계자들에게 보여준 호의와 더불어, 이들 기둥들을 상당기간 동안 위험수위 아래에 놓이게 하였다. 강제적인 군복무를 일상생활, 학교교과목, 여러 이익단체들에서의 사회적 군국주의와 결합시킨 것이 갈등의 영역을 만들어냈다는 것은 확실하다. 그러나 이러한 안정이 가져다 준 이득은 전쟁 첫 해까지 매우 높았다. 관료와 군부 모두에 대한 혐오의 정도가 진정으로 드러난 것은 1918년 11월이었다.

    지배엘리트의 교육과정에도 의존하고 있는 전략들, 즉 그들이 근대적 형태의 정치와 선동 모두에 적응할 수 있는 능력을 조상으로부터 물려받은 권력상황에 대한 완고한 옹호와 결합시킨 전략들은 극히 효과적이었을 것이다. 사회적 제국주의・사회적 보호주의・사회적 군국주의라는 무시무시한 삼위일체는 여기에 대한 사례를 충분히 제시해 준다. 사회적 제국주의의 관점에서 볼 때, 산업화에 대한 지배엘리트의 반응은 사회적·정치적 특권 계서제를 안정시키는 데 유용한 효율성과 밀접히 관련되어 있었다. 사회적 보호주의의 관점에서 볼 때, 국가가 관리하는 보호법제정과 같은 전도유망한 제도들이 '제국의 지지자' 진영의 수를 증가시켜 주는 한, 이들은 반드시 자유주의적인 조치나 권리가 아니라 반동적인 보호조치나 특권과도 결합되었다. 강력한 후원을 받은 바 있는 사회적 군국주의의 관점에서 볼 때, 과거부터 전승되었던 사회신분상의 특권은 근대정치의 전통적 형태들과 의식적인 계획하에 촉진된 여러 목적들을 통해서 보호받았다. 초기 간섭국가의 성격에도 이러한 사실이 적용된다. 그리고 농업가연맹과 같은 근대적인 이익단체도 근대적인 조직이나 선전방식에 대한 적응능력이 전통적인 이익의 지속적인 상승과 얼마나 철저하게 조화를 이룰 수 있는가를 극명하게 보여주었다. 한스 로젠베르크가 구 지주엘리트의 '유사민주화'라고 규정하였던 이 모든 과정은10) 외관상으로는 놀라울 정도로 유연하게 시대와 보조를 맞출 수 있음을 보여주었으나, 이것의 배후에서는 너무도 무자비하게 그들의 전통적 지위를 옹호하고 있었다.

    병리학적이고 명민한 학습의 조치들·전략들 그리고 과정들은 서로가 밀접하게 얽혀 있었다. 따라서 이들은 한편으로는 전통주의와 부분적인 근대화가 서로 결합됨으로써, 놀라울 정도로 오랫동안 남아서 역사적으로 이미 낡아버린 권력구조의 안정성을 유지시켜 주었으며, 여러 차례에 걸쳐서 사회적 대립을 진정시켜 주었다. 그러나 다른 한편으로 이들은 특히 장기적으로 전례가 없을 정도로 부담을 가중시켰다. 왜냐하면 이렇게 보호받은 이익과 전통은 평등권, 정치적 참여기회, 의문시되는 전통으로부터의 해방 등에 대한 요구가 늘어나면서, 이들과 오랫동안 대립하면 할수록 화해가 더욱 어려워졌기 때문이다.

독일의 산업화가 이루어낸 경제적 성공이 엄청난 사회적 정치적 문제를 낳았던 것처럼, 정치·사회·경제면에서 전통적인 권력관계를 옹호하는 데 성공한 것은 후에 훨씬 더 장기적이고 엄청난 대가를 강요하였다. 결국에는 직면하지 않을 수 없는 수많은 문제들이 누적되었고, 여러 제도들은 필요 이상으로 오래 남아서 개혁을 필요로 할 정도로 화석화되어 있었다. 또 지배엘리트들은 더 이상 소수의 특권자들의 영역이 되어서는 안될 특권을 완고하게 고집하였으며, 국내의 개혁문제를 회피하거나 이 문제로부터 다른 곳으로 관심을 돌리려고 하였다. 게다가 그들은 양보하기보다는 오히려 전쟁이라는 모험을 선택하기로 결정하였다. 우리는 이 모든 것들을 통해서 권력엘리트가 역사적 경험으로부터 배울 준비가 되어 있었는지에 관한 판단을 내릴 수 있다. 실제로 권력엘리트는 근대적인 사회적·정치적 관계로의 이행이 필요했을 때에도, 이를 시작할 의사도 능력도 없었다. 왜냐하면 여기서 문제가 되는 것은 이론적 고찰이 아니라 구정권을 혁명적 파괴와 몰락으로 이르게 한 과정이기 때문이다. 이러한 단절기는 논쟁의 여지없이 역사적 사실에 속한 것이다. 또 그것은 독일제국이 생산적인 방향에 적응하지 못함으로써 치러야만 할 대가였다.

과거와의 이러한 단절이 심층에까지 이르지 못했다는 것 그리고 시대에 맞지 않는 전통들을 유지시키는 데 성공한 결과가 계속 감지될 수 있다는 것은 20세기 독일사에서의 연속성문제가 지니고 있는 첨예한 성격을 설명해 준다. 우리는 "연속성이라는 범주로 인하여 야기된 판단의 왜곡"을 명백한 옹호조로 한탄하거나,11) —독일의 역사적 사회과학의 필수적인 전통과 보조를 맞추어— 회피적인 태도를 취하기보다는 오히려 연속성의 문제와 대결하여 더욱더 분석하려고 해야만 한다. 물론 이것은 위대한 개인들〔비스마르크에서 빌헬름 2세와 힌덴부르크를 거쳐서 히틀러에 이르기까지〕을 중심으로 한 표면적인 설명을 제공해야 한다는 것을 의미하는 것이 아니라, 오히려 그 모체로서 작용하면서 오랫동안 동일한 혹은 유사한 상황을 만들어낼 수 있었던 사회적·경제적·정치적·심리적 구조들뿐만 아니라 기형성과 불연속성을 뒷받침해 주는 요소들을 분석해야만 한다는 의미이다. 물론 독일에서 카리스마적 정치지도자가 출현하도록 후원해 준 특수한 전제조건들이 무엇이었던가에 관한 문제도 이러한 구조들을 배경으로 하여 재검토되어야 한다.

　제국독일 권력엘리트의 숙명적인 성공은 예전의 역사적 전통과 새로운 경험으로부터 도움을 받았고, 1945년까지 몇몇 영역에서는 그 이상까지 계속 영향을 미쳤다. 즉 권위주의적인 정책의 취약성, 교육제도 및 정당제도 내에서 민주주의에 대한 적대감, 전산업적 지배집단들·규범들·이상들의 영향, 독일 국가이데올로기의 완고함, 관료제의 신화, 신분제적 차이에서 계급간 대립으로의 변화, 정치적 반유대인주의의 조작 등에서 계속 도움을 받았다. 역사적으로 엄청난 부담이 된 긴 목록은 바로 여기서 시작되었다. 따라서 1871년에서 1918년까지 독일제국의 역사를 안다는 것은 지난 50년 동안의 독일사를 이해하기 위한 필수불가결한 전제인 셈이다.

◎ 비어 있는 쪽 ◎

『독일 제2제국』 후주

[서 론]

1) K.Marx, Einleitung zur Kritik der Politischen Ökonomie(1857), MEW 13, 1961, 632. 전체적으로는 인용문만 제시하였다 아래의 참고문헌 부분에 가장 중요한 문헌들에 대한 간략한 개관을 제시하고 있다.
2) E.Rosenstock-Huessy, Die europäischen Revolutionen u. der Charakter der Nationen, Stuttgart 1962^3, 526.
3) B.Moore, Soziale Ursprünge von Diktatur und Demokratie, Frankfurt 1971^2; H.Rosenberg, Probleme der deutschen Sozialgeschichte, Frankfurt 1969 ; ders., Große Depression und Bismarckzeit, Berlin 1967.
4) F.Engels an Danielson, 18.6.1892, MEW 38(1968), 365.
5) R.Dahrendorf, Demokratie u. Sozialstruktur in Deutschland, i : ders. Gesellschaft u. Freiheit, München 1961, 262.
6) 이 내용에 관해서는 H.-U.Wehler, Krisenherde des Kaiserreichs 1871-1918, Göttingen 1970, 12f.를 참조하라.
7) K.F.Werner, NS-Geschichtsbild u. Geschichtswissenschaft, Stuttgart 1967, 97.
8) F.Engels, 1887/88, MEW 21, 1962, 454 ; A.Rosenberg, Entstehung u. Geschichte der Weimarer Republik, Frankfurt ^{13}1971, 95.

[제 I 장]

1) T.Veblen, Imperial Germany and the Industrial Revolution(1915), Ann Arbor 1966 : 또 Marx(MEW 23, 12f.-50 Jahre vorher!) : A.Gerschenkron, Economic Backwardness in Historical Perspective, Cambridge/Mass. 1962 (^{2}1965), 5-30을 보라.
2) G.Schmoller, Charakterbilder, München 1913, 49.
3) G.Ipsen, Die preußische Bauernbefreiung als Landesausbau, Zeitschrift für

Agrargeschichte 2. 1954, 47 : F.Lütge, Geschichte der deutschen Agrarverfassung vom frühen Mittelalter bis zum 19.Jh. Stuttgart 1963(1967²), 228.
4) 마지막 인용구는 H.Rosenberg, Die Pseudodemokratisierung der Rittergutsbesitzerklasse, in : ders., Probleme, 33, 12, 16f.
5) Gerschenkron, 62.
6) T.Hamerow, Restauration, Revolution, Reaction. Economics and Politics in Germany 1815-71. Princeton 1958, 207, 210 : Å.Desai, Real Wages in Germany, 1871-1913. Oxford 1968, 108, 117 : I.Akerman, Theory of Industrialism. Lund 1960, 305, 307, 309, 311, 331-80. 경제적·사회적 통계자료의 경우 다른 언급이 없는 경우에는 주로 W.G.Hoffmann u.a., Das Wachstum der deutschen Wirtschaft. Heidelberg 1965에 의거하였다. 또 파업수에 관해서는 W. Steglich, Eine Streiktabelle für Deutschland, 1864-80, Jahrbuch für Wirts- chaftsgeschichte 1960/II, 235-83을 참조하였다.
7) Chargé de Rumigny, 4.4. 1829, nach : P.Benaerts, Les origines de la grande industrie allemande. Paris 1933, 15 : Metternichs Denkschrift für Kaiser Franz, Juni 1833, in : A.v.Klinkowström Hg., Aus Metternichs Nachgelassenen Papieren. V, Wien 1882, 505, 509.
8) MEW 13. 639, 642. 이 장에서 '계급'이라는 용어는 분석적 범주로서 이해되고 있다.
9) Stenographische Berichte über die Behandlungen des Preußischen Hauses der Abgeordneten, 1855/56, II, 642(20.2.1856).
10) E.N.Anderson, The Social and Political Conflict in Prussia, 1858-64. Lincoln 1954, 441 : M.Messerschmidt, Die Armee in Staat und Gesellschaft, in : Das Kaiserliche Deutschland. Hg., M.Stürmer. Düsseldorf 1970, 95.
11) O.v.Bismarck, GW XV, 165 또 114 참조 : H.Oncken, R.v.Bennigsen. II, Stuttgart 1910, 45 : G.Ritter, Die preußischen Konservativen und Bismarcks deutsche Politik, 1858-76. Heidelberg 1913, 74.
12) G.A.Craig, Die preußisch-deutsche Armee, 1640-1954. Düsseldorf 1960, 214 : F.Lassalle, Gesammelte Reden und Schriften. Hg., E.Bernstein. IV, Berlin 1919, 307f.
13) Rosenberg(Probleme, 52) im Anschluß an C.Schmitt, Verfassungslehre(1928), Berlin 1957², 31f. 118.
14) H.Rothfels, Probleme einer Bismarck-Biographie, Deutsche Beiträge 1948/II, 170(개정판). 그의 Bismarck. Stuttgart 1970, 20에는 전형적으로 순화되어 있다.
15) G.Mann, Deutsche Geschichte des 19. Jhs. Frankfurt 1958, 383.
16) Burckhardt an Preen, 12.10., 17.3.1871, in : J.Burckhardt, Briefe. Hg., M.Burckhardt. V, Basel 1963, 139, 152 : 유사하게는 Scrutator(M.McColl), Who is responsible for the War? London 1870, 95, 102.
17) R.Stadelmann, Moltke und der Staat. Krefeld 1950, 145 : J.Becker, Zum

Problem der Bismarckschen Politik in der spanischen Thronfrage, HZ 212, 1971, 603 : ders., Der Krieg mit Frankreich als Problem der kleindeutschen Einigungspolitik Bismarcks 1866-70, in : Das Kaiserliche Deutschland, 83. Clausewitz에 관해서는 Wehler, 110-12를 보라.
18) W.Sauer, Die politische Geschichte der deutschen Armee und das Problem des Militarismus, PVS 6. 1965, 349. 후자에 관해서는 그의 Das Problem des deutschen Nationalstaats, in : H.-U.Wehler Hg., Moderne deutsche Sozialgeschichte. Köln 1973⁴, 407-36을 보라.
19) GW V, 514f. : Otto an Talleyrand, 13.8.1799, in : P.Bailleu, Preußen und Frankreich, 1795-1807. Diplomatische Correspondenzen. Leipzig 1881, 505 : K.Schwartz, Leben des General C.v.Clausewitz. I , Berlin 1878, 234(21.5. 1809) : K.Griewank Hg., Gneisenau. Ein Leben in Briefen. Leipzig 1939, 379 f.(9., 14.8.1830) : GW Ⅷ, 459.
20) Freytag(Sept.1871), in : H.Kohn, Wege und Irrwege. Vom Geist des deutschen Bürgertums. Düsseldorf 1962, 178 : A.v.Villers, Briefe eines Unbekannten. Ⅱ, Leipzig 1910, 44f.(an A.v.Warsburg, 24.7.1870) : G.G.Gervinus, Hinterlassene Schriften. Wien 1872, 21-23(1.Denkschrift zum Frieden, Anfang 1871) : Marx, Kritik des Gothaer Programms(1875). MEW 19.1962, 29.
21) R.Stadelmann, Deutschland und die westeuropäischen Revolutionen, in : ders., Deutschland und Westeuropa. Laupheim 1948, 14,27f.,31.

[제Ⅱ장]

1) J.Habermas, Technik und Wissenschaft als "Ideologie". Frankfurt 1968, 68.
2) R.Höhn Hg., Die vaterlandlosen Gesellen, 1878-1914. I , Köln 1964, 29 : MEW 6. 1969, 405 ; Desai, 108. 1914년까지의 정확한 통계수치들은 A.F.Burns, Business Cycles, IESS 2.1968,231 표 1에 의거했음. 보다 더 상세한 사항에 관해서는 Rosenberg, Depression ; H.-U.Wehler, Bismarck und der Imperialismus. Köln ³1972, 39-111.
3) MEW 23, 28(1873).
4) Höhn, I ,29 ; W.Mommsen Hg., Deutsche Parteiprogramme. München 1960, 790.
5) Rosenberg, Depression, 187 ; ders., Probleme,72 ; 세율에 관하여서는 H.-H.Herlemann, Vom Ursprung des deutschen Agrarprotektionismus, in : Agrarwirtschaft und Agrarpolitik, Hg., E.Gerhardt und P.Kuhlmann. Köln 1969, 189 9 : 동기에 관하여서는 K.W.Hardach, Die Bedeutung wirtschaftlicher Faktoren bei der Wiedereinführung der Eisen-und Getreidezölle in Deutschland 1879. Berlin 1967, 30-49.

6) A.Gerschenkron, Bread and Democracy in Germany(1943). N.Y. ²1966, 67.
7) Statistisches Bundesamt Hg., Statistischesches Jahrbuch 1963. Stuttgart 1963, 57.
8) J.A.Schumpeter, Theorie der wirtschaftliche Entwicklung(1911). Berlin ⁶1964, 102.
9) F.Kleinwächter, Die Kartelle. Innsbruck 1883, 143.
10) R.Calwer Hg., Handel und Wandel 1900. Berlin 1901, 27.
11) Hoffmann.이외에도 P.-C.Witt, Die Finanzpolitik des Deutschen Reiches, 1903-13. Lübeck 1970, 382-85 : A.Feiler, Die Konjungkturperiode 1907-13. Jena 1914, 171f., 86, 표 177-204를 보라. 집중에 관해서는 Wehler, Krisenherde, 308f., Literatur 428f.
12) F.Grumbach und H.König, Beschäftigung und Löhne der deutschen Industriewirtschaft 1888-1954, Weltwirtschaftliches Archiv 79. 1957/II, 153 : T.Orsagh, Löhne in Deutschland, 1871-1913, ZGS 125. 1969, 476-83.
13) F.Naumann, Demokratie und Kaisertum. Berlin 1900, 92f. : K.Kitzel, Herrfurthsche Landgemeindeordnung. Stuttgart 1957, 13-65, 여기서의 인용은 18 : M.Weber, Gesammelte Aufsätze zur Sozial-und Wirtschaftsgeschichte. Tübingen 1924, 503.
14) L.Bamberger, Erinnerungen. Berlin 1899, 501-517 : Deutscher Ökonomist 12.6. 1909, 387f.
15) L.Bamberger, Bismarcks Großes Spiel. Die Geheimen Tagebücher. Frankfurt 1932, 339(6.6.1887). T.Fontane, Briefe an Friedländer, Hg., K.Schreinert. Heildelberg 1954, 305. 기업일반에 관해서도 예컨대 G.Briefs, Betriebsführung und Betriebsleben in der Industrie. Stuttgart 1934, 120.
16) M.Weber, Gesammelte Politische Schriften. Tübingen ²1958, 19.
17) L.Brentano, Die deutwschen Getreidezölle(1911), Stuttgart ³1925, 25-32.
18) F.Beckmann, Die Entwicklung des deutsch-russischen Getreideverkehrs unter den Handelsverträgen von 1894 und 1904, Jahrbücher für Nationalökonomie und Statistik 101. 1913, 145-71 : G.Schmoller, Einige Worte zum Antrag Kanitz, Schmollers Jahrbuch 19. 1895, 617 : Gerschenkron, Bread, 53f., 64, 74f. : Rosenberg, Probleme, 67-80.
19) H.Heller, Staatslehre. Leiden ³1963, 113.
20) H.v.Friedberg an Kronprinz Friedrich, 4.5.1879, Nl.O.v.Richthofen, 1/1.2., PA, AA Bonn : T.W.Adorno, Einleitung, in : ders., Hg., Spätkapitalismus oder Industriegesellschaft? Stuttgart 1969, 23f.
21) Habermas, 76f., 84, 92.
22) Hardach, 70-72를 참조.
23) A.Bebel, Zum 1. Oktober, Neue Zeit 9. 1891/II,7.

[제Ⅲ장 1절]

1) A.Rosenberg, 15 : Bismarck an Bülow, 21.12.1877, GW Ⅵ, 103.
2) Weber, Politische Schriften, 233. Bismarck에 관해서는 R.v.Friesen, Erinnerungen aus meinem Leben, Ⅲ, Dresden 1910, 11f.에서 인용.
3) G.Anschütz, Der deutsche Föderalismus, in : Veröffentlichungen der Vereinigungen der Deutschen Staatsrechtslehrer. Ⅰ, Berlin 1924, 14f. : T.Hobbes, Leviathan, Hg., I.Fetscher. Neuwied 1966, 206(Ⅱ, Kap. 26, Abs. 6).
4) E.R.Huber, Deutsche Verfassungsgeschichte nach 1789. Ⅲ, Stuttgart 1963, 11 : 이하는 18에서 인용.
5) Marx an Ruge, 5.3.1842, MEW 27, 397.
6) K.D.Bracher, Die Auflösung der Weimarer Republik. Villingen ^{5}1971, 11.
7) Lassalle, Ⅱ, 60(Über Verfassungswesen, 1862).
8) Roggenbach an Bamberger, 11.2.1879, Nl.Bamberger, DZA Ⅰ, 173/4-5. W.P. Fuchs(Hg., Großherzog Friedrich v.Baden und die Reichspolitik, 1871-1907. Ⅰ, Stuttgart 1968)에게서 [정권의] 독재적인 성격을 비난하는 언급을 10여 곳에서 찾아볼 수 있다.
9) F.Meinecke, Reich und Nation von 1871-1914, in : ders., Staat und Persönlichkeit. Berlin 1933, 167.
10) L.v.Schweinitz, Denkwürdigkeiten.Ⅱ, Berlin 1927, 83(18.11.1879), 270(Apr. 1884), 307도 참조 : ders., Briefwechsel. Berlin 1928, 214(Mai 1886) : Bosse에 관해서는 J.Röhl, Deutschland ohne Bismarck. Tübingen 1969, 26에서 인용 : K. Oldenberg, Aus Bismarcks Bundesrat, 1878-85. Berlin 1929, 10, 38, 55 : J. Hansen, G.v.Mevissen. Ⅰ, Berlin 1906, 843(1884) : Kapp an Cohen, 23.8.1879 und 9.7.1881, in : F.Kapp, Vom radikalen Frühsozialisten des Vormärz zum liberalen Parteipolitiker des Bismarckreichs. Briefe 1848-1884, Hg., H.-U. Wehler. Frankfurt 1969, 122,133.—Ampthill an Granville, 11.3.1882, in : P. Knaplund Hg., Letters from the Berlin Embassy. Washington 1944, 256 : Kasson an Batard, 30.4.1885, in : O.Stolberg-Wernigerode, Deutschland und die Vereinigten Staaten im Zeitalter Bismarcks. Berlin 1933, 327, 329.
11) L.Bamberger, Bismarck Posthumus. Berlin 1899, 8 : GW Ⅵc, 156(4.2.1879) : GW Ⅷ 532.
12) Der 18.Brumaire des Louis Bonaparte(1852), MEW 8, 115-207.
13) L.Bamberger, Charakteristiken. Berlin 1894, 84 : Engels an Marx, 13.4.1866, MEW 31, 208.
14) Bamberger, Posthumus, 58, 25 : Burckhardt an Preen, 26.9.1890, in : Burckhardt, Briefe, Hg., F.Kaphahn. Leipzig 1935, 490 : Die Geheimen Papiere F.v. Holsteins.

Ⅱ, Göttingen 1957, 181(17.11.1884).
15) H.Gollwitzer, Der Cäsarismus Npoleons Ⅲ. im Widerhall der öffentlichen Meinung Deutschlands, HZ 173. 1952, 65 : F.Mehring, Weltkrach und Weltmarkt. Berlin 1900, 34를 보라 : S.Hellmann, Die großen europäischen Revolutionen. München ²1919, 15-17.
16) L.Bamberger, Zum Jahrestag der Entlassung Bismarcks(1891), in : ders., Gesammelte Schriften. Ⅴ, Berlin 1897, 340. 빅토리아 황태자비의 불평에 관해서는 Mann, 430f.를 참조하라.
17) H.Rothfels, 170 : 유사한 내용에 관해서는 K.Griewank(Das Problem des christlichen Staatsmannes bei Bismarck. Berlin 1953, 55 : "Anstoß und Vorbild für Entartungserscheinungen").
18) A.v.Deines an H.Deines, 20.3.1890, Militärarchiv Freiburg, N 32/11 : Burckhardt an Preen, 13.4.1877, Briefe Ⅵ, 1966, 124 : Mommsen에 관해서는 Kohn, 198, 201에 의거하였다.
19) GW ⅩⅤ, 640.
20) Bismarck an Wilhelm Ⅰ., Okt.1879, Nl.Bismarck, 13. Schloß Friedrichsruh : 또한 H.Pachnicke, Führende Männer im alten und im neuen Reich. Berlin 1930, 63.
21) M.Stürmer, Einleitung, in : ders. Hg., Das Kaiserliche Deutschland, 20f.
22) GW ⅩⅣ, 1475, 27.11.1872. 프로이센 관료제의 발전에 관한 전형적인 해석으로는 H.Rosenberg, Bureaucracy, Aristocracy, Autocracy. The Prussian Experience 1660-1815. Cambridge/Mass.1858 u.ö., dt.bis 1848 geführt : Göttingen(demn.).
23) K.Hennig, Das Budget. Ⅰ, Tübingen 1949, 388. 일반적인 것으로는 E.Kehr, Das soziale System der Reaktion in Preußen unter dem Ministerium Puttkamer, in : ders., Der Primat der Innenpolitik, Hg., H.-U.Wehler. Berlin ²1970, 64-86와 이 책의 끝에 있는 참고문헌의 Ⅲ.1.4.를 보라.
24) C.zu Hohenlohe-Schillingsfürst, Denkwürdigkeiten aus der Reichskanzlerzeit. Stuttgart 1931, 290; P.Molt, Der Reichstag vor der improvisierten Revolution. Köln 1963, 142f. : P.Rassow und K.E.Born Hg., Akten zur staatlichen Sozialpolitik in Deutschland, 1890-1914. Wiesbaden 1959, 146.
25) E.N. und P.R.Anderson, Political Institutions and Social Change in Continental Europe in the 19th Century. Berkeley 1967, 167, 166-237 : O.Hintze, Der Beamtenstand, in : ders., Soziologie und Geschichte. Göttingen ²1964, 68, 66-125. 1918년까지에 대한 보다 더 상세한 설명을 위해서는 J.Kocka, Klassengesellschaft im Krieg. Deutsche Sozialgeschichte 1914-18. Göttingen 1973, Kap.Ⅲ, 67-85를 보라.
26) 예컨대 M.Weber에 관해서는 Wirtschaft und Gesellschaft. Ⅰ, Tübingen ⁴1956, 125-30 : Ⅱ, 823-876 : ders., Politische Schriften, 294-431를 참조. 개관을 위해서는 A.Lotz, Geschichte des deutschen Beamtentums. Berlin 1909.
27) Anderson, 195; Molt, 143 : L.Muncy, The Junker in the Prussian Administration,

1888-1914. Providence 1944, 189f. : R.Lewinsohn, Das Geld in der Politik. Berlin 1930, 20f. : W.Runge, Politik und Beamtentum im Parteienstaat. Stuttgart 1965, 170-74, 181 : R.Morsey, Die Oberste Reichsverwaltung unter Bismarck, 1867-90. Münster 1957, 246.
28) C.Schmitt, H.Preuss in der deutschen Staatsrechtslehre, Neue Rundschau 41. 1930, 290 : Runge, 173 : J.Röhl, Beamtenpolitik im Wilhelminischen Deutschland, in : Das Kaiserliche Deutschland, 295.
29) J.Kocka, Vorindustrielle Faktoren in der deutschen Industrialisierung, in : Das Kaiserliche Deutschland, 265-86 : 보다 더 상세한 설명을 보려면 ders., Unternehmensverwaltung und Angestelltenschaft, Siemens 1847-1914. Stuttgart 1968.

[제Ⅲ장 2절]

1) T.Heuss, Das Bismarck-Bild im Wandel, in : L.Gall Hg., Das Bismarck-Problem. Köln 1971, 264.
2) 다음은 여러 면에서 M.R.Lepsius(Parteiensystem und Sozialstruktur : Zum Problem der Demokratisierung der deutschen Gesellschaft, in : Fs. F.Lütge. Stuttgart 1966, 371-93 : Extremer Nationalismus. Stuttgart 1966 : Demokratie in Deutschland als historisch-soziologisches Problem, in : Spätkapitalismus?, 197-213)와 T.Nipperdey (Über einige Grundzüge der deutschen Parteigeschichte, in : Fs. H.C.Nipperdey. Ⅱ, München 1965, 815-41)의 관점에 의거하였다.
3) T.H.Marshall, Citizenship and Social Class, in : ders., Class, Citizenship, and Social Development. N.Y. 1965, 71-134.
4) G.Mayer, Die Trennung der proletarischen von der bürgerlichen Demokratie in Deutschland, 1863-70(1912), in : ders., Radikalismus, Sozialismus und bürgerliche Demokratie, Hg., H.-U.Wehler. Frankfurt ^{2}1969, 108-78.
5) F.J.Stahl, Die gegenwärtigen Parteien in Staat und Kirche. Berlin 1863, 73.
6) Kapp an Cohen, 5.1.1875, Briefe, 107f. : Hammacher an seine Frau, 28.5.1879, Nl. Hammacher 20/36f., DZA Ⅰ.
7) Bamberger, Erinnerungen, 501.
8) 이에 관한 기본서 : H.-J.Puhle, Agrarische Interessenpolitik und preußischer Konservatismus im wilhelminischen Reich, 1893-1914. Hannover 1966.
9) H.Boldt, Deutscher Konstitutionalismus und Bismarckreich, in : Das Kaiserliche Deutschland, 127.
10) Innenminister v.Puttkammer, 5.12.1883 im Abg. Haus, nach : H.v.Gerlach, Die Geschichte des preußischen Wahlrechts. Berlin 1908, 37.
11) A.Schäffle, Die Quintessenz des Sozialismus. Gotha ^{3}1878, 1.

12) W.Andreas Hg., Gespräche Bismarcks mit dem badischen Finanzminister M.Ellstätter, Zeitschrift für die Geschichte des Oberrheins 82. 1930, 449(1.2. 1877) : 유사하게는 H.v.Poschinger, Stunden bei Bismarck. Wien 1910, 98; RB Ⅵ, 346f.; Ⅶ, 287.
13) Rosenberg, Depression, 82-88. 정치강령에 관해서는 Mommsen, Parteiprogramme, 294-403을, 정치활동에 관해서는 뒤의 참고문헌 Ⅲ.2.1.4를 보라.
14) Schmoller, 52 : Griewank, 47.
15) E.Bernstein, Rezension, Dokumente des Sozialismus 1.1902, 473 : 또 F. Naumann. Die Politischen Parteien. Berlin 1910, 96을 보라.
16) Mommsen(Nation 13.12.1902), nach : L.M.Hartmann, T.Mommsen. Gotha 1908, 258.
17) G.Mayer, Erinnerungen. München 1949, 179.
18) Rosenberg, Probleme, 34f.
19) W.Hennis, Verfassungsordnung und Verbandseinfluß, PVS 2.1961, 23-35.
20) E.Kehr, Soziale und finanzielle Grundlagen der Tirpitzschen Flottenpropaganda, in : Primat, 130-48 : ders., Schlachtflottenbau und Parteipolitik, 1894-1901. Berlin 1930(21966), 169f. : W.Marienfeld, Wissenschaft und Schlachtflottenbau in Deutschland 1897-1906. Berlin 1957, 83 : H.A.Bueck, Der Zentralverband Deutscher Industrieller. Ⅰ, Berlin 1902, 291f.
21) K.v.d.Heydt an Hammacher, 30.6.1886, Nl.Hammacher 57 : K.Lamprecht, Deutsche Geschichte. Zur jüngsten deutschen Vergangenheit(1903).Ⅱ/2, Berlin 41921,737.
22) G.Radbuch, Die politischen Parteien im System des deutschen Verfassungsrechts, in : G. Anschütz u. R. Thoma Hg., Handbuch des deutschen Staatsrechts. Ⅰ, Tübingen 1930, 289
23) W. Liebknecht, 9.12.1870, Norddt. RT 1:2:154.
24) Sybel an Baumgarten, 27.1.1871, in : J.Heyderhoff u. P.Wentzke Hg., Deutscher Liberalismus im Zeitalter Bismarcks. Ⅰ, Osnabrück 21967, 494 : R.Stadelmann, Moltke u. das 19. Jh., HZ 166. 1942, 309.
25) Sauer, Problem, 428-36. 신전통주의자들에 관하여 : 이런 류의 기술들은 당대의 저작들 속에서 전혀 그 표현을 찾을 필요가 없다(왜냐하면 직접적인 자료가 결여되어 있기 때문이다). 그럼에도 불구하고 이것들은 지배집단의 이익 속에 있으면서 동시에 정치적 행위양식 속에 통합되어 있는 합리성으로부터 추론될 수 있다. 이것들은 거기에 포함된 사람들의 머리수를 뛰어넘어 '도전'에 대한 '응전'으로서 관철될 수 있으나, 그럼에도 불구하고 의도적인 행위처럼 나중에 회고적으로 전략적인 욕구의 형태로 해석될 수도 있다.
26) O.Pfülf, Bischof v.Ketteler. Ⅲ, Mainz 1899, 166.
27) RB 12, 305 : GW Ⅷ, 419 : ⅩⅣ/Ⅱ, 910 : H.Hofmann, Fürst Bismarck. Ⅲ, Stuttgart 1914, 154 : GW ⅩⅣ/Ⅱ, 955.

28) 정치적 반유태인주의에 관한 보다 더 상세한 논의에 관해서는 Ⅲ.3.3.을 참조하라.
29) GW Ⅵc, 350(24.12.1886).
30) R.Lucius v. Ballhausen, Bismarck-Erinnerungen. Stuttgart 1921, 304(25.10. 1884) : E.Foester, A.Falk. Gotha 1927, 430(29., 30.8.1878) : M.Stürmer Hg., Bismarck u. die preußisch-deutsche Politik. München 1970, 131, 127 : 보다 더 상세한 내용에 관해서는 ders., Staatsstreichgedanken im Bismarckreich, HZ 209. 1969, 566-615를 보라.
31) Marx nach : H.-U.Wehler, Sozialdemokratie und Nationalstaat, Nationalitätenfragen in Deutschland, 1840-1914. Göttingen ^{2}1971,57 : Burckhardt an Preen, 26.4.1872, Briefe. V,160.
32) Bismarck an Puttkamer, 3.3.1883, BA, P 135/6348(gedr. in: Stürmer Hg., Bismarck, 195).
33) Pourtalès an Bethmann, 15.10.1853, in : A.v.Mutius Hg., Graf A.Pourtalès. Berlin 1933, 73 : Mann, 443.
34) Rosenberg, Probleme, 33.
35) Schomoller, 41 : Bismarck an Mittnacht, Herbst 1878(Entwurf), Nl. Bismarck XLVⅡ : GW Ⅷ, 298(18.2.1879) : Kronratsprotokoll, 5.6.1878, in : Stürmer Hg., 125 : C.v.Tiedemann, Aus 7 Jahrzehnten. Ⅱ : 6 Jahre Chef der Reichskanzlei. Leipzig 1909, 258 : J.M.v. Radowitz, Aufzeichnungen u. Erinnerungen, 1839-90, Hg., H. Holborn.Ⅱ, Stuttgart 1925 : Wehler, Bismarck und der Imperialismus, 189-91.
36) Entwurf, Anm.35 : GW Ⅷ, 492 : H.v. Bismarck an Rantzau, 29.10.1881, Nl. Bismarck 41(auch W.Bussmann Hg., Staatssekretär Graf H.v.Bismarck. Aus seiner politischen Privatkorrespondenz. Göttingen 1964, 108) : 30.10.1881, ebda, Protokoll der Staatministeriumssitzung v. 8.12.1884, in : Stürmer Hg., 207 : GW XV, 288, 393, 398, 449, 465.
37) Hofmann, Ⅰ, 132(GW, Ⅷ/304 : RB X, 130를 보라) : Ⅱ, 406-8(11.3.1897) : D. Stegmann, Die Erben Bismarcks, 1897-1918. Köln 1970, 67 : E.Kehr, Englandhaß und Weltpolitik, in : Primat, 164 : ders., Schlachtflottenbau, 265. Berghahn에 관해서는 Ⅲ/5.3.1과 H.A.Winkler, Mittelstand, Demokratie und Nationalsozialismus. Köln 1972, 40-64를 참조하라.
38) Hofmann, Ⅰ, 130(RB X, 56) : GW Ⅵc, 121 : O.Hintze, Das monarchische Prinzip u. die konstitiutionelle Verfassung, in : ders., Staat u. Verfassung. Göttingen ^{3}1970, 378.
39) Naumann, Demokratie, 139.
40) H.-G.Zmarzlik, Bethmann Hollweg als Reichskanzler, 1909-14. Düsseldorf 1957, 50 : Der Weltkrieg, Hg., Reichsarchiv. Kriegsrüstung und Kriegswirtschart. Anlagen Ⅰ, Berlin 1930. 122f. : Stegmann, 216f., 288, 404-499.

41) W.Rathenau, An Deutschlands Jugend. Berlin 1918, 100.

[제Ⅲ장 3절]

1) J.Heyderhoff Hg., Im Ring der Gegner Bismarcks, 1865-1896. Leipzig 1943, 223(Roggenbach an Stosch, 7.11.1883).
2) L.Bamberger, Die Nachfolge Bismarcks. Berlin ²1889, 41.
3) GW VIb, 486(12.9.1870).
4) GW VIII, 79(21.4.1873), 441(12.12.1881, Bennigsen).
5) Nach R.Hilferdings(Das Finanzkapital(1910). Berlin 1947, 504f.) und O. Bauers (Die Nationalitätenfrage und die Sozialdemokratie. Wien ²1924, 491ff.) hervorragender Erörterung.
6) W.Rathenau, Gesammelte Schriften. I., Berlin 1925, 188f.(현재시제는 원문).
7) E.Bernstein, Geschichte der Berliner Arbeiterbewegung. II, Berlin 1907, 59.
8) Th.Mommsen an Anon., 13.8.1882, Nl. Bamberger 151/4, DZA I : Bamberger an Hillebrand, 17.12.1882, ebda, 91/72 : Bleichröder(1880) nach W.Frank, Hofprediger A. Stoecker und die christlichsoziale Bewegung. Hamburg ²1935, 86.
9) Wahllaufruf der Deutschkonservativen : Nl. Goldschmidt, PA.
10) Mommsen, Parteiprogramme, 84.
11) Foerster, Falk, 485(10.3.1878, Lasker) : Bamberger, Posthumus, 35(Friedenthal).
12) Frank, 110 : H.v.Bismarck, 2.11.1881, Nl. H.v.Bismarck, 41.
13) W.v.Bismarck an Rantzau, 23.5.1884, Nl. Rottenburg 4/203, GStA Berlin Dahlem.
14) H.v.Bismarck an Rotenburg, 8.8.1882(Bleichröder), Nl.Rottenburg 3 : 25.9.1887(AA), ebda, 3 : an Münster, 20.4.1885(Meade), Nl.Münster, 5, Schloß Derneburg.
15) Bamberger an Hillebrand, 7.2.1880, Nl.Bamberger 91/33 : Mommsen an H.Bahr, nach : P.W.Massing, Vorgeschichte des politischen Antisemitismus. Frankfurt 1959, 177.
16) GW, XIV/1, 568(Bismarck an seine Schwester, 26.3.1861).
17) Rathenau an Rottenburg, 12.12.1886, Nl.Rottenburgs, 5/237 und NL.O.v.Bismarcks : Holstein an H.v.Bismarck, 13.12.1884, Nl.Bismarcks, 44.
18) Wehler, Krisenherde, 188 : 대폴란드 정책에 관해서는 181-199(숫치포함) : 알사스-로렌에 관해서는 51-56 : 노르트홀슈타인에 관해서는 Sozialdemokratie, 86-102를 보라.
19) Papiere Holsteins, III, 1961, 214(Bülow an Holstein,10.12.1887) : Schieder von Wehler, Krisenherde, 194.

20) F.Meinecke, Ausgewählter Briefwechsel, Hg., L.Dehio u. P.Classen, Stuttgart 1962, 59(an Goetz, 6.5.1915).
21) Weber, Wirtschaft und Gesellschaft, II, 683f., 698f.
22) Ministrialblatt für die gesammte innere Verwaltung 37, 1876, Berlin 1877, 44.
23) A.de Tocqueville, Über die Demokratie in Amerika, I, Stuttgart 1959, 343.
24) H.-U.Wehler Hg., Geschichte Psychoanalyse, Cologne 1971, 28f.(Litt, Adorno, Hartmann)에서 인용.
25) Lepsius, Demokratie, 204.
26) Weber, Politische Schriften, 235f.
27) R.Dahrendorf, Soziale Klassen und Klassenkonflikt in der industriellen Gesellschaft, Stuttgart 1957, 64.
28) G.F.W.Hegel, Brief, Hg., J.Hoffmeister, I, Hamburg 1953, 253(an Niethammer, 28.10.1808).
29) T.Nipperdey, 'Volksschule und Revolution im Vormärz', in : Fs. T.Schieder, München 1968, 117(Friedrich Wilhelm IV), 141f.
30) 이하의 수치들은 F.Ringer, Higher Education in Germany in the 19th Century, in JCH, 2, 1967, 123-38 : W.Zorn, Hochschule in der deutschen Sozialgeschichte der Neuzeit, in Fs. M.Braubach, Münster 1964, 321-39에서 인용.
31) C.v.Ferber, Die Entwicklung des Lehrkörpers der deutschen Universitäten und Hochschulen, 1864-1954, Göttingen 1956, 176.
32) Der Preußische Landtag. Handbuch für sozialdemokratische Wähler, Berlin 1908, 505.
33) R.Michels, Umschichtungen der herrschenden Klassen nach dem Kriege, Stuttgart 1934, 68.
34) T.Eschenburg, Ämtlerpatronage, Stuttgart 1961,20, cf.33-41.
35) 어느 개인의 회상 : 1953년경에도 전에 본(Bonn)에 있던 극단적인 봉건적 단체인 '보루시아(Borussia)'의 의장이 주재한 한 토론에서 두 명의 부르주아가 가입이 허용되었다는 사실을 인정하자, 부르주아적 학생단체 조합원들은 휘파람을 불었고 귀족적 학생단체에 소속된 대학생들은 "저런, 제기랄"이라는 비웃는 투로 대답하였다.
36) R.Schmidt, Die Zeit, 13.10.1967, 29.
37) E.Frankel, Zur Soziologie der Klassenjustiz, Berlin 1927(Darmstadt 1968), 41.
38) Weber, Wirtschaft u. Gesellschaft, II, 660 : A.Einstein에 관해서는 H.u.M.Born, Briefwechsel, 1916-55, München 1969, 39(9.12.1919).
39) O.Hintze, Die Industrialisierungspolitik Friedrich d. Gr., in : ders., Historische u. Politische Aufsätze, II, Berlin ^{2}o.J.,132(vorher, 131 : "Eine Wirkung friderizianischer Gedanken in der inneren Verwaltung wie in der äußeren Politik!").
40) Nach H. Dietzel, Bismarck, Handwörterbuch der Staatswissenschaften, III, Jena ^{3}1909, 65.

41) Interpellation Stumm u.a., RT 4·3·3, Anl. I, 17 : H.Herzfeld, J.v.Miquel, II, Detmold 1938, 33 : Wehler, Bismarck u.d.Imperialismus, 459-64.
42) Schmoller, Charakterbilder, 41, 59.
43) Stolbergs Votum im Preuß. Staatsministerium, 11.9.1878, in : Stürmer Hg., 133 : B.Croce, Geschichte Europas im 19. Jh.Frankfurt ^{3}1968, 266.
44) RB XII, 639f.
45) GW VIc, 230 : VIII, 396 : H.Rothfels, T.Lohmann, 1871-1905. Berlin 1927, 63f.
46) H.v.Lerchenfeld-Koefering, Erinnerungen u. Denkwürdigkeiten, 1848-1925. Berlin ^{2}1935, 297(1890) : Briefe u. Sozialpolitische Aufsätze von Dr. Rodbertus-Jagetzow, Hg., R.Meyer. I, Berlin 1882, 136(Rodbertus an Meyer, 29.11.1871).
47) H.Delbrück, Polit. Korrespondenz, Preußische Jahrbücher 57. 1886, 312 : 수치 : Deutsche Wirtschaftskunde. Berlin 1930, 337-42 : S.Andic u. J.Veverka, The Growth of Government Expenditures in Germany since the Unification, Finanzarchiv 23.1963/64, 247. 1인당 지출비용은 다음과 같다 :
   1885 :   59 M.
   1891 : 158 M. 제국예산의 5.1%
   1901 : 424 M.   8.7%
   1907 : 686 M.   9.6%
   1913 : 994 M.   10.3%
48) K.E.Born, Staat u. Sozialpolitik nach Bismarcks Sturz, 1890-1914. Wiesbaden 1957, 98, 104f., 178, 183, 214, 223, 101, 90, 96, 246.

[제III장 4절]

1) R.Goldscheid, Staat, öffentlicher Haushalt u. Gesellschaft, in : Handbuch der Finanzwissenschaft, Hg., W.Gerloff. I, Tübingen 1926, 171 : ders., Staatssozialismus oder Staatskapitalismus. Wien 1917.
2) W.Gerloff, Der Staatshaushalt u. das Finanzsystem Deutschlands, 1820-1927, in : ders. Hg., III, 1929, 9. 나는 여기서 이 탁월한 개요(1-69)에 의거하여 같은 책 p.10에서 다음을 인용하였다.
3) GW VI c, 406(22.1.1889). 이하는 Rosenberg, Probleme, 69, 19에서 인용하였음.
4) F.Hartung, Deutsche Geschichte, 1871-1919. Stuttgart ^{6}1952, 232.
5) Gerloff, 28.
6) Witt, 275 : 이전의 발전에 관해서는 p.139 와 p.292도 참조.
7) Provinzial-Korrespondenz 12.10.1881.

8) Gerloff, 19f., 23,28 : A.Wagner, Grundlegung der politischen Ökonomie. Leipzig ^{3}1892, 895. 일반적인 내용에 관해서는 Andic/Veverka, 243-78을 보라.
9) Rosenberg, Depression, 45. 수치 : A. Spiethoff, Die wirtschaftlichen Wechsellagen. II, Tübingen 1955, 2 : H.Stuebel, Staat u. Banken im preußischen Anleihewesen, 1871-1913. Berlin 1935, 22,43.
10) W.Fischer u. P.Czada, Die soziale Verteilung von mobilem Vermögen in Deutschland seit dem Spätmittelalter, in : 3. International Conference of Economic History. II, Paris 1968, 287. 수치 : W.G.Hoffmann u. J.H.Müller, Das deutsche Volkseinkommen, 1851-1955, Tübingen 1959 : P.Jostock, The Longterm Growth of National Income in Germany, in : Income and Wealth. V, Hg., S. Kuznets. London 1955, 79-122 : Andic/Veverka, 241.
11) P.N.Stearns, European Society in Upheaval. Social History since 1800. N.Y. 1967, 206.
12) Hoffmann, Wachstum, 86f., 95, 100.

[제III장 5절]

1) GW X, 324(11.3.1867).
2) Stürmer Hg., 221(9.1.1887) : Lucius, 51.
3) Richter : E.Eyck, Bismarck. III, Zürich 1944, 76 : Mallinckrodt : A.Wahl, Deutsche Geschichte von der Reichsgründung bis zum Ausbruch des Weltkrieges. I, Stuttgart 1926, 114 : Bennigsen : RT 2:1:2:754.
4) R. Schmidt-Bückeberg, Das Militärkabinett der preußischen Könige u. deutschen Kaiser, 1787-1918. Berlin 1933, 78.
5) Hohenlohe-Schillingsfürst, Reichskanzlerzeit, 116(2.11.1895).
6) Friedrich III., Das Kriegstagebuch von 1870/71, Hg., H.O.Meisner. Berlin 1926, 325.
7) Großerzog F.v.Baden, 93(12.4.1875).
8) Wehler, Krisenherde, 174f.
9) G.Ritter, Der Schlieffenplan. München 1956, 68f. : 이하에 관해서는 27, 71f., 79, 81, 35를 보라.
10) F.Meinecke, Die deutsche Katastrophe(1946), in : ders., Autobiographische Schriften. Stuttgart 1969, 367.
11) T.v.Bethmann Hollweg, Betrachtung zum Weltkriege. II, Berlin 1919, 9.
12) Ritter, Schlieffenplan, 95, 83, 91.

13) H.Bley, Kolonialherrschaft u. Sozialstruktur in Deutsche-Südwestafrika, 1894-1914. Hamburg 1968, 203f.
14) G.Ritter, Staatskunst u. Kriegshandwerk. I, München 1954, 32.
15) Ebda. II, 1960, 115.
16) MEW 17, 106(Engels, 17.9.1870).
17) A.v.Roon, Denkwürdigkeiten. III, Berlin ^{5}1905, 390(4.2.1874).
18) W. an v.Gossler, 20.2.1897 Nl. Bülow, 22, 85-91, BA. A.v.Waldersee, Denkwürdigkeiten, Hg., H.O.Meisner. II, Stuttgart 1923, 338(an Wilh.II, 27.1. 1897).
19) W.Deist, Die Armee in Staat u. Gesellschaft, 1890-1914, in : Das Kaiserliche Deutschland, 318, 329.
20) Roon, I, 154(25.3.1848).
21) Stadelmann, Moltke, 407(6.12.1861).
22) Schweinitz, Denkwürdigkeiten. I, 259(26.5.1870).
23) Waldersee an Manteuffel. 8.2.1877, nach : Ritter, II, 360f.
24) Der Weltkrieg, Anlagen II, 91(Nr.26, 19.4.1904).
25) M.Kitchen, The German Officercorps 1890-1914. Oxford 1968, 5, 22, 24 : Deist, 322 : Kehr, Primat, 58.
26) Der Weltkrieg, II, 180(Nr.56, 20.1.1913) : 전쟁 이전의 상황에 관해서는 : H. Herzfeld, Die deutsche Rüstungspolitik vor dem Weltkrieg. Bonn 1923, 63.
27) Kitchen, 148 : 반유태인주의에 관해서는 22-48 : 명예재판소에 관해서는 51.
28) Wehler, Krisenherde, 65-83.
29) Messerschmidt, 110.
30) Kitchen, 132, 141f. : K.Saul, Der "Deutsche Kriegerbund", Militärgeschichtliche Mitteilungen 1969/II, 159.
31) V.Berghahn, Der Tirpitz-Plan. Düsseldorf 1971.
32) A.v.Tirpitz, Erinnerungen. Leipzig ^{2}1920, 98, 96, 52.
33) Kehr, Schlachtflottenbau, 45, 107 : A.T.Mahan, The Influence of Sea Power Upon History, Boston 1890 : ders., Die weiße Rasse u. die Seeherrschaft. Leipzig 1909.
34) T.Heuss, F.Naumann. Stuttgart 1937, 138.
35) Bethmann an Valentini, 9.12.1915, nach Stegmann, 459.
36) Beehler an State Dept., 31.3.1900, Record Group 59, National Archives, Washington, D.C.
37) Dazu Kehr u. Berghahn.
38) Berghahn, 392.

[제Ⅲ장 6절]

1) Wehler, Bismarck, 41f. : ders., Krisenherde, 306f.
2) Nipperdey, Grundzüge, 832f.
3) E.v.Weber, 4 Jahre in Afrika. Ⅱ, Leipzig 1878, 564 : 이하에 관해서는 Wehler, Bismarck, 112-93, 특히 121, 163을 보라.
4) Miquel nach : H.Böhme, Deutschlands Weg zur Großmacht. Köln ^{2}1972, 316 : Holstein an Kiderlen, 30.4.1897, Nl.Kiderlen(Kopie Böhme)\ : ähnlich an Eulenberg, 4.12.1894, in : J.Haller Hg., Aus dem Leben des Fürsten P. zu Eulenberg. Berlin 1924, 173.
5) In : A.Kirchhoff Hg., Deutsche Universitätslehrer über die Flottenvorlage. Berlin 1900, 21.
6) Tagebuch 31.12.1895, in H.Mohs Hg., A.Graf v. Waldersee in seinem militärischen Wirken. II, Berlin 1929, 383 : Bülow an Eulenberg, 26.12.1897, in : Röhl, Deutschland, 229.
7) B.v.Bülow, Deutsche Politik, in : Deutschland unter Kaiser Wilhelm Ⅱ., Hg., S.Körte u.a. I, Berlin 1914, 97f.
8) K.D.Bracher, Deutschland zwischen Demokratie u. Diktatur. München 1964, 155.
9) A.L.v.Rochau, Grundsätze der Realpolitik. Stuttgart 1853, 28(Hg., H.-U. Wehler, Berlin 1972, 40).
10) MEW 30, 249(18.6.1862) : 20, 565(Dialektik der Natur) : an Lawrow, 12./17.11. 1875, ebda, 34, 170 : H.Plessner, Zur Soziologie der modernen Forschung, in : Versuche zu einer Soziologie des Wissens. München 1924, 423.
11) G.Himmelfarb, Darwin and Darwinian Revolution. N.Y. 1959, 157-61, 235f. : 393-96 : R.M.Young, Malthus and the Evolutionists : The Common Context of Biological and Social Theory, Past & Present 43. 1969, 109-45 : H.-U. Wehler, Sozialdarwinismus im expandierenden Industriestaat, in : Fs.F. Fischer, Düsseldorf 1973, 133-42 ; C.Darwin, The Descent of Man. I, N.Y. 1871, 154, 173f. ; ders., Life and Letters, Hg., F.Darwin. I, London 1887, 69, 316.
12) Hilferding, 504-6 : ähnlich Bauer, 491-507.

[제Ⅲ장 7절]

1) Nach A.Hilgruber, Entwicklung, Wandlung u. Zerstörung des Nationalstaats,

1871-1945, in : 1871. Fragen an die deutsche Geschichte(Berlin 1971), 171-203.
2) Ranke nach : E.Kessel, Rankes Auffassung der amerikanischen Geschichte, Jahrbuch für Amerikastudien 7. 1962, 31(aus dem Nachlaß).
3) MEW 17. 1964, 268-79 : 또한 Wehler, Krisenherde, 22f.도 보라 : 빌헬름 1세의 판단에 대해서는 ebda. 331, Anm.16을 보라.
4) Bismarck an Arnim, 2.2.1873, GP I, Nr.96 : Wehler, Bismarck, 316.
5) A.v.Waldersee, Aus dem Briefwechsel, Hg., O.Meisner. I, Berlin 1928, 36, 57, 69 : K.E.Jeismann, Das Problem des Präventivkriegs. Freiburg 1957, 109ff. : Bismarck an Bronsart, 31.12.1887, GW 6c, 378f.
6) Wehler, Krisenherde, 334f., Anm.31 : GP XII, 279(22.1.1897) : Schlieffen에 관해서는 Kitchen, 105를 보라.
7) B.v.Bülow, Denkwürdigkeiten. I, Berlin 1930, 429 : Schweinitz, Briefwechsel, 193.
8) F.Ponsonby Hg., Briefe der Kaiserin Friedrich. Berlin 1929, 471 : Queen Victoria, Letters. 2. S., III, London 1928, 505f. : Holstein, II, 167 : GW 8, 381, 383.
9) Holstein, I, 123. 이하는 Wehler, Krisenherde, 163-80을 보라.
10) R.Wittram, Bismarcks Rußlandpolitik nach der Reichsgründung, in : H. Hallmann Hg., Zur Geschichte und Problematik des deutsch-russischen Rückversicherungsvertrags von 1887. Darmstadt 1968, 469.
11) Bismarck an Reuss, 15.12.1887, GP VI, 1163 : Stürmer Hg., 245 : Wehler, Krisenherde, 175.
12) H.Oncken, Das alte u. das neue Metteleuropa. Gotha 1917, 56.

[제III장 8절]

1) F.Fischer, Griff nach der Weltmacht, Düsseldorf 1961 : ders., Krieg der Illusionen. Die deutsche Politik 1911-1914. Düsseldorf 1969.
2) Fischer, Krieg, 366.
3) F.Meinecke, Werke II, Darmstadt 1958, 62(22.5.1912) : W.J.Mommsen, Neue Politische Literatur 1971, 485.
4) Bueck 와 Erzberger는 Fischer, Krieg der Illusionen, 53, 47 에서 인용하였다. 다음도 참조하라. D.Groh, Negative Integration u. revolutionäre Attentismus. Die deutsche Sozialdemokratie 1909-1914. Berlin 1973, 제4장; ders., Je eher, desto besser. Innenpolitische Faktoren für die Präventivkriegsbereitschaft des Deutschen Reiches 1913/14, PVS 13. 1972, 501-21 : Ratibor가 Cambon과 나눈 대화에 관해서는 The Diary of Lord Bertie of Thame, 1914-1918, Hg., L.A.G.Lennox. I, London

1924, 352, 355(1./2.6.1916, von Cambon) : Lerchenfeld에 관해서는 P.Dirr Hg., Bayerische Dokumente zum Kriegsausbruch. München ³1925, 113(4.6.1914) : Heydebrand에 관해서는 K.Riezler, Tagebücher, Hg., K.D.Erdmann. Göttingen 1972, 183(7.7.1914).
5) Gespräch Bethamnns mit Haussmann, 24.1.1918, nach : W.Steglich, Die Friedenspolitik der Mittelmächte. I, Wiesbaden 1964, 418(여기서도 역시 '2년 이내에').
6) Nach Lerchenfeld u. Riezler, Anm. 4.
7) Mommsen, 493.
8) Burckhardt Briefe, V, 160 : MEW 21, 350f. : F.X.Kraus, Tagebücher, Hg., H.Schiel. Köln 1957, 684(21.3.1897, Friedrichsruh를 방문한 후 Jolly가 보고한 내용).
9) 이것과 이하의 부분은 다음에서 인용하였다. F.Lütge, Die deutsche Kriegsfinanzierung im 1. und 2. Weltkrieg, in : Fs. R.Stucken. Göttingen 1953, 243-57, 인용은 249f. : R.Andexel (Imperialismus, Staatsfinanzen, Rüstung, Krieg. Berlin 1968, 15-59)은 1,500억 내지 1,700억 마르크로 추산하고 있다. 즉 이는 매일 8,500-9,500만 마르크에 달하는 액수이다. 영국이 1,050억 마르크, 프랑스가 700억 마르크, 이들을 모두 합하면 4,850억 마르크가 된다.
10) G.Keiser, Die Erschütterung der Kreditwritschaft zu Beginn des Krieges 1914/18, Bankarchiv 39. 1939, 505에서 인용.
11) G.D.Feldmann, Army, Industry and Labor in Germany, 1914-18. Princeton 1966, 149-249 : 이것은 Ⅲ.8과 관련해서 계속 참조하게 될 Kocka(Klassengesellschaft)의 분석과 더불어 이 주제에 관한 가장 훌륭한 책이다.
12) 이것은 탁월한 연구서 K.-H.Janssen, Macht u. Verblendung. Göttingen 1963 의 부제이기도 하다. 전쟁목적에 관한 참고문헌은 W.Schieder Hg., Erster Weltkrieg. Köln 1969를 보라.
13) 앞의 주 4) 및 MEW 21, 351을 보라.
14) A.Hilgruber, Deutschlands Rolle in der Vorgeschichte der beiden Weltkriege. Göttingen 1967, 58.
15) 인용 : ebda, 64, 66, 참조 : 66-67 : 아래의 인용 : 63. 협정에 관해서는 H.Stoecker Hg., Handbuch der Verträge, 1871-1964. Berlin 1968, 171-75를 보라.
16) Ludendorff an H.Delbrück, 29.12.1915, nach : E.Zechlin, Ludendorff im Jahre 1915, HZ 211. 1970, 352.
17) Wehler, Krisenherde, 98-109를 보라.
18) K.Kraus, Unsterblicher Witz. München 1961, 318, 329.
19) H.Delbrück에 관해서는 Das Werk des Untersuchungsausschusses der Verfassungsgebenden Deutschen Nationalversammlung u. des Deutschen Reichstags, Reihe IV, 4, 156을 보라. 또 2, 173과 7, 261도 참조하라. Bauer에 관해서는 W.Deist Hg., Militär u. Innenpolitik im Weltkrieg, 1914-18. II, Düsseldorf 1970, 651f.(Nr.246)을 보라. 제1권의 서문에 있는 최고사령부 독재체제(OHL-Diktatur-These)에 대한 반대주장도 보라. 또한

v.Thaer(과 주 23), 151, 198도 참조하라. -W.J. Mommsen, Die deutsche öffentliche Meinung u. der Zusammenbruch des Regierungssystems Bethmann Hollweg, Geschichte in Wissenschaft u. Unterricht 20, 1969, 657, Anm.4 : Wehler, Krisenherde, 346, Anm.37.
20) Nach : Stegmann, 501(3.8.1918), 또 497-519도 참조하라.
21) Meinecke, Werke Ⅱ, 251, 또 222도 참조하라.
22) Ders., Autobiogr. Schriften, 354(Deutsche Katastrophe, 1946).
23) A.v.Thaer, Generalstabsdienst an der Front u. in der Obersten Heeresleitung, Hg., S.A.Kaehler, Göttingen 1958, 234f. Riezler,480.
24) Thaer, 234, W.Groener, Lebenserinnerungen, Hg., F.Hiller v.Gaertringen. Göttingen 1957, 466 : Stegmann, 515.
25) Werk des Untersuchungsaussuchusses, Ⅳ, 2, 401 : Illustrierte Geschichte der Deutsche Revolution. Berlin 1929, 169 : Feldmann, 516, 또한 363, 502-7도 참조하라 : Groener, 450.
26) E.Matthias u. R.Morsey, Die Bildung der Regierung des Prinzen M.v.Baden, in : Vom Kaiserreich zur Weimarer Republik, Hg., E.Kolb. Köln 1972, 76, Anm. 68(nach P.Scheidemann, Memoiren eines Sozialdemokraten, Ⅱ, Dresden 1928, 187) : 예컨대 여기에는 이 테제가 언급되어 있다.
27) A.Rosenberg, 218 : E.Matthias u. R.Morsey Hg., Die Regierung des Prinzen M.v.Baden. Düsseldorf 1962, 216(16.10.1918).
28) Deist, Ⅱ, 1316, Anm.8 : ders., Die Politik der Seekriegsleitung u. die Rebellion der Flotte Ende Oktober 1918, Vierteljahrshefte für Zeitgeschichte 14. 1966, 341-68 : W.Sauer, Das Scheitern der parlamentarischen Monarchie, in : Kolb Hg., 77-99.
29) E.Troeltsch, Spektator-Briefe. Tübingen 1924, 19(30.11.1918). 다음은 Rürup (Probleme der Revolution in Deutschland 1918/19. Wiesbaden 1968), E.Kolb Hg. 와 거기에 있는 새로운 문헌(Oertzen, Kolb, Tormin 등이 편집)에 따랐다.
30) Kolb, 25, u. H.Grebing, ebda, 386-403. 예전의 해석에 대해서는 K.D.Erdmann, Das Zeitalter der Weltkrieg(Gebhardt Ⅳ). Stuttgart ^{8}1959, 77-92.
31) Rürup, 20.
32) Riezler, 359(14.6.1916) : Troeltsch, 302f. : Mayer, Erinnerungen, 314.
33) G.D.Feldmann u.a., Die Massenbewegungen der Arbeiterschaft in Deutschland am Ende des Ersten Weltkrieges(1917-1920), PVS 13. 1972, 85(인용) : ders., The Origins of the Stinnes-Legien Agreement, in : Fs.Rosenberg, Berlin 1970, 312-41.
34) R.N.Hunt, F.Ebert u. die deutsche Revolution von 1918, in : Kolb Hg., 135(군사정책에 관한 언급은 주로 여기에 의존하였다.)
35) G.Mann, Deutsche Geschichte des 19. u. 20. Jhs. Frankfurt 1959, 670.
36) Feldmann u.a., 97.

37) Toeltsch, 15.
38) 리터의 주장에 따른 것임 : G.A.Ritter, 'Direkte Demokratie' u. Rätewesen in Geschichte u. Theorie, in : E.K.Scheuch Hg., Die Widertäufer in der Wohlstandsgesellschaft. Köln 1969, 188-216.

[제Ⅳ장]

1) J.Ziekursch, Politische Geschichte des Neuen Deutschen Kaiserreichs. I, Frankfurt 1925, 3f.
2) W.Rathenau, Briefe. I, 250(an E.Norlind, 1.4.1917).
3) Rochau, Hg., Wehler, 9.
4) GW 8, 340 : RB 13, 105 : 참조 : 4, 192 : 12, 380 : 13, 130.
5) Burckhardt, V, 130(12.10.1871).
6) Meinecke, Werke Ⅱ, 41.
7) Riezler, 359 : Weber, Polit.Schriften, 235 : Stegmann, 502 : G.Schmoller, Die preußische Wahlrechtsreform von 1910, Schmollers Jahrbuch 33. 1910, 357, 361-64.
8) Committee on Comparative Politics Hg., Studies in Political Development. 7 Bde., Princeton 1963-71, 특히 L.Binder Hg., Crises, 1971를 참조하라.
9) Riezler, 426(13.4.1917).
10) Rosenberg, Probleme, 7-49.
11) P.Kielmansegg, Von den Schwierigkeiten, deutsche Geschichte zu schreiben, Merkur 276. 1971, 366-79.

◫ 비어 있는 쪽 ◫

부 록

回 비어 있는 쪽 回

참 고 문 헌

다음의 문헌목록은 극히 개괄적으로 선정된 것인데, 여기에는 다음의 두 가지 관점이 결정적으로 고려되었다. 첫째는 일반적으로 중요한 연구들(가능한 한 상세한 참고문헌 설명을 갖춘 것)에 주목하였고, 둘째는 특별한 관심을 끄는 논쟁적인 연구들에 주목하였다. 인쇄된 원사료들은 포함시키지 않았는데, 그것들은 참고문헌, 개론서들, 전문적인 연구들을 이용하여 전달될 수 있다. 본문의 목차를 위한 참고문헌 목록은 사실적 관점에 따라 일반적인 언급 순서(A-G)에 의거하였다.

사료 및 문헌목록

Dahlmann-Waitz, Quellenkunde der deutschen Geschichte, Hg. H.Heimpel, Stuttgart seit 1969[10]. -개괄적으로는 W.Baumgart Hg., Bücherverzeichnis zur deutschen Geschichte. Berlin 1971 계속됨 ; Hans-Ulrich(Wehler) Hg., Die moderne deutsche Geschichte in der internationalen Forschung 1945-1975(=Geschichte u. Gesellschaft SoH. 4), Göttingen 1978 ; ders. Hg., Bibliographie zur modernen deutschen Sozialgeschichte, 18.-20. Jh., ebd. 1976 ; ders., Hg., Bibliographie zur modernen deutschen Wirtschaftsgeschichte, 18.-20. Jh., ebd. 1976 ; H.Berding Hg., Bibliographie zur Geschichtstheorie, ebd. 1977 ; H.A.Winkler u. T.Schnabel Hg., Bibliographie zum deutschen Nationalismus, ebd. 1981 ; J.Hess u. E.van Steensel van der Aa Hg., Bibliographie zum deutschen Liberlismus. ebd. 1981 ; H.-P.Ullmann Hg., Bibliographie zur Geschichte der deutschen Parteien u. Interessenverbänden, ebd. 1978 ; K.Tenfelde Hg., Arbeiter u. Arbeiterbewegung im Vergleich. Die internationale Forschung, München 1986 ; ders. u. G.A.Ritter Hg., Bibliographie zur deutschen Arbeiterschaft u. Arbeiterbewegung 1863-1914. Bonn 1981 ; H.J.Steinberg Hg., Die deutsche sozialistische Arbeiterbewegung bis 1914. Eine bibliographische Einführung. Frankfurt 1979 ; J.-P.Halstead u. S.Porcari Hg., Modern European Imperialism : A Bibliography of Books and Articles, 2 Bde, Boston 1974 ; H.-U.Wehler Hg., Bibliographie zum Imperialismus. Göttingen 1977 ; G.P.Meyer Hg., Bibliographie zur deutschen Revolution 1918/19, 1918, ebd. 1977. J.Dülfferd, Sackgassen, Wendeschleifen u. Durchgangsstraßen - Zum

Deutschen Kaiserreich, in : Neue Politische Literatur 1986/Beiheft 3, 83-104.

A. 일반사 및 정치사

Th.Schieder Hg., Handbuch der Europäischen Geschichte. Ⅵ, Stuttgart 1968, XV-230 ; ders., Staatssystem als Vormacht der Welt 1848-1918. Berlin 1982² ; H.Grundmann Hg., Gebhardt-Handbuch der Deutschen Geschichte. Ⅲ, Stuttgart 1970⁹, 140-375 ; Ⅳ/1, 1974⁹ ; L.Just Hg., Handbuch der Deutschen Geschichte, Bde. Ⅲ/2, Ⅳ/1, Konstanz 1956/Frankfurt 1972 ; E.Büssem u. M.Neher Hg., Repetitorium der deutschen Geschichte, Neuzeit 3 : 1871-1914. Bearb. G.Höhler u.a., München 1972/1987 ; K.G.A.Jeserich u.a. Hg., Deutsche Verwaltungsgeschichte, Bde 2 u. 3 ; 1806-1918, Stuttgart 1983-84. -Deutsche Geschichte in 12 Bänden, Ⅳ : 1789-1918. Hg. H.Bartel u.a., Berlin 1984 ; Ploetz−Das deutsche Kaiserreich 1867/71-1918, Hg. D.Langewische, Freiburg 1984 ; Preußen-Plötz, Hg. M.Schlenke, ebd. 1983.

B. 헌정사

E.R.Huber, Deutsche Verfassungsgeschichte seit 1789. Ⅲ-Ⅵ, Stuttgart 1963-1981 ; D.Grimm, Deutsche Verfassungsgeschichte 1776-1986, Ⅰ, Frankfurt 1988 ; H. Fenske, Deutsche Verfassungsgeschichte 1867-1980, Berlin 1981 ; E.-W. Böckenförde u. R.Wahl Hg., Moderne Deutsche Verfassungsgeschichte, 1815-1918, Köln 1972/Künigstein 1981².

C. 사회사

G.Horst u.a., Sozialgeschichtliches Arbeitsbuch. Ⅱ : Materialien zur Statistik des Kaiserreichs 1870-1914. München 1978² ; D.Petzina u.a., Sozialgeschichtliches Arbeitsbuch Ⅲ : 1914-1945, ebd. 1978 ; H.-U.Wehler Hg., Moderne Deutsche Sozialgeschichte. Köln 1976⁵, ebd. 1988⁷ ; ders. Hg., Klassen in der europäischen Sozialgeschichte, Göttingen 1979 ; ders. Hg., Analyse von sozialen Strukturen= Geschichte u. Gesellschaft 3. 1977/4 ; J.Kocka, Sozialgeschichte, ebd. 1986² ; ders Hg., Soziale Schichtung u. Mobilität in Deutschland im 19. u. 20. Jahrhundert= Geschichte und Gesellschaft 1. 1975/1 ; ders. Hg., Sozialgeschichte. u. Kulturanthropologie=Geschichte u. Gesellschaft 10. 1984/3 ; ders., Unternehmensverwaltung u. Angestelltschaft, Siemens 1847-1914, Stuttgart 1969 ; ders., Angestellte zwischen Faschismus und Demokratie, Göttingen, 1977; ders., Die Angestellten in der deutschen Geschichte 1850-1980, ebd. 1981 ; ders. Hg., Angestellte im europäischen Vergleich

(=Geschichte u. Gesellschaft SoH. 7), ebd. 1981 ; ders. Hg., Bürger u. Bürgerlichkeit im 19.Jh., ebd. 1987;ders. Hg., Arbeiter u. Bürger im 19.Jh., München 1986 ; H.-U.Wehler, Bürger, Arbeiter u. das Problem der Klassenbildung 1800-1870, in : ebd., 1-27 ; ders., Wie "bürgerlich" war das deutsche Kaiserreich?, in : J.Kocka Hg., Bürger u. Bürgerlichkeit im 19. Jh., Göttingen 1987, 243-80, u. in : Wehler, Aus der Geschichte lernen? München 1988. - F.Lenger, Sozialgeschichte der deutschen Handwerker 1800-1986, Frankfurt 1988 ; ders., Zwischen Kleinbürgertum u. Proletariat. Studien zur Sozialgeschichte der Düsseldorfer Handwerker 1816-1878, Göttingen 1986 ; D.Blackbourn, Between Resignation and Volatility : The German Petite Bourgeoisie in the 19th Century, in : G.Crossick u. H.-G.Haupt Hg., Shopkeepers and Master Artisans in 19th Century Europe, London 1984, 35-61. - W.Ruppert, Die Arbeiter, München 1986 ; K.J.Bade Hg., Auswanderer-Wanderarbeiter-Gastarbeiter in Deutschland seit 1850, 2 Bde, Ostfildern 1984-H. Kaelble, Auf dem Weg zu einer europäischen Gesellschaft. Eine Sozialgeschichte Westeuropas 1880-1980, München 1987 ; ders., Industrialisierung u. soziale Ungleichheit. Europa im 19.Jh., Göttingen 1983 ; ders., Soziale Mobilität u. Chancengleichheit im 19. u. 20. Jh. Deutschland im internationalen Vergleich, ebd. 1983 ; ders., Historische Mobilitätsforschung, Darmstadt 1978 ; ders. Hg., Geschichte der sozialen Mobilität seit der industriellen Revolution, Königstein 1978 ; P.Marschalck, Deutsche Bevölkerungsgeschichte im 19. u. 20. Jh., Frankfurt 1984; W.Köllmann u. P.Marschalck Hg., Bevölkerungs- geschichte, Köln 1972 ; W. Köllmann, Bevölkerung in der industriellen Revolution, Göttingen 1974 ; G.Neuhaus, Die Bewegung der Bevölkerung im Zeitalter des modernen Kapitalismus, in : Grundriß der Sozialökonomik, IX/1, Tübingen 1926, 460-505 ; ders., Die berufliche u. soziale Gliederung der Bevölkerung im Zeitalter des Kapitalismus, in : ebd. 360-459 ; F.Zahn, Die Entwicklung der räumlichen, beruflichen und sozialen Gliederung des deutschen Volkes seit dem Aufkommen der industriell-kapitalistischen Wirtschaftsweise, in : B. Harms Hg., Volk u. Reich der Deutschen, I , Berlin 1929, 220-89 ; P.Marschalck, Deutsche Überseewanderung im 19. Jh, Stuttgart 1973 ; K.J.Bade, Vom Auswanderungsland zum Einwanderungsland. Deutschland 1880-1980, Berlin 1983 ; J.Reulecke, Geschichte der Urbanisierung in Deutschland 1850-1980, Frankfurt 1985 ; E.Sagarra, A Social History of Germany 1648-1914, London 1977 ; H.Burgelin, La societé allemande 1871-1968, Paris 1969. - W.Conze u. J.Kocka Hg., Bildungsbürgertum im 19. Jh., I , Stuttgart 1985 ; U. Engelhardt, Bildungsbürgertum, ebd. 1986 ; H.-U.Wehler, Deutsches Bildungsbürgertum in vergleichender Perspektive. Elemente eines Sonderweg?, in : J.Kocka Hg., Bildungsbürgertum im 19. Jh., Ⅲ, ebd. 1988 ; K.Vondung Hg., Das wilhelminische Bildungsbürgertum, Göttingen 1976 ; H.Pohl Hg., Sozialegschichtliche Probleme in der Zeit der Hochindustrialisierung 1800-1914, Paderborn 1979 ; G.Hardach, Klassen und Schichten in Deutschland 1848-1970, in : Geschichte u. Gesellschaft 3. 1977, 503-24 ; D.Blackbourn, The Mittelstand in German Society and Politics 1871-1914, in : Social History 4. 1977, 409-33 ; R.Gellately, The Politics of Economic Despair. Shopkeepers and German Politics 1890-1914, London 1974. - U.Frevert, Frauen-Geschichte. Zwischen bürgerlicher Verbesserung u. neuer Weiblichkeit, Frankfurt 1986 ; H.-U.Wehler Hg., Frauenleben=Geschichte u. Gesellschaft 14. 1988/4 ; - ders. Hg., Sozialgeschichte der Jugend=Geschichte u. Gesellschaft 11. 1985/2. - H.J. Teuteberg Hg., Homo habitans. Zur Sozialgeschichte des ländlichen u. städtischen Wohnens in der Neuzeit, Münster 1985 ; ders. u. G.Wiegelmann, Unsere tägliche Kost, München 1986 ; ders. u. C.Wischermann, Hg., Wohnalltag in Deutschland 1850-1914, Münster 1985. - 위에 언급된 참고문헌의 상세한 내용은 Wehler가 작성한 것임.

D. 경제사 :

W.G.Hoffmann u.a., Das Wachstum der deutschen Wirtschaft seit der Mitte des 19.Jh., Heidelberg 1965 ; Statistisches Bundesamt Hg., Bevölkerung u. Wirtschaft 1872-1972, Stuttgart 1972 ; H.-U.Wehler, Probleme der modernen deutschen Wirtschaftsgeschichte, in : ders., Krisenherde des Kaiserreichs, Göttingen 1970, 291-311, 408-30, überarb. in : ders., Historische Sozialwissnschaft u. Geschichtsschreibung,· ebd. 1980, 106-25, 346-55 ; W.Fischer Hg., Europäische Wirtschafts- u. Sozialgeschichte, V : 1850-1914, Stuttgart 1985 ; R.Berthold u.a. Hg., Geschichte der Produktivkräfte in Deutschland, II : 1870-1917/18, Berlin 1984 ; WirtschaftsPloetz, H.Ott u. H.Schäfer Hg., Freiburg 1984 ; W.Zorn u. H.Aubin Hg., Handbuch der deutschen Wirtschafts- und Sozialgeschichte, II : 1800-1970, Stuttgart 1976 ; D.S.Landes, Technological Change and Development in Western Europe, 1750- 1914, in : The Cambridge Economic History of Europe, VI/1, 1965, 274-601 ; VI/2, 1965, 943-1007 ; ders., Der entfesselte Prometheus. Technologischer Wandel u. industrielle Entwicklung in Westeuropa von 1750 bis zur Gegenwart, Köln 1973/München 1983 ; C.Cipolla u. K.Borchardt Hg., Europäische Wirtschaftsgeschichte, Bde 3-5, Stuttgart 1976-80/1985-86^2 ; S.Pollard, Peaceful Conquest. The Industrialization of Europe 1760-1980, Oxford 1981 ; K.Borchardt, Grundriß der deutschen Wirtschaftsgeschichte, Göttingen 1985^2 ; ders., Die industrielle Revolution in Deutschland, München 1973 ; F.-W.Henning, Die Industrialisierung Deutschlands 1800-1914, Paderborn 1984^6 ; ders., Das Industrialisierte Deutschland 1914-1976, ebd. 1979^5 ; K.-E.Born, Wirtschafts- u. Sozialgeschichte des deutschen Kaiserreichs 1867/71-1914, Wiesbaden 1985 ; H.Jäger, Geschichte der Wirtschaftsordnung in

Deutschland 1780-1986, Frankfurt 1988 ; J.Radkau, Geschichte der Technik in Deutschland 1700-1986, ebd. 1988 ; H.Radkau u.a. Hg., Handbuch Wirtschaftsgeschichte, 2 Bde. Berlin 1981 ; H.Nußbaum u. L.Zumpe Hg., Wirts chaft u. Staat in Deutschland, I : bis 1918/19, ebd. 1978 ; H.Mottek u.a., Wirtschaftsgeschichte Deutschlands, Ⅲ : 1871-1947, ebd. 1974 ; G.Hardach, Deutschland in der Weltwirtschaft 1870-1970. Eine Einführung in die Sozial- u. Wirtschafts- geschichte, Frankfurt 1977 ; K.W.Hardach, Wirtschaftsgeschichte Deutschlands im 20. Jh. Göttingen 1979[2] ; V.Hentschel, Deutsche Wirtschaftspolitik 1918-1945, Opladen 1968[3] ; ders., Germany in the World Economy during the 19th Century, London 1984 ; W.O.Henderson, The Rise of German Industrial Power 1834-1914, London 1976 ; 거칠고 무개념적인 것들 : H.Pohl, Wirtschaft u. Gesellschaft 1871- 1918, in : K.G.A.Jeserich u.a. Hg., Deutsche Verwaltungsgeschichte 3, 1985, 16-71 ; C.P. Kindleberger, A.Financial History of Western Europe, ebd. 1984.- 위에 언급된 참고 문헌들은 Wehler가 작성한 것임.

E. 역사서술, 이론, 방법론 문제와 관련된 문헌들

G.G.Iggers, Neue Geschichtswissenschaft. Vom Historismus zur Historischen Sozialwissenschaft, München 1978/1983[2] ; ders., Deutsche Geschichtswissenschaft, ebd. 1976[3] ; J.Meran, Theorien in der Geschichtswissenschaft, Göttingen 1985 ; W.J. Mommsen, Gegenwärtige Tendenzen in der Geschichtsschreibung der Bundesre- publik, in : Geschichte u. Gesellschaft 7, 1981, 149-88 ; H.-U.Wehler, Geschichtswissenschaft heute 1949-1979, in : J.Habermas Hg., Stichworte zur geistigen Situation der Zeit, Ⅱ. Frankfurt 1979/1980[3], 709-53 ; überarb. in : Wehler, Historische Sozialwissenschaft u. Geschichtsschreibung, Göttingen 1980, 13-41 ; ders., Geschichte als Historische Sozialwissenschaft. Frankfurt 1973/1980[3] ; ders., Modernisierungstheorie u. Geschichte, Frankfurt 1975 ; des. Hg., Deutsche Historiker, 9 Bde. ebd. 1971-1982 ; J.Streisand Hg., Studien über die deutsche Geschichtswissenschaft, 2 Bde, Berlin 1963/65 ; E.Schulin, Traditionskritik u. Rekonstruktionsversuch, Frankfurt 1979 ; G.Heydemann, Geschichtswissenschaft im geteilten Deutschland. Frankfurt 1980. - 상세한 참고문헌은 Berding이 작성한 것임.

F. 일반적인 서술들 : 여기서는 가능한 한 다른 관점에서 서술된 글들이 선택되었다.

G.Mann, Deutsche Geschichte des 19. u. 20. Jhs., Frankfurt 1958 u.ö. ; Th.. Nipperdey, Deutsche Geschichte 1800-1866. Bürgerwelt u. starker Staat, München 1985[3] ; G.A.Craig, Deutsche Geschichte ebd. 1982[3] ; M.Stürmer, Das ruhelose Reich 1866-1918, Berlin 1983 ; ders., Das industrielle Deutschland. Von 1866 bis zur Gegenwart, in : H.Boockmann u.a., Mitten in Europa. Deutsche Geschichte, ebd. 1984, 296-409 ; ders., Die Reichsgründung, München 1984 ; J.Ziekursch, Politische Geschichte des Neuen Deutschen Kaiserreiches. 3 Bde, Frankfurt 1925-30 ; C.Stern u. H.A.Winkler Hg., Wendepunkte deutscher Geschichte 1848-1945, ebd. 1979 ; R.Dahrendorf, Gesellschaft u. Demokratie in Deutschland. München 1965 u.ö. ; R.Poidevin, Die unruhige Großmacht. Deutschland u. die Welt im 20. Jh., Freiburg 1985 ; K.Buchheim, Das Deutsche Kaiserreich 1871-1918, ebd. 1969 ; E.Engelberg, Deutschland 1871-1897, Berlin 1965 ; F.Klein, Deutschland 1897-1917, ebd. 1969^3 ; V.R.Berghahn, Modern Germany. Society, Economy and Politics in the 20th Century, Cambridge 1982 ; F.-G. Dreyfus, Historie des Allemagnes, Paris. 1972^2 ; P.Ayçoberry, L'unité allemande 1800-1871, ebd. 1984 ; P.Guillen, L'empire allemande 1871-1918, ebd. 1970 ; R.Poidevin u. J.Bariéty, Deutschland u. Frankreich, 1815-1975, München 1982 ; L.Gall, Europa auf dem Weg in die Moderne 1850-1890, ebd. 1984 ; G.Palmade Hg., Das bürgerliche Zeitalter 1848-1890, Frankfurt 1974 ; E.N. u. P.R.Anderson, Political Institutions and Social Change in Continental Europe in the 19th Century, Berkeley 1967 ; A.J.Mayer, Adelsmacht u. Bürgertum. Die Krise der europäischen Gesellschaft 1848-1914, München 1984 ; ders., Dynamics of Counterrevolution in Europe 1870-1956, N.Y. 1971 ; D.Blackbourn u. G.Eley, The Peculiarities of German History. Bourgeois Society and Politics in the 19th Century, Oxford 1984 ; M.Kolinsky, Continuity and Change in European Society Since 1870, London 1974 ; T.S.Hamerow, The Birth of a New Europe. State and Society in the 19th Century, Chapel Hill 1983 ; E.J.Hobsbawm, Die Blütezeit des Kapitals 1848-1875, München 1977 ; J.A.S. Grenville, Europe Reshaped 1848-1878, N.Y. 1980^2 ; N.Stone, Europe Transformed 1878-1919, Glasgow 1983 ; The New Cambridge Modern History, XI : 1870-1898 ; XII : 1898-1945, 1960/ 1968^2 ; G.Barraclough, Tendenzen der Geschichte im 20. Jh., München 1970^2. - H.Glaser, Die Kultur der wilhelminischen Zeit. Topographie einer Epoche, Frankfurt 1984 ; H.Kramer, Deutsche Kultur 1871-1918, ebd. 1972 ; C.Zentner, Illustrierte Geschichte des Kaiserreichs, München 1986.

G. 최근에 출간된 참고할 만한 서적과 논문집

P.Flora u.a., State, Economy, and Society in Western Europe, 1815-1980. A Data Handbook, 2 Bde, Frankfurt 1983-87 ; Wehler, Krisenherde des Kaiserreichs, Göttingen 1979^2 ; E.Kehr, Der Primat der Innenpolitik, Hg. H.-U.Wehler, Berlin 1965/Bonn 1988^4 ; M.Stürmer Hg., Das Kaiserliche Deutschland, Düsseldorf 1977 ; ders. Hg., Bismarck u. die preußisch-deutsche Politik 1871-1890, München 1970/ 1978^3 ; G.A.Ritter Hg., Das Kaiserreich 1871-1914. Ein historisches Lesebuch,

Göttingen 1981 ; ders. Gesellschaft, Parlament u. Regierung, Zur Geschichte des Parlamentarismus in Deutschland, Düsseldorf 1974 ; V.Dürr u.a. Hg., Imperial Germany, Madison/Wisc. 1985 ; D.Grimm, Recht u. Staat der bürgerllichen Gesellschaft, Frankfurt 1987 ; H.Berding Hg., Wirtschaftliche u. politische Integration in Europa im 19. u. 20. Jh.(=Geschichte u. Gesellschaft SoH. 10), Göttingen 1984 ; D.Blasius Hg., Preußen in der deutschen Geschichte, Königstein 1980 ; H.-J.Puhle u. H.-U.Wehler Hg., Preußen im Rückblick(=Geschichte u. Gesellschaft, SoH. 6), Göttingen 1980 ; H.Böhme Hg., Probleme der Reichsgründungszeit, 1848-79, Köln 1968/73² ; ders., Die Reichsgründungszeit, München 1967 ; H.Bartel u. E. Engelberg Hg., Die großpreußisch-militaristische Reichsgründung, 2 Bde, Berlin 1971 ; O.Pflanze Hg., Innenpolitische Probleme des Bismarck-Reiches, München 1983 ; R.J.Evans Hg., Society and Politics in Wilhelmine Germany, London 1978 ; V.Valentin, Von Bismarck zur Weimarer Republik, Hg. H.-U.Wehler, Köln 1979. -H.-U.Wehler Hg., Geschichte u. Ökonomie, ebd. 1973/Königstein 1985[5] ; W.Abelshauser u. D.Pezina Hg., Deutsche Wirtschaftsgeschichte im Industriezeitalter, Königstein 1981 ; D.Petzina u. G.van Roon Hg., Konjunktur, Krise, Gesellschaft, Stuttgart 1981 ; W.H.Schröder u. R.Spree Hg., Historische Konjunkturforschung, ebd. 1980 ; K.Borchardt, Wachstum, Krisen u. Handlungsspielräume der Wirtschaftspolitik, Göttingen 1982 ; R.H.Tilly, Kapital, Staat u. Sozialer Protest in der deutschen Industrialisierung, ebd. 1980 ; H.Kellenbenz Hg., Wachstumsschwankungen, Stuttgart 1981 ; T.Pierenkemper u. R.Tilly Hg., Historische Arbeitsmarktforschung, Göttingen 1982 ; S.Pollard Hg., Region u. Industrialisierung, ebd. 1980 ; S.Pollard u. C.Holmes Hg., Documents of European Economic History, Ⅲ : Industrial Power and National Rivalry, 1870-1914, London 1972. - H.U.Wehler Hg., Geschichte u. Soziologie, Köln 1972/Königstein 1984[3] ; G.A.Ritter u. J.Kocka Hg., Deutsche Sozialgeschichte 1870-1914, München 1974/1982[3] ; K.Tenfelde u. H. Volkmann Hg., Streik, ebd, 1981 ; T.Nipperdey, Gesellschaft, Kultur, Theorie. Göttingen 1976 ; W.Kröber u. R.Nitsche Hg., Grundbuch der bürgerlichen Gesellschaft, I u. Ⅱ, Neuwied 1979 ; H.M.Enzensberger u.a. Hg., Klassenbuch Ⅱ : Ein Lesebuch zu den Klassenkämpfen in Deutschland 1850-1919, Neuwied 1972 u.ö.

I.1

W.Abel, Agrarkrisen u. Agrarkonjunktur, Berlin 1978[3] ; S.V.Ciriacy-Wantrup, Agrarkrisen u. Stockungsspannen, ebd. 1936 ; H.W.Finck v.Finchenstein, Die Entwicklung der Landwirtschaft, 1800-1930, Würzburg 1960 ; E.Klein, Geschichte der deutschen Landwirtschaft im Industriezeitalter, Wiesbaden 1973 ; F.-W.Henning, Landwirtschaft u. ländliche Gesellschaft in Deutschland, Ⅱ : 1750-1976, Paderborn 1978 ; A.Gerschenkron, Bread and Democracy in Germany(1943), N.Y. 1966². - H.Rosenberg, Machteliten u. Wirtschaftskonjunkturen, Göttingen 1978 ; ders., Probleme der deutschen Sozialgeschichte. Frankfurt 1969 ; F.L.Carsten, Geschichte der preußischen Junker, Frankfurt 1988 ; H.Schissler, Die Junker. Zur Sozialgeschichte u. historischen Bedeutung der agrarischen Elite in Preußen, in : H.-J.Puhle u. H.-U.Wehler Hg., Preußen im Rückblick(=Geschichte u. Gesellschaft SoH. 6), Göttingen 1980, 89-112 ; H. Reif, Westfälischer Adel 1770-1860, ebd. 1979 ; F.Tönnies, Deutscher Adel im 19.Jh., Neue Rundschau 23. 1912/Ⅱ, 1041-63 ; R.Meyer, Adelsstand u. Junkerklasse, Neue deutsche Rundschau 10. 1899, 1078-90 ; H.Preuss, Die Junkerfrage. Berlin 1897.

I.2

R.Spree, Wachstumstrends u. Konjunkturzyklen in der deutschen Wirtschaft 1820-1913, Göttingen 1978 ; ders., Die Wachstumszyklen der deutschen Wirtschaft 1840-1880, Berlin 1977 ; ders. u. J.Bergmann, Die Konjunkturelle Entwicklung der deutschen Wirtschaft 1840-1864, in : H.-U.Wehler Hg., Sozialgeschichte Heute. Fs. H.Rosenberg, ebd. 1974, 289-325 ; W.G.Hoffmann, The Take-Off in Germany, in : W.W.Rostow Hg., The Economics of Take-Off into Sustained Growth. London 1968², 95-118 ; R.H.Tilly Hg., Deutsche Frühindustrialisierung=Geschichte u. Gesellschaft 5. 1979/2 ; H.Rosenberg, Die Weltwirtschaftskrise 1857-59. Stuttgart 1934/Göttingen 1974² ; J.Kocka, Vorindustrielle Faktoren in der deutschen Industrialisierung, in : Das Kaiserliche Deutschland Hg., M.Stürmer, Düsseldorf 1970, 265-86 ; H.Böhme, Deutschlands Weg zur Großmacht, 1848-81, Köln 1966/19722 ; T.S. Hamerow, Restoration, Revolution·Reaction·Economics and Politics in Germany 1815-71, Princeton 1958/1972⁶ ; H.Kaelble, Der Mythos von der rapiden Industrialisierung in Deutschland, in : Geschichte u. Gesellschaft 9. 1983, 106-19 ; R.Fremdling, Eisenbahnen u. deutsches Wirtschaftswachstum, 1840-1879, Dortmund 1975/ 1985² ; T.Pierenkemper, Die westfälischen Schwerindustriellen 1851-1913, Göttingen 1979 ; G.Ambrosius, Der Staat als Unternehmer. Öffentliche Wirtschaft u. Kapitalismus seit dem 19. Jh., ebd. 1984.

I.3

R.Wahl, Der preußische Verfassungskonflikt u. das konstitutionelle System des Kaiserreichs, in : E.-W.Böckenförde u. ders. Hg., Moderne deutsche Verfassungsgeschichte, Köln 1972/Königstein 1981², 171-94 ; H.Boldt, Verfassungskonflikt u. Verfassungshistorie, in : E.-W.Böckenförde Hg., Probleme des Konstitutionalismus,

Berlin 1975, 75-102 ; E.N.Anderson, The Social and Political Conflict in Prussia 1858-64, Lincoln 1954/N.Y. 1976 ; K.H.Börner, Die Krise der preußischen Monarchie, Berlin 1976 ; ders., Wilhelm I., ebd. 1984 ; G.Mayer, Radikalismus, Sozialismus u. bürgerliche Demokratie, Hg. H.-U.Wehler, Frankfurt 1969^2 ; M.Gugel, Industrieller Aufstieg u. bürgerliche Herrschaft. Sozioökonomische Interessen u. politische Ziele des liberalen Bürgertums z. Zt. des Verfassungskonflikts 1857-1867, Köln 1975 ; T.S.Hamerow, The Social Foundations of German Unification, 1858-71, 2 Bde, Princeton 1969-72 ; ders., The Origins of Mass Politics in Germany 1866-1867, in : Fs.F.Fischer, Düsseldorf 1973, 105-20 ; H.Schulze, Die deutsche Nationalbewegung bis zur Reichseinigung, in : O.Büsch u. J.J.Sheehan Hg., Die Rolle der Nation in der deutschen Geschichte und Gegenwart, Berlin 1985, 84-117 ; K. Kluxen, Geschichte und Problematik des Parlamentarismus, Frankfurt 1983.

I.4

중요한 문헌들(위의 III.1에 있는 Gall과 Engelberg 및 위의 F.에 있는 Stürmer의 글에서 선정한 것임) 중에서 몇 개의 제목만 나열하면 다음과 같다. J.Becker, Der Krieg mit Frankreich als Problem der kleindeutschen Einigungspolitik Bismarcks 1866 bis 1870, in : Das Kaiserliche Deutschland, Hg. M.Stürmer, Düsseldorf 1970, 75-88 ; ders., Zum Problem der Bismarckschen Politik in der spanischen Thronfrage 1870, HZ 212. 1971, 529-607. 여기서 필자는 E.Kolb(Der Kriegsausbruch 1870. Göttingen 1970)가 제시한 견해, 즉 프로이센 정책을 책임면제해 주는 견해에 지지를 보낼 수 없다는 입장을 확실히 하고 있다. 다음도 참조하라. ders., Der schwierige Weg zum Frieden. Das Problem der Kriegsbeendung 1870/71, in : HZ 241. 1985, 51-80 ; B.Bond, War and Society in Europe 1870-1970, N.Y. 1984 ; K.Pollmann, Parlamentarismus im Norddeutschen Bund 1867-1870, Düsseldorf 1985.

II.1

C.-L.Holtfrerich, The Growth of Net Domestic Product in Germany 1850-1913, in : R.Fremdling u. P.O'Brien Hg., Productivity in the Economies of Europe, Sttugart 1983 ; 124-32 ; P.Bairoch, Europe's Gross National Product 1800-1975, in : Journal of European Economic History 5. 1976, 273-340 ; A.Spiethoff, Die Wirtschaftlichen Weschellagen, 2 Bde, Tübingen 1955 ; D.André, Indikatoren des technischen Forschritts. Eine Analyse der Wirtschaftsentwicklung in Deutschland 1850-1913, Göttingen 1971 ; H.Rosenberg, Große Depression u. Bismarckzeit, Berlin 1967/1976^2 ; H.Siegenthaler, Ansätze zu einer generalisierenden Interpretation langwelliger Wachstumsschwankungen u. ihrer sozialen Implikationen im 19. u.

frühen 20. jh., in : H.Kellenbenz Hg., Wachstumsschwankungen, Sttugart 1981, 1-45 ; H.Mottek, Die Gründerkriese, in : Jahrbuch für Wirtschschaftsgeschichte 1966/I, 51-128 ; H.Helbig Hg., Führungskräfte der Wirtschaft 1790-1914, Limburg 1977 ; W.Mosse, Jews in the German Economy, The German-Jewish Economic Elite 1820-1935, Oxford 1987 ; N.Horn u. J.Kocka Hg., Recht u. Entwicklung der Großunternehmen im 19. u. frühen 20.Jh. Göttingen 1979 ; J.Krengel, Die deutschen Roheisenindustrie 1871-1913, Berlin 1983 ; W.Feldenkirchen, Die Eisen- u. Stahlindustrie des Ruhrgebiets 1879-1914, Wiesbaden 1982 ; E.Barth, Entwicklungslinien der deutschen Maschinenbauindustrie 1870-1914, Berlin 1973 ; G.Kirchhain, Das Wachstum der deutschen Baumwollindustrie im 19. Jh., N.Y. 1977 ; H.Neuburger, German Banks and German Economic Growth 1871-1914, ebd. 1977 ; H.Steubel, Staat u. Banken im preußischen Anleihewesen 1871-1913, Berlin 1935 ; F.B. Tipton, Regional Variations in the Economic Development of Germany during the 19th Century, Middletown/Conn. 1976 ; G.Hohorst, Wirtschaftswachstum u. Bevölkerungsentwicklung in Preußen 1816-1914, N.Y. 1977 ; V.Hentschel, Produktion, Wachstum u. Produktivität in England, Frankreich u. Deutschland 1850-1914, in : Vierteljahrsschrift für Sozial- u. Wirtschaftsgeschichte 68, 1981, 457-510 ; W. Berg, Wirtschaft u. Gesellschaft in Deutschland u. Großbritannien im Übergang zum "Organisierten Kapitalismus". Unternehmer, Angestellte, Arbeiter u. Staat im Steinkohlenbergbau des Ruhrgebiets u. von Südwales 1850-1914, Berlin 1984 ; K.W.Hardach, Die Bedeutung wirtschaftlicher Faktoren bei der Wiedereinführung der Eisen- u. Getreidezölle 1879, ebd. 1967 ; H.-P.Ullmann, Staatliche Exportförderung u. private Exportinitiative. Probleme des Staatsinterventionismus im Deutschen Kaiserreich am Beispiel der staatlichen Außenhandelsförderung 1880-1919, in : Vierteljahrsschrift für Sozial- u. Wirtschaftsgeschichte 65, 1978, 157-216 ; R. Moeller, Peasants and Tariffs in the Kaiserreich. How Backward Were the "Bauern"? in : Agricultural History 55, 1981, 370-85 ; S.Webb, Tariffs, Cartels, Technology, and Growth in the German Steel Industry 1879-1914, in : Journal of Economic History 40, 1980, 309-29 ; ders., Tariff Protection for the Iron Industry, Cotton Textiles, and Agriculture in Germany 1879-1914, in : Jahrbücher für Nationalökonomie u. Statistik 192, 1977, 336-57 ; H.Reuter, Schutzzollpolitik u. Zolltarife für Getreide 1880-1900, in : Zeitschrift für Agrargeschichte 25, 1977, 199-213 ; J.C.Hunt, Peasants, Grain Tariffs, and Meat Quotas : Imperial German Protectionism Reexamined, in : Central European History 7, 1974, 311-31 ; D. Blackbourn, Peasants and Politics in Germany 1871-1914, in : European History Quarterly 14, 1984, 47-75 ; F.B. Tipton, Farm Labour and Power Politics in Germany 1850-1914, in : Jouonal of Economic History 34, 1974, 951-79.

II.2

W.Paretti u. G.Bloch, Industrial Production in Western Europe and the United States 1901-1955, in : Banca Nazionale del Lavoro Quarterly Review 9, 1956, 186-234 ; E.W.Axe u. H.M.Flinn, An Index of General Business Conditions for Germany 1898-1914, in : Review of Economic Statistics 7. 1925, 263-87 ; A.Feiler, Die Konjunkturperiode 1907-13, Jena 1914 ; H.Siegrist, Deutsche Großunternehmen vom späten 19. Jh. bis zur Weimarer Republik, in : Geschichte u. Gesellschaft 6. 1980, 60-120. -이 시기의 조직자본주의의 시작과 국가간섭주의의 등장에 관해서는 H.A.Winkler Hg., Orgnisierter Kapitalismus, Göttingen 1974 ; H.-U. Wehler, Der Aufstieg des Organisierten Kapitalismus in Deutschland, in ebd. u. in ders., Krisenherde des Kaiserreichs, Göttingen 1979², 290-308 ; H.J.Puhle Hg., Kapitalismus, Koporatismus, Keynesianismus=Geschichte u. Gesellschaft 10. 1984/2 ; ders., Historische Konzepte des entwickelten Industriekapitalismus. "Organisierter Kapitalismus" u. "Korporatismus", in : ebd., 165-84 ; ders., Vom Wohlfahrtsausschuß zum Wohlfahrtsstaat, in : G.A.Ritter Hg., Dass., Köln 1973, 29-68 ; W.J.Mommsen u. W.Mock Hg., Die Entstehung des Wohlfahrtsstaats in Großbritannien u. Deutschland 1850-1950, Stttutgart 1982 ; H.Daems u. H.v.d. Wee Hg., The Rise of Managerial Capitalism. Den Haag 1974 ; E.Lederer, Kapitalismus, Klassenstruktur u. Probleme der Demokratie in Deutschland 1910-1940, Hg. J.Kocka. Göttingen 1979 ; G.Brüggemeier, Entwicklung des Rechts im organisierten Kapitalismus, I, Frankfurt 1977 ; M.F.John, The Politics of Legal Unity in Germany 1870-1896, in : Historical Journal 28. 1985, 341-55 ; F.Neumark, Wirtschafts- u. Finanzprobleme des Interventionsstaats. Tübingen 1961 ; J.A.Schumpeter, Die Krise des Steuerstaats, in : ders., Aufsätze zur Soziologie, ebd. 1953, 1-71 ; M.Geyer u. A.Lüdtke, Krisenmanagement, Herrschaft u. Protest im organisierten Monopol-Kapitalismus 1890-1939, in : Sozialwissenschaftliche Informationen 4. 1975, 12-23 ; H.Kaelble u. H.Volkmann, Konjunktur u. Streik während des Übergangs zum Organisierten Kapitalismus in Deutschland, in : Zeitschrift für Wirtschafts- u. Sozialwissenschaften 92. 1972, 513-44 ; dies., Streiks u. Einkommens verteilung im späten Kaiserreich, in : J.Bergmann u.a., Arbeit, Mobilität, Partizipation, Protest. Opladen 1986, 159-98 ; S.Andic u. J. Veverka, The Growth of Government Expenditure in Germany Since the Unification, in : Finanzarchiv 23, 1963, 169-278 ; J.P.Cullity, The Growth of Governmental Employment in Germany 1882-1950, in : ZGS 123. 1967, 201-17 ; H.Timm, Das Gesetz der wachsenden Staatsausgaben, in : Finanzarchiv 21. 1961, 201-47 ; F.Facius, Wirtschaft u. Staat. Die Entwicklung der staatlichen Wirtschaftsverwaltung in Deutschland bis 1945, Boppard 1959 ; W.Krabbe, Munizipalsozialismus u. Interventionsstaat. Die

Ausbreitung der städtischen Leistungsverwaltung im Kaiserreich, in : GWU 30. 1979, 265-83 ; ders., Kommunalpolitik u. Industrialisierung, Sttutgart 1985.

III.1.1

L.Gall, Bismarck, Berlin 1980 u.ö. ; E.Engelberg, Bismarck, I, ebd. 1985 ; F. Eyck, Bismarck, 3 Bde, Zürich 1941-44 ; F.Stern, Gold u. Eisen. Bismarck u. sein Bankier Bleichröder, Berlin 1978(M.Pohl, Konzentration im deutschen Bankwesen 1848-1980, Frankfurt 1982를 참조하라) ; M.Stürmer, Bismarck, München 1987은 오류를 범하고 있다 ; W.V.Sternburg Hg., Die deutschen Kanzler : Von Bismarck bis Schmidt, Königstein 1985^2 ; E.-W. Böckenförde, Der Verfassungstyp der deutschen konstitutionellen Monarchie im 19. Jh, in : Moderne Deutsche Verfassungsgeschichte 1815-1918, Hg. ders. u. R.Wahl, Köln 1972/Königstein 1981^2, 146-70 ; H. Boldt, Deutscher Konstitutionalismus u. Bismarckreich, in : Das Kaiserliche Deutschland, Hg. M.Stürmer, Düsseldorf 1970, 119-42 ; W.J. Mommsen, Die Verfassung des Deutschen Reiches von 1871 als dilatorischer Herrschaftskompromiß, in : O. Pflanze Hg., Innenpolitische Probleme des Bismarck-Reiches, München 1983, 195-216 ; ders., Das Deutsche Kaiserreich als System umgangener Entscheidungen, in : 2.Fs.Schieder, München 1978, 239-66 ; J.Kocka, Probleme der politischen Intergration der Deutschen 1867-1945, in : O.Büsch u. J.J.Scheehan Hg., Die Rolle der Nation in der deutschen Geschichte u. Gegenwart, Berlin 1985, 118-36 ; M.Stürmer, Regierung u. Reichstag im Bismarckstaat 1871-1880, Düsseldorf 1974 ; H.-W. Wetzel, Presseinnenpolitik im Bismarckreich 1874-1890, Frankfurt 1975 ; K. Schwabe Hg., Die Regierungen der deutschen Mittel- u. Kleinstaaten 1815-1933, Boppard 1983 ; ders. Hg., Das Diplomatische Korps 1871-1945, ebd. 1985.

III.1.2

K.Hammer u. P.C.Hartmann Hg., Der Bonapartismus, München 1977 ; W. Wippermann, Die Bonapartismustheorie von Marx u. Engels, Stuttgart 1983 ; L.Gall, Bismarck u. der Bonapartismus, in : HZ 223. 1976, 618-32 ; A.Mitchell, Der Bonapartismus als Modell der Bismarckschen Reichspolitik, in : Beihefte der Francia 6. 1977, 56-76 ; A.Kuhn, Elemente des Bonapartismus in Bismarck-Deutschland, in : Jahrbuch des Instituts für Deutsche Geschichte/Tel Aviv 7. 1978, 277-97 ; H. Gollwitzer, Der Cäsarismus Napoleons III. im Widerhall der öffentlichen Meinung Deutschlands, HZ 173. 1952, 23-75 ; E.Engelberg, Zur Entstehung u. historischen Stellung des preußisch-deutschen Bonapartismus, in : Fs.A.Meusel, Berlin 1956, 236-51 ; ders., Bismarck u. die Revolution von oben, Braunschweig 1987 ; G.Seeber,

Preußisch-deutscher Bonapartismus u. Bourgeoisie in : Jahrbuch für Geschichte 16. 1977, 71-118 ; G.Seeber u. H.Wolter, Die Krise der bonapartistischen Diktatur Bismarcks 1885/86, in : Fs.E.Engelberg, II, Berlin 1976, 499-540 ; H.Wolter, Zum Verhältnis von Außenpolitik u. Bismarckschem Bonapartismus, in : Jahrbuch für Geschichte 16. 1977, 119-37 ; G.Seeber u.a., Bismarcks Sturz, Berlin 1977 ; R. Griepenburg u. K. H.Tjaden, Faschismus u. Bonapartismus, in : Das Argument 8, 1966(41), 461-72 ; 이러한 정권 유형에 대한 비판적 초연함에 관해서는, H.-U.Wehler, Kritik u. kritische Antikritik, in : ders., Krisenherde des Kaiserreichs, Göttingen 1979^2, 404-26을 참조하라.

III.1.3

J.Röhl, Deutschland ohne Bismarck, 1890-1900, Tübingen 1969 ; ders., Kaiser, Hof u. Staat, Wilhelm II. u. die deutsche Politik, München 1987 ; J.A.Nichols, Germany after Bismarck 1890-94, Cambridge/Mass. 1958 ; E.Eyck, Das persönliche Regiment Wilhelm II., Zürich 1948 ; W.J.Mommsen, M.Weber u. die deutsche Politik 1890-1920, Tübingen 1974^2 ; R.Weitkowitz, Deutsche Politik u. Handelspolitik unter Reichskanzler L.v.Caprivi 1890-1894, Düsseldorf 1978 ; P.Leibenguth, Modernisierungskrisis des Kaiserreichs an der Schwelle zum Wilhelminischen Imperialismus. Politische Probleme der Ära Caprivi 1890-1894, Diss. Köln 1972/ 1975 ; K.saul, Staat, Industrie u. Arbeiterbewegung im Kaiserreich. Zur Innen- u. Sozialpolitik des Wilhelminischen Deutschland 1903-1914, Düsseldorf 1974 ; E. T.Wilke, Political Decadence in Imperial Germany. 1894-1897, Urbana/Ill. 1976 ; D.Grosser, Vom Monarchischen Konstitutionalismus zur parlamentarischen Demokratie. Den Hagg 1970 ; M.Rauh, Föderalismus u. Parlamentarismus im wilhelminischen Reich 1890-1909, Düsseldorf 1972 ; B.Heckart, From Bassermann to Bebel. The Grand Bloc's Quest for Reform in the Kaiserreich 1900-1914, New Haven 1974 ; C.G.Crothers, The German Elections of 1907, N.Y. 1941 ; D. Fricke, Der deutsche Imperialismus u. die Reichstagswahlen 1907, ZfG 9. 1961, 538-76 ; J.Bertram, Die Wahlen zum Deutschen Reichstag vom Jahre 1912, Düsseldorf 1964 ; G.U.Scheideler, Parlament, Parteien u. Regierung im Wilhelminischen Deursch- land 1890-1914, : Aus Politik u. Zeitgeschichte B 12/71, 16-24 ; G.Schmidt, Innenpolitische Blockbildungen in Deutschland am Vorabend des Ersten Weltkriegs, in : ebd. B 20/72, 3-32 ; ders., Parlamentarisierung oder "Präventive Konterrevolution?" Die deutsche Innenpolitik im Spannungsfeld konservativer Sammlungsbewegungen u. latenter Reformbestrebungen 1907-1914, in : G.A.Ritter Hg., Gesellschaft, Parlament u. Regierung. Zur Geschichte des Parlamentarismus in Deutschland, Düsseldorf 1974, 249-78 ; H.-U.Wehler, Der Fall Zabern von 1913/14 als Verfassungskrise des

Wilhelminischen Kaiserreichs, in : ders., Kriesenherde des Kaiserreichs, Göttingen 1979², 70-88.

III. 1.4

B.Wunder, Geschichte der Bürokratie in Deutschland 1780-1980, Frankfurt 1986 ; H.Fenske, Bürokratie in Deutschland vom späten Kaiserreich bis zur Gegenwart, Berlin 1985 ; H.Hattenhauer, Geschichte des Beamtentums, Köln 1980 ; T.Sülke, Die preußische Bürokratie 1871-1918, Göttingen 1988 ; R. Morsey, Die Oberste Reichsverwaltung unter Bismarck, 1867-90 Münster 1957 ; J.Röhl, Die höhere Beamtenschaft im Wilhelminischen Deutschland, in : ders., Kaiser, Hof u. staat, München 1987, 141-61 ; E. Kehr, Das soziale System der Reaktion in Preußen unter dem Ministerium Puttkamer, in : ders., Der Primat der Innenpolitik, Hg. H.-U.Wehler, Berlin 1965/Frankfurt 1988⁴, 64-86 ; M.L.Anderson u. K.Barkin, The Myth of the Puttkamer Purge and the Reality of the Kulturkampf : Some Reflections on the Historiography of Imperial Germany, in : JMH 54. 1982, 647-86 ; G.Bonham, State Autonomy or Class Domination : Approaches to Administrative Politics in Wilhelmine Germany, in : World Politics 35. 1983, 631-51 ; L.Schückking, Die Reaktion in der inneren Verwaltung Preußens, Berlin 1908 ; L.W.Muncy, The Junker in the Prussian Administration, 1888-1914. N.Y. 1970 ; dies., The Prussian Landräte in the Last Years of the Monarchy, 1890-1918, in : Cental European History 6. 1973, 299-338 ; P.C.Witt, Der preußische Landrat als Steuerbeamter 1891-1918. in : Fs.F.Fischer. Düsseldorf 1974, 205-19 ; P.G.Lauren, Diplomats and Bureaucrats. The First Institutional Response to 20th Century Diplomacy in France and Germany. Stanford 1976 ; L.Cecil, The German Diplomatic Service, 1871-1914, Princeton 1976. 일반적인 것 : W.Schluchter, Aspekte bürokratischer Herrschaft, München 1972 ; R.Mayntz Hg., Bürokratische Organisation, Köln 1968 ; R.K.Merton u.a., Hg., Bureaucracy, N.Y. 1952.

III.2.1

W.Mommsen Hg., Deutsche Parteiprogramme, München 1960² ; G.A.Ritter u. M. Niehuss, Wahlgeschichtliches Arbeitsbuch. Materialien zur Statistik des Kaiserreichs 1871-1918, ebd. 1980 ; ders. Hg., Deutsche Parteien vor 1918, Köln 1973 ; D. Fricke u.a. Hg., Lexikon zur Parteiengeschichte 1789-1945, 4 Bde, Leipzig 1983/86 ; ders. Hg., Deutsche Demokraten 1830-1945, Köln 1981 ; L. Bergsträsser u. W.Mommsen, Geschichte der politischen Parteien in Deutschland, München 1970¹⁰ ; W.Tormin, Geschichte der deutschen Parteien seit 1848, Stuttgart 1970³ ;

T.Nipperdey, Über einige Grundzüge der deutschen Parteigeschichte, in : Moderne Deutsche Verfassungsgeschichte, Hg. E.-W.Böckenförde u. R.Wahl, Köln 1972/ Königstein 1981[2], 237-57 ; M.R.Lepsius, Parteiensystem u. Sozialstruktur, in : Fs. Lütge, Stuttgart 1966, 371-93 ; ders., Demokratie in Deutschland als historisch-soziologisches Problem, in : Spätkapitalismus oder Industriegesellschaft?, Hg. T.W. Adorno, Stuttgart 1969, 197-213 ; J.J.Sheehan, Klasse u. Partei im Kaiserreich : Einige Gedanken zur Sozialgeschichte der deutschen Politik, in : O.Pflanze, Hg., Innenpolitische Probleme des Bismarck-Reiches, München 1983, 1-24 ; ders., Political Leadership in the German Reichstag, 1871-1918, in : AHR 74, 1968, 511-28 ; dt. in : G.A.Ritter Hg., Deutsche Parteien bis 1918, Köln 1973, 81-99 ; E.Pikart, Die Rolle der Parteien im deutschen konstitutionellen System vor 1914, in : Moderne Deutsche Verfassungsgeschichte, Hg. Böckenförde u. Wahl, Köln 1972/ Königstein 1981[2], 258-81 ; N.Diederich u.a. Hg., Wahlstatistik in Deutschalnd. Bibliographie 1848-1975, München 1976 ; B.Vogel u.a., Wahlen in Deutschland 1848-1970, Berlin 1971 ; O.Büsch, u.a. Hg., Wählerbewegungen in der deutschen Geschichte 1871-1933, ebd. 1978 ; ders., Parteien u. Wahlen in Deutschland bis zum Ersten Weltkrieg, in : Abhandlungen aus der Pädagogischen Hochschule Berlin, I, ebd. 1974, 178-264 ; P.Steinbach, Wahlen im Bismarckreich, ebd. 1985 ; S.Suval, Electoral Politics in Wilhelmine Germany, Chapel Hill 1985 ; M.Neugebauer-Wölk, Wählergenerationen in Preußen zwischen Kaiserreich u. Republik, Berlin 1987 ; H.Nöcker, Der preußische Reichstagswähler in Kaiserreich u. Republik, ebd. 1987 ; ders., Wählerentscheidungen unter Demokratischem u. Klassenwahlrecht (Reichstags- u. preuß. Landtagswahlen 1903), ebd. 1987.

III. 2.1.1

D.Langewiesche, Deutscher Liberalismus, Frankfurt 1988 ; J.J.Sheehan, Der deutsche Liberalismus 1770-1914, München 1983 ; H.A.Winkler, Liberalismus u. Antiliberalismus, Göttingen 1979 ; L.Gall Hg., Liberalismus, Köln 1976/Königstein 1985[3] ; ders. u. R.Koch Hg., Der europäische Liberalismus im 19. Jh., 4 Bde, Frankfurt 1981 ; W.J.Mommsen Hg., Liberalismus im aufsteigenden Industriestaat= Geschichte u. Gesellschaft 4. 1978/1 ; J.F.Harris, A Study in the Theory and Practice of German Liberalism : E.Lasker 1829-1884, Lanham/Md. 1984 ; G.Seeber, Zwischen Bebel u. Bismarck. Zur Geschichte des Linksliberalismus in Deutschland 1871-1893, Berlin 1965 ; I.S.Lorenz, E.Richter 1871-1906, Husum 1981 ; A.Milatz, Die linkslberalen Parteien u. Gruppen in den Reichstagswahlen 1871-1912, in : Archiv für Sozialegeschichte 12. 1972, 273-93 ; J.C.Hunt, The People's Party in Württemberg and Southern Germany 1890-1914, Stuttgart 1975 ; L.Elm, Zwischen

Fortschritt u. Reaktion. Geschichte der Parteien der liberalen Bourgeoisie in Deutschland 1893-1918, Berlin 1968 ; G.Schmidt, Die Nationalliberaleneine regierungsfähige Partei? Zur Problematik der inneren Reichsgründung 1870-1878, in : G.A.Ritter Hg., Deutsche Parteien vor 1918, Köln 1973, 208-23 ; D.S.White, The Splintered Party : National Liberalism in Hessen and the Reich 1867-1918. Cambridge/Mass. 1976 ; J.Thiel, Die Großblockpolitik der Nationalliberalen Partei Badens 1905-1914, Stuttgart 1976 ; G.R.Mork, Bismarck and "Capitulation" of German Liberalism, in : JMH 43. 1971, 59-75 ; S.Zucker, L.Bamberger, 1823-1899, Pittsburgh 1975 ; J.J.Sheehan, Liberalism and the City in 19th Century Germany, in : Past & Present 51. 1971, 116-37 ; K.Holl u. G.List Hg., Liberalismus u. Imperialistischer Staat. Der Imprialismus als Problem liberaler Parteien 1890-1914, Göttingen 1975.

III. 2.1.2

K.-E.Lönne, Politischer Katholizismus, Frankfurt 1986 ; J.Schauff, Das Wahlverhalten der deutschen Katholiken im Kaiserreich u. in der Weimarer Republik, 1871-1928, Mainz 1975² ; E.L.Evans, The German Party 1870-1933, Car bondale/III. 1981 ; R.J.Ross, Beleaguered Tower : The Dilemma of Political Catholicism in Wilhelmian Germany, Notre Dame 1976 ; J.K.Zeender, The German Center Party 1880-1906, Philadelphia 1976 ; M.L.Anderson, Windthorst, N.Y. 1981 ; W.Loth, Katholiken im Kaiserreich. Der politische Katholizismus in der Krise des wilhelminischen Deutschland, Düsseldorf 1984 ; ders., Zwischen autoritärer u. demokratischer Ordnung : Das Zentrum in der Krise des Wilhelminischen Reiches, in : W.Becker Hg., Die Minderheit als Mitte. Die Deutsche Zentrumspartei in der Innenpolitik des Reiches 1871-1933, Paderborn 1986, 47-69 이 책은 총괄적이다 ; U.Mittmann, Fraktion u. Partei. Ein Vergleich von Zentrum u. Sozialdemokratie im Kaiserreich, Düsseldorf 1976 ; K.Bachem, Vorgeschichte, Geschichte u. Politik der deutschen Zentrumspartei 1814-1914, 8 Bde, Köln 1927-32/Aalen 1965² ; D.Blackbourn, Class, Religion, and Local Politics in Wilhelmine Germany. The Center Party in Württemberg Before 1914, Wiesbaden 1980 ; ders., The Problem of Democratisation : German Catholics and the Role of the Center Party, in : Society and Politics in Wilhelmine Germany, Hg. R.J.Evans, London 1978, 160-85 ; ders., The Political Alignment of the Center Party in Wilhelmine Germany, in : Historical Journal 18. 1975, 821-50 ; ders., Class and Politics in Wilhelmine Germany : the Centre Party and the Social Democrats in Württemberg, in : Central European History 9. 1976, 220-49 ; ders., Die Zentrumspartei u. die deutsche Katholiken während des Kulturkampfes u. danach., in : O.Pflanze Hg., Innenpolitische Probleme des Bismarck-Reiches, München 1983, 73-94 ; ders., Roman Catholics; the Centre Party and Anti- Semitism in Imperial Germany, in : P. Kennedy u. A.Nicholls Hg., Nationalist and Racialist Movements in Britain and Germany Before 1914, London 1981, 106-29 ; R.Morsey, Die deutschen Katholiken u. der Nationalstaat zwischen Kulturkampf u. dem Ersten Weltkrieg, Historisches Jahrbuch 90. 1970, 31-64 ; H.Maier, Katholizismus, nationale Bewegung u. nationale Demokratie in Deutschland, Hochland 57. 1965, 318-33.

III.2.1.3

H.-J.Puhle, Conservatism in Modern German History, in : JCH 13. 1978, 689-720 ; ders., Von der Agrakrise zum Präfaschismus, Wiesbaden 1972 ; H.G.Schumann Hg., Konservatismus, Köln 1974/Königstein 1984^2 ; S. Neumann, Die Stufen des preußischen Konservativismus, Berlin 1930 ; H.Booms, Die Deutsch-Konservative Partei, Düsseldorf 1954 ; G.Eley, Reshaping the German Right, New Haven 1980 ; ders., Reshaping the Right, in : Historical Journal 21. 1978, 327-54 ; ders., The Wilhelmine Right : How It changed, in : Society and Politics in Wilhelemine Germany, R.J.Evans Hg., London 1978, 112-35 ; J.N.Retallack, Conservatives contra Chancellor : Official Responsee to the Spectre of Conservative Demagoguery from Bismarck to Bülow, in : Canadian Journal of History 20. 1985, 203-36 ; H.D. Hellige, Rathenau u. Harden in der Gesellschaft des deutschen Kaiserreichs. Eine sozialgeschichtl.-biographische Studie zur Entstehung neokonservativer Positionen bei Unternehmern u. Intellektuellen, in : ders. Hg., W.Rathenau/M.Harden, Briefwechsel 1897-1920, München 1983, 17-299 ; D.Stegmann, Vom Neokonservatismus zum Proto-Faschismus. Konservative Partei, Vereine u. Verbände 1893-1920, in : 2.Fs. F.Fischer, Bonn 1983, 199-230 ; R.M.Berdahl, Conservative Politics and Aristocratic Landholders in Bismarckian Germany, in : JMH 44. 1972, 1-20 ; A.J.Peck, Radicals Reactionaries : The Crisis of Conservatism in Wilhelmine Gemany, Washington D. C 1978.

III.2.1.4

J.Kocka, Lohnarbeit u. Klassenbildung. Arbeiter u. Arbeiterbewegung in Deutschland 1800-1875 ; ders. Hg., Europäische Arbeiterbewegungen im 19. Jh., Göttingen 1983 ; G.A.Ritter, Staat, Arbeiterschaft u. Arbeiterbewegung in Deutschland 1840-1933, Berlin 1980 ; D.Lehnert, Sozialdemokratie zwischen Protestbewegung u. Regierungspartei 1848-1983, Frankfurt 1983 ; J.Mooser, Arbeiterleben in Deutschland 1900-1970. Klassenlagen, Kultur u. Politik, ebd. 1984 ; H.Gerbing, Arbeiterbewegung bis 1914, München 1985 ; H.Wachenheim, Die deutsche Arbeiterbewegung 1844-1914, ebd. 1971² ; W.L.Guttsmann, The German Social Democratic Party 1875-1933, London 1981 ; D.Fricke, Handbuch zur Geschichte der deutschen Arbeiterbewegung 1869-1917, 2 Bde, Berlin 1987 ; G.A.Ritter, Die Arbeiterbewegung im wilhelminischen Reich 1890-1900, ebd. 1963² ; G.Roth, Social Democrats in Imperial Germany, Totowa 1963 ; C.E.Schorske, Die Große Spaltung. Die deutsche Sozialdemokratie 1905-1917 (1955), Berlin 1981 ; D.Groh, Negative Integration u. revolutionärer Attentismus 1909-14, ebd. 1973 ; I.Costas, Auswirkungen der Konzentration des Kapitals auf die Arbeiterklasse in Deutschland 1880-1914, Frankfurt 1981 ; H.J.Steinberg, Sozialismus u. deutsche Sozialdemokratie, Berlin 1979⁵ ; W.H.Maehl, A.Bebel : Shadow Emperor of the German Workers, Philadelpia 1980 ; H.-U.Wehler, Sozialdemokratie u. Nationalstaat 1840-1914, Würzburg 1962/Göttingen 1971² ; H.Grebing, Der Revisionismus, München 1977 ; V.L.Lidtke, The Alternative Culture. The Socialist Labor Movement in Imperial Germany, N.Y. 1985 ; ders., The Outlawed Party 1878-1890, Princeton 1966 ; R.J.Evans Hg., The German Working Class 1888-1933, London 1982 ; H. Mommsen, Arbeiterbewegung u. Nationale Frage, Göttingen 1979 ; G.A.Ritter, Arbeiterbewegung, Parteien u. Parlamentarismus, ebd. 1976 ; G.Mayer, Arbeiterbewegung u. Obrigkeitsstaat, Hg. H.-U.Wehler, Frankfurt 1972 ; D.Geary, Arbeiterprotest u. Arbeiterbewegung in Europa, München 1983 ; G.A.Ritter Hg., Arbeiterkultur, Königstein 1979 ; J.Kocka Hg., Arbeiterkultur im 19. Jh.=Geschichte und Gesellschaft 5. 1979/1 ; D.Langewiesche u. K.Schönhoven Hg., Arbeiter in Deutschland, Paderborn 1981 ; K.Saul u.a. Hg., Arbeiterfamilien im Kaiserreich 1871-1914, Düsseldorf 1982 ; T.Meyer u.a. Hg., Geschichte der deutschen Arbeiterbewegung, 3 Bde, Bonn 1984.

III.2.2

H.-P.Ullmann, Deutsche Interessenverbände 1870-1980, Frankfurt 1988 ; ders., Zur Rolle industrieller Interessenorganisationen in Preußen u. Deutschland bis zum Ersten Weltkrieg, in : H.-J.Puhle u. H.-U.Wehler Hg., Preußen im Rückblick (=Geschichte u. Gesellschaft SoH. 4), Göttingen 1980, 300-23 ; F.Blaich, Staat u. Verbände in Deutschland 1871-1945, Wiesbaden 1979 ; H.J.Varain Hg. Interessenverbände in Deutschland, Köln 1973 ; H.J.Puhle, Parlament, Parteien u. Interessenverbände 1890-1914, in : Das Kaiserliche Deutschland, Hg. M.Stürmer, Düsseldorf 1970, 340-37 ; H.A.Winkler, Pluralismus oder Protektionismus? Verfassungspolitische Probleme des Verbandswesens im Deutschen Kaiserreich, in : ders., Liberalismus u. Antiliberalismus, Göttingen 1979, 163-74 ; T.Nipperdey, Interessenverbände u. Parteien in Deutschland vor dem Ersten Weltkrieg, in :

H.-U.Wehllr Hg., Moderne Deutsche Sozialgeschichte, Köln 1966/ ebd. 1988[7], 369-88 ; W.Fischer, Staatsverwaltug u. Interessenverbände im Deutschen Reich 1871-1914, in : ders., Wirtschaft u. Gesellschaft im Zeitalter der Industrialisierung, Göttingen 1972, 194-213 ; H.Kaelble, Industrielle Interessenpolitik in der wilhelminischen Gesellschaft. Centralverband Deutscher Industrieller 1894-1914, Berlin 1967 ; ders., Industrielle Interessenverbände vor 1914, in : W.Ruegg u. O. Neuloh Hg., Zur soziologischen Theorie und Analyse des 19. Jahrhunderts, Göttingen 1971, 180-92 ; H.-P.Ullmann, Der Bund der Industriellen, ebd. 1976 ; S.Mielke, Der Hansa-Bund für Gewerbe, Handel u. Inderstrie 1909-1914, ebd. 1976 ; H.A.Winkler, Der rückversicherte Mittelstand : Die Interessenverbände von Handwerk u. Kleinhandel im Deutschen Kaiserreich, in : ders., Liberalismus u. Antiliberalismus, ebd. 1979, 83-98 ; H.-J.Puhle, Politische Agrarbewegungen in kapitalistischen Industriegesellschaften, Göttingen 1976 ; ders., Agrarische Interessenpolitik u. preußischer Konservatismus im wilhelminischen Reich 1893-1914, Hannover 1966/1974[2] ; ders., Der "Bund der Landwirte" im wilhelminischen Reich, in : W.Ruegg u. O.Neuloh Hg., Zur soziologischen Theorie u. Analyse des 19. Jhs., Göttingen 1971, 145-62 ; J.C.Hunt, The "Egalitarism" of the Right. The Agrarian League in Southwest Germany 1893-1914, in : JCH 10. 1975, 513-30. 민족주의적 선동단체들에 관해서는 아래의 Ⅲ.3.2-3 ; 5.2-3 ; 6.3 그리고 H.-U.Wehllr, Historische Verbandsforschung. Zur Funktion u. Strukturnationaler Kampfverbände im Kaiserreich, in : ders., Historische Sozialwissenschaft u. Geschichtsschreibung, Göttingen 1980, 151-60을 참조하라. 노동조합에 관해서는 앞의 Ⅲ.2.1.4와 다음을 참조하라 : G. Beier, Gewerkschaften, Ⅰ : Geschichte, in : Handwörterbuch der Wirtschaftswissenschaft 3. 1981, 641-59 ; K.Schönhoven, Deutsche Gewerkschaften 1848-1986, Frankfurt 1986 ; C.Eisenberg, Deutsche u. englische Gewerkschaften. Ähnlichkeiten u. Unterschiede zur Zeit ihrer Entstehung u. frühen Entwicklung, Göttingen 1986 ; E.D.Brose, Christian Labor and the Politics of Frustration in Imperial Germany, Washington D.C. 1985 ; P.Ullmann, Tarifverträge u. Tarifpolitik in Deutschland bis 1914, Frankfurt 1977 ; J.A.Moses, German Trade Unionism from Bismarck to Hitler, 2 Bde, London 1981 ; K.Saul, Gewerkschaften zwischen Repression u. Integration. Staat u. Arbeitskampf im Kaiserreich 1884-1914, in : W.J.Mommsen u. H.-G.Husung Hg., Auf dem Wege zur Massengewerkschaft, 1880-1914, Stuttgart 1984, 433-53 ; G.A.Ritter u. K.Tenfelde, Der Durchbruch der Freien Gewerkschaften zur Massenbewegung im letzten Viertel des 19. Jh., in : ders., Arbeiterbewegung, Parteien u. Parlamentarismus, Göttingen 1976, 55-101 ; U.Engelhardt, Streiks in Deutschland 1830-1986, Frankfurt 1988 ; L.Machtan, Streiks u. Aussperrungen im Deutschen Kaiserreich 1871-1875, Berlin 1985 ; H. Volkmann, Die Streikwellen 1910-1913 u. 1919-1920. Kontinuität oder Diskontinuität der Arbeitskampfentwicklung, in : J.Bergmann u.a., Arbeit, Mobilität, Partizipation, Protest, Opladen 1986, 220-50.

III.2.3

W.Sauer, Das Problem des Deutschen Nationalstaats, in : H.-U.Wehler Hg., Moderne Deutsche Sozialgeschichte, Köln 1966/ebd. 1988^7, 407-36 ; O.Pflanze, Bismarcks Herrschaftstechnik als Problem der gegenwärtigen Historiographie, in : HZ 234. 1982, 561-99 ; D.Blackbourn, The Politics of Demagogy in Imperial Germany, in : Past & Present 113. 1986, 152-84 ; R.Fletcher, Social Historians and Wilehlmine Politics-Manipulation From Above or Self-Mobilization From Below?, in : Australian Journal of Politics and History 32. 1986, 87-104 ; W. Petter, "Enemies" and "Reich Enemies". An Analysis of Threat Perceptions and Political Strategy in Imperial Germany 1871-1914, in : W.Deist Hg., The German Military in the Age of Total War, Leamington Spa 1985, 22-39.

III.2.4

D.Stegmann, Die Erben Bismarcks. Parteien u. Verbände in der Spätphase des wilhelminischen Deutschlands. Sammlungspolitik 1897-1918, Köln 1970 ; ders., Wirtschaft u. Politik nach Bismarcks Sturz. Zur Genesis der Miquelschen Sammlungspolitik 1890-1897, in 1.Fs.F.Fischer, Düssldorf 1974^2, 161-84 ; O. Pflanze, "Sammlungspolitik" 1875-1886, in : ders. Hg., Innenpolitische Probleme des Bismarck-Reiches, München 1983, 155-93 ; M.S.Coetzee, The Mobilization of the Right?, in : European History Quarterly 15. 1985, 431-52 ; P.Kennedy, The Pre-War Right in Britain and Germany, in : ders. u. A.Nicholls Hg., Nationalist and Racialist Movements in Britain and Germany Before 1914, Oxford 1981, 1-10. 또한 여기에 관해서는 위의 III.1.1-3에 있는 정치사에 관한 일반적인 문헌을 참조하라.

III.3.1

L.Krieger, The German Idea of Freedom, Boston 1957/Chicago 1972 u.ö., ; H. Plessner, Die verspätete Nation, Stuttgart 1969^5 ; K.D.Bracher, Das Deutsche Dilemma, München 1971 ; F.Stern, Das Scheitern illiberaler Politik, Berlin 1974 ; W.Struve, Elites against Democracy. Leadership Ideals in Bourgeois Political Thought in Germany 1890-1933, Princeton 1973 ; B.Loewenstein, Zur Problematik des deutschen Antidemokratismus, in : Historica 11. 1965, 121-76 ; H. Lübbe, Politische Philosophie in Deutschland, München 1974^2 ; W.Gottschlach u.a., Geschichte der sozialen Ideen in Deutschland, München 1969 ; L.R.Pye u. S. Verba Hg., Political Culture and Political Development, Princeton 1965.

III.3.2

P.Alter, Nationalismus, Frankfurt 1985 ; H.A.Winkler Hg., Nationalismus, Königstein 1985² ; K.W.Deutsch, Nationalism and Social Communication, Cambridge/Mass. 1966² ; H.Kohn, Die Idee des Nationalismus, Heidelberg 1950 u.ö. ; G.L.Mosse, Die Nationalisierung der Massen, Berlin 1976 ; T.Schieder, Das deutsche Kaiserreich von 1871 als Nationalstaat, Köln 1961 ; ders. u. O.Dann Hg., Nationale Bewegung u. Soziale Organisation, I, München 1978 ; ders. u. P.Alter Hg., Staatsgründung u. Nationalitätsprinzip, ebd. 1974 ; ders. u. P.Burian Hg., Sozialstruktur u. Organisation europäischer Nationalbewegungen, ebd. 1971 ; H.A.Winkler, Vom linken zum rechten Nationalismus. Der deutsche Liberalismus in der Krise von 1878/79, in : Geschichte u. Gesellschaft 4. 1978, 5-28 ; R.M.Berdahl, New Thoughts on German Nationalism, in : AHR 77. 1972, 65-80 ; dt. Der deutsche Nationalismus in neuer Sicht, in : H.A.Winkler Hg., Nationalismus, Königstein 1985², 138-54 ; M.R.Lepsius, Extremer Nationalismus, Stuttgart 1966 ; E.Kehr, Englandhaß u. Weltpolitik, in : ders., Der Primat, der Innenpolitik, Hg. H.-U.Wehler, Berlin 1965/ Bonn 1988⁴, 149-76 ; P.R.Anderson, The Background of Anti-English Feeling in Germany 1890-1902, N.Y. 1969².

III.3.3

R.Rürup u. T.Nipperdey, Antisemitismus, in : O.Brunner u.a. Hg., Geschichtliche Grundbegriffe, I, Stuttgart 1972, 129-53 ; A.A.Rogow, Anti-Semitism, in : IESS 1. 1968, 345-49 ; H.A.Straus u. N.Kampe Hg., Antisemitismus, Bonn 1985 ; S. Volkov, Kontinuität u. Diskontinuität im deutschen Antisemitismus, in : Vierjahreshefte für Zeitgeschichte 33. 1985, 221-43 ; H.-G.Zmarlik, Antisemitismus im Deutschen Kaiserreich 1871-1918, in : B.Martin u. E.Schulin Hg., Die Juden als Minderheit in der Geschichte, München 1981, 249-70 ; C.Cobet, Der Wortschatz des Antisemitismus in der Bismarckzeit, ebd. 1973 ; M.Richarz Hg., Jüdisches Leben in Deutschland, II : 1871-1918, Stuttgart 1979 ; P.v. zur Mühlen, Rassenideologien, Berlin 1979² ; G.L.Mosse, Rassismus, Königstein 1978 ; R.Rürup, Emanzipation u. Antisimitismus. Studien zur "Judenfrage" der bürgerlichen Gesellschaft, Göttingen 1975 ; ders. Hg., Antisemitismus u. Judentum=Geshichte u. Gesellschaft 5. 1979/4 ; ders., Emanzipation u. Krise. Zur Geshichte der "Judenfrage" in Deutschland vor 1890, in : W.Mosse Hg., Juden im wilhelminischen

Deutschland, 1890-1914, Tübingen 1976, 1-56 ; U.Tal, Christians and Jews in Germany 1870-1914, Ithaca 1974 ; P.Pulzer, Die Entwicklung des politischen Antisemitismus in Deutschland u. Österreich 1867-1914, Gütersloh 1966 ; P.W. Massing, Vorgeschichte des politischen Antisemitismus, Frankfurt 1959 ; A.Bein, Die Judenfrage in der Literatur des modernen Antisemitismus, in : Bulletin L.Baeck Institute 6. 1963, 4-51 ; W.Boehlich Hg., Der Berliner Antisemitismus-Streit, Frankfurt 1965 ; R.Lill, Zu den Anfängen des Antisemitismus im Bismarck-Reich, in : Saeculum 26. 1975, 214-31 ; H.M.Klinkenberg, Zwischen Liberalismus u. Nationalismus im deutschen Kaiserreich 1870-1918, in : Monumenta Judaica, Köln 1963, 309-84 ; W.Mosse Hg., Juden im wilhelminischen Deutschland, 1890-1914, Tübingen 1976 ; S.Volkov, Jüdische Assimilation u. jüdische Eigenart im Deutschen Kaiserreich, in : Geschichte u. Gesellschaft 9. 1983, 331-48 ; N.Kampe, Studenten u. "Judenfrage" im Deutschen Kaiserreich, Göttingen 1987 ; R.S.Levy, The Downfall of the Anti-Semitic Political Parties in Imperial Germany, New Haven 1975 ; S.Ragins, Jewish Responses to Anti-Semitism in Germany 1870-1914, Cincinnati 1980 ; J.Schorsch, Jewish Reactions to German Anti-Semitism 1870-1914, N.Y. 1972 ; R.Leuschen-Seppel, Sozialdemokratie u. Antisemitismus 1871-1914, Bonn 1978 ; R.Gutteridge, The German Evangelical Church and the Jews 1879-1950, New York 1976 ; W.T.Angress, Prussia's Army and the Jewish Reserve Officer Controversy Before World War One, in : J.J. Sheehan Hg., Imperial Germany, N.Y. 1975, 93-128. 독일제국 시기의 폴란드, 엘자쓰-로트링엔, 덴마크 민족문제에 관해서는 다음을 참조하라. M.Broszat, 200 Jahre deutsche Polenpolitik, Frankfurt 1972² ; W.W.Hagen, Germans, Poles and Jews. The Nationality Conflict in the Prussian East 1772-1914, Chicago 1980 ; R.Blanke, Prussian Poland in the German Empire 1871-1900, N.Y. 1981 ; H.K.Rosenthal, German and Pole. National Conflict and Modern Myth, Gainsville 1975 ; R.Jaworski, Handel u. Gewerbe im Nationalitätenkampf. Studien zur Wirtschafts- gesinnung der Polen in der Provinz Posen 1871-1914, Göttingen 1986 ; J.W.Borejski, Über Bismarck u. die polnische Frage, in : HZ 241. 1985, 599-630 ; K.J.Bade, "Kulturkampf" auf dem Arbeitsmarkt. Bismarcks "Polenpolitik" 1885-1890, in : O.Pflanze Hg., Innenpolitische Probleme des Bismarck-Reiches, München 1983, 121-42 ; H.-J.Wichardt, Die Polenpolitik Preußens u. die Vereins -u. Versammlungsfreiheit in der Rechtssprechung des Kgl. Preuß. Oberverwaltungsgerichts, in : Zeitschrift für Ostforschung 27. 1978, 67-78 ; R.Baier, Der deutsche Osten als soziale Frage. Eine Studie zur preußischen u. deutschen Siedlungs- u. Polenpolitik in den Ostprovinzen 1871-1933, Köln 1980 ; A.Calos u.a., Die Hakatisten. Der Deutsche Ostmarkenverein 1894-1934, Berlin 1966 ; H.-U.Wehler, Polenpolitik im Deutschen Kaiserreich, 1871-1918, in : ders., Krisenherde des Kaiserreichs, Göttingen 1979², 184-202 ;

W.Conze, Nationsbildung durch Trennung. Deutsche u. Polen im Preußischen Osten, in : O.Pflanze Hg., Innenpolitische Probleme des Bismarck-Reiches, München 1983, 95-119 ; O.Hauser, Polen u. Dänen im Deutschen Reich, in : T. Schieder u. E.Deuerlein Hg., Reichsgründung 1870/71. Stuttgart 1970, 291-318 ; D.P.Silverman, Reluctant Union. Alsace-Lorraine and Imperial Germany, 1871-1918, London 1972 ; H.-U.Wehler, Das "Reichland" Elsaß-Lothringen 1870-1918, in : ders., Krisenherde des Kaiserreichs, Göttingen 1979^2, 23-69 ; H.Hiery, Reichstagswahlen im Reichsland 1871-1918, Düsseldorf 1986.

III.3.4

일반적인 문제들에 관해서는 "Religion in Geschichte u. Gegenwart" 내지 "Staatslexikon" 과 같은 참고저작물들이나 혹은 앞의 문헌목록집들을 참조하라. 여기에서는 다만 : G. Besier Hg., Preußischer Staat u. Evangelische Kirche in der Bismarckära, Güterloh 1980 ; T.Buske, Thron u. Altar. Die Rolle der Berliner Hofprediger im Zeitalter des Wilhelminismus, Neustadt/A. 1970 ; G.Brakelmann, Kirche, Soziale Frage u. Sozialismus 1871-1914, Güterloh 1977 ; K.Hammer, Deutsche Kriegstheologie 1870-1918, München $1971/1974^2$; ders., Der deutsche Protestantismus u. der Erste Weltkrieg, in : Francia 2. 1975, 398-414 ; W.Pressel, Die Kriegspredigt 1914-18 in der evangelischen Kirche Deutschlands, Göttingen 1967 ; H.Missalla, "Gott mit uns". Die deutsche katholische Kriegspredigt 1914-18, München 1968 ; R.van Dülmen, Der deutsche Katholizismus u. der Erste Weltkrieg, in : Francia 2. 1975, 347-76.

III.3.5.1

M. Horkheimer Hg., Studien über Autorität u. Familie, Paris 1936 ; U.Oevermann, Sprache u. soziale Herkunft, Frankfurt 1972 ; M.Mitterauer u. R.Sieder Hg., Historische Familienforschung, ebd. 1982 ; dies., Vom Patriarchat zur Partnerschaft. Zum Strukturwandel der Familie, München 1984^3 ; H.Reif Hg., Die Familie in der Geschichte, Göttingen 1982 ; H.Rosenbaum, Formen der Familie(in der deutschen Gesellschaft des 19. Jh.), Frankfurt 1982 ; N.Bulst u.a. Hg., Familie zwischen Tradition u. Moderne, Göttingen 1981 ; W.Conze Hg., Sozialgeschichte der Familie in der Neuzeit Europas, Stuttgart 1976 ; H-U.Wehler Hg., Historische Familienforschung=Geschichte u.Gesellschaft 1. 1975/2 u.3 ; ders. Hg.,Frauen in der Geschichte des 19. u. 20. Jh=Geschichte u. Gesellschaft 7. 1981/3 u. 4 ; B.Greven-Aschoff, Die bürgerliche Frauenbewegung in Deutschland 1894-1933, Göttingen 1981 ; R.J. Evans, The Feminist Movement in Germany 1894-1933, London 1976 ; J.Hardach-

Pinke, Kinderálltag 1700-1900, Frankfurt 1981 ; dies. u. G.Hardach Hg., Deutsche Kindheiten 1700-1900, Kronberg 1978 ; E.M.Johansen, Betrogene Kinder. Eine Sozialgeschichte der Kindheit, Frankfurt 1978 ; J.R.Gillis, Geschichte der Jugend, Weinheim 1980.

Ⅲ.3.5.2

학교 및 교육문제에 관한 일반적인 것으로는 다음을 참조하라 : F.Ringer, Education and Society in Modern Europe, Bloomington 1979 ; ders.,Bildung, Wirtschaft u. Gesellschaft in Deutschland 1800-1960, in : Geschichte u. Gesellschaft 6. 1980, 5-35 ; H.G.Herrlitz u.a., Deutsche Schulgeschichte 1800-1980, Königstein 1981 ; P.Lundgreen, Sozialgeschichte der deutschen Schule im Überblick, 1770-1918, Göttingen 1980 ; D.K.Müller, Sozialstruktur u. Schulsystem, ebd. 1977 ; F.Meyer, Schule der Untertanen, Preußen 1848-1900, Hamburg 1976 ; W.Lexis Hg., Das Unterrichtswesen im Deutschen Reich, 4 Bde, Berlin 1904 ; K.H.Hartmann u.a. Hg., Schule u. Staat im 18. u. 19. Jh., Frankfurt 1974 ; K.-H. Günther u.a., Geschichte der Erziehung, Berlin 1971[10] ; H.König, Imperialistische u. militaristische Erziehung in den Hörsälen u. Schulstuben Deutschlands 1870- 1960, ebd. 1962 ; R.Bölling, Sozialgeschichte der deutschen Lehrer, Göttingen 1983 ; U.Walz, Sozialgeschichte des Lehrers, Heidelberg 1981 ; H.Schallenberger, Untersuchungen zum Geschichtsbild der Wilhelminischen Ära u. der Weimarer Repubulik, Ratingen 1964 ; D.Hoffmann, Politische Bildung 1890-1933, Hannover 1971 ; P. Baumgart Hg., Bildungspolitik in Preußen zur Zeit des Kaiserreichs, Stuttgart 1980 ; U.Bendele, Sozialdemokratische Schulpolitik u. Pädagogik im wilhelminischen Deutschland 1890-1914, Frankfurt 1979 ; 특히 E.N.Anderson, The Prussian Volksschule in the 19th Century, in : G.A.Ritter Hg., Fs. H.Rosenberg, Berlin 1970, 261-79 ; W.C.Langsam, Nationalism and History in the Prussian Elementary Schools, in : Fs.C.Hayes, N.Y. 1950, 241-60.

Ⅲ.3.5.3

M.Kraul, Das deutsche Gymnasium 1780-1980, Frankfurt 1984 ; F.Paulsen, Geschichte des gelehrten Unterrichts, 2 Bde, Berlin 1919-21[3] ; H.Romberg, Staat u. höhere Schule 1800-1914 (Preußen), Frankfurt 1979 ; J.S.Albisetti, Secondary School Reform in Imperial Germany, Princeton 1983 ; F.Ringer, Higher Education in Germany in the 19th Century, in : JCH 2. 1967, 123-38(김나지움 졸업생들로 구성된) "철새"의 청년저항운동에 관해서는 다음을 참조하라 : 2O.Neuloh u. W.Zietus, Die Wandervögel, Göttingen 1982 ; U. Aufmuth, Die deutsche Wandervogelbewegung, ebd.

1979 ; J.Müller, Die Jugendbewegung als deutsche Hauptrichtung neukonservativer Reform, Zürich 1971 ; W.Kindt Hg., Die Wandervogelzeit, 1896-1919, Düsseldorf 1968 ; H.Pross, Jugend, Eros, Politik, Bern 1964 ; W.Z.Laqueur, Die deutsche Jugendbewegung, Köln 1962.

III.3.5.4

R.vom Bruch, Deutsche Universitäten 1734-1980, Frankfurt 1988 ; C.E. McClelland, State, Society and University in Germany 1700-1914, Cambridge 1980 ; H.-W.Prahl, Sozialgeschichte des Hochschulwesens, München 1978 ; H.Berding Hg., Universität u. Gesellschaft=Geschichte u. Gesellschaft 10. 1984/ 1 ; R.v. Westphalen, Akademisches Privileg u. demokratischer Staat, Stuttgart 1979 ; W. Zorn, Hochschule u. höhere Schule in der deutschen Sozialgeschichte der Neuzeit, in : Fs.M.Braubach, Münster 1964, 321-39 ; K.Jarausch, Deutsche Studenten 1800-1980, Frankfurt 1984 ; ders., Students, Society and Politics in Imperial Germany. The Rise of Academic Illiberalism, Princeton 1982 ; ders. Hg., The Transformation of Higher Learning 1860-1930, Stttutgart 1982 ; F.Ringer, Die Gelehrten 1890-1933, Stuttgart 1983 ; C.E.McClelland, The Wise Man's Burden : The Role of Academics in Imperial German Culture, in : G.D.Stark u. B.K.Lackner Hg., Essays in Culture and Society in Modern Germany, Arlington/ Texas 1982, 45-69 ; E.Pfetsch, Zur Entwicklung der Wissenschaftspolitik in Deutschland 1750-1914, Berlin 1974 ; ders., Datenhandbuch zur Wissenschaftsentwicklung. Die staatl. Finanzierung der Wissenschaft in Deutschland 1850-1970, Stuttgart 1985^2 ; L. Burchardt, Wissenschaftspolitik im wilhelminischen Deutschland, Göttingen 1975 ; R.Riese, Die Hochschule auf dem Weg zum wissenschaftlichen Großbetrib (Heidelberg 1860-1914), Stuttgart 1977 ; P. Borscheid, Entwicklung der Naturwissenschaften u. wissenschaftlich-technischen Revolution(Baden 1848-1913), ebd. 1976 ; R.vom Bruch, Wissenschaft, Politik u. öffentliche Meinung. Gelehrtenpolitik im wilhelminischen Deutschland 1890-1914, Husum 1980 ; ders., Krieg u. Frieden. Zur Frage der Militarisierung deutscher Hochschullehrer u.Universitäten im späten Kaiserreich, in : J.Dülffer u.a. Hg., Bereit zum Krieg. Kriegsmentalität im wilhelminischen Deutschland 1890-1914, Göttingen 1986, 73-98 ; D.Krüger, Nationalökonomen im wilhelminischen Deutschland, ebd. 1983 ; D.Fricke, Zur Militarisierung des deutschen Geisteslebens im wilhelminischen Kaiserreich, Der Fall L. Arons, ZfG 8. 1960, 1069-1107.

III.3.5.5

우애단체들, 부르주아적 학생단체들, 귀족적 학생단체들 등에 관해서는 III.3.5.4, 특히

Jarausch의 연구에 포함되어 있는 문헌과 D.Grieswelle, Zur Soziologie des Kösener Corps 1870-1914, in : C.Helfer u. M.Rassen Hg., Student u. Hochschule im 19. Jh., Göttingen 1975, 346-65를 참조하라. H.John, Das Reserveoffizierskorps im deutschen Kaiserreich 1890-1914, Frankfurt 1981 ; E.Kehr, Zur Genesis des Kgl. Preuß. Reserveoffiziers, in : ders., Der Primat der Innenpolitik, Hg. H.-U.Wehler, Berlin 1965/Bonn 1988[4], 53-63 ; H.Kaelble, Wie feudal waren die deutschen Unternehmer im Kaiserreich, in : R.Tilly Hg., Beiträge zur vergleichenden quantitaven Unternehmensgeschichte, Stuttgart 1985, 148-72.

Ⅲ.3.6.1-3

E.Fraenkel, Zur Soziologie der Klassenjustiz, Berlin 1927/Darmstadt 1968[2] ; E. Kuttner, Klassenjustiz, Berlin 1980 ; J.Wagner, Politischer Terrorismus. Strafrecht im Deutschen Kaiserreich von 1871, Heidelberg 1981 ; D.Blasius, Die Geschichte der politischen Kriminalität in Deutschland 1800-1980, Frankfurt 1983 ; L.Cecil, The Creation of Nobles in Prussia 1871-1918, in : AHR 75, 1970, 757-95 ; T.Nipperdey, War die wilhelminische Gesellschaft eine Untertanen-Gesellschaft?, in : Fs.A.Hillgruber, Köln 1984, 67-82, u. in : ders., Nachdenken über die deutsche Geschichte, München 1986, 172-85.

Ⅲ.3.7

F.Tennstedt, Sozialgeschichte der Sozialpolitik in Deutschland, Göttingen 1981 ; ders., Sozialgeschichte der Sozialversicherung, in : Handbuch der Sozialmedizin, Hg. M.Blohmke u.a., Ⅲ, Stttugart 1976, 385-492 ; C.Sachße u. F.Tennstedt, Geschichte der Armenfürsorge in Deutschland bis 1914, ebd. 1980 ; V.Hentschel, Geschichte der Sozialpolitik 1880-1980, Frankfurt 1983 ; ders., Das System der sozialen Sicherung in historischer Sicht 1800-1975, in : Archiv für Sozialgeschichte 18. 1978, 307-52 ; A.Gladen, Geschichte der deutschen Sozialpolitik bis zur Gegenwart, Wiesbaden 1974 ; W.Vogel, Bismarcks Arbeiterversicherung, Braunschweig 1951 ; H.G.Hockerts, 100 Jahre Sozialversicherung in Deutschland, in : HZ 237. 1983, 361-83 ; M.Stolleis, Die Sozialversicherung Bismarcks, in : H.F.Zacher Hg., Bedingungen für die Entstehung u. Entwicklung von Sozialversicherung, Berlin 1979, 387-410 ; ders., 100 Jahre Sozialversicherung in Deutschland, in : Zeitschrift für die Ges. Versicherungswissenschaft 69. 1980, 155-75 ; K.Saul, Industrialisierung, "Systemstabilisierung" u. Sozialversicherung, in : ebd., 177-98 ; L.Machtan, Risikoversicherung statt Gesundheitsschutz für Arbeiter-Zur Entstehung der Unfallversicherungsgesetzgebung im Bismarckreich, in : Leviathan 13. 1985, 420-14 ; F.

Syrup u. O.Neuloh, 100 Jahre staatliche Sozialpolitik 1839-1939, Stuttgart 1957 ; W.Junius u. O.Neuloh, Soziale Innovation als Folge sozialer Konflikte : die Bismarcksche Sozialgesetzgebung(Unfallversicherung), in : O.Neuloh Hg., Soziale Innovation u. sozialer Konflikt, Göttingen 1977, 146-66 ; H.-P.Ullmann, Industrielle Interessen u. Entstehung der deutschen Sozialversicherung 1880-1898, in : HZ 229. 1979, 574-610 ; M.Breges, Die Haltung der industriellen Unternehmer zur staatl. Sozialpolitik 1878-1891, Frankfurt 1982 ; J.Umlauf, Die deutsche Arbeiterschutzgesetzgebung 1880-90, Berlin 1980 ; K.E.Born, Staat u. Sozialpolitik seit Bismarcks Sturz 1890-1914, Wiesbaden 1957 ; G.A.Ritter, Sozialversicherung in Deutschland u. England, München 1982 ; H.Berding Hg., Sozialpolitik im Vergleich= Geschichte u. Gesellschaft 13. 1987/2 ; U.Frevert, Krankheit als politisches Problem 1770-1880, Göttingen 1984 ; A.Berger-Thimme, Wohnungsfrage u. Sozialstaat 1873-1918, Frankfurt 1976.

III.4.1

K.Häuser, Abriß der geschichtlichen Entwicklung der öffentlichen Finanzwirtschaft, in : Handbuch der Finanzwirtschaft. I , Tübingen 1977^3, 3-51 ; F.Terhalle, Geschichte der deutschen öffentlichen Finanzwirtschaft 1800-1945, in : ebd., I, 1952^2, 274-326 ; W.Gerloff, Der Staatshaushalt u. das Finanzsystem Deutschlands 1820-1927, in : ebd, Handbuch der Finanzwissenschaft, III, 1929, 1-69 ; ders., Die Finanz- u. Zollpolitik des Deutschen Reiches 1867-1913, Jena 1913 ; P.-C.Witt, Finanzpolitik u. sozialer Wandel. Wachstum u. Funktionswandel der Staatsausgaben in Deutschsland, 1871-1933, in : Sozialgeschichte Heute. Fs. H.Rosenberg, Hg. H.-U. Wehler, Göttingen 1974, 565-74 ; ders., Die Finanzpolitik des Deutschen Reiches 1903-1913, Lübeck 1970 ; R.Kroboth, Die Finanzpolitik des Deutschen Reiches während der Reichskanzlerschaft Bethmann Hollwegs u. die Geld -u. Kapitalmarktverhältnisse 1909-1914, Frankfurt 1986 ; J.A.Perkins, Fiscal Policy and Economic Development in 19th Century Germany, in : Journal of European Economic History 13. 1984, 311-44.

III.4.2-3

A.Jeck, Wachstum u. Verteilung des Volkseinkommens in Deutschland 1870-1923, Tübingen 1970 ; H.J.Müller u. S.Geisenberger, Die Einkommensstruktur in verschiedenden deutschen Ländern 1874-1913, Berlin 1972 ; W.G.Hoffmann u. a., Das deutsche Volkseinkommen 1851-1955, Tübingen 1959 ; W.Fischer u. P. Czada, Die soziale Verteilung von mobilem Vermögen in Deutschland seit dem

Spätmittelalter, in : 3. International Conference of Economic History, Paris 1968, 253-304 ; T.Orsagh, Löhne in Deutschland 1871-1913, in : ZGS 125, 1969, 476-83 ; A.Desai, Real Wages in Germany 1871-1913, Oxford 1968 ; F.Grumbach u. H.König, Beschäftigung und Löhne der deutschen Industriewirtschaft 1888-1954, in : Weltwirtschaftes Archiv 79. 1957/II, 125-55.

III.5.1

W.McNeill, Krieg u. Macht. Militär, Wirtschaft u. Gesellschaft vom Altertum bis heute, München 1984 ; D.E.Showalter Hg., German Military History 1648-1982. A Critical Bibliography, N.Y. 1984 ; G.A.Craig, Die preußisch-deutsche Armee 1640-1945, Düsseldorf 1960/Königstein 1980 ; M.Geyer, Deutsche Rüstungspolitik 1860-1980, Frankfurt 1984 ; Handbuch zur deutschen Militärgeschichte 1648-1939, Bed. II u. III : 1814-1933, München 1979 ; M.Kitschen, A Military History of Germany From the 18th Century to the Present, Bloomington 1975 ; W.Deist Hg., The German Military in the Age of Total War, Leamington Spa 1985 ; D.Bald, Der deutsche Generalstab 1859-1939, München 1977 ; M.Messerschmidt, Preußens Militär in seinem gesellschaftlichen Umfeld, in : H.-J.Puhle u. H.-U. Wehler Hg., Preußen im Rückblick, Göttingen 1980, 43-88 ; ders., Militär u. Politik in der Bismarckzeit u. im wilhelminischen Deutschland, Darmstadt 1975 ; ders., Die Armee in Staat und Gesellschaft, in : Das Kaiserliche Deutschland, Hg. M.Stürmer, Düsseldorf 1970 u.ö., 89-118 ; F.-C.Stahl, Preußische Armee u. das Reichsheer 1871-1914, in : O.Hauser Hg., Zur Problematik "Preußen u. das Reich", Köln 1984, 181-245 ; W.Petter, Der Kompromiß zwischen Militär u. Gesellschaft im kaiserlichen Deutschland 1871-1918, in : Revue d'Allemagne 11. 1979, 346-62 ; M.Stürmer, Militärkonflikt u. Bismarckstaat. Zur Bedeutung der Reichsmilitärgesetze 1874-1890, in : Gesellschaft, Parlament u. Regierung, Hg., G.A.Ritter, Düsseldorf 1974, 225-48 ; W.Deist, Die Armee in Staat u. Gesellschaft 1890-1914, in : Das Kaiserliche Deutschland, Hg. M.Stürmer, ebd. 1970 u.ö., 312-39 ; G.Ritter, Staatskunst u. Kriegshandwerk, Bde I u. II, München 1954-60 ; S.Förster, Der doppelte Militarismus. Die deutsche Heeresrüstungspolitik zwischen Status-Quo-Sicherung u. Aggression 1890-1913, Wiesbaden 1985 ; B.-F. Schulte, Die Deutsche Armee 1900-1914, Düsseldorf 1977 ; E.Kehr, Klassenkämpfe u. Rüstungspolitik im kaiserlichen Deutschland, in : ders., Der Primat der Innenpolitik, Hg. H.-U. Wehler, Berlin 1965/Bonn 1988[4], 87-110 ; G. Höhn, Sozialismus u. Heer, 3 Bde, Berlin 1959/69 ; W.Deist, Armee u. Arbeiterschaft, 1905-1918, in : Francia 2. 1975, 458-81 ; P.-C.Witt, Reichsfinanzen u. Rüstungspolitik 1898-1914, in : Marine u. Marinepolitik im kaiserlichen Deutschland 1871-1914, Hg. H.Schtelius u. W.Deist,

Düsseldorf 1972, 147-77 ; K.E.Jeismann, Das Problem des Präventivkriegs, Freiburg 1957 ; W.J.Mommsen, der Topos vom unvermeidlichen Krieg, in : J. Dülffer u. K.Holl, Bereit zum Krieg, Göttingen 1986, 194-224 ; G.Ritter, Der Schlieffenplan, München 1956 ; H.-U.Wehler, Vom "Absoluten" zum "Totalen" Krieg oder : Von Clausewitz zu Ludendorff, in : ders., Krisenherde des Kaiserreichs, Göttingen 1979^2, 89-116 ; H.H.Hofmann Hg., Das deutsche Offizierskorps 1860-1960, Boppard 1980 ; M.Kitchen, The German Officercorps 1890-1914, Oxford 1968 ; K.Demeter, Das Deutsche Offizierskorps in Gesellschaft u. Staat, 1650-1945, Frankfurt 1965^4 ; D.Bald, Sozialgeschichte der Rekrutierung des deutschen Offizierskorps von der Reichsgründung bis zur Gegenwart, in : ders. u.a., Zur sozialen Herkunft des Offiziers, München 1977, 17-47 ; H.Rumschöttel, Das bayerische Offizierkorps 1868-1914, Berlin 1973 ; G.Martin, Die bürgerlichen Exzellenzen. Zur Sozialgeschichte der preußischen Generalität 1812-1918, Düsseldorf 1978 ; D.J.Hughes, Occupational Origins of Prussia's Generals 1871-1914, in : Central European History 13. 1980, 3-33 ; J.-K.Zabel, Das preußische Kadettenkorps, Frankfurt 1978 ; J.Erickson u. H.Mommsen, Militarismus, in : Sowjetsystem u. Demokratische Gesellschaft 4. 1971, 528-68 ; V.R.Berghahn, Militarism 1861-1979, Leamington Spa 1981 ; ders. Hg., Militarismus, Köln 1975 ; A.Vagts, A History of Militarism, N.Y. 1967^3 ; K.Buchheim, Militarismus u. ziviler Geist, München 1964 ; L.Quidde, Der Militarismus im heutigen deutschen Reich(1893), in : ders., Caligula. Schriften über Militarismus u. Pazifismus, Hg. H.-U.Wehler, Frankfurt 1977, 81-130 ; E.Willems, Der preuß. Militarismus, Köln 1984 ; J. Dülffer u. K.Holl Hg., Bereit zum Krieg. Kriegsmentalität im Wilhelminischen Deutschland 1890-1914, Göttingen 1986 ; L.Mertens, Das Privileg des Einjährig-Freiwilligendienstes im Kaiserreich u. seine gesellschaftliche Bedeutung, in : Militärgeschichtliche Mitteilungen 39. 1986, 59-66 ; H.Wiedner, Soldatenmißhandlungen im wilhelminischen Kaiserreich 1890-1914, in : Archiv für Sozialgeschichte 22. 1982, 159-200 ; K.Saul, Der "Deutsche Kriegerbund", in : Militärgeschichtliche Mitteilungen 1969/II, 95-130 ; D.Düding, Die Kriegervereine im wilhelminischen Reich u. ihr Beitrag zur Militarisierung der deutschen Gesellschaft, in : J.Dülffer u.a. Hg., Bereit zum Krieg. Kriegsmentalität im wilhelminischen Deutschland 1890-1914, Göttingen 1986, 99-121.

III.5.3

Kehr의 선구적인 연구들(E.Kehr, Schlachtflottenbau u. Parteipolitik 1894-1901, Berlin 1930/Vaduz 1965 ; ders., Soziale u. finanzielle Grundlagen der Tirpitzschen Flottenpropaganda, in : ders., Der Primat der Innenpolitik, Hg. H.-U.Wehler, Berlin 1965/Bonn 1988^4, 130-48 ; ders., Die deutsche Flotte in den 90er Jahren

u. der politisch-militärische Dualismus des Kaiserreichs, in : ebd., 111-29)에 의하면 Hubatsch의 건함정책에 관한 옹호는 결국 비판적인 여러 분석에 의해서 사실이 아님이 확인되었다. 여기에 관해서는 : V.Berghahn, Der Tirpitz-Plan, Düsseldorf 1971 ; ders., Flottenrüstung u. Machtgefüge, in : Das Kaiserliche Deutschland, Hg. M. Stürmer, ebd. 1970, 378-96 ; ders., Zu den Zielen des deutschen Flottenbaus unter Wilhelm II., in : HZ 210. 1970, 34-100 ; J.N.Lambi, The Navy and German Power Politics 1862-1914, London 1984 ; H.Herwig, "Luxury" Fleet. The Imperial German Navy 1888-1918, London 1980 ; ders., Das Elite-Korps des Kaisers, Hamburg 1977 ; H.Schottelius u. W.Deist Hg., Marine u. Marinepolitik im kaiserlichen Deutschland 1871-1914, Düsseldorf 1972 ; W.Deist, Flottenpolitik u. Flottenpropaganda. Das Nachrichtenbureau des Reichsmarineamtes 1897-1914, Stuttgart 1976 ; G.Eley, Sammlungspolitik, Sozial Imperialism, and the Navy Law of 1898, in : Militärgeschichtliche Mitteilungen 1974/ I , 29-63 ; W.Marienfeld, Wissenschaft u. Schlachtflottenbau in Deutschland, 1897-1906, Berlin 1957 ; C.A. Gemzell, Organization, Conflict, and Innovation. A Study of German Naval Strategic Planning 1888-1940, Lund 1974 ; J.Steinberg, Yesterday's Deterrent. Tirpitz and the Birth of the German Battle Fleet, London 1965 ; H.Ehlert, Marine-u. Heeresetat im deutschen Rüstungsbudget 1898-1912, in : Marine Rundschau 75. 1978, 311-23.

III.6.1-2

앞에서 언급된 두 전문적인 문헌목록에 있는 상세한 문헌 소개 ; P.Grupp, Deutschland u. der Kolonialismus, in : Neue Politische Literatur 1986/Beiheft 3, 105-26 ; J.Dülffer, Deutsche Kolonialtradition in Afrika, in : ebd. 26. 1981, 458-73, 정선된 것으로서는 다음을 참조하라 ; H.-U.Wehler Hg., Imperialismus, Köln 1970/ Königstein 1979[4] ; W.J.Mommsen, Hg., Imperialismus, Hamburg 1977 ; ders. Hg., Der moderne Imperialismus, Stuttgart 1971 ; E.J.Hobsbawm, The Age of Empires, London 1987 ; G.Schmidt, Der europäische Imperialismus, München 1985. 이 책은 G.Schöllgen, Das Zeitalter des Imperialismus, ebd. 1986보다 훨씬 더 우수하다 ; R.v.Albertini u. A.Wirz, Europäische Kolonialherrschaft 1880-1940, Zürich 1976 ; R.F.Betts, The False Dawn. European Imperialism in the 19th Century, Minneapolis 1976 ; W.D.Smith, European Imterialism in the 19th and 20th Centuries, Chicago 1982 ; V.G.Kiernan, From Conquest to Collapse. European Empires 1815-1960, N.Y. 1982 ; W.J.Mommsen, Der europäische Imperialismus, Göttingen 1979 ; ders., Imperialismus im Nahen u. Mittleren Osten=Geschichte u. Gesellschaft 1. 1975/4 ; ders., Imperialismustheorien, ebd. 1987[3] ; P.Hampe, Die ökonomische Imperialismustheorie, München 1976 ; H.Gründer, Geschichte der deutschen Kolonien, Paderborn 1985 ; W.D.Smith, The German Colonial Empire, New York

1978 ; H.-U.Wehler, Bismarck u. der Imperialismus, Köln 1969/ Frankfurt 1984[5] ; H.-U.Wehler, Probleme des Imperialismus, in : ders., Krisenherde des Kaiserreichs, Göttingen 1979[2], 117-38 ; ders., Bismarcks Imperialismus, in : ebd., 139-65 ; ders., Deutscher Imperialismus in der Bismarckzeit, in : ebd., 309-36 ; ders., Industrielles Wachstum u. früher deutscher Imperialismus, in : ders., Aus der Geschiche lernen?, München 1988 ; A.Wirz, Die deutschen Kolonien in Afrika, in : R.v. Albertini u. ders., Europäische Kolonialherrschaft 1880-1940, Zürich 1976, 302-27 ; R.Nestvogel u. R.Tetzlaff Hg., Afrika u. der deutsche Kolonialismus, Berlin 1986 ; F.Schinzinger, Die Kolonien u. das Deutsche Reich. Die wirtschaftliche Bedeutung der deutschen Beziehungen in Übersee, Wiesbaden 1984 ; J.Artelt, Tsingtau 1897-1914, Düsseldorf 1984 ; K.J.Bade, Das Kaiserreich als Kolonialmacht : Ideologische Projektionen u. historische Erfahrungen, in : J.Becker u. A. Hillgruber Hg., Die Deutsche Frage im 19. u. 20 Jh., München 1983, 91-108 ; ders., F.Fabri u. der Imperialismus in der Bismarckzeit, Zürich 1975 ; J.L.D. Forbes, Social Imperialism and Wilhelmine Germany, in : Historical Journal 22. 1979, 331-49 ; G.Eley, Social Imperialism in Germany, in : Fs.G.W.F. Hallgarten, Hg. I.Geiss u. J.Radkau, München 1976, 71-86 ; G.Eley, Defining Social Imperialism : Use and Abuse of an Idea, in : Social History 1. 1976, 265-90 ; H.-C.Schröder, Sozialismus u. Imperialismus, Hannover 1968/1975[2] ; R.Fletcher, Revisionism and Empire. Socialist Imperialism in Germany 1897-1914, London 1984 ; P. Winzen, Bülows Weltmachtkonzept 1897-1901, Boppard 1977 ; G.Ziebura, Sozialökonomische Grundfragen des deutschen Imperialismus 1914, in : Sozialgeschichte Heute. Fs.H.Rosenberg, Hg. H.-U. Wehler, Göttingen 1974, 495-524.

III.6.3

H.-U.Wehler, Sozialdarwinisums im expandierenden Industriestaat, in : ders., Krisenherde der Kaiserreichs, Göttigen 1979[2], 281-89 ; H.W.Koch, Der Sozialdarwinismus, München 1973 ; A.Kelly, The Decent of Darwin. The Popularization of Darwinism in Germany 1860-1914, Chapel Hill 1981 ; R.Chickering, We Men Who Feel Most German. A Cultural Study of the Pan-German League 1886-1914, London 1984 ; A.Kruck, Geschichte des Alldeutschen Verbandes 1890-1939, Wiesbaden 1954 ; P.Kennedy u. A.Nicholls Hg., Nationalist and Racialist Movements in Britain and Germany Before 1914, London 1982, 1-20 ; E.Hartwig, Zur Politik u. Entwicklung des Alldeutschen Verbandes, 1891-1914, Diss. Jena 1966, MS ; K. Schilling, Beiträge zu einer Geschichte des radikalen Nationalismus, 1890- 1909, Diss. Köln 1968.

III.7.1

A.Hillgruber, Die gescheiterte Großmacht 1871-1945, Düsseldorf 1980 ; ders., Entwicklung, Wandlung u. Zerstörung des deutschen Nationalstaats, 1871-1945, in : 1871-Fragen an die deutsche Geschichte, Berlin 1971, u.ö., 171-203 ; I.Geiss, German Foreign Policy 1871-1914, London 1976 ; L.L.Farrar, Arrogance and Anxiety.The Ambivalence of German Power 1848-1914, Iowa City 1981 ; A.Mayer, Internal Crisis and War Since 1870, in : C.L.Bertrand Hg., Situations Révolutionaires in Europe 1917-1922, Quebec 1977, 201-38 ; A.Hillgruber, Bismarcks Außenpolitik, Freiburg 1981² ; ders., Die 'Krieg-in-Sicht'-Krise 1875, in : Fs. M. Göring, Wiesbaden 1968, 239-53 ; H.Wolter, Bismarcks Außenpolitik 1871- 1881, Berlin 1983 ; W.J.Mommsen, Die latente Krise des Deutschen Reiches 1909-1914, Frankfurt 1972 ; A.Vagts, Bilanzen u. Balancen. Aufsätze zur internationalen Finanz u. internationalen Politik, Hg. H.-U.Wehler, Frankfurt 1979 ; H.-U. Wehler, Moderne Politikgeschichte oder "Große Politik der Kabinette"?, in : ders., Krisenherde des Kaiserreichs, Göttingen 1979², 383-403, 532-37 ;

III.7.2

H.Müller-Link, Industrialisierung u. Außenpolitik. Preußen-Deutschland u. das Zarenreich 1860-1890, Göttingen 1977 ; H.-U.Wehler, Bismarcks späte Rußlandpolitik, in : ders., Krisenherde des Kaiserreichs, ebd. 1979², 166-83 ; C.Wegener-Korfes, Zur Geschichte des Bismarckschen Lombardverbots für russische Wertpapiere 1887-1894, in : Jahrbuch für Wirtschaftsgeschichte 1882/III, 55-78 ; H. Deininger, Frankreich-Rußland-Deutschland 1871-1891, München 1982 ; G.F. Kennan, Bismarcks europäisches System in der Auflösung. Die französischrussische Annäherung 1875-1890, Berlin 1981 ; A.Hillgruber, Deutsche Rußlandpolitik 1871-1918, in : Saeculum 27. 1976, 94-108 ; ders., Die deutsch-russischen politischen Beziehungen 1887-1917, in : Deutschland u. Rußland im Zeitalter des Kapitalismus 1861-1914, Hg. K.O.v.Aretin u. W.Conze, Wiesbaden 1977, 207-20 ; P.M.Kennedy, The Rise of the Anglo-German Antagonism 1860-1914, London 1980 ; E.Kehr, Deutsch-englische Bündnisprobleme der Jahrhundertwende, in : ders., Der Primat der Innenpolitik, Hg. H.-U.Wehler, Berlin 1965/Bonn 1988⁴, 176-83.

III.8.1

F.Fischer(Griff nach der Weltmacht, Düsseldorf 1961 u.ö.)에 의해서 논쟁이 재개된

이후 새로이 그리고 급격히 늘어난 문헌들 중에서 다음을 참고하라 : F.Fischer, Krieg der Illusionen 1911-1914, ebd. 1969 u.ö. Fischer 테제(1912년 이후 전쟁계획이 의도적인 목적하에서 추구되었다)의 새로운 첨예화는 확증될 수 없다 : F.Fischer, Juli 1914. Wir sind nicht hineingeschlittert, Reinbek 1983. 다음을 참조하라 : J.C.G.Röhl, Der militärische Entscheidungsprozeß in Deutschland am Vorabend des Ersten Weltkriegs, in : ders., Kaiser, Hof u. Staat. Wilhelm II. u. die deutsche Politik, München 1987, 175-202 ; V.Berghahn, Germany and the Approach of War in 1914, London 1973 ; B.F.Schulte, Vor dem Kriegsausbruch 1914, Düsseldorf 1980 ; ders., Europäische Krise u. Erster Weltkrieg, Frankfurt 1983 ; D.Groh, "Je eher, desto besser". Innenpolitische Faktoren für die Präventivkriegsbereitschaft des Deutschen Reiches 1913/14, in : PVS 13. 1972, 501-21 ; A.Gasser, Deutschlands Entschluß zum Präventivkrieg 1913/14, in : Fs.E.Bonjour, I, Basel 1968, 173-224 ; ders., Preuß. Militärgeist u. Kriegsentfesselung 1914, ebd. 1985 ; Ploetz-Geschichte der Weltkriege 1900-1945, Hg. A.Hilgruber u. J.Dülffer, Freiburg 1981 ; G.Mai, Das Ende des Kaiserreichs. Politik u. Kriegführung im Ersten Weltkrieg, München 1987 ; W.Schieder Hg., Erster Weltkrieg, Köln 1969 ; I.Geiss Hg., Juli 1914. München 1965 ; ders., Das Deutsche Reich u. die Vorgeschichte des Ersten Weltkriegs, ebd. 1978 ; ders., Das Deutsche Reich u. der Erste Weltkrieg, ebd. 1978 ; A.Hillgruber, Deutschlands Rolle in der Vorgeschichte der beiden Weltkriege, Göttingen 1967/1979^2 ; E.Zechlin, Krieg u. Kriegsrisikio 1914-1918, Düsseldorf 1979 ; J.Joll, The Origins of the First World War, London 1985 ; ders., 1914-The Unspoken Assumptions, ebd. 1968 ; F.Stern, Bethmann Hollweg u. der Krieg, Tübignen 1968 ; K.Jarausch, The Enigmatic Chancellor : Bethmann Hollweg and the Hubris of Imperial Germany, New Haven 1972 ; W.C.Thompson, In the Eye of the Storm : K.Riezler and the Crisis of Modern Germany, Iowa City 1980. - P.Kennedy Hg., The War Plans of the Great Powers 1880-1914, London 1979 ; D.E.Kaiser, Germany and the Origins of the First World War, in : JMH 55. 1983, 442-74 ; M.R.Gordon, Domestic Conflict and the Origins of the Frist World War. The British and the German Cases, in : JMH 46. 1974, 191-226 ; Z.S.Steiner, Britain and the Origins of the Frist World War, London 1977 ; D.C.B.Lieven, Russia and the Origins of the Frist World War, ebd. 1983 ; J.F.V.Keiger, France and the Origins of the Frist World War, ebd. 1983 ; D.Stevenson, French War Aims Against Germany 1914-1919, Oxford 1982. -K.V.See, Die Ideen von 1789 u. 1914. Völkisches Denken in Deutschland, Frankfurt 1975 ; L.Burchardt, Friedenswirtschaft u. Kriegsvorsorge. Deutschlands wirtschaftliche Rüstungsbestrebungen vor 1914, Boppard 1968 ; T.Wolff, Tagebücher 1914-1919, Hg. B.Sönemann, 2 Bde, ebd. 1984 ; P.Kielmansegg, Deutschland u. der Erste Weltkrieg, Frankfurt 1968/ Stuttgart 1982^2 ; F.Klein u.a., Deutschland im Ersten Weltkrieg, 3 Bde, Berlin

1968/70 ; W.Deist Hg., Militär u. Innenpolitik im Weltkrieg, 2 Bde, Düsseldorf 1970 ; A.Marwick, War and Social Change in the 20th Century. A Comparative Study of Britain, France, Germany, Russia, and the United States, London 1974 ; R.W.Whalen, Bitter Wounds. German Victims of the Great War 1914-1939, Ithaca 1984.

III.8.2

G.Hardach, Der Erste Weltkrieg, München 1973 ; F.Lütge, Die deutsche Kriegsfinanzierung im Ersten u. zweiten Weltkrieg, in : Fs.R.Stucken, Göttingen 1953, 243-57 ; M.Lanter, Die Finanzierung des Krieges, Luzern 1950 ; G.F.Feldman, Armee, Industrie u. Abeiterschaft in Deutschland, Berlin 1986 ; ders. u. H. Homburg, Industrie u. Inflation, 1916-1923. Hamburg 1977 ; ders., Iron and Steel in the German Inflation 1916-1923. Princeton 1977 ; ders., Vom Weltkrieg zur Weltwirtschaftskrise, Göttingen 1984 ; H.G.Ehlert, Die wirtschaftl. Zentralbehörde des Deutschen Reiches 1914-1919, Wiesbaden 1982 ; G.Mai, Kriegswirtschaft u. Arbeiterbewegung in Württemburg 1914-1918, Stuttgart 1983 ; R.Schäfer, Regionale Wirtschaftspolitik in der Kriegswirtschaft. Staat, Industrie u. Verbände während des Ersten Weltkriegs in Baden, ebd. 1983 ; R.Andexel, Imperialismus-Staatsfinanzen-Rüstung-Krieg, Berlin 1968 ; J.T.Shotwell Hg., Wirtschafts- u. Sozialgeschichte des Weltkriegs, 11 Bde, Stuttgart 1927/32 ; P.C.Vincent, The Politics of Hunger. The Allied Blockade of Gernany 1915-1919, Athens/Ohio 1986.

III.8.3

이미 위의 III.8.1에서 언급한 F.Fischer 등의 전쟁목적 문제에 관한 저작 이외에 특히 다음을 보라 : U.Heinemann, Kriegsschuld 1914, in : Neue Politische Literatur 1986/ Beiheft 3, 127-36 ; W.J.Mommsen, Die deutsche Kriegszielpolitik 1914-1918, in : Kriegsausbruch 1914, München 1967, 60-100 ; K.H.Janssen, Macht u. Verblendung. Kriegszielpolitik der deutschen Bundesstaaten 1914-1918, Göttingen 1963 ; M.L. Edwards, Stresemann and the Greater Germany 1914-1918, N.Y. 1963 ; J.Kocka, Klassengesellschaft im Krieg. Deutsche Sozialgeschichte 1914-1918, Göttingen 1978² ; H.Lebovics, Social Conservatism and the Middle Classes in Germany 1914-1933, Princeton 1969 ; U.Daniel, Frauen im Ersten Weltkrieg, Göttingen 1988 ; G.Mai Hg., Arbeiterschaft 1914-1918 in Deutschland, Düsseldorf 1985 ; M.Niehuss, Arbeiterschaft in Krieg u. Inflation. Soziale Schichtung u. Lage der Arbeiter in Augsburg u. Linz 1910-1925, Berlin 1985 ; F.Zunkel, Industrie u. Staatsozialismus. Der Kampf um die Wirtschaftsordung in Deutschland 1914- 1918, Tübingen 1974 ;

G.Schramm, Militarisierung u. Demokratisierung : Typen der Massenintegration im Ersten Weltkrieg, in : Francia 3. 1976, 475-97 ; K.Schwabe, Wissenschaft u. Kriegsmoral 1914-18, Göttingen 1969 ; F.Klein, Die deutschen Historiker im Ersten Weltkrieg, in : J.Streisand Hg., Studien über die deutsche Geschichtswissenschaft, II, Berlin 1965, 227-48 ; K.Saul, Jugend im Schatten des Krieges 1914-1918, in : Militärgeschichtl. Mitteilungen 1983/2, 91-184 ; E.Johann, Innenansicht eines Krieges 1914-18, Frankfurt 1968 ; M.Weber, Ges. Politische Schriften, Tübingen 1971^3.

III.8.4-5 :

E.Kolb Hg., Vom Kaiserreich zur Weimarer Republik, Köln 1972 에는 훌륭한 참고문헌이 있다(특히 이 책에 있는 Sauer, Hunt, Kolb, Rürup, Grebing 등의 논문을 보라) ; ders., Die Weimarer Republik, München 1984 ; U.Kluge, Die Deutsche Revolution 1918/19, Frankfurt 1985. 다음도 참조하라 : PVS, SoH. 2, 1970 ; F.L.Carstens, Revolution in Mitteleuropa 1918-1919, Köln 1973 ; H.A.Winkler, Von der Revolution zur Stabilisierung. Arbeiter u. Arbeiterbewegung 1918-1924, Berlin 1984 ; ders., Sozialdemokratie u. die Revolution von 1918/19, ebd. 1980^2 ; ders. Hg., Sozialgeschichtliche Aspekte europäischer Revolutionen=Geschichte u. Gesellschaft 4. 1978/3 ; G.D.Feldman u.a., Die Massenbewegung der Arbeiterschaft in Deutschland am Ende des Ersten Weltkriegs, 1917-1920, in : PVS 13. 1972, 84-105 ; R.Rürup, Probleme der Revolution in Deutschland 1918/19, Wiesbaden 1968 ; ders., Demokratische Revolution u. "dritter Weg". Die deutsche Revolution von 1918/19, in : Geschichte u. Gesellschaft 9. 1983, 278-301 ; ders. Hg., Arbeiter-und Soldatenräte im rheinisch-wesfälischen Industriegebiet. Studien zur Geschichte der Revolution 1918/19, Wuppertal 1975 ; E.Kolb, Die Arbeiterräte in der deutschen Innenpolitik 1918/19, Düsseldorf 1962/Berlin 1978^2 ; P.v.Oertzen, Betriebsräte in der Novemberrevolution, ebd. 1963/1976^2 ; U.Kluge, Soldatenräte u. Revolution 1918/19, Göttingen 1975 ; H.-J.Bieber, Gewerkschaften in Krieg u. Revolution 1914-1920, 2 Bde. Hamburg 1982 ; S.Miller, Burgfrieden u. Klassenkampf. Die deutsche Sozialdemokratie im Ersten Weltkrieg, Düsseldorf 1974 ; dies., Die Bürde der Macht. Die deutsche Sozialdemokratie 1918/20, ebd. 1978 ; D.Lehnert, Sozialdemokratie u. Novemberrevolution 1918/19, Frankfurt 1983 ; ders., Die Epoche der Revolution am Ende des Ersten Weltkrieges 1917-1920, in : H.Haumann Hg., Soziale u. politische Veränderungen in der Welt am Ende des Ersten Weltkriegs u. die Arbeiterbewegung 1917-1920, Wien 1981, 70-107 ; J.W.Mishark, The Road to Revolution, German Marxism and World War I, Detroit 1967 ; C.Geyer, Die revolutionäre Illusion, Hg. W.Benz u. H.Graml, Stuttgart 1976 ; K.R.Calkins, H.

Haase, Berlin 1976 ; C.Bertrand Hg., Revolutionary Situations in Europe 1917-1922, Quebec 1977 ; V.Rittberger, Revolution and Pseudo-Democratization : The Foundation of the Weimar Republic, in : G.Almond u.a. Hg., Crisis, Choice, and Change, Boston 1973, 285-391 ; W.Elben, Das Problem der Kontinuität in der deutschen Revolution, Düsseldorf 1965 ; L.Haupts, Deutsche Friedenspolitik 1918/ 19, ebd. 1976 ; A.Rosenberg, Entstehung u. Geschichte der Weimarer Republik, Frankfurt 1955 u.ö. ; H.Schulze, Weimar. Deutschland 1917-1933, Berlin 1982 ; A.Decker, Die Novemberrevolution u. die Geschichtswissenschaft in der DDR, in : Internationale Wissenschaftliche Korres- pondenz zur Geschichte der deutschen Arbeiterbewegung 10. 1974, 269-94.

IV.

독일제국에서 1945년까지의 연속성 문제에 관해서는 특히 다음을 참조하라 : F.Fischer, Bündnis der Eliten. Zur Kontinuität der Machtstrukturen in Deutschland 1871- 1945, Düsseldorf 1979 ; ders., Zum Problem der Kontinuität in der deutschen Geschichte von Bismarck zu Hitler, in : Studia Historica Slavo-Germanica 1. Posen 1973, 115-27 ; ders., Zur Problematik der Kontinuität in der deutschen Geschichte, in : O.Franz Hg., Am Wendepunkt der europäischen Geschichte, Göttingen 1981, 47-71 ; K.-H.Jarausch, From Second to Third Reich : The Problem of Continuity in German Foreign Policy, in : Central European History 13. 1979, 68-82 ; A.Hilgruber, Kontinuität u. Diskontinuität in der deutschen Außenpolitik von Bismarck bis Hitler, in : ders., Großmacht u. Militaismus im 20. Jh., Düsseldorf 1974, 11-36 ; T.Nipperdey, 1933 u. die Kontinuität der deutschen Geschichte, in : HZ 227. 1978, 86-111 ; ders., Probleme der Modernisierung in Deutschland, in : Saeculum 30. 1979, 292-303, u. in : ders., Nachdenken über die deutsche Geschichte, München 1986, 44-59 ; W.Alff, Materialien zum Kontinuitätsproblem der deutschen Geschichte, Frankfurt 1976 ; ders. Hg., Deutschlands Sonderung von Europa 1862-1945, Bern 1984 ; H.Grebing u.a., Der deutsche Sonderweg in Europa 1800-1945, Stuttgart 1986. 1961년 이후 Fischer논쟁(전쟁의 목적들과 연속성의 문제들)에 관한 개관은 다음에서 얻을 수 있다. W.Jäger, Historische Forschung u. politische Kultur in Deutschland. Die Debatte 1914- 1980 über den Ausbruch des Ersten Weltkriegs, Göttingen 1984 ; V.R.Berghahn, Die Fischer-Kontroverse-15 Jahre danach, in : Geschichte u. Gesellschaft 6. 1980, 403-19 ; ders., F.Fischer u. seine Schüler, in : Neue Politische Literatur 19. 1974, 143-54 ; A.Sywottek, Die Fischer-Kontroverse, in : Fs.F.Fischer, Düsseldorf 1974^2, 19-47 ; G.Schöllgen, Griff nach Weltmacht? 25 Jahre Fischer-Kontroverse, in : Historisches Jahrbuch 106. 1986, 386-406 ; ders., "Fischer-Kontroverse" u. Kontinuitäts- problem. Deutsche

Kriegsziele im Zeitalter der Weltkriege 1900-1945, Freiburg 1981, 163-77 ; H.Wereszycki, From Bismarck to Hitler. The Problems of Continuity, in : Polish Western Affairs 14. 1973, 19-32 ; I.Geiss, Die FischerKontroverse, in : ders., Studien über Geschichte u. Geschichtswissenschaft, Frankfurt 1972, 108-98 ; J.A.Moses, The Politics of Illusion. The Fischer-Controversy in German Historiography, London 1975.

이 책에 대한 비평 :

T.Nipperdey, Wehlers "Kaiserreich". Eine kritische Auseinandersetzung, in : Geschi chte u. Gesellschaft 1. 1975, 539-60 ; 보다 더 상세하게는 in : der., Gesellschaft, Kultur, Theorie, Göttingen 1976, 360-89를 보라 ; H.-G.Zmarzlik, Das Kaiserreich in neuer Sicht?, in : HZ 222. 1976, 105-26 ; ders., Das Kaiserreich als Einbahn-straße?, in : K.Holl u. G.List Hg., Liberalismus u. imperialistischer Staat, Göttingen 1975, 62-71 ; E.Nolte, Deutscher Scheinkonstitutionalismus?, in : ders., Was ist bürgerlich?, Stuttgart 1979, 179-208 ; D.Langewiesche, Das Deutsche Kaiserreich-Bemerkungen zur Diskussion über Parlamentarisierung u. Demokratisierung Deutschlands, in : Archiv für Sozialgeschichte 19. 1979, 628-42 ; V.Hentschel, Wirtschaft u. Wirtschaftspolitik im wilhelminischen Deutschland. Organisierter Kapitalismus u. Interventionsstaat?, Stuttgart 1978 ; J.N.Retallack, Social History with a Vengeance? Some Reactions to H.-U.Wehler's "Das deutsche Kaiserreich", in : German Studies Review 7. 1984, 423-50 ; R.Fletcher, Recent Developments in West German Historiography : The Bielefeld School and Its Critics, in : ebd., 451-80 ; R.G.Moeller, The Kaiserreich Recast? Continuity and Change in : Modern German History, in : JSH 17. 1983/84, 655-83 ; K.-H. Noack, Die Erklärung der Geschichte in Wehlers "Deutsches Kaiserreich 1871-1918", in : W.Küttler Hg., Gesellschaftstheorie u. geschichtswissenschaftl. Erklärung, Berlin 1985, 337-56. 이들에 대한 대답 ; H.-U.Wehler, Kritik u.kritische Antikritik, in : ders., Krisenherde des Kaiserreichs, Göttingen 1979^2, 404-26.
Journal of Modern History
Griff nach der Weltmacht, Bibliographie zur neueren deutschen Sozialgeschichte

◎ 비어 있는 쪽 ◎

인명색인

ㄱ

게르비누스(Gervinus, Georg G.) 84
게를라흐(v.Gerlach, Ludwig) 123
게를로프(Gerloff, Wilhelm) 251
게셴크론(Gerschenkron, Alexander) 53 63 95
고쓸러(v.Gossler, Heinrich) 273
골트샤이트(Goldscheid, Rudolf) 245 246
괴벨스(Goebbels, Josef) 361
그나이제나우(v.Gneisenau, August N.) 82
그뢰너(Groener, Wilhelm) 346-347 349 363-364 371-372 374
글래드스톤(Gladstone, William E.) 287-288
깡봉(Cambon, Jules) 319
끄로체(Croce, Beneditto) 238

ㄴ

나우만(Naumann, Friedrich) 104 149 185 287 301 331
나폴레옹 3세(Napoleon Ⅲ., Louis Bonaparte) 78 122 238 263
노스케(Noske, Gerhard) 274
니이체(Nietzsche, Friedrich) 306

ㄷ

다윈(Darwin, Charles) 305-306
델브뤽(Delbrück, Hans) 240
델브뤽(v.Delbrück, Clemens) 242
둥커(Dunker, Franz) 171
드 쿠흐셀(de Courcel, Alphonse) 122
드 라가르드(de Lagarde, Paul) 223
드렉슬러(Drexler, Anton) 362
디스터벡(Diesterweg, Moritz) 233

ㄹ

라도비츠(v.Radowitz, Josef M.) 181
라스커(Lasker, Eduard) 199
라쌀레(Lassalle, Ferdinand) 65 74 76 120 158 171
라우머(v.Raumer, Karl O.) 219
라테나우(Rathenau, Walter) 188 197 277 342 386
라티보르(v.Ratibor, Herzog) 335
람프레히트(Lamprecht, Karl) 169
랑벤(Langbehn, Julius) 223
랑케(v.Ranke, Leopold) 313
레기엔(Legien, Carl) 171 372
레닌(Lenin, W.I.) 369 373
레르헨펠트(v.Lerchenfeld, Hugo) 137

336
레히베르크(v.Rechberg, Johann B.) 69
렘(Rehm, Hermann) 302
로겐바흐(v.Roggenbach, Franz) 190
로드베르투스(Rodbertus, Carl) 239
로만(Lohmann, Theodor) 236 242
로젠베르크(Rosenberg, Hans) 48 365 368-369 397
로젠슈톡-후에씨(Rosenstock-Huessy, Eugen) 47
로트펠스(Rothfels, Hans) 128
로햐우(v.Rochau, Ludwig A.) 305 386
론(v.Roon, Albrecht) 71-72 76 259 273 275
뢰트거(Roetger, Max) 361
뢰흘링(Röchling, Louis) 361
루덴도르프(Ludendorf, Erich) 277 345 346 353 355 358-361 363-366
루시우스(Lucius v.Ballhausen, Robert) 258
루쯔(Ludz, Peter Christian) 298
루터(Luther, Ma0rtin) 190 208-210 214 226 233
룩셈부르크(Luxemburg, Rosa) 358
르누뱅(Renouvin, 2Pierre) 326
리더(Ridder, Helmuth) 257
리츨러(Riezler, Kurt) 362
리케르트(Rickert, Heinrich) 148
리터(Ritter, Gerhard) 48 272
리트(Litt, Theodor) 215
리프크네히트(Liebknecht, Karl) 279 316 358
리프크네히트(Liebknecht, Wilhelm) 65 147 158 171 274

리히터(Richter, Eugen) 77 149 176 259 261

□

마르크스(Marx, Karl) 65 85 89 100 119 122 126 159-160 176-177 210 256 305 314-315 369 383
마샬(Marshall, T.H.) 146
마이네케(Meinecke, Friedrich) 121 207 331 361-362 387
마이어(Mayer, Gustav) 162 371
마한(Mahan, Alfred T.) 285-286
만(Mann, Heinrich) 169 229
만(Mann, Thomas) 221
만하임(Mannheim, Karl) 143
말린크로트(Mallinckrodt, Hermann) 259
맬더스(Malthus, Thomas R.) 305-306
몬로(Monroe, James) 330
메링(Mehring, Franz) 205
메비센(v.Mevissen, Gustav) 121
메써슈미트(Messerschmidt, Manfred) 73
메테르니히(v.Metternich, Clemens W.) 68 84 133
몰트케(v.Moltke, Helmuth) 76 81 262 264-268 275 310 316 360
몸젠(Mommsen, Theodor) 128 148 162 197 201 226 233
무어(Moore, Barrington) 48
미드(Meade, Robert) 200
미크벨(v.Miquel, Johannes) 67 148 184 237 248-249 288 301
미햐엘리스(Michaelis, Georg) 132
미헬스(Michels, Robert) 226

ㅂ

바게너(Wagener, Hermann) 70 236 252
바덴(v.Baden, Max) 365 367
바르(Bahr, Hermann) 201
바르트(Barth, Theodor) 148
바써만(Bassermann, Ernst) 162
바우어(Bauer, Max) 345 359 388
바우어(Bauer, Otto) 100
발더제(v.Waldersee, Alfred) 264 273-275 303
발리예(St.Vallier, M.) 122
밤베르거(Bamberger, Ludwig) 67 105 126 128 148 193 198 200
베게러(v.Wegerer, Alfred) 326
베닉센(v.Bennigsen, Rudolf) 148 259
베버(Weber, Max) 100 104 106 131 138-139 218 233 301 331 388
베벨(Bebel, August) 65 147 158 162 171
베블렌(Veblen, Thorstein) 53
베트만 홀벡(v.Bethmann Hollweg, Theowald) 131 162 186-187 272 280 288 290 332 336 352 359 370 392
보델슈빈(v.Bodelwingh, Friedrich) 210
보르지히(v.Borsig, Ernst) 64 361
보세(v.Bosse, Julius R.) 121 225
보이멜부르크(Beumelburg, Werner) 343
보이엔(v.Boyen, Hermann) 72
볼프(Wolff, Theodor) 368
부르크하르트(Burckhardt, Jacob) 79 126 128 177 338 387
부쉬(Busch, Moritz) 200
부에크(Bueck, Henry A.) 167-168 332

뷜로오(v.Bölow, Bernhard) 104 107 131 184-185 187 195 206 251 268 288 303 331
브라허(Bracher, Karl Dietrich) 49
브렌타노(Brentano, Lujo) 107
브론자르트(Bronsartv. Schellendorf, Paul) 262-263
브루크(v.Bruck, Karl L.) 68
브뤼닝(Brünning, Heinrich) 379
블라이히뢰더(v.Bleichröder, Gerson) 198 200
비스마르크(v.Bismarck, Herbert) 182 200 319
비스마르크(v.Bismarck, Otto) 51 73-78 80-83 85 90 95 107 111 115-117 120-131 134-136 146 148 154-155 157 166 174-185 193-195 199-201 203 205 237-239 241 249 251 257-258 262-264 268 275 281 284 289 297-300 303 309-310 313 316 318-324 331 336 338 381 386 394 398
빅토리아 태자비(Victoria Kronprizessin) 319
빈트호르스트(Windhorst, Ludwig) 212
빌러스(v.Villers, Alexander) 83
빌헬름1세(황제:Wilhelm I., Kaiser) 71 318
빌헬름2세(황제:Wilhelm II., Kaiser) 103 122 130 131 132 133 134 207 217 220 231 241 242 269 283 284 286 291 300 301 303 310 313 318 328 331 387 398

ㅅ

샤른호르스트(v.Scharnhorst, Gerhard) 72

샤이데만(Scheidemann, Philipp) 367
슐츠(v.Scholz, Adolf H. W.) 272
쉬더(Schieder, Theodor) 206
슈몰러(v. Schmoller, Gustav) 82 108 180 225 237 242 388
슈바르첸베르크(v.Schwarzemberg, Felix) 68
슈바이니츠(v.Schweinitz, Lothar) 121 275
슈타우펜베르크(v.Stauffenberg, Franz) 148
슈타인(v.Stein, Lorenz) 82
슈탈(Stahl, Friedrich J.) 147
슈테크만(Stegmann, Dirk) 183
슈퇴커(Stöcker, Adolf) 156 197
슈툼(v. Stumm, Carl F.) 236
슈트레제만(Stresemann, Gustav) 165 362
슈트루엔제(Struensee, Karl G.) 81
슈티네스(Stinnes, Hugo) 361 372
슈틸(Stiel, Anton W.F.) 219
슈펭글러(Spengler, Oswald) 306
슐리펜(v.Schlieffen, Alfred) 263 265-268 275 277 291 317 334
슐쩨-게페르니츠(Schulze-Gävernitz, Gerhard) 100
슘페터(Schmpeter, Joseph A.) 100
스미스(Smith, Adam) 100

ㅇ

아론스(Arons, Leo) 226
아인슈타인(Einstein, Albert) 233
알렉산더 2세(Alexander II, 러시아의 황제) 321
알베딜(v.Albedyll, Emil) 262
앰틸(Ampthill, Lord Odo Russell) 121

에르츠베르거(Erzberger, Matthias) 332
에베르트(Ebert,Friedrich) 232 367 371 374
에카르트(v.Eckart, Julius) 315
엥겔스(Engels, Friedrich) 48 51 89 124 305-306 338 352
온켄(Oncken, Hermann) 75
올덴부르크-야누샤우(v.Oldenburg-Januschau, Elard) 121
운루(v.Unruh, Hans V.) 67
월러스(Wallace, Alfred R.) 306
윌슨(Wilson,Woodrow) 362 366
윙어(Jünger, Ernst) 357

ㅈ

지멘스(v. Siemens, Werner) 103 141 361
지벨(v. Sybel, Heinrich) 173
쬐버라인(Zöberlein, Ernst) 343
찌쿠르쉬(Ziekursch, Johannes) 381

ㅋ

카니츠(v.Kanitz, Hans W.A.) 108
카르도르프(v.Kardorff,Wilhelm) 236
카메케(v.Kameke, Georg) 262
카슨(Kasson, John A.) 122
카우츠키(Kautsky, Karl) 100 160 370 373
카임(Keim, August) 168
카프(Kapp, Friedrich) 121 148
카프리비(v.Caprivi, Leo) 90 93 107 131 183 300 311
케네만(v.Kennemann Hermann) 168
케렌스키(Kerenski, Alexander F.) 371

케어(Kehr, Eckart) 107 312
케텔러(v.Ketteler, Wilhelm E.)
코젤렉(Koselleck, Reinhart) 44
쾨트(Koeth, Josef) 342
쾰러(v.Köler, Matthias) 204
크나프(Wolfgang Knapp) 360
크라우스(Kraus, Karl) 357
크루프(Krupp, Friedrich) 141
클라쓰(Class, Heinrich) 168 363
클라우제비츠(v. Klausewitz, Carl) 81-82 265 268
키르도르프(Kirdorf, Emil) 361

ㅌ

토크빌(de Tocqueville, Alexis) 211
트라이취케(v.Treitschke, Heinrich) 145 197
트로츠키(Trotzki, Leon) 373
트뢸취(Troeltsch, Ernst) 368 370 376
티데만(v.Tiedemann, Christoph) 168
티르피쯔(v.Tirpitz, Alfred) 132 168 184 283-287 289 290-291 301 320 331 360

ㅍ

팔켄하인(v.Falkenhayn, Erich) 280
페이(Fay, Sydney) 326
페터스(Peters, Carl) 168 300
펠드만(Feldman, Gerald D.) 347
포르스트호프(Forsthoff, Ernst) 357
포자돕스키(v.Posadowsky, Arthur) 241-242

푸트카머(v.Puttkamer, Robert) 128 135-136 140 157 171 199 232
프라이어(Freyer, Hans) 357
프라이탁(Freytag, Gustav) 83
프란츠 페르디난트 황태자(Franz Ferdinand, Erzherzog) 330
프랑켄베르크(v.Frankenberg, Fred) 236
프리덴탈(Friedenthal, Karl R.) 199
프리드리히 3세(황제 : Friedrich Ⅲ., Kaiser) 233
프리드베르크(v.Friedberg, Heinrich) 110
플레쓰너(Plessner, Helmuth) 306
피셔(Fischer, Fritz) 326 330 351
피어호브(Virchow, Rudolf) 226

ㅎ

하이데브란트(v.Heydebrand u.der Lasa, Ernst) 336
하이트(v.d.Heydt, Karl) 169 308
한제만(v.Hansemann, Adolph) 168
한케(v.Hahncke, Wilhelm) 261
할레(v.Halle, Ernst) 301
함마허(Hammacher, Friedrich) 67 148
헤겔(Hegel, Georg W.F.) 190 219 306
헤르틀링(v.Hertling, Georg) 132 364
헤링엔(v.Heeringen, Josias) 277
헤쓸링(Heßling, Diederich) 229
헬페리히(Helfferich, Carl) 339 346
호엔로에공작(v.Hohenlohe-Schillingsfürst, Chlodwig) 131 137 206
호엔로에-랑엔부르크(v.Hohenlohe-Langenburg, Hermann) 236 268 298
호이쓰(Heuss, Theodor) 288

홀슈타인(v.Holstein, Friedrich) 75 76 301
홉스(Hobbes, Thomas) 118 306 312
후겐베르크(Hugenberg, Alfred) 168 361
히르쉬(Hirsch, Max) 171
히틀러(Hitler, Adolf) 44 49 108 128 354 362 380 398
힌덴부르크(v.Hindenburg, Paul) 345 348 358-359 365 398
힌쩨(Hintze, Otto) 137 185 233
힌쩨(v.Hintze, Paul) 364
힐퍼딩(Hilferding, Rudolf) 100